非洲华人社会经济史

李安山 著

The Social and Economic History of the Chinese Overseas in Africa

·上·

江苏人民出版社

图书在版编目(CIP)数据

非洲华人社会经济史/李安山著. --南京:江苏人民出版社,2019.10

ISBN 978-7-214-21251-1

Ⅰ.①非… Ⅱ.①李… Ⅲ.①华人经济—经济史—研究—非洲 Ⅳ.①F140.78

中国版本图书馆 CIP 数据核字(2017)第 219195 号

书　　名	非洲华人社会经济史
著　　者	李安山
策　　划	王保顶
责任编辑	张晓薇
封面设计	周伟伟
责任监制	王列丹
出版发行	江苏人民出版社
出版社地址	南京市湖南路1号A楼,邮编:210009
出版社网址	http://www.jspph.com
照　　排	江苏凤凰制版有限公司
印　　刷	江苏凤凰通达印刷有限公司
开　　本	652毫米×960毫米 1/16
印　　张	94.75 插页 6
字　　数	1 360 千字
版　　次	2019年11月第1版 2019年11月第1次印刷
标准书号	ISBN 978-7-214-21251-1
定　　价	348.00元(上、中、下)

(江苏人民出版社图书凡印装错误可向承印厂调换)

自序：中国非洲研究和我的探索之路[①]

“七七级”“七八级”已经成为中国当代史上的一个专有名词。后人可能不知道，这是指中国在“文化大革命”结束后有幸于 1977 年年底和 1978 年秋季进入高校的首批大学生。虽然这些人作为“文革”后的首批幸运儿曾名噪一时，但作为一名七七级大学生，我深深认识到：我们这些人所受教育中的一个严重缺陷几乎是无法弥补的——绝大部分人缺乏系统的知识训练，极少数受过系统训练的又被“文革”十年耽误了。然而，这批人有一个突出的特点：特有的经历使他们具有丰富的社会实践经验和深厚的历史责任感。

与同龄人一样，我也曾对国家民族的命运表示关心和担忧。与许多七七级大学生一样，我在读大学之前有过各种人生经历，上大学机会难得，格外珍惜。我的父亲也曾是热血青年，因为替地下党张贴新四军的传单受到国民党特务盯梢，被迫从厦门大学转到中山大学，毕业论文是关于孙中山的民生主义。后来，他命运多舛，但十分重视对子女道德和学识方面的教育。有意思的是，虽然父亲在“文革”期间被冠以“反动学

① 本序言是在《中国社会科学报》2017 年 11 月 9 日对笔者的采访的基础上补充修改而成，特此说明。参见《中国非洲研究与我的探索之路》，http://ex. cssn. cn/zzx/dhds_zzx/201711/t20171109_3736958_3. shtml.

术权威”之名，但订阅《参考消息》从未中断，我因此有机会接触国际时事。我考上大学，他对我勉励督促有加。我在寝室的书桌前贴了一张条幅：“士不可以不弘毅，任重而道远：忧国忧民，以为己任，不亦重乎；鞠躬尽瘁，死而后已，不亦远乎。”我报考的第一志愿是中山大学哲学专业，后来却录取在湖南师范学院（今湖南师范大学）的英语系。

入学后，父亲建议我以英语为工具，选一门自己喜欢的专业。作为“文革”后第一批大学生，我对中华民族的多灾多难颇觉茫然，觉得民族主义值得研究，而非洲可作为这一研究的起点。后来，父亲带着我去见当时在湖南社科院工作的远房舅舅何光岳先生，他也鼓励我从非洲入手。这样，我就开始学习非洲。当时长沙旧书店正好有各种关于非洲问题的黄皮书，这是为了响应中央鼓励学习世界史的号召而翻译出来的，我就省下钱来买了一大批这种书，其中不乏非洲史名家的著作，然后自己开始钻研起来。我有时间就去历史系听课，记忆中有林增平和奥仕南二位先生的课。我的中学同学聂乐和先生与吕锡琛女士二位也在历史系，他们给了我诸多帮助。

当时我对研究生一无所知，颇有点只管耕耘不论收获的意思，又花钱订了《西亚非洲》杂志，引起同学的好奇。未料到，后来中国社会科学院研究生院招收非洲史专业研究生，我就报名并有幸成为世界史所研究员吴秉真先生的弟子。真应了那句话：机会总是眷顾有准备之人。吴先生长期从事国际事务的报道和研究，是国内少数几位熟悉非洲的学者之一。她为了对我进行强化教育，专门请了当时国内几位非洲方面的专家给我开课，例如西亚非洲所的葛佶和屠尔康老师给我讲非洲古代史，世界史所的彭坤元和秦晓鹰老师讲非洲史和民族主义，北京大学的郑家馨和陆庭恩老师讲南非史和帝国主义瓜分非洲，中央民族学院的顾章义老师讲非洲民族，外交学院的潘蓓英老师讲民族独立运动等课程。当时，中国社科院研究生院位于京西玉泉路，远离市区。虽然我上课需要到处跑，比较累，但这种“百家宴”式的单独授课使我受益匪浅，不仅认识了各位专家，也从他们那里吸收了各种营养。

吴老师给我上课是在世界史所。她对我关爱有加，不时邀请我去她家吃饭。我爱人考上北师大心理系的研究生后，吴老师多次邀请我俩去她家补充营养。1982 年硕士研究生毕业后，我打算去北美继续攻读博士学位，她介绍我直接找原世界史所所长陈翰笙先生写推荐信。当时，我们所里的人都称陈先生为“陈翰老”或“翰老”。这样，我就直接去拜访翰老。他家在木樨地的部长楼。当他听说我是搞非洲史时，很高兴，建议我参加他为一些青年人开的英语讲习班。每次去，他总在课程结束后单独要我留下来长谈。陈先生善谈，给我讲了很多有意义的掌故。他有次问我：“你知道怎么写‘社会主义’吗?”我有些诧异，就写给他看，他提笔在“主义”二字前均加上“虫”字，成了“社会蛀蚁”，表达了他对当时社会不良状况的义愤。我不仅从翰老那里学到了知识，也受到这位社会科学家高尚道德情操的感染。

吴秉真先生逝世时，我参加了她的追悼会，听说她是三位赴朝鲜战场的女记者之一，我感触良多。正是这位慈祥又严格的导师将我引上了非洲的研习之路。中国社科院研究生院早期借居在北京市十一学校，历史专业八一级研究生班的同学互相帮助，大都成为国内历史学界的行家，如研究苏联史的吴恩远先生和郑羽先生、研究唐史的吴玉贵先生、研究古代史的王震中先生、研究近代史的汪朝光先生等。世界史研究生班的班主任廖学盛先生和张椿年所长对我们关怀备至，我从亚非拉研究室万峰、萨那、朱克柔、黄思骏、杨灏城等老一辈学者身上受益颇多。在中国社科院研究生院的知识积累为我后来在多伦多大学的博士课程打下了良好的基础。

我硕士研究生毕业后，在社科院世界史所工作了两年。当时，两项关于研究生出国深造的政策涉及我们这种人：一项是研究生毕业需服务两年后才能出国；另一项是中国社科院毕业的研究生只能以公派的形式出国深造。我当时同时收到美国西北大学和加拿大多伦多大学的回函。西北大学表示 1986—1987 年度的奖学金已审批完，建议我第二年去就读。多伦多大学则直接给予我攻读博士学位的奖学金。中国社科院科研局负责派出事务的一位老同志建议我赴加拿大就读，我也有此意。因为，多伦多大学历史系的格尔森教授(Jack Gerson)是研究中国史的，他曾利用学术假来中国教书。此前我与他相识，曾通过他与他在多伦多大学历史系的同事、非洲史研究权威马丁·克莱因教授(Martin A. Klein)建立了联系。我认为，如果有幸师从马丁·克莱因教授是一种荣幸。

克莱因教授是一位资深的非洲历史学家，曾任美国非洲研究学会主席，培养了众多非洲史学方面的研究专家，可谓桃李满天下，如斯坦福大学非洲研究中心主任、乌干达麦克雷雷大学社会研究所前主任、加州大学伯克利分校非洲研究中心主任，以及美国和加拿大各大学的非洲史研究骨干，还有诸多来自非洲大陆的非洲历史学家。克莱因教授是犹太裔学者，20 世纪 60 年代在加州大学读书期间曾参加左翼学生运动，后来选择非洲史研究方向。他的主要研究领域是法语非洲的奴隶贸易与奴隶制，著作等身。他对我爱护备至，又极其严格。我刚抵达多伦多时，他派博士生即我的师兄菲利普(Philip Zachnuck)到机场接我。我出海关时，看到菲利普举着写有名字我的牌，很是亲切。他将我直接送到了马丁教授家。后来，菲利普与我成了好朋友。

多伦多大学历史系的博士教育抓得紧，除主科外，需选两门副科。我主攻非洲史，选的副科是史学理论/史学史(由邓特教授和麦肯泰尔教授讲授)和英帝国史(由米尔顿·以色列教授讲授)。学生的阅读量很大，主科为 70 本书、副科 35 本书，共 140 本书。我选了三门课后，老师布置的阅读书籍往往一周三本，有时确实读不过来。一年半后，导师觉得学生达标即可进行综合考试。每门课的考试时间是半天，关起门来答题。一般是十个题目中自选三个，相当于写三篇论文。笔试通过后，再由博士指导委员会的老师统一进行口试。

克莱因教授一生从事非洲历史教学研究，他带出的非洲史专家很多，他的学生在非洲史研究领域多有建树。由于克莱因教授对非洲史研究贡献卓著，他的学生专门为他设立了一个奖学金，这也与他宽厚的人文情怀和特殊的教学方法有直接关系。他对学生体贴备至，将自己的家作为他们抵达多伦多后的驿站。更重要的是，克莱因教授教学非常严格，我上他的课时较为紧张。有时我到他办公室单独由他授课，或向他谈自己的读书体会；有时则与其他研究生一起上课。有一件事让我记忆犹新。有次在克莱因教授的办公室上课，他就艾利夫的《坦噶尼喀的德国统治》一书问我一个问题："为什么坦噶尼喀的棉农要进行反抗？"我那周因史学理论和英帝国史都有阅读任务，对这本书确实没有时间细读，只能粗略浏览，因此答非所问。他和蔼的面容立即沉了下来，说这样不行，回去认真读，下周再谈。我当时恨不得有个地洞可以钻进去。此后，他布置的阅读任务我再也不敢敷衍了。

我从克莱因教授的身上学到了很多知识和治学的方法。在选择博士论文题目时，我和他商量。我当时对农民问题和非洲史学史两个题目均比较感兴趣，经过斟酌，我觉得非洲史学史可以回国后再做，而农民问题非洲与中国有相似性，应趁在国外有机会实地考察时认真研究。他十分赞同。这样，我选择了殖民主义时期的农村社会反抗这一题目，案例确定为加纳。我先后到英国殖民档案馆和加纳档案馆查阅档案，还到加纳实地考察。

1989 年夏天我在位于英国皇家植物园的英国国家档案馆查找相关档案资料。该档案馆收藏着 11 世纪以来英国各类政府文件档案，包括外交部(FO)和殖民部的档案(CO)。我在这里查阅的主要是 CO96 类，即加纳(原称黄金海岸)的殖民政府档案，包括各种政府文件、殖民官员与伦敦殖民部的往来信件、调查报告、殖民地年报以及各种相关的档案资料。这里的管理极其严格，又十分便捷，我第一次感受到发达国家的政府历史档案的先进管理体系(参见李安山《英国政府档案馆印象记》，载《世界史研究动态》1990 年第 12 期)。然而，在英国国家档案馆查资料时，发现一些关键资料都注明"已销毁"。为什么？一个重要的原因是太敏感，有损英国的国家声誉。前些年才传出消息，英国政府的很多殖民档案被销毁在大西洋。正因为如此，我后来才决定到加纳查阅当地保留的殖民时期的档案资料。除此以外，我还分别到大英博物馆、伦敦大学亚非学院、牛津大学、剑桥大学、爱丁堡大学查找了相关资料。

为了使自己的研究资料更为丰富，我于1992年又到加纳进行实地考察，并有机会到加纳国家档案馆查阅资料(参见李安山《加纳国家档案馆简介》，《世界史研究动态》，1993年第3期)。这一年是罗林斯先生任军职(加纳临时全国保卫委员会主席)的最后一年，我正好遇上加纳的大选，各种政治力量纵横捭阖。我看到了面临选举时各政党组织运用多种手段进行动员的情形，街头不时有政党组织的游行，群众敲锣打鼓以壮声势，以政党为背景的报纸宣传自己的主张，加纳大学里贴满各政党学生支部的通告。我亲身感受了非洲民主化进程的气氛。颇有意思的是，当时负责接待我的加纳大学历史系的前系主任阿杜·博亨也是1992年的总统候选人之一。他是国际知名的非洲史专家，也是联合国教科文组织《非洲通史》第七卷的主编。正是在加纳的国家档案馆，我有幸认识了非洲研究学界的一些国际知名学者，如非洲问题专家、加纳大学非洲研究中心主任(1987—1995年)克瓦姆·阿辛教授(Kwame E. Arhin)，非洲经济史专家、《全球史杂志》的创立者、剑桥大学历史系系主任(2016年—　)加雷思·奥斯汀(Gareth Austin)教授，欧洲的非洲研究学会主席(2008—2015年)、爱丁堡大学非洲研究中心主任保罗·纽金特(Paul Nugent)等。最有意思的是，我在北京大学国际关系学院培养的许亮博士后来到哈佛大学历史系攻读第二个博士学位时，遇到的导师伊曼纽艾尔·阿昌庞(Emmanuel Akyeampong)竟然是我在加纳国家档案馆遇到的一位也在查档案资料的加纳学生。非洲研究的缘分使分别了近30年的我们二人再次聚会。

在加纳实地考察时的一件事使我终生难忘。当时，我住在师弟纳纳·布鲁库姆(Nana Brukum)家里。一天，他的妻弟吉米(Jimmy)邀请我去他工作的教会访问。这个教会位于恩萨瓦姆——一个曾经因种植可可而兴旺却早已失去往日辉煌的小镇。我被邀请在教会用晚餐。为了欢迎我，他们专门买了一瓶法国红葡萄酒。用餐前，一位年龄最大的加纳教士拿起酒瓶准备斟酒。他打开酒瓶塞后，自己用嘴对着酒瓶喝了一口。我当时十分诧异，因为在中国总是先让客人，绝不会自己先喝将起来。老人喝了一口后十分礼貌地对我说："尊敬的客人，根据我们的规矩，开瓶之后，先由主人尝一口，以保证酒里没有毒药。你已经看到了，酒是好的，没有毒。"说完，他首先给我斟酒。当时，我的心被深深地触动了。他的解释使我想起在历史著作中看到的非洲人因喝酒而成为欧洲人的奴隶的事例。同样，尼日利亚油河地区的贾贾国王因为对在当地从事棕榈油贸易的英国商人形成了威胁，英国领事约翰斯顿将他骗到船上，最后流放了事。加纳当地的这种待客习俗如何形成不得而知，但可以肯定的是，当地民族在历史上因喝酒吃过亏，这是一种痛苦的历史经验。我可以想象，假如我将建立在自己文化传统基础上先入为主的错误理解在朋友们中间传播，留下的将是一个永远无法弥补的遗憾。

最终，在导师的指导下，我顺利完成了主题为"殖民主义统治与农村社会反抗"(British Rule and Rural Protest in Southern Ghana)的博士论文。论文经修改后分别在湖南教育出版社和美国纽约出版。加纳前任驻华大使科乔·阿穆-戈特弗里德(Kodjo Amoo-Gottfried)在为中文版所作序言中云："不管这部著作的学术性多么重要，有必要强调一个与此相关的问题，在这部著作中的所有重要部分、用词、语气、立场及精神上，李安山表现出他自己至少是以人为中心，更多则是以非洲人为中心的。他的著作并非致力于自我陶醉之爱的结晶，而是为了整个人类的利益，寻找、发现、确定并传播关于世界上的受苦人中间的非洲民族解放的真理。"马丁·克莱因对我赞赏有加："从一开始，他就是一位治学严谨的学者，他坦诚地与加拿大学者和非洲学者交流各种思想和看法。到选择博士论文时，他选择了'农民反抗'。对于来自富有深厚的农民传统特别是农民反抗历史的中国的他，这一选题似乎使得他可以从对中国农民历史的理解来探究非洲农民的经历。中国历史的这种相关性对加纳更为突出，因为这里已存着一个具有广泛基础的农民阶级。"牛津大学及其他一些欧美大学将此书列入研究非洲的参考书目供学生使用。2015 年，联合国前秘书长科菲·安南先生应邀访问北京大学并根据"北京大学'大学堂'顶尖学者讲学计划"做讲座，学校决定将我发表的博士论文（中、英文版）作为礼物送给他。他当时很惊讶，说没想到还有中国学者研究他的祖国。南非总统曼德拉1999年访问中国期间在北京大学演讲时，我的另一部论著《南非斗士曼德拉》（1996年）由中国非洲史研究会时任会长陆庭恩教授作为中国学者的礼物送给了他。

我之所以回国后选择到北京大学工作，中间有个小故事。克莱因教授应邀到中国讲学回国后，兴奋地说他在中国为我找了两份工作：中国社科院世界史所和北京大学。实际上，我出国后一直与中国社科院世界史所长期保持联络。当我就回国问题与世界史所联系时，世界史所承诺我回国后肯定给我房子。我说，一定得有了房子我才能回国，因为一家四口不可能搬来搬去。当我与北京大学联系时，北大的动作比较快，亚非所陆庭恩所长找了学校，时任校长吴树青先生特批了蔚秀园一个小套间。这样，我于1994年3月底到北大亚非所工作。

来北大后，我建议开一门关于"亚非研究中的若干理论问题"的课程，这门课一直延续下来，为学生提供相关的知识背景。此外，我还开过非洲历史与文化、非洲民族主义、第三世界发展学、中非关系史等中英文课程。除了一些中国的研究生外，我还有机会指导了来自非洲多个国家（如马达加斯加、莱索托、肯尼亚、南非、津巴布韦等国）的研究生。此外，我还指导了三位非洲的博士生：突尼斯的伊美娜（Imen Belhadj）、摩洛哥的李杉（Erfiki Hicham）和刚果（金）的龙刚（Antoine Roger Lokongo），三人各有特点。

伊美娜的中国官话远比我带湖南腔的普通话要好，她拿了博士学位后又在北京大学外国语学院阿拉伯语系完成了博士后学习。李杉为写好有关西撒哈拉的博士论文，主动延期一年学习西班牙语，其博士论文获得好评。目前在摩洛哥外交部任职。龙刚自幼被带到伦敦接受教育，在雷丁大学读博士一年级时与我联系，表示希望读我的博士。我当时给他回电邮时说明：北大留学生必须上中文课，完成中文讲授的专业课，最后须用中文写毕业论文。他后来就来到中国学习汉语，最后用中文撰写完成博士论文，目前一家出版社有意出版他的论文。最近，他成为刚果

(金)副总理、外交和区域一体化部长伦纳德·切·奥基通杜阁下(His Excellency Leonard She Okitundu)的顾问。2018年中非合作论坛北京峰会时,他随团访问北京,并到北京大学看望我。

这些年来,我在非洲历史、非洲华侨华人、非洲民族问题、中非关系等领域有一些研究成果。我的博士论文从个案着手,探讨了殖民时期农村反抗问题,并提出了传统政治权威与间接统治制度之间的矛盾或悖论,具体表现在酋长的权力。他越受到殖民政府的信任,其权力的合法性就越受质疑;殖民政府越赋予酋长更多权力,酋长的权力就越遭到削弱;酋长不愿殖民官员干预其权力运作,又不得不向殖民官员请求帮助。这就是殖民政府企图维护传统政治权威与直接干预破坏酋长权威之间的矛盾。可以这样说,间接统治制度从本质上削弱了传统政治制度,却并未找到可取代它的有效制度。

非洲华人华侨史研究是在周南京教授的启发和帮助下进行的,他在道德文章上给我树立了楷模,正是在他的指引下,我将此作为自己的研究方向之一,并取得了一点成绩。《非洲华侨华人史》(北京,2000年)因下的功夫较多,被齐世荣先生在北京大学召开的"二十世纪中国的世界史研究"学术研讨会的主题报告中列为"填补空白之作"。此书前半部分(至1911年)已被美国的移民非洲出版社在征得我的同意后翻译出版(纽约,2012年)。我后来又出版了《非洲华侨华人社会史资料选辑(1800—2005)》(香港,2006年)。

"非洲民族"是研究非洲社会一个无法回避的课题,我的研究只是一个起步。在《非洲民族主义研究》一书中,我通过对非洲民族主义的多个层次以及民族主义与农民、知识分子和宗教领袖等方面的关联,分析了非洲民族主义的表现形式,指出了"部族"这一中国学术界习惯用法的误译、误传,以及国际学术界的普遍看法,并提出了自己的观点。"我族中心主义"是一种普遍现象,每个民族都自认为是最优秀的民族,概莫能外。欧洲各民族如此,亚洲、非洲等地方的各民族也如此,中国人也如此。曼德拉总统的前妻温妮曾说过,她出世后见到的第一个种族主义者就是她奶奶。奶奶告诉她:你看那些白人,蓝眼睛、白皮肤,肯定有病。在缺乏交流的古代,这种意识可以理解,但如果将这种意识扩展为压迫和剥削他人的借口,则又当别论。我在对依附理论与历史研究之关联、大英帝国的崩溃和非殖民化的研究中,试图提出一些自己的观点,也引发了学术界的讨论。

中非关系的研究是近年来我花费时间比较多的一个领域。这是一个与现实相结合的领域,也是一个不断发展变化的领域。随着中非关系的快速发展,中非合作引发了国际上的各种反响。在20世纪90年代后期从事这方面研究并能与国际学术界对上话的中国学者不多,而我在非洲华侨华人史方面的研究多少涉及中非关系问题,就这样我逐渐加深了对这一领域的研究。经过多年来的努力,我的研究获得了国内外同行的基本认可。我也有幸应邀为一号首长分别讲授过关于“殖民统治下的非洲历史”和“非洲民族的当代发展”的课题,为中央办公厅的领导和相关部委做过有关中非关系的讲座,为国家领导人访问非洲的相关文件提出过参考意见,参与了国家一些对非政策和对非援助文件的起草和研讨,参加过中非合作论坛,中国驻非洲国家的一些大使馆曾邀请我去做讲座。在2013年5月24日非洲统一组织/非洲联盟成立50周年庆典上,非洲驻华使团邀请杨立华女士和我代表中国学者做主题演讲。欧美国家的大使馆和外交官员也经常派员来北大向我咨询一些相关问题,一些欧洲和非洲国家曾邀请我去它们的外交部做讲座或参加相关会议。

非洲文明是世界文明之林中的一支,根源深远,枝繁叶茂。虽然我们都知道非洲是人类的起源地,但我们对非洲的知识仍然是如此贫乏。中国人总是认为非洲是蛮荒之地,殊不知:非洲有世界上最古老的岩画;黑人国王曾统治过古埃及;埃塞俄比亚是世界上最古老的基督教国家之一,与同时代的古罗马、波斯和中国一起成为一种世界力量;以诺克文化为代表的非洲古代赤陶雕像和头像雕刻早在公元前500年即已出现;古代加纳、马里和桑海辉煌了数个世纪,马里国王访问开罗时曾因大量施舍而使当地金价下跌;津巴布韦有着被称为“撒哈拉以南非洲最大的史前建筑”的巨大遗址,它很早即被卷入印度洋贸易圈;在刚果河流域曾兴起过刚果文明,荷兰使团曾于1642年访问刚果并跪拜刚果国王;世界最早的大学中,非洲就占了三所,其中两所位于北部非洲,一所位于撒哈拉以南非洲;非洲在14世纪为世界奉献了伊本·赫尔敦这样伟大的历史学家和社会学家,他先于马克思提出了历史唯物主义的命题;非洲旅行家伊本·白图泰访问的国家远比马可波罗要多。非洲史研究者难道不应该为普及非洲的相关知识做出自己的努力吗?

非洲众多国家,国情各异。不仅中国民众对非洲缺乏了解,非洲民众也对中国误解颇多。中国有关非洲的知识和报道多来自西方媒体,为了改变这一状况,我决定利用电子周刊的方式,向大家传送非洲知识和非洲本土新闻。《北大非洲电讯》是我于2010年7月20日创立的电子周刊。这一周刊以网络形式发行,内容涵盖非洲各个方面以及北京大学非洲研究中心的相关活动。该刊向国内非洲研究同行们定期发送,后来又建立了微信客户端,为国内非洲学界同仁间的联络提供了便利。作为这一刊物的创办者和牵头人,我的主要目的是为国内外同仁提供一个客观介绍非洲文化和现状的知识平台。目前,这一周刊已发行300多期,除了中国关注非洲的学者及各相关部委外,周刊还发送给世界相关机构和学者。作为非洲消息的收集和编辑者,我给自己确定了一些原则:一是大通讯社的新闻不采用,理由是其传播渠道广泛,不用我做宣传;二是非洲新闻要多来自非洲本土的媒体;三是多介绍非洲自立自强的动态和新闻。由此,作为国内较早成立的非洲研究机构,北京大学非洲研究中心在国内有一定的公信度。我们对适时的国际事务比较关注,例如,当北约轰炸利比亚时,我们的电讯赶在中国外交部声明发表之前表态,严厉谴责这一野蛮行径。事后,一些中国学者来电话激动地表示:非洲研究中心代表了中国知识分子的良心。又如曼德拉先生逝世后,《北大非洲电讯》临时发表专刊表示哀悼,先于国家相关机构的表态。

从20世纪60年代起,非洲国家独立浪潮汹涌澎湃。为了对非洲历史进行非殖民化,摒弃《剑桥非洲史》等西方学者为主的研究著作中的殖民主义偏见，联合国教科文组织决定通过非洲学者自身的努力来编写更为客观的非洲通史。于是，八卷本《非洲通史》应运而生，并在1996年出齐(已有中文版)。当时担任主编的均为非洲学者，参与编撰工作的国际科学委员会中也主要是非洲学者，同时包括英、美、苏(俄)、法等国的学者，有些英、法学者对这一非洲历史非殖民化的努力进行了抵制。遗憾的是，中国学者当时无人参与。2013年，联合国教科文组织决定启动《非洲通史》(第九卷)的编撰工作。我有幸收到联合国教科文组织总干事伊琳娜·博科娃女士的来函，邀请我参加联合国教科文组织总部于2013年在埃塞俄比亚首都亚的斯亚贝巴召开的《非洲通史》编撰会议专家会议。后来，我又有幸成为《非洲通史》(第九卷)国际科学委员会的成员。该委员会成员除九位来自非洲外，还有来自七个国家的八位成员，亚洲只有我一人。2013年11月在巴西举办的该委员会第一次会议上，本人又有幸当选为副主席。通过这几年参与委员会的工作，我对非洲文明的博大精深有了更广泛的理解，也深深认识到中国的非洲历史研究还有很长的路要走。

《非洲通史》第九卷将分为三册，侧重三个主题：第一册是人类起源和人类早期文明，包括对前八卷内容的反思、1996年以来的考古新成果以及对非洲历史研究中概念、观点和研究模式的解构和创新。第二册强调全球非洲的形成。非洲联盟将海外非洲移民裔群作为除东、西、南、北、中部非洲之外的第六个组成部分。此册将研究非洲人在全球范围内移民和定居过程及其后裔的历史与现实，着重强调他们的反抗和对当地发展的贡献。第三册着重全球非洲面临的新挑战和非洲在当代世界中的位置，这包括一系列因素，如新的国际关系和非洲的自主性、非洲哲学及文化遗产的保存和持续、非洲资源的掌控、宗教的原教旨主义以及非洲宗教的地位、泛非主义的表达、非洲发展和治理新模式的建构等。2017年11月在厦门大学举办的联合国教科文组织《非洲通史》(第九卷)国际科学委员会上，大家一致同意将第九卷(三册)改为第九、第十、第十一卷，内容不变。全书力争于2018年年底出版。

现在，越来越多非洲研究领域的中国学者逐步走出国门，在国际学术会议上或国际期刊上发表自己的见解,或深入非洲参与实地调研。很多非洲学者也通过参与国际学术会议、开展中非合作课题研究,同中国学者进行学术交流,结下了深厚友谊。中国的非洲研究者走向世界,可以更多地向国际学术界发出自己的声音。成立于 1980 年的中国非洲史研究会(Chinese Society of African Historical Studies)历经 37 年的辉煌历史,为中国非洲史研究、人才培养和学科建设做出了重要贡献。学会挂靠中国社会科学院世界历史研究所,多次举办全国性学术会议,设置了多项学术议题并引发学界激烈讨论,为促进非洲问题研究的深入、推动中非关系发展、促进国际学术交流发挥了重要作用。全国高校现有多个非洲研究机构,为中国的非洲研究和教学培养了不少人才。学会骨干成员还给中央提出加强非洲研究的合理化建议,给中央首长做有关非洲历史的讲座,为国家领导在非洲访问和相关讲稿提出咨询意见。中非合作论坛设置的中非联合研究交流计划,为学者提供了学习非洲和研究非洲的平台,中非智库论坛使学者能更好地参与公共外交和国际交流。

在 2017 年 10 月举行的中国非洲史研究会第十届全体会员大会上,受会员的信任,我再次当选为研究会的主席。目前,研究会每年举办一次较大型的全国性会议,骨干成员正在进行四个与非洲相关的国家重大课题的研究。各高校与非洲学者的交流日益频繁,有的高校直接邀请非洲学者担任教学任务。外国政府部门或研究机构邀请中国学者参与课题研究和研讨会的情况日益增多,有的中文学术著作还被国外译成英文。一批中青年学者正在崛起,他们有一定专业基础,热爱非洲,有实地调研的经验,有的还掌握了当地外语,与国外同行交流广泛,具有较强的学术功底。不过,有一个不好的现象是,大部分青年学者乐于申请有关中非关系的课题,是出于这样较容易拿到项目。我希望,中非关系的研究能够更好地促进非洲研究,而不是削弱非洲研究。

我曾表示,一个人的研究生涯只有与人类前途和国家命运紧密相连时,其研究才能立意更高、角度更宽、视野更远。中国的崛起与中非合作的快速发展为非洲研究提供了良好的研究条件和学术氛围,我们应该倍加珍惜，充分利用。只要中国学者能以人文关怀和国家需要为宗旨，以学术研究为指导，坚持基础研究与政策研究并重、非洲研究与中非关系研究并重、历史研究与现实研究并重，形成自己的研究特色，中国的非洲研究将取得更大成绩。在新的时代背景下，年轻学者的学术前景更有希望。

我想向青年学者提几点希望。一是树立持之以恒长期研究的思想准备。非洲研究在我国起点较低，似乎比较容易出成果，但研究出能经受历史考验的成果不容易，需要长期对学术的关注和钻研以及对现实的观察和分析。二是应将人文关怀、国家需求与自己的研究主题相结合。我们要注意，研究一定要客观，国家的需求不是要我们作政策诠释，而是有针对性地提供历史背景、真实现状和政策建议。三是应该树立认真踏实的研究精神，"咬定青山不放松"。现在的研究条件远比以前好，但诱惑也很多。扎实的功夫来自对材料的阅读和消化以及实地调研。非洲人民需要的不是同情，是尊重；不是施舍般的援助，是平等的贸易、投资和文化交流。作为学者而言，人类情怀、中国立场和对非洲的关切是做好非洲研究的根本条件。

本书是在《非洲华侨华人史》(2000 年)的基础上增补修改而成的。我要感谢江苏人民出版社对学术著作出版的慷慨资助，感谢副总编辑王保顶博士的热情支持，他为书稿之事多次来京交流，感谢责任编辑张晓薇女士鞠躬尽瘁的敬业精神和一丝不苟的严谨态度。在本书撰写过程中，我受到非洲华侨华人和中国驻非各使馆工作人员的多方支持和帮助，已在书中一一提及，感谢他(她)们的鼎力相助。非洲华侨华人是中国走进非洲的先锋，也是中非文化交流的桥梁。费孝通先生形容文化交流时说得好：各美其美，美人之美，美美与共，天下大同。愿他们将中非友好的种子撒在非洲大地开花结果，同时将非洲的文化精髓引进中国。

是为序。

李安山
2018 年 8 月于京西博雅西苑

目　录

导论　*1*

第一章　非洲华人社会经济史:研究的背景与现状　*8*

一、中国、非洲与世界　*9*

（一）世界秩序与中非关系　*9*

（二）非洲的机遇　*16*

（三）两种力量的崛起　*23*

二、非洲华人社会经济史的史料分析　*31*

（一）官方资料　*32*

（二）民间资料　*39*

（三）学者研究成果　*49*

（四）其他资料　*50*

三、非洲华侨华人史的研究现状　*51*

（一）国内研究状况　*51*

（二）国外研究状况　*57*

（三）21 世纪以来的研究与话语争夺　*66*

四、非洲华人社会经济史研究的方法与问题　77

（一）国际学术界研究的政治化　*78*

（二）多学科的研究方法　*87*

（三）研究中存在的问题 91

第二章 早期中非关系概览 98

一、早期的中非关系:物证与推测 99

（一）有关中非交往起始时间的推测 99

（二）有关黑人移民中国的各种推测 101

（三）考古实证与文献史料 103

（四）居延汉简上的黑肤人 107

二、唐代以前的中非关系:证据与历史 118

（一）被歪曲的历史 118

（二）埃及墓葬的蚕丝纤维与丝绸之路 120

（三）苏丹麦罗埃废墟里的中国鼎 124

（四）埃塞俄比亚学者对“黄支国”的推测 128

（五）中国的印度洋远航 132

（六）唐以前的中非贸易商道 135

三、唐代中国对非洲的认识 139

（一）唐代的文献记载 140

（二）唐代典籍中的黑人 148

（三）有关唐代黑人来源地的不同观点 151

（四）国际学术界的观点 155

（五）唐代的中非贸易 158

四、宋、元时期的中非关系 161

（一）宋元时期有关非洲的著述 162

（二）中非之间的民间互访 166

（三）中非关系:外交、地图与航线 171

（四）宋元时期的中非贸易 174

（五）中非交通的明证:瓷器与钱币 178

五、明代中国与非洲的直接交往 183

（一）明代中国对非洲的认识 183

（二）郑和的非洲之行 189

(三) 郑和非洲之航的历史遗产 195
(四) 明代中非关系的发展与变化 202
六、结论 206
第三章 非洲华人的起源 207
一、对非洲大陆的介绍 208
(一) 樊守义与《身见录》 208
(二) 谢清高与《海录》 209
(三)《三洲游记》的真伪辨析 210
(四) 涉及非洲的其他著述 211
二、早期移民非洲的华人:推断与史实 214
(一) 南部非洲的“中国尖帽”和“田”字装饰物 214
(二) 伊德里斯的描述与发掘的宋代钱币 218
(三) 郑和后裔的传说 221
(四) 中国学者的实地调研与考古 223
三、西印度洋群岛上的华人起源探微 226
(一) 非洲华人起源的观点释疑 226
(二) 毛里求斯 227
(三) 留尼汪岛 232
(四) 马达加斯加 233
(五) 塞舌尔岛 235
四、南非及其他地区华人的起源 236
(一) 南非的早期中国移民 236
(二) 安西与郭楠——早年移民苏丹的华人女性 238
(三) 葡属东非殖民地——莫桑比克 240
(四) 圣赫勒拿岛 240
五、结论 241
第四章 非洲华人社区的建立 243
一、毛里求斯的中国移民 245
(一) 华人社区的出现 246

（二）陆才新——华人社区的领袖　248
（三）华人移民的第一次高潮　250
二、留尼汪华人的历史变迁　253
（一）早期华人与契约华工　253
（二）对早期华工的评价　256
（三）华人的成家与立业　259
三、马达加斯加　264
（一）早期定居的华人　264
（二）契约华工带来的商业机会　266
（三）第一次人口普查　268
四、南非的早期华人移民　270
（一）最初的中国移民　270
（二）华人自由移民　272
（三）金矿的发现　273
（四）抵达南非的新途径　275
五、南非早期华人与印度移民之异同　276
（一）早期南非的华人与印度人　276
（二）华人与印度人移民社群的相同点　280
（三）华人与印度人移民社群的不同点　284
六、结论　291
第五章　18—19世纪非洲的契约华工　293
一、“契约劳工”招募的国际背景　294
（一）大西洋奴隶贸易　294
（二）奴隶贸易的废除　295
（三）对劳动力的迫切需求　297
二、西印度洋诸岛屿的早期华工　299
（一）毛里求斯的华工　299
（二）留尼汪的契约华工　302
（三）马达加斯加的契约华工　304

三、南非的华工 305

（一）早期抵达的中国劳工 305

（二）对华工竞争力的担忧 306

（三）华工来南非的直接原因 309

四、西部非洲的契约华工 310

（一）圣赫勒拿岛 310

（二）法属西非 312

（三）英属西非 314

五、非洲其他地区 316

（一）坦噶尼喀 317

（二）刚果自由国 319

（三）葡属非洲与西属非洲 321

（四）苏伊士运河及其他地区的华工 321

第六章 20世纪非洲的契约华工 323

一、南非招募契约华工的历史条件 325

（一）英国对南非的占领 325

（二）金矿的发现与英布战争 326

（三）中国的衰弱以及与列强的关系 327

（四）《保工章程》签订之前的南非华工 328

（五）作为最佳选择的契约华工 329

二、南非契约华工的招募 331

（一）契约华工的合同 331

（二）契约华工的生活待遇 335

（三）对契约华工的招募宣传 338

三、南非契约华工的人数统计 340

（一）官方和机构统计 341

（二）学者的观点 342

（三）笔者的观点 346

四、非洲其他地区的契约华工 347

（一）马达加斯加 347

（二）刚果自由国 350
（三）德国殖民地 350
（四）其他地区（包括葡属几内亚等地） 350
五、非洲契约华工人数（1700—1910年） 350
（一）1700—1800年的契约华工 352
（二）1801—1850年的契约华工 352
（三）1851—1900年的契约华工 353
（四）1901—1910年的契约华工 356
六、结论 359
第七章 非洲早期华人社区活动 360
一、非洲早期华人的经济活动 361
（一）毛里求斯华人的特殊贡献 361
（二）留尼汪华人：从苦力到商人 368
（三）马达加斯加华人的奋斗经历 372
（四）南非华人：创业、歧视与抗争 375
二、非洲早期华人的社团活动 378
（一）毛里求斯的南顺会馆、仁和会馆与其他社团 378
（二）留尼汪的华人互助会与宗亲社团 389
（三）马达加斯加的早期侨团 393
（四）南非的早期侨团 393
（五）诸种社会现象 396
三、非洲华人的宗教活动 397
（一）华人宗教信仰与寺庙特征 397
（二）祭祀先人与关帝庙 398
（三）宗教的多元性 403
四、早期华人社区活动的特征 404
（一）早期华人经济活动的特征 404
（二）社团组织的多功能性 406
（三）宗教活动的中国元素 407

（四）华人的贡献与面对的挑战 408

五、结论 410

第八章 压迫、歧视与抗争 411

一、契约华工的生活 412

（一）早期华工的悲惨遭遇 412

（二）南非金矿契约华工的命运 414

（三）对契约华工的管理和控制 420

二、契约华工的反抗：策略与形式 425

（一）早期华工的反抗行为 425

（二）各种形式的积极反抗 427

（三）各种形式的消极反抗 429

三、非洲华人面临的各种挑战 431

（一）殖民政府的各种歧视性政策 431

（二）马达加斯加的特殊制度——“协会制” 435

（三）内部分裂与外部障碍 437

四、非洲华人对歧视性政策的反应与对策 439

（一）对应与反击 439

（二）华侨与印侨的联合抗议运动 444

（三）周贵和自杀事件及其影响 447

第九章 清朝政府对非洲华侨的政策 455

一、晚清侨务政策 456

（一）海外移民的增加与分布 457

（二）清朝官员的观念转变 458

（三）国力衰弱与侨务政策 459

二、契约华工招募事宜与条约的签订 461

（一）中英、中法续增条约的签订 461

（二）南非的早期华工 462

（三）中英《保工章程》的签订 464

三、驻南非总领事的委派与护侨事宜 466
（一）派驻南非领事的必要性 466
（二）中国驻南非第一任总领事刘玉麟 468
（三）中国驻南非代理总领事刘毅 472
四、清朝保护非洲华侨的政策评析 474
（一）两种根本对立的观点 474
（二）清朝政府对非洲华侨的保护措施 475
（三）清朝侨务政策的转折 478
第十章 非洲华侨与辛亥革命 480
一、心理准备：非洲华侨的不满 481
（一）英人苛例与华侨困境 481
（二）南非华侨的反应 487
（三）中华总会馆的成立与剪辫子运动 488
二、非洲华侨与辛亥革命 491
（一）杨衢云抵南非 491
（二）南非华侨的分化：革命与保皇 493
（三）华侨青年的实际行动 497
三、募集捐款支援辛亥革命 500
（一）非洲地区的捐款 500
（二）作为典型的南非华侨 503
（三）华侨中的不同政治倾向 505
四、非洲华侨的政治组织与国民党支部的建立 505
（一）非洲各地的致公堂 505
（二）南非兴中会 507
（三）非洲的中国国民党支部 508
五、结论 514
第十一章 非洲华侨之经济发展(1911—1949年) 515
一、华侨经济的拓展(1911—1929年) 516
（一）非洲华侨的经商活动 516

(二) 非洲华侨经济的多元化 522
(三) 华侨经营的成功案例 525
二、欧洲殖民地招募契约华工的尝试 528
(一) 西班牙在华招募华工 528
(二) 法国招募华工修建铁路 532
(三) 意大利的招工尝试 534
三、世界经济危机后的华人经济生活(1930—1949 年) 536
(一)"减压阀"与"替罪羊" 536
(二) 危机后的复苏 537
(三) 马达加斯加华侨的双重困境 543
(四) 葡属东部非洲华侨的发展 545
四、结论 550
第十二章 华侨人口与社会:性别、分层与侨团(1911—1949 年) 551
一、华侨社会的人口变化:持续增长与两次高潮 552
(一) 非洲华侨人数的增长 552
(二) 非洲华侨人口的三次统计 554
(三) 非洲华侨人数增长的原因 557
二、华侨社会的人口变化:妇女人数的增加 558
(一) 毛里求斯华侨性别比例的变迁 558
(二) 其他地区华侨人口性别比例的变迁 561
(三) 混血家庭的出现 564
三、非洲华侨的社会分层 565
(一) 华侨社会中的经济分层 565
(二) 伙计—店员—老板 570
(三) 老板—批发商 573
四、非洲各地的中华商会 575
(一) 毛里求斯的华商总会 575
(二) 留尼汪的中华商会 577
(三) 非洲其他地区的中华商会 579

五、非洲各地的其他华侨社团 583
(一)国民党的发展与华侨参政的肇始 583
(二)马达加斯加的华侨社团 583
(三)地方性侨团 585
(四)具有广泛代表性的华侨组织 586
六、结论 590
第十三章 抗日战争前后的非洲华侨 592
一、“济南惨案”后的反日活动 593
(一)马达加斯加华侨抵制日货 593
(二)留尼汪和毛里求斯华侨的爱国行动 595
(三)其他地区华侨的爱国行动 597
二、非洲华侨抗日活动 599
(一)非洲华侨的声援活动 599
(二)非洲华侨的捐款活动 601
(三)抗日捐款的各种方式 607
(四)其他方式的抗日后援活动 616
三、战后募捐与赈灾济贫 619
(一)非洲华侨欢庆抗战胜利 619
(二)购买公债的义举 620
(三)救济难民与重建家乡 622
四、非洲华侨的捐款总数 625
(一)南非 625
(二)留尼汪 625
(三)马达加斯加 626
(四)毛里求斯 626
第十四章 华文学校的兴起与社区文化生活(1911—1949 年) 628
一、华文教育的一般情况 629
(一)20 世纪 20 年代的华文学校 629

（二）抗日战争的推动：南非 634
（三）抗日战争的推动：其他地区 639
二、华文学校的筹款及其建立 644
（一）筹集款项及建校过程 644
（二）二战后扩建学校中的筹款 649
（三）华文学校筹款的形式 652
三、华文学校的运作与侨童的学习 653
（一）华文学校的招生与管理 653
（二）华文学校的学生与课程 655
（三）华文学院的体制 658
四、华侨文化、华文报刊与抗日后援 659
（一）华侨文化的改善 659
（二）华文报刊的创办与流行 660
（三）马达加斯加《侨民新报》事件 664
（四）华校学生的爱国激情 666
第十五章 非洲华侨社会团体及其活动 669
一、非洲华侨的抗日救亡团体 670
（一）南非 670
（二）毛里求斯 674
（三）马达加斯加 675
（四）留尼汪 676
（五）非洲其他地区 677
二、非洲华侨的其他社会组织(1911—1949 年) 678
（一）马达加斯加的华侨团体与国民党支部 679
（二）南非的国民党支部与华侨青年组织 682
（三）华人青年学生的校友组织 686

三、非洲华侨妇女的抗日捐输与反苛斗争 688
(一) 南非 688
(二) 留尼汪 690
(三) 毛里求斯 691
(四) 马达加斯加 692
(五) 抗苛斗争中的南非妇女组织 692
四、南非华侨抗苛斗争中的社团组织 693
(一) 南非的种族歧视政策 693
(二) 反种族歧视斗争中的华侨团体 694
(三) 南非华侨社团新气象 699
五、结论 701
第十六章 华侨的困境:移民政策、苛例与抗争 702
一、居留地的移民政策(1911 年至 20 世纪 30 年代) 703
(一) 南非 703
(二) 马达加斯加 714
(三) 毛里求斯 716
(四) 留尼汪 717
(五) 葡属东非 718
二、非洲华侨的各种反应 720
(一) 华侨的奋力抗争 720
(二) 华侨的各种对策 723
(三) 抗争的效果 725
三、华侨处境的变化(1939—1948 年) 726
(一) 毛里求斯 726
(二) 马达加斯加 727
(三) 留尼汪 728

（四）葡属东非　729

（五）南非　730

第十七章　非洲华侨与中华民国政府的互动关系　736

一、中国驻非洲领事馆工作之沿革　737

（一）中国驻南非总领事刘毅的护侨行为　737

（二）中国驻南非领事馆其他领事的所作所为　741

（三）中国驻埃及、毛里求斯和马达加斯加的领事馆　744

二、中国驻南非总领事及其维权抗争　746

（一）绅士条约交涉之败　746

（二）华侨用炸药案交涉之功　748

（三）废除华人指模案之交涉　749

（四）德兰士瓦省《亚洲人土地赁居律》之争　750

三、非洲华侨与中国驻非洲领事之互动　754

（一）华侨遭遇困难时之求助　754

（二）华侨与政府机构之信息沟通　756

（三）华侨与驻非领事馆之互动　759

四、二战结束后中国驻非领馆之成功交涉　764

（一）战后非洲华侨之新要求　764

（二）马达加斯加抵抗运动中华侨利益之保护　766

（三）马达加斯加特别税之根除　767

（四）葡属东非苛例之废除　769

第十八章　非洲华侨社会演变的影响因素　771

一、中国政局的变化　773

（一）中华人民共和国成立后的政策导向　773

（二）“文化大革命”带来的后果　780

（三）改革开放以来的新政策　781

二、各居留国(地)政策的变化及华侨的反应 784
(一) 积极参与当地的政治反抗运动 784
(二) 西印度洋群岛及沿岸地区移民政策的影响 787
(三) 南非各种歧视政策之变动 793
三、非洲华人观念之演变 801
(一) 老一辈态度的转变 801
(二) 代沟与青年才俊 804
(三) 华人精英分子的从政 806
第十九章 战后非洲华人人口统计与变化 814
一、非洲诸国华人人口的基本情况 815
(一) 毛里求斯华人人口统计 815
(二) 马达加斯加华人人口统计 817
(三) 留尼汪华人人口统计 818
(四) 南非华人人口统计 820
二、对非洲华人人口的估算 822
(一) 战后华人移民非洲的三个阶段 822
(二) 关于华人人口的历年估计 824
(三) 关于非洲华人人数快速增长的说明 830
三、华人人口统计:性别比例与身份认同 832
(一) 性别不平衡问题 832
(二) 混血家庭与克里奥尔华裔 836
(三) 国籍选择与身份认同 839
四、非洲国家华人人口的分布 846
(一) 人口分布的两个层面:大陆与国家 846
(二) 留尼汪华人的分布 847
(三) 马达加斯加华人的分布 851

（四）毛里求斯华人人口与职业分布 852
五、新移民：一个不断流动的群体 855
（一）台湾农业援非的“先锋案” 855
（二）“先锋案”的牵引效应 857
（三）非洲的华人新移民 858
六、结论 862
第二十章 非洲华人经济：守成与开拓（20世纪50—60年代） 864
一、商贸地位的巩固和制造业的开拓 865
（一）马达加斯加的商贸传统 865
（二）毛里求斯华人商业及其困境 867
（三）留尼汪的华商 871
（四）南非的华人商业经济 874
二、非洲华商面临的五重困境 875
（一）当地政府歧视政策的实施与变化 876
（二）种族矛盾的影响 876
（三）华商内部的政治派别之争 877
（四）批发商与零售商之矛盾 879
（五）店主与店员之关系 881
三、不断开拓的华人制造业 881
（一）毛里求斯工业的开拓者 881
（二）留尼汪华人的适时应变 887
（三）马达加斯加的华人企业 891
（四）莫桑比克的华人 892
（五）香港移民在尼日利亚的投资 893
第二十一章 非洲华人经济：多元化与创新（20世纪70—80年代） 899
一、本土华商传统的继承 901
（一）非洲华人的商业活动 901

（二）两个成功的经商家族企业　905

（三）非洲华人的餐饮业　907

二、本土华人企业家的创新驱动　912

（一）本土华人企业家的开拓创新　912

（二）本土华人家族企业的适时应变：以陈氏集团为例　917

（三）出口加工区的创建与毛里求斯华人的贡献　920

三、香港、台湾与东南亚华商投资的驱动　928

（一）香港和东南亚华人资本的引进　928

（二）台湾援非“先锋案”的实施　932

（三）台湾援非项目与非洲工业化　935

（四）台商的投资与南非“黑人家园”　937

四、结论　940

第二十二章　20世纪90年代以来的非洲华商经济（一）　941

一、非洲华商面临的挑战与机遇　942

（一）三个区域的商业经营　942

（二）非洲华商的新形势　945

（三）超级市场对华人店铺的冲击　948

二、非洲华商经济的持续发展　951

（一）早期非洲华人精英　952

（二）非洲华商第三产业的崛起　955

（三）华人制造业的持续发展　961

三、新移民对华商经济的刺激　967

（一）新移民的动力：来自香港的华商　967

（二）新移民的动力：来自台湾的华商　973

（三）新移民的动力：在南部非洲的投资　981

（四）有关家族企业的观点　983

第二十三章 20世纪90年代以来的非洲华商经济(二) 986
一、华商对促进中非贸易的贡献 987
(一)承包工程中的劳务大军:华商的先遣队 987
(二)非洲华商对中国经济的贡献 993
(三)市场"饱和状态"与应对策略 998
(四)示范效应与链条效应 1000
二、中国华商投资非洲的路径分析 1007
(一)华商的创业与继承:程志平与李森 1007
(二)华商创业"三部曲"之一和之二:从贸易到投资 1010
(三)集团化经营 1017
(四)华商成功的范例:公众人物与创业群体 1019
三、华商成功的原因与存在的问题 1027
(一)华商成功的原因分析 1027
(二)华商中存在的问题 1031
(三)华商面临的挑战 1035
第二十四章 华文教育的兴衰与复苏 1039
一、非洲华文教育的兴衰(20世纪50年代) 1040
(一)华校扩建热潮的持续 1040
(二)华文教育的兴盛:以新华中学为例 1042
(三)留尼汪的华文教育 1046
二、华文教育的重重困难 1048
(一)不承认双重国籍的政策 1048
(二)居留国政策的困扰 1049
(三)授课语言、师资与经费诸问题 1050
(四)生活环境与语言环境迥异 1051
(五)中国政策之变与华人选项之难 1052

三、华文教育的衰落(20 世纪 60—70 年代) 1053
(一) 缓慢的衰落与两种态度 1053
(二) 华文教育:苦苦支撑与边缘化 1055
(三) 西文教育的推崇 1057
(四) 西文教育的成就 1060
四、华文教育的复苏(20 世纪 80 年代以来) 1062
(一) 新机遇——汉语能力与胡清芳座谈会 1062
(二) 华文教育的复苏 1069
(三) 华文教育的多种形式 1073
第二十五章 非洲华人社团的传承与演变 1076
一、战后非洲华侨华人中的政治生态 1077
(一) 毛里求斯华人中的爱国倾向 1077
(二) 马达加斯加和留尼汪华人中的派别交锋 1078
(三) 南非华人中的亲国民党倾向 1079
二、非洲中华会馆的变迁 1081
(一) 中华会馆的演变:毛里求斯与南非 1081
(二) 留尼汪中华总商会的两度更名 1084
(三) 其他国家的中华会馆 1087
(四) 台湾华商的社会活动与台商协会 1089
三、20 世纪下半叶华人社团的聚合与分离 1093
(一) 华人社团的多样化 1093
(二) 华人社团的政治化 1098
(三) 活跃的华裔青年团体 1102
四、21 世纪非洲华人社团的新特点 1105
(一) 华裔社团功能的延伸 1105
(二) 香港与台湾华商的社会组织 1111

（三）新移民团体的迅速崛起 1113

（四）新移民团体个案：津巴布韦华侨社团与南非福建同乡会 1115

（五）新移民团体的通信工具：中文网络媒介 1117

五、结论：国际化与地方化的双重进程释疑 1119

第二十六章 非洲华人的文化生活与社会活动 1122

一、华人文化生活的演变 1123

（一）华人的激情岁月 1123

（二）作为调味剂的文化生活 1128

（三）不尽如人意的文化生活 1134

二、华人报刊演变的历史及其特点 1139

（一）战后华人报刊简史 1139

（二）21 世纪的华人报刊 1140

（三）华人报刊演变的特点 1145

三、华人社会生活中的变与不变 1146

（一）唐人街：中华文化的聚点 1146

（二）中餐馆：华人永远的骄傲 1152

（三）华人社会活动：传承与变化 1156

（四）低调且不参与政治：聪明的融入方式？ 1162

（五）赌博——华人社区中永久的“痛” 1165

第二十七章 精神世界：宗教意识的变迁与融合 1170

一、天主教/基督教在华人社区的兴起 1171

（一）华人皈依天主教/基督教的浪潮 1171

（二）华人皈依天主教/基督教的原因 1176

（三）实用主义的考虑 1179

二、传统文化和价值观 1182

（一）宗亲组织——华人的社会细胞 1182

（二）丧葬仪式——亲人的归天之礼　1184
（三）传统信仰——综合的人生哲学　1186
三、佛教在非洲　1191
（一）老一辈的佛缘　1191
（二）先知预言:70年后必建东方寺庙　1193
（三）佛光普照非洲:庙宇与信徒　1194
（四）佛光普照非洲:佛性与佛缘　1196
四、多种宗教的融合　1198
第二十八章　华人—中国—非洲:三角关系　1200
一、华人移民与中国关系:不同观点的碰撞　1201
（一）华人与海外移民:战略布局?　1201
（二）华人对驻外使馆:毫无好感?　1202
（三）华人与中国政府:关系密切抑或离心离德?　1203
二、华人与中国政府的互动关系　1204
（一）中国政府对移民非洲的指导性作用　1204
（二）驻外使领馆对侨胞的责任　1208
（三）华商的经济活动与使领馆的支持　1210
三、华人与中国的关系　1213
（一）“出国后才会更爱国”　1213
（二）非洲华人和平统一的愿望　1216
（三）华人的拳拳思乡情　1218
四、华人与非洲国家的关系　1224
（一）与非洲国家政府的关系　1224
（二）华人对当地社会经济的影响:积极?消极?　1231
（三）华人中存在的问题——“Kichina”“Chinko”和“Feng Kong”　1237
（四）自我完善:善举、约束与认识历史　1239

（五）自我保护：抗议、自卫与诉诸法律 1246

结论 1255

一、关于新移民的问题 1256

（一）“新移民”：模糊的定义 1256

（二）新移民的特点 1257

（三）新移民的分类 1261

二、华侨华人对非洲社会的多重影响 1267

（一）经济影响——“穷人们说，他们的购买力增强了” 1267

（二）社会动力——“人挪活，树挪死”与“小塘发展”策略 1269

（三）文化异同——“勤劳致富”与“财富是上帝给的” 1270

（四）非洲人对中国人的印象 1273

三、关于非洲华侨华人的历史问题 1277

（一）有关非洲诸国华人起源时间的校正 1277

（二）有关非洲华人几个史实问题的校正 1279

四、关于华侨华人研究的理论问题 1281

（一）华人的称谓与认同 1281

（二）华人的主体认同——“时间差”与“距离比” 1284

（三）华人的客体认同——“减压阀”与“替罪羊” 1285

（四）华人的辨识标准（ROOTS）与双重认同 1286

（五）中华文化与华人：生命力与适应性 1288

（六）华人的家族主义 1291

五、前瞻性结论 1292

（一）已得到印证的观点 1292

（二）未来展望：融合、困境与人口 1294

附录一 非洲国家（地区）华侨华人人数统计表 1297

附录二 非洲华文学校一览表 1308

附录三　1895—2016 年非洲华侨华人报刊　*1315*

附录四　非洲的中国新移民主要社团　*1324*

附录五　非洲华侨华人人名英汉对照表　*1327*

附录六　非洲华侨华人常用地名英汉译名对照表　*1333*

附录七　非洲华侨华人企业家一览表　*1339*

附录八　非洲孔子学院/孔子课堂一览表　*1352*

附录九　非洲华侨华人大事记　*1354*

参考文献　*1385*

导　论

我国的华侨华人史研究已日益深入，并已明显呈现出以下几个特征：第一，采取了多学科的研究方法。除历史学以外，社会学、经济学、政治学、法律学等学科的研究方法、手段和视角也被引入了研究。这种现象在很大程度上是由这一研究领域所涵盖的内容所决定的。第二，越来越呈现出国际化的趋势。近年来先后在世界各地举行的国际华侨华人研讨会上，中国学者积极参与，出版的杂志和论著均表现出与国际学者和国际学术接轨，即你中有我，我中有你。第三，对与华侨华人有直接联系的一些概念和理论问题开始关注，诸如“华侨”“华人”“华裔”“华商”以及“国际移民”“跨国移民”“跨国主义”“侨乡文化”等概念，融合、同化与认同问题、华人网络问题；对一些比较迫切或实际问题的研究也进一步深入，例如华侨华人经济问题、华侨华人的参政问题、华侨华人的教育问题等。第四，由对华侨华人比较集中的地区的研究开始向对世界各地区的华侨华人的研究铺开。

非洲人是否存在于古代中国是一个颇有争议的问题。① 中国对非洲的间接认识,可谓始于汉代。从唐代起,中西交往日益频繁,国人对非洲的认识亦从间接到直接。从目前有据可查的史料或考古资料看,早在宋代,已有一些华人居住在非洲。17 世纪中叶,荷兰殖民者将囚犯作为奴隶从印度尼西亚的巴达维亚(今印尼首都雅加达)送至毛里求斯或南非的开普殖民地,其中一些就是华人。国外研究者认为,早在 1593 年,即有华人被葡人运到南非;1654 年又有 3 名中国人被殖民者从巴达维亚运到毛里求斯。② 这些应该是较早在非洲居住的华人。然而,华人成批地移居非洲,则出现在清末。

不容忽略的是,我国对非洲华侨华人史的研究仍十分薄弱。迄今为止,对世界其他各洲的华侨华人的研究大多已有专著出版,但对非洲华侨华人的研究却呈现出边缘化的趋势,为数不多的研究文章以及汇编的史料亦多限于早期南非华工和他人译著。有鉴于此,本书作者的功力虽不逮,但希望尽可能地填补这一空白。值得说明的是,本书所使用的“华侨”和“华人”的词义与学术界一般理解的相似,即“华侨”是指那些至今仍保留中国国籍的人;“华人”是指居住在非洲的中国人,主要指那些加入所在国国籍的中国人,还包括这两种人的后裔,即人们所说的“华裔”。由于华人、华侨和华裔在主体认同上的相关性和客体认同上的相似性,除特殊情况外,本书一般未对这些词语进行严格区分。由于大部分老侨

---

① 近期关于早期非洲人向东亚扩散的生物学研究,参见 Ke Yuehai, et al., “African Origin of Modern Humans in East Asia: A Tale of 12 000 Y Chromosome”, *Science*, 292 (May 11, 2001), pp. 1151 - 1153. 关于语言学、人类学和考古学方面的研究,参见 Terrien de Lacouperie, *The Languages of China before the Chinese*, London: David Nutt, 1887; Li Chi, *The Formation of the Chinese People*, Harvard University Press, 1928; F. Weidenreich, “On the earliest representatives of modern mankind recovered on the soil of East Asia”, *Peking Natural History Bulletin*, 13: 3 (1939), pp. 161 - 174; Ling Shun-sheng, “Negritoes in Chinese History”, *Annals of Academia Sinica*, 3(1956), pp. 251 - 267. 关于近期的综合考察,参见 Li Anshan, “African diaspora in China: Reality, Research and Reflection”, *Journal of Pan African Studies*, 7:10 (May, 2015), pp. 10 - 43.

②《史诺先生介绍非洲华侨史概况》,《华侨历史学会通讯》,1982 年第 2 期。

已经加入所在国国籍，本书又专门论及新移民，因此较多使用"华人"这一称谓。

非洲华人社会经济史之所以重要，有以下原因：其一，非洲华人史是世界历史的一部分，它是世界经济史、世界移民史的重要组成部分。19世纪末、20世纪初，非洲华人在与国际资本主义在全球扩张相同步的劳动力转移的过程中扮演了重要角色，特别是在南非金矿开采的过程中起到了不可磨灭的历史作用。其二，非洲华人史是华侨华人史的一个不可或缺的部分；换言之，不包括非洲华人的华侨华人史或世界移民史是不完善的。第三，21世纪以来，中非关系突飞猛进，不仅成为国际政治经济舞台上的重要内容，也成为西方大国关注的焦点。中非关系的快速发展与非洲华侨华人的增长呈正相关关系。第四，中非关系的发展促使华侨华人在非洲经济社会方面做出一定的贡献，出现的问题也日益增多。上述因素促使我们必须加强对非洲华侨华人史的研究。

非洲华人史的分期是一个比较棘手的问题。除了世界历史这一大环境以外，还需要考虑四个因素：华人自身的发展、华人所在国的发展、中国的发展和中国与华人所在国的关系。当然，最客观的办法是从华人本身发展或所在国的角度来分期，然而这有一定困难：第一，华人的发展缺乏特有的界标；第二，非洲各国的发展过程有所不同。

这样，本书只能按照中国历史和中非关系史作为划分的依据。

第一章阐述了非洲华侨华人史研究的背景、方法论和现状。第二章为早期中非关系史概览，阐述了古代中非交往的可能性、证据与推测，随后探讨了唐代以前中国对非洲的间接认识，唐、宋、元三个朝代中国对非洲的认识，以及明代、清代中国与非洲的直接交往。华人迁移非洲是从清朝开始的，这与其他地区的"唐代起源说"有所不同。

第三至十章是从古代到辛亥革命时期非洲华人的历史，其主要线条是认识—接触—交往。内容涉及他们的起源、社区的建立、经济社会生活等方面。华人定居非洲的线索有非洲东海岸发现的大量宋朝钱币，桑给巴尔岛上有关早期华商的活动描述等。欧洲列强招募到非洲各地的契约华工(包括英属南非招募至德兰士瓦金矿的华工和随之而至的自由移民,德国在坦噶尼喀所招华工,法、西等国殖民地所招募的华工)也是重要内容之一。此外,还有专章论及清朝政府对非洲华侨的政策以及非洲华侨参与辛亥革命的活动。1911 年可以作为一个分界点。毛里求斯于 1911 年举行了第一次选举,由克里奥尔人领导的自由行动党赢得了路易港的选举。尽管这对当地政治没有根本性的改变,但它毕竟打破了毛里求斯法国人的政治垄断权。在南非,1910 年,英国将开普、纳塔尔、德兰士瓦和奥兰治四个省合并为南非联邦,作为英国的自治领地。1911 年的辛亥革命推翻了清朝统治并建立了中华民国。

第十一至十七章主要梳理了 1911—1949 年非洲华侨华人的历史,其主要线条是创业—生存—适应。内容包括人口变化、经济发展、社会生活、华文教育和社团活动,其中专门考察了非洲华侨对抗日战争做出的贡献,这一点长期为学者所忽略。一些颇有分量的华侨史著作对此未做任何考察。实际上,非洲华侨直接参加军事行动、建立后援组织、进行宣传活动、抵制敌国物资和组织各种捐款,这些工作对侨社的文化和社团建设起到重要的推动作用。华人社区也已经成形。在经济上,大部分华侨通过自己的艰苦创业,已摆脱早期的贫穷状态;在文化上,对后代的传统教育不仅使中国的文化得以保持和发扬,也使子孙保留了对祖国的感情;在社会生活上,由于华侨生活习俗的独特性,加之一直受到主流社会(实际上是处于统治地位的白人集团)的排挤和歧视,反而使华侨有机会维护自己社区的相对独立性;在组织上,各种华人社会团体以各种方式发挥作用。此外,专章论及非洲华侨与中华民国政府的互动关系。

20 世纪 40 年代末成为另一个界标。二战后,在几个华人较集中的殖民地(或自治领)出现了一些新的情况。首先是留尼汪在 1946 年成为法国的海外省。1947 年的毛里求斯新宪法和随之而来的 1948 年选举使华人参与政治成为可能;1947 年,法国殖民地马达加斯加宣布废除长期以来对华人实施的歧视性税收法令;1948 年,南非的国民党上台执政,开始系统地推行种族隔离制。中华人民共和国的成立更是直接影响到华人社会的各个方面。第十八至二十八章主要研究了 1949—2016 年非洲华侨华人社会的演变。这一阶段，非洲华人的经济状况有较大改善，华裔比重明显加大，华文教育经历了兴盛—衰落—复苏的过程，国共两党的分治对华侨华人的定居、教育、社团、宗教、参政等方面产生了重大影响。专章剖析了华人的经济发展(包括港商和台商)、文化和社会生态以及宗教生活。第二十八章特别阐述了当地华人—所属国—中国的三角关系，并对他们的作用进行了客观分析。

最后一章为“结论”，分为新移民、具体纠错、历史事实、理论问题以及前瞻性结论五个部分。第一部分关于新移民的定义、作用和分类。第二部分论及华侨华人对非洲社会的影响，主要涉及经济、社会和文化的双向影响及非洲人对中国人的印象。第三部分有关非洲华侨华人史研究中的问题，既有对四个国家(地区)华侨起源问题(津巴布韦、桑给巴尔、塞内加尔和南非)的纠错，也有对四个史实问题(抵达非洲路线、契约华工人数、非洲华侨对抗日战争的贡献和中国政府关于非洲的中国移民的说法)的陈述。第四部分是关于华侨华人中的相关理论问题，“华人的称谓与认同”分析了各种称谓的性质、主体认同(时间差与距离比)、客体认同(减压阀与替罪羊)、华人的辨识标准(ROOTS)以及华人的双重认同等问题。“中华文化与华人”中主要探讨了华人保存中华文化以及他们的适应性，还涉及了华人家族主义。“未来展望”提到笔者在 2000 年出版的《非洲华侨华人史》中的三个观点，并提出了另外三个观点，即华侨的融合尚需时日、西方的攻击/排外风潮在所难免和华人在非洲的人数将继续增长。

本书的附录共分九部分。主要是从有关文件、著作、报纸杂志等文献中爬梳整理得来的关于非洲华侨华人的各种资料，包括非洲华侨华人人数统计、非洲华文学校、非洲华侨华人报刊、非洲各国中国新移民社团、非洲华侨华人人名及常用地名英汉对照、非洲华侨华人企业家、非洲孔子学院、非洲华侨华人大事记。

附录中有一个《非洲华侨华人常用地名英汉译名对照表》。地名的准确性在历史研究中至关重要。一些非洲地名因翻译年代(古代、近代、现代和当代)和使用地域(非洲本地、中国大陆和中国台湾)的不同,有各种不同的译名或称呼。毛里求斯(Mauritius)在当地华人中有毛里寺、毛里西亚、模里斯、模里西斯、毛岛等不同译名。在中国,20世纪40年代将其译为“毛里西亚”①;到50年代,国内又译为“毛利西亚”②,现在的正规译名为“毛里求斯”。中国大陆和中国台湾在很多非洲国家的译名上均未统一,例如斯威士兰在台湾称为“史瓦济兰”,塞拉利昂被称为“狮子山”(意译)。在非洲华侨华人中,一些地名有特定的译法。如果对这些译名不甚清楚,容易造成不必要的误解。因此,实有必要列出一个“非洲华侨华人常用地名英汉译名对照表”。

由于在非洲的华侨华人相对较少,对这一地区华侨华人史的研究相对滞后,这是不争的事实。这里,根据笔者的学习体会,提出一些大致可供研究的课题。囿于笔者的知识面,只能从宏观、国别和专题三个方面提出,以供有志于非洲华侨华人史研究的同行参考。

从宏观上看:

(1) 非洲华人与世界经济的联系;

(2) 非洲华人史与世界移民史的关联;

(3) 非洲华侨与世界其他地区华侨的比较研究;

(4) 非洲华人与中非关系;

(5) 早期非洲华工的待遇及其社会生活研究;

(6) 非洲华人对当地社会的适应及其影响;

(7) 非洲华人的社会组织和宗亲结构;

(8) 华人移居非洲后的谋生手段及其文化策略;

(9) 非洲早期华侨华人与当代新移民的异同及其磨合;

(10) 处于世界经济与中国经济之间的非洲华人;

(11) 非洲华人文化与当地主流文化的关系;

---

①《简讯》,《新华日报》,1941年8月5日。

② 华侨问题研究会:《亚非地区华侨情况介绍》,1955年3月,第247页。

从国别来看：

(12) 处于白人与黑人之间的南非华人的生存手段；

(13) 南非华人保持自身文化的手段；

(14) 南非华人与种族隔离制研究；

(15) 毛里求斯华人对中国文化的心态研究；

(16) 毛里求斯华人的参政研究；

(17) 留尼汪华人对中国文化的心态研究；

(18) 留尼汪华人的参政研究；

(19) 所在国的移民政策与华人入籍的关系；

(20) 中国的历次政治运动对非洲(国别)华人的影响；

(21) 所在国的政局变化对非洲华侨的影响；

从专题来看：

(22) 非洲(或国别)华人经济史；

(23) 非洲(或国别)华人教育史；

(24) 非洲(或国别)华人社会史；

(25) 非洲(或国别)华人宗教史；

(26) 非洲(或国别)华人报刊新闻史；

(27) 非洲(或国别)华人社团发展史；

(28) 辛亥革命与非洲华侨；

(29) 二战中的非洲华侨；

(30) 非洲华侨与中国政治(经济)。

实际上，在整个华侨华人史的研究中存在着同样的兴趣和问题。只有不断地开拓新的领域和新的课题，华侨华人史的研究才能常新。虽然"华侨"与"华人"的概念在政策上有明确限定，但在学理和实践中却相对模糊(特别在历史研究中)，本书在论及早期非洲华人活动中并未严格区分。本书是在2000年版《非洲华侨华人史》的基础上增补修改而成，囿于笔者的研究功力，仍然难以令人满意。如果说，本书能对国人了解在非洲艰苦创业的华侨华人起一点作用，那正是笔者的初衷。

第一章　非洲华人社会经济史：研究的背景与现状

他们到这里来的目的，是对我们的农民进行培训，培训他们怎样利用机器来提高效率。他们创造了很多就业机会，还向我们提供他们的技术。我们州已经接待过上百名中国农业专家。我们的农民学到了很多东西，农业收成大大提高。聘请一名西方专家的钱，可以请来10位中国专家。

——欧金罗拉(Olagunsoye Oyinlola)①

不论在海内，还是海外，对华侨华人历史的研究是极不平衡的。由于华侨华人人口主要集中于东南亚地区，而且他们移居的历史比较悠久，因此对他们的历史和现状研究得比较多，也比较深入，这方面的著作和论文颇为可观。但对其他地区华侨华人的历史和现状的研究则相对比较薄弱，对非洲华侨华人的研究尤其少得可怜。

——周南京(北大教授、中国华侨史史学家)

---

① 欧金罗拉王子是尼日利亚奥逊州的州长。这是他针对德国记者弗朗克·泽林“中国现在做的事情能给当地老百姓增加就业吗?”这一问题的回答。

一、中国、非洲与世界

随着中国与世界经济结合日趋紧密,中国经济体在国际经济总量中的比重逐渐提高,中国在国际政治中的作用也更加重要。2000 年中非合作论坛(FOCAC)的创立为中国在世界舞台上扮演主要角色提供了一个典型,随之而来的是由中国主导的各种多边论坛、合作框架、金融机构和发展倡议。多边论坛如中国—葡语国家经贸合作论坛(2003 年)、中国—阿拉伯国家合作论坛(2004 年)、中国—加勒比经贸合作论坛(2005 年),合作框架如上海合作组织峰会(2001 年)、"金砖国家"峰会(2009 年),金融机构如金砖发展银行(2014 年)、亚洲基础设施投资银行(2015 年),发展倡议如"一带一路"发展倡议。在政治、经济、社会互动的基础上,国际上对华侨华人在全球人口、资本、技术流动中所起的作用日益关注。

(一) 世界秩序与中非关系

1. 国际形势的变化

早在 20 世纪后期,东亚经济的崛起引发了对儒家伦理与现代企业之间关系的探讨,有的学者将这些国家的快速发展与华侨华人的作用直接联系起来。改革开放以来中国的国际交往增多,华侨华人人数迅速增加。这既为世界经济创造了各种机会,也带来了不少问题,这些机会与问题表现在经济联系、政治影响、移民政策和国际关系等方面。中国综合国力的增强及华侨华人的贡献、华侨华人在中国与世界的沟通中所起的作用及其在所属国发挥的重要影响(例如在美国的高科技界)引起世人瞩目。

2008 年金融危机以来,国际形势发生了深刻变化。一方面,新兴国家的崛起对现存的国际秩序提出了强有力的挑战,发展中国家对建立公平正义的全球治理体系提出了新的要求。发达国家对新兴国家在国际政治经济中发挥日益重要的作用颇为不满甚至恐惧,美国重返亚太并加强对非洲、拉美市场的开发，英、法等西方发达国家企图通过经济和政治手段来维持其在世界其他地区的既得利益，有时甚至不惜进行军事干涉甚至发动战争来消灭对手，这在非洲地区显得尤其明显，利比亚战争以及西方国家频繁直接干涉非洲国家的选举就是最好的例证。

另一方面，中国的作用却在促进世界经济和社会的发展。中非合作论坛的创立成为国际舞台上的重要事件。自从 2000 年中非合作论坛设立以来，每三年召开一次，论坛举办的地点在中国与非洲国家之间轮换。这种模式成为其他国家效法的榜样。韩国、南美洲国家、印度、土耳其、伊朗等在中非合作论坛创立后的几年内纷纷建立了类似论坛。最具典型意义的是，1993 年成立的东京非洲发展国际会议（TICAD）每五年召开一次，前五届均在东京召开。然而，非洲国家对日本这种以自我为中心的会议设置提出异议。在 2016 年第六届东京非洲发展国际会议上，日本终于决定仿效中国，将召开的周期改为每三年一次，会议的地点也改在肯尼亚的首都内罗毕。

新兴国家（地区）主办非洲论坛（峰会）一览表

国别/地区	时间	地点	规模
韩国—非洲论坛	2006 年 11 月 7—9 日	首尔	刚果、尼日利亚、加纳、坦桑尼亚和贝宁 5 个非洲国家领导人和 20 个国家的 27 名部长级官员
非洲—南美洲峰会	2006 年 11 月 30 日	阿布贾	47 个非洲国家和 11 个南美洲国家的代表，包括 23 个国家的总统
印度—非洲论坛峰会	2008 年 4 月 8—9 日	新德里	14 个非洲国家的领导人及非洲联盟委员会主席科纳雷
土耳其—非洲峰会	2008 年 8 月 18—21 日	伊斯坦布尔	非洲 50 个国家的政府首脑或代表
伊朗非洲峰会	2010 年 9 月 14—15 日	德黑兰	30 个非洲国家代表，包括马拉维和塞内加尔总统

为了在多变的世界政治格局中掌握主动,进一步巩固和加强与其他国家的合作伙伴关系,中国将建立公正的政治经济秩序推进到国际舞台上,适时提出了“一带一路”倡议。这是一种全新的思维,与建立在控制与索取基础上的陆权与海权思维完全不同。这一倡议建立在合作双赢、共同发展、共同繁荣的理念之上,并逐步为沿线国家的人民所接受。正是这种共商、共建、共享、共有的命运共同体的理念和中非关系的快速发展,催生了将非洲纳入“一带一路”的合理化建议。

2. 海上丝路与非洲

中非关系的快速发展既引发了世界的瞩目,也激发了中国学者的思考。如何使中非合作具有可持续性并真正形成合作双赢的联动关系是问题的关键。

2015 年 1 月 16 日,在北京大学国家发展研究院举办的“朗润·格政”论坛——“一带一路”倡议构想研讨会上,林毅夫教授提出:在“一带一路”基础上,还需加上非洲,成为“一带一路一洲”。“这是因为,在帮助发展中国家发展方面,中国还拥有一个重要的优势,即巨大的劳动密集型产业。由于国内工资上涨,中国在这方面的比较优势逐渐消失。以前类似的转移已有多次,这次的新特点在于中国劳动密集型产业规模庞大。按照第三次工业普查,中国制造业的就业人员是 1.24 亿人,相当于当年日本的 12 倍。世界上能够承接这么大规模劳动密集型产业转移的地方只有非洲。非洲有 10 亿人,大量剩余劳动力在农村,年轻人比例高,工资水平只有中国的十分之一至五分之一。在转移劳动密集型产业到非洲方面,已有华坚集团等成功案例。”①

这是一个大胆的倡议。海上丝路与非洲的历史和天然联系确实存在(参见本书第二章)。有关“一带一路”倡议在非洲的适用范围与实施,

---

① 林毅夫:《“一带一路”需要加上“一洲”》,共识网,2015 年 1 月 18 日,http://www.21ccom.net/articles/china/ggcx/20150118119130.html.

已有学者讨论。① 笔者想在此简略地提一下非洲与“一带一路”的关联特别是在海上丝路中的位置。这种重要性通过以下几点表现出来：

首先，非洲东海岸的许多重要港口是海上丝路的关键组成部分。埃及除拥有自己的天然良港外，苏伊士运河长期成为欧洲—非洲—亚洲的重要通道，每年近3万只舰船从这里经过。苏丹的苏丹港建于20世纪初，承担着全国95%的出口和90%的进口运输任务。厄立特里亚有阿萨布和马萨瓦两个重要的港口。阿萨布港为人工港，有九个泊位，可停靠3.6万吨级货轮。拥有六个泊位的马萨瓦港为红海天然良港，可停靠万吨级远洋货轮，同时还建有修船厂。吉布提港扼守红海与亚丁湾之间的曼德海峡，这里是世界第二大繁忙的航道，是每年经过苏伊士运河的商船的必经之地，与亚洲大陆最短距离不足20海里。索马里有两个港口：柏培拉港是扼红海通道的重要港口；摩加迪沙是商港，该国的农产品和畜产品从这里出口。肯尼亚从北到南有四个港口：蒙巴萨、拉穆、马林迪和万加。蒙巴萨港历史悠久，不仅是肯尼亚最大的港口，也是东非最大的港口，东部非洲一些内陆国家的海上运输也靠蒙巴萨港。坦桑尼亚的港口有十多个，但最主要的有达累斯萨拉姆、姆特瓦拉、坦噶、桑给巴尔等港口。达累斯萨拉姆港是由中国在20世纪60—70年代援建的。南部的莫桑比克有马普托、贝拉和纳卡拉三个港口。南非约有20余个港口，主要的是开普敦、德班、伊丽莎白港和东伦敦四个港口。除开普敦跨大西洋和印度洋外，其他三个港口都濒临印度洋。

这些港口无疑可为“一带一路”，特别是海上丝路提供各种相关的海上航行和贸易服务。

其次，位于西印度洋的非洲岛(国)构成了海上丝路的重要支点。这里主要指马达加斯加、毛里求斯、科摩罗、塞舌尔和留尼汪(法属)。这些海岛(国)位于印度洋的西部，均有多个天然良港，自古以来就为印度洋

---

① 刘伟才：《“一带一路”战略在非洲的适用范围与实施》，《国别与区域研究》，2016年第1期，第70—77页。

航行提供各种便利。以马达加斯加为例,虽然它占地仅 62.7 万平方公里,却有东部的图阿马西纳、马南扎里和马纳卡拉,南部的陶拉纳鲁、图利亚拉(一译图莱亚尔),西部的穆龙达瓦、马任加以及北部的埃尔维亚、安采拉纳纳等近十个港口。目前,有的岛屿成为西方大国的军事基地。例如,查戈斯群岛的迪戈加西亚岛被美军占领。毛里求斯抗议多次,美国置之不理。迪戈加西亚岛的优越地理位置决定了它具有极重要的战略价值。作为查戈斯群岛的主岛,它北距"海湾咽喉"霍尔木兹海峡4 600公里,西距东非海岸 3 500 公里,向东 2 000 公里是"海上十字路口"马六甲海峡,北距印度 2 000 公里,东南距澳大利亚 5 000 公里。它属于毛里求斯,1965 年成为英国在印度洋的领地。1966 年英美签订协议,美国从英国租借此岛,从此成为美军在印度洋上的重要军事基地。70 年代初,最后一批种植园的劳工及其家人被强迫迁至毛里求斯。基地港口有一个机械化码头、两条深水航道,可以停靠航空母舰、核潜艇和作战物资预置船队,是美军全球战略链上极为重要的一环,被称为"印度洋上不沉的航空母舰",在海湾战争、阿富汗战争和伊拉克战争中发挥了不可替代的作用。2016 年 8 月,毛里求斯总理在参加东京非洲发展国际会议时与多个非洲国家领导人讨论查戈斯群岛问题,并希望得到他们的支持。2017 年,毛里求斯向联合国提出申述,联大以多数赞成的结果将其要求提交给海牙国际法庭。海牙国际法庭于 2019 年 2 月 25 日裁定,英国必须尽快将查戈斯群岛归还给毛里求斯。

第三,红海亚丁湾的海洋安全构成了海上丝路的重要保障。亚丁湾西侧北岸为亚丁港,南岸为吉布提港,是印度洋通向地中海、大西洋航线上的重要燃料港和贸易中转港,具有重要的战略地位。吉布提港具有得天独厚的地理和地缘政治的优势,①其战略位置引起一些主要国家的重

① "Strengthening Djibouti Port's strategic position", http://www.portdedjibouti.com/Pages/ReadNews.php?NID=30.

视。① 厄立特里亚的阿萨布和马萨瓦两个港口起着同样的作用，索马里的柏培拉港口也是红海上的重要港口。可以这样说，没有亚丁湾的安全就没有红海的安全，也就没有印度洋的安全。

3. 非洲与亚洲的密切关系

近 20 年以来，非洲与亚洲的关系日益密切，其主要原因是亚洲对非洲经济发展的贡献在近十年里突出。“自从亚洲人登场后，非洲经济形势明显改观。1970 年到 2004 年期间，虽然西方在不断提供援助，非洲占世界经济的比重却由 4%下降到 2%。而 10 年来，特别是由于中国的作用，非洲经济增长了两个百分点。非洲在 30 年中所失去的，在 10 年间被重新找了回来。”②当然，这有点言过其实。失去了的永远失去了，但我们可以通过努力弥补这种损失。当然，作者希望表达的意思是：亚洲人特别是中国人对非洲过去十年来经济发展的贡献十分明显。

从地理上看，印度洋是非洲与亚洲两个大陆的连接线。马达加斯加和毛里求斯在历史和人口构成上与亚洲有着极其密切的关系。马达加斯加是西印度洋的重要枢纽，它曾一直被认为是非洲和亚洲的联系枢纽。前总统菲利贝尔·齐腊纳纳曾表示：“我们……一定不能忘记我们是亚洲裔非洲人。我们确实兼有非洲和亚洲的血统。在这两个大陆上居住着应该成为我们朋友的弟兄们，马达加斯加即是把这两个大陆连成一起的天然纽带。”③毛里求斯的经济发展自独立后一直比较平稳，印度裔移民构成了该国公民的主要成分。近年来，该国的经济逐渐转为多元化，目前又在进行新的经济转型。毛里求斯一直充当着亚洲与非洲两个大陆间的移民和贸易中转站的作用。科摩罗和塞舌尔是位于西印度洋的两个岛国，独立后虽有过动荡，但目前发展趋势平稳。两个岛国的海

① “Djibouti's strategic position draws world's armies”, *Gulf News*, http://gulfnews.com/news/mena/djibouti/djibouti-s-strategic-position-draws-world-s-armies-1.1703777.

②《亚洲华尔街日报》，2007 年 5 月 16 日。

③ [美]科特雷尔、伯勒尔编：《印度洋在政治、经济、军事上的重要性》，上海人民出版社，1977 年，第 390 页。

港也起着重要的作用,它们与中国均保持着良好的关系。

非洲正在成为印度、马来西亚和中国等亚洲国家举足轻重的投资和贸易合作伙伴。2012年,南非53%的煤炭和6%的铁矿砂出口到印度,印度的汽车在非洲颇为流行,其他出口到非洲的商品包括电信设备、农机设备、电子机械、塑料制品、钢铁和水泥等。非洲与印度的贸易也在快速发展,2014年贸易额达740亿美元,比2008年增长80%。2008年,非洲与印度间的贸易量是非洲-美国的1/4,是非洲-法国贸易的一半,2014年非洲-印度的贸易量超过了与美国和法国间的贸易量。① 中国从2010年开始连续六年成为非洲的第一大贸易伙伴,这些年来的投资也在不断上升。马来西亚曾一度成为仅次于法国和美国的在非洲的第三大投资国。据联合国贸易和发展会议统计,过去十年来,马来西亚对全球的直接投资规模增加四倍以上,截至2011年达1 060亿美元,其中193亿美元投资于非洲,在非洲投资的马来西亚企业主要有国家石油公司和森那美公司等。②

李克强总理2014年访问非洲时提出中非产能合作的设想。国际上出现了一些评论,西方记者又重拾"中国人入侵非洲"的话题。③ 2015年年底,中非学者在南非召开了题为"'一带一路'与中非合作"的学术研讨会,大家对"一带一路"给中非合作带来的机遇给予了积极的评价,同时对落实这一计划的困难也做了充分的估计。作为"一带一路"的重要组成部分,"21世纪海上丝绸之路"为中非在公路、信息技术、电信等经济领域的合作架起了桥梁。同时,国内的学者对中非产能合作不断提出自己

---

① Simon Freemantle,"Trade patterns underline Africa's shifting role", May 25, 2015,http://www. bdlive. co. za/opinion/2015/05/25/trade-patterns-underline-africas-shifting-role,查阅日期:2015年5月26日。

②《马来西亚成为非洲第三大投资国》,http://www. mofcom. gov. cn/article/i/jyjl/j/201303/20130300068811. shtml.

③ Ian Johnson, "The Chinese Invade Africa", *ChinaFile*, September 28, 2014, http://www.chinafile. com /library/nyrb-china-archive/chinese-invade-africa,查阅日期:2015年9月16日。

的见解。①

2015年12月，习近平主席在约翰内斯堡召开的中非峰会上提出中国政府将在三年内拿出600亿美元的资金用于中非合作，从而在国际上引发了各种议论。对此，我们应该有基本认识。这笔资金并非单纯帮助非洲，而是一种合作，对中国也有利。这更非单纯的援助，其中只有50亿美元用于人道主义援助。中国目前产能过剩的现象十分严重，已经在阻碍中国的进一步发展。非洲正处于工业化发展过程中，急需一些产业的支撑（如钢铁、玻璃、水泥等）。如果双方加深合作，必将促进双方的发展。历史正在证明：非洲需要中国，中国更需要非洲。中非合作前途光明，这种合作的主要参与者之一是非洲的华侨华人。

（二）非洲的机遇

进入21世纪以来，非洲华侨华人研究又到了一个活跃期，新的机遇已经到来。所谓“机遇”，有三重意义。

1. 实际需要使然

国际上对华侨华人问题也十分重视，这表现在一些国家对华人研究项目的资助和研究人员的转向。② 除华人较多的东南亚国家外，发达国家的研究也大大加强。各地的华人研究机构纷纷成立。从20世纪90年代以来的研究动态看，华侨华人已成为美国的近代与当代中国研究的新热点。③ 这在很大程度上受美国政府和商界重视“大中华经济圈”这一提法的影响。④ 加拿大学者不断进行有关华人新移民的研究，并对多元

---

① 刘伟、郭濂主编：《一带一路：全球价值双环流下的区域互惠共赢》，北京大学出版社，2015年，第163—178页。

② 关于这一现象产生的原因，可参见庄国土《80年代以来国际华侨华人研究述评》，《侨务工作研究》，2000年第2期。

③ 如美国著名的人文社会科学杂志《代达罗斯》(*Daedalus*)1991年春季号刊登了多篇关于华侨华人的学术论文，学者如王赓武、杜维明均在此期撰文论及这一问题。

④ 关于美国学者论及大中华与美国外交之关系的代表作，可参见 Thomas A. Metzger and Ramon H. Mayers, eds., *Greater China and U. S. Foreign Policy: The choice between confrontation and mutual respect*, Stanford: Hoover Institution Press, 1996.

文化政策提出了自己的看法。① 欧洲学者近几年已启动多个研究项目，英、法、西、荷、丹等国不断有学者到中国进行华侨华人祖籍地的田野考察。② 澳大利亚的华侨华人研究也大大加强，澳大利亚国立大学亚太研究学院于1999年专门成立了“南方华人移民族群研究中心”(Centre for the Study of the Chinese Southern Diaspora)。日本学者的“华侨华人热”也十分明显。③ 达沃斯经济论坛甚至要求中国代表准备有关华人与世界经济之关系的发言题。

随着中非关系的推进，走进非洲的中国人也日益增多。这些人一方面成为将中国产品、技术、管理模式和发展道路带进非洲的排头兵，成为中非文化交流的桥梁；另一方面，他们在非洲铺路架桥，大大促进了非洲各国的基础设施建设，同时将相关制造业引进非洲，对非洲经济发展的推动显而易见。正是这样一批人构成了非洲的中国新移民，他们在非洲所起的作用日益引起国际学术界的重视。有的人将他们描述为中国经济向外扩张的排头兵，认为他们是中国政府大战略的一部分。有的人认为他们虽然带来了各种问题，但中国新移民不仅使他们自己增长了财富，也促进了非洲经济的发展。④

---

① 这些项目如由萨斯喀彻温大学社会学系宗力主持的关于加拿大的技术移民的项目，这一研究项目得到加拿大社会人文研究委员会的资料。较有影响的研究著作有李胜生:《加拿大的华人与华人社会》(宗力译)，三联书店(香港)，1992年。

② 较大的如英国社会经济委员会设在剑桥大学的福建新移民研究项目和荷兰设立的中国侨乡研究项目。

③ 参见卓南生《战后日本论坛的华侨与华人论》,《华侨华人历史研究》,1997年第1期。日本设立的华人研究项目也不少，如东京大学东洋文化研究所的华商网络历史研究项目和富士通研究所设立的东亚华人企业研究计划。

④ Giles Mohan and Dinar Kale, “The invisible hand of South - South globalisation: Chinese migrants in Africa”, A Report for the Rockefeller Foundation prepared by The Development Policy and Practice Department, The Open University, October 2007; Terence McNamee, with Greg Mills, et al., “Africa in Their Words: A study of Chinese traders in South Africa, Lesotho, Botswana, Zambia and Angola”, The Brenthurst Foundation, 2012; Giles Mohan, et al., *Chinese Migrants and Africa's Development: New Imperialists or Agents of Change?* London: Zed Books, 2014; Howard W. French, *China's Second Continent: How a million migrants are building a new empire in Africa?* Knopf, 2014.

中国人移民非洲的新浪潮与同期中国新移民主要流向的变化密切相关。20世纪末之前，绝大部分中国新移民前往发达国家谋生，尤其是北美和欧洲，后来开始流向澳大利亚等国。然而，自20世纪后期以来，越来越多的中国新移民前往发展中国家，其流向遍及东南亚、中东、拉丁美洲和非洲。这一变化的重要原因在于发达国家对非专业人士的移民限制日趋严格，合法移民难度加大，通过非正式渠道移民的价格飞涨。非洲之所以成为中国新移民的重要流向地之一，其自身所具有的吸引力不可忽视。这主要有以下几个因素：

首先是非洲政局总体相对稳定，经济发展较为平稳，资源丰富，市场消费潜力可观，蕴藏着巨大的商机。20世纪90年代中期以来，除个别国家外，非洲国家的政治局势较为稳定，这种政局对非洲的经济发展起到了重要作用。1995年以来，整个非洲大陆的国民生产总值的增长率在5%左右。其次，非洲一些国家对外来移民的限制和歧视逐步消除。过去，非洲一些国家对外来移民的规定比较严格，限制了包括中国人在内的外来移民的流入。[①] 随着这些国家移民政策的逐渐放宽，外来移民的数量也相继增多。再次，中非关系的良好发展推动了中国移民的增多。自中非合作论坛设立以来，双方在政治、经济和文化等多个领域的交流与合作不断扩展和深化，加上中国企业实行“走出去”战略，加大对非洲的贸易、承包和投资，这也鼓励了中国人前往非洲寻求发展机遇和空间。

2. 华商在非洲的作为

不言而喻，随着中非关系的拓展，非洲的中国人日益增多。这一趋势既为华侨华人研究提供了更多的研究对象，也使这一研究的社会需求更为迫切。

非洲不仅是历史和现实中海上丝路的重要组成部分，同时与中国的经济有很强的合作潜力和互补性。近年来，非洲华侨华人的快速增长与

---

① 如马达加斯加1962年的移民法严禁外侨未经批准从事某些行业，外侨购买房地产须经内务部部长批准。参见李安山《非洲华侨华人史》，北京：中国华侨出版社，2000年，第438页。

中非经济合作有着直接的关系。[①] 为了更直接地论述“一带一路”倡议与华侨华人的关系,在此以吉布提为例。

非洲目前有约110万华侨华人,其中不乏善于经营的私人企业家和努力促进中非双边关系的投资者。上海达之路控股集团董事长何烈辉就是这样一种善于抓住历史机遇的人。何烈辉毕业于上海海事大学的法律专业。1998年,一个偶然的机会,何烈辉只身闯到博茨瓦纳,本来是为了收款,却看到了这块土地上的无限商机。在父亲的强烈要求下,何烈辉决定去闯荡非洲。他先后闯荡加纳和尼日利亚,并在尼日利亚被授予“酋长”头衔。[②] 2006年,由于达之路集团富有成效地促进了中国与博茨瓦纳的投资和贸易往来,集团董事长何烈辉被任命为博茨瓦纳出口发展和投资总局中国首席代表。2010年,何烈辉被津巴布韦政府授予“津巴布韦荣誉旅游大使”荣誉。

为了促进非洲国家政府和企业加强与中国的经贸往来,从2008年起,何烈辉自己出资,多次举办中非经贸论坛和中非投资高层论坛,为非洲代表团提供费用,在非洲政府和企业与中国投资者间牵线搭桥,促进了中非双方的经贸对话。他凭借在非洲打拼十多年积累的人脉、对当地情况的熟悉、待人接物的真诚和长期经商形成的信誉以及自身的能力,敏锐地捕捉到“一带一路”倡议带来的商机,又一次迈出了非洲创业之旅。2015年8月,何烈辉当选为“一带一路”百人论坛“民营企业委员会”首届委员。他认为:“目前达之路集团正处在关键时期,要实现崛起,靠什么?靠三个优势:信誉优势、理念优势、情愫优势。优势就是我们的潜力所在、实力所系。按照‘一带一路’发展的要求,统筹发挥和打造这三大优势,全力推进中非之间的交流合作,重点打造吉布提经济特区,坚信达之路集团的未来一定会发展得更好。我们深信商业行为的最终目的

---

① 李安山:《国际政治话语中的中国移民:以非洲为例》,《西亚非洲》,2016年第1期。

② Li Anshan, “China's Africa policy and the Chinese immigrants in Africa”, in C. Tan, ed., *Routledge Handbook of the Chinese Diaspora*, London: Routledge, 2013, pp. 59－70.

不仅是经济利益，更重要的是要为人类创造更美好的生活。”①

2014年1月27日，在吉布提共和国总统盖莱阁下的见证下，何烈辉与吉布提共和国总理阿卜杜勒卡德尔·卡米勒·穆罕默德共同签署吉布提共和国政府授权达之路集团在吉布提设立“经济特区”的备忘录。这是一种全新的模式，吉布提政府把达之路吉布提经济特区项目置于最优先发展地位。根据协议，达之路吉布提经济特区由五个区块组成，面积广阔，其中的七兄弟岛地理位置十分重要，作为经济特区的奥博克地区坐落于塔朱拉湾北部，是通向亚丁湾的门户。依照该备忘录和后续文件的约定：达之路集团享有租借上述地区90年到99年不等的权利。吉布提政府授予达之路集团排他性的经营管理权，授权达之路集团在经济特区建设旅游城市，修建机场和海港、船舶修理中心、医疗中心，提供船舶供应服务、金融和电信服务等，经济特区的建设施工无需经过吉布提政府审批，由达之路集团根据中国的标准和规范自行决定。②

从双方所签协议看，吉布提政府对何烈辉这位跑过很多非洲国家并在多个非洲国家设有企业的华商表现出充分信任。在“一带一路”的历史背景下，这个位于“海上丝路”沿线的国家赋予达之路集团的是一种沉甸甸的权力。在这个经济特区投资建厂包括一系列重大责任：从项目的设立和规划，资金的投入和操作，到经济特区的管理和运营，还有对因投资产生的一系列效应和后果的处理。我们当然不能指望中国模式在这里复制，也不可想象吉布提政府对中国经验的全盘照搬，但中国的发展经验却可以通过达之路集团的运营在这个非洲国家因地制宜地被借鉴。这正是华侨华人在“一带一路”中的重要的作用。达之路吉布提经济特区的建立可以说顺应了天时、地利、人和。达之路集团建造的购物中心是吉布提首个大型购物

---

①《助力海上丝绸之路的明珠——吉布提》，《人民日报》(海外版)，2016年4月27日，http://news.163.com/16/0427/04/BLKO9TJ000014AED.html.

② “DJIBOUTI: Shanghai Touch road international group will capitalize on the strategic position of Djibouti”, *DP World*, 2014.2.27, http://www.dpworld-doraleh.com/djibouti-shanghai-touchroad-international-group-will-capitalize-on-the-strategic-position-of-djibouti/.

中心,被吉布提总统亲自命名为“吉布提购物中心”。2015年2月17日,吉布提总统任命何烈辉为吉布提驻中国大使特别顾问和吉布提驻中国大使馆特别顾问,以促进吉布提与中国之间的经贸和友好往来。

华侨华人在非洲发展中所起的作用显然是一个十分重要的课题。我们有必要将这种作用放在历史的长河中来观察和分析。

3. 中国政府的重视

中非合作论坛建立以来,中国政府在各方面加强了对非工作,除了大家熟悉的经济贸易合作之外,中国政府还在以下方面开展工作:

从组织机制上看,各种与非洲相关的机构不断增多,涉及政治、经济、文化、社会、军事等各个方面。为了加强与非洲国家相关领域的互动,中国组织了与中非合作论坛相关的各种论坛,如中非教育部长论坛、中非农业合作论坛、中非青年领导人论坛、中非卫生合作论坛、中非民间合作论坛、中非地方政府合作论坛、中非合作论坛——法律论坛、中非智库论坛、中非媒体合作论坛等先后开始运作。

从行为方式上看,与中非关系相关的活动异彩纷呈。为了加强国际发展合作,中国政府举办了各种类型的研修班,如公共政策硕士班、公共管理硕士班、教育管理硕士班、发展研究硕士班等,主要为发展中国家特别是非洲国家培养人才。另一方面,为了使非洲人更好地了解中国文化,中国在非洲一些国家先后举办“中国文化非洲行”和中国文化器物(如陶瓷、绘画、艺术等)的展览,举行中国文化系列活动,以及“中国风”“中国年”等与中国文化相关的各种活动,孔子学院与孔子课堂在非洲开设,中央电视台、国际广播电台、人民日报和新华社在非洲开设各种节目或新闻报道。除了“走出去”,还有“请进来”。中国举办了“了解中国”研讨班、非洲青年外交官研修班、非洲记者中国行研修班等。

为了加强对非洲的文化交流和学术研究,中国政府设立了不少机制、机构和合作平台。除了早已在毛里求斯设立的中国文化中心(1988年)外,现已在贝宁、埃及、尼日利亚、塞内加尔、坦桑尼亚等非洲国家设立了中国文化中心以传播中华文化。非洲的首家孔子学院于2005年在肯尼亚成立后，截至2016年6月，已有46所孔子学院在32个国家落户，还有14个国家的23所孔子课堂。此外，“中非文化聚焦”“中非文化人士互访计划”“中非文化合作伙伴计划”“中非20＋20高校联合交流计划”“中非联合研究交流计划”“中非智库10＋10合作伙伴计划”等合作平台设立。此外，商务部、农业部、中联部、科技部、卫计委、国家开发银行等实际部门设立了相关研究机构，以加强对非洲和中非关系的研究。

“文革”前的华侨研究处于半公开状态，“文革”中的华侨研究几乎陷入瘫痪，改革初期则因资金不足而起步维艰。目前，国家对华侨华人的重视已逐步上升到理性层次。中国政府认识到，华侨华人可以在互惠互利的基础上与中国开展各种合作交流，为中国的经济建设做贡献；华侨华人可以利用自己的身份和地位推动和平统一，以实现中华民族的伟大复兴；华侨华人可为推动中国与所属国的经济发展牵线搭桥，为双方的社会进步发挥作用，华侨华人还可传播中华文化，为世界文明做出贡献。

中央政府和各地侨办除了举办各种与海外侨胞和世界华商有关的各种大型会议外，已开始重视学术机构的作用，并就研究项目与大学科研单位展开合作。广东省与暨南大学、中山大学和五邑大学等广东高校的合作，以及福建省与厦门大学、华侨大学等高校的合作就是良好的范例。此外，教育部、国务院侨务办公室、全国侨联等部委机构也开始重视华侨华人研究，暨南大学华侨华人研究所于2000年确立为高校人文社科重点研究基地，侨务机构也大力推进华侨大学有关华侨华人的研究。近年来，政府与学界极力推进华侨华人（史）的研究，不断出台措施支持学术研究。除暨南大学和华侨大学两所专门的华侨华人研究院校和中国华侨华人历史研究所这一专门机构外，相当多的大学和科研院所也在政府或单位的支持下相继成立与华侨华人有关的研究机构，如北京大学的华侨华人研究中心、清华大学的华商研究中心、中国社会科学院民族学与人类学研究所的国际移民与海外华人研究中心。此外，多所高校相继成立了与国际移民和海外华人有关的研究机构，如华中师范大学、广西民族大学、江苏师范大学、山东大学等。

另一个趋势是政府机构与学术单位之间良性互动。国务院侨务办公室和全国归国华侨联谊会都相继成立专家咨询小组,定期举办咨询会议,组织侨乡调研活动,不定期与学校院所联合举办各种专家讲座,还拨出专款,每年进行课题招标,从而培养了一大批青年学者,使华侨华人的研究水平不断提升。各地方政府也花大气力支持有关地方侨史的研究与发掘,尤其以广东和福建为最。目前,中国华侨华人历史研究所的《华侨华人历史研究》已经引起了国际学术界的重视,其国际化倾向也日益明显,学术经费也在增加。由于全国哲学社科基金、教育部项目、国务院侨办和全国侨联的年度课题的持续支持,以及地方政府的财政拨款,有关华侨华人学术研究的资金相对充足。

虽然存在很多困难和问题,但目前的研究条件比以往任何时期都好,这是不争的事实。华侨华人研究学者的钻研精神正在发扬光大,研究队伍在不断扩大。此外,物质条件不断改善,包括研究单位的不断增加、各种书籍杂志和课题资料的积累、书目索引的整理等以及国家、部委和各省市各种课题的设立,基础研究已达一定水平,与国际学术界的联系与交流不断扩展。更值得一提的是,《华侨华人百科全书》的出版及一批重要的华侨华人研究辞典等工具书的编纂完成为进一步研究打下了坚实的基础。

在中非关系快速发展、非洲的重要性日益显现以及国际学术界有关华侨华人研究不断加强这一大的背景下,非洲华侨华人史的研究又到了一个新的繁荣时期。

(三) 两种力量的崛起

1. 西方的优势与两种力量的出现

笔者认为,虽然全球化促进了对国际移民和跨国主义的研究,但西方对华侨华人的研究实与发达国家对中国崛起的恐惧有某种关系。中非关系的快速发展日益引发国际社会的广泛关注,而不断增加的非洲华侨华人也顺理成章地推动了西方各方人士的重视和学术界的研究兴趣。

那么,为什么一些西方国家对中非关系的快速发展如此恐惧呢?这与现实的国际政治经济秩序有着密切关系。[①] 近代以来,西方凭借宗教、武力和意识形态的侵蚀,在非洲建立起相当巩固的政治统治、经济剥削和文化霸权。这种西方霸权并未随着非洲各国的独立而消失。对非洲的剥削可以说是西方富裕社会的基础之一。举例而言,尼日尔这个具有古老文明的西非国家,独立后法国一直控制其经济命脉和矿产资源,如阿海珐公司(AREVA)对其铀矿的垄断。尼日尔现在是最不发达国家之一。科特迪瓦在独立半个多世纪后,其总统府和国会大厦每年仍需向法国人交付租金,这真是前所未闻。[②] 这些只是非洲与西方国家关系的一个缩影。从历史上看,西方的全球经济霸权是建立在对非洲以及其他落后地区的盘剥的基础之上的,对西方国家而言,自身的这种霸权地位必须确保。

然而,两种力量正在撼动西方的优势地位。

非洲国家独立以来,多位有思想并有勇气力图摆脱西方控制的非洲领袖被暗杀、推翻或排挤,如卢蒙巴、恩克鲁玛、桑卡拉、卡扎菲、萨利姆·艾哈迈德·萨利姆等。[③] 所有这些人物都表现出要摆脱西方控制的

---

① 李安山:《为中国正名:中国的非洲战略与国家形象》,《世界经济与政治》,2008 年第 4 期,第 6—15 页。

② 刚果(金)博士生 Antoine Roger Lokongo 告诉笔者这一信息,并向笔者提供了资料来源。2013 年 10 月 16 日,笔者在给北京大学举办的"非洲法语国家青年外交官研讨班"上课时,经两位来自科特迪瓦的外交官核实,才确定了这一信息的可靠性。

③ 卢蒙巴是刚果金独立后第一任总理。1960 年比利时派兵入侵。卢蒙巴被推翻、逮捕并被杀害。恩克鲁玛是加纳独立后第一任总统,1966 年被军事政变推翻。桑卡拉,1983—1987 年任布基纳法索总统,被称为"非洲的切·格瓦拉",1987 年被军事政变推翻并在交火中身亡。卡扎菲,利比亚最高领导人,2011 年在英、法、美等联军的军事干涉和突袭下被俘身亡。萨利姆曾任坦桑尼亚外长、坦桑尼亚总理和非洲统一组织秘书长。当他在 1981 年竞选联合国秘书长时,曾 16 次被美国否决,主要是原因是 1971 年 10 月 25 日当中国恢复联合国席位的投票结果在联合国大厅宣布时,时任坦桑尼亚驻联合国代表萨利姆率先表达了兴奋之情,其他的非洲代表团也加入了他的行列。在 1981 年的这次选举中,中国也同样 16 次否决了美国支持的候选人。Jakkie Cilliers, ed., *Salim Ahmed Salim: Son of Africa*, AU, ACCORD, HD, ISS & MNF, 2016.

决心,表达了反对西方统治和维护主权独立的意愿。近年来苏丹的分裂、①利比亚的陷落、②刚果金内战③或是由西方直接干预,或是背后有西方大国的影子。经济上的手段更是层出不穷,经济制裁和经济援助是两种最为常见的手段。如果不听话或敢于挑战西方霸权,经济制裁随之而来,津巴布韦就是一个典型。④ 至于所谓的经济援助,则是一种更为常用的控制手段。正如肯尼亚学者希夸提指出的:"由美国、欧洲、澳大利亚、日本及其同盟国主导的援助的目的是为了捐助国自身的利益。"⑤随着非洲国家出现"向东看"的政治思潮,二战以来由西方主导的非洲发展模式面临着严重挑战。这可以说是非洲国家的觉悟。

改革现存的国际政治经济秩序的另一种推动力量来自包括中国在内的新兴国家。它们不仅以自身的发展为非洲国家指出了一种替代发展模式,也正在加强与非洲的合作并大大促进了非洲经济发展。在这些新兴国家中,中国以其独特的政治制度和惊人的经济发展尤为突出。"中国的发展模式不仅具有可操作性,而且没有附加条件,从而为非洲国家提供了一种发展的替代模式。"⑥塞内加尔前总统瓦德明确指出:"促进

---

① 北京大学非洲研究中心调研组与位于朱巴的苏丹政府南部地区合作部双边司司长巴克·瓦伦蒂诺·沃尔(Baak Valentino A. Wol)的访谈,2008 年 8 月。

② Horace Campbell, *Global NATO and the Catastrophic Failure in Libya*, New York: Monthly Review Press, 2013.

③ 龙刚(Antoine Roger Lokongo):《美国利益与刚果(金)资源战争关系研究》,北京大学国际关系学院博士论文,2015 年。

④ 有关欧盟制裁津巴布韦的措施,参见 The Council of European Union, "Council Decision 2011/101, CFSP of 15 February 2011 Concerning Restrictive Measures Against Zimbabwe", *Official Journal of European Union*, 16(August 2011). 有关美国制裁津巴布韦的立法,可参见美国财政部网站;有关制裁津巴布韦的名单,可参见美国驻哈拉雷大使馆网站。共有 118 位津巴布韦公民和 11 家津巴布韦公司受到制裁。Joseph Hanlon, Jeanette Manjengwa & Teresa Smart, *Zimbabwe Takes Back its Land*, Jacana, 2013, pp. 92 - 93.

⑤ 詹姆斯·希夸提:《援助与发展:非洲人为何要有梦想并走出去》,载李安山、潘华琼主编:《中国非洲研究评论 2014》,北京:社会科学文献出版社,2015 年,第 238 页;李安山:《国际援助的历史与现实:理论批判与效益评析》,同上书,第 121—141 页。

⑥ Eginald P. Mihanfo, "Understanding China's Neo - Colonialism in Africa: A Historical Study of the China - Africa Economic Relations", in James Shikwati, ed., *China - Africa Partnership: The quest for a win-win relationship*, Nairobi: IREN, 2012, p. 142.

经济迅速发展的中国模式可以教给非洲很多东西。”①与此同时，中非合作在范围、规模、速度和影响上都是空前的，这种合作正在推动着非洲经济的全面发展。正如南非学者马丁·戴维斯指出的：非洲与中国的经济增长曲线有很强的关联性，非洲经济符合中国的“走出去”战略，非洲愿意接受中国的投资，非洲正远离传统经济体，转向东方与中国。② 美国对外关系委员会近期发表的背景报告也承认：“中国的投资不断帮助刺激着非洲的高速经济增长。”③

2. 西方对中国崛起的恐惧

这样，改变非洲命运的两种力量使西方的霸权地位受到前所未有的挑战。有鉴于此，西方国家针对中非关系的各种谣言、诱导和误读层出不穷。国际政治话语对社会各界的导向不断增多，这种政治催化剂也推动了学术研究的兴趣。最荒唐的谣言出自一位前美国高官之口。原卡特政府负责人权事务的前助理国务卿帮办罗伯塔·科恩在《纽约时报》上发表了《中国在非洲使用囚犯劳工》一文，宣称“中国人不仅出口由囚犯制造的产品，而且还派遣囚犯出国工作”。④ 也许科恩女士当时尚未预料到中非合作的快速发展而仅仅是从攻击中国人权的角度来造谣的话，但这一恶意诋毁却在全世界不胫而走，对后来加速发展的中非经济合作带来了不小的阻碍。⑤

---

① A. Wade, “Time for the West to Practise What it Preaches”, *Financial Times*, February 29, 2008, http://www.ftchinese.com/story/001017597/en，查阅日期：2015 年 9 月 20 日。

② Martyn Davies, “How China is Influencing Africa's Development?” in Jing Men & Benjamin Barton, eds., *China and the European Union in Africa: Partners or Competitors?* Ashgate, 2011, pp. 187 - 205.

③ Christopher Alessi & Beina Xu, “China in Africa”, Council on Foreign Relations, April 27, 2015, http://www.cfr.org/china/china-africa/p9557，查阅日期：2015 年 10 月 12 日。

④ Roberta Cohen, “China Has Used Prison Labor in Africa”, *New York Times*, May 11, 1991.

⑤ 对相关谣言的批驳，参见严海蓉、沙伯力《关于中国的修辞法？——对中国向发展中国家输出囚劳谣言的分析》，载李安山、刘海方主编：《中国非洲研究评论 2012》，北京：社会科学文献出版社，2013 年，第 137—164 页；严海蓉、沙伯力《中国在非洲：话语与现实》，北京：社会科学文献出版社，2017 年。

具有诱导性的报道同样具有很强的杀伤力。德国《明镜》周刊曾发表了一篇煽动性极强的文章——《武器与石油和肮脏交易:中国如何将西方排挤出非洲》(*Waffen, Öl, dreckige Deals-wie China den Westen aus Afrika drängt*)。作者用这种刺激的标题和歪曲的事例来诱导民众:中国在非洲进行的是见不得人的勾当,中国将西方排挤出非洲。这种诱导性陈述遭到正直学者的抵制。2011 年,亚历克斯·伯格、戴博拉·布罗蒂加姆和菲利普·鲍姆加特纳在德国发展研究所刊物上撰文《为什么我们如此批判性地针对中国介入非洲?》,分析了为何西方总是一味批判中国在非洲的行为,批判了上文的不实之词,试图纠正这种一边倒的情况。[①] 然而,《明镜》周刊的阅读对象比较大众化,其发行量也远超德国发展研究所的刊物,有如罗伯塔·科恩的诋毁一样,破坏已经造成。

当然,光靠诋毁不能阻碍中非关系的快速发展。正当西方对中非全方位合作一筹莫展之时,戴博拉·布罗蒂加姆的著作《龙的礼物——中国在非洲的真实故事》出版。这位研究中国对西非农业援助的美国学者提供了一个与新闻媒体的诋毁和曲解完全不同的答案。[②] 然而,她对中非合作的客观解释并不能满足西方政府。这样,中非关系这一西方各国政府十分关心的问题,很快成为国际学术界一个新的研究领域。华侨华人在这场学术讨论中成为热点的"政治话语"之一,随着中非关系的推进而持续升温,与不断"政治化"的中国话题密切关联。有鉴于此,非洲华侨华人史的研究被卷入这种"政治化"的国际风云之中可谓题中应有之义。

有趣的是,霍华德·弗伦奇在回答《德国之声》记者提问时表达的观点十分明确。他认为,"中国在非洲寻求长期利益,使用以量取胜的原

---

① Alex Berger, Deborah Brautigam and Philipp Baumgartner, "Why Are We So Critical about China's Engagement in Africa?", *DIE* (*German Development Institute*), August 15, 2011.

② [美]戴博拉·布罗蒂加姆:《龙的礼物——中国在非洲的真实故事》(沈晓雷、高明秀译),北京:社会科学文献出版社,2012 年。还可参见李安山《中国的援非故事:一位美国学者的叙述》,《外交评论》,2010 年第 5 期,第 12—19 页。

则。西方很慢才反应过来，现在才着手应对。除此之外，中国和西方趋向于占领全球经济中不同的位置，因此他们目前在非洲的竞争尚且不是针锋相对，也并非零和博弈（即一方获利，另一方必然受损）。然而以后如果西方找不到更有效的方式拉拢非洲，特别在经济领域，当非洲开始在世界经济中扮演远比现在重要的角色时，一个在工业生产领域不断提升经济价值链的中国将会在非洲享有巨大优势”。他也解释了自己在书中使用“帝国”一词的缘由。“中国建立了一些和非洲经济合作的模式，这些模式却极为不平等，给中国带来巨大的优势。中国在非洲进行大量基础设施建设的方式富有新殖民主义色彩：中国提供设计和策划、劳动力、甚至低级劳力，中国提供贷款，甚至在许多情况下提供原材料。也就是说，中国建立了一个可以不断扩大自我利益和优势的反馈回路。非洲人从中获得极少的技术知识。中国移民在建立这一系统中扮演着另一个角色：他们加强中非之间的贸易、金融和文化联系，这些联系长期内可以大幅提升中国的影响力。”[①]从这番表述来看，霍华德·弗伦奇的著作中的“政治化”意味已经十分明显了。[②]

3. 事实胜于雄辩

笔者并不认为弗伦奇著作中出现的诸多史实错误是历史学与新闻学的差别。然而，笔者不太清楚，当霍华德·弗伦奇指责中国的所谓“新殖民主义”时，他是不了解情况，还是蓄意歪曲。

笔者于2016年8月分别访问了埃塞俄比亚、肯尼亚和南非。在对中国在埃塞俄比亚首都亚的斯亚贝巴修建的城市轻轨进行调研时了解到，负责该项目运营的深圳地铁公司花大气力培训当地员工，一代新的

① 傅好文：《非洲——中国的第二大陆》，《德国之声》，2014年8月9日，引自中国选举与治理网，http://www.chinaelections.com/article/722/232680.html，查阅日期：2016年7月20日。

② 2016年5月耶鲁大学非洲研究中心与拉各斯商学院共同举办中非关系国际研讨会。会议举办方委托尼日利亚前外长、联合国前副秘书长甘巴里先生（Ibrahim Gambari）与笔者一起担任会议的共同主席。令人回味的是，尽管会议组织方邀请霍华德·弗伦奇做一个晚餐发言，但观众对他的发言反响并不热烈。

技术人员正在取代中国技术人员。由于篇幅和内容的限制,在这里仅举中国路桥公司建造蒙巴萨-内罗毕铁路(蒙内铁路)技术培训的例子。中国路桥公司力图从三方面分三个阶段培训当地技术人员,建立了一个综合性的三级培训体系,包括铁路建设技术培训、铁路运营/管理培训和铁路工程教育体系。整个培训项目是同当地机构合作的。

第一级包括三个阶段,即各种技术的综合培训,与当地培训机构合办培训基地,如与雷内笛卡尔培训机构(RDTI)的合作,以及在中国的高级培训班。现在约 1.8 万人/次的肯尼亚人参加了第一级的培训。第一阶段是给不同领域的人员培训不同的技术。第二阶段是建立了一个具有师徒关系的培训基地,一个中国技术员师傅带一个肯尼亚工人学徒。中国师傅负责肯尼亚学徒的技术技能实践,而雷内笛卡尔培训机构负责学徒的理论学习。培训利用晚上和周末的时间在工地进行。第三阶段,经选拔的优秀学徒在中国商务部的资助下赴中国深造。2015 年 7 月到 12 月,13 位被送到中国参加“2015 年发展中国家铁路工程建设管理与施工研修班”的肯尼亚人在西南交通大学学习,他们都圆满完成了学业,并获得了大学颁发的证书。2016 年第二批 20 位学员的选拔工作已经完成。

第二级是专门针对铁路运营和管理的培训,包括两个阶段。蒙内铁路计划 2017 年通车运行,需要大量的工程师和技术人员。然而,肯尼亚铁路专业既没有职业技术教育,也没有本科教育。因此,第二级的培训是非常重要的,其第一阶段的培训班于 2016 年 4 月开班。十位来自肯尼亚铁路局下属培训学校的教师被送往中国的西南交通大学接受铁路技术专业的培训,同时,十位中国教授已经抵达肯尼亚任教。第一期培训班为期四个月,共有 105 名学生参加交通运输专业、机车专业和通信专业这三个专业的学习。中国路桥公司计划斥资 1 000 万元建立一家铁路技术培训中心,在七年内为肯尼亚培养 3 000 名技术人员。现在,中国路桥公司正准备铁路管理第二阶段的培训,包括关键岗位培训、教师职业教育培训和在职铁路职工的适应性培训。关键岗位涉及列车运行、列车维修、管理和技术人员。当地教师的铁路职业教育培训将在五年之内分七次在中国完成，目的是使肯尼亚教师可以承担未来的培训任务。在职铁路职工的适应性培训包括安保培训、标准化操作培训、季节性培训，以及新技术、设施、规则、流程和应急管理能力的培训等。

第三级还处在帮助肯尼亚建立铁路工程专业的规划阶段。肯尼亚目前没有这样的专业。中国路桥公司希望能够借助中国完善的铁路工程教育体系，帮助肯尼亚建立铁路专业。现在，该计划已经得到了内罗毕大学和中国大使馆的积极响应，西南交通大学也已承诺积极参与内罗毕大学铁路管理高层次人才的培养。①

在其他领域，中国国有企业也推动着技术转移。苏丹曾经是石油进口国，但在中国石油天然气集团公司的帮助和自身的努力下，现在已经拥有完整的石油“勘探—生产—提炼—出口”体系。在一开始，中石油公司就设立了帮助苏丹建立石油工业体系的目标，它首先实施了一项人才培养计划。从 1998 年开始，中石油公司先后从苏丹喀土穆大学(Khartoum University)选拔了 35 位教师和专家，赴中国学习石油专业，他们全部获得了博士学位或石油相关专业的学位，回国后成为苏丹石油工业的支柱。自 2006 年起，中石油公司又与苏丹能源矿业部签署多份协议，为苏丹培训石油专家，并为此提供资金支持。苏丹政府表示，帮助苏丹培养了一批石油专业人才是中石油公司对苏丹人民最重要的贡献。中石油公司对苏丹投资项目的本土化率已达到 95%，而苏丹石油工程建设和技术服务的本土化率也达到了 75%。② 在参观喀土穆北部的喀土穆炼油有限公司期间，笔者得知新员工进入公司以后，一半时间上班，一半时间参加培训课程。经过十多年的努力，苏丹本国已拥有炼油专业的

① 中国路桥工程有限责任公司：《蒙内铁路项目社会责任报告 2015 年度》。此为双语报告。英语版本参见 *CSR Report of Mombasa - Nairobi Railway Project* 2015, China Road and Bridge Corporation, 2016.

② 张安平、李文、于秋波：《中国与苏丹石油合作模式的实证分析》，《西亚非洲》，2011 年第 3 期，第 3—11 页。

工程师和技术人员。现在,苏丹的工程师们不仅在喀土穆炼油公司和中石油在苏丹的项目中发挥重要作用,他们也成为苏丹石油工业的支柱。在非洲还有其他的技术转移项目,比如索马里的贝莱特温-布劳公路项目(The Belet Uen – Burao Highway)、喀麦隆的拉格都水电站项目(The Lagdo Hydro-power Station)、毛里塔尼亚的努瓦克肖特友谊港(Nouakchott's Friendship Port)项目、博茨瓦纳的铁路升级项目和埃塞俄比亚亚的斯亚贝巴的戈泰拉立交桥项目(The Gotera Interchange)等等。①

笔者在蒙内铁路进行实地考察时看到一位肯尼亚的女吊车司机并有幸与她合影。笔者在这些国家看到的中非合作情况与霍华德·弗伦奇的描述大相径庭。难怪一位中国大使在谈到西方对蒙内铁路的歪曲宣传时指出,西方媒体只报道 2 000 名中国技术人员参加铁路建设,却对蒙内铁路项目解决了 2 万多名肯尼亚人的就业问题视而不见。

二、非洲华人社会经济史的史料分析

对历史研究而言,最重要的是史料。徐艺圃先生是明清档案专家和清史学家。他曾指出:“从现存的清朝档案记载看,只是从天津关出洋的华工计有三十二批,而至宣统二年五月由南非再回到天津关的,却只有二十六批。如在第二十六批回华的一千五百九十名华工中,身患疾病及伤残者就达二百多名。触目惊心的南非华工出洋史,就是以血和泪写成的对帝国主义吃人制度进行控诉的历史!”②

华侨华人的史料十分丰富,主要是因为这一类别既牵涉到国家的侨务政策和移民政策,又关系到地方舆情甚至外国公司的需求,还与中国不同地域的发展以及族群动态有密切关系。从有关非洲华侨华人史的

① 有关中非合作中的技术转移问题,参见李安山《从坦赞铁路到蒙内铁路:中非合作中的技术转移》,《国际社会科学》,2016 年第 4 期。

② 徐艺圃:《清末英属南非招工案初探》,《文物》,1984 年第 22 期。

资料来源看，目前可资利用的主要有官方资料和民间资料两大类。官方资料包括中国中央政府和地方政府的档案、外国政府或原殖民地档案、官方机构出版的相关杂志和印刷物，以及报刊所登有关华侨华人政策的官方文件或官员讲话等。官方资料也包括一些国际组织发布的相关统计资料、调研资料或相关文件。民间资料是另一类重要史料，主要包括公司、社团和个人的各种资料。公司资料中有涉及华工招募的各家外国公司，还有各国华侨华人相关社团组织，如南非中华总商会留存的档案记录着南非华侨华人的生存与奋斗历程。一些华侨个人（如谢子修、叶迅等）的往来信件、回忆或实录也记录了他们的亲身经历。这两类资料都是比较原始的资料，具有重要价值。当地报刊也是非常重要的原始参考。此外，还有大量的第二手资料，这主要是指学者和相关组织的研究著述和调研报告等。

（一）官方资料

官方资料是史学界最为重视的所谓“第一手资料”，包括政府档案、官方资料以及地方政府的相关资料等。

1. 中国政府档案

大致而言，华人移居非洲大陆和邻近岛屿源于清朝。因此，清朝外务部的档案资料对于研究早期华人（特别是 1904—1910 年赴南非的契约华工）移民非洲的历史至关重要。这些档案包括南非招工案过程中中英两国政府的各种外交文件、中国驻南非总领事馆官员的各种电文、中国海关官员与外务部的往来信函等。

此外，中国政府与英国政府签订南非招工章程之前，英国已擅自在烟台和天津等地进行招工。南非招工章程签订后，英国提出将秦皇岛作为华工出洋口岸之一，并在此公开设立专门的招工所。清朝政府随后也在天津成立了南非招工“保工局”。随着招工的展开，英国又威逼清政府于光绪三十年八月十二日允许在章程以外的烟台开办了招工所。英国派巴恩思为驻烟台招工理事。从烟台出洋去南非的华工人数，现存的只有两件档案,是袁世凯分别于光绪三十一年正月和十月咨报外务部的。继烟台之后,英国又于光绪三十一年正月提出,要在非通商口岸威海卫设立招工所。不久,清政府给予"特别通融"。此外,英国还在梧州、广州等地设立招工所。因此,这些地方的档案和方志中也有相关资料。

有的官方档案已汇编出版。从已公开发表的官方史料看,陈翰笙主编的《华工出国史料汇编》第一辑是《中国官文书选辑》,共四册。其中第四册第八篇《南非的华工》共有史料 154 件,分别收入了外交信函、政府照会、外交文稿、电报、札文、申呈、画押折、咨文等。其中最多的为咨文(43 件)、外交信函(41 件)和外交文稿(34 件)三类。① 这些资料中包括清朝外务部就华工赴南非金矿事宜与英国方面的外交换文,张德彝(当时的中国驻英大臣)与英国外交部的交涉情况,各地政要(如直隶总督袁世凯)就华工赴南非事宜致外务部的咨文,刘玉麟(中国驻南非第一任总领事)和刘毅(中国驻南非代总领事)关于南非华工的运送、待遇和生活状况致外务部的报告和信函。尽管这些文件主要是关于南非华工的,但一些外交信函和外交文稿也直接提到了当时旅居南非华侨的生活状况,如《署南非洲总领事刘毅为办理华侨禁烟事致外务部申呈》中指出了当时在德兰士瓦和开普敦的华侨吸食鸦片的情况:"每省约千余人,吃烟人数约居十之三四。"②

2. 外国政府档案

外文史料中的官方资料包括未发表的政府档案和已公开发表的官方文件。值得说明的是,笔者在英国国家档案馆(Public Record Office at Kew)和加纳国家档案馆(Ghana National Archives)做过研究,对这两国的档案分类稍为熟悉一些,③对其他国家的档案资料的分析只能依据

---

① 陈翰笙主编:《华工出国史料汇编》,第一辑《中国官文书选辑》(四),北京:中华书局,1985 年,第 1643—1792 页。

② 同上书,第 1785 页。

③ 关于这两个国家档案馆的档案分类的大致情况,可参见李安山《英国国家档案馆印象记》,《世界史研究动态》,1990 年第 12 期;李安山《加纳国家档案馆简介》,《世界史研究动态》,1993 年第 3 期。

第二手资料。

当然,未发表的政府档案是十分重要的史料,所有华工或华侨生活过的国家均有此类资料。以英国为例,英国政府档案中主要有英国议会文件(Great Britain, Parliament Papers,简称为 Cd.)、英国外交部文件(即编号为 FO 的文件)和英国殖民部文件(即编号为 CO 的文件)。从中英有关南非契约华工事宜的谈判直到南非华工回国为止,英国议会文件大量涉及此案。举例而言,编号为 Cd. 2246 (1905)的文件是《英国与中国关于在英国殖民地和保护地雇佣中国劳工的国际公约》,1904 年 5 月 13 日在伦敦签署;编号为 Cd. 3405(1907)的文件是关于《与德兰士瓦引进中国劳工超出所发执照人数相关的通信》,这是一份十分重要的文件,记录了南非金矿引进的超出规定人数以外的中国劳工的情况。英国外交部文件也多有涉及,如 367 (FO367)是“非洲/总论,1906 年”类,第 16 号档即有一份题为“德兰士瓦中国商人的请愿书,1906 年 9 月 27 日”的文件,为我们提供了当时在德兰士瓦以经商为业的华人为争取生存权利而抗争的资料。

此外,当时英国政府或公司将华工主要引入各殖民地从事铁路或其他工程建设。因此,殖民部的档案资料至关重要。以黄金海岸(今加纳)为例。笔者在英国国家档案馆曾专门查阅过殖民部文件 96 档(CO96),这是英国殖民地黄金海岸的档案分类号。两份黄金海岸殖民总督致英国殖民大臣函表示已接受了从中国来的工人。在 1879 年、1889 年、1895 年、1897 年的官方档案中均有关于建议引进华工的文件,如 1895 年黄金海岸总督马克斯韦尔在赴西非就职时就引进华工这一问题写的备忘录。① 殖民官员霍季逊于 1897 年就黄金海岸的华工情况写给张伯伦的急件也是一份相关的殖民部文件。② 又如殖民部文件 291 档 (CO291) 是“原始信函——德兰士瓦总督致英国国务大臣,1902—1907 年”类。

① CO96/269. Memorandum, “Coolie Immigration, Gold Coast”, 28 Mar. 1895.
② CO96/300. Dispatch No. 495, “Hodgson to Chamberlain”, 23 Dec. 1897.

1904—1907 年正是南非招募华工最活跃的时期，①这些信函中即有一些关于中国劳工的资料。

在 19 世纪末和 20 世纪 20 年代，法国为了巩固其在非洲的殖民统治，先后在法属西非和法属中非修建铁路。为了修建达喀尔的市政工程、达喀尔—路易港铁路和法属中非的普安特·诺瓦—布拉柴维尔铁路，法国多次从中国运去了华工。在毛里求斯、马达加斯加和留尼汪，华侨的人数比较多。毛里求斯在 1715 年被法国占领，在 18 世纪一直是法国的殖民地，到 1810 年才转到英国东印度公司手上。1762 年，法国人从中国掠夺了一批华工，送到毛里求斯岛种植园劳动。马达加斯加从 1896 年起即沦为法国的殖民地，一直到 1960 年宣告独立。留尼汪于 1815 年从英国人手上转到法国人统治之下，至今仍是法国的海外省。因此，法国的前殖民部和海外部的有关档案对研究非洲华人史有很大的参考价值。

法国政府档案中保存着关于马达加斯加的移民资料。如法国国家档案馆所存海外部档案的“马达加斯加资料”中的 MAD188，MAD208/425，MAD214/444，MAD 308/778 各档中都有关于马达加斯加华人的资料；其中 MAD308/778 的标题是“移民：亚洲人和非洲人移民法规的制定”，其中就有一些关于对华人移民马达加斯加的限制条例的有关情况。② 法国国家档案海外部分的早期档案中也有关于留尼汪华人的一些资料。如（ANOM）C432/d4517 档的标题为“关于从 1843 年 11 月 10 日起引进中国人的命令”；又如（ANOM）C432/d4600 档的标题为“中国移民（1845 年）”。③ 这些官方资料对我们研究留尼汪华人的情况无疑会有帮助。

---

① Peter Richardson, *Chinese Mine Labour in the Transvaal*, London: Macmillan, 1982, pp. 104 - 165.

② Archives Nationales, Section Outre - Mer: Fonds Madagaacar MAD 308/778: Immigration - Reglementation de l'Immigration Asiatique et Africaine.

③ C432/d4517: Arrete du 10 novembre l843 sur l'introduction de Chinois; C432/d4600: Immigration chinoise(1845). ANOM 为 Archives Nationals d'Outre - Mer 的缩写。

3. 非洲当地的官方档案

非洲当地的官方档案对研究当地华人更有参考价值。在南非开普敦、纳塔尔等地的地方政府档案中,有不少涉及当地华人的资料。在加纳政府行政档案(ADM)中,即有关于从中国引进采矿工人的建议。① 在毛里求斯、马达加斯加、留尼汪和南非这些华人较多的国家和地区,均保存了各种涉及华人(或亚洲人)的政府文件和档案资料,这些对当地华人史研究都有一定参考价值。例如,毛里求斯华人学者雨盖特·李卓凡·皮耐欧的《西印度洋华侨史》是一部研究马斯克林群岛、马达加斯加和南非等地华人社会的经典著作。1996 年出版的由南非华人叶慧芬和梁瑞来撰写的《肤色、迷茫与让步:南非华人史》(此后简称《南非华人史》)也是一部耗时多年的力作。留尼汪华人学者黄素珍于 1996 年完成了一部同样具有功力的著作——《马斯克林群岛的华人移民社群:以留尼汪为例》。三部著作的一个共同点就是充分利用了大量的当地政府档案和社区资料。②

当地政府档案的最大优点是集中和直接。以马达加斯加为例。马达加斯加政府档案中"文官内阁系列"的第 358 号和第 372 号的标题分别为"中国移民:1912—1939 年"和"马达加斯加的华人活动,1932—1952 年",这两档较系统地介绍了移居马达加斯加的华人在这一时期的大致情况。"文官内阁系列"第 362 号的标题是"国民党,1932—1952 年",中国国民党自 1928 年在马达加斯加建立直属支部后,一直相当活跃,先后成立 17 个分部、13 个通讯处。此档对于了解国民党在当地的情况应有

---

① ADM/496. Proposal to Import Chinese Gold Prospectors, No. 8, January 7, 1897.

② H. Ly-Tio-Fane Pineo, *La Diaspora Chinoise dans l'Ocean Indien Occidental*, Aix-cn-Provence: Presse du GIS Mediterranee, 1981; Melanie Yap and Dianne Leong Man, *Colour, Confusion and Concessions: The History of the South Africa*, Hong Kong: Hong Kong University Press, 1996; Edith Wong-Hee-Kam, *La Diaspora Chinoise aux Mascareignes: Le Cas de la Reunion*, Paris: L'Harmattan, 1996.

所帮助。①

4. 公开发表或出版的政府条约和文件

另一类官方资料是已公开发表的政府文件。英国政府于1903—1908年期间曾陆续刊布过有关南非德兰士瓦华工问题的议会文件(即编号为Cd.的文件)共计20多份。文件共分为两类:一类为关于劳工问题的文件,另一类为关于雇佣劳工、输入劳工或境内劳工(或亚洲人)立法的文件。如Cd.-1895号为"关于德兰士瓦和奥兰治河殖民地事务的往来文件(续),1903年2月",这一文件中即有南非政府对引进劳工的具体要求和英国政府的态度的有关资料;又如Cd.-3994号为"关于德兰士瓦契约劳工法律的往来文件,1908年4月",这一文件对我们了解南非政府对契约华工的待遇很有参考价值。此外,英国外交部的机密印刷品(Foreign Office Confidential Prints)也有涉及非洲华人(主要是华工)的内容,但需仔细搜寻。例如,编号为8583的外交部机密印刷品即是关于将中国劳工引进德兰士瓦的文件;又如编号为8893的外交部机密印刷品则是关于英属殖民地中国移民的文件。华人所居国家和地区也有这种出版物。如在南非,在20世纪初就发表过关于对契约华工的控制情况和华人社区与当时殖民政府之间信件往来的出版物。②

在《同治条约》《光绪朝东华录》《光绪条约》《海关中外条约》《中外约章新纂》,以及黄月波、于能模和鲍釐人编的《中外条约汇编》,陆元鼎编著的《各国立约始末记》和王铁崖主编的《中外旧约章汇编》中也有少数涉及南非招工案的相关奏折、条约等,如《[中英、中法]续定招工章程条约》《外务部奏请以刘玉麟为南非英属总领事折》《[中英]保工章程》。

---

① Serle Cabinet Civil, No. 358. Immigration Chinoise, 1912 - 1939; No. 372. Acitvites Chinoises a Madagascar, 1932 - 1953; No. 362, Kuomingtang, 1932 - 1952.

② *Reports of the Special Committee Appointed to Inquire into the Present Conditions in Regard to the Control of the Chinese Laborers in the Witwatersrand District*, Johannesburg: Argus, 1906; Legislative Assembly, *Correspondence Between Colonial Secretary's Office and Leaders of the Asiatic and Chinese Cummunites*, 28 - 30 *January* 1908, Pretoria: Government Printer, 1908.

5. 官方机构的期刊

民国时期的官方资料除了中国第二历史档案馆的馆藏档案外，主要有政府部门发表的公报和杂志。如外交部出版的《外交公报》(月刊，1921年创刊，北京)、《外交部公报》(月刊，1928年创刊，南京)、《外部周刊》(1934年创刊，南京)、《外交公报》(半月刊，汪伪政权1940年创刊，南京)等。这些刊物上关于非洲华侨的文章主要由当地领事馆提供，大都是关于当地华侨的活动或领事馆与当地政府交涉的情况。如《外部周刊》每期均有“使领馆消息”栏，驻约翰内斯堡总领事馆和驻开罗领事馆的一些通讯稿报道了当地华侨的庆祝活动、建立文化组织的消息和各种华侨小学的教育活动。

由中华民国政府侨务委员会(1932年更名为中央侨务委员会)以及由国民党出版的刊物也是研究这一时期非洲华侨的资料来源，如《中央侨务月刊》《华侨周报》《侨务月报》和汪伪政权发行的《侨务周刊》和《侨务季刊》等，其中除提供了一些华侨人口数字以外，还有一些综述性文章。《华侨周报》于1932年创刊，由侨务委员会侨民教育处负责。其中第一卷第二期发表了何长祺的文章《南非洲侨务之最近观察》，系统陈述了南非政府对华人施行的种种苛例，并就外交交涉提出了看法。该刊第九期刊登了中国驻南非总领事馆的译文《杜省亚洲人赁居律》，使我们对这一种族歧视的立法有了基本的了解。①

《华侨周报》共出了44期，于1933年6月停刊，改为《侨务月报》。从第一期起每期刊登各地华侨的统计人数，并经常有关于各地华侨学校、社团的统计资料。此刊登载的一些文章为我们了解非洲华侨提供了极其宝贵的资料。如1936年11—12月合刊号刊登了署名“子渔”的文章，对东非葡属殖民地洛伦索-马贵斯的华侨做了较为详细的介绍，分为“引言”“华侨移植的原因”“目前华侨工商业状况”“华侨农业状况”“华侨教

① 此译文在第21期上再次全文刊登。此两份资料可参见李安山编注《非洲华侨华人社会史资料选辑(1800—2005)》，香港社会科学出版社有限公司，2006年，第160—162页，第164—169页。“杜省”即Transvaal，今译为“德兰士瓦”。

育状况”“华侨与政府的关系”“华侨团体之一般”和“结尾”八个部分。①此外,《华侨战士》《华侨先锋》和《华侨通讯》等官方或半官方刊物中也有一些资料,但需爬梳整理。例如,在《华侨战士》第八期上刊登了毛里求斯华侨陈伊美写的《模里斯华侨的爱国热》,真实地描述了毛里求斯华侨以各种方式支持国内抗日战争的情形。

由政府机构出版的相关书籍也是研究华侨和华工的重要资料。例如,1928 年和 1929 年由中华民国政府行政院侨务委员会编印的《本会对于西班牙代表在华招工赴非洲凡能杜波岛开垦一案之经过》和《西班牙商人私招华人赴斐洲凡能杜波岛开垦一案续篇》收集了多方资料,对研究此事件有重要的参考价值。

6. 中国台湾方面档案

中国台湾的国民党政府方面发表的资料是另一类官方史料,这一般容易为人们所忽视。例如,由国民党党史会所编的《革命文献》中即有关于国民党海外支部的情况。由台湾国民党中央第三组编写的《中国国民党在海外》的下篇中即有关于“马达加斯加直属支部党务沿革概要”的内容。此外,由台湾半官方机构华侨志编纂委员会于 1956 年出版的《华侨志(总志)》一书也涉及了非洲华侨特别是南非华侨的情况。台湾侨务委员会编纂的《华侨经济年鉴》从 1958 年起发行至今,其中收集的关于非洲华侨经济方面的资料有一定的参考价值。一些有关国民党的党史著作也有相关的史料。② 此外,还有台湾官方机构出版的有关台湾与非洲合作的相关书籍,其中也涉及华侨的资料。

(二) 民间资料

民间资料包括大量的相关资料,主要有公司、社团和个人的各种档案资料、统计数据、史料汇编、回忆文章等。

---

① 子渔:《东非洲罗连士麦埠华侨一瞥》,《侨务月报》,1936 年 11—12 月合刊号。

② 如华侨革命史编纂委员会编:《华侨革命史》(上、下卷),台北:正中书局,1981 年。

1. 公司档案

以南非招工案为例。德兰士瓦在中国华北的招工分别由天津和烟台的四家洋商承包,即天津的仁记洋行(Wiljiam Forbes & Co.)、中国工程矿务公司(Chinese Engineering and Mining Co.)、烟台的和记洋行(Cornalie' Echford & Co.)和瑞记洋行(Silas Schwabe' & Co.);卷入此项交易的还有太古轮船公司、美孚洋行、陈庆凯公司。这些公司的档案可以为研究南非招工案提供相关资料。开滦煤矿档案中保存了一部分关于招募华工去南非金矿做工的往来信函,这主要是因为当时的英国开平矿务有限公司也卷入了劳工的招募。胡佛在就任美国第 31 任总统前,曾在开平矿务公司任职,因参与南非招工而发了大财,后文将论及。

当然,当地一些公司的档案也可以利用。研究南非华工的历史,德兰士瓦矿业商会的年度报告和德兰士瓦矿业部的资料非常重要。

2. 社团档案

非洲华侨从总数上讲虽然不多,但在各地均建立了自己的各种组织,有的历史悠久。以南非为例,成立于 1952 年的南非中华总公会(the Chinese Association of South Africa)以及此前成立的开普敦中华总会馆(1906 年)、联卫会所(1908 年,后分出维益社)、比勒陀利亚中华公会(1930 年)、德兰士瓦中华公会(1946 年)等华人社团长期从事当地华人的联谊工作,代表华人利益,其档案资料对研究南非华人史有重要价值。南非华人历史学家叶慧芬和梁瑞来均为第三代南非华人,她们的重要著作《南非华人史》中的相当一部分资料来源于当地档案和社团资料。又如,《毛里求斯仁和会馆建馆一百廿五周年纪念特刊》(路易港,1996 年 11 月 10 日)从多方面收集资料,包括仁和会馆的历史、现状,以及毛里求斯政府与中国政府和会馆的往来信件及各种感谢信等。

从国外的社团组织看,也有一些组织的出版物对研究华人和华工很有帮助。例如,英国与外国反奴隶制协会(British and Foreign Anti-Slavery Society)曾十分活跃,出版的双月报告专门论及英属各地存在的奴隶制现象,其中多涉及英属南非,如 1902—1906 年的《反对奴隶制报告》中常提及德兰士瓦的华工处境。

3. 个人回忆

个人回忆也是重要的研究资料,特别是当事人自己的亲身经历对了解事件真相有重要的参考价值。

华侨或历史人物关于自己亲身经历的回忆是重要史料之一。较早的有谢子修的《游历南非洲记》,除此之外还有叶迅的《南非华侨情况忆述》[①]和刘新粦的《我在毛里求斯的见闻》等。[②] 这些都是作者关于本人经历的记载或回忆,有重要的史料价值。以谢子修的《游历非洲记》为例。[③]《游历南非洲记》不但是记述在南非金矿劳作的契约华工生活状况的第一手材料,而且也是当时清朝政府和帝国主义者欺压劳动人民的真实写照。他抵达南非后,先在约翰内斯堡中华会馆当书记。1904 年 5 月,他辞职后转到皇家顾问处任职。"余意尽欲探其内容,非贪其薪俸也"。[④] 他在书中写道:"1904 年 7 月 27 号,二帮华工船系由天津到拿他

---

① 叶迅:《南非华侨情况忆述》,载《文史资料选辑》,第 87 辑,北京:文史资料出版社,1983 年,第 81—95 页。

② 刘新粦:《我在毛里求斯的见闻》,载《广东文史资料》,第 47 辑,1986 年,第 43—60 页。还可参见刘新粦《漫谈毛里求斯华侨教育》,《华侨教育》,第 1 辑,1983 年 4 月,第 188—191 页;《三访毛里求斯散记》,《今日中国》,1995 年 8 月号,第 56—57 页。

③ 谢子修又名谢缵业,别名谢圣宏。祖籍广东开平塘口潭溪乡。他出生于澳大利亚新南威尔士州悉尼。父亲谢日昌是爱国华侨,当时澳大利亚中国独立党领导者之一,在澳洲经营泰益号进出口公司。哥哥谢缵泰曾在香港创办"辅仁文社",以"热爱祖国"为宗旨,后入兴中会,著名的《时局图》的作者。谢缵泰和孙中山、杨衢云等于 1895 年(光绪二十一年乙未)发动的广州第一次武装起义失败。第二次广州起义的图谋失败后,谢日昌因忧虑病倒,后于 1903 年 3 月在香港逝世。谢日昌去世后,谢缵泰致力于《南华日报》的工作,专心推进革命事业。谢子修于 1903 年 10 月 26 日抵达南非洲。由于他熟识英语,又熟悉矿务、洋务交涉及各国法律,因此,东兰德(EAST RANDPROPRIETARY)金矿矿主于 1904 年 10 月 1 日聘请他为东兰德金矿参议员,专责当时金矿的华工工作。他在该矿工作六个月(1904 年 10 月 1 日至 1905 年 3 月 31 日),"见各华工艰苦实不忍寓目","莫不伤心惨目",过着非人的生活,这激起了他的同情和愤慨。于是,他便将当时在金矿中所见闻的华工的悲惨生活如实记载下来,写成了《游历南非洲记》。此件现存中国第一历史档案馆清档赵尔巽全宗。还可参见《谢子修和他的〈游历南非洲记〉》,开平图书馆网站,http://www.kplib.com/l_readnews.asp?InfoId=331&ClassId=24.

④ 谢子修:《游历南非洲记》,载陈翰笙主编:《华工出国史料汇编》,第八辑、第九辑、第十辑,北京:中华书局,1984 年,第 278 页。

堆品埠[1]者,载有华人 1969 名,此等人均生长北方,余询其来此何故,答曰:当兵。盖此等人前曾在威海卫隶属英兵部当兵故也。其中也有答做矿工者。余闻其语,又知招工时仍非明言造何等工以上招也。1904 年 8 月 1 日,三帮华工船抵埠,亦由天津载来有 1988 名。此船华人均无合同执照,殊甚诧异。……噫!愈知招工时不知怎地胡混耳,不给合同,不声明造何工,是直欺诳此等人而已。”[2]。

冯自由的著作中提到了早期华侨对辛亥革命和国民革命的贡献。如在《革命逸史》中,冯自由记述了革命先驱杨衢云在广州起义失败后赴南非约翰内斯堡和彼得马里茨堡两地建立兴中会的情况。[3] 南非侨领梁次狂曾向台湾国民党中央提供过一份关于南非华侨早期革命活动的报告,对了解辛亥革命前后的南非华侨的思想动态有一定参考价值。[4] 此外,在《新民丛报》《东方杂志》《南大与华侨》等时刊上也登载了一些非洲华侨的来信或来稿,描述了自己的亲身经历。这些资料使我们对华侨在非洲的生活境况有所了解。

作为重要的史料,个人回忆可以是已整理出版的,也可以是口述形式。1810 年 5 月,英国东印度公司将 50 名华工从广东运至圣赫勒拿岛。他们的表现使公司十分满意,于是公司又运去 150 名华工。当时圣赫勒拿岛总督亚历山大·比特森在自己的回忆录中即对华工的工作进行了描述。[5] 叶慧芬和梁瑞来在撰写《南非华人史》的过程中曾采访了一些当事人,引用了大量的口述资料。还有的同时代人将自己的观感记录下来,这也是一种值得参考的资料。署名为“一个英国见证人”的作者曾在 1905 年出版了一部题为《兰德的中国佬约翰》的论著。作者曾访问过南

① 即纳塔尔省德班,南非港口名。

② 谢子修:《游历南非洲记》,第 279 页。

③ 冯自由:《革命逸史》,第四集,北京:中华书局,1981 年,第 16—17 页。

④ 梁次狂:《南非洲党务实况》(中国国民党中央党史史料编纂委员会库存原件),载蒋永敬编:《华侨开国革命史料》,台北:正中书局,1977 年,第 434—435 页。

⑤ A. Beatson, *Tracts Relatives to the Island of St. Helena*, London: Bulmer, 1816, pp. 186 - 187, in Melanie Yap and Dianne Leong Man, *Colour, Confusion and Concessions*, p. 13.

非的奥兰治、开普敦、纳塔尔和德兰士瓦,对布尔战争后的南非有切身感受,对当时南非舆论关于契约华工的看法有所了解,并亲眼看见了南非金矿的矿主们是怎样虐待契约华工的。作者指出,"为了驱使中国人尽快尽多地从地层深处挖出黄金,他们可以任意使用罚款、鞭打、驱赶、强迫等种种手段"。当各种舆论对华工的反抗进行攻击和诬蔑时,作者严正指出,"理所当然,造成华工上述暴力行为的直接原因是矿主们对他们的虐待"。①

南非德兰士瓦省政府(当地华人社会称之"杜省")针对亚洲裔移民颁布歧视法案,给南非华侨的生存造成多重困难。当地华侨"特函电纷驰,吁请政府抗议取消,中经两年,始略告一段落"。当时中华民国驻约翰内斯堡总领馆副领事邵挺对于此事颇为尽力,《华侨周报》刊载出他在当地华侨抗例会对这一苛例的解释以及关于领事馆所做之事的发言,演讲文近万字,介绍了我方与南非政府就亚洲人赁居律一事的交涉过程,对南非对亚洲移民的政策和中国方面的交涉有较为完整的理解。② 此外,葡属莫桑比克的华侨子渔曾在《侨务月报》上撰文介绍当地华侨经营情况,颇为详细。侨居南非20余年的华侨叶迅曾生动描述了他所知道的有关南非华侨的各种活动及其对国内事件的反应,侨居毛里求斯的刘新彝将自己从小在当地生活的场景一一回忆,包括生活、职业、社团、学校等方面的情况,这些对我们研究当地的社会史有重要参考价值。

有的华人出版了个人作品或家族史,可以充分表现出华人的处境和双重身份。例如,曾繁兴为毛里求斯前文化艺术部部长,曾与笔者在亚的斯亚贝巴联合国教科文组织见过面,并赠送两本自己出的诗集。其中一本名为《客家人史诗》,忠实记录了他作为一名华人的心路历程。③ 朱

---

① An English Eye Witness, *John Chinaman on the Rand*, London: R. A. Everett & Son, 1905, pp. 47, 95.

② 邵挺:《南非杜省亚洲人赁居律交涉之经过》,《华侨周报》,第14期(1932年10月19日),第9—15页。

③ Joseph Tsang Mang Kin, *The Hakka Epic*, T-Printers Co. Ltd., 2003.

惠琼女士是第三代华人,原为津巴布韦教育部部长。她于 2007 年出版了自己的传记,回顾了自己参与津巴布韦民族运动的情况,并介绍了中国的改革,也反映了一位津巴布韦华人毕生为之奋斗的事业及其经历。由南非华裔撰写的《普天之下》,真实描写了一个南非华人的家族史。①

最近,由南部非洲上海工商联谊总会印制的《追梦》汇集了在南非安家的多位上海移民的回忆文章,记录了他们在南非的打拼和奋斗的历程,是我们研究新一代中国移民在非洲求生存谋发展的有价值的文献。此外,一些在非洲创业的华侨华人自己出版了杂志,如莫桑比克华侨剑虹 2013 年创刊的《中莫商桥》;还有的出版了一些书籍,这些都是我们研究非洲华侨华人史的重要资料。

4. 中国的刊物杂志

除了中国第一历史档案馆所藏清政府外务部档案和海关所存资料外,有相当一部分资料已公开发表在《外交报》上。这样,《外交报》成为研究早期华工最重要的史料之一。《外交报》创刊于 1902 年 1 月 4 日,停刊于 1911 年,为旬刊,共出 300 期。《外交报》是中国近代第一份以评述国际问题为主要内容的报刊,在上海创刊后,受到知识界欢迎,经常译载几十种外国报刊中的时事论文,内容包括国际形势、国际公法、各国对中国的政策、各国互相交涉、各国内政等,其中的三个栏目对研究早期华工至为重要,即"文牍"、"译文一类"和"交涉录要"。

《外交报》虽为民间刊物,但每期均列"文牍"一栏,刊载各种官方文件或重要法令、通告。这一栏曾登载了《南非洲英属特兰斯哇尔招募华工开矿合同》②《南非洲英属特兰斯哇尔招募粤工开矿合同》③《南非英属禁止华工入境新例》④等重要文件。每期还有大量的译文,主要译自英

---

① Fay Chung, *Re-living the Second Chimurenga, Memories from Zimbabwe's Liberation Struggle*, Weaver Press, 2007;Darryl Accone, *All Under Heaven: The Story of a Chinese Family in South Africa*, Claremont: David Philip Publisher, 2004.

②《外交报》,第 79 期,1904 年 6 月 8 日。

③《外交报》,第 82 期,1904 年 7 月 8 日。

④《外交报》,第 97 期,1904 年 12 月 1 日。

国、美国和日本等地的重要报刊。译文分为三类,“译文一类”主要是关于中外关系和各国对华政策方面的外论。根据笔者的统计,其中关于南非华工的招募、待遇和政府的政策等的主要外论有 14 篇之多。最早的是译自英国《加甸报》的题为《论非洲宜禁华工》的文章,对赞成从中国输入劳工的论调进行了驳斥。① 此外,大部分《外交报》还列有“交涉录要”一栏,其中专门辟有“华工纪闻”或“华侨纪闻”栏目。在这些栏目里,不乏有关早期南非华工的消息,既有他们在当地生活的见闻,也有南非针对华工所定苛例的有关报道。②

《东方杂志》是国内早期研究国际问题的重镇。该杂志刊载了不少关于非洲华侨的资料。其中第一卷第 10 号的《南非英属禁止华工入境新例》极全面地介绍了 1904 年开普敦政府对当地华侨的限制法令。同一期上还有一篇转载于《中外时报》的专论,这很可能是我国知识界对这一事件的首次严肃反应。作者对南非苛例的分析可谓鞭辟入里,并无情批判了清朝政府的弃民政策,“今则初往之华工,情状如何,尚未可知,而久居彼地之华人,则直无旦夕相安之势,不政府之咎,而谁咎耶?坐以弃民之罪,其又奚辞”。③ 笔者在研究非洲华侨史时得到的国内最早关于全非华侨的统计数字即来自该杂志。此刊在前期还辟有“各埠华侨近况”和“华侨商务”栏目,如第七卷第 6 期的“各地华侨近闻”中就有关于南非德兰士瓦华侨组织维益社反抗苛例代表梁萃轩因反抗苛例而遭判坐监并罚做苦工的消息。

《南大与华侨》是国内关于华侨问题的专门杂志,由当时地处广州的岭南大学主办。该刊虽然主要介绍的是美洲和南洋的华侨,但偶尔也发

① 《外交报》,第 25 期,1902 年 10 月 6 日。此文原载于 1902 年 9 月 1 日《加甸报》(应为 *The Guardian* 的翻译,今译作《卫报》)。

② 此刊于 1914 年由上海外交报馆分类以《外交报汇编》为名重新出版,共有 28 册。其中第 3—5 册为译报第一类,有关中非关系的译文集中在第 3、4 册,主要是关于华工在南非的待遇,其中的第 22 册为“交涉录要”。

③ 《书南非英属禁止华工入境新例后》,《东方杂志》,第一卷第 10 期(1904 年 12 月),第 161—164 页。

表一些关于非洲华侨的通讯和文章。如第八卷第3期刊登了李毓尧致农矿部部长的信。李毓尧当年被派赴南非列席万国地质学会，对于该地华侨备受白人虐待情形，目击心伤，不忍缄默，特致函部长，“准予转咨外交部，设法交涉”。此外，《南洋研究》(1928年创刊)、《南洋情报》和《中南情报》(1934年创刊)是上海暨南大学南洋文化教育事业部(后改为海外文化事业部)创办的华侨研究刊物。这三种刊物间或刊登一些有关非洲华侨的文章。如《南洋情报》第一卷第3期中由毛里求斯中华小学教师管仲方所写的《华人初到毛里寺岛之考证》一文，是中国人研究此问题的第一篇学术论文。①

5. 国内报纸

国内报纸也是一种重要资料。1949年以前的报纸对非洲华侨的介绍可谓凤毛麟角，但并非毫无涉及。《申报》在1931年曾刊登过麦克尼尔所著《海外的华人》一书的摘译，其中即有关于非洲华侨的统计数字。②此外，在20世纪20年代西班牙人士博希来华为费尔南多波岛招募华工时，《申报》做过详细报道。1936年南非华侨归国请愿代表团抵沪时，《申报》曾做过追踪报道。抗日战争期间，一些大报和解放区报纸对非洲华侨支援国内抗战的消息多有报道。如《新华日报》和《解放日报》曾分别报道过毛里求斯、南非和马达加斯加华侨为抗战、伤兵之友活动和救济难民积极捐款的消息。

中华人民共和国成立后，未出版过关于华侨的日报。1956年创刊的《侨务报》(月刊)有少量关于非洲华侨的文章。③ 1960年第2期的《北国春秋》中刊载了一些有关信函和所附合同，对研究1904—1906年南非德兰士瓦矿务委员会(后称为“德兰士瓦矿务局”)招募华工的历史很有参

---

① 管仲方：《华人初到毛里寺岛之考证》，《南洋情报》，第一卷第3期(1932年12月)，第89—90页。

②《海外各处华侨历史与现状》，《申报》，1931年8月28日。

③ 如张芳：《华侨在非洲》，《侨务报》，1964年第1期。中央人民政府侨务委员会从1950年8月10日开始出版内部刊物《侨讯》(周刊，后改为每周两期；后更名为《侨情参考资料》)，也有关于非洲华侨的通讯。

考价值。[1] 艾周昌编注的《中非关系史文选(1500—1918)》中的第四部分“华工与华侨”也汇编了一些史料,绝大部分取自《华工出国史料汇编》和《北国春秋》1960 年第 2 期。[2]《华声报》(1982 年 7 月试刊,1983 年 1 月创刊)和《广东侨报》(1956 年创刊,后停刊,1979 年复刊)也有关于非洲华侨的各种消息或报道。

6. 非洲华侨华人报刊

一些非洲华侨华人自己办的华文报纸是记载自身生活的难得的第一手资料。据笔者所知,南非华侨的《侨声报》创刊于 1936 年 6 月 1 日,其覆盖面较广,所报道的内容不限于南非一地,也包括毛里求斯、马达加斯加、留尼汪、莫桑比克和东非地区。此报一直由中华民国政府驻南非总领事馆维持,经常刊登中国政府有关华侨的政策和通知以及南部非洲华侨的各种消息,实际上具有官方性质,多少在为非洲华侨服务方面尽了一些力。

毛里求斯的华侨报纸甚多,最兴旺的 20 世纪 50 年代多达五种,即《华侨商报》(1926 年 9 月 7 日创刊)、《中华时报》(1932 年 8 月 11 日创刊)、《中国时报》(1953 年 12 月 10 日创刊)、《新商报》(1956 年 3 月 8 日创刊)和《国民日报》(1958 年 10 月 31 日创刊)。[3] 此外,还有一些刊物。如毛里求斯华侨办有《镜报》周刊(1975 年 4 月 14 日创刊),马达加斯加华侨办有《民锋》半月刊(1947 年 2 月 15 日创刊),[4]留尼汪华人办有三

---

① 中共开滦煤矿委员会矿史编委会辑:《前开滦矿英、比帝国主义分子贩卖华工的一些资料》,《北国春秋》,1960 年第 2 期,第 76—85 页。

② 艾周昌编注:《中非关系史文选(1500—1918)》,上海:华东师范大学出版社,1989 年,第 209—279 页。

③ 参见郑民等编《华侨华人史书刊目录》,北京:中国展望出版社,1984 年,第 254—255 页。关于此书提供的资料有两点需要说明:第一,关于《中国时报》的创刊日期(1946 年)有误,应为 1953 年 12 月 10 日;第二,关于《华侨商报》与《中国时报》合并的日期(1953 年)有误,应为 1955 年 9 月 16 日。

④ 此刊由马达加斯加兴文学校学生创办,1956 年 7 月 15 日因经济原因暂时停刊,1957 年 8 月 1 日复刊,1960 年改版后内容更加丰富,见[毛里求斯]《国民日报》,1962 年 1 月 26 日。1975 年《民锋》杂志停刊。

语杂志。[①] 国内所收集的非洲华侨中文报刊多为 20 世纪 50—60 年代的。

近年来，非洲不少华文报刊开始出现。例如，《华侨新闻报》(1994 年 8 月 9 日创刊)，英文名为 *China Chronicles*，在南非及非洲其他各地发行，每周二、四、六发行，截至 2016 年 8 月，已发行 3 060 期。内容丰富，包括"侨社新闻""南非新闻""非洲新闻""当日关注""中国时政""港澳时讯""台湾新闻""国际新闻"以及有关健康、人生等栏目。还有《南非华人报》(1999 年创刊)、《非洲时报》(2005 年创刊)、科特迪瓦的中文报纸《科华之声》(2005 年 1 月创刊)、尼日利亚的中文报纸《西非统一商报》(2005 年 8 月 7 日创刊)等。

7. 当地报刊资料

在 19 世纪末，除南非以外，英、法、比、德、西、葡、意的非洲殖民地也先后招募了一些中国工人修建铁路或开矿。[②] 这样，一些非洲当地的报刊也登载过关于中国劳工的新闻资料，有的则主要转引宗主国的报道。南非报刊在引进华工的前后有各种报道，多以种族歧视的角度探讨华工问题。每当华人争取自身权利时，南非当地报刊往往会报道或参与讨论。叶慧芬和梁瑞来的《南非华人史》在参考文献中列出了 48 种报刊和传单，像南非比较著名的报刊《星报》(*The Star*)、《兰德每日邮报》(*Rand Daily Mail*)、《礼拜天时报》(*Sunday Times*)、《礼拜天快报》(*Sunday Express*)、《比勒陀利亚新闻》(*Pretoria News*)等都在其列。又以黄金海岸(今加纳)为例。在 19 世纪末，由于黄金海岸存在劳动力不足的情况，殖民地政府于 1897 年 8 月引进了一批华工。当时《黄金海岸快报》《黄金海岸独立》《黄金海岸记事》等地方报纸曾多次报道这一事

---

① Edith Wong - Hee - Kam, *La Diaspora Chinoise aux Mascareignes*, p. 333.

② 陈泽宪辑：《非洲地区英、法、比、葡、西、德各殖民地招募华工纪略》，载陈翰笙主编：《华工出国史料汇编》，第九辑《非洲华工》，北京：中华书局，1984 年，第 254—277 页。

件,并对黄金海岸殖民地政府的这一举措发表各种意见。① 由于当地人民大部分反对殖民地政府的这一举措,一时间舆论吵得沸沸扬扬。

(三) 学者研究成果

历史学界一般将学者的研究成果称为第二手资料。在非洲华侨华人史的研究中,这些资料起到了非常重要的作用。

《华工出国史料汇编》的第四辑为《关于华工出国的中外综合性著作》,共分四篇。第一篇为中国人的有关著作选编,其中收入了中国学者陈达的英文著作《中国移民——专门涉及劳工状况》的摘译。这一著作出版于1923年,是向美国政府劳工部提交的报告。其中第八章"南非特兰士瓦的华工"尽可能地运用了政府文件(包括条约、契约、公约和报告),对此专题做了较为详细的研究。② 第二篇为外国人的著作选编,其中收入了坎贝尔的权威著作《中国的苦力移民》,此书也出版于1923年。第四章的标题为"特兰士瓦的试验",书中丰富的档案资料(主要是英国议会文件)显示了作者扎实的史学功底。坎贝尔的著作也是研究南非华工的重要参考书之一。③

《华工出国史料汇编》第九辑为《非洲华工》。此辑收入了三种资料。④ 第一类为英国报刊关于南非招募华工的时论,既有赞同此举者,也有反对此举者。辑中所有时论均取自《外交报》。第二类为论著选辑。包括斯拉威斯基的著作《法国对马达加斯加华工的政策》(1971年,芝加哥大学版)选译、《兰德矿区的华工》选译、张芝联关于南非华工的文章,以及陈泽宪关于非洲地区英、法、比、葡、西、德各殖民地招募华工的两篇文章。其中陈泽宪的文章尤为难得。他旁征博引,爬梳整理,为研究被

① *Gold Coast Independence*, August 14, 1897; *Gold Coast Chranicle*, August, 14, 1897; *Gold Coast Express*, October 20,1897.

② 陈翰笙主编:《华工出国史料汇编》,第四辑《关于华工出国的中外综合性著作》,北京:中华书局,1981年,第68—87页。

③ 同上书,第407—460页。"特兰士瓦"今译作"德兰士瓦"。

④ 陈翰笙主编:《华工出国史料汇编》,第九辑《非洲华工》,第75—289页。

欧洲列强招募到非洲殖民地的华工提供了宝贵的资料。最为难得的是，他治学严谨，使用的史料出处清楚，提供了关于资料来源的准确信息。[①]第三类为游记，只有一篇，即谢子修的《游历南非洲记》。如前所述，这篇游记真实记录了他的所见所闻，是一份十分难得的原始史料。

国外学者特别是当事国的华侨华人学者的研究大大丰富了我们对华侨华人问题的深入了解，也为我们的研究提供了大量的资料。这一点我们将在下文详细叙述。

(四) 其他资料

此外，还有一些游记、报道及外交官出版的有关个人经历的书籍也是我们研究中可参考的资料。例如，原商务部副部长魏建国先生出版的《此生难舍是非洲——我对非洲的情缘和认识》，记录了他在非洲所经历的事件以及他所了解的中非各种交往，其中第七章“非洲华商”对中国的新移民以及他们在非洲做生意的情况进行了较为详尽的描述。[②] 原中国驻津巴布韦大使袁南生先生在他的《走进非洲》一书中，专门用第五篇“走进非洲华人”叙述了非洲的华人以及在非洲传播佛教的华人和尚与法师。[③] 他二人文笔很好，又有在非洲工作的亲身经历，加之身居要职，信息来源更多，了解的情况更真实。他们将自己见识到的非洲华侨、华人和华商的生活、工作和困扰写得活灵活现。

近年来，非洲各国的华侨华人还建立了自己的网站，这些网站成为消息传播、感情联络和文化沟通的桥梁，从而也为研究者提供了另一个资料来源。

在使用这些资料特别是早期资料如清朝档案资料时，我们应注意相关译名。例如，清代档案中的“域磦”，是“Wit Deep Min”的译名，是南非

---

① 陈泽宪:《1904—1910 年英国为南非特兰士瓦金矿招雇华工史料辑存》，载《非洲地区英、法、比、葡、西、德各殖民地招募华工纪略》，第 178—253，254—277 页。

② 魏建国:《此生难舍是非洲——我对非洲的情缘和认识》，北京:中国商务出版社，2011 年。

③ 袁南生:《走进非洲》，北京:中国社会科学出版社，2011 年。

的金矿名,"衣士澜"指"East Rand Proprietary",也是南非的金矿名。此外,在非洲当地华文报刊上出现的一些地名或是清朝和民国时期的一些外国地名的译名与我们现在所用的不一样,这些可以在附录六"非洲华侨华人常用地名英汉译名对照表"中查阅。

三、非洲华侨华人史的研究现状

正如周南京教授所言:"不论在海内,还是海外,对华侨华人历史的研究是极不平衡的。由于华侨华人人口主要集中于东南亚地区,而且他们移居的历史比较悠久,因此对他们的历史和现状研究得比较多,也比较深入,这方面的著作和论文颇为可观。但对其他地区华侨华人的历史和现状的研究则相对比较薄弱,对非洲华侨华人的研究尤其少得可怜。"①尽管对非洲华侨华人的研究不尽如人意,但在中非关系快速发展的新形势下,非洲的重要性日益显现,中国移民走向非洲的速度也在加快。我们应该在这一新的背景下加强对非洲华侨华人史的研究。我们的研究需要建立在对非洲华侨华人史的以往研究充分了解的基础之上。国内外对这一主题的研究状况如何?

(一) 国内研究状况

1. 1949 年以前的研究状况

以往中国学者对非洲华侨华人的研究主要集中在对 1904—1910 年在南非金矿工作的契约华工的研究上。在 1949 年以前,这一研究可谓微乎其微。陈达利用国外的资料写成了《中国移民——专门涉及劳工状况》(1923 年,华盛顿英文版),其中第八章对南非的华工状况做了较详细的阐述。这是 1949 年以前的中国学者著作中对非洲华工的最详细的论述。此外,李长傅的《华侨》(1927 年)和《中国殖民史》(1936 年)、何汉文

① 周南京:《前言》,载李安山:《非洲华侨华人史》,第 1 页。

的《华侨概况》(1931 年)以及丘汉平的《华侨问题》(1936 年)等著作也分别涉及了非洲的华侨和华工。尽管所占篇幅很小,绝大部分仅提及非洲华侨的大致数目和简要介绍,但这些著作却反映了中国学者对非洲华侨华人的早期研究成果。

值得注意的是,美国学者宓亨利所著《海外华人的地位及其保护》的中文版于 1928 年以《华侨志》为名由上海商务印书馆出版。日本学者长野朗 1928 年在参考了李长傅所著《华侨》和宓亨利的著作的基础上写成了《支那民族之海外发展》一书,较详尽地论及华人移民世界各地的情况。该书出版后立刻引起了国人的注意。曾在日本早稻田大学攻读政治经济学而后在美国伊利诺伊大学获政治学硕士的黄朝琴立即将其翻译出版(1929 年),书名改为《中华民族之海外发展》。该书于 1983 年由台湾中华学术院南洋研究所作为《南洋研究史料丛刊第六集》重印出版,书中提到了南非华人。

2. 1949 年至 20 世纪 80 年代的研究状况

中华人民共和国成立以后,最先对南非华工进行研究的是北京大学历史系的张芝联先生。他于 1956 年发表的论文运用中外史料揭示了 1904—1910 年"南非华工问题"的真相,并对国外汉学家的传统解释进行了批驳。佩恩曾认为,德兰士瓦招用华工的试验之所以失败,主要有三个原因:第一,准备工作不足,特别是稽查人选择不当;第二,中国工人由于性格和思想方法与欧洲人不同,不可能适应政府的要求;第三,对华工的限制太严,反而使工人不易控制。① 张芝联认为,这些论据荒诞可笑。稽查人的态度是根据殖民主义者的政策决定的;契约华工的性格和思想方法与其他国家的工人没有什么区别,关键是金矿的恶劣生活和工作环境。至于过于严格的限制,这也是建立在殖民压迫和种族歧视基础之上,反抗是必然的。正是这种反抗迫使自由党改变政策,导致了德兰士

① E. G. Payne, *An Experiment in Alien Labour*, Chicago: University of Chicago, 1912.

瓦招工法令的最后废除。[①] 1963 年,陈泽宪在《十九世纪盛行的契约华工制》中对资本主义的世界经济扩张与帝国主义的欺骗和暴力手段之间的联系进行了历史的考察,文中提到了被骗至欧洲列强在非洲殖民地的华工。[②] 这两篇论文史料翔实,从宏观的角度对华工出洋问题提出了自己的见解。遗憾的是,后来的政治运动使各种研究活动不得不停滞。20 世纪 70 年代的研究主要集中在资料的收集和整理,80 年代初先后出版了由陈翰笙主编的《华工出国史料汇编》,共十辑,如前所述,涉及非洲华工的有三个部分。

国内对南非华工研究较深的是中国社会科学院经济研究所的彭家礼,他也是《华工出国史料汇编》的编者之一。他于 1980 年在《世界历史》上发表了《十九世纪开发西方殖民地的华工》一文,从宏观角度对华工出国的原因、贩运的类型、清朝的政策以及华工的分布进行了探讨,文中论及了南非的华工。1983 年,他又在《历史研究》上撰文,专门探讨了清末英国为南非金矿招募华工的情况。他不仅充分使用了英国议会文件和清朝政府的档案,而且尽量吸收了国外学者 20 世纪 70 年代的研究成果,这是十分难得的。[③] 1980 年美籍华人学者沈已尧经过增补再版的《海外排华百年史》中文译本出版,其中的第七章论及华工在南非的沧桑。[④] 华东师范大学的艾周昌于 1981 年在《历史研究》上发表了《近代华工在南非》一文,对华工输入南非的原因和华工的待遇进行了探讨。[⑤]

以往对南非华工的研究多从资本主义扩张或帝国主义侵略的角度着手,谴责英国或南非政府为多,而对清政府略而不提或一笔带过。

---

① 张芝联:《1904—1910 年南非英属德兰斯瓦尔招用华工事件的真相》,《北京大学学报》,1956 年第 3 期,第 77—96 页。"德兰斯瓦尔"今译作"德兰士瓦"。

② 陈泽宪:《十九世纪盛行的契约华工制》,《历史研究》,1963 年第 1 期,第 161—179 页。陈泽宪也参加了《华工出国史料汇编》的编撰工作。

③ 彭家礼:《十九世纪开发西方殖民地的华工》,《世界历史》,1980 年第 1 期,第 3—13 页;《清末英国为南非金矿招募华工始末》,《历史研究》,1983 年第 3 期,第 177—192 页。

④ 沈已尧:《海外排华百年史》,北京:中国社会科学出版社,1980 年,第 141—148 页。

⑤ 艾周昌:《近代华工在南非》,《历史研究》,1981 年第 6 期,第 171—180 页。

1984年，徐艺圃运用大量的清朝档案资料，探讨了外国政府和清政府在清末南非招工案中的勾结，并提出从中国南北各地被拐骗到南非的劳工比学者一般估计的要多得多，“以往不少学者仅仅根据经天津、秦皇岛出洋的统计为五万五千人，这显然是十分不完全的数字。而我们根据现存档案提供的资料分析，估计至少在十五万左右”。虽然这一结论值得商榷，但这是一篇史料翔实的论文。① 还有的学者对清代输入比属刚果的华工的情况和20世纪20年代华工在法属非洲殖民地修筑铁路的史实进行了初步研究。②

对非洲华侨（而非早期华工）的研究始于为政府部门提供咨询的一种内部资料整理工作。笔者所见到的最早的资料是1955年的《亚非地区华侨情况介绍》，其中对南非联邦、毛里求斯和马达加斯加华侨的情况做了介绍。③ 20世纪60—70年代的一些研究成果也是以内部资料的形式出版的。1978年以后，报纸杂志的增多为华侨研究提供了条件。关于非洲华侨的报道、回忆和文章不断出现在《华声报》《华侨历史学会通讯》《侨史资料》等华侨报刊上，一些文章颇有参考价值。④ 方积根和李秀华于1985年在《华侨历史学会通讯》上公开发表了《马达加斯加华侨的历史与现状》一文。⑤ 除了对马达加斯加华侨进行了专门研究以外，方积根还组织对一些外国学者的有关论著进行翻译，出版了《非洲华侨史资料选辑》，从而为非洲华侨华人史的研究提供了宝贵的资料。⑥

① 徐艺圃：《清末英属南非招工案初探》，《文献》，1984年第22期，第67—81页。

② 艾周昌：《一八九八年中刚（扎伊尔）条约与华工》，《社会科学战线》，1983年第3期，第169—171页；彦非：《华工与刚果—大洋铁路》，《非洲研究资料》（湘潭大学非洲研究室），1984年第9期，第1—6页。

③ 华侨问题研究会：《亚非地区华侨情况介绍》，1955年3月，第233—258页。

④ 例如孙星文：《记兴建刚果—大洋铁路的华工》，《华声报》，1984年8月19日；奚学瑶：《皇岛输出南非华工述略》，《华声报》，1986年12月5日。

⑤ 方积根、李秀华：《马达加斯加华侨的历史与现状》，《华侨历史学会通讯》，1985年第2期。此文首先作为内部资料发表于1982年1月29日的《参考资料》，后又辑入《非洲华侨史资料选辑》一书。

⑥ 方积根编：《非洲华侨史资料选辑》，北京：新华出版社，1986年。

除了中国大陆学者的研究成果外,中国台湾学者的研究也取得了一些成绩。台湾国民党当局于1955年开始对海外华侨的经济情况进行调研,首先在日本、韩国、菲律宾、南越、泰国、马来亚、印尼等地设立了“经济通讯网”,并随之出版了一批研究著作。[①] 1954年,台湾国民党当局侨务委员会顾问萧次尹到非洲一些国家和地区进行实地调研活动,并得到了当地华侨(如南非的廖纲鲁、葡属东非的容学英等)的帮助,在此基础上完成了《非洲华侨经济》(1956年),其中关于英属中非、英属东非和葡属东非的研究尤其难得,可以说在这一研究领域填补了一个空白。台湾的国民党中央委员会第三组编写了《南非联邦与华侨》(1960年),由台湾半官方机构华侨志编纂委员会组织、何静之编著的《留尼旺岛华侨志》也于1966年出版。此外,台湾出版的《华侨经济参考资料》和《侨务月报》上也有关于非洲华侨现状的参考资料。

20世纪70—80年代,台湾学者和海外的华人学者出版了一些中文论著,如宋晞对清末华工在南非的研究,[②]这虽然是在作者的硕士论文基础上修改加工而成,但却是中国学者第一部较为详尽地研究南非契约华工的著作。此外,还有陈铁魂的《马拉加西共和国华侨概况》(1989年)、陈英东的《模里西斯华侨概况》(1989年)等。陈怀东的《海外华侨经济》中也有一些篇幅论及非洲华侨的经济状况。[③] 一些海外华人学者也对自己祖先在当地发展的历史进行了探讨。如毛里求斯的华人外交官兼学者曾繁兴对该地华人的历史进行了考察。[④] 还有的学者将自己的所见所闻写出来,如曾侨居坦桑尼亚的曲拯民在《中国人在东非洲造铁路》中将自己少时所闻及在坦桑尼亚的所见记录下来,提供了关于1898—1914年德国人在东非雇佣华工修筑铁路的史实。

---

① [毛里求斯]《华侨日报》,1955年12月20日。

② 宋晞:《清末华工对南非屈兰斯瓦尔金矿开采的贡献》,台北:华冈出版社,1974年。此书是在作者的硕士论文(哥伦比亚大学,1957年)的基础上补充修改而成。

③ 陈怀东:《海外华侨经济》,台北:蔡明,1986年,第33—57,170—175,209—211,312—316,345—346页。笔者在此感谢陈怀东先生惠赠的著作。

④ 曾繁兴:《寻根:毛里求斯的华人》(邓抗升译),《明报月刊》,1980年第1期,第40—41页。

3. 改革开放以来的研究

改革开放以来，对非洲华人的研究进一步加强。从20世纪80年代后期始，一些综合性的华侨研究著作或参考书均注意将非洲列入。葛仁局首先在著作中提及在非洲的中国人。[①] 随后，李原、陈大璋的《海外华人及其居住地概况》(1991年)，方雄普、谢成佳的《华侨华人概况》(1993年)和巫乐华的《华侨史概要》(1994年)均论及非洲。此外，一些关于华侨的报刊和各国对华侨政策的专著也涉及非洲华人。[②] 由周南京、梁英明主编的《世界华侨华人大辞典》(1993年)是一部极有分量的参考书，其中即有涉及非洲华侨的内容。1995年出版的《世界华人精英传略：大洋洲与非洲卷》分别介绍了非洲华人陆才新(毛里求斯)、梁金[③](南非)、邓军凯(毛里求斯)、朱南扬(尼日利亚)、陈福胜(马达加斯加)、沈文伯(尼日利亚)、曾宪建(留尼汪)等人的传记。在论及非洲华人的文章中，有的探讨西印度洋诸岛的近代华工，有的分析非洲华侨在抗日战争中的爱国活动，有的研究非洲华人和华侨的生活情况，有的介绍在种族隔离制度下挣扎的南非华侨。[④] 赖翠玲的《嫁到黑非洲》(1996年)以自传的体裁，记述了作者在非洲的亲身经历。[⑤] 侨居南非的欧铁出版了《南非共和国

---

① 葛仁局：《炎黄子孙在海外》，长春：吉林人民出版社，1986年，第42—44页。

② 方积根、胡文英：《海外华文报刊的历史与此同时现状》，北京：新华出版社，1980年，第260—266页；杨力：《海外华文报业研究》，北京：燕山出版社，1991年，第316—323页；廖小健：《战后各国对华侨华人政策》，广州：暨南大学出版社，1995年，第355—377页。

③ 此为误译，其姓名实为“梁佐钧”，英文名为 Leung Quin(或 Leung Quimn)。见 Melanie Yap and Dianne Leong Man, *Colour, Confusion and Concessions*, p. 151. 此页所附图片中有梁佐钧的中、英文名。

④ 许永璋：《近现代时期南非的华工与华侨》，《山西大学学报》(哲学社会科学版)，1982年第3期；王星：《华工在兰德》，《晋中学院学报》，1987年第2期；陈平润：《二十世纪初广西籍华工被输入南非的前前后后》，《八桂侨刊》，1990年第1期；余建华：《近代契约华工输入西印度洋诸岛探析》，《西亚非洲》，1991年第1期；杨力：《福建华侨移居非洲史略》，《侨史资料》，1991年第9期；许永璋：《毛里求斯的华工和华侨》，《河南大学学报》，1993年第1期；廖小健：《种族隔离与南非华侨华人》，《八桂侨史》，1993年第4期。

⑤ 赖翠玲，广东珠海人，1963年生。1986年毕业于广州中山医科大学，1988年赴几内亚与卡马拉先生结婚，1993年被几内亚科纳克里大学口腔中心聘请为口腔专家，成为中几建交三十多年来第一位进入该国综合大学工作的中国人，成为华人界的成功女性之一。

华侨概况》(1991 年),由于曾在南非任教,有机会接触一些当地华侨,所以他的著作用了一些新的资料。

自 20 世纪 90 年代中期始,一些研究成果涉及非洲华侨华人或与此相关的议题。[①] 袁丁的专著《晚清侨务与中外交涉》从外交史的角度涉及了清政府在南非和莫桑比克设领事馆以及对华侨华工(包括南非的华侨华工)的保护。[②] 艾周昌和沐涛的《中非关系史》描述了清末以来非洲华工的境况,同时介绍了抗日战争时期非洲华侨的贡献。[③] 人民日报社驻南非记者温宪撰写的长文《南非华人创业史》从 1997 年 7 月起在《华声月报》上连载六期,较详细地介绍了南非华人的奋斗历程。这篇长文中的资料主要来自南非华人学者叶慧芬和梁瑞来的近著《南非华人史》。[④] 1998 年,周慕红发表过一篇综述文章,对 1980 年到 20 世纪 90 年代后期的非洲华侨华人研究进行了梳理。[⑤] 郑家馨关于中国与南非关系的文章也涉及南非华工与华侨问题。[⑥] 李安山对清末南非华侨的社区生活进行了剖析。[⑦] 此外,李安山的关于非洲华侨华人研究中的中文和外文史料运用的两篇文章先后发表。[⑧] 刘新粦探讨了抗日战争中非洲华侨华人的贡献。[⑨]

(二) 国外研究状况

1. 有关南非契约华工的研究

西方学者对非洲华人的研究早于中国学者,他们的研究重点一直集

---

① 董悦华:《1910 年以来的非洲华人及其与中国的关系》,《山东师大学报》,1994 年第 2 期;李小玲:《非洲华侨与祖国抗战》,《西亚非洲资料》,1994 年第 2 期;韩金枝:《毛里求斯的华人社团》,《八桂侨史》,1995 年第 2 期;周南京:《南非华侨华人教育概况》,《八桂侨史》,1997 年第 3 期。

② 袁丁:《晚清侨务与中外交涉》,西安:西北大学出版社,1994 年,第 46、59 页。

③ 艾周昌、沐涛:《中非关系史》,上海:华东师范大学出版社,1996 年,第 136—159,202—213 页。

④ 温宪:《南非华人创业史》,《华声月报》,1997 年 7—12 月号。

⑤ 周慕红:《80 年代以来我国学者关于非洲华侨华人问题研究综述》,《西亚非洲》,1998 年第 3 期。

⑥ 郑家馨:《17 世纪至 20 世纪中叶中国与南非的关系》,《西亚非洲》,1999 年第 5 期。

⑦ 李安山:《论清末非洲华侨的社区生活》,《华侨华人历史研究》,1999 年第 3 期。

⑧ 李安山:《论非洲华人史的中文史料及其利用》,《华侨华人历史研究》,1999 年第 1 期;李安山:《非洲华人华侨史的外文史料及其利用》,《西亚非洲》,1999 年第 2 期。

⑨ 刘新粦:《抗日战争中的非洲华侨》,《岭南文史》,1995 年。

中在南非金矿的开采这一主题上。换言之，早期关于非洲华人的研究是与所谓的“南非华工问题”联系在一起的。最早论及非洲华人的著作同时也是关于南非华工的著作。① 在陈翰笙主编的《华工出国史料汇编》第九辑中，《兰德的中国佬约翰》(辑中译为《兰德矿区的华工》)出版年代为1905年，这也是较早的论著之一。20世纪初，一些研究大英帝国的著作在论及帝国的劳工政策和帝国与南非的关系时也间接提到了华工问题。此外，一些杂志还发表了几篇关于南非华工的学术论文。② 这些研究论著之所以具有史料价值，是因为它们较直接地反映了当时英国或南非社会舆论对这一问题的看法。必须注意的是，这些论著大都与当时英帝国的劳工政策有关，有些学者各为其主，其偏见在所难免。1912年，佩恩在探讨德兰士瓦金矿使用外国劳工的著作中也提到了南非华工。③

在20世纪20年代，出版了三本关于中国海外移民的著作。第一本是前面提到的陈达的著作，他的著作出版于1923年。坎贝尔在1923年也出版了一部关于中国移民的著作，其中第四章对1904—1910年南非契约华工的缘起、这一雇佣制度的弊病和终结的原因进行了较详尽的分析。作者认为，“德兰士瓦试验”的停止是出于英国和德兰士瓦当局的意志。④ 这一结论值得商榷，但作者提供的一些原始资料和数据有一定的参考价值。宓亨利的著作出版于1924年，其副标题是“一项关于国际法及其关系的研究”。作者对中国移居到美洲、澳洲和非洲的中国人(包括华商、自由劳工、苦力、契约劳工和留学生五种类型)进行了比较研究。

---

① T. Naylor, *Yellow Labour: The Truth about the Chinese in the Transvaal: Being A Study of its Moral, Economic and Imperial Aspects*, London, 1904; H. Jennings, *Chinese Labour on the Rand*, London, 1904; R. W. Schumacher, *A Transvaal View on Chinese Labour Question*, London, 1906.

② H. Samuel, “The Chinese Labour Question”, *Contemporary Review*, 85(April, 1904); Sir W. Des Voeux, “Chinese Labour in the Transvaal: A Justification”, *The Nineteenth Century and After*, 19 - 20, no. 350 (April, 1906).

③ E. G. Payne, *An Experiment in Alien Labour*, Chicago: University of Chicago, 1912.

④ P. G. Campbell, *Chinese Coolie Emigration to Countries within the British Empire*, London: P. S. King & Son, 1923, pp. 161 - 216.

此书的可贵之处在于两点:其一,对世界各地华人的境况进行了比较;其二,探讨了中国政府的海外华侨政策这一问题。书中对移居南非的华人也有涉及。①

在随后的40多年里,对非洲华人的研究几乎处于停滞状态。除了偶尔有一两篇关于中国劳工的学位论文以外,②这一课题几乎无人问津。然而,有一点必须注意:由于南非华工问题在英帝国殖民史中所占的重要地位,一些有分量的关于英帝国和南非的历史著作均提到了华工。例如,南非早期自由主义史学的代表德·基维特在他的代表作《南非社会经济史》中即提到了中国劳工的作用。③ 他指出,华工的到来弥补了南非和葡属南部非洲殖民地劳力的不足,促进了南非经济的发展。由于引进了华工,金矿公司的规模和利润得以扩大,殖民地的岁入和税收因此增加,白人的就业机会增多了。但是,他认为,"引进华工的政策虽然在经济上是合理的,但从南非社会的角度看则是非常不明智的,使本已十分复杂的南非社会更加复杂化"④。此外,其他一些关于非洲方面的重要著作也注意到了华人在非洲的存在。在当时被视为权威著作的《非洲概览》和《非洲的土著问题》中都提到了在非洲的中国劳工。⑤

2. 二战以后的研究成果

第二次世界大战结束后,由于民族主义的崛起,国际政治学领域兴

---

① H. F. MacNair, *The Chinese Abroad, Their Position and Protection: A Study in International Law and Relations*, Shanghai: The Commercial Press, 1924.

② J. A. Reeve, "Chinese Labour in South Africa, 1901 - 1910", University of Witwatersrand MA thesis, 1954; Shee Sung, "Chinese Labour in the Transvaal, 1904 - 1907", University of Columbia MA thesis, 1967; J. A. Weeks, "The Controversy over Chinese Labour in the Transvaal", Ohio State University PhD thesis, 1968.

③ 关于南非早期自由主义史学,参见李安山:《论南非早期自由主义史学》,《西亚非洲》,1993年第1期。

④ C. W. De Kiewie, *A History of South Africa, Social and Economic*, London: Oxford University Press, 1957 [1941], pp. 146, 165.

⑤ Raymond Lesl ie Buell, *Native Problem in Africa*, New York: Macmillan Company, 1928, Vol. Ⅰ, pp. 22 - 23, Vol. Ⅱ, pp. 422, 506; Lord Hailey, *African Survey* (Revised Edition), London: Oxford University Press, 1958, pp. 1357, 1362.

起了对各地少数民族的研究热。华人存在于世界各地的这一事实引起了学者们的关注。然而，当时学术界对华人的注意力主要集中在东南亚地区。1965年，法国学者苏珊·拉宾出版了关于非洲华人的小册子。① 美国学者斯拉威斯基也独辟蹊径，对马达加斯加的华人社区进行研究。② 他在耶鲁大学攻读博士学位时所做的论文是关于法国政府对马达加斯加华人的政策。他曾在美国驻马达加斯加大使馆工作，并掌握了中、英、法和马尔加什文，这些便利条件使他能广泛地接触各种官方档案资料，并对当地华人进行问卷和调查采访（当然，他在美国驻马达加斯加大使馆的任职也多少影响了他的调查结果和研究结论）。这一研究选题虽然是从国际关系的角度出发的，但其对研究资料的运用和对时序的处理明显受到历史学和社会学方法的影响。他追溯了华人在马达加斯加的起源，分析了法属马达加斯加殖民地政府对劳动力的需求，探讨了华人社会的演变。③ 值得注意的是，由于受当时"冷战"气候的影响，加之美国当时未与中国建交，斯拉威斯基的著作中对"黄祸"的提法和一些结论是明显带有偏见的。

20世纪70年代以来，国际学术界对这一课题的研究又开始活跃起来，然而研究者多在探讨英帝国经济与兰德金矿的联系上旁而论及南非华工。纽伯里对英帝国时期迁徙劳工的解释和吉夫斯就克鲁格和米尔纳时期南非金矿对迁徙劳工控制手段的探讨均属于这一类研究。④ 伦敦大学亚非学院的彼得·理查森在前人的基础上对德兰士瓦金矿的中国

---

① S. Labin, *Les Colonialistes Chinois in Afrique*, Paris: Editions de la Ligue de laLiberte, 1965.

② Leon M. S. Slawecki, "The Two Chinas in Africa", *Foreign Affairs*, 42:2(1963, Jan.), pp. 398 - 409. 他的亚裔夫人可能对他的选题产生了某种影响。

③ Leon M. S. Slawecki, *French Policy Towards the Chinese in Madagascar*, Connecticut: The Shoe String Press, 1971.

④ C. Newbury, "Labour Migration in the Imperial Phase: An International", *Journal of Imperial and Commonwealth History*, 3: 2(1975), pp. 234 - 56; A. H. Jeeves, "The Control of Migration Labour in the South African Gold Mines in the Era of Krugerand Milner", *Journal of Southern African Studies*, 2: 1 (1975), pp. 3 - 29.

劳工进行了一项系统详尽的研究,并在此基础上完成了他的经济史博士论文。[①] 他不仅充分利用了英国和南非的档案和其他各种资料(包括少数中文资料),而且立论的角度也很有特点。他将兰德金矿使用华工与世界经济在这一时期的扩张联系起来,认为 1904 年中英双方签订的《保工章程》是 1860 年中英双方在北京签订的《续增条约》(通常称为《北京条约》)[②]的继续,并指出这种不平等交易是与当时位于世界经济中心的英国与处于边缘地带的中国之间的不平等关系相联系的。他的这一研究成果于 1982 年以《德兰士瓦的中国矿工》为题发表。[③]

华人学者颜清湟一直从事华侨问题的研究,对中英文史料的运用使他的研究水准高出其他西方学者。他于 1985 年出版的《苦力与官人》是一部论述晚清对华侨保护政策的力作。在第七章"1893 年以后对海外华人的保护"中,他对南非的华工以及清朝政府的政策做了专门探讨。他指出,对于当时的中国政府来说,南非华侨在 1903 年以前并不存在,既无官方记录,亦无统计数字。南非华侨于 1903 年向中国驻伦敦的大使递交了一份请愿书,要求清政府向南非派驻领事,以对华侨进行保护。这一份请愿书使清朝政府第一次注意到南非华侨的存在。在后来反对英属南非政府的各种歧视华人的政策时,南非华侨总是主动者,而清朝政府总是被动,一味应付。然而,他在结论中认为:中国的外交官在与英国政府接洽谈判和表示抗议的过程中,表现出一种对华人"进行保护的决心和深切的关心"。[④] 这种结论与颜清煌先生接触的主要是官方资料有关。笔者认为,驻南非外交官与外务部的往来

---

① P. Richardson, "Coolies and Randlords: The North Randfontein Chinese Miners'Strike' of 1905", *Journal of Southern African Studies*, 2: 2(1976), pp. 151 - 77; P. Richardson, "The Recruiting of Chinese Indentured Labour for the South African GoldMines, 1903 - 1908", *Journal of African History*, 18: 1 (1977), pp. 85 - 108.

② 条约第五款就华民与英民订约出国一事作了规定。参见王铁崖主编《中外旧约章汇编》,第一册,北京:三联书店,1982 年,第 145 页。

③ P. Richardson, *Chinese Mine Labour in the Transvaal*, London: Macmillan, 1982.

④ Yen Chen-Hwang, *Coolies and Mandarins: China's Protection of Overseas Chinese during the Late Ch'ing Period (1851 - 1911)*, Kent Ridge: Singapore University Press, 1985, pp. 335 - 347.

文书只能反映一方的观点。只有对各方的资料进行分析，才可能得出较为客观的结论。

1988年由英国学者菲利普·斯诺撰写的《星槎：中国与非洲相遇》是一部文笔生动的中非关系史著作。斯诺在前面三章中对中非早期的交往进行了阐述。由于他熟悉中文，对一些中国古代典籍有所利用，并强调中国与非洲的交往早于西方。他也对早期华人抵达非洲的情况进行了综述，并考察了一些西方国家输入契约华工的大致情况。当然，他的个别观点值得商榷。第一，他认为，清朝派驻南非的总领事刘玉麟主要关心的是“帮助欧洲人维持秩序”，这种看法有失偏颇。第二，他认为，到毛里求斯的中国人都是自愿的，这也与史实不合。① 斯诺先生对华比较友好，曾应邀访问中国并做过有关非洲华侨华人的讲座。

南非的学者从20世纪80年代起就开始从事华人社区的系统研究。1984年，南非大学出版社出版了琳达·休谟的著作，首次将居住在南非共和国的华人作为一个整体进行了探讨。② 另一位南非学者凯伦·哈里斯从20世纪90年代初也开始研究南非华人社区，她是南非大学历史系的高级讲师，从早期南非和澳大利亚金矿的工会运动的比较研究入手，开始接触南非华人这一课题。③ 凯伦·哈里斯在国际学术界相当活跃，几乎每一次关于华侨华人的国际学术讨论会上都可以看到她提交的学术论文。1992年，她在旧金山举行的以“落地生根”为主题的国际学术讨论会上提交了题为《中国“南非人”——一个填隙式的社区》的论文。1993年，她又在中国广东汕头市举行的关于华人与经济的国际学术研讨会上宣读了题为《南非的中国商：经济威胁？》的论文。1994年，她发表了

---

① Philip Snow, *The Star Raft*: *China's Encounter with Africa*, London : Weidenfeld & Nicolson, 1988, pp. 49, 55. 笔者于2006年应邀访问香港大学并做有关中非关系的讲演，斯诺先生也在港大历史系访问。他在笔者讲座后将自己的著作《星槎：中国与非洲相遇》签名相赠，在此表示衷心感谢。

② Linda Human, *The Chinese People of South Africa*: *Freewheeling on the Frings*, Pretoria: University of South Africa, 1984.

③ Karen Harris, " Early Trade Unionism on the Gold Mine in South Africa and Australia: A Comparison", *Historia*, Nov. 1990, pp. 76 - 97.

两篇论文,分别对 1910 年以前南非的中国人和华工在兰德金矿的反抗活动进行了探讨。① 1997 年她在香港召开的学术研讨会上又与他人合作提交了两篇论文。一篇对华人在荷兰和南非的活动进行了比较研究,认为存在三个特点:封闭且组织严密的社区;在当地政治活动中注重建立个人联系;有很强的文化优越感和种族主义。另一篇就澳大利亚和南非对华人入境的法律控制手段进行了比较。② 1997 年她在两年一度的南非历史协会的学术研讨会上提交了论文,探讨了南非华人对《集团住区法》的态度。1998 年 11 月在菲律宾马尼拉举行的以"华人的文化适应/文化改造"为主题的国际研讨会上,她又提交了一篇论文。她认为,自从南非联邦成立以来,南非华人以自己的文化为武器,拒绝认同于任何其他种族集团,从而破坏了种族隔离制的严格实施。③

3. 三位华裔女性的代表作

如前所述,毛里求斯华人学者雨盖特·李卓凡·皮耐欧的《西印度洋华侨史》是一部研究马斯克林群岛、马达加斯加和南非华人社会的经典著作。作者运用大量的官方档案资料,对这三个地区华人的历史演变和社会结构进行了勾画。最为可贵的是,除书中附有大量的表格和数据外,在每一章后均附有各种与主题有关的官方文件,有些是极为难得的史料,如:毛里求斯的华人元老陆才新偕首批中国移民于 1826 年 12 月 3

---

① Karen Harris, "The Chinese in South Africa: A Preliminary Overview to 1910", *Kleio*, 26 (1994), pp. 9 - 26; Karen Harris, "Rand Capitalists, Chinese Resistance", *Contree*, 35 (June, 1994), pp. 19 - 31.

② Karen L. Harris and Frank N. Pieke, "Integration or Segregation: The Dutchand South African Chinese Compared"; Karen L. Harris and Jan Ryan, "Chinese Immigration to Australia and South Africa: A Comparative Analysis of Legislative Control", in Elizabeth Sinn, ed., *The Last Half Country of Chinese Overseas*, Hong Kong: Hong Kong University, 1998, pp. 115 - 138, pp. 373 - 389.

③ Karen Harris, "The Chinese 'South Africans' - An Interstitial Community", International Conference, San Francisco, November, 1992; "The South African Chinese Merchant: An Economic Threat?" International Symposium on Ethnic Chinese Economy, 1993; "'Accepting the Group, but not the Area': The South African Chinese and the Group Area Act", South African Historical Society Biennial Conference on the Ethnic Chinese, Manila, November 1998.

日抵达毛里求斯路易港时的登记报告；南非华人领袖梁佐钧致中国驻英大臣的请愿书；南非华人义士周贵和在误签南非政府要求亚洲人重新注册的登记表后愤而自尽的绝命书；等等。作者的专业史学训练也为这部著作的学术分量增色不少。诚如法国学者路易·法沃勒在此书“序言”中所指出的：迄今为止，无人像李卓凡那样运用资料和了解情况，对这个问题进行如此全面的研究，“这本书成了历史学家以及政治学家、经济学家或社会学家不可或缺的参考书”。①

中国经济的持续发展引起了全世界的瞩目，而华人和华侨在中国经济腾飞中所起的作用日益为学者所重视。20 世纪 90 年代以来，对各地华人的研究又一次形成热点，非洲的华人学者也开始研究自己的历史。1996 年出版了两位南非华人女士撰写的《肤色、迷茫与让步：南非华人史》，这是一项南非华人历史研究计划的结晶，这项计划首先是由德兰士瓦中华公会提出的，在 1988 年开始由南非中华总公会全力推动，耗时九年之久。作者叶慧芬和梁瑞来均为第三代南非华人，也都受过高等教育。前者毕业于罗兹大学，后者毕业于金山大学。叶慧芬曾担任南非中华总公会的秘书长 14 年之久，后任杜省（即德兰士瓦）中华公会副会长。作者运用了大量的政府和地方档案、华人社区资料和华人组织文件，还采访了众多华人。

作者在导言中指出：本书的主要目的之一是纠正一个被人们普遍接受的错误观点——现在南非华人的祖先是 19 世纪末 20 世纪初来南非开采金矿的华工。② 当然，本书所完成的远非这一点，它揭示了一个外来民族在南非三百年的遭遇。这部著作内容充实、涵盖面广，涉及了南非华人社区的经济、社会、宗教、文化生活，以及他们在种族隔离制开始松动后所表现出来的政治热情。全书共 13 章，从 1660 年一名叫“万寿”（Wancho）的华人被荷兰东印度公司作为罪犯流放到开普殖民地开始，

---

① H. Ly-Tio-Fane, *La Diaspora Chinoise dans L'ocean Indien Occidental*. 此书的英文版于 1985 年在毛里求斯出版。方积根编的《非洲华侨史资料选辑》收录了此书的节译本。

② Melanie Yap and Dianne Leong Man, *Colour, Confusion and Concessions*, p. xv.

一直写到种族隔离制度在南非的崩溃。作者忠实记载了早期南非华人所受的屈辱和磨难,20世纪初华人和印度人对南非种族歧视政策的联合斗争,二战结束以后南非华人为了生存而采取的各种办法,以及他们孜孜以求为当地社会发展所做出的贡献。正如一篇书评所指出的那样,这是一部南非华人"自强不息的奋斗史"。①

《马斯克林群岛的华人移民社群——以留尼汪为例》也是一部功力深厚的历史著作。该书作者、华人学者黄素珍(Edith Wong-Hee-Kam)女士出生于留尼汪。与李卓凡女士一样,她也是在巴黎受的高等教育,后来在留尼汪大学的地区史研究与资料中心任教并从事研究。为了收集资料,她曾到过中国大陆、中国台湾和东南亚。在这部著作中,她详细研究了留尼汪华人的早期来源、他们对当地发展的贡献以及华人社会结构和社团组织的演变。从原著标题看,她是以留尼汪为例来探讨马斯克林群岛的华人社区,因此在著作中也涉及了毛里求斯等邻近地区。书中引用了大量的官方档案,包括法国的政府文件和留尼汪的地方文件,作者使用了各种表格和示意图,以帮助读者理解。书中还引用了大量的社区资料和原始图片。除了前言、导言和结论外,全书分三篇:第一篇"19世纪中叶以前的接触"共两章,叙述了马斯克林群岛(即西印度洋群岛)与中国的最早交往和1844—1862年到留尼汪做工的中国农业工人;第二篇"华人社区的形成与组织"共三章,探讨了1860—1945年华人的移植和社团发展、华人的经济活动以及华人的社会生活;第三篇"一体化进程"分为五章,对二战以来留尼汪华人的社会结构、经济基础、政治活动、宗教生活和文化艺术的分化及演变做了详尽的探讨。在书前的"导言"部分,作者除了对以前的研究状况、目前存在的问题和本书的资料与方法进行了概述外,还列有年表。在正文的后面,作者还附上了对当地华人社区贡献卓著的社团领袖的传略。②

① 温宪:《三百年的屈辱与抗争——读〈南非华人史实〉》,《人民日报》,1997年3月21日。

② Edith Wong - Hee - Kam, *La Diaspora Chinoise aux Mascareignes*.

(三) 21世纪以来的研究与话语争夺

1. 中国学者的研究成果

21世纪以来,随着中非关系的推进和社会的需求,非洲华侨华人的研究开始在学界引发兴趣。李安山的著作《非洲华侨华人史》和《非洲华侨华人社会史资料选辑(1800—2005)》先后出版。[①]《非洲华侨华人史》的前一部分在美国翻译出版。[②] 值得注意的是,一批青年侨史学者的研究触角开始伸向非洲。资深策划人、北京飞和文化传播有限公司总经理汤曼莉编著的《海上传奇:留尼汪华人华侨志》是一本不错的著作。作者通过实地考察和采访,在此基础上对留尼汪华人的来源、身份认同以及其对留尼汪岛经济发展的贡献做了梳理。[③] 这些年来,研究的重点大致可分为两类:一类是与南非华工相关的内容,一类是非洲华侨华人的现实问题,也主要集中在南非。有的文章探讨了来自中国不同省份的南非契约华工的遭遇。早在1990年,陈平润曾探查过广西华工被招募到南非采矿的史实,[④]郭剑波对浙江的南非契约华工进行了探讨。[⑤] 有的文章比较了南非契约华工与印度侨工的迁移类型和生活境遇的异同并分析产生差异的原因。[⑥] 有的学者以南非华侨为典型研究了清朝的侨务政策。[⑦]

---

① 李安山:《非洲华侨华人史》;李安山编注:《非洲华侨华人社会史资料选辑(1800—2005)》。

② Li Anshan, *A History of Overseas Chinese in Africa to* 1911, New York: Diasporic Africa Press, 2012.

③ 汤曼莉编著:《海上传奇:留尼汪华人华侨志》,北京:飞和文化传播有限公司,2013年。

④ 陈平润:《二十世纪初广西籍华工被输入南非的前前后后》,《八桂侨史》,1990年第1期。

⑤ 郭剑波:《20世纪初南非金矿也有浙江契约华工》,《八桂侨刊》,2010年第2期。

⑥ 桑艳东:《契约华工在南非(1904—1910)——兼论南非华、印侨工之比较》,《华侨华人历史研究》,2001年第1期。

⑦ 苑焕乔:《清末政府向南非输出劳务述论》,《北京联合大学学报》(人文社会科学版),2000年第4卷第1期;李安山:《清朝政府对非洲华侨政策探析》,载北京大学非洲研究中心编:《中国与非洲》,北京大学出版社,2000年;王颖丽、孙红旗、张文德:《刘玉麟与晚清侨务在南非的开展》,《潍坊教育学院学报》,2007年第20卷第1期;黎海波:《晚清政府的非洲华侨政策:评价与反思》,《华侨华人历史研究》,2009年第1期。

有的研究分析了引进契约华工对南非和英国政治的影响。[①] 还有的学者从法律角度研究南非华工问题。[②] 关于非洲华侨对抗日战争的贡献的研究也不断深入。[③]

有关当代非洲华侨华人现状的研究，主要集中在以下几个方面。第一是对非洲的侨情特点、华侨华人生存状况的调研和分析，这些研究主要集中在南非。[④] 另一个研究领域是从历史和现实的角度考察非洲或南非媒体的发展变化。世界华文传媒论坛是一个开放性、国际性的全球华文媒体峰会，为全球华文媒界提供了交流合作的平台。来自非洲一些国家（如南非和毛里求斯）和地区（如东部非洲）的华文传媒代表均先后提交过相关论文，例如冯荣生的《南非华文传媒发展综述》、杨苇的《非洲华文媒体的现状及发展态势——以毛里求斯华文媒体的发展和前瞻为例》、龙吾的《浅论发展中的南非华文媒体》以及韩军的《东部非洲华文媒体在中非合作时代背景下的新角色》等文章均在各届世界华文传媒论坛论文集上发表。王晖在《世界华文传媒年鉴》上撰写了标题为《非洲华文传媒发展综述》的文章，对非洲华文传媒的历史过程作了综述性的介绍。学者们也对非洲报纸杂志和其他形式的媒体的演变及其功能进行了综合分析。[⑤]

中国新移民在非洲碰到的挑战既有生存也有适应。作为跨国移民社群，如何处理内部关系和外部族群关系，如何在保持差异性的同时融

---

① 王颖丽、张渊：《华工・南非自治・英国政坛》，《八桂侨刊》，2009 年第 2 期，第 17—21 页。

② 刘腾飞：《20 世纪初南非华工的法律保护状况研究》，《商品与质量：理论研究》，2012 年第 9 期。

③ 李安山：《试论抗日战争中非洲华侨的贡献》，《世界历史》，2000 年第 3 期；黄小用、贺鉴：《论非洲华侨对祖国抗日的贡献》，《抗日战争研究》，2001 年第 3 期。

④ 朱慧玲：《非洲侨情及其特点》，《八桂侨刊》，2002 年第 1 期；万晓宏：《南非华人现状分析》，《八桂侨刊》，2007 年第 1 期；万晓宏：《挑战与机遇并存：世纪之交的南非华人》，《南洋问题研究》，2007 年第 2 期；王晓鹏：《南非华人生存调查》，《南方人物周刊》，2008 年第 24 期；付亮：《今日南非华人社会》，《八桂侨刊》，2009 年第 1 期；李鹏涛：《中非关系的发展与非洲中国新移民》，《华侨华人历史研究》，2010 年第 4 期。

⑤ 李安山：《试析非洲华人报刊的历史演变与社会功能》，《华侨华人历史研究》，2001 年第 3 期；薛士兵：《南非传媒业的历史变迁与现状》，《西亚非洲》，2006 年第 9 期；罗俊翀、周聿娥：《南非华文传媒现状及其对华人社会的影响》，《西亚非洲》，2008 年第 2 期。

入当地社会，这些都是新移民要面对的问题，也是当代非洲华侨华人的生存困境。[①] 当然，也有一些其他内容的研究。李安山对南非早期华侨与印度侨民的相同点和不同点进行了比较分析。[②] 李新烽对非洲华侨华人的人数进行了较为系统的综合。[③] 石沧金分析了毛里求斯华人发展中面临的问题。[④] 徐薇根据在博茨瓦纳实地调研的经历，探讨了当地华侨华人的困境与挑战。[⑤] 沈晓雷博士利用自己在津巴布韦收集博士论文资料的机会，对当地的华侨华人进行采访，在此基础上对当地的中国新移民的处境进行了分析。[⑥] 李鹏涛和翟珣梳理分析了赞比亚华侨的困境。[⑦] 李安山对非洲新移民与国际政治话语的关系进行了剖析。[⑧] 此外，由于新移民靠从事经济活动起家，大部分的研究论文是关于非洲华商的。关于对非洲其他国家的华人的研究，有影响力的论文较少。

这一期间，个别学者也发表了一些英文论文。[⑨] 同时，一些学位论

---

① 陈肖英：《民族聚集区经济与跨国移民社会适应的差异性——南非的中国新移民研究》，《开放时代》，2011 年第 5 期；陈凤兰：《文化冲突与跨国迁移群体的适应策略——以南非中国新移民群体为例》，《华侨华人历史研究》，2011 年第 3 期；陈凤兰：《南非中国新移民与当地黑人的族群关系研究》，《世界民族》，2012 年第 4 期；陈肖英：《南非中国新移民面临的困境及其原因探析》，《华侨华人历史研究》，2012 年第 2 期；陈凤兰：《南非华人族群的内部关系研究》，《八桂侨刊》，2013 年第 2 期；周海金：《非洲华侨华人生存状况及其与当地族群关系》，《东南亚研究》，2014 年第 1 期。

② 李安山：《论南非早期华人与印度移民之异同》，《华侨华人历史研究》，2006 年第 3 期。

③ 李新烽：《非洲华侨华人数量研究》，《华侨与华人》，2012 年第 1—2 期；李新烽：《试论非洲华侨华人数量》，http://www.360doc.com/content/13/0414/22/11567645_278300281.shtml. 他的另一部著作对研究郑和船队与早期在东非定居的华人这一课题有所突破。参见李新烽《非洲踏寻郑和路》，北京：中国社会科学出版社，2013 年。

④ 石沧金：《衰微中的坚持与努力——毛里求斯华人社会发展动态考察与分析》，《东南亚研究》，2014 年第 1 期。

⑤ 徐薇：《华侨华人在非洲的困境与前景展望：以博茨瓦纳的中国移民为例》，《东南亚研究》，2014 年第 1 期。

⑥ 沈晓雷：《试析中国新移民融入津巴布韦的困境》，《国际政治研究》，2015 年第 5 期。

⑦ 李鹏涛、翟珣：《浅论赞比亚中国新移民的基本状况》，《非洲研究》，2014 年。

⑧ 李安山：《国际政治话语中的中国移民：以非洲为例》，《西亚非洲》，2016 年第 1 期。

⑨ Li Anshan, "Control and Combat: Chinese indentured labour in South Africa, 1904 - 10", *Encounter*, 3 (Fall, 2011), pp. 41 - 61; Li Anshan, "China's African policy and the Chinesee immigrants in Africa", in Tan Chee - Beng, ed., *Routledge Handbook of the Chinese Diaspora*, pp. 59 - 70.

文涉及非洲的华侨华人。如谭志林的论文以黑人经济振兴政策为例,分析了南非华人为争取自身权利斗争的事实。① 此外,暨南大学的张振江教授从2011年起一直为年度《世界侨情报告》撰写有关南非侨情的文章。

2. 国际学者的研究成果

由于近年来中国在非洲的移民快速增长,这一现象引起了国际社会的广泛关注。有关中非之间的双向移民也是近年来兴起的一个新课题。②

马蒙是法国国家科研中心多年研究中国移民问题的专家。近年来,大量中国人移民非洲,他对这些中国移民的研究比较客观,影响较大。他认为,中国到非洲的移民分为三种类型:临时工移民、企业家移民和暂时性无产阶级移民(将非洲作为中转站最终去欧洲的移民)。他指出移民政策在国际关系中日益重要,中国人移民非洲与中非合作政策密切相关。第一种移民与中国确保原材料供应的政策相关,第二种移民是中国积极推行扩大出口市场政策的产物。他认为中国对非政策主要着眼于三个目标:获取石油和矿产等自然资源、扩大中国的出口市场及在各类国际组织中增加对中国的外交支持,即确保中国的经济增长和扩大中国

---

① 陈凤兰:《南非中国新移民研究》,厦门大学社会学2013年博士论文;李清全:《国际关系变动中的南非华侨华人:一种历史的分析》,暨南大学国际关系2008年硕士论文;付亮:《南非的中国新移民:以福清新移民为例》,厦门大学国际关系2009年硕士论文;袁冶:《试析毛里求斯华侨华人的内部特点》,北京大学2010年国际政治硕士论文;赵红:《晚清南非契约华工研究》,山东大学2014年历史学硕士论文;谭志林:《南非华人社会地位变迁——以南非华人协会胜诉BEE为例》,暨南大学国际关系2015年硕士论文;卜一村:《社会网络分析视角下的南非华人家庭移民网络》,暨南大学国际关系2015年硕士论文。

② Giles Mohan and Dinar Kale, "The invisible hand of South - South globalisation: Chinese migrants in Africa", A Report for the Rockefeller Foundation prepared by The Development Policy and Practice Department, The Open University, October 2007; G. Mohan and M. Tan - Mullins, "Chinese Migrants in Africa as New Agents of Development? An Analytical Framework", *European Journal of Development Research*, 21(2009), pp. 588 - 605; Li Anshan, "10 questions about migration between China and Africa", China Policy Institute, http://blogs.nottingham.ac.uk/chinapolicyinstitute/2015/03/04/10-questions-about-migration-between-china-and-africa/,查阅日期:2016年6月10日。

的政治影响力。①

印度人玛丽亚·波丽泽尔毕业于美国哥伦比亚大学,目前为记者,对中国人移民非洲和非洲人移民中国进行了分析。她指出随着中非关系的深化,中非相互间移民日益增加,还有越来越多的中国游客前往非洲。作者对这些移民的来源地及移民的方式等进行了简单的分析。文章认为,因为中国移民越来越多,必然会遇到融合问题以及当地政府对中国移民进行限制等问题。作者提到佛得角政府认为中国商店对当地经济有利。文章建议应将移民问题列入以后中非合作论坛部长级会议的议事日程之中。②

"中国商人导致非洲人破产"是西方和非洲社会批评中国移民非洲的一大焦点。约瑟夫·厄恩斯特的文章认为,大量签证过期不归的中国移民正在主宰非洲经济。这无疑有耸人听闻之嫌。他认为,这些人签证过期后,继续非法留在非洲从事商业和贸易活动,以极低的价格出售商品且非法运营,不缴纳税费,从而导致当地商人无法与之竞争,大量破产。文章的资料主要来自坦桑尼亚和乌干达的例证。③ 媒体上还有大量关于这一问题的报道,如莱索托当地人与中国店主之间的紧张关系,④中国商人因在尼日利亚卡诺从事政府不允许外国人从事的纺织品贸易而遭到逮捕并被谴责为"食腐者",⑤中国人在坦桑尼亚、乌干达、赞比亚、纳

---

① Emmanuel Ma Mung Kuang,"The new Chinese migration flows to Africa", *Social Science Information*, 47:4(2008); Emmanuel Ma Mung Kuang, "Chinese Migration and China's Foreign Policy in Africa",*Journal of Chinese Overseas*, 4:1(May 2008), http://muse.jhu.edu/login? auth=0&type=summary&url=/journals/journal_of_chinese_overseas/v004/4.1.mung.html.

② Malia Politzer, "China and Africa: Stronger Economic Ties Mean More Migration", August, 2008, http://www.migrationinformation.org/feature/display.cfm? ID=690l.

③ Joseph Earnest, "Influx of Chinese immigrants invades Africa driving locals out of business", http://www.newscastmedia.com/africa-for-the-chinese-francis-galton.html.

④ Ngoan'a Nts'oana, "Lesotho Media and the Growing Intimidation of Chinese Shop Owners", http://africasacountry.com/2013/02/14/lesotho-media-and-the-growing-intimidation-of-chinese-shop-owners/.

⑤ "Nigeria accuses Chinese traders of 'scavenging' in Kano", http://www.bbc.co.uk/news/world-africa-18169983.

米比亚都因与当地人竞争而遭到排斥等。① 丹尼尔注意到华人在非洲比较难以融合。②

当然,并非所有作者都认为中国商人给非洲带来的是不利影响。贾尔斯·莫汉等人认为,中国人在非洲所发挥的作用基本上是积极正面的,且有助于推动中国与非洲的合作及南南全球化的发展。③ 安妮塔·斯普林等人也认为,中国商人不但为非洲提供了大量廉价商品,而且为当地人开办小生意提供了机会。在《实践中的南南商业关系:以纳米比亚奥希坎戈的中国商人为例》一文中,格瑞格·多布勒认为中国人的商店对非洲人的消费至关重要,他们并没有取代当地现存的商业,而是开发新的商品市场。多布勒通过分析认为,中国的批发商是奥希坎戈的商业繁荣的重要组成部分,他将中国商人称为"创造性先锋"(creative pioneers)。④ 德克·科纳特通过对中国和尼日利亚在加纳和贝宁创业的移民进行比较后指出,虽然二者的创业精神存在差异,但他们在劳动分工和比较优势的基础上合作,对当地的减贫和将廉价商品送到偏远地区至关重要。⑤ 瓦赫瓦以中非共和国为例,分析了中国移民的状况。中国移民有两个问题:一是他们与当地人的融合颇为困难,原因在于语言障碍以及与非洲人的价值观存在很大差异;二是中非一些商人对中国人特别是中国商人的存在持敌视态度,因为他们无法与中国商人进行竞争。

---

① Andrew Bowman, "Africa's Chinese diaspora: under pressure", http://blogs. ft. com/beyond-brics/2012/08/08/africas-chinese-diaspora-under-pressure/#axzz2LX3BhPzw.

② Daniel, "The difficult integration of Chinese migrants in Africa", http://www. unaoc. org/ibis/2010/08/12/the-difficult-integration-of-chinese-migrants-in-africa/.

③ Giles Mohan, Dinar Kale, "The invisible hand of South - South globalisation: Chinese migrants in Africa", A Report for the Rockefeller Foundation prepared by The Development Policy and Practice Department, The Open University, October 2009.

④ Gregor Dobler, "South-South business relations in practice: Chinese merchants in Oshikango, Namibia", unpublished paper, May 2005.

⑤ Dirk Kohnert, "Are the Chinese in Africa More Innovative than the Africans? Comparing Chinese and Nigerian Entrepreneurial Migrants'Cultures of Innovation", German Institute of Global and Area Studies Working Papers, No. 140.

他认为中非关系的发展将面临越来越多的冲突。①

有的学者开始以非洲城市为个案研究非洲华侨华人，尼昂对塞内加尔达喀尔市的中国移民社区的融合问题进行研究，②哈里森等人探讨了约翰内斯堡华人的生存策略。③ 斯泰伦博希大学中国研究中心的《中国观察》经常刊登有关中国移民的文章，如南非学者哈里斯曾就南非华侨华人的历史概览发表过文章，另一位南非华人后裔阿孔探讨了自己所在的南非华人社区的情况。④ 2008 年 2 月的《中国观察》刊登了晶晶针对非洲华侨华人总体发展的概述文章，以及另一位学者有关加纳中国移民的研究文章。⑤

需要重点介绍的是布伦赫斯特基金会的有关南部非洲五个国家中国商贩的报告——《他们所说的非洲》。⑥ 从 2011 年 4 月到 2012 年 2 月，调研者通过在南部非洲的南非、莱索托、博茨瓦纳、赞比亚和安哥拉的 22 个城镇进行 186 人/次访谈，较深入地调查了中国商人的经营和生活状况。调查采访了五个国家的中国小商贩并将问题分三大类：个人问题、商铺经营和实质性问题（经历和看法）。报告深度采访的方式，既发现了中国商人的总体特点，还提出了不同国家的特点，从而增加了对中

---

① Supriya Wadhwa, "Lost in Translation: A bleak picture of Chinese immigration in Central Africa", Feb. 11, 2013, http://sites. davidson. edu/pol341/lost-in-translation-a-bleak-picture-of-chinese-immigration-in-central-africa/.

② Ibrahima Niang, "Les Chinois du secteur informel dakarois: migration et intégration d'une communauté économique", DEA thesis, Université Cheikh Anta Diop de Dakar, 2007.

③ Philip Harrison, Khangelani Moyo and Yan Yang, "Strategy and Tactics: Chinese Immigrants and Diasporic Spaces in Johannesburg, South Africa", *Journal of Southern African Studies*, Volume 38, Number 4, December 2012.

④ Karen L. Harris, "Waves of migration: A brief outline of the history of Chinese in South Africa", *The China Monitor*, Issue 21, August 2007; Darryl Accone, "Chinese Communities in South Africa", *The China Monitor*, Issue 19, August 2007.

⑤ Lucy Corkin, "Chinese Migrants to Africa: A Historical Overview", *The China Monitor*, Issue 26, February 2008; Conal Guan - Yow Ho, "Living Transitions: A Primer to Chinese Presence in Ghana", *The China Monitor*, Issue 26, February 2008.

⑥ Terence McNamee, with Greg Mills, et al., *Africa in Their Words: A study of Chinese Traders in South Africa, Lesotho, Botswana, Zambia and Angola*, The Brenthurst Foundation Disscussion Paper, 2012.

国人与非洲当地关系的了解,而中非关系的基础正应建立在这种关系之上。报告认为:以前对中国人在非洲的认识存在误区。西方习惯于将中国人在非洲的存在看作是精心筹划的庞大战略的一部分,一切都受到中国政府的控制。报告认识到中国人在非洲的存在是多元的、复杂的和多层次的。这也是该报告的价值所在。

3. 有关华工和华人的专著

近年来,有关华工和华侨华人的学术专著也不断出版。比较重要的有以下几本。

《从外国人到公民》是毛里求斯的华人学者李卓凡和爱德华·林发的力作。作者通过大量原始资料将历史与现实有机地结合起来,集中探讨了华人融入毛里求斯社会的过程。全书分为五个部分,分别描述了华人迁移西印度洋群岛的诸因素、移民毛里求斯及其发展过程、旧唐人街及其种族、华人社区的特点和融合的过程,以及华人对毛里求斯经济的贡献。在殖民主义统治时期,由于毛里求斯的华人只是外来者,他们大部分只能靠贸易为生。独立后他们成为毛里求斯的公民,其积极性和潜力大大发挥出来,对毛里求斯成为世界的一个金融中心做出了巨大的贡献。①

美国霍华德大学访问学者朴尹正的《荣誉至上:南非华人身份认同研究》是一部社会学专著。朴尹正是韩裔美国人,从1995年开始移居非洲,后来又回到美国,现任“中国人在非洲/非洲人在中国”谷歌电邮小组召集人。她专注于研究南非华人,立场比较客观。她对中国移民来源地和移民目的地进行了分析,认为二者均越来越多元化。她认为中国移民有四类,在马蒙论及的三类外加上了农业工人。作者认为,大多数在非洲的中国人为现代旅居者或跨国公民。只有定居十年以上或在非洲出生的下一代人才能算作定居者。关于中国人与当地人的关系,作者指出

① H. Ly Tio Fane-Pineo & Edouard Lim Fat, *From Alien to Citizen*: *The Integration of the Chinese in Mauritius*, Editions de L'Ocean Indien, 2008.

西方媒体的负面报道、反对党的政治手段、中国人与当地隔绝以及中国人与非洲人之间的商业竞争导致了一些反华现象。然而,除了少数人外,非洲人还是尊重中国人的。她不赞同一些媒体所认为的中国人移民非洲受中国政府支持,认为前往南非的大多数新移民是独立移民,其目标是提高自己的生活水平。她指出,中国移民多元化,来自不同地区,具有不同的教育水平和经历,拥有不同阶级背景;中国移民在塑造观念、构建新的认同和改变生活等方面发挥着核心作用。在这部著作中,作者用社会学的方法并根据自己在南非的亲身经历,描述了南非华人的真实生活,力图分析南非华人身份认同在不同阶段的不同困境。①

《算盘与麻将:毛里求斯华人的定居与经济整合》是一部涉及华人在毛里求斯定居以及发展历史的功力厚重的著作。除导言和结论外,全书共分六章。在第一章,作者从华人作为奴隶和契约工人来到毛里求斯的历史谈起,对不同类型(奴隶、犯人、农业工人和手工业者)的早期华人进行了分析,并将这一史实与荷兰人在印度洋的势力扩张联系起来。比较重要的是,作者对华人手工业者的作用进行了专门的论述,这一点有助于纠正早期华人都是奴隶、囚犯或契约工的观点。第二章对毛里求斯华人的经商特点进行了剖析。作者不仅对早期华人的经济活动进行了描绘,还叙述了他们遭受的金融方面的挫折。本章还展示了不同时期华人移民毛里求斯的历史及其在毛岛的人口分布,特别分析了华人企业家与朗姆酒业兴盛的关系,从而使读者对华人的特殊贡献有了更深的了解。第三章重点阐述华人经济活动的扩张和多元化。从 19 世纪开始的多元化一直在继续,20 世纪以地产业的拓展尤为显著。作者还着重分别探讨了殖民时期和独立以后毛里求斯华人在职业和经营方面的多元化。第

① Yoon Park, *A Matter of Honour: Being Chinese in South Africa*, Lexington Books, 2009. 此书已被译成中文,参见朴尹正《荣誉至上:南非华人身份认同研究》(吕云芳译),广州:广东人民出版社,2014 年;Yoon Jung Park, "Chinese Migration in Africa", The South African Institute of International Affairs, China in Africa Project, Occasional Paper No. 24; Yoon Jung Park, "Faces of China: New Chinese Migrants in South Africa, 1980s to Present", *African and Asian Studies*, 9 (2010).

四章主要是从社会网络的角度来分析毛里求斯华人以及他们在西印度洋岛国之间互相联系的社会政治发展。他们一方面要保持自身的特有标识,另一方面又要保证在独立后作为少数民族的政治地位。他们既要通过信用和氏族关系来巩固华人群体内部的团结,又要保持与其他岛屿国家华人的联系。第五章主要是关于华人的社会文化生活,包括他们的家庭生活、宗教信仰、文化组织和娱乐活动,以及他们在保持自身文化特征与适应当地社会之间维持平衡的各种努力。第六章列出了毛里求斯华人为创造一个多元族群的社会做出的贡献,包括他们一方面努力进行社会间的网络联系,另一方面不断与对华人的各种陋见进行抗争。这本著作为那些难以在政治上起重大作用的小民族如何在经济上做出贡献并找到自身的位置提供了很好的例证。①

一本有关毛里求斯著名华人医生徐惠琳的传记真实记载了徐医生的人生之路。由于该传记从各个方面描述了徐医生的成才之路,特别是他如何通过努力实现了自己的梦想,将传统医学与高科技结合并利用中医药为当地人民服务的事迹,从而为我们提供了有关毛里求斯的教育、医疗和社会服务等各方面的情况。②《唐人街:毛岛往事》是另一本当地人有关毛里求斯华人的配文画册。作者萧女士(Pascale Siew)的丈夫是毛里求斯华人,从而激起了她对毛里求斯华人历史的兴趣。她长期收集各种毛岛华人各个时期的照片,进行了广泛的探讨,将华人在毛里求斯的发展史用各种图片组合起来并加以说明,达到了图文并茂的效果,使我们可以直观地了解毛里求斯华人的起源、生存和发展,对了解毛岛华人的历史起到了非常重要的作用。此书决定出版英文和法文版本。为了更广泛地宣传华人在毛里求斯的发展和贡献,中国驻毛里求斯大使馆李立大使动员使馆工作人员将其翻译成中文。这样,该书的英、法、中文

---

① Marina Carter and James Ng Foong Kwong, *Abacus and Mah Jong*: *Sino - Mauritian Settlement and Economic Consolidation*, Leiden & Boston: Brill, 2009.

② Sydney Sylvon, *A Dragon in Dodoland*, *Dr. Patrick Chui Wan Cheong*, *Pioneer of hi-tech medicine in Mauritius*, Coromandel: City Clinic Limited, 2009.

三种语言的版本在2016年12月同时出版,并为此专门召开了新书发布会。①

布莱特的《南非的中国劳工,1902—1910年:种族、暴力和全球视野》是继理查森后出版的另一本力作。这本书的副标题是"种族、暴力和全球视野"。这本著作视野广阔,研究了南非华工问题在英国社会造成的争论,涉及契约劳工,与奴隶制、主权相关的荣誉、性、暴力以及道德等方面,将社会生活、种族成见和政治控制引入经济史,分析了很多以前被忽略的问题。② 贾尔斯·莫汉等人出版的著作《中国移民与非洲发展:新帝国主义者还是发展的动因?》力图从不同侧面展现中国人在非洲的形象和影响。作者希望探讨中国移民在非洲发展中国家的作用,但本书的重点还在阐述中国移民在中非关系构建中的作用。③《纽约时报》原上海分社社长、美国学者霍华德·弗伦奇2014年出版的著作《中国的第二个大陆:百万移民如何在非洲建立一个新帝国》引起了新闻界的一些兴趣。④ 然而,学术界的反应比较平静。究其主要原因:一是这种带有明显偏见性的标题所代表的观点在西方已流行了多年,正在逐渐失去吸引力;二是这种具有轰动效应的标题可以引起新闻界的注意,但学者更关注的是其研究作品的功力和引用事实的可靠性;三是他对这一问题刚刚介入,尚缺乏深入的研究,一些重要史实的描述都出现错误,新闻记者随笔和报道色彩较浓。下面将会较详细地评论这一著作。

此外,有的著作虽然不是专论非洲华侨华人的,但由于作者是在非

---

① Pascale Siew:《唐人街:毛岛往事》,路易港:Vizavi Ltd.,2016.在此感谢李立大使和韩康敏参赞在笔者访问毛里求斯期间提供的各种方便、组织的各种活动,特别是赠送这部著作。

② Rachel K. Bright, *Chinese Labour in South Africa*, 1902 - 1910: *Race, Violence and Global Spectacle*, Palgrave, 2013.

③ Giles Mohan, et al., *Chinese Migrants and Africa's Development: New Imperialists or Agents of Change*? London: Zed Books, 2014.

④ Howard W. French, *China's Second Continent: How a million migrants are building a new empire in Africa*? Knopf, 2014.他的中文名叫傅好文,这部书被《纽约时报》和《金融时报》推荐为2014年百本最佳图书之一。

洲生活的华人,他们的相关论著多少涉及当地华人的情况。例如,留尼汪的华人历史学家黄素珍的《关羽》是一部关于在海外颇受华人爱戴的英雄形象关羽的历史著作。她在论述海外中国人对关帝的敬重时专门谈及马斯克林群岛华人所建关帝庙的历史和崇拜特点。① 又如陈锡超(Clement Chan)先生的《全世界的客家人》是一本有关客家人的力作,对客家人的标识、语言、起源、迁移、分布进行了研究。其中特别提到客家人在非洲的分布,还列出专门部分描述毛里求斯的客家人。②

值得一提的是亚当斯·博艾敦出版的两本有关在中国的非洲移民的著作。一本是《非洲人在中国:一项社会文化研究及其对中非关系的影响》,另一本是《非洲人在中国:广东以及外地》,前者是他的专著,后者是由他主编的相关作者对不同问题的论文集。作者调查了在广州、义乌、上海、北京、中国香港和中国澳门定居的非洲人,令人信服地解释了为何非洲人要来到中国以及他们的谋生方式,并就他们在中国社会产生的文化矛盾或可能引发的冲突等问题提出了自己的见解。③ 博艾敦早在1997年到香港任教时就敏锐地注意到非洲社区在中国的生存与发展的情况,从2003年起开始发表文章。他认为在中国的非洲人将在社会、政治和经济方面对中非关系产生重要影响。随着移民非洲的中国人数量的增多,各种违法事件影响到中非关系的现象也开始增多。

四、非洲华人社会经济史研究的方法与问题

非洲华人社会经济史是华侨华人史的一个分支,而华侨华人史本身

① Edith Wong-Hee-Kam, *Guan Yu-Guan Di: Héros régional Culte impérial et populaire*, Sainte Marie: Azalées Édition, 2008.

② Clement Chan, *Hakkas Worldwide*, Moka: DCI Studios Ltd., 2010.

③ Adams Bodomo, *Africans in China: A sociocultural study and its implications for Africa-China relations*, Cambria Press, 2012; Adams Bodomo, ed., *Africans in China: Guangdong and Beyond*, New York: Diasporic Africa Press, 2016.

只是历史学科的一个分支领域。从这个意义上看，非洲华人社会经济史研究隶属于华侨华人史，同时也涉及多种学科的研究范围。特别是近年来突飞猛进的中非关系，触动了现存国际关系中占统治地位的西方集团的既得利益，对非洲华侨华人的关注显得尤其明显。

从非洲华侨华人的情况看，他们与中国改革开放以及中非关系的快速发展紧密相连。然而，近些年出现了不少有关在非洲的中国人的负面报道。一方面，我们看到，中国人走进非洲从不同方面促进了双边关系的发展。他们是中国改革开放的排头兵，将中国的各类商品带到非洲，并将非洲的商品运回中国，在双边贸易中起到重要的桥梁作用，中非之间2 000多亿美元的贸易额与他们的努力密切相关。他们在非洲从事各种基础设施建设，铺路架桥，在非洲大陆留下了他们的足迹。不少中国人在非洲投资建厂，将各种技术带到非洲，为非洲的工业化进程贡献力量。另一方面，先后出现了在加纳非法开矿的中国工人被遣返、在尼日利亚非法从事小买卖的中国人被拘捕、马拉维政府针对中国商人对乡村地区本土商铺的威胁而发布的有关法令，以及安哥拉的中国黑帮被安哥拉和中国警方绳之以法等事件。

中国移民给非洲当地带来的经济、政治、社会、文化和安全等方面的影响，移民的双重身份或多重身份的认同问题，移民对居住国的贡献以及与祖籍国的关系，移民后代的文化适应与社会融合等，这些问题既具有共性，又根据各国情况而有所不同，它们都需要答案。国家之间关系因移民产生的问题需要答案，政府部门在政治、经济和文化的决策中需要答案，普通民众的安居乐业也需要答案。实际上，在整个华侨华人史的研究中存在着同样的问题。

(一) 国际学术界研究的政治化

近年来，由于中国人不断涌向非洲，华侨华人成为国际上的一个“政治议题”，有时甚至被理解为中国对外扩张的工具。私人基金会专门提供资助来研究这一问题。[①] 这种政治化的趋势非常明显,往往带有西方媒体已经习惯的对于中国崛起的敌意和偏见。一些学者也参与其中,或将中国人移民非洲想象成中国大战略的一部分,或是对相关议题做政治化处理,有的直接将自己著作的标题用骇人听闻的词语表达。

1. "帝国"传言与非洲华侨华人的人数分析

关于中国在非洲建立"帝国"的提法,最早出现大概是在 2005 年。黛安娜·盖姆斯发表文章,将在非洲的中国人称为"新经济帝国主义者",这应该是 21 世纪西方媒体第一次用"帝国主义"来形容中国在非洲的活动。[②] 随后,西方媒体指责中国在非洲侵犯人权,有关中国实行"新殖民主义"或"帝国主义"的各种报道不断出现。例如,英国记者彼得·希钦斯挑衅性地提出中国正在非洲创造一个"奴隶帝国"。[③] 美国驻安哥拉大使馆的官员甚至在罗安达的公众论坛上宣称中国要在非洲创建一个"新的奴隶帝国"。[④] 2014 年李克强总理访问非洲后,西方记者又重拾"中国人入侵非洲"的话题。[⑤] 美国学者霍华德·弗伦奇于 2014 年出版《中国的第二个大陆:百万移民如何在非洲建立一个新帝国》,为这一政

① Giles Mohan and Dinar Kale, "The invisible hand of South - South globalisation: Chinese migrants in Africa", Report for the Rockefeller Foundation prepared by the Development Policy and Practice Department, The Open University, October 2007; Terence McNamee, with Greg Mills, et al., "Africa in Their Words: A Study of Chinese Traders in South Africa, Lesotho, Botswana, Zambia and Angola", The Brenthurst Foundation Discussion Paper, 2012/13, pp. 36,42.

② Dianna Games, "Chinese the New Economic Imperialists in Africa", *Business Day*, February 21, 2005.

③ Peter Hitchens, "How China Has Created a New Slave Empire in Africa", *Daily Mail*, September 28, 2008, http://www.dailymail.co.uk/news/article - 1063198/PETER - HITCHENS - How - China - created - new - slave - empire - Africa.html,查阅日期:2015 年 9 月 20 日。

④ Jesse Ovadia, "China in Africa: A 'Both /And' Approach to Development and Underdevelopment with Reference to Angola", *China Monitor*, August 2010, pp. 11 - 17.

⑤ Ian Johnson, "The Chinese Invade Africa", *China File*, September 28, 2014, http://www.chinafile.com/library/nyrb-china-archive/chinese-invade-africa,查阅日期:2015 年 9 月16 日。

治话语的讨论做了一个小结。[①]

尽管这些"帝国"称谓用词夸张以引起舆论的关注,带有新闻记者的职业特点,但这些报道和著述的潜台词却十分明显:中国正在利用大量移民和工人在非洲建立自己的帝国。[②] 情况真是如此吗? 由于本书讨论的主题是华侨华人,因此有必要看看究竟有多少中国人在非洲? 与其他国家在非洲的移民相比,他们处于何种位置?

关于海外华侨华人的人口数量,中国政府目前的估计为 6 000 万人。[③] 非洲华侨华人为数并不多,但 20 世纪以来增长很快。1996 年,非洲的华侨华人只有 13.6 万人。[④] 笔者当时指出:由于中国经济发展需开拓新的市场,非洲发展具有巨大潜力,东亚快速发展以及华侨华人在世界各国树立的吃苦耐劳的形象,欧美国家开始实施严格的移民政策和非洲国家相对宽松的移民政策,这些因素将促使中国人走向非洲,中国人移民非洲将形成势头。[⑤] 2002 年非洲华侨华人数量是 25 万人,[⑥]2006—2007 年为 55 万人。[⑦] 根据新华社报道,2007 年高达 75 万中国人在非洲"超期"居住或工作。[⑧]

---

① Howard W. French, *China's Second Continent: How a million migrants are building a new empire in Africa?*.

② 有关对中国在非洲建立"帝国"这一观点的批判,参见 Yan Hairong & Barry Sautman, "'The Beginning of a World Empire'? Contesting the Discourse of Chinese Copper Mining in Zambia", *Modern China*, 39:2(2013), pp. 131 - 164.

③ "根据我们最新统计,现在海外华人华侨有 6 000 多万人。"周建琳:《裘援平冀华侨华人借苏州国际精英创业周回国圆梦》,http://news.xinhuanet.com/yzyd/overseas/20140711/c_1111571076.htm,查阅日期:2015 年 10 月 12 日。

④ 李安山:《非洲华侨华人史》,"附录六:非洲国家(地区)华侨华人人数统计表(五)非洲国家(地区)华侨华人的分布",第 568—569 页。

⑤ 同上书,第 513—514 页。

⑥ 丘进主编:《华侨华人蓝皮书》,北京:社会科学文献出版社,2011 年,第 24 页。

⑦ 王望波、庄国土编著:《2008 年海外华侨华人概述》,北京:世界知识出版社,2010 年,第 7 页;李鹏涛:《中非关系的发展与非洲中国新移民》,《华侨华人历史研究》,2010 年第 4 期。

⑧ Giles Mohan, Ben Lampert, May Tan - Mullins & Daphine Chang, *Chinese Migrants and Africa's Development: New imperialists or agents of change*, London: Zed Books, 2014, p. 3;吴晓琪:《一百万中国人在非洲摸爬滚打》,http://data.163.com/12/1017/01/8DVTB39G00014MTN.html,查阅日期:2015 年 9 月 15 日。

2009 年,非洲华侨华人的估计数为 58 万—82 万人。[1] 李新烽认为,非洲华侨华人的人数在 2012 年达到 110 万。[2] 可以看出,非洲华侨华人人数在不到 20 年的时间里增长了 9 倍。[3]

2. 有关在非洲的中国人人数的基本判断

如何理解在非洲的中国人人数? 对这一问题,应有以下三点基本认识。

第一,在非洲的中国移民人数增长很快,但在全世界的中国移民中比重很小。在非洲的中国人估计人数约 110 万。[4] 相对于华侨华人在全球其他地方的分布,非洲华侨华人的数目很小。例如,根据近年来中国大陆与中国台湾相关侨务部门的统计数据,2013 年,亚洲各国共有 3 000 万华侨华人,美洲约有 790 万,欧洲为 250 万,只有几个岛国的大洋洲也有 100 万华侨华人。仅仅在美国,2010 年已有 402 万华侨华人。[5] 如果从国家分布数看,华侨华人在非洲每个国家大约平均只有 2 万人。这个数字甚至无法与某一个国家相比,例如在美国约有 402 万华侨华人,在加拿大的华侨华人约为 150 万人。

其次,中国移民与其他国家在非洲的移民数量也无法相比。我们知道,中国人和印度人移民南非的历史较长,遭遇也相似。[6] 然而,由于南非和印度历史上同属大英帝国,印度人迁移南非的条件相对宽松,人数

---

① Edwin Lin,"'Big Fish in a Small Pond', Chinese Migrant Shopkeepers in South Africa", *International Migration Review*, 48:1(June 2014), p. 181.

② 李新烽:《非洲华侨华人数量研究》,《华侨与华人》,2012 年第 1—2 期,第 7—12 页;李新烽:《试论非洲华侨华人数量》,http://iwaas. cass. cn/dtxw/fzdt/2013 - 02 - 05/2513. shtml,查阅日期:2015 年 8 月 20 日。

③ 根据中国台湾方面的统计,1990 年华侨数字为 2 529. 5 万,其中非洲华侨为 9. 9 万;2000 年的数字分别为 3 504. 5 万和 13. 7 万;2009 年的数字分别为 3 946. 3 万和 23. 8 万。Peter S. Li & Eva Xiaoling Li, "The Chinese overseas population", in Tan Chee - Beng, ed., *Routledge Handbook of the Chinese Diaspora*, Routledge, 2013, Table 1. 1, p. 20.

④ 李新烽:《非洲华侨华人数量研究》,《华侨与华人》,2012 年第 1—2 期。

⑤ 数字取自 *Statistical Yearbook of the Overseas Community Affairs Council*, Taipei, 2013;贾益民主编:《华侨华人蓝皮书:华侨华人研究报告(2014)》,北京:社会科学文献出版社,2014 年。

⑥ 李安山:《论早期南非华人与印度移民之异同》,《华侨华人历史研究》,2006 年第 3 期。

一直远比华人多。根据印度官方的调查，南非的印度移民人数在 20 世纪末至少达到 100 万。[1] 根据海外印度人事务部网站的资料，截至 2015 年初，印度侨民共计 28 455 026 人，非洲的印度侨民约占 10%，计2 760 438 人。其中非洲印度移民最多的国家为南非，已达 155 万；其次是毛里求斯，为 891 894 人。[2] 非洲的中国移民远不及印度移民人数多。在南非的华侨华人 2008 年约为 30 万人，[3]2008—2009 年估计为 35 万人，[4]2011 年达到 50 万。[5] 与中国移民相比，英国的情况更为突出。根据 2011 年南非政府的人口统计，在南非的英国人达 160 万。[6] 根据 2014 年的人口统计，中国人口为 13.68 亿，印度人口为 12.67 亿，英国人口为 6 451万。即使我们不算三个国家各自的总人口及其在非洲的移民占其总人口的百分比，仅仅作一简单的比较，中国在非洲的移民人数应该也不算多。

第三，这些所谓的中国移民中，入籍非洲国家的人极少。这些移民绝大部分为建筑业公司的雇员，或是从事其他行业的短期工人。以南非和安哥拉这两个中国移民最多的国家为例。在南非，已经成为当地公民

---

① "High Level Committee on the Indian Diaspora and India Council of World Affairs", *Report of High Level Committee on the Indian Diaspora*, 7. 29. 2001, p. 84, http://indiandiaspora.nic.in/diasporapdf/chapter7.pdf，查阅日期：2015 年 9 月 14 日。

② "Population of Overseas Indians"，参见海外印度人事务部网站的统计，http://moia.gov.in/writereaddata/pdf/Population_Overseas_Indian.pdf，查阅日期：2015 年 9 月 14 日。

③ Sanusha Naidu, "Balancing a Strategic Partnership? South Africa - China Relations", in Kweku Ampiam & Sanusha Naidu, eds., *Crouching Tiger, Hidden Dragon? Africa and China*, University of KwaZulu - Natal Press, 2008, p. 185.

④ Yoon Park, "Recent Chinese Migrations to South Africa: New Intersections of Race, Class and Ethnicity", in Tina Rehima, ed., *Representation, Expression and Identity: Interdisciplinary Perspectives*, Inter - Disciplinary Press, 2009, p. 153; Edwin Lin, "'Big Fish in a Small Pond', Chinese Migrant Shopkeepers in South Africa", p. 182.

⑤ *Mid - Year Population Estimates*, Statistical Release, Pretoria: Statistics South Africa, 2011; Edwin Lin, "'Big Fish in a Small Pond', Chinese Migrant Shopkeepers in South Africa", p. 182. 关于南非华人新移民人数的变化，参见朴尹正《荣誉至上：南非华人身份认同研究》，第 164—167 页。

⑥ "Census 2011, Census Brief", https://en.wikipedia.org/wiki/British_diaspora_in_Africa，查阅日期：2015 年 9 月 14 日。

的华人人数很少，1994 年以前抵达南非的华人仅 1 万—1.2 万人左右。① 此外，申请成为南非公民并获批的华人很少。1985—1995 年，仅 7 795 名中国人获得南非国籍。② 在安哥拉经商的中国人中约 87%表示他们肯定要回中国，相当多的中国人均在当地从事工程项目或短期经商。③ 中国移民在非洲其他国家的情况大致相同。④

上述分析表明，非洲华侨华人的人数并不像西方渲染的那样。他们真是多得可以建立一个帝国了吗？答案是否定的。

3. 霍华德·弗伦奇著作中的不实之处

尽管依照上面提到的各种因素，中国在非洲的人数并不算多，然而，“第二个大陆”“新帝国”的字眼却被用来形容中国在非洲的形象。

美国学者霍华德·弗伦奇原是记者，曾在上海常驻，自称比较了解中国。他访问了 15 个非洲国家，采访了在非洲谋生和求发展的中国工人、承包商以及形形色色的个体。这部著作的可取之处是作者强调了几个重要观点。首先，在西方人对非洲失去信心时，中国人满怀信心走进非洲，他们在非洲扎下了根，正在拓展。其次，在非洲的中国人不是一个行为整体。他们来自不同省份，抵达非洲的时间有长有短，属于不同的社会阶层，来到非洲的目的不一样，行为方式也不一样。第三，中国到非洲的目的既不是西方媒体口中千篇一律的“为石油而援助”，也不是中国

① Andrew Leonard, “What Color are Chinese South Africans?”, June 20, 2008, http://www.salon.com/2008/06/19/chinese_declared_black/，查阅日期：2015 年 8 月 30 日。李安山对南非华侨华人的统计数在 1994 年为 26 000 人，1995 年为 27 500 人，这包括一些新移民，参见李安山《非洲华侨华人史》，“附录六：非洲国家（地区）华侨华人人数统计表（一）南非华侨华人人数统计表（1693—1995）”，第 562—563 页。

② Melanie Yap, and Dianne Leong Man, *Colour, Confusion and Concessions*, p. 510.

③ Terence McNamee, with Greg Mius, et al., “Africa in Their Words: A Study of Chinese Traders in South Africa, Lesotho, Botswana, Zambia and Angola”, The Brenthurst Foundation Discussion Paper, 2012/13, pp. 36, 42. 高欣、尹丽、汲东野：《中国人在非洲》，2013 年 4 月 23 日，《法治周刊》，http://www.legalweekly.cn/index.php/Index/article/id/2568，查阅日期：2015 年 9 月 10 日。

④ 例如，2011 年 2 月从利比亚撤出的 35 860 名中国人中，绝大部分是中资公司的工程承包人员。外国学者的调研也得出类似印象。Howard W. French, *China's Second Continent*, pp. 68, 70, 114, 195, 206.

方面津津乐道的“双赢”。从个人到集体,再到国家,不同个体、不同机构和不同层次都有自身的目的。在著作中,他也确实触及了中国应该注意的一些问题,这无疑将有利于改善中非关系,促进双方的合作。

然而,除开标题的用意十分明显外,对著作的学术水平笔者也确实不敢恭维。他的描述和观点充满偏见,对中非关系的一些基本事实都不清楚。他在谈到近年来中非关系快速发展的背景时指出:

> 这一推进的基础事实上早在过去已经奠定。最明确的开始日期可能是中国国家元首对6个非洲国家的访问。江泽民于1996年在位于埃塞俄比亚亚的斯亚贝巴的非洲联盟总部发表讲话,他提议创立中非合作论坛(FOCAC)。这是重大两步骤中重要的第一步。当江[泽民]回到中国后,他在唐山市的一次演讲中明确指示中国企业“走出去”,意指去海外寻找业务。没有一个中国领导人曾说过这样的话,从一开始,非洲显然是一个主要目标。6年后,我在中国的时候,江的论坛首次成功召开,53位非洲领导人聚集北京。在中国做出的诸多承诺中,江答应将对非洲大陆的发展援助加倍,创建一个50亿美元的非洲发展基金,取消债务,在埃塞俄比亚建造新的非洲联盟总部,在非洲大陆建立3—5个“贸易合作”区,建立30所医院和100所农村学校,培训15 000名非洲专业人士。①

在这短短的包含192个英文词的表述中,错误之处实在太多。

(1) 1996年只有非洲统一组织,非洲联盟还不存在。

1999年9月,非统组织第四届特别首脑会议通过《苏尔特宣言》,决定成立非洲联盟。2000年7月,第36届非统首脑会议通过了《非洲联盟章程草案》。2001年7月,第37届非统首脑会议决定正式向非盟过渡。2002年7月8日,非统组织在南非德班召开最后一届首脑会议。9日至10日,非盟举行第一届首脑会议,并宣布非盟成立,非洲联盟正式取代非

① Howard W. French, *China's Second Continent*, p. 16.

洲统一组织。总部设在埃塞俄比亚首都亚的斯亚贝巴。

(2) 江泽民主席并未在此次讲话中提出创建中非合作论坛的倡议。

1996年5月,江泽民主席访问非洲六国期间在非洲统一组织总部发表演讲时,提出了巩固和发展同非洲各国面向21世纪长期稳定、全面合作国家关系的五点原则主张:(一) 真诚友好,彼此成为可信赖的"全天候朋友";(二) 平等相待,相互尊重主权,互不干涉内政;(三) 互惠互利,谋求共同发展;(四) 加强磋商,在国际事务中密切合作;(五) 面向未来,创造一个更加美好的世界。[①] 然而,他并未提出建立中非合作论坛的倡议。这一倡议是由马达加斯加外交部部长拉齐凡德里亚马纳纳于1999年访华时提出的。这位女外长在与时任外交部部长唐家璇会谈时谈到,当前国际形势发生很大变化,非洲国家迫切希望同中国建立伙伴关系,就共同关心的和平与发展问题进行磋商,建议成立一个"中国—非洲论坛"。[②] 她提出这一建议后,时任外交部副部长吉佩定和非洲司司长刘贵今开始研究这一建议。后来,经过反复讨论,中国政府决定在北京召开"中非合作论坛——北京2000年部长级会议"。[③]

(3) 中非合作论坛——第一届部长级会议于2000年召开,而不是他所指的1996年的"6年后"。

(4) 于2000年10月10—12日在北京召开的中非合作论坛——第一届部长级会议,共有来自中国和44个非洲国家的80余名部长、17个国际和地区组织的代表,以及中非企业界人士应邀与会。[④] 弗伦奇文中却说是53位非洲领导人与会。

(5) 中非合作论坛——第一届部长级会议并未创立50亿美元的中

① 《中国领导人关于中非关系的论述》,2003年11月14日,中国网,http://www.china.com.cn/zhuanti2005/txt/2003-11/14/content_5442107.htm.

② 唐家璇:《劲雨煦风》,北京:世界知识出版社,2009年,第433页。

③ 有关中非合作论坛的起源,参见李安山《论中非合作论坛的起源——兼谈对中国非洲战略的思考》,2012年第29卷第3期,第15—32页。

④ 中非合作论坛—第一届部长会议,http://www.focac.org.hdtmail.com/chn/ltda/dyjbzjhy/hyqk12009/,中非合作论坛网站,查阅日期:2016年10月1日。

非发展基金。中非发展基金是在2006年在中非峰会上创立的。

(6) 中非合作论坛——第一届部长级会议并未通过他所列举的多项举措。免除债务,建立3—5个贸易合作区、30所医院和100所农村学校,培训15 000人/次非洲技术人才等举措全部是2006年北京峰会提出的合作项目。①

(7) 在弗伦奇张冠李戴的2006年中非合作论坛/北京峰会,主持会议的中国领导人是时任中国国家主席胡锦涛,而不是江泽民。

(8) 关于中国企业“走出去”,无论是从想法还是战略上,都不是1996年江泽民在唐山提出的。一篇文章指出:“‘走出去’战略思想首次明确提出是在1996年。这年7月26日,刚刚结束非洲六国访问回来的江泽民在河北唐山考察工作时提出:要加紧研究国有企业如何有重点有组织地走出去,做好利用国际市场和国外资源这篇大文章。广大发展中国家市场十分广阔,发展潜力很大。我们要把眼光放远一些,应着眼于未来、着眼于长远,努力加强同这些国家的经济技术合作,包括利用这些国家的市场和资源搞一些合资、合作经营的项目。这是江泽民首次明确提出‘走出去’的思想。”②

然而,这并不意味着中国企业和产品走向国际是江泽民首次提出的。早在1979年8月,国务院提出“出国办企业”,第一次把发展对外投资作为国家政策,并开始尝试性地对外直接投资。胡耀邦在1982年提出“要大力促进国内产品进入国际市场”。③ 他还提出“两个市场、两种资源”的观点,实际上为中国企业“走出去”做出了理论准备。1992年,江泽

① 中非合作论坛北京行动计划(2007—2009年),2006年11月5日,中非合作论坛网站,http://www.focac.org/chn/ltda/bjfhbzjhy/hywj32009/t584788.htm,查阅日期:2016年9月20日。

② 陈剩勇:《江泽民“走出去”战略的形成及其重要意义》,原载《党的文献》,2009年第2期,引自http://www.wxyjs.org.cn/wxzj_1/dbzb/201305/t20130531_140005.htm,查阅日期:2016年10月1日。

③ 胡耀邦:《关于对外经济关系问题》,http://www.jiemian.com/article/441137.html,查阅日期:2016年10月1日。这是胡耀邦同志在中央书记处会议上的发言(1982年1月14日)。

民在党的十四大报告中明确指出,要“积极扩大我国企业的对外投资和跨国经营”,已经比较清晰地提出中国企业走出去的思路。中国政府将“走出去”作为一种战略,则是十五大提出的。2000 年 3 月的全国人大九届三次会议期间,“走出去”战略正式提出。党的十五届五中全会上,首次明确提出“走出去”战略,并将它作为四大新战略(西部大开发战略、城镇化战略、人才战略和“走出去”战略)之一。①

看来,弗伦奇先生对中非合作的知识很不熟悉。笔者觉得,他大概是将中非合作论坛北京峰会暨第三届部长级会议(2006 年)与中非合作论坛——第一届部长级会议(2000 年)混为一谈了。这样一本漏洞百出的书,竟然被《纽约时报》和《金融时报》推荐为 2014 年百本最佳图书之一。

(二) 多学科的研究方法

正如周南京先生所言:“华侨华人历史是一门新兴的国际性学科,涉及中外关系和国际关系;又是一门边缘性学科,涉及历史学、民族学、社会学、政治学、经济学、人口学、考古学和心理学等等。这是一门尚待开拓、探索和深入研究的新兴学术领域,其前途是不可限量和光明的。”②从对非洲华侨华人史的研究现状看出,这一问题的多学科研究已成趋势。不同学科的学者可从各个方面来探讨这一问题。除历史学外,人类学、民族学、社会学的研究已有其独特的效果,这从一些学者有关华人的认同研究中可以体现出来。华侨华人问题已成为国际政治或国际关系学者们感兴趣的话题,不然不会有“帝国”传言。同理,对华侨华人的研究同样引起新闻传媒学的注意,否则新闻学者霍华德·弗伦奇的著作也不会在西方得到媒体的吹捧。

---

① 于晓、矫磊:《“走出去”战略概述》,原载《研究与探讨》,2011 年第 2 期,引自侨务工作研究网站,http://qwgzyj.gqb.gov.cn/yjytt/159/1743.shtml,查阅日期:2016 年 10 月 1 日。

② 周南京主编:《华侨华人百科全书·历史卷》,北京:中国华侨出版社,2002 年,第 4 页。

即使就历史学而言，实有必要将非洲华人置于整个国际大环境和中非关系史中来考察。在分析上，力图用“推力”和“拉力”的移民理论来解释华人迁移非洲。根据世界移民史的研究理论，移民之所以从一个地区迁移到另一个地区，有“推力”和“拉力”两种因素在起作用。“推力”主要指迁出国的动乱、天灾、人祸等因素，这些因素迫使一个地区的居民不得不向外迁移。“拉力”主要指外部因素，即迁入国相对高的工资的引诱、较好生活的许诺、更多机会的可能性等。在华人迁移非洲的过程中，所谓“拉力”主要是指世界经济发展的需要。综上所述，本书拟从以下几个角度来研究非洲华人社会经济史。

1. 从国际移民史的角度来考察华人迁移非洲史

从根本上说，华侨是国际移民迁徙的一个组成部分。本书力图将华人迁移非洲与国际经济的发展和中国国内政局的变化大环境联系起来考察。华人迁徙非洲大致可分四个阶段。第一阶段为1800—1910年。这一阶段以契约劳工为主，兼有自由移民。当时，中国国内政治动荡，而英国在其殖民地相继废除奴隶贸易和奴隶制，需要各种劳动力。国人对非洲并不了解，但在金矿开采的诱惑下，以契约劳工的身份来到非洲。令人诧异的是，有的契约华工以为他们要去美国旧金山开采黄金，有的以为他们是去当兵，抵达目的地之后，才意识到是到了非洲，实际工作是挖金矿。

第二阶段为20世纪30—40年代，日寇侵华，受异族奴役的痛苦经历逼迫一些沿海的居民走上了出洋之路，推力的因素甚为明显。

第三阶段，20世纪50年代初期，中华人民共和国成立之初，对移民海外政策相对宽松。加之海外亲属已基本立足，颇有召唤力，一批华侨移民国外。此时，世界上相当多的地区处于战后重建的阶段，各个国家各个行业对劳动力有极大的需求。这种拉力和推力的相互作用促成了这一阶段的移民浪潮。

第四阶段指20世纪80年代以来随着中国的改革开放形成的移民潮。此时的推力比较明显。这表现在一方面是中国向世界开放，走出国门较以前更加便捷。另一方面,国内的改革和国企的转型解放了一大批劳动力,他们开始移居海外。相当多的中国企业开始将眼光转向海外,开拓国际市场。与此同时,非洲市场在多方面有较大需求。一部分中国人成为海外移民的排头兵,他们中一些人走进非洲,自主创业,成为新移民。我们看到,在中国海外移民的过程中,这批新移民敢想敢干,汇入了世界移民的大潮之中,成为新一代的国际弄潮儿。在这一过程中,推力和拉力的作用不时显现出来。

2. 从世界经济史的角度来研究非洲华人史

世界经济在近代资本主义产生后开始了巨大的转型。首批华工在非洲的出现即是世界经济转型的结果。长达四百年的奴隶贸易使非洲人口损失巨大,这种人口特别是青壮年人口的流失对非洲大陆造成严重打击,不仅人口流失造成生产率大大降低和生产技术的积累断裂,非洲社会在文化和心理上也遭受了巨大的摧残,从而在世界进入关键的技术转型期时失去了向前发展的机会。欧洲正是在此基础上完成了原始积累。①

英国和其他欧洲国家相继废除奴隶贸易和奴隶制后,在对非洲进行瓜分和殖民统治所必需的基础设施(铁路和公路)建设中劳动力奇缺。一方面,殖民主义者先后在南非、黄金海岸、刚果等地发现了贵重金属,另一方面,他们的殖民侵略和当地人民的武装反抗又给非洲劳动力造成了诸多损失。这样,英、法、德、比等欧洲列强先后将目光转向了中国。各种特许公司纷纷派人来到中国进行考察,开始在中国招募契约劳工。这些契约劳工在德属坦噶尼喀、法属刚果和比属刚果的铁路修建中苦苦挣扎,在英属黄金海岸和南非的金矿里辛苦劳作,在毛里求斯、马达加斯加等地的种植园里充当苦力。一些驻中国的洋行理所当然地承担起招募华工的任务。20 世纪 20 年代,一些欧洲国家多次将其目光转向中国,

① 艾里克·威廉斯:《资本主义与奴隶制》,北京师范大学出版社,1985 年。迄今为止,此书仍是研究这一专题的最权威著作,可参见李安山《资本主义与奴隶制——五十年西方史学论争述评》,《世界历史》,1997 年,第 1 期。

其目的也是为了在殖民地进行农业开发或修筑道路。这些现象产生于资本主义和殖民主义的扩张,殖民地对劳动力的极度需求与世界经济史密切相关。

3. 从中外关系史的角度来研究非洲华人史

华人出洋在早期是“非法”或“叛国”的举动,曾被闭关锁国的清政府视为大逆不道。当国门被列强的大炮轰开以后,一方面,中国沿海省份的农民开始移民海外,另一方面被外人招募去他国做工的华人或侨居他国的华人成了中国与列国间政治和经济关系的一个重要组成部分。如《中英保工章程》第六款即明文规定:大清国皇帝可以派领事官或副领事官前往华工所至之英属及归英保护之地,照料彼等利益安乐。在中华民国时期,中国派驻非洲的领事官员对保护当地华侨也尽了一些义务,如南非总领事馆为侨居罗得西亚的华人准许购买炸药用于垦荒一事与当地殖民政府的交涉,驻马达加斯加领事就废除针对亚洲人的苛例一事与法国殖民地政府的交涉等。无奈国力不强,尽管中国的外交官有心维护华侨利益,但这种交涉只能成为一种外交姿态而已。由于绝大部分非洲国家在独立以前是欧洲列强的殖民地,研究20世纪50年代以前的非洲华侨华人史须与中外关系史中的帝国主义侵华、殖民主义扩张和中外不平等关系这样的大前提联系起来。

4. 从社会史的角度来考察非洲华人社会内部的分化、斗争及其变迁

处于一种敌视、至少是不友好的社会氛围下,要保持自己的基本谋生环境和独立的社会地位,必须有凝聚力很强的文化和趋向统一的社会结构。这一课题已有不少人论及,但仍需进一步深入,因为这是任何地区的海外华人维生的真谛。然而,不容忽略的是,在一百多年的奋斗中,非洲的华人社会也确实产生了各种变化。他们自身认同感不断变化和修正,对所属国不断加深认识、理解和融合。在他们中间,既有趋同的力量,也有分离的因素,如阶级矛盾(店东和店员的矛盾)、不同宗亲集团的歧见、不同政治派别的争斗、批发商与零售商之间的摩擦。此外,还有移入与移出现象的重叠,这些趋同和分离因素应为非洲华侨华人史的研究

者所重视。本书将力图探讨致使非洲华人社会内部变迁的各种因素，以加强对非洲华人社会的理解。

(三) 研究中存在的问题

如前所述，我国老一辈学者对非洲华侨华人史的研究已经取得了开创性的成果。可以说，非洲华侨华人史的研究已经起步，但明显存在一些缺陷。

1. 重华工而轻华侨

迄今为止，研究的重点一直集中在南非华工问题上。[①] 虽然近年来有所进步，但在学术界较有影响的史料编纂和在学术上较有分量的研究著述多是围绕这一专题。南非华工问题确实是一个十分重要的问题，具有重要的时代意义。从世界史的角度看，它发生在自由资本主义向帝国主义转变的后期，构成了世界经济转型过程中的劳动力迁移的一部分。这也是西方学者一直对这个问题感兴趣的主要原因。从中国史的角度看，南非华工问题发生在中国最后一个封建王朝崩溃的前夕。整个南非招工案的过程折射出清王朝的没落；它还可以使我们了解当时中国农民的困境和中英双方政府为了各自利益互相谈判讨价还价的过程，了解晚清政府一些官员与外人勾结任意宰割中国人民的罪行，从而更清楚地理解辛亥革命爆发的原因。

从英国史的角度看，南非招工案从三个方面影响了英帝国的发展。首先，当时欧洲列强对非洲的瓜分接近尾声，英帝国一跃而成为日不落帝国。19 世纪后期，在英国的殖民地澳大利亚和南非先后发现金矿，劳动力成了殖民地政治家和英帝国资本家关注的问题。招募到英属南非的华工为德兰士瓦金矿的开采做出了自己的贡献。其次，英国在中国的洋行与英国政府一起，在贩卖中国契约劳工的整个过程中扮演了极不光

---

① 中国华侨历史学会、中国华侨华人历史研究所编：《侨史研究十年——中国华侨历史学会成立十周年纪念刊》，北京：中国华侨出版社，1991 年。

彩的角色。这些洋行不仅利用已有的优势对中国进行经济掠夺，而且积极插手，与南非当局密切配合，大肆招募劳工，成为在中国进行扩张和渗透的机构。再次，华工在南非遭受苛待并进行反抗斗争的消息通过各种渠道传到英国伦敦，是否应从中国招募劳工的问题在英国议会引起激烈的辩论(如 1905 年 2 月 17 日和 7 月 27 日)；在 1906 年 1 月的议会大选中，自由党的拥护者贴出了保守党殖民大臣鞭打梳着辫子的中国“苦力”的各种宣传画。最后，自由党在竞选中以华工问题为政治资本，并最终赢得了对保守党的胜利。① 这样，南非华工问题成了英国国内政治斗争的工具。

然而，南非华工绝不等于非洲的华工。我们知道，在殖民主义统治时期，在非洲其他地区也存在着华工。光绪年间，德国人曾招募中国工人在非洲修建两条铁路。一条自北部坦噶港到莫希的铁路，全长 220 英里，1891 年开始，工程时断时续，1911 年完成，费时 20 年。另一条铁路是从三兰港到奇戈马，全长 780 英里，1904 年开始，1914 年完成。铁路完工后，大部分劳工被送回国。在法属西非，也有一批中国契约劳工参与修建喀达尔-路易港铁路。在英属西非殖民地，中国技术工人被招到黄金海岸开采黄金，塞拉利昂也招募了一些中国工人。在比属刚果(刚果自由邦)，比利时曾先后于 1892 年、1901 年、1902 年、1904 年和 1906 年五次招募华工。中国劳工参与了铁路的修建，受尽了人间艰辛。这些劳工来自何方？他们当时的生活和工作条件如何？他们与当地劳工的关系怎样？他们是否进行过反抗？他们斗争的结果如何？他们最后都到哪里去了？这些议题都需要我们研究。

其次，南非华工更不能等同于非洲的华人与华侨。第一，早在 1904 年以前，在南非地区就出现了华人，他们有的是被作为囚犯流放到此地的，有的是作为泥木匠等技术工人招募而来，还有自由移民。其次，在非

① 张芝联：《1904—1910 年南非英属德兰斯瓦尔招用华工事件的真相》，《北京大学学报》，1956 年第 3 期，第 94—95 页。

洲的其他地区也有华侨,如东非海岸、西印度洋诸岛、西部非洲和北非地区,他们中有的是农业工人(如南罗得西亚的华侨),有的是泥木匠(如东非海岸的华侨),而更多的则是小商人。有的华侨抵达非洲的时间比华工抵达南非的时间要早得多。第二,1904—1910 年在南非金矿劳作的华工绝大部分已经遣返,目前的南非华人与他们的关联甚少。这是叶慧芬和梁瑞来新著《肤色、迷茫与让步:南非华人史》的主要论点之一。因此,对南非华工的研究绝不等于更不能取代对非洲华侨华人的研究。不论是从历史研究抑或现状考察来看,我们都应将重点转移过来。

2. 重南非华工的招募或相关政策而轻南非华工的历史

如前所述,南非招工案的全过程揭示了处于风雨飘摇中的清政府与到处扩张咄咄逼人的英国政府之间的不平等关系:一方面是中国外交的无能和中国官员的腐败,另一方面说明英国政府利用 19 世纪末的几次对华战争所取得的特权地位,对清政府软硬兼施,并打着“平等”的幌子进行不平等的肮脏交易。同时,一些在世界历史上占有一席之地的头面人物(如英国首相张伯伦、后来成为美国总统的胡佛和窃国大盗袁世凯)都卷入了这场肮脏的交易。从这些方面看,南非华工的招募是一个十分值得研究的课题。同样,英国的政策和晚清的政策在南非招工案中起到关键作用,因此成为学者们感兴趣的问题。

然而,南非华工本身的情况如何呢?在招募和运送过程中,他们是被动者。在南非金矿的开采中,他们构成了行为的主体。在对压迫和剥削进行的反抗斗争中,他们是义无反顾的主动者。他们满怀希望来到南非,等待他们的又是什么呢?华工在南非做出的贡献值得探讨,他们的生活更值得研究,因为这一方面更容易为人所忽略。例如,通过研究华工的来源和籍贯,我们可以大致推论他们的家庭和家乡在当时的境况;通过对照招工合同进一步研究华工的住宿情况,以弄清他们在南非的实际生活待遇;通过研究华工为抗议苛例和虐待而进行的斗争史实,我们可以得知当时南非金矿的劳资关系或阶级关系。此外,南非华工与国内的联系手段、他们的业余生活、他们的反抗手段(包括积极的和消极的)、他们的适应能力以及他们中的一些合作者的情况等等，这些都是值得研究的课题。

3. 重现状介绍而轻历史研究

从20世纪80年代后期开始，对非洲华侨华人的研究已有起色。然而，在不多的研究文章中，主要集中在对非洲华侨华人的现状介绍，真正建立在坚实的史料基础上的历史著述极少。究其原因，一是历史学普遍不景气的大氛围使然；二是历史研究的首要条件是史料，史料的缺乏使得这一课题的研究起步维艰。反过来，新闻工作者以其实地采访的优势和对资料使用的便捷率先开始注意非洲华侨，关于非洲华侨的报道不断出现在《华声报》《广东侨报》等报刊上。这当然是一种十分难得的可喜现象。然而，要了解华侨华人的现状，必须了解他们的历史；而要了解他们的历史，必须有一批具有一定分量的公正客观的史学著作。由此看来，非洲华侨华人历史研究可谓任重道远。近年来的情况有所改变。

另一个值得注意的问题是，史料发掘工作做得不够。就历史研究而言，最重要的是史料。客观地说，非洲华侨华人史的研究并非易事，但这并不意味着国内无资料可查。为数不多的史料需要多方查找，爬梳整理，这本来是历史学者引以为自豪的工作。方积根所编《非洲华侨史资料选辑》和李安山编注的《非洲华侨华人社会史资料选辑(1800—2005)》均是较好的资料集。遗憾的是，很多可资利用的史料从未有人研究过。1949年以前国民党政府外交部的各种公开发行的杂志(如《外部周刊》等)上即有一些资料。如《外交部公报》第3卷第12号的"文书"栏上登了两份关于非洲华侨的文件：一份是约翰内斯堡总领事馆就准许当地华侨购买用于垦荒的炸药一事与南罗得西亚殖民政府交涉的文件；另一份是关于驻约翰内斯堡总领事馆就废除华人用指模代替签字一事与南非政府交涉过程的文件。侨务委员会的有关杂志(如《华侨周报》等)中也有一些相关史料，但一般研究文章很少使用这些资料。一些在非洲出版的华人报纸杂志(如上面提到的南非《侨声报》、毛里求斯的《中华日报》和《华侨日报》以及近年来出版的各种华人报刊等)也很少有人问津。

我们还注意到,对非洲华侨华人现状的研究多集中在南非一国。这种情况的出现是因为南非的华侨华人较多,接触的机会较多,中国与南非的交往较多。然而,其他非洲国家的华侨华人的各种问题同样需要我们去关注和研究。

4. *史料的辨别与核对*

这里有必要谈一下在使用史料时应注意的几个问题。

首先,在使用史料时,要尽可能地核对原文或原件。这样可以避免对因为排版出现的错误产生误解。陈翰笙先生主编的《华工出国史料汇编》是迄今为止关于海外华人最有分量的史料汇编,但也有一些错误。例如,"土工"误作"士工",这显然是排版错误。① 又如,方积根先生所编《非洲华侨史资料选辑》一书引用的"非洲各属华侨人口统计表"是一份十分难得的史料,然而,表中却有两处错误:英属南非洲海岛"其他"一栏之"合计"应为"143",而不是"43";英属南非洲"其他"一栏之"男童"应为"12",而不是"2"。② 这些问题很可能是排版错误。在有些情况下,原引者可能根据需要摘录自己认为满意的某一条史料;如果不经核对便转引,有可能完全偏离了此条史料所具有的真正内涵。有的引用错误则是粗心所致。

中国台湾学者陈信雄先生的大作对唐代中国与非洲之间关系的研究有所贡献。然而,在引用杜葆仁先生发表在 1979 年第 6 期《文物》杂志上的文章时多处出错。首先是名字错误,"杜葆仁"变成了"林葆仁"(这也可能是排版错误)。其次是文章标题出错,《从西安唐墓出土的非洲黑人陶俑谈起》变成了《从西安非洲黑人俑谈起》。再次是裴娘子卒年出错。原文"裴氏小娘子小字太,卒于大中四年(850 年)……",在陈信雄

---

① 陈翰笙主编:《华工出国史料汇编》,第九辑《非洲华工》,第 102 页。原件见《外交报》,第 76 期(1904 年 5 月 10 日),第 15 页。

② 方积根编:《非洲华侨史资料选辑》,第 18 页。原件见《中央侨务月刊》,第 7—8 号合刊(1930 年 4 月),第 6 页。

的文章中变成了“西安出土大中十四年(860A. D.)裴小娘子墓……”[①]对一篇文章的引用出现多处错误实在不应该。陈信雄先生在对相关英文资料的翻译也不够严谨,这点后文将提及。丁雨对他在分析郑和下西洋时缺乏严谨的态度也有批评。[②]

核对原文可以避免因原引者误解或误译而产生的错误。如《兰德的中国佬约翰》的作者为“一个英国见证人”(An English Eye Witness),是由约翰·克利福写的前言。[③] 在《华工出国史料汇编》第九辑中,译者误认为此书的作者是约翰·克利福。[④] 一些著作在引用这一译著时,以讹传讹。在一些译著中,译者可能由于某种原因(或因篇幅局限,或因翻译问题,甚至因为水平问题或不负责任)而未译出值得翻译的全部内容。在这种情况下,参照原文可免除失去这些重要资料的遗憾。斯拉威斯基的著作《法国对马达加斯加华人的政策》中“协会——间接的控制手段”一节对了解法国殖民政府控制华人的手段至关重要,[⑤]但在《非洲华侨史资料选辑》一书中的选译部分,译者不知何故没有翻译这一节。

其次,一些地名的译名要查清楚,不要望文生义,更不要以讹传讹。如中国古籍中的“竹步”是指今索马里境内的朱巴河口一带,这早已有定论。[⑥] 萧

---

① 陈信雄:《唐代中国与非洲的关系——间接而强势的海路贸易》,载吴健雄主编:《中国海洋发展史论文集》(第四辑),台北:“中央”研究院,1991 年,第 148—149 页。笔者为慎重起见,专门就裴小娘子卒年一事请教同窗好友、唐史专家、中国社会科学院历史所研究员吴玉贵先生,他的来函如下:“安山兄好。查了一下,裴氏小娘子于大中四年五月八日卒于解县,同年十一月十六日归葬于长安。十四年肯定是错的。墓志的图版见《隋唐五代墓志汇编》陕西卷第 2 册(天津古籍出版社,1991 年),第 89 页。录文见《全唐文补遗》第 3 辑(三秦出版社,1996 年),第 227 页。祝好。弟玉贵上。”(吴玉贵致李安山函,2016 年 10 月 6 日)陈信雄先生的说法是引用出错,还是自有根据,不得而知。在此对吴玉贵先生帮忙查证深表谢意。

② 关于陈信雄先生对郑和下西洋史实分析的不足之处,可参见丁雨《肯尼亚曼布鲁伊遗址及马林迪遗址的考古学研究》,北京大学考古文博学院博士学位论文,2015 年,第 392—393 页。

③ John Clifford, “Introduction”, in An English Eye Witness, *John Chinaman on the Rand*.

④ 陈翰笙主编:《华工出国史料汇编》,第九辑《非洲华工》,第 107 页。译者将书名译为《兰德矿区的华工》。

⑤ Leon M. S. Slawecki, *French Policy towards the Chinese in Madagascar*, pp. 105 - 109.

⑥ “竹步国”见《明史》卷三二六《外国卷》七。关于其地理位置,参见章巽《我国古代的海上交通》,北京:商务印书馆,1986 年修订版,第 85 页;黄盛璋《中国与索马里的传统友好关系》,《世界历史》,1981 年第 3 期,第 59—66 页。

次尹先生在其早期著作《非洲华侨经济》中曾提到:据南非侨胞传说,“竹步”即现在纳塔尔省的德班。[①] 1994 年 5 月 2 日的香港《快报》上的一篇文章又重复了这一提法,“南非的历史上都记载着‘1412 年郑和下西洋抵达竹步’,‘竹步’即是今天的‘祖鲁’,考证位置是今天的德班港。”实际上,郑和在 1412 年根本未出洋。其第三次出洋时间为永乐七至九年(1409—1411 年),第四次出洋时间为永乐十一至十三年(1413—1415 年)。国内有的学者在没有进行任何考证的情况下即沿用了这一说法,[②] 这种做学问的态度十分不妥。

再次,引用史料一定要注明出处。有的学者在引用他人著述中的档案资料时或是不注明出处,或是直接使用档案资料的原出处,这首先是给后来的研究者带来不必要的困惑和麻烦,因为引用者完全可能根据自己的需要来选择史料,而转引者却不得而知。从治学态度上看,这种做法也是不可取的行为。在日益重视知识产权和学术研究与国际接轨的今天,再次强调这一点绝非多余。

另一个值得注意的现象是重复研究。在目前的非洲华侨华人史的研究中,绝大部分文章都集中在少数几个课题上。有些问题早已有人论及,但仍然不断有文章出来,细读其文,无论是在立论还是在资料上均无新意可言。非洲华侨华人历史可以说是一片尚待开发的处女地,它有待于学者的努力耕耘。

---

① 萧次尹编著:《非洲华侨经济》,台北:海外出版社,1956 年,第 2 页。

② 白灵:《从种族隔离夹缝中走出来的南非华人》,《八桂侨史》,1994 年第 4 期,第 45 页。

第二章　早期中非关系概览

考古已经证明，从大约公元1世纪起至16世纪，红海的港口，特别是苏丹东部以及埃塞俄比亚的港口就早已与远东和中国建立了联系。

——加法尔·卡拉尔·艾哈迈德（苏丹历史学家）

1937年，英国诗人奥登访问中国的前一年，他在题为《夜色漫步》的诗中写道：

我将爱你，亲爱的，我将爱你，
直到中国与非洲相遇，
直到大川逾于山，
鲑鱼吟于道。①

看来，这位英国著名诗人对中非关系史并不知情。他将中国与非洲

① 奥登（W. H. Auden，1907—1973年），出生于英格兰约克郡，1922年开始写诗，1925年入牛津大学攻读文学。20世纪30年代他以一部《诗集》（*Poems*，1930）成为英国新诗代表，也是英国左翼青年作家领袖。1936年出版代表作诗集《看吧，陌生人》，1946年入美国籍。奥登被认为是继叶芝和艾略特之后英国的重要诗人。1953年获博林根诗歌奖，1967年获国家文学奖。1973年9月29日病逝于维也纳。

相遇看作河水淹没山川或鲑鱼在街上唱歌一样不可能。他并不知道，中国与非洲早在古代已经相遇。

华侨移民非洲始于近代。然而，中国与非洲的交往源远流长。[①] 对于古代的中国人来说，非洲是西域的尽头。中国与非洲的接触可以说是循序渐进的、缓慢的。中国对于非洲的认识是一个由间接到直接的过程，对非洲的理解有一个由传闻到亲身体验的过程，而与非洲的交往则经历了一个由民间到官方的过程。本章主要爬梳整理一些国际和国内学者发现的蛛丝马迹，探讨汉代中国与非洲互相接触的可能性与现实性。

一、早期的中非关系：物证与推测

（一）有关中非交往起始时间的推测

中国是何时以何种方式认识非洲的，中国与非洲的交往又始于何时，学术界的认识至今并不统一。从目前的研究情况来看，主要存在着以下两种观点。[②]

1. 始于汉代以前

沈福伟将中国与非洲交往的最早时间提到春秋战国，“埃及和中国的西部地区，可以通过草原牧民，成为彼此的近邻。中国和非洲之间最早发生的往来，因此可以追溯到春秋（公元前 770—前 476）、战国（公元

---

① 戴闻达：《中国人对非洲的发现》（胡国强、覃锦显译），北京：商务印书馆，1983 年（J. J. L. Duyvendak, *China' Discovery of Africa*, Stephen Austin and Sons, 1947）；Teobaldo Filesi, *China and Africa in the Middle Ages*, Frank Cass, 1972；沈福伟：《中国与非洲——中非关系二千年》，北京：中华书局，1990 年；Li Anshan, “African Diaspora in China: Reality, Research and Reflection”, *Journal of Pan African Studies*, 7:10 (May, 2015), pp. 10 - 43; Li Anshan, “Contact between China and Africa before Vasco da Gama: Archeology, document and historiography”, *World History Studies*, 2:1 (June, 2015), pp. 34 - 59.

② 可参见许永璋《古代中非关系史若干问题探讨》，《西亚非洲》，1993 年第 5 期，关于中非关系史的研究状况，可参见朱凡《中非关系史研究的回顾和展望》，《世界史研究动态》，1987 年第 5 期。

前475—前221)时代”。他认为,由于路途遥远交通不便,双方的贸易只能通过转手进行。[①] 他还提出,《后汉书·西域传》中的兜勒是古代厄立特里亚的著名海港阿杜利,其使者早在公元100年即到达洛阳,在中非关系史上写下了极其辉煌的一页。“埃塞俄比亚的阿克苏姆王国由于阿杜利使者的来华,成为第一个和中国正式建立外交关系的非洲国家”。[②]

张象认为,历史学家将公元前138—前126年作为中非关系史的开始并不确切,因为这种观点忽略了官方交往前的民间交往。他认为,“中非关系史的起点在早于张骞通西域之前”。他的论据是:约从公元前6世纪起,大夏与埃及即有往来,“只要中国的商品及有关中国的信息传到大夏,就有可能传到埃及;只要中国人来到大夏,也就有可能获得埃及的信息”。在《古代中非关系研究中的几个问题》一文中,他重申了这一观点。[③]

2. 始于汉代

张星烺根据中西各种典籍中所提到的一些地名,最早含蓄地提出了这种观点。除提出《汉书》载有“已程不国”是指埃塞俄比亚外,他指出,生于埃及、长于埃及和葬于埃及的托勒密(Claudius Ptolemaeus,约90—168年)在《地理学》(也译为《地理书》或《地理志》)中“曾记中国事情”。[④] 杨人楩指出,“可以肯定,中非之间的间接贸易关系在中国两汉时期业已开始”。[⑤] 陈公元认为,“早在公元前两世纪(即我国汉代),非洲文明古国埃及就和中国有了间接的交往和海上贸易。”[⑥]张俊彦认为:“在东汉时,中国经过北非和罗马帝国已经有了直接的海上往来。”[⑦]一位提到“间接

① 沈福伟:《中国与非洲——中非关系二千年》,第11—12页。

② 同上书,第70—72页。

③ 张象:《古代非洲与中国交往的四次高潮》,《南开史学》,1997年第2期;张象:《古代中非关系研究中的几个问题》,《西亚非洲》,1993年第5期。

④ 张星烺编注:《中西交通史料汇编》(朱杰勤校订),第二册,北京:中华书局,1977年,第7—8页。

⑤ 杨人楩:《非洲通史简编》,北京:人民出版社,1984年,第112页。

⑥ 陈公元:《古代非洲与中国的友好交往》,北京:商务印书馆,1985年,第1页。

⑦ 张俊彦:《古代中国与西亚非洲的海上往来》,北京:海洋出版社,1986年,第11页。

贸易关系”，一位强调“直接的海上往来”，时间上则大致相同。

孙毓棠先生在 1979 年的一篇论文中也提到这一点，“近在汉代，中国和埃及通过中介国转手，已有商品交易，相互文化交流。这种关系开始于张骞西使后不久”。他还认为，公元 2 世纪，亚非海上交通贸易达到全盛。① 这种观点可能有些夸大。艾周昌、沐涛在《中非关系史》中持同样观点，他们认为尽管中国与埃及之间在公元前 10 世纪左右已有间接的民间往来，但中埃关系的起点仍应以张骞通西域开始。因为“从这个时候起，中国人才知道了埃及的亚历山大城（黎轩），并发使黎轩”。② 台湾学者方豪亦持此种观点。③

(二) 有关黑人移民中国的各种推测

首先，有必要说明一下，关于黑人早年移居中国有各种推测，目前存在着多种论点。除了近年来在生物学的研究上有不同观点外，④学者多从语言学、人类学和历史考古学等方面论及这一问题。⑤ 在中国早期的考古发掘中，确实发现了一些与黑人头骨相似的特征。对此至少有三种论点。

---

① 孙毓棠：《汉代的中国与埃及》，《中国史研究》，1979 年第 2 期，第 142 页（此文后收入《孙毓棠学术论文集》）。

② 艾周昌、沐涛：《中非关系史》，上海：华东师范大学出版社，1996 年，第 1 页。

③ 方豪：《中西交通史》，台北：中国文化大学，1983 年[1953 年]，第 150 页。

④ 关于人类起源问题，存在着一元论与多元论。有关争论和近期发现的简要介绍，参见李安山《非洲古代王国》，北京大学出版社，2011 年，第 21—38 页。关于早期非洲人向东亚地区扩散的生物学研究，可参见 Ke Yuehai, et al.,“African Origin of Modern Humans in East Asia: A Tale of 12,000 Y Chromosome”, *Science*, 292 (May 11, 2001), pp. 1151 - 1153. 当然，也存在不同意见，如以斯坦福大学遗传学家布伦娜·亨为首的研究小组在 2011 年发现，说某种科伊桑语的卡拉哈里沙漠的布须曼人（即桑人）拥有非洲乃至全世界最具遗传多样性的基因。另一个国际研究小组 2012 年 6 月表示，在缅甸发现的化石表明，更多论据表明亚洲而不是非洲是最早类人猿灵长目动物的起源地。

⑤ 有关早期亚洲黑人存在的研究，可参见 Terrien de Lacouperie, *The Languages of China before the Chinese*, London: David Nutt, 1887; Li Chi, *The Formation of the Chinese People*, Harvard University Press, 1928; F. Weidenreich,“On the earliest representatives of modern mankind recovered on the soil of East Asia”, *Peking Natural History Bulletin*, 13: 3(1939), pp. 161 - 174.

1. 美拉尼西亚人说

这种观点比较普遍，凌纯声曾撰《中国史志上的小黑人》一文，在提到各类小黑人之后，最后专门论及此问题。这种黑人也被称为马来黑人、尼格利陀人（Negrito），或是海洋黑人（oceanic Negroid），张光直在著作中也提到。①

2. 安塔·迪奥普的杂交论

安塔·迪奥普是一位百科全书般的学者，对非洲古代文明有精深的研究，并极力主张埃及文明与黑非洲文明同根同源。他认为，黄种人是黑人和白人融合的后果。他在其名著《文明的非洲起源：神话还是现实》的一个注释中，较为详细地表达了自己的观点，认为黄种人从面貌及体质上明显表现出混血特征。②

3. 中国人具有非洲人血统

米恩斯在1980年出版的著作中指出，"中国的居民是黄种人类型，但无疑有黑人的基础。民族学家在那里发现，中国人中存在着古老的俾格米人和黑人（Negroid）的证据"。③ 这里，虽然他的著作是论及非洲历史的，但他并未明确指证这些黑人是非洲人。将中国的早期黑人明确界定为非洲人的是由詹姆斯·布伦森撰写的题为《非洲人存在于早期中国》的论文。他从各种考古发现以及文献记载中爬梳整理，提出了自己的论点："要充分研究夏、商、周诸朝代的历史，以更多地洞察非洲在中国历史上所起的作用。需要抹去这些早期朝代及中国最早历史的神秘色彩。例如，一些学者和历史学家不顾明显的证据而认为商朝不存在种族结构。一位历史学家奇怪地将商朝人称为'黑发'人，好像所有别的东方

---

① Ling Shun-sheng, "Negritoes in Chinese History", *Annals of Academia Sinica*, 3(1956), pp. 251 - 267; Kwang-chi Chang, *The Archaeology of Ancient China*, New Heaven and London: Yale University Press, 1977, pp. 68,76.

② Anta Diop, edited and translated by Mercer Cook, *The African Origin of Civilization: Myth or Reality*, Chicago: Lawrence Hills, 1974, no. 2. pp. 280 - 281.

③ Sterling Means, *Ethiopia and the Missing Link in African History*, Harrisburg: The Atlantis Publishing Company, 1980, p. 58.

人的头发具有某种其他颜色。”[①]他引用的诸多论据中也包括张光直先生著作中有关柳江人头骨的考古分析和相关论述。他对中国各种证据包括随葬品、古代雕刻等进行了分析。他还针对第一种论点对所谓的美拉尼西亚黑人和非洲黑人形象进行了比较。这篇文章首先发表在《非洲文明杂志》上，后来被编入由雷诺科·拉西迪和伊万·凡·塞尔迪玛主编的《非洲人存在于早期亚洲》一书中。[②] 由于此问题一时难有定论，尚需各种学科的长期综合研究，笔者曾发表英、中文论文专门提及，在此不赘述。[③]

(三) 考古实证与文献史料

根据目前掌握的资料，唐代以前中国与非洲的交往已有一些证据。可以大致归纳为考古实证（直接与间接）和文献史料（直接与间接）。

1. 考古实证（直接）

(1) 1979 年，在徐州贾旺发现的汉画像石上绘有多只动物，其中至少三只具有非洲长颈鹿的一些典型特征。[④] 这可能提供了中国对非洲特产有所认识的证据（见后文）。

(2) 1993 年，奥地利科学家在研究埃及第二十一王朝时期（公元前 1070—前 945 年）的一具女尸的头发时发现异物，经分析是蚕丝的纤维。当时只有中国能生产丝绸，“可以认定这是中国的产品”。[⑤] 这说明中国的特产已运至埃及。

---

① James Brunson, “African presence in early China”, in Runoko Rashidi & Ivan Van Sertima, eds., *African Presence in Early Asia*, New Brunswick and London: Transaction Publishers, Tenth Anniversary edition incorporating with *Journal of African Civilization*, 1995, p. 135.

② James Brunson, “African presence in early China”, pp. 121 - 137.

③ Li Anshan, “African Diaspora in China: Reality, Research and Reflection”, *Journal of Pan African Studies*, 7:10 (May, 2015), pp. 10 - 43；李安山：《古代中非交往史料补遗与辨析——兼论早期中国黑人来源问题》，《史林》，2019 年第 2 期。

④ 徐州博物馆：《论徐州汉画像石》，《文物》，1980 年第 2 期，第 550 页。

⑤《三千年前埃及已使用中国丝绸》，《人民日报》，1993 年 4 月 2 日。

2. 考古实证(间接)

(1) 1974 年在广州发掘出秦汉时期的一个规模很大的造船工场遗址。“这是一个规模相当大的古代船舶工场,有三个并排的造船台,并附有木料加工场地。它的船台与滑道相结合,其外型有些像今天的铁路,由枕木、滑板和木墩组成。枕木分大小两种,滑板的宽距可以调节。……二号船台两滑板的中心间距是 2.8 米,应能造 5.6 米到 8.4 米宽的船,即约在汉尺二丈四尺到三丈六尺之间。”①公元前 214 年,“番禺”被命名,地域范围包括今天的广州一带。

除此之外,在广州汉墓中也发现了舰船模型。这一考古发现及汉代造船工场遗址间接地提供了中国人远航的可能性,但没有理由作为中非交通的证据。②

(2) 在广州发现的汉代黑人陶像。从 20 世纪 50 年代以来,在广州共发掘出 1 000 余座汉墓,共发现 152 个十人俑,其中有些看似黑人。③对这些黑人的族源有各种不同的分析,有学者依据深目高鼻的体型特征认为其来自西亚和东非。④

3. 文献史料(直接)

(1)《史记·大宛传》载“黎轩”。外国学者伯希和、戴闻达、费莱西和我国一些学者认为是埃及的亚历山大城。⑤

(2)《汉书·地理志》中所载“已程不国”,外国学者赫尔曼认为是埃

---

① 关于造船厂遗址的规模及汉代的造船技术,参见张俊彦《古代中国与西亚非洲的海上往来》,第 11—14 页。

② 有关秦汉中国造船业的发展,参见王子今《秦汉时期的船舶制造业》,《上海社会科学院学术季刊》,1993 年第 1 期,第 56—164 页。有学者对这一遗址的定性提出质疑,参见司徒尚纪(合作者李燕)《广州秦汉造船工场遗址的历史地理初探》,《历史地理》第十七辑,上海人民出版社,2001 年。对这一遗址的学术讨论,参见广东省立中山图书馆编《“广州秦代造船遗址”学术争鸣集》,北京:中国建筑工业出版社,2002 年。

③ 覃杰:《广州汉墓出土人物俑的发现与研究》,吉林大学 2010 年硕士论文。

④ 中国社会科学院考古研究所等:《广州汉墓》,第一卷,北京:文物出版社,1981 年,第 478 页。

⑤ 伯希和:《犁靬为埃及亚历山大城说》(通报 1915 年),载冯承均:《西域南海史地考证译丛七编》,北京:中华书局,1957 年,第 34—35 页;马文宽、孟凡人:《中国古瓷在非洲的发现》,北京:紫禁城出版社,1987 年,第 77 页;艾周昌、沐涛:《中非关系史》,第 5—8 页。

塞俄比亚(Ethiopia),[①]张星烺也持此说。[②]

(3)《后汉书·西域传》中所指"大秦国",一些学者认为是罗马帝国的东部,包括叙利亚、埃及及小亚细亚。[③]

(4)《魏略·西戎传》所载"迟散""乌迟散",一些学者认为是埃及的亚历山大城。例如德国学者夏德提出,"《魏略》又云:'海西有迟散城。'迟散二字的古音,可以推断为 Disan。我敢说这是中国人对尼罗河支流上的亚历山大城 Alexandrea 的读法。""迟散即亚历山大城。"[④]

以上四种文献史料均为一种推测,文献本身不足以成为中非交往的证据。

4. 文献史料(间接)

(1)《汉书·艺文志》中所收占星象的书籍甚多。[⑤] 这间接说明了当时中国人对航海事业的参与和关注程度。然而,不能据此说明中国与非洲的海上交通。

(2) 居延汉简上出现的"黑肤人"。后文将详细论述。

5. 贾旺汉画像石上的长颈鹿

最有意思的是在徐州贾旺发现的汉画像石上的"长颈鹿"。这里将它单独列出来,主要是因为这种动物不仅在汉代留下了若隐若现的痕迹,后来又与中国传统的瑞兽麒麟挂上了钩,甚至被西方学者解释为郑和下西洋的原因。

麒麟是中国的福兽,其形象已有长远的历史。按古代官方的说法:麒麟乃瑞兽,不伤生灵,古人将雄性称麒,雌性称麟。《诗经》曾以"麟之趾"来赞美周文王和他的家族。据记载,孔子与麒麟密切相关。传说在

---

① 参见沈福伟《中国与非洲——中非关系二千年》,第 80 页,注 1。

② 张星烺编注:《中西交通史料汇编》,第六册,第 20 页。

③ 夏德:《大秦国全录》(朱杰勤译),北京:商务印书馆,1964 年,第 4 页。

④ 同上书,第 68,78 页,还可参见许永璋《我国古籍中关于非洲的记载》,《世界历史》,1980 年第 6 期。

⑤《汉书·艺文志》所著录的天文二十一家四百四十五卷中,关于海中占星象的书籍为六家一百三十六卷,占 30%之多。参见张俊彦《古代中国与西亚非洲的海上往来》,第 14—15 页。

公元前551年(鲁哀襄公二十二年),孔子的母亲颜徵在怀孕后祈祷于尼丘山,遇一麒麟,孔子出生前,有麒麟在他家的院子里"口吐玉书",书上写道"水精之子,系衰周而素王"。孔子在《春秋》中提到,哀公十四年春天"西狩获麟",孔子为此落泪,并表示"吾道穷矣"。孔子曾写歌:"唐虞世兮麟凤游,今非其时来何求?麟兮麟兮我心忧。"

长颈鹿是非洲的独特动物。1979年,在徐州贾旺发现的东汉画像石上绘有多只动物,其中至少三只具有非洲长颈鹿的典型特征。我们知道,"麒麟"这一名称在中国历史久远。虽为福兽,但其形状有多次变化。[①] 为什么汉代的石画像上会出现类似长颈鹿的动物?它就是长颈鹿还是所谓的麒麟?法国学者费琊曾在《亚洲杂志》上提出一个观点:《诸蕃志》所言"徂蜡"是从索马里语的"giri"而来。这是后话。

有趣的是,一千余年后,公元1415年(永乐十三年),郑和船队带着麻林(即今肯尼亚的马林迪港口)国王赠送的长颈鹿回到南京。国人皆认定麻林国所赠长颈鹿即麒麟。究竟是类似麒麟的长颈鹿早已现身于中国,还是国人觉得长颈鹿与麒麟相似?这似乎为历史学家提出了一个尚需解答的问题。

徐州贾旺发现的东汉画像石:是麒麟还是长颈鹿?

① 吴庆洲:《春秋至六朝麒麟的演变研究》,《古建园林技术》1997年第3期,第58—64页。

（四）居延汉简上的黑肤人

1. 中国西北科学考察团

1926年冬天，瑞典探险家斯文·赫定受德国汉莎航空公司委托，为开辟欧亚空中航线进行航空气球探险考察事宜来到北京。考察重点是地质和气象方面，此外也进行考古学、人类学、民俗学方面的科学考察。斯文·赫定通过北洋政府有关部门，拿到当时主政北京的张作霖写给新疆督军杨增新的电报副本和亲笔信并签订协议。协议内容中，中方仅有2—3人参与沿途联络，还规定采集的文物先送往瑞典。

协议一出，中国学术界一片哗然。那些条款无疑是对中国文化主权的蔑视。1927年3月5日，北京大学研究所考古学会、古物陈列所等11个学术团体的20余名代表在北大举行联席会议，决定抵制此事。随后成立了中国学术团体协会，发表宣言并采取行动阻止斯文·赫定的行为。

中国学术团体协会派古物陈列所所长周肇祥，北京大学教授刘半农、李四光，北京大学考古学会袁复礼，清华国学研究院李济为代表与斯文·赫定进行谈判。1927年4月26日，中国学术团体协会理事会与斯文·赫定在北京大学研究所国学门举行正式的签字仪式，与会者有斯文·赫定、周肇祥、马衡、黄文弼、刘半农、徐炳昶等。周肇祥和斯文·赫定分别代表中瑞双方在两份中文和两份英文协议上签字。协议共19条，规定此次西北科学考察由中国学术团体协会主办，协会组织西北科学考察团理事会监察并指挥该团一切事务，并对中外团长职责、考察团的经费、往返路线、所获材料归属、考察成果发表办法以及涉及文物保护、国家安全等方面的问题都做了明确规定。协议的核心是平等。最重要的是体现了中国的主体地位，不再像以前的科考或打着科考旗号的文化掠夺。协议规定团长有两位，中方一位，外方一位；科考所获得的资料、文物全部归中国，如果有副本才视情况给外方。这是第一次以我国为主，与外国平等合作而组成的大型科学考察团。刘半农曾认为这是“开我国与外人订约之新纪元”，它为以后外国考察团进入中国考察提供了一个谈判标本。这样，西北科学考察团正式组成，全团 27 人，中方 10 人徐炳昶为团长，外方 17 人（成员来自瑞典、德国、丹麦），斯文·赫定为团长。1927 年 5 月 9 日从北京出发，正式投入科学考察。①

西北考察团从北大出发

中国西北科学考察团

① 有关此次考察团的情况，还可参见王文元《中国西北科学考察团的艰难考察的故事》，《兰州晨报》，http://story.gscn.com.cn/system/2013/11/06/010497317.shtml，查阅日期：2016 年 7 月 2 日。

2. 居延汉简上有关黑肤人的记载

正是这次考察发现了居延汉简。中国西北科学考察团，到内蒙古、甘肃、新疆、宁夏等地，进行天文、地理、文物、古迹、风土、民情等方面的综合考察，初步了解到居延汉简的一些情况。1927 年 10 月 24 日，中方考古学家黄文弼在居延汉代烽燧首次发现一枚汉简。在第二天的发掘中仅得数枚后，他放弃了此地的发掘而转向其他地区，成为中国考古史上一件憾事。1930 年 4 月 20 日至 5 月 8 日，考察团成员瑞典学者弗克·贝格曼(Folke Bergman)在额济纳河流域北部的居延都尉与南部的肩水都尉所属地段发现汉代简牍，在随后的发掘活动中，共发掘出汉简一万余枚。

居延汉简

居延汉简中有一批个人名籍等方面的记录，大约包括姓名、身份、郡、县、里、爵位、年岁、身形、身高和(肤)色。身形方面有“大状”和“中状”的说法。身高(汉简中用“身长”)以尺寸为测量标准。张春树先生是美籍华人历史学家，他根据劳贞一先生编的居延汉简考释的图版，对汉代人的身形和肤色进行了专门研究。他将居延汉简分为两类，一类为个人记录，一类为群体记录。

居延汉简上有关黑肤人的相关记载：

(1) 永光四年正月己酉橐佗吞胡隧长张起祖符妻大女昭武万岁里□□年卅二子大男辅年十九岁子小男广宗年十二岁子小女女足年九岁辅妻南来年十五岁皆黑色

(2) 居延都尉给事佐居延始至里万赏善年卅四长七尺五寸黑色

(3) 河南郡河南县北中里公乘史孝年卅二长七尺二寸黑色

(4) □□□□里上造王福年六十长七尺二寸黑色

(5) 书佐忠时年廿六长七尺三寸黑色

(6) 五十二长七尺一寸黑色

(7) 里贾胜年卅长七尺三寸黑色

(8) 都里不更司马封德年廿长七尺二寸黑色

(9) 里王望年廿五岁长七尺五寸黑色

(10) 都尉丞何望功一劳二岁一月十日北地北利郿候杜旦功一劳三岁李则年卅五长七尺三寸黑色

(11) 骊靬万岁里公乘儿仓年卅长七尺二寸黑色剑一已入牛车二

(12) 年卅八长七尺二寸黑色

(13) □车觻得安世里公工乘未央年卅长七尺二寸黑色

(14) 公乘孙辅年十八七尺一寸黑色

(15) 给车觻得郡都里郝毋伤年卅六岁长七尺二寸黑色

(16) 河内郡温西故里大夫苏罢军年卅五长七尺三寸黑色

(17) 诏所名捕平陵长雚里男子杜光字长孙故南阳杜衍……□□黑色肥大头少发年可卅七……

(18) □就里唐宜年廿三长七尺三寸黑色□□

(19) 葆鸾鸟宪众里上造顾收年十二长六尺黑色皆六月丁巳出

(20) 魏郡繁阳高武里大夫谢牧年卅二长七尺二寸黑色

(21) 弟子公士传出黑色年十八

(22) 当阳里唐芝年十九长七尺三寸黄黑色八月辛酉出

(23) 东郡田卒清灵黑里大夫聂德年廿四长七尺二寸黑色

(24) 尺五寸黑色轺车乘

(25) □年廿年七尺五寸黑色十月辛

(26) 卅年七尺七寸黑色

(27) 尺五寸黑色十月二

(28) 居延安故里孙罢军年廿三剑一黑色长

(29) 坚年苑钳金左(一字)左右年廿七八岁中壮□长五六寸青黑色……

(30) 二月癸酉河南都尉忠丞下郡太守诸侯相承书从事下敢用者实字子功年五十六大状黑色臬头

(31) 八长七尺二寸黑色

(32) □□□□□□□阳里大夫封车口(一字)年廿八长七尺二寸黑色牛一车一辆五月戊戌□弓一□持

(33) 河南郡荥阳桃虫(?)里公乘莊吁廿八长七尺二寸黑色四月癸酉

(34) □顺年卅二岁七尺二寸黑色

(35) 侯丈□非子长七尺黑色

(36) 觻得成汉里大夫×建德年卅二长七尺寸黑色

(37) □□□□年卅七长七尺二寸黑色

(38) □□里上造史则年廿五长七尺二寸黑色

(39) 一长七尺五寸黑色

(40) ×安国年卅长七尺二寸黑色

(41) 永光四年正月己酉橐佗延寿隧长孙时符妻大女昭武万岁里孙弟卿年廿一子小女玉女年三岁弟小女耳年九岁皆黑色①

(42) 长七尺黑

(43) 黑色不出

(44) ×尺三寸黑色

---

① 张春树:《汉代边疆史论集》,台北:食货出版社,1977年,第181—191页。

(45) 二寸黑色

(46) 二寸黑色

……

以上个人记录实有60片左右。在60人的记录中,肤色明确标有“黑色”“黑”的共有46例,如果加上其中张、孙二家的亲属,黑肤人达50余人,其中包括1人“青黑色”,1人“黄黑色”。在这些个人记录中,尚有妻儿子女“皆黑色”。

居延汉简上出现的这些有关肤色的记录,引发了一场争论。

3. 张春树的观点

为了说明肤色问题,张春树对有关典籍的记载和相关说法进行了分析,确定“‘黑色’等等中之‘色’字似可确定为系指肤色而言”。①

张春树先生根据劳先生对居延汉简的考释,加上自己的研究、分析与统计,提出以下几个观点。

(1) 汉简中关于形貌之颜色记载共有55条,其中竟然有98%为黑色,另外2%虽然不是黑色,也是青黑色和黄黑色。

(2) 汉简中“黑色”等记载中的“色”字似可确定其意为肤色。

(3) 肤色为黑色的人群中,有16人有爵位,最高者是汉代列为第八位的公乘。

(4) “黑色”形貌的人在身份、社会地位和种族上没有任何特殊的地方,这“可能是经过长期的种族混合与同化的结果”。

(5) 从汉简中有关籍贯的记载(14人属河西,7人来自内郡)推论,“河西人之平均身高略高于内郡人”,但由于选样少,“这个统计推断是当存疑的”。

(6) 从汉简将肤色作为体质特征这一点看,可以推论肤色这个问题在中国古代社会中必有一特殊的历史含义。②

---

① 张春树:《汉代边疆史论集》,第193页。

② 同上书,第180—199页。

4. 杨希枚之观点

杨希枚先生是著名的历史学家。[①] 他通过分析相关史料，针对张春树先生有关"'黑色'形貌的人在身份、社会地位和种族上没有任何特殊的地方"这一观点，提出了不同意见。他认为，"在张文引用的汉简材料(六十条)中，计有四十六条事涉'黑色'人，虽然材料并不详尽，有的缺漏姓名、居地、年龄，或是体高。春树考订'黑色'一词指肤色，这一点是无可置疑的。因此，这四十六简的'黑色'人应是黑肤人"[②]。

杨先生通过对居延汉简中有关记载的分析，加上对汉籍《易林》中有关资料的引证，提出了疑问和自己的推论，其主要论点是：这些汉简中的黑色人应是另外的特殊种族，而非张先生所说的"汉人"。主要依据如下，并有相应的结论。

(1) 汉简中的黑肤人应是异于汉人的特殊群体。居延汉简的描述中，不仅大量的个人记录为黑色，有的举家全部是黑色人。例如，名为张起祖的黑色人："妻大女……年卅二。子大男辅，年十九岁。子小男广宗，年十二岁。子小女女足，年九岁。辅妻南来，年十五岁。皆黑色。"另一位名为孙时符的黑色人，"妻大女昭武万岁里孙弟卿年廿一。子小女玉女，年三岁。弟小女耳，年九岁。皆黑色"。杨先生认为："汉简的黑肤人，至少其中某些黑肤人的肤色并非源于个体偶然的差异，而显属先天的遗传性体质。因为这里所知的张、孙两家族，老幼共十人皆'黑色'，而竟无一例外！"因此，他认为，这些举家黑肤色者原是以黑肤色为其体质特征之一的特殊种族。"先秦时代中国西北边裔分布的西戎民族中的骊戎应即'黑戎'(the 'Black Barbarians')，且极可能即与本文所论有关黑

① 杨希枚，1916年生于北京，武汉大学生物系毕业后约一年进入中央研究院历史语言研究所工作。先担任吴定良先生的助理，后来在著名人类学家李济的嘱托下研究殷墟头骨。杨希枚先生曾任中研院历史语言研究所助理员，中研院体质人类学研究所筹备处助理员，中研院历史语言研究所助理员，副研究员(1955. 8—1961. 7)。1961年任研究员(1961. 8—1980. 1)并担任人类学组主任(1973. 8—1974. 7)。1980年从中研院退休，1981年定居于北京并参加中国社会科学院历史研究所工作，继续从事先秦等史学研究。1993年病逝于北京。

② 杨希枚：《先秦文化史论集》，北京：中国社会科学出版社，1995年，第971页。

肤人有关的一个黑肤族群"。他的结论也很明确:"汉简黑肤人的肤色应属遗传而非偶然的个体差异。"①

(2) 这些黑肤人的体高与普通汉人不同,其平均身高明显高于汉人。杨先生指出:汉简兼记载肤色和身高的有 40 人。根据汉简三十九黑肤人的身高为七尺至七尺七寸(161.0—177.1 厘米),按此推算,汉简黑肤人平均体高约为 7.27 汉尺(167.20 厘米)。然而,汉族人的身高为 161.2—167.6 厘米,其中华北人最高,为 168.5 厘米,华中人其次,164.2 厘米,华南人最矮,为 160.9 厘米。由此看来,汉简黑肤人的身高不仅应列入中高型(164.2—168.7 厘米),其上限已超过中高型体高的上限,与平均身高为 161.2—167.6 厘米的汉族人身高不同。

(3) 汉简黑肤人接近非洲尼罗[河]区的黑肤人。如果加上肤色这一因素,与非洲和亚洲的黑肤人相比,"非洲的纯正尼格罗黑肤人,尤其是东北非区的尼罗河黑肤人的体高(170—178 厘米),也显与汉简黑肤人体高(165.6—177.1 厘米)是最近似的"。其结论为"汉简黑肤人的肤色和体高异乎一般汉族人,而要近乎非洲尼罗[河]区的黑肤人"。②

(4) 汉简黑肤人主要集居于河西尤其张掖郡。根据记载,这些黑肤人主要集中在张掖郡,而非张先生所言并不集中。根据张文对居延汉简的统计,有身高和籍贯的 21 人中计有"十四人属河西",余者 7 人来自内地各郡。换言之,21 人中 2/3 来自河西,即在地理上具有显著差异。"尤值得注意的,即《张文》指出载有籍贯而未必兼载体高的二十五黑肤人中竟有十七人隶属河西,仅八人分隶内地各郡!而且分布河西区的黑肤人似集中于张掖郡(计有六人);分布内郡的黑肤人则见于六地。"③

(5) 黑肤人曾寓居于汉代京师及周边地区。汉代至迟在宣帝朝,京

① 杨希枚:《先秦文化史论集》,第 972,984—985,976 页。

② 同上书,第 974—975,977 页。

③ 同上书,第 976—977 页。他还提出:"张掖郡的骊靬县或以骊靬国的降人而建置。"然而,这一观点目前似不为多数中国史家所接受。

师或其近区有外国侨民数万以至十数万，长安应为当时的国际观光都市。此外，汉籍《易林》中有一些资料说明外族人的存在，如“蜗螺生子，深目黑丑，似类其母，虽或相就，众人莫取”，“蜗螺生子，深目黑丑，虽饰相就，众人莫取”，“乌孙氏女，深目黑丑，嗜欲不同”等。根据居延汉简及《易林》等所记资料，黑色人曾存在于中国河西等郡或京师大都。

（6）汉简黑色人均任职为汉室边吏，其定居于河西等地之初或可早至汉昭帝初际。

概而言之，“自先史时代迄于殷、周、东汉，中国境内既曾陆续不断地有黑肤人（且可能非同一种黑肤人）存在的史实或迹象，则汉简及《易林》所载河西及内地的深目且体型较高的黑肤人应即特殊种族的看法应非新奇或怪异之论”。①

根据古人记录和前人研究，汉代的长安是一个国际大都会。《汉书·西域传》载：“孝武之世……明珠、文甲、通犀、翠羽之珍盈于后宫，蒲梢、龙文、鱼目、汗血之马充于黄门，巨象、师子、猛犬、大雀之群食于外囿。殊方异物，四面而至……设酒池肉林，以飨四夷之客。”白寿彝先生认为：长安都城里杂错不纯的风俗，正是一个巨型的都会之特殊的表征。他指出，“长安不只是国内最大的都会，并且在中外交通上也具有特殊的意义。它成了一个四夷宾客荟萃的所在，殊方异物聚合的场所了”。② 由此看来，当时的长安都城，有包括黑人在内的四方宾客欣然而至，应是在情理之中。

5．尚待探讨的结论

学者从 19 世纪起一直在探讨早期中国出现的黑人。③ 他们研究中提

---

① 杨希枚：《先秦文化史论集》，第 985 页。

② 白寿彝：《白寿彝文集》，第七卷，参见 https://baike.baidu.com/item/%E7%99%BD%E5%AF%BF%E5%BD%9D%E6%96%87%E9%9B%86/16352142? fr=aladdin

③ Terrien de Lacouperie, *The Languages of China before the Chinese*, London: David Nutt, 1887; Li Chi, *The Formation of the Chinese People*, Harvard University Press, 1928; F. Weidenreich, “On the earliest representatives of modern mankind recovered on the soil of East Asia”, *Peking Natural History Bulletin*, vol. 13, no. 3 (1939), pp. 161 - 174；凌纯声：《中国史志上的小黑人》，《“中央”研究院年鉴》，1956 年第 3 期，第 251—267 页。

到的黑人似乎主要指俾格米人、尼格利陀人或马来人类型的海洋尼格罗人。有的学者推测他们为月氏(*Rouzhi*),[1]有的则将这些黑人与波斯人相连("他们将波斯人也称作'黑人'!"[2])。中国学术界一般认为,非洲黑人于唐朝出现在中国。然而,上述的各种研究似乎对这一观点提出质疑。

综上所述,早在汉代前后,中国人中已经出现黑人。至于他们来自何方,我们目前不能肯定,但不可排除这些黑人原属于东非海岸或古埃及本土的非洲人,通过海上贸易或战争抵达阿拉伯地区,曾到过波斯,再到印度,最后抵达中国。[3] 杜波伊斯曾在他的著作中列出专章,研究亚洲的非洲人。他通过对印度早期历史上黑人的研究,得出结论:"早在基督教时代之前的数千年,德拉威黑人奠定了印度文化的基础。"他认为,"德拉威黑人文化构成了整个印度文化的基础,其最伟大的宗教领袖总是被描绘为黑人或是卷发者"。[4] 相传来华传播佛教的 30 名僧人的肤色中有 10 名黄色、10 名棕色、10 名黑色。[5]

汉代典籍关于非洲的一些零星记载并不清晰,致使学者见解各异。

有意思的是,震惊世界的三星堆古迹给这一文化考古遗产蒙上了一层神秘的面纱。特别是带有非中原脸面的青铜器以及权杖、金面具的出现,给人们插上了想象的翅膀。我们知道,权杖和金面具在古代埃及和非洲流行。我们可以推测,这两种文化之间很早就开始了交流。2016 年 9 月 2 日,一篇有关中国文明可能起源于埃及的文章在美国的《外交政

---

① 陈健文:《月氏的名称、族属汉代西陲的黑色人问题》,《国际简牍学会会刊》,1993 年第 1 期,台北:兰台出版社,1993 年。

② 薛爱华(Edward Schafer):《撒马尔罕的金桃:唐代舶来品研究》(吴玉贵译),北京:社会科学文献出版社,2016 年,第 138 页。

③ 专门有学者研究了波斯历史上的黑人以及古代印度王朝的黑人,有些甚至已经当上君王。参见 Runoko Rashidi & Ivan Van Sertima, ed., *African Presence In Early Asia*, Transaction Publishers, 1985.

④ W. E. B. Du Bois, *The World and Africa*, *An inquiry into the part which Africa has played in word history*, New York: International Publishers, 1965, p. 176.

⑤ *Ibid.*, p. 178.

策》上面世，为研究中非关系增加了新元素。①

可以肯定的是，虽然在唐以前尚无直接的史料记载，但中国与非洲的民间交往早于官方交往、间接交往早于直接交往是不言而喻的。

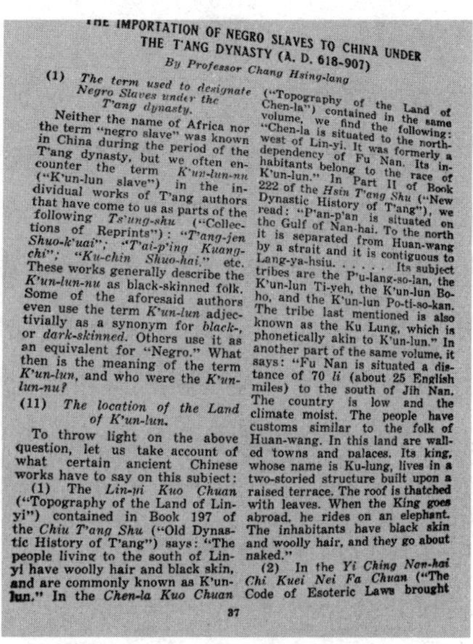

THE IMPORTATION OF NEGRO SLAVES TO CHINA UNDER THE T'ANG DYNASTY (A. D. 618-907)

By Professor Chang Hsing-lang

(1) *The term used to designate Negro Slaves under the T'ang dynasty.*

Neither the name of Africa nor the term "negro slave" was known in China during the period of the T'ang dynasty, but we often encounter the term *K'un-lun-nu* ("K'un-lun slave") in the individual works of T'ang authors that have come to us as parts of the following *Ts'ung-shu* ("Collections of Reprints"): "*T'ang-jen Shuo-k'uai*"; "*T'ai-p'ing Kuang-chi*"; "*Ku-chin Shuo-hai,*" etc. These works generally describe the *K'un-lun-nu* as black-skinned folk. Some of the aforesaid authors even use the term *K'un-lun* adjectivially as a synonym for *black-*, or *dark-skinned*. Others use it as an equivalent for "Negro." What then is the meaning of the term *K'un-lun*, and who were the *K'un-lun-nu?*

(11) *The location of the Land of K'un-lun.*

To throw light on the above question, let us take account of what certain ancient Chinese works have to say on this subject:

(1) The *Lin-yi Kuo Chuan* ("Topography of the Land of Lin-yi") contained in Book 197 of the *Chiu T'ang Shu* ("Old Dynastic History of T'ang") says: "The people living to the south of Lin-yi have woolly hair and black skin, and are commonly known as K'un-lun." In the *Chen-la Kuo Chuan* ("Topography of the Land of Chen-la") contained in the same volume, we find the following: "Chen-la is situated to the north-west of Lin-yi. It was formerly a dependency of Fu Nan. Its inhabitants belong to the race of K'un-lun." In Part II of Book 222 of the *Hsin T'ang Shu* ("New Dynastic History of T'ang"), we read: "P'an-p'an is situated on the Gulf of Nan-hai. To the north it is separated from Huan-wang by a strait and it is contiguous to Lang-ya-hsiu. . . . . . Its subject tribes are the P'u-lang-so-lan, the K'un-lun Ti-yeh, the K'un-lun Bo-ho, and the K'un-lun Po-ti-so-kan. The tribe last mentioned is also known as the Ku Lung, which is phonetically akin to K'un-lun." In another part of the same volume, it says: "Fu Nan is situated a distance of 70 *li* (about 25 English miles) to the south of Jih Nan. The country is low and the climate moist. The people have customs similar to the folk of Huan-wang. In this land are walled towns and palaces. Its king, whose name is Ku-lung, lives in a two-storied structure built upon a raised terrace. The roof is thatched with leaves. When the King goes abroad, he rides on an elephant. The inhabitants have black skin and woolly hair, and they go about naked."

(2) In the *Yi Ching Nan-hai Chi Kuei Nei Fa Chuan* ("The Code of Esoteric Laws brought

37

张星烺先生有关唐朝黑人奴隶的论文

---

① Ricardo Lewis, "Does Chinese Civilization Come from Egypt?" *Foreign Policy*, September 2, 2016, http://foreignpolicy.com/2016/09/02/did-chinese-civilization-come-from-ancient-egypt-archeological-debate-at-heart-of-china-national-identity/，查阅时间：2016年10月20日。作者是在安徽合肥的中国科技大学工作的葡萄牙学者，该文主要介绍了中国学者孙卫东的观点。实际上，17世纪的德国耶稣会士柯切尔（A. Kircher）认为中国人是埃及人的后裔。18世纪的法国汉学家德经（Joseph de Guignes）认为，中华文明从各方面如文字、法律、政体、君主，甚至于政府中大臣及整个帝国均源自埃及，而所谓中国上古史即埃及史。1887年法国人拉库普利（Albert Étienne Terrien de Lacouperie，一译拉克佩里）出版了《中国人之前的中国诸文字》（*The Languages of China Before the Chinese*），认为《易经》是"古代西亚亚卡地（Accad）的词汇"。他又于1894年出版《中国早期文明西源说》（*Western Origin of the Early Chinese Civilisation from 2,300 BC to 200 AD*）一书，以当年考古成果为基础，根据天文历法、科技发明、语言文字、政治制度、历史传说的相似性提出，中国文明源于两河流域的古巴比伦文明，汉族于前2200年左右从西亚迁入中原。英国比较神话学教授赛斯（A. H. Sayce）在《古代东方诸帝国》（*Ancient Empires of the East*）一书中也认为亚卡地是西亚的中国。"清末民初，这一学说在中国广为流传，一度为中小学历史教科书普遍采纳。北京大学史学系的朱希祖和陈汉章等人则从各种角度对这一学说进行了系统性批评。之后，中华文明乃至中国人独立起源和演进的学说逐渐成为主流。"参见黄文政《古埃及与华夏文明起源真有关系吗?》，http://cul.qq.com/a/20160206/025007.htm，查阅日期：2016年10月20日。

二、唐代以前的中非关系:证据与历史

(一) 被歪曲的历史

1. 达·伽马的印度洋之行

1498年,葡萄牙人达·伽马(1460—1524年)绕过好望角,并在著名的阿拉伯领航员希哈布·艾尔-丁·艾哈迈德·B.马吉德的指引下渡过印度洋,抵达印度的马拉巴尔海岸。① 葡萄牙人为了垄断印度洋的贸易,不仅将其他欧洲人排除在这一海域之外,还将从古代以来一直在这片广阔海域里航行并进行贸易的非洲人、阿拉伯人和其他民族排除在外。在他们看来,欧洲—印度洋的航线是他们"发现"的,他们作为印度洋的主人,可以没收任何未经许可便航行于印度洋的各国商人的货物,可以烧毁任何未经他们许可在印度洋上航行的船只,可以消灭任何敢于挑战这些"好斗的侵入者"权威的人。尽管达·伽马的船队与早出他半个世纪到过非洲东海岸的郑和舰队相比小得可怜,但在争夺航线和沿途城市的过程中"任何暴行都不会使他们惧怕"。正是这种纯粹建立在残酷暴力基础上的"可怕的海军力量"——而不是正常的商人或私人企业家,开启了以国家名义为其商人和自身进行的商业活动。②

然而,达·伽马的航行被各种历史研究著作赞扬和歌颂。这一航行被欧洲的世界史学者称为一个伟大的事件,标志着一个时代的历史地理

---

① 有关达·伽马的航海日志,参见 E. G. Ravenstein, ed., *A Journal of the First Voyage of Vasco Da Gama* 1497-1499, Cambridge University Press, 2010. 有关此次航行较权威的研究,参见 K. G. Jayne, *Vasco da Gama and His Successors, 1460-1580*, London: Methuen & Co., 1910; Henry H. Hart, *Sea Road to the Indies*, New York: Macmillan Co., 1950; Boies Penrose, *Travel and Discovery in the Renaissance, 1420-1620*, Cambridge, Mass.: Harvard University Press, 1955; G. R. Elton, ed., *The New Cambridge Modern History*, *Ⅱ. The Reformation 1520-59*, Cambridge University Press, 1958, pp. 594-596.

② 伊曼纽尔·沃勒斯坦:《现代世界体系·第一卷》(尤来寅等译),北京:高等教育出版社,1998年,第421页。

探索。布罗代尔声称“达·伽马航行(1498年)没有破坏欧洲和印度洋之间的古代交通,而是打通了一条新的路线”,①他将此次航行称为“奇妙的航程”或“历史性的航程”。②

2. 阿拉伯领航员的贡献

正是在一位阿拉伯领航员的帮助下,达·伽马完成了这一航行。有的记载表明此人是希哈布·艾尔-丁·艾哈迈德·B.马吉德,他具备在印度洋上航行的丰富经验,为此次航行指出了正确的航线,从而使达·伽马能平安地走完这一航程,顺利地抵达印度。③ 当麦克尼尔赞扬达·伽马的伟大贡献并将他的航行称为“航海的非凡壮举”时,丝毫未提及马吉德的关键作用。他在著作中对这条航路给予高度评价,认为这是“将科学航海的新技术的最显著的运用,是由达·伽马于1497年选择的通往印度的航路”。④ 这是有意还是无意,我们不得而知。然而,这多少反映出世界历史研究中的某种话语权:欧洲人的贡献必须记上史书,至于其他人,可有可无,不必深究。自从达·伽马到达印度沿海地区后,葡萄牙人就在印度洋上各处探险,并在东印度群岛、波斯湾以及东部非洲海岸一带建立了自己的势力范围。

然而,一个不容忽视的史实是:印度洋的海上航线特别是非洲与亚洲之间的航线早已存在,被称为“海上丝绸之路”(简称为“海上丝路”)。

---

① Fernand Braudel, *The Structures of Everyday Life, The Limits of Possible: Civilization & Capitalism* 15th - 18th *Century*, Volume 1, trans. &revised by Sian Reynolds, New York: Harper & Row, 1981, p. 402.

② Fernand Braudel, *The Perspective of the World, Civilization & Capitalism* 15th - 18th *Century*, Volume 3, trans. by Sian Reynolds, New York: Harper & Row, 1984, pp. 56, 139.

③ 关于马吉德的生平和他与达·伽马的关系,参见“Shihab al - Din Ahmad B. Madjid”, *The Encyclopedia of Islam*, Vol. 4, London, 1934, pp. 362 - 370. 马吉德的32件手稿现存于巴黎的国家图书馆,索引号为 Arab 2292, 2559, Bibliotheque Nationale, Paris. 有趣的是,达·伽马在他的航海日志中提到他的领航员出生于古吉拉特。E. G. Ravenstein, ed., *A Journal of the First Voyage of Vasco Da Gama 1497 -1499*, pp. 40 - 46.

④ W. E. McNeill, *The Rise of the West A History of the Human Community*, London: A Mentor Book, 1965, p. 625.

正如中国历史学家孙毓棠指出的:"近在汉代,中国和埃及通过中介国转手,已有商品交易,相互文化交流。这种关系开始于张骞西使后不久。公元二世纪,亚、非海路交通贸易达于全盛。"①

(二) 埃及墓葬的蚕丝纤维与丝绸之路

1. 早期中非交往的推论

周一良先生在访问加纳时曾发表过一篇英文文章,标题为《中国与非洲的早期接触》。该文表示,1 700 余年前,中国与非洲已具有关于对方的某些知识。公元 2 世纪,亚历山大著名天文学家和地理学家克罗狄斯・托勒密在其著作中描述了中国并提到了丝绸之路。公元 3 世纪的中国史书《魏略》已经提到了罗马帝国的亚历山大城,并标明该城位于大海之西。因此,周先生认为,"极有可能早在这两位作者所处的年代以前,中国与非洲已经通过丝绸之路有了间接的接触,并已通过西亚建立了贸易关系"。② 看来他认为中非间接接触始于汉代以前。

实际上,在托勒密之前或与他同时,另一部著作也提及中国。《红海环航记》(*Periplus of the Erythraean Sea*)据推测是由一位匿名埃及的希腊人所作。关于此书的出版日期,学术界存在不同意见。肖夫认为此书成于公元 60 年,其观点一直较流行。③ 1964 年麦克道尔发表了一篇较有影响力的文章,颇为自信地认为此书出现在公元 120—130 年。④ 目前这部书的成书年代尚未确定,但一般认为在公元 1 世纪。研究这本书

---

① 孙毓棠:《汉代的中国与埃及》,载孙毓棠:《孙毓棠学术论文集》,中华书局,1995 年,第 427 页。

② Chou Yi Liang, "Early contacts between China and Africa", *Ghana Notes and Queries*, vol. 12, no. 6(1972), pp. 1 - 3. 实际上,早在 1909 年,德国汉学家夏德已指出:《魏略》中提到的"乌迟散"(Wu-ch'i-san)无疑是指亚历山大城。F. Hirth, "Early Chinese notices of East African territories", *Journal of the American Orient Society*, vol. 30, no. 1(Dec. 1909), p. 46.

③ W. H. Schoff, *The Periplus of the Erythraean Sea*, New York, 1912, p. 15.

④ David M. Macdowall, "The Early Western Satraps and the Date of the Periplus", *The Numismatic Chronicle*, 4(1964), pp. 271 - 280.

的权威之一马修认为此书早于托勒密的《地理学》。[①] 如果这样，在西方著作中，这本书最早提到中国。[②]

然而，在非洲大陆是否有关于中非早期交往的证据呢？答案是肯定的。根据目前掌握的资料，汉代以前中国与非洲的交往已有一些证据，有些是早期发现的，有的则是近年来的考古发掘证据。中国丝绸西传至埃及即是一例。

2. 中国丝织业的起源

我们知道，中国是最早使用丝织品的国家。丝绸的原料是蚕丝。中国何时开始使用蚕丝纺织织物？从目前的考古发掘看，可以分为两个方面。中国丝织技术的产生首先是从织造绸绢开始的，这是一个方面。考古学在这方面提供的直接证据如下：

(1) 在山西夏县西阴村仰韶文化遗址（公元前 4000—前 3600 年）中发现的半个经过人工割裂的茧壳。

(2) 1958 年浙江吴兴钱山漾良渚文化遗址（距今 5300 年以上）发现的丝线、丝带和平纹绢残片。

(3) 1983 年在河南荥阳城东青台村仰韶文化遗址（公元前 3600—前 3000 年）的发掘中，在 142 号、164 号墓的瓮棺中，发现有炭化的丝织物。

然而，上述考古发掘提供的情况并不能直接证明丝绸制品的关键两点：其一，这种丝织物即是蚕丝。其二，即使是蚕丝，也可能是野蚕，难以直接证明是人工养蚕来提供丝织原料。因为在古代地中海地区，曾利用野蚕丝进行过纺织。[③] 毫无疑问，丝织技术的出现促使了人工养蚕技术

---

① Gervase Mathew, "The Dating and the Significance of the Periplus of the Erythrean Sea", in H. Neville Chittick & Robert I. Rotberg, eds., *East Africa and the Orient: Cultural Syntheses in Pre-Colonial Times*, New York: Africana Pub. Co., 1975, p. 154.

② 赫德森：《丝绸贸易》，载中外关系史学会主编：《中外关系史译丛》，第三辑，上海译文出版社，1986 年，第 292 页。

③ 有关西方丝织物和丝绸西传研究中的问题，可参见陈文涛的硕士论文《早期丝绸西传若干问题初探——以西方古典文献为视角》（华东师范大学历史系，2011 年）。还可参见龚缨晏《西方早期丝绸的发现与中西文化交流》，《浙江大学学报》（人文社会科学版），2001 年第 3 卷第 5 期。

的诞生，但二者并不能等同。

另一方面是有关人工养蚕的史前考古发现，举其要者：

(4) 浙江余姚河姆渡遗址发现的蚕纹牙盅（约公元前5000—前4000年），发掘者称其为“牙雕小盅”；

(5) 山西芮城西王村仰韶文化晚期遗址（公元前3000年以前）出土的蛹形陶饰，有人认为这是陶蚕蛹；

(6) 河北正定南杨庄仰韶文化遗址（距今5400±70年）出土的一枚陶蚕蛹；

(7) 甘肃临洮冯家坪齐家文化遗址（距今4000年左右）出土的二连罐所绘的群蚕图。

周匡明、唐云明二位通过对浙江余姚河姆渡新石器文化遗址出土文物的研究，得出了早在7 000年前的河姆渡人已有较完备的原始纺织工具，蚕茧利用的秘密很可能已被其所掌握的结论。[①] 卫斯认为，“要确定中国丝织技术起始时代的下限，除了利用现已发现的最古老的丝织品作为直接的证据外，应该将人工养蚕的开始作为中国丝织技术起始时代下限的标志。”通过各方面的综合研究，卫斯得出结论：“中国丝织技术和人工养蚕技术的出现都是私有制催生下来的产物，丝织技术不可能产生于纺织技术出现之初，它是纺织技术达到一定高度，纺织工具得到进一步改进之后才出现的。人工养蚕技术的产生，不仅与丝织技术的产生有关，而且与最初的家畜、家禽饲养发展有关。从绝对年代上讲，中国丝织技术产生于父系氏族公社的发达时期，已有5700年的历史，而人工养蚕也大致可追溯到这一时期，其绝对年代为公元前3500年，也有5500年的历史。研究结果表明：中国丝织技术的出现与人工养蚕技术的出现在时间上几乎是相继发生的，其间隔时间很短。”[②]

---

① 周匡明：《养蚕起源问题的研究》，《农业考古》，1982年第1期；唐云明：《我国育蚕织绸起源时代初探》，《农业考古》，1985年第2期。

② 卫斯：《中国丝织技术起始时代初探——兼论中国养蚕起始时代问题》，《中国农史》，1993年第2期。

3. 埃及的丝织纤维与丝绸之路

在汉代以前，中国与非洲至少在间接贸易方面已有往来。1993年，奥地利科学家在研究埃及第二十一王朝时期的一具女尸的头发时发现异物，经分析是蚕丝的纤维。当时只有中国能生产丝绸，"可以认定这是中国的产品"。① 此外，在领土包括埃及在内的帕尔米拉帝国(240—270年)的对外贸易中，中国丝绸也是重要的舶来品。这一点已经从帕尔米拉墓塔的考古发掘中有所发现。作者指出，当地考古发掘的大量中国丝制品中有很多材料、质地、颜色和工艺都非常出色的产品。这些丝绸可能是直接从中国来的进口商品，也可能是要继续西行的货物。② 这些发现说明中国特产已运至埃及。

我们还知道，在古罗马时代，中国的丝绸之路已通过西域抵达西亚。当时的希腊人因为不懂季风，他们的贸易活动被一些中间人击败。埃及人从阿拉伯人手中取得了通过陆路运到古罗马帝国的印度商品，其中就有大量丝绸。人们原来以为中国丝绸的原料来自树木，但其优美典雅的质地使人爱不释手，从而成为古罗马帝国的主要商品之一。中国丝绸之路带来的贸易不仅使印度沾光，也使当时的安息帝国和古罗马帝国为控制这条商道而竭尽全力。③ 虽然西汉末年尚无中国和犁靬交往的直接记载，但中国的丝织品沿着丝绸之路早已到达了亚历山大城。埃及女王克里奥帕特拉穿的丝衣据说就是用中国的丝织品制成的。④

在涉及中国丝绸的生产和出口时，埃塞俄比亚学者塞尔格·哈布勒·塞拉西谈到古罗马帝国与安息帝国之间不时发生的战争对贸易产

---

①《三千年前埃及已使用中国丝绸》，《人民日报》，1993年4月2日。

② Annemarie Stauffer, "Textiles from Palmyra: Local production and the import and imitation of Chinese silk weavings", *International Colloquium on Palmyra and the Silk Road*, AAS 42 (1996), pp. 425 - 428.

③ E. H. Warmington, *The Commerce between the Roman Empire and India*, Cambridge University Press, 1928, pp. 10, 174 - 178; Gary K. Young, *Rome's Eastern Trade: International commerce and imperial policy, 31 BC - AD 305*, London & New York: Routledge, 2001, pp. 190 - 191.

④ M. P. Charlesworth, *Trade-routes and Commerce of the Roman Empire*, Cooper Square Publishers, 1970, pp. 109 - 262.

生的影响。罗马人通过战争取得了与印度和中国直接贸易的机会,“他们对丝绸特别感兴趣,因为这一商品的需求在罗马世界持续上升”。“波斯人在印度港口为拜占庭有规律地进行各种商品的贸易,特别是有巨大需求的丝织品。当埃塞俄比亚人的船只抵达时,他们发现没什么可买了。拜占庭最终找到了一个解决问题的办法。他们派遣两个修道士去中国。当这两个修道士回国时,他们将蚕卵藏在拐杖里带回。这样,丝的生产被引进了拜占庭帝国。”此事发生在查士丁尼一世时期,约公元552年之后。①

实际上,此事在《罗马帝国衰亡史》中也有记载。吉本对中国早期的成就及其航海技术给予了高度的评价,同时描述了丝绸在罗马的受欢迎程度。“由于丝绸已变成一种不可或缺的日用品,查士丁尼皇帝不安地看到波斯在陆上和海上都垄断这一重要商品的供应,而他的臣民却不断地被一个敌对的、偶像崇拜的民族所榨取。”为了与波斯人竞争,这位皇帝请求“新近刚学会航海技术、贸易精神,和刚刚得到当时还装点着一位希腊征服者的战利品的阿利斯港的基督教同盟军及阿比西尼亚的埃塞俄比亚人的帮助”。这里,他提到了埃塞俄比亚人。查士丁尼后来派人再次进入中国,“在掏空的手杖中藏着蚕卵,然后带着这从东方得来的战利品胜利归来”。这样,家庭养蚕技术以这种方式传到了西方。②

(三) 苏丹麦罗埃废墟里的中国鼎

1. 努比亚文明:库施王国与麦罗埃

努比亚地处今苏丹的北部,与埃及南部为邻。努比亚有着古老的文明。③非洲著名学者谢赫・安塔・迪奥普(Cheikh Anta Diop)认为:努比亚是

---

① Sergew Hable Sellassie, *Ancient and Medieval Ethiopian History to 1270*, Addis Abab: United Printers, 1972, pp. 79,138.

② 爱德华・吉本:《罗马帝国衰亡史》(黄宜思、黄雨石译),下册,北京:商务印书馆,2002年,第196—198页。

③ Willian Y. Adams, *Nubia: Corridor to Africa*, London, 1977; Marjorie Fisher, et al., *Ancient Nubia: African Kingdoms on the Nile*, The American University in Cairo Press, 2012. 还可参见李安山《努比亚文明非洲的骄傲》,《文明》,2015年第3期。

埃及和黑非洲两种文明的起点。[1] 早在公元前4000—前3000年，埃及人就注意到其南面的富饶邻居——努比亚。当时，埃及的法老多次对努比亚进行远征，从努比亚带回各种特产以及奴隶。在公元前8—前7世纪时，努比亚的君王曾经征服了埃及，并成为古埃及第二十五王朝的统治者，以“努比亚的统治者”的名称流传至今。从目前的物证和研究看，中国与这一地区似乎存在着某种联系。

麦罗埃曾是位于努比亚地区尼罗河第六瀑布附近古代库施王国(公元前1070年至公元350年)的都城，从公元前6世纪到公元350年，库施被阿克苏姆征服的这段长达近千年的时期里，麦罗埃一直是努比亚地区的重要城市。希罗多德这位“历史之父”曾将努比亚地区称为“埃塞俄比亚”，将麦罗埃称为“大城市”。让我们来听听他对这一地区的叙述：

> ……埃列旁提涅(即今阿斯旺的一个小岛)以上的地方就开始住着埃西欧匹亚人(即埃塞俄比亚人)，他们占有这个岛的一半，而埃及人占另一半。在岛的附近又有一个大湖，而埃西欧匹亚的游牧民就住在这个大湖的周边。过去这个大湖，你便又来到了流入这个大湖的尼罗河。在这里，你得登陆并沿着河岸步行四十日，因为尼罗河的河水中有突出水面的尖峰，而在那里的水面下又有许多暗礁，因此人们便不可能再乘船上行了。当你在四十天中间这样经过了河流的这一部分的时候，你便可以再乘船循着水路走十二天，到了这段时期的末尾的时候，你便来到了一个称为美洛埃(即麦罗埃)的大城市(黑点为笔者所加)。这个城市据说是其他埃西欧匹亚人的首府。当地的居民所崇拜的只有宙斯(即阿蒙)和狄奥尼索斯(即奥西里斯，Osiris)两个神。他们对这些神是非常尊敬的。城中有宙斯神的一个神托所，这个神托所指挥着埃西欧匹亚人的战事：神托命令他们什么时候作战，向着什么地方出征，他们便立刻拿起武器来照办。[2]

---

① Anta Diop, edited and translated by Mercer Cook, *The African Origin of Civilization: Myth or Reality*, Chicago: Lawrence Hills, 1974, p. 147.

② 希罗多德：《历史》(王以铸译)，北京：商务印书馆，1997年，第121—122页。

喀土穆以北的金字塔

李安山在巴卡尔圣山下古代建筑遗址的留影

2. 麦罗埃发现的中国鼎

当时，世人对非洲知之甚少，并将埃及以南的地方统称为“埃塞俄比亚”。令人惊异的是，正是在这个曾经是库施王国首都的麦罗埃的废墟里，发现了一个中国式的鼎！这个鼎为盛装食物的三足鼎，现存于苏丹首都喀土穆的国家博物馆。① 这件三足烹饪器之所以被西方考古学家称为中国式铁鼎，主要因为其特征表现为翻唇、圆口、平腹、直足，但无双耳。“形状介于汉鼎和晋代瓷洗之间”。② 我们知道，在古埃及有过仿造中国瓷器的现象。这个鼎究竟是来自于中国，还是由当地工匠仿制，则不得而知。

公元前280年至公元525年是麦罗埃文明的繁荣时期，中国的汉朝（公元前206年至公元220年）几乎在同一时期兴起和强盛。英国学者菲利普·斯诺在题为《星槎：中国与非洲相遇》的著作中援引中国学者的观点时指出，汉朝的统治者在基督教兴起时期与外界通商相当发达，应该与苏丹北部麦罗埃的库施王国以及埃塞俄比亚的阿克苏姆王国均有联系。他指出，库施王国的陶器和铜器都是按照从中国进口的同类商品的样式设计的。③

3. 加法尔·卡拉尔·艾哈迈德的论证

苏丹学者加法尔·卡拉尔·艾哈迈德长期从事中国-苏丹关系史的研究。他先在南京大学完成了博士学位，然后在北京大学从事博士后研究。他在新作中指出：“考古已经证明，从大约公元1世纪起至16世纪，红海的港口，特别是苏丹东部以及埃塞俄比亚的港口就早已与远东和中国建立了联系。在麦罗埃出土的中国瓷器以及大量据信是根据中国瓷器的形制与设计制造的麦罗埃瓷器都可以表明麦罗埃对中国瓷器的制造技艺及艺术相当了解。此外，一些中国学者也认为，汉朝的统治者与

---

① 张俊彦：《古代中国与西亚非洲的海上往来》，第10页。

② 沈福伟：《中国与非洲——中非关系二千年》，第186页。

③ Philip Snow, *The Star Raft: China's Encounter with Africa*, London: Weidenfeld and Nicolson, 1988, p. 2.

苏丹北部的库施王朝确有关系。”[1]他从多方面指出中国与非洲的早期交往的可能性：一是中国学者有关西王母即麦罗埃女王即“王母”的推测；二是从埃及运输出口到中国的产品部分来自苏丹；三是苏丹红海地区港口曾在埃及管辖之下，苏丹特产被误认为是埃及所产。

沈福伟在《中外文化因缘》中认为，中国人在东汉时期(25—220年)与统治着红海地区的罗马帝国通商，也曾到过非洲大陆。他根据对《后汉书》中提到的“弱水”“流沙”“几于日所入”的这一近西王母的地方的分析，认为西王母指的应该就是在麦罗埃统治的库施女王。[2] 加法尔发现，在麦罗埃文明残留的画作和雕刻上对女士的称呼为“Kandake”，意为“王母”，几位统治过麦罗埃的女王也都被冠以“王母”的称号，“王母”一词在麦罗埃的古代画作中共出现七次。“因此，中国所说的西王母很有可能就是这些库施女王们，如果这种说法真实可信，那么中国古代一定对当时北部苏丹的政治、社会制度有所了解。”[3]

早在战国时期，中国即出现了来自埃及的祖母绿等宝石，而早在埃及十八王朝法老阿蒙霍特普三世(Amenhotep Ⅲ，公元前1417—前1379年)时出口中国的黄玉、祖母绿等宝石均产自红海沿岸。实际上，中国学者在典籍中提到的许多物产如黄金、珠母、玳瑁、树胶、犀牛角、象牙、珍珠、祖母绿等均盛产于苏丹红海地区港口。“中国古籍中提到的埃及矿藏的一部分实际上位于苏丹东部，因为在很长一段时期内苏丹红海的港口均隶属于埃及管辖，因此中国及西方的许多典籍都以为这些港口属于埃及”。[4]

(四) 埃塞俄比亚学者对“黄支国”的推测

1. 阿克苏姆王国与埃扎纳的伟业

埃塞俄比亚学者对于该国与中国的交往也有自己的说法。位于埃

---

① 加法尔·卡拉尔·艾哈迈德：《跨越二千年的苏丹中国关系探源求实》(史月译)，北京：时事出版社，2014年，第14页。

② 沈福伟：《中外文化因缘》，北京：外文出版社，1996年，第5—7页。

③ 加法尔·卡拉尔·艾哈迈德：《跨越二千年的苏丹中国关系探源求实》，第13—14页。

④ 同上书，第16—17页。

塞俄比亚的阿克苏姆王国(100—940年)曾显赫一时。在公元350年左右埃扎纳(Ezana，320—360在位)国王曾一举攻克麦罗埃，他以“众王之王”的身份在麦罗埃留下了自己的印记。根据用三种文字(盖兹文、塞巴文即古阿拉伯文、希腊文)雕刻的埃扎纳铭文记载，当时居住在努比亚的诺巴人有两种：红种诺巴人和黑色诺巴人。麦罗埃破坏了自己的诺言，“无情地杀害了他们的近邻”，无视埃扎纳的多次警告，埃扎纳对他们开战了。“我追逐他们23天，杀死一批，活捉其余……我把他们城镇上所有土砖房和苇子棚都烧了，我的军队把他们的粮食、铜和铁洗劫一空……毁了他们寺院里的雕像，粮仓和棉花树，并把他们统统扔进了[尼罗河]。”埃扎纳的军队曾一度深入库施。①

埃扎纳发动战争的理由很简单：背信弃义的诺巴人挑起战端，攻城略地，杀死信使，他们应该受到惩罚。阿克苏姆王国在埃扎纳统治下国力强盛。

2. 中国古籍里的“黄支国”

中国的汉朝曾兴盛一时，对外交往也颇为活跃。《汉书·地理志》有一段关于“黄支国”的记载。

> 自日南障塞、徐闻、合浦船行可五月，有都元国；又船行可四月，有邑卢没国；又船行可二十余日，有湛离国；步行可十余日，有夫甘都卢国。自夫甘都卢国船行可二月余，有黄支国，民俗略与珠厓相类。其州广大，户口多，多异物，自武帝以来皆献见。有译长，属黄门，与应募者俱入海市明珠、壁流离、奇石异物，赍黄金杂缯而往。所至国皆禀食为耦，蛮夷贾船，转送致之。亦利交易，剽杀人。又苦逢风波溺死，不者数年来还。大珠至围二寸以下。平帝元始中，王

① [美]罗伯特·罗特伯格：《热带非洲政治史》(上海电影译译制厂翻译组译)，上海人民出版社，1977年，第66—67页。“埃扎纳杀死了602名男子、415名妇女和一大批儿童；埃扎纳放火烧掉了敌人的房屋；他的士兵杀死并俘虏了敌人，掠夺了他们的财富；抢劫了敌人的玉米、黄铜和干肉；数不清的人掉到河里淹死……这是一场残酷的战争，共进行了23天。”李安山：《非洲古代王国》，北京大学出版社，2011年，第69页。

莽辅政，欲耀威德，厚遗黄支王，令遣使献生犀牛。自黄支船行可八月，到皮宗；船行可二月，到日南、象林界云。黄支之南，有已程不国，汉之译使自此还矣。

荷兰史学家戴闻达(J. J. L. Duyvendak)认为《汉书》记录的这些情况表明此时的中国存在着“惊人的贸易组织”。① 实际上，这种对外关系从汉代复杂的外交制度的设置也可以看出来。② 关于“黄支国”究属何处，学术界似乎有比较一致的意见。日本学者藤田丰八、法国学者费琅(G. Ferrand)认为该国为“建志(Kanchi)”，冯承钧、苏继庼、韩振华、岑仲勉、朱杰勤等多位中国的中外关系史研究者均认可这一观点：“建志”即《大唐西域记》中达罗毗荼国的都城建志补罗(梵文 Kanchipura，pura 意为城)，今称甘吉布勒姆(Kanchipuram，Kāñcipura，Conjevaram，Conjeveram，又译坎奇普南)，位于印度东海岸偏南部，在马德拉斯(Madras)西南 35 英里处。长期从事中非关系史研究的沈福伟也认可这一观点。③ 当然，对这一观点也有不同意见。近年来仍有学者发文，认为黄支为斯里兰卡岛。④

3. 埃塞俄比亚学者的看法

然而，德国学者 A. 赫尔曼(A. Herrmann)在题为《关于纪元初阿比西尼亚与中国南部的海上交通》的文章中认为，黄支位于盖兹人(Agazian，即 Ge'ez)所在地区，即古代埃塞俄比亚的阿克苏姆王国。⑤ 这里的“阿比西尼亚”是埃塞俄比亚的原来称呼。他还认为，中国古籍中的“已程不国”即埃塞俄比亚。⑥ 埃塞俄比亚学者塞拉西同意这种说法：阿

---

① 戴闻达：《中国人对非洲的发现》，第 9 页。

② 黎虎：《汉唐外交制度史》，兰州大学出版社，1998 年，第 3—122 页。

③ 沈福伟：《中国与非洲——中非关系二千年》，第 78 页。

④ 杨晓春：《黄支国新考》，《历史地理》，2007 年第 22 辑，第 140—144 页。

⑤ 戴闻达：《中国人对非洲的发现》，第 40 页。

⑥ A. Herrmann, "Ein alter Seeverkehr zwischen Abessinien und Süd - China bis zum Beginn unserer Zeitrechnung", *Zeitschrift der Gesellschaft fuer Erdkunde*, 10(1913), pp. 553 - 561; Sergew Hable Sellassie, *Ancient and Medieval Ethiopian History to 1270*, Addis Abab: United Printers, 1972, p. 85. Note 127.

克苏姆王国当时正处于鼎盛时期，国力强大，拥有很大的船只。更重要的是，其东西方贸易的中心位于阿杜利斯（Adulis，另译阿杜里斯）。他认为，从这一意义上说，完全存在着长途航海的可能性。中国到黄支需要12个月的航行，或是3 000里/1 500公里的距离，黄支不应是那些靠近中国的邻国。此外，黄支国王将犀牛等物作为礼品赠予中国皇帝，而这些都是埃塞俄比亚的特产。因此，埃塞俄比亚与中国存在贸易关系的可能性很大。到公元3世纪末，波斯人控制了从中国来的丝绸贸易。①

当时，埃塞俄比亚的首都在阿克苏姆，距阿杜利斯港口有八天的陆路。塞拉西在他的著作中提到了从国外进口的25种商品，"尽管大部分商品是与西方来往进行，但埃塞俄比亚与东方的商业关系并非不重要。波斯、印度和中国是与埃塞俄比亚进行有规律贸易的主要国家"。② 地缘政治以及地理位置使得埃塞俄比亚与阿拉伯半岛的关系非常密切。埃塞俄比亚的商品总是通过也门抵达阿拉伯世界的最重要贸易中心之一巴格达，这些商品与来自印度、中国等其他地区的商品一起销售。另一个重要的贸易中心是亚丁，这里来自汉志、信德、中国或埃塞俄比亚的船只进出繁忙。③

4. 中国学者的赞同观点

实际上，对这一观点，中国学者也有所赞同。张星烺先生指出："唐以前，中国史书记载非洲者，据余所考，以《汉书·地理志》为最早：'黄支之南，有已程不国，汉之译使自此还矣。'（《汉书》卷二八下）已程不疑为希腊语依梯俄皮亚（Ethiopia）之译音，今闽南人读已程不之音，尚与希腊文Ethiopia相同。依梯俄皮亚即阿比西尼亚，在非洲东部。"④对这一观

① Sergew Hable Sellassie, *Ancient and Medieval Ethiopian History to 1270*, pp. 84 – 85.

② *Ibid.*, pp. 71 – 74. 他还引用赫尔曼文章中提到的"基督教时代以前1世纪的中国资料提到中国船只访问非洲海岸以交换商品"。这一点似乎并不准确，因为目前的研究还未发现在公元前后有中国船只抵达非洲海岸。

③ *Ibid.*, pp. 207, 249.

④ 张星烺编注：《中西交通史料汇编》，第二册，第7页。

点，陈乐民先生也认可："准此，则汉使已经到过今埃塞俄比亚了。"[①]吴长春在论及早期中非海上交往时指出，"从公元1世纪开始到公元后几百年，东非出现过一个强大的阿克苏姆王国，曾控制红海南口，这个国家有阿杜利斯等重要港口，同南阿拉伯、印度往来频繁，对中非海上关系有影响。"[②]

《魏略》上提到罗马出产的八种棉麻制品，其中的发陆布和温色布分别产于埃及和埃塞俄比亚。当时这两个古老的文明国家都已种植棉花，埃塞俄比亚的棉纺织业更是有着深远的历史。沈福伟认为，温色布是来自埃塞俄比亚的优质棉布，但产自苏丹。前面提到的阿克苏姆国王埃扎纳征服努比亚的铭文中记载他曾焚毁了棉花铺。"可见温色布是最早经过埃塞俄比亚的阿杜利港运到中国的苏丹棉布"。[③] 无独有偶，《后汉书》载："和帝永元十二年冬十一月，西域蒙奇、兜勒二国遣使内附，赐其王金印紫绶。"沈福伟认为，这里的"蒙奇"是阿拉伯半岛西南端的莫札（今莫哈），"兜勒"指埃塞俄比亚的海港阿杜利斯。换言之，最早抵达中国的非洲使节是于公元100年来自埃塞俄比亚的阿杜利斯的使节。[④]

（五）中国的印度洋远航

前面提到的1974年在广州发掘出秦汉时期的一个规模很大的造船工场遗址说明，当时中国的造船技术已相当进步，而番禺成为海外贸易重镇绝非偶然。这一遗址间接地提供了中国人进行远航的可能性。孙毓棠等中国学者也倾向于认为中国与埃及的海上航线已经开通，通过印度转道阿拉伯半岛而抵达埃及。

1\. 印度洋通商：中国皮革与亚历山大玻璃瓶

《红海环航记》中明确记载有来自中国的牛皮，普林尼提及中国人制

---

① 陈乐民：《古代中非关系中的黎轩和"已程不国"究竟在哪里？》，《西亚非洲》，1994年第1期，第72页。

② 吴长春：《早期中非海上交往方式、途径及相关的几个问题》，《西亚非洲》，1991年第6期，第62页。

③ 沈福伟：《中国与非洲——中非关系二千年》，第102页。

④ 同上书，第70—72页。

造的铁器和皮革等商品被送到罗马，并称赞中国人染制的皮革是所有兽皮中最为贵重的。虽然沃明顿认为普林尼提到的这些中国产品可能是从印度南部进口的，但他也承认有些皮革可能来自中国。在他的著作中多次提到中国丝绸在罗马帝国颇受欢迎，也分析了印度作为丝绸之路的中间枢纽所起的重要作用。①

在河南一座汉墓中发现了一只产自埃及亚历山大的玻璃瓶，上面的图案为雅典娜的头像。根据《罗马社会经济史》，"早在希腊化时代，亚历山大所产的玻璃器就被输往印度，并从印度输入中国。多伦多的皇家安大略博物馆(Royal Ontario Museum)就曾搜集到一只精美的亚历山大玻璃瓶。此瓶是在中国(河南省的一座古墓中)发现的，无疑属于希腊化时代(参见 J. Pijoan, Burlington Magazine, 41, 1922, pp. 235ff.)。这只刻有若干圆形装饰图案(其中一个图案是雅典娜的头像)的玻璃瓶，系用模制法制成，而不是用吹制法，此种制作方法表明其制造时代不可能晚于公元前 2 世纪。此外，在华盛顿的富利尔(Freer)美术馆藏有一只漂亮的汉代青铜龙头，镶嵌在龙眼中的两颗玻璃珠显然也是亚历山大产品"。②

2. 非洲的商品、使者和商人

此外，一些文献史料中直接提到的疑似非洲地名，例如，前面提到的《史记·大宛传》载"黎轩"，《汉书·地理志》中所载"已程不国"，《后汉书·西域传》中所指"大秦国"，《魏略·西戎传》所载"迟散""乌迟散"，考据家谓即埃及之亚历山大港。③ 此外，《魏略·西戎传》记载大秦"俗多奇

① E. H. Warmington, *The Commerce between the Roman Empire and India*, Cambridge University Press, 1928, pp. 157 - 158. 加里·扬也注意到印度的这种中介作用。他指出，大量运往西方的中国商品主要是由罗马商人在印度购得，主要原因是从印度到中国的航行比较麻烦。

② M. Rostovtzeff, *The Social and Economic History of the Roman Empire*, Oxford at the Clarendon Press, 1957, Vol. 2, p. 576. 译文取自龚缨晏：《古代中西文化交流的物证——中国境内发现的有关古代中西文化交流史的文物古迹》，载《暨南史学》第二辑(2003 年 12 月)，注释 39。

③ 张星烺编注：《中西交通史料汇编》，第二册，第 7 页。

幻，口中出火，自缚自解，跳十二丸，巧妙非常”。这似乎也说明阿拉伯地区的杂技已传入中国。

当然，对于早期中非之间的交往也存在着不同意见，这种不同意见主要来源于对资料的解读。沈福伟在《中国与非洲——中非关系二千年》一书中就“埃及与中国的关系”和“中国古史上的非洲之角”等主题列出专门的章节。他对《魏略》列举的多达65种的罗马物产分别进行了论述。罗马向中国出口的各种商品，又大都来自埃及和非洲，主要包括珠宝、织物、香药和玻璃。埃及东方贸易的税收系统维持到5世纪才结束，海上的对华贸易大约至此时才完全中止。①

他认为，从公元前2世纪到公元7世纪，中国与非洲之角一直有来往，运到中国的十种索马里香是明证。此外，埃塞俄比亚对华贸易通过阿杜利斯港运往中国，这些商品包括达拉克明月珠、红海珊瑚、上等棉布温色布、乌文木、厄立特里亚没药，以及象牙、犀牛角、玳瑁和麒麟。此外，他对非洲及埃塞俄比亚不同民族也有自己的认识。首先，他认为汉代的波弋国即后来唐代的摩邻国，指的是埃塞俄比亚和贝贾人。其次，他认为北魏人王泰提到的小人国即非洲的矮黑人（俾格米人）。他还推论，阿杜利斯曾三次派使者访华，第一次即前面提到的公元100年的使华。第二次访华是公元450年（太平真君十一年），颇盾国派使节抵北魏都城，进献狮子。《魏书》载“大秦国一名犁轩，都安都城”。他认为颇盾的另一个译法便是安都。由于阿克苏姆的强大，阿杜利斯可算得上大秦国都。公元508年（北魏永平元年）访华的阿陁使者来自阿杜利斯。②

《梁书》记载一位来自大秦的商人字秦论。吴帝孙权与他交谈，“问论方土风俗，论具以事对。时诸葛恪讨丹阳，获黝歙短人。论见之曰：‘大秦希见此人。’权以男女各十人，差吏会稽刘咸送论。咸于道物故，论乃径还本国。”沈福伟通过对“秦论”名字与希腊、罗马姓名的习惯排列和

① 沈福伟：《中国与非洲——中非关系二千年》，第91—118页。

② 同上书，第119—150页。

读音的考证，认为此人应来自昔兰尼加。“秦论的名字，是以籍代姓，透露出来访的是个昔兰尼加商人，这是有史可查抵达中国南京的第一个北非人”。他认为这是226年中非关系史上极其重要的一个插曲。[①] 加里·扬在有关罗马帝国东部贸易的著作中也提到秦论。他还指出，一些大秦商人在古代的柬埔寨和越南部分地区也很活跃。[②]

(六) 唐以前的中非贸易商道

埃塞俄比亚学者写道：在埃扎纳和卡莱布(Kaleb)两个国王统治时期，阿克苏姆国力强盛，对外关系已远达埃及和阿拉伯地区。埃扎纳曾以“国王的国王”和“伟大的国王”自称，卡莱布于公元525年侵入阿拉伯半岛南部。难怪一位波斯作家曼尼指出，当时世界上有四大王国并立，即巴比伦/波斯、古罗马、阿克苏姆和中国。[③] 中国学者的研究进一步说明，中国与印度的贸易早已建立，与埃及的贸易在汉代也通过多条商路相互贯通。中国的特产丝绸为波斯人和古罗马帝国臣民所喜爱，早已运至印度、阿拉伯半岛和埃及等地。

1. 中国—埃及的陆上商道

大家知道，在张骞西使(公元前139—前126年)后约200年，汉代人一直称埃及为“犁靬”，即亚历山大城(Alexandre)的汉译。孙毓棠先生曾在他的论文《汉代的中国与埃及》中专门论述了当时中国与埃及的各种间接的贸易往来，其中丝绸是主要的商品之一。

在汉代，“丝绸之路”有多条。

北道。从长安西行直到粟特，经安息诸城后至安息与罗马边界上的斯罗，再通过水路抵古叙利亚的安条克，然后经大马士革和加沙，越西奈半岛，即达埃及的亚历山大城。这是自中国至埃及的主要商路。

---

① 沈福伟：《中国与非洲——中非关系二千年》，第112—113页。

② Gary K. Young, *Rome's Eastern Trade: International commerce and imperial policy, 31 BC-AD 305*, p. 33.

③ Sergew Hable Sellassie, *Ancient and Medieval Ethiopian History to 1270*, pp. 81-82.

南道。从楼兰西行至莎车，逾葱岭至大月氏。再经罽宾（今阿富汗首都喀布尔），再南行至信度河上游，沿河南下，至今卡拉奇港口，然后可达西方和印度洋诸国。这种早期的中西交通也在世界古代史上留下可圈可点之迹。①

2. 中国—埃及的海上丝路

孙先生在论文中认为："我们也应记得汉代的锦绣丝绸不仅由陆路，而且也由海路——而且日益兴盛地由海路运往西方。海路以南印度、斯里兰卡为主要的中介或转运站，最终亦达埃及亚历山大城。"②这条海路被称为"丝绸之路"（或"香料之路"或"陶瓷之路"），从广州、泉州、明州（今宁波）、扬州等地南航，穿过马六甲海峡，经锡兰（今斯里兰卡）和印度半岛，至波斯湾或红海。大量陶瓷、丝绸等中国商品通过这条海路运往阿拉伯地区。③ 从中国到印度的海路早在汉武帝时已开通，丝绸西运的最重要通道是经马六甲海峡一路最便利。汉代以后特别是唐以来，中国通过海路与东非海岸进行了更多的交往。亚历山大港与东方和印度的海路交通有三条尤为重要。

（1）从红海北部南航，环绕阿拉伯半岛东南部，向北转入波斯湾到幼发拉底和底格里斯河口的航路。这是一条古航道，阿拉伯商人很早就利用它与古埃及进行贸易。"两汉、三国时代中国穿过安息陆运的丝绸，很多是再循这条海路到大秦的"。

（2）从红海北部南行，出曼德海峡，转东沿阿拉伯半岛南岸东北向，再沿伊兰高原南海岸而东，到信度河口或再南至印度纳巴达河口。从印度运往大秦的商品中，有大量中国丝绸。

（3）从红海南出曼德海峡，一直东航至南印度或斯里兰卡，与更东方的黄支、日南路衔接。随后，由于内乱增多，罗马与中国渐衰，印度洋商

① 孙毓棠：《汉代的中国与埃及》，载《孙毓棠学术论文集》，第421—422页。

② 同上书，第422页。

③ 参见奈伊姆·法海米《中世纪晚期东西方之间的国际商路及商站》，埃及图书总局，1973年，第174页，转引自李荣建：《阿拉伯的中国形象》，北京：人民出版社，2010年，第3页。

运逐渐落入萨珊波斯和埃塞俄比亚之手。①

3. 外国学者的观点

英国学者对古罗马帝国时期印度至埃及的商路也有著述,并分为海上航线与陆路。如前所述,大量的中国商品特别是人见人爱的丝织品正是通过这些商路运到古罗马帝国的东部,包括埃及等国的。② 一方面,大量的中国商品送到古罗马帝国,另一方面,埃及等地的物产通过商路出口到中国。亚历山大城是这项包罗整个古代世界的商业的起点。这项直接关系到罗马社会经济的东方贸易,以印度为枢纽,从奥古斯都时代开始,从公元初开始绵延达四个世纪之久,而它的终点却是中国。埃及,这个罗马的亚历山大省,成了最富庶的行省,亚历山大城成为沟通地中海与印度洋货运的最大的港口和关税中心。当时,叙利亚和埃及直接将当地布(asbestos-cloth)出口中国。至于这种布是否出口到印度,作者却不能肯定。③

专门研究古罗马帝国东部的加里·扬分析了奥古斯都统治时期古罗马帝国东部的南方诸商道和北方诸商道。他认为,由于北部面临的各种外国政治势力(如安息帝国和塞琉古帝国等)的干预,南部商道在公元前1世纪左右要安全得多。南部商道还包括托勒密时期的埃及人与阿拉伯和印度进行贸易的海上航线。虽然这一航线早已兴盛,但随着希腊人发现季风,④南部阿拉伯在埃及—印度的航线上的作用大大降低。北部的商道主要是指沿幼发拉底河而上的商道,后来曾繁荣过一时。他对红海贸易和东西方交往的研究涉及多方面,包括与印度的贸易、与印度以外的东方贸易、与阿拉伯的贸易、与非洲的贸易以及红海地区的贸易。在叙述与中国的贸易时,他提及了中国史书中的资料,但主要还是沿用

---

① 孙毓棠:《汉代的中国与埃及》,载《孙毓棠学术论文集》,第424—427页。

② E. H. Warmington, *The Commerce between the Roman Empire and India*, pp. 6 - 34.

③ *Ibid.*, p. 270.

④ 他认为希腊人发现季风应在《红海环航记》以前。有的学者认为应在公元120—130年。

夏德的研究成果。①

汉代典籍确实提供了关于非洲的一些零星记载，但模糊不清，致使学者见解各异。更值得注意的是，从魏晋到隋朝关于非洲的文献反而不多见，这间接地说明汉代的文献可能只是“模糊传闻”而已。② 汉代以降至隋朝，中国文献中关于非洲的记载很少，但外国史籍中尚存一些中非关系的蛛丝马迹。6 世纪时的一位希腊基督教士柯斯马斯(Cosmas)在其所著《基督教风土记》中谈到了当时印度洋上的海上交通，“以锡兰岛为中心，印度、波斯以及埃塞俄比亚各地的船舶，经常来航，而由锡兰岛开出的船舶也很多。由最远的各国开来的，如秦尼策(中国)及其通商的地区”，从这些地区运来的货物包括蚕丝、丁香、紫檀等地方产品。③ 此条史料说明，在南北朝时期，中国的商船在以斯里兰卡为中心的印度洋贸易网中十分活跃。

4. 小结

正是从这些“模糊传闻”、较少的考古实证以及国内外学者的各种推测和研究成果中，我们可以得出一些推论。在开始描述唐代出现的中非关系发展小高潮之前，有必要说明三点。

(1) 民间接触早于官方交往。在唐代以前，关于非洲的见闻已传到中国。

(2) 间接交往早于直接交往。在唐代以前，双方的特产已通过中间商人传入。

(3) 唐代以前中非商品贸易主要是通过中介商人，这些商品有的是通过陆路(中亚、南亚)、河运与海路结合的方式先抵达波斯或印度后输出(入)，有的是通过阿曼或印度转运，还有的则是从东南亚、南印度或斯

---

① Gary K. Young, *Rome's Eastern Trade: International commerce and imperial policy, 31 BC-AD 305*, pp. 18-23, 28-38.

② 参见陈信雄的分析，见陈信雄：《唐代中国与非洲的关系——间接而强势的海路贸易》，载吴健雄主编：《中国海洋发展史论文集》(第四辑)，台北：“中央”研究院，1991 年，第 127—129 页。

③ 张俊彦：《古代中国与西亚非洲的海上往来》，第 23 页。

里兰卡等沿岸或岛屿一步步通过海运到达目的地。

三、唐代中国对非洲的认识

如前文所述,唐代以前中国与非洲是否存在直接来往尚无定论,但双方存在一些间接来往已无疑问。陈寅恪先生言:“李唐一代为吾国与外族接触繁多,而甚有光荣之时期。”①此言极为中肯。实际上,从各方面的研究来看,唐代的向西拓展不断巩固,对外交往十分频繁。中国著名的唐史专家吴玉贵先生指出,“随着在西域各地的羁縻府庭州的设置,唐朝正式接替了西突厥汗国在西域扮演的角色,初步完成了在西域的政治统治格局”。② 外交制度史专家黎虎先生认为,唐代外交制度的建立和巩固是“唐代外交的空前大发展”。他认为,唐朝的强盛,“与其时的法兰克王国、拜占庭帝国和阿拉伯帝国等世界强国相比较,不论政治、经济、文化和综合国力均无出其右者,是世界上最繁荣昌盛、富庶强大、文明千里的国家”。③

从唐朝的各种文献和国内外考古发掘来看,中国对非洲的认识从间接逐步过渡到直接。张星烺不仅有专门的英文文章论及早期非洲黑人在中国的存在,他还在其著作《中西交通史料汇编》中专节汇编了“唐代中国史书关于非洲之记载”。④ 岑仲勉的论文专门论及印度洋上唐代中非之间海上航线之交通。⑤ 沈福伟在他的书中对这一时期有专章论述,从各个方面阐述了中国与非洲的关系。⑥ 台湾学者陈信雄的论文通过对部分唐代文献和20世纪60年代以来的考古成果的考察,加上参观存放在坦桑尼亚国立博物馆库房的中国陶瓷的亲身感受,提出了自己的见

---

① 陈寅恪:《唐代政治史述论稿》,上海古籍出版社,1997年,第125页。
② 吴玉贵:《突厥汗国与隋唐关系史研究》,北京:中国社会科学出版社,1998年,第429页。
③ 黎虎:《汉唐外交制度史》,兰州大学出版社,1998年,第267页。
④ 张星烺编注:《中西交通史料汇编》,第二册,第8—24页。
⑤ 岑仲勉:《自波斯湾头至东非中部之唐人航线》,《东方杂志》,1945年第41卷第18号。
⑥ 沈福伟:《中国与非洲——中非关系二千年》,第六章,第188—240页。

解。他的一些提法和结论有待商榷,文章引用和外文翻译不够严谨,但他的论证方法有可取之处。①

(一) 唐代的文献记载

从目前的史料情况看,唐代直接而明确涉及非洲的文献主要有三种,即杜环的《经行记》、段成式的《酉阳杂俎》和贾耽的《古今郡国县道四夷述》。

1.《经行记》和摩邻的位置

杜环为《通典》作者杜佑之族子,随镇西节度使高仙芝西征,天宝十年(751年)在怛逻斯河②战役兵败,被大食人所俘。十余年后,宝应初(762年)经海路自广州而回,著《经行记》。《经行记》已亡佚,仅存散见于《通典》边防典中的1500多字。其中有关于"摩邻国"一节。

> 又去摩邻国,在秋萨罗国西南,渡大碛,行二千里至其国。其人黑,其俗犷。少米麦,无草木。马食干鱼,人餮鹘莽,鹘莽即波斯枣也。瘴疠特甚。诸国陆行之所经,山胡则一种,法有数般。有大食法,有大秦法,有寻寻法。其寻寻蒸报,于诸夷狄中最甚。当食不语。其大食法者,以弟子亲戚而作判典,纵有微过,不至相累。不食猪狗驴马等肉,不拜国王父母之尊,不信鬼神,祀天而已。其俗每七日一假,不买卖,不出纳,唯饮酒谑浪终日。③

"摩邻"今属何方,国内外史学界有各种理解。除个别学者认为其属印度西北外,大部分认为它在非洲某地。

---

① 陈信雄:《唐代中国与非洲的关系——间接而强势的海路贸易》,载吴健雄主编:《中国海洋发展史论文集》(第四辑),第125—129页。

② 即Talas,今译为"塔拉斯河"。

③ 张一纯:《经行记笺注》,北京:中华书局,1963年,第20页。

（1）毛里塔尼亚或利比亚；①

（2）北非的摩洛哥；②

（3）北非马格里布一带；③

（4）在濒临红海的埃及海岸；④

（5）东非肯尼亚的马林迪；⑤

（6）肯尼亚的曼迪（今拉穆附近）；⑥

（7）苏丹（麦罗埃）。⑦

（8）埃塞俄比亚古国的阿克苏姆。⑧

（9）西非。⑨

（10）索马里或巴巴拉海岸以北。⑩

---

① E. Bretschneider, *On the Knowledge Possessed by the Ancient Chinese of the Arabs and Arabian Colonies and other western countries, mentioned in Chinese books*, London, 1871, p. 25.

② 张星烺编注:《中西交通史料汇编》,第二册,第 9 页。不少学者同意此说。参见丁谦《唐杜环经行记地理考证》,转引自陈信雄:《唐代中国与非洲的关系》,第 131 页。

③ 张星烺编注:《中西交通史料汇编》,第二册,第 9 页。有人将“摩洛哥说”和“马格里布说”等同,“赞同摩邻乃马格里布(摩洛哥)之说”。参见艾周昌《杜环非洲之行考辨》,《西亚非洲》,1995 年第 3 期。

④ 夏德:《大秦国全录》,第 81 页。

⑤ 劳费尔:《中国伊朗篇》(林筠因译),北京:商务印书馆,2001 年,第 214 页;戴闻达:《中国人对非洲的发现》,第 15 页。

⑥ 中国社会科学院西亚非洲研究所:《非洲概况》,北京:世界知识出版社,1981 年,第 326 页。

⑦ P. 惠特利也认为摩邻是古代苏丹的麦罗埃。Roland Oliver, ed., *The Cambridge History of Africa*, Vol. 3, London: Cambridge University Press, 1977, p. 193. 苏丹学者加法尔(Gaafar Karrar Ahmed)认为摩邻位于苏丹。参见加法尔《唐至元末苏丹与中国的关系》,《元史论丛》,1999 年第 7 期,南京:江苏教育出版社,1999 年,第 197—206 页;加法尔·卡拉尔·阿赫默德、金波、俞燕《唐代中国与阿拉伯世界的关系》(上、下),《新疆师范大学学报》(哲学社会科学版),2004 年第 25 卷第 3—4 期。

⑧ 沈福伟:《中国与非洲——中非关系二千年》,第 227 页。还有不少外国学者支持此观点。Wolbert Smidt, “A Chinese in the Nubian and Abyssinian Kingdoms (8th Century): The visit of Du Huan to Molin - guo and Laobosa”, *Chroniques Yemenites*, No. 9 (2001), Footnote, 62, http://cy.revues.org/document33.html.

⑨ 王颋:《摩邻:中世纪中国关于西非洲的记载》,《中国史研究》,2001 年第 1 期,第 153—161 页。

⑩ 例如英国考古学家坎克曼,转引自沈福伟:《中国与非洲——中非关系二千年》,第 227 页。

我们认为，摩邻的确切位置固然重要，这需要更多的证据和推理，特别是对当地风俗的考察。这里我们关注的是这些证据已经表明杜环在8世纪时到过非洲，与这个大陆有直接交往。与摩邻一起的还有一个"老勃萨"。张星烺认为，这是阿尔及利亚的特莱姆森(Tlemmsen)的译音。[①]然而，也有学者持不同看法，认为老勃萨即"al - Habasha"，是古代阿拉伯人对埃塞俄比亚高原地区的称呼。[②]

综合以上各种观点，我们可以大致得出结论：摩邻位于非洲，而不是其他的大陆。这条史料代表了可记载的唐代中国人对非洲的直接认识。

2. 拨拔力国：夏德的误译与格伦维尔的误解

(1) 有关拨拔力的描述。

段成式(803? —863年)的《酉阳杂俎·境异》中也有一段关于非洲某地的描述。段成式，字柯古，临淄人，博闻强记，于850—860年写成《酉阳杂俎》，记载了拨拔力国的物产和风土人情。

> 拨拔力国在西南海中，不食五谷，食肉而已。常针牛畜脉，取血与乳生饮。无衣服，唯腰下羊皮掩之，其妇人洁白端正。国人自掠卖与外国商人，其价数倍。土地惟有象牙及阿末香。波斯商人欲入此国，团集数千人，赍彩布，没老幼共刺血立誓，乃市其物。自古不属外国。战用象牙排，野牛角，为稍衣甲弓矢之器。步兵二十万，大食频讨袭之。[③]

(2) 拨拔力国的位置——弗里曼·格伦维尔的解释。

关于"拨拔力国"的位置，一般学者都认为即今日索马里之柏培拉，张星烺认为这一观点可与宋代《诸蕃志》所记载的"弼琶罗"互相印证。[④]唯英国学者弗里曼·格伦维尔独持异议。他认为，段成式《酉阳杂俎》所

---

① 张星烺编注：《中西交通史料汇编》，第二册，第9—10页。有的学者也支持他的观点，如许永璋：《老勃萨国考辨》，《文史哲》，1992年第2期。

② Wolbert Smidt, "A Chinese in the Nubian and Abyssinian Kingdoms (8th Century): The visit of Du Huan to Molin - guo and Laobosa", *Chroniques Yemenites*, No. 9 (2001).

③ 段成式：《酉阳杂俎》，北京：中华书局，1981年。

④ 张星烺编注：《中西交通史料汇编》，第二册，第25页。

描述的拨拔力人“格外准确地描绘了马萨伊部落的生活习惯和服饰”：

马萨伊人是生活在今肯尼亚、坦桑尼亚广大区域的游牧民族。他们在北部区域或肯尼亚，从不靠近海岸地区，因为海岸狭长地带后面几乎都是没有水源的灌木丛。在坦噶尼喀，他们现在会走到坦噶和潘加尼以内60英里的海岸，但在19世纪，他们往往会更加逼近一些沿海村庄，一些城镇（Ngome）围墙废墟表明此地的居民为了防止他们的突袭而建。当然无法说明他们数千年前住在何处。有关拨拔力人的日常饮食与现今马萨伊人的完全一致。他们多不事耕种，虽然在边缘地区也有一些半农半收。他们不用针刺而是以钝箭射穿牛喉部的血管，取牛血混和兽乳饮用。牛皮普遍用作他们较少遮掩的衣服，现在逐渐以毯子代用披在肩上。年青的武士——当然不是长者——通常裸露其腰。妇女仪态高贵而优雅。如果传统习俗要求年青妇女与武士群杂婚，她们已婚的举止也可视为楷模。然而，男人常不吝以其妻室接待来访者以示好客。说到武器，弓箭沿袭至今，现在的长矛则装有铁尖头，并以牛皮作为基本的护甲，可以称之为铠甲。①

（3）格伦维尔的误解及其原因。

格伦维尔将《酉阳杂俎》对拨拔力国居民的描绘等同于生活在东非海岸的马萨伊人。台湾学者陈信雄认为他的看法“十分精辟”。② 我认为格伦维尔的论点实在难以成立，有两点理由。

其一，从人种上看，马萨伊人的肤色是典型的黑色，与《酉阳杂俎》所载“其妇人洁白端正”不符。

其二，从时间上看，尽管关于马萨伊人的迁移史知之不多，但知道他

---

① G. S. P. Freeman-Grenvile, *The Medieval History of the Coast of Tanganyika*, Berlin: Akademie-Verlag, 1962, pp. 36-37. 笔者在《非洲华侨华人史》（2000年版）中引用的是陈信雄先生在《唐代中国与非洲的关系》中的译文。此次增补时找到格伦维尔的原著后加以核对，发现译文不全，而且有错，故自己翻译。特此说明。

② 陈信雄：《唐代中国与非洲的关系》，第132页。

们是在16世纪才越过赤道进入坦噶尼喀东北部的。①

格伦维尔为何会得出这一论点？究其原因，除了马萨伊人的习俗与《酉阳杂俎》里描绘的拨拔力人相似外，最重要的是与夏德和柔克义对原文翻译的错误有关。"洁白端正"的中文意思是肤色为白，面容姣好。夏德和柔克义将"洁白端正"这四个汉字翻译为"clear-skinned and well-behaved"②，这显然与原意不符。这一翻译无视原文对肤色的描述，又加入了自身对行为的理解。更有意思的是，戴闻达也错误地理解了这四个汉字的意思，关于"洁白端正"，"我认为其意是'洁'(大概是指没有花柳病)和'贞节'，这两种品质均将提高其市场价格"。③ 这种牵强附会的解释实在令人忍俊不禁。格伦维尔的观点在相当程度上与夏德等人的翻译直接相关。格伦维尔不谙汉语，他只能依照夏德等人的翻译。④ 正是在这种误译的引导下，他错误地将拨拔力人推测为马萨伊人。

坦桑尼亚国家博物馆馆长、坦桑尼亚的考古专家马萨奥和肯尼亚考古学家穆托罗对段成式书中所载"拨拔力国"属索马里这一观点表示赞同。⑤

此外，《酉阳杂俎》还提到"孝亿国""仍建国""悉怛国""勿斯离国""甘棠"等。据张星烺考证，孝亿为今埃及南部，仍建为突尼斯，悉怛似指

---

① 有关马萨伊人的迁移，参见奥戈特主编《非洲通史：十六世纪至十八世纪的非洲》，北京：中国对外翻译出版公司/联合国教科文组织，2001年，第41页。奥利弗和费奇认为，这书里的拨拔力是指索马里。费勒西认为，《酉阳杂俎》中拨拔力人是索马里的盖拉人，也可能是马萨伊人。Teobaldo Filesi, translated by David L. Morison, *China and Africa in the MiddleAges*, London: Frank Cass, 1972, pp. 18 - 19.

② F. Hirth & W. W. Rockhill, *Chau Ju-kua, His Works on the Chinese and Arab Trade in the Twelfth and Thirteenth Centuries, entitled Chu-fan-chi*, St. Petersburg: Printing Office of the Imperial Academy of Sciences, 1911, Note 1, p. 128. 夏德原在另一篇文章中将"洁白端正"翻译为"clean, white and upright", F. Hirth, "Early Chinese notices of East African territories", *Journal of the American Orient Society*, vol. 30, no. 1(Dec. 1909), p. 48.

③ 戴闻达：《中国人对非洲的发现》，第14页，注5。

④ G. S. P. Freeman - Greenville, *The East African Coast: Selected documents from the first to the earlier nineteenth century*, London: Oxford University Press, 1962, p. 8.

⑤ 参见埃尔·法西主编《非洲通史》第三卷，北京：中国对外翻译出版公司、联合国教科文组织出版办公室，1993年，第498页。

今日之苏丹，[①]勿斯离为埃及，甘棠为非洲东海岸。对于唐代其他典籍所言“昆仑”，张星烺“不能断定为非洲黑人，抑或林邑以南之人”。[②]

这条史料基本上说明了两点。第一，拨拔力国位于东非海岸一带。第二，中、晚唐的中国人对非洲这一地区的认识已经有了较为确切的内容。

3. 贾耽的相关著述

贾耽（730—805年），字敦诗，沧州南皮人。德宗贞元时，尝被征为右仆射，同中书门下平章事。贾耽好地理学，所著《古今郡国县道四夷述》《皇华四达记》《贞元十道录》等均佚。《新唐书·地理志》录其七条交通要旨，其中两条为海道。一条为登州人高丽的渤海道；另一条记载了从广州经波斯湾到东非的航程。

> 广州东南海行，二百里至屯门山。乃帆风西行……又西一日行，至乌剌国，乃大食国之弗利剌河，南入于海。……至茂门王所都缚达城。自婆罗门南境，从没来国至乌剌国，皆缘海东岸行。至西岸之西，皆大食国。其西最南谓之三兰国。自三兰国正北二十日行，经小国十条，至设国。又十日行，经小国六七，至萨伊瞿和竭国，当海西岸。又西六七日行，经小国六七，至没巽国。又西北十日行，经小国十余，至拔离诃磨难国。又一日行，至乌剌国，与东岸路合。

学者们对这一航程中的从广州至波斯湾的航线大多已达成一致看法；但对至西之“三兰”，则看法不一。有的认为“三兰”是“锡兰”的对音；亦有学者认为是“亚丁”。[③] 张星烺认为从航海日期和航线距离看，不可

① 加法尔认为悉怛为苏丹。参见加法尔·卡拉尔·艾哈迈德《跨越二千年的苏丹中国关系探源求实》，第24页。

② 张星烺编注：《中西交通史料汇编》，第二册，第8—16页。

③ 日本学者家岛彦一认为是亚丁。孙毓棠先生认为这一观点比较妥当，其理由之一是三兰是Aden以及Yeman之波斯古名Samran之音译。参见孙毓棠《隋唐时期的中非交通关系》，载孙毓棠：《孙毓棠学术论文集》，第442页。

能是亚丁,“三兰国必在更南东非洲沿岸,已无可疑矣”。① 其他赞成三兰在非洲者,主要有以下几种意见。

(1) 坦桑尼亚的达累斯萨拉姆;②

(2) 索马里北部的泽拉港;③

(3) 坦噶尼喀至莫桑比克的黑人居住区;④

(4) 桑给巴尔;⑤

(5) 坦桑尼亚沿海地区。⑥

根据文中所记述的行程推算,从弗利剌河(即幼发拉底河)到西南部的三兰国,两地之间走海路需要 48 日的时间。从这一点看,张星烺的观点比较可信,三兰应为非洲东部海岸的某地。

唐代典籍中非洲地名对照表*

著作	所及地名	对应地名	赞同者	备注
经行记	摩邻	曼迪	《非洲概况》作者	
		埃及海岸	夏德	
		摩洛哥	张星烺	
		毛里塔尼亚或利比亚	布莱威耐德尔	
		马林迪	劳费尔	
		苏丹	加法尔	
		阿克苏姆	沈福伟	
		西非	王颋	
		索马里或巴巴拉海岸以北	坎克曼	
酉阳杂俎	拨拔力	索马里柏培拉	张星烺	

① 张星烺编注:《中西交流史料汇编》,第二册,第 159 页。

② 岑仲勉:《自波斯湾头至东非中部之唐人航线》,《东方杂志》,1945 年第 41 卷第 18 号。

③ 陈公元:《从贾耽的〈通海夷道〉看唐代中非关系》,《西亚非洲》,1983 年第 3 期。

④ 沈福伟:《中国与非洲——中非关系二千年》,第 208—213 页。

⑤ 许永璋:《三兰国考》,《西亚非洲》,1992 年第 1 期,第 53,54—57 页。

⑥ 艾周昌、沐涛:《中非关系史》,第 29—33 页;陈信雄:《唐代中国与非洲的关系》,第 133—136 页。

续　表

著作	所及地名	对应地名	赞同者	备注
		索马里盖拉人地区	费勒西	
		马萨伊人地区	格伦维尔	
	孝亿国	埃及南部	张星烺	
	仍建国	突尼斯尤蒂卡	张星烺	
		桑给	沈福伟	
	悉怛国	埃及达赫莱绿洲	张星烺	
		苏丹	加法尔	
	勿斯离国	埃及	张星烺	
古今郡国县道四夷述	三兰	非洲东海岸	张星烺	
		达累斯萨拉姆	岑仲勉	
		索马里泽拉港	陈公元	
		坦噶尼喀至莫桑比克沿岸	沈福伟	
		桑给巴尔	许永璋	
		坦桑尼亚沿海	艾周昌、沐涛	
	设国	非洲东海岸	张星烺	
	萨伊瞿国	非洲东海岸	张星烺	
	竭国	非洲东海岸	张星烺	
唐会要	甘棠	非洲东海岸	张星烺	
		桑给巴尔	沈福伟	
		瓜达富伊角①	艾周昌、沐涛	
	殊奈	索马里	沈福伟	

＊此表之对应名称主要收入与非洲有关之地名。有学者认为唐朝典籍所记地名位于其他地方(如欧洲、中东或东南亚),此表因篇幅问题未列入。特此说明,以免误会。

① 艾周昌、沐涛:《中非关系史》,第50页。书中引用的英文名为“Gardafui”,翻译为“加达富伊角”,明显是作者笔误。

(二) 唐代典籍中的黑人

盛唐时的中国处在繁荣发展对外拓展时期,各大都市居住着不少的外来移民。正是因为这种国力强盛和外交活动的扩展,美国汉学家薛爱华(Edward Hetzel Schafer)在他的名著《撒马尔汗的金桃:唐代舶来品研究》第一章《大唐盛世》中将7世纪称为"征服和移民的世纪""一个大迁徙的朝代"。① 一些研究唐史的重要史料如《旧唐书》《册府元龟》《唐会要》等典籍中出现了"昆仑"或"僧祇"的记载。在文学作品中,"昆仑"超过"僧祇"成为流行的话题。"僧祇"或"昆仑"是什么人?他们从何而来?他们在中国古代做什么?

"昆仑"(有时后面加一"奴"字)和"僧祇"(Zenj,此英语词汇有不同拼法,如 Zanj, Zanji, Zinj, Zandj, Zanghi 等)在唐代及之后的官方史书、文学作品等各种著述中不断出现,如《旧唐书》《新唐书》《资治通鉴》《唐会要》《册府元龟》《酉阳杂俎》《唐人说荟》《太平广记》《古今说海》等。当代学者也对唐代出现的这一主题有所研究,亦多提到"卷发黑身"、"通体漆黑,惟唇红齿白"的黑人。

有多种证据证明在唐代黑人在中国的存在——绘画、陶俑或雕塑和文学作品。

1. 敦煌壁画与绘画作品

敦煌位于中国西北部,那里有数百个佛教石窟,其中的唐代壁画被保存了下来。"我们还可从唐代敦煌石窟的壁画上看到黑人的形象"②。在著名的敦煌壁画中,确实有相当一部分黑色皮肤的人物形象,比如敦煌榆林第23号窟,莫高窟第103号、194号、220号、332号、335号、431号窟等等。

此外,黑人形象也出现在绘画作品中。金维诺和岑仲勉曾对现收藏

---

① 薛爱华:《撒马尔汗的金桃:唐代舶来品研究》,第41—122页。

② 张俊彦:《古代中国与西亚非洲的海上往来》,第92页。

于南京博物院的阎立本所绘《职贡图》的真伪进行过研究。[①] 步连生认为，画上的狼牙脩使臣画像通身涂染黑色、头发卷曲、上身袒裼、着短裤、跣足而行，应该是南海昆仑人。[②] 陈信雄以台北故宫博物院的两张绘画作品为例说明黑人在中国古代绘画中的存在。一是阎立本的《职贡图》，所绘一位进贡的黑人，但他认为此人皮肤不够漆黑，面貌也不具非洲黑人的特征。另一位黑人出现在周昉的《蛮夷执贡图》上。他认为此人深目高鼻，亦不具备非洲黑人特征。[③]

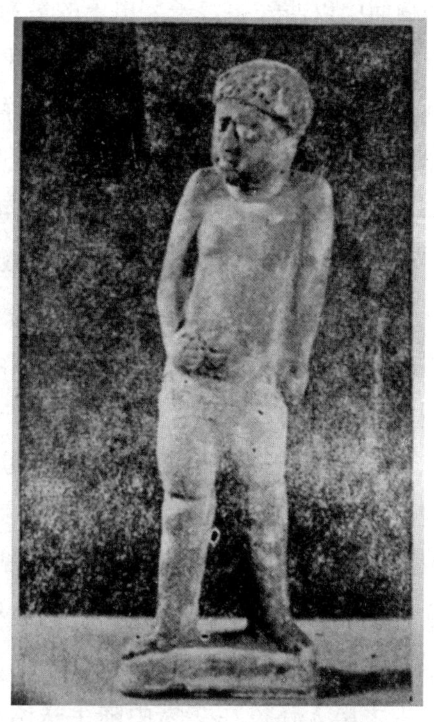

唐代裴夫人墓中的非洲黑人陶俑

2. 黑人陶俑

自 20 世纪 40 年代起，古都西安地区分别于 1948 年、1949 年、1954 年、1955 年、1956 年、1960 年、1972 年、1984 年、1986 年、1994 年和 1996 年出土了很多黑人形象的陶俑。这些陶俑的出土在考古学界引起了轰动。崔大庸对出土的唐代胡俑进行了统计和分析，认为唐代的黑人主要来源于三个地区，即东南亚地区、南亚次大陆地区和东非地区。[④] 这

---

① 金维诺：《“职贡图”的时代与作者》，《文物》，1960 年第 7 期；岑仲勉：《现存的职贡图是梁元帝原本吗?》，《中山大学学报》(社会科学版)，1961 年第 3 期。

② 步连生：《试论我国古代雕塑的昆仑人及其有关问题》，载阎文儒、陈玉龙编：《向达先生纪念论文集》，乌鲁木齐：新疆人民出版社，第 635—648 页。

③ 陈信雄：《唐代中国与非洲的关系》，第 149 页。

④ 参见崔大庸《论唐代胡俑的几个问题》一文中的“胡俑发现情况一览表”，载崔大庸：《汉唐考古文论》，济南：山东大学出版社，2009 年，第 345—349 页。他的另一篇文章对唐代黑人的来源和职业进行了分析，参见崔大庸《金环欲落曾穿耳螺髻长卷不裹头》，载《汉唐考古文论》，第 350—363 页。

些陶俑中以西安裴娘子墓出土的最为典型。1948年,考古工作者在西安市南郊嘉里村的唐代裴氏小娘子墓中出土了一尊高15厘米的陶俑,"上身裸露,隆乳鼓腹,下身穿一短裤。右臂微屈,手置腰部,站在一块大致和非洲地形相似的踏板上,显得非常坚强健壮。他全身(除短裤外)被染成墨色,肤色纯黑。头发也是黑色,卷曲成细螺旋状。唯唇红眼白。面部没有胡须,脸不大,稍扁平。额微凸,鼻梁不高,鼻翼较宽,嘴唇较厚"。① 这一陶俑显然是一个卷发、红唇、白眼、高宽鼻、肌肉发达、身子短的典型的非洲人形象。除此之外,国内还有不少类似的雕塑。②

3. 昆仑与僧祇

早在《隋书》(639年)中就出现过"昆仑"以表示黑人。这样,"昆仑"这个在远古用于表示山脉、河流、国家甚至官职的名词,开始正式用来表示黑人。③ "昆仑"和"僧祇"频繁出现在中国与阿拉伯贸易频繁的唐代,这是合乎情理的。阿拉伯的黑奴贸易,早在公元前即已存在。在与中国交往时,阿拉伯人可能通过三种方式将黑奴引进了中国。其一,将所带之黑人仆役在交易中随手送给中国商人作为礼物。其二,将黑人作为贡物赠给中国朝廷。其三,他们在离开时因某种原因未将这些黑人带走。值得注意的是,阿拉伯商人在与中国商人进行贸易时直接将黑奴作为商品的情况并不多见。一些黑人来到中国后自己决定留下来,这也不是没有可能。当然,典籍中提到的"昆仑奴"、"僧祇奴"或"黑奴"也可能来自东南亚或南亚地区。这类黑皮肤的人大部分应为东南亚

---

① 杜葆仁:《从西安唐墓出土的非洲黑人陶俑谈起》,《文物》,1979年第6期,第88—90页。该文介绍裴娘子墓黑人俑的出土年份为1954年,但根据陕西历史博物馆保管部韩建武提供底账卡片确认,该俑实际出土年份应为1948年。参见葛承雍《唐长安黑人来源寻踪》,载葛承雍:《唐韵胡音与外来文明》,北京:中华书局,2006年,第110页,注释36。此文原载《中华文史论丛》,2001年第65期,第1—27页。

② 步连生:《试论我国古代雕塑的昆仑人及其有关问题》,载阎文儒、陈玉龙编:《向达先生纪念论文集》,第635—648页。

③ L. C. Goodrich, "Negroes in China", *Bulletin of the Catholic University of Peking*, no. 8 (1931), pp. 137-39;张星烺:《唐时非洲黑奴输入中国考》,《辅仁学志》,1928—1929年第1卷第1—2期,第93—112页。

或南亚的土著人，也不排除是从非洲东海岸转来的非洲黑人。根据记载，阿布·泽伊德·哈桑于851年从中国经由东非返回。这应该也是早期中非关系的例证。①

（三）有关唐代黑人来源地的不同观点

1. 张星烺的非洲来源说

在中外关系研究领域做出巨大贡献的张星烺，在1928年和1930年发表了内容相似的中、英文两篇文章，使用了丰富的唐代文学作品中有关“昆仑”的文献资料。

这两篇文章论述了八个问题，试图定义“昆仑”，确定他们的来源和与阿拉伯人的联系，以及“昆仑”“昆仑奴”在中国文学作品中的使用情况。张星烺的结论是十分肯定的，“昆仑”作为地名指“暹罗”（今泰国），与此文的“昆仑”没有关系。“昆仑”“昆仑奴”被用来指在中国的黑人仆役和奴隶，他们来自昆仑层期国，即桑给巴尔，被长期从事奴隶贸易的阿拉伯人带到中国，其中一些通过海路，经南海而来。张星烺否定了清朝学者一直秉持的观点，即“昆仑奴”来自真腊（今柬埔寨）等东南亚地区，他认为黑人奴隶来自非洲。他的研究成果为国际学术界提供了便利，但他的问题也是明显的。第一，他文中诸如“昆仑奴存在的证据”“昆仑奴的来源”“中国的昆仑奴贩奴贸易”等小标题，以及他的论据，泛泛地将所有“昆仑”都归为奴隶。实际上，《隋书》中用的是“昆仑”而非“昆仑奴”来表示黑人。其二，张星烺认为：“唐代之昆仑奴，皆由阿拉伯人输入中国。……昆仑奴为非洲黑人，既已考定，毫无疑义。”②这两点结论值得商榷，但因为张星烺的论点首先是用中、英文论文的形式先后发表，在国际

---

① W. H. Ingrams, *Zanzibar: Its history and its people*, New York: Barnes & Noble, Inc., 1967[1931], p. 88.

② 张星烺编注：《中西交通史料汇编》，第二册，第22页。

史学界有一定影响。[①] 后来,他又将《昆仑与昆仑奴考》一文作为《中西交通史料汇编》这部颇有分量的著作的附录出版发行,对后世海内外研究中非关系的学者造成很大的影响。[②]

张星烺的观点受到诸多学者的支持。他们认为,中非关系源远流长,并直接或间接地引用张星烺的观点来表明中国的黑人是来自非洲的。唐代的非洲人是如何到达中国的?因为《新唐书》中记载了坦桑尼亚的达累斯萨拉姆与中国之间的一条海上航线,所以一些学者认为非洲人是通过海路或"海上丝绸之路"而来。[③]

2. 葛承雍的南海来源说

2001年,中国历史学家葛承雍在一篇文章中批判了张星烺关于唐代长安城黑人来源的观点,并得出了不同的结论。葛承雍认为张星烺关于"中国黑人来源于非洲"的论断没有说服力,他认为这些黑人不是来自非洲的尼格罗人(Negroid),而是来自"南海"(今东南亚)的尼格利陀人(Negrito)。一部分昆仑是作为外国每年进献的贡品送给中国朝廷的,一部分则是被外国使节留在中国的,还有一部分是贩卖到沿海地区的。"僧祇"(Zenji)一词,一般被认为等同于"桑给"(Zanzi),阿拉伯人用它来指代非洲东海岸,即桑给巴尔(Zanzibar)。阿拉伯人将来自非洲东海岸的非洲人称为"僧祇人"。葛承雍反对这一观点,他认为"僧祇"一词是用

---

① 张星烺:《唐时非洲黑奴输入中国考》,《辅仁学志》,1928—1929年第1卷第1—2期,第93—112页;Chang Hsinglang, "The importation of black slaves to China in Tang Dynasty (618-907)", *Bulletin of Catholic University of Peking*, No. 7, 1930, pp. 37-59, http://library.uoregon.edu/ec/e-asia/read/tangslave-3.pdf,查阅日期:2016年9月20日。

② 张星烺编注:《中西交通史料汇编》,第二册,第16—24页。早期研究还可参见吴春晗《昆仑奴考》,《现代学生》,1930年第1期。

③ 胡肇椿、张维持:《广州出土的汉代黑奴俑》,《中山大学学报》,1961年第2期,第84—87页;张铁生:《中非交通史初探》,北京:三联书店,1965年;张俊彦:《古代中国与西亚非洲的海上往来》,第89—94页;许永璋:《古代到过中国的非洲人》,《史学月刊》,1983年第3期,第96—97页;艾周昌:《非洲黑人来华考》,《西亚非洲》,1987年第3期,第49—55,82页;景兆玺:《唐代非洲黑人来华述论》,《西北第二民族学院学报》,1998年第4期,第51—54页;程国赋:《唐代小说中昆仑奴现象考述》,《暨南大学学报》,2002年第24卷第5期,第79—84页。关于对这一问题的批判性讨论,参见Li Anshan, "African diaspora in China: Research, reality and reflection", *The Journal of Pan African Studies*, vol. 7, no. 8 (forthcoming), pp. 10-41.

来指代古代东南亚地区佛教的。他的结论是:中国黑人来源于东南亚的说法,比来源于非洲的说法更有说服力。① 这一观点也被一些中国学者所接受。②

3. 多元来源说

关于唐代黑人的来源,张星烺和葛承雍都秉持“单一来源说”,分别认为来源地是非洲和东南亚。在仔细分析各方论据后,我们会发现虽然双方都运用了丰富的材料和严谨的逻辑,但他们都只使用或强调有利于自己所持观点的证据,而忽视那些与其观点相悖的材料。张星烺强调被阿拉伯人带来的黑人,却忽视那些来自真腊(今柬埔寨)和诃陵(今爪哇)的黑人。葛承雍也犯有同样的错误,强调来自南海(东南亚)的黑人,举出各种有力证据,却有意无意忽略被阿拉伯人带来的黑奴。历史研究应该更谨慎,同时包容不同的观点。总之,“多元来源说”应该是对此问题更合理的解释。

笔者觉得对“昆仑”和“僧祇”的研究要注意以下几点。首先,多元来源说可以较好地解释这一问题。对唐代黑人的来源问题,可以秉持更开放的态度。无论从中外关系史的发展还是目前发现的史料看,唐代黑人的来源可以说是多元的,即他们有些是从阿拉伯地区转来的非洲黑人,或是直接来自摩洛哥、埃及等地的非洲人,因为这些地区的民族本身也有多种,包括混血人种。有些应是来源于所谓的“南海”地区,即我们今天所说的东南亚地区。有些也可能来自印度。一是在印度南部,本身就存在着黑色人种。二是因为印度很早也出现了黑人奴隶贸易。第二,当时的黑人并非都是奴隶。从壁画、绘画和其他记载看,他们的职业是多种多样的。例如有的是驯兽师(驭狮、驯狮、驯象),有的是船员,有的是乐师或农耕者等。

4. 我族中心主义的观念

由于这一时期的“昆仑”和“昆仑奴”经常被用来指代黑人,并有种族

① 葛承雍:《唐长安黑人来源寻踪》,《中华文史论丛》,2001 年第 65 期,第 1—27 页。
② 梁静文:《唐代昆仑奴来源刍议》,《海交史研究》,2004 年第 2 期,第 58—62 页。

和肤色的内涵，笔者想就此阐明两点。首先，我族中心主义是一种普遍现象。我族中心主义（不同于威廉·格雷厄姆·萨姆纳[①]的观点）是指一个族群的人认为他们自己是正常的、漂亮的和聪明的，同时看不起其他族群，并常用贬义词来形容其他族群的一种态度和行为。在没有交流和相互理解的族群之间，我族中心主义是普遍存在的，特别是在古代。罗马人视所有非罗马人为野蛮人，希腊人则视他们自己为世界上最文明的人。印度人认为他们生活在世界的中心。非洲人存在着对白人的歧视。伊本·白图泰（Ibn Battuta）告诉我们马里食人族不吃白人，因为“他们还未成熟，吃他们是有害的”。[②]

中国人也未能免于这种固执的歧视他人的错误认知。中国人以自我为中心，歧视别的民族。他们用贬义词称呼四邻——东夷、西戎、南蛮、北狄。在极端的例子中，外国人被称为“鬼”，而不是人。他们称黑人为“藩奴”、“黑鬼”或“昆仑奴”，称白人为“洋鬼子”“红毛鬼”“蕃狗”“鬼佬”和“鬼婆”。[③]

由此，我们可以看出，中国人的偏见或歧视是针对所有外国人的，并不是如有的学者所认为的只是针对“非洲人和其他深肤色的人”。[④] 中国人的歧视不是单单针对黑人或白人的，它是针对所有“非我族类”的。[⑤] 然而，如果我族中心主义堕化为种族主义，并被鼓吹，借以为军事镇压、

---

① 威廉·格雷厄姆·萨姆纳（William Graham Sumner，1840—1910），美国社会学家，主张社会进化论，著有《民俗论》。

② Hamdun, Said & Noel King, *Ibn Battuta in Black Africa*, London: Rex Collings, 1975, p. 51.

③ 祝春亭：《明清时期中国人眼里的西方形象》，《江西教育学院学报》（社会科学版），2004 年第 25 卷第 5 期，第 98—103 页。

④ Judie Wilensky, “The Magic Kunlun and ‘Devil Slaves’”, Sino - Platonic Papers, 122 (2002), p. 43, http://www.sino-platonic.org/complete/spp122_chinese_africa.pdf，查阅日期：2015 年 10 月 4 日；Don J. Wyatt, *The Blacks of Premodern China*, University of Pennsylvania Press，2010.

⑤ 有关探讨参见 Li Anshan, “African diaspora in China: Research, reality and reflection”, in Adams Bodomo, ed., *Africans in China Guangdong and Beyond*, New York: Diasporic Africa Press, 2016, pp. 11 - 44. 关于中国人的“种族”概念，参见 Frank Dikotter, *The Discourse of Race in Modern China*, London: C. Hurst & Co., 1992.

经济剥削和政治统治其他民族的行为做辩护，正如现代殖民主义的所作所为一样，则是另外一个层次的问题。

(四) 国际学术界的观点

1. 沃尔伯特·施密特和朱莉·威林斯基

国际学术界对古代存在于中国的黑人的研究不多，究其原因，看不懂中国古籍显然是重要的一点。沃尔伯特·施密特、朱莉·威林斯基和唐·怀亚特的研究成果是例外。施密特主要研究杜环的"摩邻"究竟位于何处。其文通过对诸多外国学者以及张星烺、岑仲勉、张俊彦和沈福伟等中国学者研究成果的综合和分析，得出了摩邻位于苏丹和厄立特里亚低地这一结论。尽管此论因该区域过于宽泛而值得商榷，但其功力相当不错。①

威林斯基对"昆仑"的概念、中国人对黑色人观念的变化及中国古代对非洲的了解进行了详细研究。虽然其文前两节较多借鉴了张星烺的研究成果，但作者运用了正史、小说、地理游记等各种文献。由于这个问题的时间跨度长、材料数量庞大，其结论有些模棱两可。作者一方面认识到"很难评估前现代的中国人对非洲和深肤色民族的认知的复杂遗产"；另一方面又认为中国人对于非洲人和深肤色的其他民族持一种"否定态度"(negative attitude)。② 这似乎是西方学者对古代中国人之中存在的种族歧视的一个较为普遍的观点。③

2. 唐·怀亚特与《前现代中国的黑人》

怀亚特的书与其雄心勃勃的书名相比，显得差强人意，但仍然是该

---

① Wolbert Smidt, "A Chinese in the Nubian and Abyssinian Kingdoms (8th Century): The visit of Du Huan to Molin - guo and Laobosa", *Chroniques Yemenites*, No. 9 (2001), Footnote, 62, http://cy.revues.org/document33.html，查阅日期：2014年11月16日。

② Judie Wilensky, "The Magic Kunlun and 'Devil Slaves'", Sino - Platonic Papers, 122 (2002), p. 43, http://www.sino-platonic.org/complete/spp122_chinese_africa.pdf，查阅日期：2015年10月4日。

③ Frank Dikotter, *The Discourse of Race in Modern China*.

领域的重要研究成果。作为历史学教授，怀亚特以其技巧最大限度地运用了两则案例。一是路元睿被刺一案。路元睿是武则天时期的广州都督，贪得无厌，冒取外商之货。一名勇敢的昆仑在众目睽睽之下杀死了他和其他几位官员，逃之夭夭。怀亚特将这个案例置于一个更大的历史背景下，阐释了昆仑谋杀案的影响。二是朱彧所作的《萍洲可谈》，这部书记录了广州社会生活的趣闻轶事，还有部分篇幅是特别描写外国居民的。书中记录了昆仑奴因为水性好，被船商雇用去修补船底的漏缝。“然而，对于任何一个与史实相隔千百年的现代西方观察者而言，试图对前现代中国的原文中这些不可期待的参考之处进行深入解读，并合理有据地致力于重构朱彧引人注目的评论的背景，最重要的是根据对来源问题的回答。简言之，这些奴隶究竟是什么人?”[①]他找到答案了吗?是的:“他们一定来自非洲”。[②] 这个答案正是张星烺80年前给出的。

《太平广记》取材于汉代至宋初的野史传说及以道经、释藏等为主的杂著，属于类书。由宋太宗下诏编纂，成书于宋太平兴国年间。《太平广记》里描写的昆仑多以正面形象出现。有意思的是，怀亚特的书中除了一个脚注外，没有再引用《太平广记》的例证。为什么?一种可能是《太平广记》中的相关故事是虚构的小说，因此不被认为是有价值的证据。我们认为，小说是一种有意义的文学表现形式，反映了历史现实和社会思想的变迁。历史学家应该运用任何可能的材料来解释事情的发生。然而，有意或无意的偏见可能是怀亚特未能利用此书的另一个原因，因为《太平广记》中的故事正好与怀亚特的观点相反。例如，黑人男孩莫昆仑的故事。莫昆仑出生前，他的母亲梦见了一位外国僧人(与耶稣的出生相似)，莫昆仑长大后成为一位勇敢的护卫，过着皇帝恩赐的幸

---

① Don J. Wyatt, *The Blacks of Premodern China*, University of Pennsylvania Press. 2010, p. 55.

② *Ibid*. pp. 10,78.

福生活。另一个故事是《昆仑奴》[①],讲述了一位强壮、聪慧和勇敢的昆仑英雄是如何以独特的方式帮助其主人的。[②] 这些正面形象是否反映了那个时期的一些有趣的现象?怀亚特指责中国的"文化帝国主义",为了说明自己的观点,他用的另一个例子是他对"换肠"的解释。中国地域辽阔,气候和食物种类因地而异,外人需要时间来适应某地的食物。比如,一个湖南人初到广东的几天会发生腹泻的情况,我们习惯称之为"换肠"。他引用朱彧谈到的一些习惯吃生食的奴隶被抓到后吃了熟食后腹泻的个案,认为这表现了中国的"文化帝国主义"。这种解释实在牵强,其政治化倾向过于明显。朱彧在关于奴隶的文章中写道,他们平时吃生的东西:"捕得时,与火食饲之,累日洞泄,谓之换肠"。怀亚特将"换肠"译成"强迫转换肠子"(converting the bowls),以符合他将"换肠"形容为"文化帝国主义"。[③]

此外,威林斯基和怀亚特均认为,在古代阿拉伯人对华贸易中除其他商品外,还有黑人奴隶。威林斯基认为,"黑奴仅仅是阿拉伯人与中国进行的大规模海上贸易的众多商品之一"。[④] 换言之,中国人早已参与了阿拉伯人的黑奴贸易,或是中国像美国或其他西方国家一样拥有非洲黑人奴隶。[⑤] 这一观点受到非洲学者的质疑,目前在维也纳大学任教的加纳学者亚当斯·博艾敦对怀亚特的三个主要观点进行了批判。[⑥] 中国学者也认为中国参与奴隶贸易这一观点难以成立。从早期典籍中我们看

---

① 《昆仑奴》并不是像怀亚特所说的是一个"佚名者所写的故事"。该故事由唐代著名小说家裴铏所作,发表在他的作品集《传奇》中,后来被收录入《太平广记》。

② 崔公子告诉他的仆人摩勒一个隐藏在内心最深处的秘密:他对一名歌姬的爱情。摩勒帮助他克服各种困难,最终使崔公子如愿以偿。考虑到崔公子与摩勒的主仆关系,这确实令人难以置信。由于摩勒是唐代传奇中的有趣人物,他成为之后小说和戏剧中的流行主人公。

③ Don J. Wyatt, *The Blacks of Premodern China*, p. 60. 值得注意的是,荷兰中国学家冯客将"换肠"译成"changing the bowls"。参见 Frank Dikotter, *The Discourse of Race in Modern China*, p. 9.

④ Judie Wilensky, "The Magic Kunlun and 'Devil Slaves'", p. 1.

⑤ Don J. Wyatt, *The Blacks of Premodern China*.

⑥ "Adams Bodomo's review of the Don Wyatt's The Blacks of Premodern China", *African Studies Review*, 56 (2013), pp. 244 - 246.

到，僧祇或昆仑均是由外国商人或使节作为礼品或贡品给予中国官员或商人的。正如艾周昌所言，16 世纪以前，黑人多是波斯人、阿拉伯人和爪哇人送给而不是卖给中国权贵的。在中国与非洲之间没有贩奴通道。在“跨大西洋奴隶贸易”开始后，欧洲人也将非洲人带到了中国，荷兰人将黑人奴隶带到了台湾，葡萄牙人将他们带到了澳门，中国沿海地区的英国人和法国人也让他们充当仆人。明、清两代，中国政府都禁止非洲奴隶进入中国，同时也禁止殖民者对中国人的奴役。①

(五) 唐代的中非贸易

1. 中非贸易中的各种商品

从中国运往西方的商品有丝织品、瓷器及西藏产的麝香、貂皮、肉桂、帆布等，其中以丝绸、瓷器为主。至于哪些商品抵达非洲，则不得而知。从目前在非洲各国的考古挖掘来看，主要有丝绸、瓷器以及钱币。

从非洲进口的商品有各种类型，主要包括珍宝和香药两种。根据孙毓棠先生的研究，当时中国从阿拉伯输入的商品中的珍宝类包括象牙、犀角、珍珠、玳瑁、珊瑚、琥珀、玛瑙以及其他各种宝石和玉石。香药主要有龙涎香(龙脑)、乳香、苏合香、阿没香、金颜香、蔷薇水、丁香、豆蔻、胡椒、阿魏、檀香(沉香)、苏木(苏方木)、樟脑以及各种药材。苏莱曼在 9 世纪时曾注意到中国统治阶级非常喜爱舶来的犀牛角、沉香和樟脑。虽然对这些舶来品中哪些来自非洲不十分清楚，但孙先生认为“其中上等的象牙、犀角、玳瑁、某些香料如没香，可能是从非洲东岸 Somali 和 Zanj 一带运来的；琉璃的一部分可能仍然是从埃及运来的”。②

2. 中国瓷器与唐钱

在非洲出土的唐代中国陶瓷数量较多，绝大部分集中在埃及的福斯塔特。福斯塔特遗址位于埃及首都开罗的南郊。公元 642 年阿拉伯人

① 艾周昌：《非洲黑人来华考》，《西亚非洲》，1987 年第 3 期，第 49—55，82 页。

② 孙毓棠：《隋唐时期的中非交通关系》，载孙毓棠：《孙毓棠学术论文集》，第 436—449 页。

攻陷埃及，建立此城。在随后的五百年里，福斯塔特一直是埃及政治、商业和制陶业中心。1168年在第二次十字军东征时毁于战火。[①] 对福斯塔特的发掘物的研究已有90多年，出土的中国陶瓷大约2万件。这些出土物分散在各国，主要集中在开罗的伊斯兰艺术博物馆、福斯塔特的发掘物库房、瑞典远东博物馆、意大利华恩札世界陶瓷博物馆、日本出光美术馆、早稻田大学等处。

中国学者认为，福斯塔特出土的中国古瓷，有数量大、延续久、质量精、窑口多四个特点。[②] 这些瓷器中即有唐代瓷片若干。如在开罗伊斯兰艺术博物馆中的福斯塔特出土物中即有唐瓷42片。日本出光美术馆的303件陶瓷中，161件为中国陶瓷，涉及唐代的有19件。此外，在苏丹北部的艾札布、肯尼亚的曼达岛、科摩罗岛等地也先后发现了唐代瓷片，虽然数量不多，却是中国与非洲交往的实证。在非洲各地发现的这些唐代古瓷主要分为越窑、邢窑白瓷、长沙窑和唐三彩四种。[③] 肯尼亚考古学家齐里亚马认为，中国运往肯尼亚的瓷器经过了几个高潮，第一个高潮出现在9—10世纪，在肯尼亚的拉穆群岛发现了越窑、长沙窑、广州青瓷和北方白瓷。[④]

除中国古瓷外，在非洲还发现了少量唐钱。根据弗里曼·格伦维尔的分类，其中四枚出土于桑给巴尔岛的卡珍瓦，铸于唐高宗时代（650—683年）。[⑤] 另一件发现于索马里的摩加迪沙，但所据报道模糊不清，只

---

① 夏鼐：《作为古代中非交通关系证据的陶瓷》，《文物》，1963年第1期。

② 马文宽、孟凡人：《中国古瓷在非洲的发现》，第4页。此书从七个方面阐述了中国古瓷在非洲各地的发现及其与伊斯兰文明和中非海上交通的关系。还可参见三上次男《陶瓷之路》，天津人民出版社，1983年。

③ R. Coupland, *East Africa and Its Invaders: From the Earliest Times to the Death of Seyyid Said in 1856*, London: Oxford University Press, 1938, p. 19；马文宽、孟凡人：《中国古瓷在非洲的发现》，第4，37—55页；陈信雄：《唐代中国与非洲的关系》，第141—147页。

④ Herman O. Kiriama, "The Africa China exchange systems in the late first/early second Millennium BCE.", Lecture at Centre for African Studies of Peking University, Oct. 28, 2014.

⑤ G. S. P. Freeman-Greenville, *The Medieval History of the Coast of Tanganyika*, p. 184. 原日期为（618—627），有误，张铁生先生更正。参见张铁生《中非交通史初探》，北京：三联书店，1972年，第49—51页，注5。还可参见夏鼐《作为古代中非交通关系证据的瓷器》，《文物》，1963年第1期，第7，17—19页；张俊彦：《古代中国与西亚非洲的海上往来》，第93页。

能存疑。另据记载，在摩加迪沙、基尔瓦和马菲亚发现了公元 713—742 年的唐钱，有的是公元 845 年以后的。① 唐钱之所以较少出现在国外，其中一个主要原因是唐代严禁金、银、铜、铁和钱币出口，不许商人们拿这些“与诸蕃互市”。②

3. 小结

从上述唐代文献和出土文物分析，我们似乎可以得出以下推论。

（1）唐朝只有极个别人在特殊情况下到过非洲，否则不会在文献上未留下其他记载。少数阿拉伯人也到过中国。

（2）中国的商船尚未直接抵达非洲东海岸。关于三兰国的行程似为对其他商人所叙述之记录，否则应按常规叙述从乌剌国到三兰的沿途情景，而不是以倒叙方式记录从三兰到乌剌国的行程。③

（3）在非洲发现的唐代古瓷很可能是间接贸易的商品。如果唐瓷是直接贸易商品（有的则可能是压舱物），则应有其他来自中国的物品，如生活用具、艺术品或其他耐用品。

（4）埃及似乎是中国古瓷作为间接商品的第一站，在非洲其他地方发现的唐代古瓷均由埃及转运。

（5）中间商人应为介乎中国与非洲之间的波斯人、阿拉伯人和印度人。在陆路上，波斯人曾一度控制着波斯帝国与东方和西方之间的贸易，并试图垄断这种贸易。南部阿拉伯人则早已利用季风和红海航道与东非沿岸及中国进行贸易，又通过海路与中国往来密切。④ 印度人则通过他们的区位优势，在中国和西印度洋地区充当中间商。这样，他们在

---

① W. H. Ingrams, *Zanzibar: Its history and its people*, p. 88.

②《唐会要》，卷八六；《新唐书・食货志》。

③ 这一点认识是受中国社会科学院历史研究所副研究员吴玉贵学长的启发，特此说明。吴兄曾与笔者在中国社会科学院研究生院历史班同窗，他长期从事唐史的著述与翻译，实为国内首屈一指的唐史专家。

④ 索瓦杰：《中国印度见闻录》（穆根来、汶江、黄倬汉译），北京：中华书局，1983 年，第 24 页，“法译本序言”。王小甫先生据此认为，阿曼人可能很早就知道了利用季风。见笔者与王小甫先生的私人通信，2016 年 11 月 26 日。他在《东方文化史》有关西亚北非章节中也阐明了类似观点。

地理位置、贸易经验、商业信誉、航海知识和对海盗的防范等方面最具备充当中间人的条件。①

敦煌壁画中的黑人

四、宋、元时期的中非关系

自宋代(960—1279 年)以降,直至元代(1271—1368 年),中国与非洲的交往面扩大,程度有所加深。这体现在以下四个方面。其一,中国与非洲的海上交通已成事实,这在南宋人周去非所著《岭外代答》(1178 年成书)、赵汝适的《诸蕃志》(1225 年成书)和元人汪大渊的《岛夷志略》(1349 年成书)等书中已有记载。其二,双方的直接交往和官方外交活动不断增加。其三,中国对非洲的认识有较大提升,这可以从这一时期出现的地图看出来,双方的海上交往也大大增多。其四,贸易活动的频繁表现在非洲各地发现的大量瓷器和钱币。十分明显,双方的民间和官方关系在这一时期大大加强。

① 有的学者认为居住在马六甲的东非人也参与了这种间接贸易。参见张铁生《中非交通史初探》,第 54 页。

(一) 宋元时期有关非洲的著述

宋元时期，中国对非洲的了解不断加深。该时期有不少著述，这里主要介绍周去非的《岭外代答》和赵汝适的《诸蕃志》，因为这两部著作涉及不少非洲地名和物产。

1. 周去非与《岭外代答》

周去非，字直夫，永嘉（今浙江温州）人，隆兴元年（1163 年）进士，1172 年至 1178 间曾任桂林通判。他在《岭外代答》卷二的“海外诸蕃国”和卷三的“航海外夷”这两条中，将他所知的南方和西方的海洋分为几个大海域，如“交趾海”“南大洋海”“东大洋梅”“细兰海”“东大食海”“西大食海”等。其中的“西大食海”地处最西面，所指即今地中海，其航线可通木兰皮国（今非洲西北部和西班牙南部一带）.

《岭外代答》中所记载的非洲地名有勿斯离（埃及）[①]、木兰皮、昆仑层期、默伽（摩洛哥）[②]和陁盘地（埃及的达米埃塔港）[③]，其中记载较详细的为木兰皮与昆仑层期两地。书中多次提及“木兰皮”，称“木兰皮诸国，凡千余”，并在卷三列有“木兰皮国”条。

> 木兰皮国。大食国西有巨海，海之西，有国不可胜计。大食巨舰所可至者，木兰皮国尔。盖自大食之随盘地国发舟，正西涉海，一百日而至之。一舟容数千人。舟中有酒食肆机杼之属。言舟之大者，莫木兰若也。今人谓木兰舟，得非言其莫大者乎？木兰皮国所产极异。麦粒长二寸，瓜围六尺。米麦窖地，数十年不坏。产胡羊，高数尺，尾大如扇。春剖腹，取脂数十斤，再缝而活。不取则羊以肥死。

---

① 参见张星烺编注《中西交通史料汇编》，第二册，第 35 页。

② 应为“默伽猎”，参见冯承均校注《诸蕃志校注》，北京：中华书局，1950 年，第 76 页。

③ 同上书，第 67 页。

张星烺认为“木兰皮”为麻格力伯(Maghrib)①之讹音,“木兰皮者,非洲北部诸国之总名也,不仅指摩洛哥而言”,有时甚至还包括欧洲西部。② 其他学者亦基本同意这种看法。

《岭外代答》卷三有“昆仑层期国”。

> 西南海上有昆仑层期国,连接大海岛。常有大鹏,飞蔽日移晷。有野骆驼,大鹏遇则吞之。或拾鹏翅,截其管,堪作水桶。又有骆驼鹤,身项长六七尺,有翼能飞,但不高耳。食杂物炎火,或烧赤熟钢铁与之食。及产大象牙、犀角。又海岛多野人,身如黑漆,拳发,诱以食而擒之,动以千万。卖为蕃奴。

对于“昆仑层期国”的所在,一般认为在东部非洲,但对其确切位置尚存分歧。有的学者认为“昆仑层期国”即桑给巴尔,但比现在的桑给巴尔范围要大得多,为“古代东非海岸通称”。③ 也有学者认为,它是指马达加斯加岛及其附近的东非海岸。④ 在中国人对非洲了解不多的情况下,对东非海岸及相邻地区统称为“昆仑层期”是可以理解的。

2. 赵汝适与《诸蕃志》

《岭外代答》所载关于非洲等地的一些资料,后来均为赵汝适在《诸蕃志》中采用。赵汝适,宋太宗第四子商王元份的七世孙,在南宋嘉定至宝庆年间(1208—1227 年)任福建路市舶提举。他有机会接触各国商人,一面询问各国风土人情,一面查阅核对各种图籍,在任职期间写成此书。他在自叙中写道:

> 汝适被命此来,暇日阅诸蕃图,有所谓石床、长沙之险,变洋、竺屿之限,问其志则无有焉。适询诸贾胡,俾列其国名,道其风土,与夫道里之

---

① 即今日之马格里布。

② 张星烺编注:《中西交通史料汇编》,第二册,第 31 页。

③ 同上书,第 30 页。

④ “要之此岛为今之马达迦斯迦(Madagascar)无疑也。此昆仑层期国,即此岛及其附近之非洲沿岸。”费琅:《昆仑及南海古代航行考》(冯承均译),北京:中华书局,1957 年,第 32 页。戴闻达亦持此观点,参见其《中国人对非洲的发现》,第 23 页。

联属，山泽之蓄产，译以华言，删其秽渫，存其事实，名曰诸蕃志。[1]

原书已佚，今本是从《永乐大典》四千二百六十二善字韵辑出。

《诸蕃志》列有专目的国家和地区多达57个（不算流求）。虽然有的内容取自前人著述，但不少内容是作者通过采访所得的第一手资料。书中所载非洲国家和地名有勿斯里、默伽猎、弼琶罗、中理、遏根陀、层拔、昆仑层期、木兰皮、毗喏耶、陁盘地等。其中的弼琶罗即《酉阳杂俎》的拨拔力国，为今非洲东北部的柏培拉；勿斯里为今埃及；木兰皮基本抄自《岭外代答》；遏根陀国为亚历山大城；陁盘地为埃及的达米埃塔港；毗喏耶为今突尼斯及利比亚的的黎波里一带。[2]《诸蕃志》中最有价值的是关于东部非洲的资料。

关于“层拔国”。

层拔国在胡茶辣国南海岛中，西接大山。其人民皆大食种落，遵大食教度，缠青番布，蹑红皮鞋。日食饭面烧饼、羊肉。乡村山林，多障岫层叠。地气暖无寒。产象牙、生金、龙涎、黄檀香。每岁胡茶辣国人及大食边海等处发船贩易，以白布、瓷器、赤铜、红吉贝为货。

根据考证，层拔国为今桑给巴尔。“大山”是指东非的乞力马扎罗山。[3] 这里所说的“胡茶辣国”是指印度的古吉拉特(Gu-jarat)；文中的货物还提到瓷器，很可能是指中国的特产。周去非的《岭外代答》和赵汝适的《诸蕃志》中均提到“昆仑层期”。“层期”似为波斯字“Zenj”的音译，意为“黑人”。古代的东非海岸原称为“Zenjibar”(Zanzibar，即桑给巴尔)。“Bar”意为“海岸”“土地”，桑给巴尔则意为“黑人土地”或“黑人国”，这原指东非的全部海岸地带，现在这一地名仅包括桑给巴尔岛、奔巴岛及其他一些小岛。“层拔”似为“Zenjibar”的音译。[4]

---

① 冯承均校注：《诸蕃志校注》，第5页。

② 同上书，第49页。

③ 同上书，第55—54页。

④ 张铁生：《中非交通史初探》，第19—20页。

关于“中理国”。

> 中理国，人露头跣足，缠布不敢著衫，惟宰相及王之左右乃着衫缠头以别。王居用砖甓甃砌，民屋用葵茆苫盖。日食烧面饼、羊乳、骆驼乳。牛羊骆驼甚多。大食惟此国出乳香。人多妖术，能变身作禽兽或水族形，惊眩愚俗。番舶转贩，或有怨隙，作法咀之，其船进退不可，知与劝解，方为释放，其国禁区之甚至严。每岁有飞禽泊郊外，不计其数，日出则绝，不见其影。国人张罗取食之，其味极佳，惟暮春有之，交夏而绝，至来岁复然。国人死，棺殓毕，欲殡，凡远近亲戚慰问，各舞剑而人，嗽问孝主死故，“若人杀死，我等到当刃杀之报仇”。孝主答以非人杀之，自系天命，乃投剑恸哭。每岁常有大鱼死，飘近岸，身长十余丈，径高二丈余。国人不食其肉，惟刳取脑髓及眼睛为油，多者至三百余控，和灰修船舶，或用点灯。民之贫者，取其肋骨作屋桁，脊骨作门扇，截其骨节为臼。国有山，与弼琶罗国隔界，周围四千里，大半无人烟。山出血碣、芦荟。水出瑇瑁、龙涎。其龙涎不知所出，忽见成块，或三五斤，或十斤，飘泊岸上，土人竟分之。或船在海中，蓦见采得。

中理国的“中”字，恐为“申”字之误。“申理”与“索马里”(Somali)音相近。学者一般认为中理国指今索马里沿岸，包括索科特拉岛。① 作者对中理国的描述至为详尽，涉及住房、建筑、物产、民俗、服饰、社会等级等。这至少能说明三点：其一，说明当时此地商贾或到过此地的商贾到中国去的较多；其二，说明中理国在东非地区的地位已十分重要；其三，中国对这一地区已相对比较熟悉。②

此外，《诸蕃志》在“遏根陀国”③提到“古人异人徂葛尼，于濒海建大

---

① 冯承均校注：《诸蕃志校注》，第 58 页；张星烺：《中西交通史料汇编》，第二册，第 26—28 页。

② 赵汝适原著：《诸蕃志校释》(杨博文校释)，北京：中华书局，1996 年[1225 年]。

③ 夏德、柔克义译注云：“遏根陀显为 Iskanderiah 之对音，指亚历山大港(Alexandria)。”赵汝适原著：《诸蕃志校释》，第 122 页。

塔……”。徂葛尼为阿拉伯语对“亚历山大大帝”称呼的对音，当年在亚历山大城修建大塔之事与马苏第在《黄金草原》里所叙述的情况相类似。这说明我国当时对埃及已经有了一定的了解。[①]

有意思的是，《诸蕃志》还记载有各种非洲特有的动物，除了人们所知的大象和犀牛外，还有“身项长六七尺，有翼能飞，但不甚高”的骆驼鹤（即非洲鸵鸟），“状如骆驼，而大如牛、色黄，前脚高五尺，后低三尺，头高向上，皮厚一尺”的徂蜡（即长颈鹿，阿拉伯文 zarafah 的谐音），“红白黑三色相间，纹如经带”的骡子（即斑马）。

宋元时期，其他的典籍也提及一些非洲地名。例如，《宋史》（1343年）有一国名为“层檀国”，并提及此国在宋神宗时期（1068—1085 年）曾派两位使者至朝廷。学者们对这一地名的理解不同。有的认为此国位于今天的沙特阿拉伯的吉达，[②]有的认为是古代塞尔柱帝国（1037—1194年）。[③] 晚清地理学家邹代均（1854—1908 年）认为此地为桑给巴尔。[④]多位历史学家支持这一观点。[⑤] 此外，汪大渊的《岛夷志略》也是非常重要的一部著作，下面将专门提及。

（二）中非之间的民间互访

中非关系在这段历史时期最突出的特点是双方的直接交往和外交关系有较大突破。直接交往的具体例证是汪大渊的非洲之行和伊本·白图泰的中国之行。外交关系的突破表现是中国与多个非洲国家互派

---

① 张俊彦：《古代中国与西亚非洲的海上往来》，第 148—149 页。

② 同上书，第 118 页。

③ 此说最早由藤田丰八提出，参见张星烺编注《中西交通史料汇编》，第二册，第 259 页。

④ 邹代钧：《中外舆地全图》，舆地学会，1903 年。

⑤ 张铁生：《从东非史看中非关系》，《历史研究》，1963 年第 2 期，第 127—134 页；侯仁之：《在所谓新航路的发现以前中国与东非之间的海上交通》，《科学通报》，1964 年第 11 期，第 984—990 页；何芳川：《层檀国考略》，《社会科学战线》，1984 年第 1 期，第 178—182 页；许永璋：《层檀国初探》，《世界历史》，1993 年第 5 期，第 47—54 页；许永璋：《古代中非关系史若干问题探讨》，《西亚非洲》，1993 年第 5 期，第 65—70，56 页；许永璋：《关于层檀国使者访华次数问题》，《海交史研究》，1994 年第 2 期，第 83—85 页。

外交使节。

1. 汪大渊与《岛夷志略》

周去非和赵汝适二人著作的资料均得之传闻，或间接调查而来。元代汪大渊则不同。他两次航海远游，第一次从 1330 年至 1334 年，第二次从 1337 年至 1339 年。元顺帝至元三年(1337 年)，汪大渊第二次从泉州出航，游历南洋群岛，印度洋西面的阿拉伯海、波斯湾、红海、地中海、莫桑比克海峡及澳大利亚各地。① 他著述态度严谨，曾说书中所记“皆身所游焉，耳目所亲见，传说之事则不载焉”。此书上承《岭外代答》与《诸蕃志》，下接《瀛涯胜览》《星槎胜览》等明代著述，实为中外交通史之要籍。冯承钧曾谓此书“错讹难读”，伯希和则劝人勿轻引用此书，苏继庼认为此系“皮相之见”或“似未曾通读”之故。②

《岛夷志略》上记载了北非和东非的一些国家名和地名，③即阿思里、麻那里、层摇罗、加将门里，分别为埃及的库赛尔、肯尼亚的马林迪、坦桑尼亚的基瓦尔基西瓦尼、莫桑比克的克利马内。

> 阿思里。极西南达国里之地，无山林之限，风起则飞沙扑面，人不敢行。居人编竹以蔽之。气候热，半年之间多不见雨。掘井而饮，深至二三百丈，味甘而美。其地防原，宜种麦，或潮水至原下，则其地上润，麦苗自秀。俗恶。男女编发，以牛毛为绳，接发捎至齐膝为奇。以鸟羽为衣，捣麦作饼为食。民不善煮海为盐，地产大绵布、小布匹。贸易之货，用银、铁器、青烧珠之属。

“阿思里”，即今埃及濒红海西岸之库赛尔。④ 此条虽然文字不长，但其叙述可谓面面俱到，涉及位置、地貌、物产、民风、服饰、食物、商品等价物等。

① 苏继庼校释：《岛夷志略校释》，北京：中华书局，1981 年。

② 同上书，第 9 页。

③ 至于“哩伽塔”“特番里”等地，则意见不一，或谓摩洛哥和埃及的达米埃塔港，或谓亚丁和印度的第路纳弗里，存疑。参见苏继庼校释《岛夷志略校释》，第 250—253，349—352 页。

④ 参见苏继庼校释《岛夷志略校释》，第 346—348 页。

> 麻那里。界迷黎之东南，居垣角之绝岛。石有楠树万枝，周围皆水。有蠔如山立，人少主之。土薄田瘠，气候不齐。俗移。男女辫发以带捎，臂用金钿。穿五色绢短衫，以朋加剌布为独幅裙系之。地产骆驼，高九尺，土人以之负重。有仙鹤高六尺许，以石为食。闻人拍掌，则耸翼而舞，其容仪可观，亦异物也。

此处提到了三个地名：麻那里、迷黎、垣角。苏继庼认为分别指麻林地(Malindi，即马林迪)、马兰(Malan，即沙巴克河口西北之东非大陆)、恩戛马(Ungama，葡萄牙人称之为美丽湾)。文中还提到了骆驼、非洲鸵鸟两种动物。

在“层摇罗”条中，作者列出了其方位“国居大食之西南”；描出了其地貌特征，“崖无林，地多淳”；其土地肥力与物产，“田瘠谷少，故多种薯以代粮食。每货贩于其地者，若有谷米与此同时之交易，其利甚溥”；其民风，“俗古直”；其服饰，“男女挽发，穿无缝短裙”；其生产方式，“民事纲罟，取禽兽为食。煮海为盐，酿蔗浆为酒”；其社会制度，“有酋长”；其地方特产有“红檀、紫蔗、象齿、龙涎、生金、鸭嘴胆礬”；其商品等价物则有“牙箱、花银、五色缎之属”。学者一致认为层摇罗即层拔、层拔罗，均为桑给巴尔的不同译名，其具体地点则在今坦桑尼亚的基尔瓦基西瓦尼。①

在“加将门里”条中，作者对这里的优越地理条件印象颇深，“去加里二千里，乔木成林，修竹高节。其地堰洁，田肥美，一岁三收谷”。文中还对其民风习俗有所记载，“俗薄。男女挽髻，穿长衫。丛杂回人居之”。此处“丛杂回人”，根据苏继庼的解释，“阿拉伯人、波斯人、索马里(Somali)以及印度等处之奉伊斯兰教者，固皆宗教相同，然其职业则有传教师、商人、冒险家等之分，故云丛杂回人”。作者还提供了一条重要的资料：“其土商每兴黑囚往朋加村，互用银钱之多寡，随其大小高下而议价。”“黑囚”即黑囡，指黑人幼童，这表明此地当时已存在着颇为频繁的奴隶贸易。加将门里在中国古籍中尚属首次提及，汪大渊很可能是抵达莫

① 参见苏继庼校释《岛夷志略校释》，第358—360页。

桑比克的第一个中国人。

元代到过非洲的似乎还有其他人。沈福伟认为周致中在《异域志》中提到了诸多非洲地名，如义渠（突尼斯）、马罗（摩洛哥）、弼琶啰（巴巴拉）以及印度洋西岸的孝臆（桑加亚）、黑暗（基卢普-格迪）、入不（蒙巴萨）、担波（Utondwe，乌通德维）和三佛驮（基尔瓦）。[①]

2. 伊本·白图泰的中国之行

1963年，当周恩来总理访问摩洛哥王国时，曾要求哈桑二世国王安排他参观伊本·白图泰在丹吉尔的故居，以表达他对这位伟大的摩洛哥旅行家的敬意，因为正是伊本·白图泰向阿拉伯世界介绍了中国。

1346年，摩洛哥的著名旅行家伊本·白图泰来到中国。除在京城待过外，他还先后游历了泉州、广州等南方城市。他在中国待了一年多，对中国的繁荣景象留下了深刻的印象。[②] 回国后，他口述了自己在中国的种种经历和见闻，由他人整理成《伊本·白图泰游记》（原名《异域奇闻揽胜》）出版。书中提到了中国的政治制度、法律制度、民俗民情、建筑风格、地方物产、交通航运、经济生活、货币制度，特别对北京城市格局和宫廷内部争斗的描述至为详尽。[③] 此书对中国的介绍无疑对阿拉伯北非以及后来的西方世界产生了很大影响。[④]

他描述了在中国的穆斯林以及在中国经商的外国来的穆斯林商人。

在中国，每个城市都有专供穆斯林居住的区域，那里有清真寺，

---

① 沈福伟：《中国与非洲——中非关系二千年》，第366页。

② 李希泌：《从非洲最早来中国的旅行家之一——伊本·拔图塔》，《文史哲》，1964年第2期，第43—47页。

③ 可参见马金鹏所译《伊本·白图泰游记》中的"中国瓷都""中国人的一些情况""交通时通用的钞币""中国人的精湛技艺""船舶登记律例"等节，第545—549页。

④ 伊本·白图泰（Ibn Battuta，1304—1377年）的全名为Abū Abd allāh Muhammad ibn Abd allāh ibn Muhammad ibn Battuta al - Rawātī al - Tanjī。他出生于摩洛哥。作为一位伟大的旅行家，他一生游历过44个国家，远比马可波罗为多。他在元代时访问过中国。在笔者为北京大学-伦敦政治经济学院双硕士学位班上课时，总喜欢问国际学生两个问题。第一，是否知道马可波罗？他们绝大部分都知道。第二，是否知道伊本·白图泰？他们绝大部分不知道。这种情况表明在世界史知识生产和传播过程中的欧洲中心论及存在的偏见。

> 以便他们去做聚礼用。穆斯林倍受人们的尊敬。……到中国经商的穆斯林,最好在当地的穆斯林商人家住宿或到客栈下榻。如愿住在当地的商人家中,商人先统计他的财物,并代为保存。客人的一切开销由主人根据惯例代为支付。临走时,主人将钱财奉还,如有丢失,如数赔偿。①

他提到中国人用纸币,“中国人不使用第纳尔(Dinar,即金币),也不用迪尔汗(Dirham,银币)。在他们国中,收到的金银币统统要熔化铸锭……做买卖时,他们只用纸币。每张纸币大如手掌,上面印着国王的玉玺。每二十五张叫一巴勒什特,②相当于我们的一个第纳尔。中国的钱庄,好似我们的铸币局。如果纸币被撕破了,可到钱庄上去换新票。换钱时不交付任何费用,因为钱庄的管理员都由国王发给俸禄。钱庄管事是位亲王。谁要是只带银迪尔汗或第纳尔到市场上去买东西,那他什么也别想买到,因为谁都不收。只有兑换成巴勒什特后才能随心所欲地购货”。③

他还赞扬了中国的一些特产。“中国的糖极多,其产量不仅可以与埃及相匹敌,而且在质量方面还略胜埃及一筹。……总之,凡我国所产的水果,在中国不仅样样俱全,而且比我国所产的更佳。中国的小麦极多。我平生从未见过有比中国小麦更优良的品种。中国的小扁豆与豌豆也是天下第一”。“他们那里有的是丝绸”。有关中国的瓷器,“这种陶瓷产品在中国的价格与在我国的价格相当,甚至还要便宜。一些产品,远销印度诸国,以至远在马格里布的我国也不乏他们的产品。中国的陶瓷真是陶瓷中之极品”。谈到中国人的一些特点,“中国人是最伟大的民族。他们的工业品以其精致、细巧而驰名于世。……中国人在绘画方面无与伦比。无论是罗姆国人,还是其他人,都望尘莫及。中国人具有高

---

① 伊本·白图泰口述:《异境奇观——伊本·白图泰游记》(伊本·朱甾笔录,阿卜杜勒·哈迪·塔奇校订,李光斌翻译),北京:海洋出版社,2008年,第539,542页。

② 巴勒什特是一个波斯语词汇,意为“枕头、袋子”,借用来表示“金砖、银砖”。

③ 伊本·白图泰口述:《异境奇观》,第540页。

超的绘画才能。我亲眼看见过他们的技艺,那简直是奇迹”。他还赞扬中国的社会秩序安定:“在中国旅行是最安全不过的。中国是世界上最安定的国度。”①

他提到泉州盛产锦缎,认为泉州是世界上第一大港。“这是一座宏伟的壮观的大城,以生产锦缎而闻名,并以城名命名叫刺桐锦。这种锦缎比行在缎和大都锦更好。刺桐港是世界上最大的港口之一,甚至可以说就是世界上最大的港口。”伊本·白图泰到访中国时,遇到了在中国经商的同胞盖瓦姆丁·塞卡泰,后者拥有 50 多名奴仆和 50 多名女婢,并送给他两名男仆和两名女婢。② 他有关中国的知识影响了一大批阿拉伯人,同时也影响了世界。

(三) 中非关系:外交、地图与航线

在宋元时期,双方的官方交往有所增加。大食是一个称呼阿拉伯帝国的较为松散的名称。《岭外代答》中再次提到“大食”。法蒂玛王朝(909—1171 年)的首都在开罗,中国文献也称之为“大食”。中国与大食之间多有接触。官方关系的建立是宋元时期中非关系的特点之一。此外,这一时期中国对非洲的了解进一步加深,中国对非洲地理有了更多的了解。这既得益于中国与非洲之间交往的加强,反过来也促进了双方航线的发展。

1. 中国与非洲国家的外交关系

据《辽史》(1344 年)和《宋史》(1346 年)记载,在 924—1207 年,大食向中国派遣使者多达 54 次。尽管大食国土广袤,包括西亚、中亚及北非和东非地区,但有些大食的使者根据贡物和地名可以判断,他们明显来自非洲地区。

---

① 伊本·白图泰口述:《异境奇观》,第 538,540,542 页。

② 同上书,第 542—548 页。以上有关他在中国的旅行情况,也可参见 Ibn Battuta, *Ibn Battuta Travels in Asia and Africa 1325 - 1354*, Translated and selected by H. A. R. Gibb, London: George Routledge & Sons, 1929, pp. 282 - 300.

在宋元时期,中非双方的官方交往有所加强,双方遣使有以下记录。

宋代(1008 年)——中国与法蒂玛王朝建交。此后多次互派使臣。①

宋代(1073 年)——东非的俞卢和地国(即肯尼亚的基卢普、格迪)遣者访华。②

元代(1282 年)——中国遣使阿耽赴阿鲁乾伯国,与埃及马木鲁克王朝建交。

元代(1283 年)——古答奴国(即埃塞俄比亚的冈达拉)"因商人阿畏等来言,自愿效顺"。

元代(1285 年)——摩加迪沙使者来华。

元代(1286 年)——东非马兰丹(马林迪)和那旺(帕特岛)遣使访华。

元代(1291 年)——中国遣使赴于马都(即埃塞俄比亚)。

元代(1300 年)——蘸八(桑给巴尔)和吊吉尔(丹吉尔)使者访华。

元代(1328 年)——雅济国(即埃塞俄比亚)遣使访华。③

此外,据马可·波罗记载,元代忽必烈曾派使者出访马达加斯加。④

2. 西方对非洲的认识与中国地图上的非洲

中世纪以来,西方各种地图上对非洲位置的绘制存在着一个普遍错误:将非洲的南端绘成指向东方。为什么会出现这一错误?诸多学者似乎无法解释,他们找不到这一错误的根源,也不知道是谁最先绘出了非洲的东、西海岸线。刘钢认为:这些问题的答案一直隐藏在《华夷图》的左下角。⑤《华夷图》是中国宋代石刻地图(1136 年),现存西安碑林。此图的底本是唐代贾耽于贞元十七年 (801 年)完成的《海内华夷图》。刘

① 沈福伟:《中国与非洲——中非关系二千年》,第 252—258 页。

② 张俊彦:《古代中国与西亚非洲的海上往来》,第 118 页。关于宋代大食国遣使来访朝廷的记录,张俊彦专门列出表格,统计总共达 54 次之多,可参见此书第 111—117 页。

③ 沈福伟:《中国与非洲——中非关系二千年》,第 374—378,380—384 页。

④ Travels, book Ⅲ, ch. 26, London, 1818, p. 707, in R. Coupland, *East Africa and Its Invaders*, p. 19;张铁生:《中非交通史初探》,第 26 页。有的学者认为马可·波罗游记中的"马达加斯加"是"摩加迪沙"之误。参见沈福伟《中国与非洲——中非关系二千年》,第 380—381 页。

⑤ 刘钢:《古地图密码》,桂林:广西师范大学出版社,2009 年,第 152 页。

钢在新著《古地图密码》中指出，该图中地域轮廓变形较大的不仅有中南半岛和印度半岛，而且还有非洲大陆。他认为，贾耽的《海内华夷图》是最早将非洲南端绘成转向东方的地图。“12 至 15 世纪期间，许多阿拉伯和欧洲的地图学家被源自中国的地图所误导，他们以为非洲大陆南端的走势本应转向东。在中世纪阿拉伯人或欧洲人绘制的世界地图中，很容易找到类似的‘错误’”。① 他的观点存在着各种疑点：有什么根据认为非洲存在于《华夷图》之中？这张地图通过何种方式传到西方？然而，这一观点为我们更好地理解中国与非洲的关系增加了一个内容和角度。

元代朱思本(1273—1333 年)曾绘制了一幅当时世界上最精确的非洲地图，画中已出现南部非洲，其中一端直指南方；可惜朱思本绘的这幅地图已佚，只能在明代罗洪先增补的《广舆图》中见到。沈福伟认为，关于朱思本在 1312 年至 1315 年已在地图上标出非洲大陆的根据不足，他更看重李泽民和清濬。李泽民在 14 世纪 30 年代绘成《声教广被图》，清濬在 14 世纪 70 年代编制了《混一疆理图》，图上均出现了非洲和欧洲。此二图于 1399 年由高丽使团的金士衡带回朝鲜，在 1402 年由李荟和权近合编成《混一疆理历代国都之图》。图中共有非洲地名 35 个。埃及的亚历山大被绘上一个灯塔，作为特殊标识。特别引人注目的是，非洲已被正确地绘成一个三角形，它的尖端正向着南方。同时代的阿拉伯和欧洲地图上，非洲的南部总被绘成向东方伸展的形状。例如，早期伊德里斯绘制的世界地图中非洲的轮廓如此，穆罕默德卡兹维尼绘制的地图亦如此，波斯科学家纳速剌丁杜丁在 1331 年绘制的世界地图以及马黎诺·塞纳托为十字军所作的地图，非洲都成了向东南斜伸的菱形大陆。② 从这一点可以说是中国地理学家纠正了当时世界对非洲地理形状的认识。

3. 中非航线的拓展

在宋元时期，中国与非洲的民间与官方往来进一步加强，这与赵宋

---

① 刘钢：《古地图密码》，桂林：广西师范大学出版社，2009 年，第 151 页。

② 沈福伟：《中国与非洲——中非关系二千年》，第 385—387 页。

时期重视对外贸易和元代统治者大力发展海外贸易的政策有直接关系。到元代,中国与非洲的海上交通已开设三条航线。①

(1) 中国至北非的航线:中国—印度—亚丁—埃及。

(2) 中国至东非的航线:中国—马尔代夫—东非。

(3) 中国至马达加斯加的航线。这条航线又分为两条:

(甲)中国—索科特拉岛—马达加斯加;

(乙)中国—马拉巴海岸—马达加斯加。

沈福伟认为,元代的中国航船采取奎隆—摩加迪沙—亚丁这一三角路线,这样,元代的中国航船比宋代可以有更大的运行区域。这种三角贸易也使中国船只可以从事更大规模的印度洋贸易。②

(四) 宋元时期的中非贸易

宋元时期中非之间贸易关系与以前相比,无论在交往的国家、贸易商品还是贸易方式等方面都更为突出。这一点可以从在非洲各地发现的大量中国瓷器以及宋代钱币中看出来。学界甚至认为元朝是中古时期中西交流的鼎盛期。

目前,我们可以较为肯定的是,中国在宋元时期的对非洲贸易涉及至少六个国家。《岭外代答》和《诸蕃志》以及其他中国典籍中提到的非洲国家有埃及、摩洛哥、索马里、肯尼亚、坦桑尼亚。此外,苏丹学者加法尔的研究表明:苏丹与中国一直保持着密切的贸易关系。中国当时与非洲之间的贸易活跃,许永璋先生在论及宋代中非贸易方式时认为有四种,即朝贡贸易、市舶贸易、民间贸易和转口贸易。③

1. 朝贡贸易

所谓"朝贡贸易",起源于秦汉,到宋元时期已趋于完善。这主要是

---

① 艾周昌、沐涛:《中非关系史》,第53—54页。

② 沈福伟:《中国与非洲——中非关系二千年》,第372页。

③ 许永璋:《宋代中国对非贸易探讨》,《黄河科技大学学报》,2011年第13卷第2期,第66—69页。此节内容除特别标明外,多为转引自此文。

指外国使节来华呈献贡物，朝廷则以若干金银和中国特产回赠。这种贸易将产品交换以一种互赠的方式完成，以加强友好关系或联盟，实质上是寓政治和经济为一体的对外交往方式。宋元时期，中国同亚非许多国家建立了这种“朝贡贸易”关系。古籍中有关大食（指西亚、非洲的阿拉伯国家）来华“朝贡”的记载较多，而确切记载宋代曾派遣使节来华的非洲国家有俞卢和地（今肯尼亚沿海的基卢普和格迪二城）和层檀。据《宋会要》载，熙宁六年（1073 年），“大食俞卢和地国遣蒲罗诜来贡乳香等。诏香依广州价回赐钱二千九百贯，别赐银二千两”。层檀国在宋代曾先后于熙宁四年（1071 年）、元丰四年（1081 年）和元丰六年（1083 年）三次派遣使节访华。[①] 层檀国使节带来的多为珍珠、龙脑、乳香、琉璃器、白龙黑龙涎香、猛火油、药物等，中国朝廷则往往回赠以金银和丝绸等特产。元代亦如此。[②]

2. 市舶贸易

市舶贸易是另一种方式的官方贸易。这种贸易的目的并非满足民众的需要，而主要是迎合封建统治阶层特别是皇室对奢侈品的需求。宋王朝曾在广州、明州、杭州、泉州等地设置市舶司，就是专门管理海外贸易事务的政府机构。从非洲输往中国的物品种类很多，《宋史》记载，海外贸易输入的货物有香药、犀角、象牙、珊瑚、琥珀、珠王非、镔铁、鳖皮、玳瑁、玛瑙、砗磲、水晶、乌樠、苏木等物。[③]《诸蕃志》上列有一张外国物产清单，共 47 种，其中西亚、非洲所产的有 22 种。它们是乳香、没药、血碣、金颜香、苏合香油、安息香、栀子花、蔷薇水、沉香、笺香、丁香、没石子、木香、阿魏、芦荟、珊瑚树、琉璃、真珠、象牙、犀角、腽肭脐、龙涎。有关从中国出口非洲的货物，汪大渊在《岛夷志略》中提

---

① 张俊彦：《古代中国与西亚非洲的海上往来》，第 115—116 页。

② 有关元代中非交通可参见沈福伟《中国与非洲——中非关系二千年》，第 363—374 页；沈福伟《十四至十五世纪中国帆船的非洲航程》，《历史研究》，2005 年第 6 期，第 119—134 页。

③ 脱脱：《宋史》，卷一八六，北京：中华书局，1977 年，转引自许永璋：《宋代中国对非贸易探讨》，第 68 页。

到各种在非洲的贸易货单中的出口商品，如瓷器、牙箱、水银、沙金、五色丝绸、锦缎、高良姜、苏木、银器、铁器、铁条、铜鼎、铅针和各色棉布。这种官方贸易实际上也是由民间商人完成的。例如，南宋绍兴六年(1136 年)，大食商人蒲里亚运输象牙 209 株、犀角 35 株到广州，从广州市舶司得到五万多贯钱，然后用这笔巨款购买银锭、金银器物及丝绸等物回国。

3. 民间贸易

除了官方贸易之外，宋元时期中国与非洲国家之间的民间贸易也很活跃，然私商经营的海外贸易也归市舶司管理。参与这种海外贸易的，既有中国商人，也有外国商人。民间贸易形式多样，有行商，也有坐商。不少阿拉伯商人长期驻留中国，这些阿拉伯商人中即有来自北非或东非国家的商人。中国商人出海经商者，在宋代特别是南宋时期更为普遍。

赵汝适在《诸蕃志》中关于非洲国家情况的记载，很可能就是来华经商的阿拉伯商人或非洲商人甚至到过非洲的中国商人向他提供的资料。

4. 转口贸易

宋代中国与非洲之间的物资交流，既有官方和民间的直接贸易，也有间接贸易。间接贸易也就是转口贸易。这种贸易有三种方式：一是通过陆路的丝绸之路从中国运到印度、波斯或阿拉伯国家，再由这些国家的商船或商人运到非洲相关地区。二是通过阿拉伯商人、印度商人或东南亚的商人在中国和非洲两端的港口直接进行。当时中国的广东、福建、江苏等地均有大港，非洲的埃及、苏丹、索马里、桑给巴尔等地也都有港口，这种贸易比较普遍。三是中国商船从中国出发后，将货物卸载在印度洋沿岸港口，再由当地转到非洲其他地区。

根据埃塞俄比亚学者塞拉西的研究，在扎格维时代(12 世纪早期至 1270 年)，埃塞俄比亚贸易十分繁荣。埃塞俄比亚人在亚历山大安居，并建立了自己的社区，有自己的房屋和仓库以储藏商品。① 海上贸易多以埃塞俄比亚的主要港口泽拉为中心。尽管量不大，但泽拉为各种商品提供了良好的市场。波斯国王（1100—1141 年）的年表揭示，各种贸易商队从小亚西亚、伊拉克通过波斯到达位于埃塞俄比亚、桑给巴尔和中国的目的地。②

从古代文献的记载和研究成果看，当时位于苏丹的阿宜宰布港口（Aihdab，一译阿伊扎卜，中国学者的著述中多译为埃得哈布港）和萨瓦金港口（Swakin）似乎十分活跃。这两个港口位于红海海岸，远比亚历山大港口方便。从《岭外代答》《诸蕃志》和《岛夷志略》等古籍和加法尔的研究可以看出，埃及、苏丹和索马里等国的港口均是贸易中心。中国的各种商品特别是丝绸、瓷器运到这些港口后，再转运（送）到其他地区销售。索马里及其以南的各地区出产的香料、象牙、犀角等物，先运到阿拉伯半岛或者印度半岛、苏门答腊等地，再由当地商人转运中国销售；而中国的丝绸、瓷器等物由波斯（即伊朗）和阿拉伯的商人大量运销非洲各地。

南部非洲津巴布韦和德兰士瓦等地出土的中国青瓷显然也是阿拉伯商人转运的。③ 沈福伟先生认为，"中国帆船长途运输的货物中，更多的是转口贸易物。这些货物有运往东非的苏木、铅针、水银、各色棉布、'土绌绢'、丁香、荳蔻、荜茇、斗锡、酒，还有运到亚丁和埃及、北非的紫金、白铜、琉黄、铜线等货，它们大多是从苏门答腊或南印度转运的。……这些货物的转运，使中国船只能够在印度洋东西两岸定期往返，在基尔瓦全盛时期的十四世纪，参与索法拉的象牙、黄金贸易，并取得较高的商业利润"④。

---

① Sergew Hable Sellassie, *Ancient and Medieval Ethiopian History to 1270*, pp. 263 - 264.

② P. M. Sykes, *A History of Persia*, London, 1930, Vol. 2, p. 41.

③ 许永璋:《宋代中国对非贸易探讨》,《黄河科技大学学报》2011 年第 13 卷第 2 期，第 66—69 页。

④ 沈福伟:《中国与非洲——中非关系二千年》，第 369 页。

(五) 中非交通的明证:瓷器与钱币

在诸多的中国输入非洲的商品中,丝绸与瓷器无疑是最受欢迎的商品之一。由于丝绸较难保存,目前考古发掘只在少数地区发现了丝锦的存在,而瓷器在非洲的15个国家均有发现。与此同时,大量的宋代钱币也随之出土。

1. 克尔克爵士的瓷器收藏与夏德对中国钱币的判断

英国驻桑给巴尔的总领事约翰·克尔克爵士(John Kirk)在任期间曾收集了一批中国古代青瓷,有些是与一些中国宋代古钱币一起发掘出来的。克尔克爵士将这批青瓷捐给了大英博物馆。这些发现基本确证了赵汝适在《诸蕃志》中所描述的事情。① 宋元时期的瓷器是当时中国对外贸易的主要商品之一。这一广受外域欢迎的商品被誉为"青如天,明如镜,薄如纸,声如磬",在宋元时期流传至东非已是公认的事实。

根据德国学者夏德于1894年和1909年先后在《通报》和《美国东方学会会刊》发表的学术论文,提到英国人于1888年在桑给巴尔岛发掘得宋代铜钱以及德国人于1898年在索马里发掘得宋代铜钱。最大的发掘是1945年在桑给巴尔的卡珍瓦发现的176枚中国钱币。除了4枚为唐代钱币外,北宋的为108枚,南宋的为56枚,不能断定的有8枚。他当时在文中提到中国青瓷和宋代钱币,并认为这些发现表明那位曾在福建外贸部门任职的中国作者的著作中所提到的事是存在的。这里他明显是指赵汝适的《诸蕃志》。② 这些考古发现可以证明宋时东非商人曾有至中国贸易者。

摩加迪沙在1898年曾发现11—12世纪的宋代钱币。1916年,一些中国铜钱又在坦桑尼亚的马菲亚发现,其中有一枚为宋神宗(1068—1085年)时期的钱币。此外,肯尼亚的格迪又发现了宋宁宗(1195—1224

---

① F. Hirth, "Early Chinese notices of East African territories", *Journal of the American Orient Society*, vol. 30, no. 1(Dec. 1909), pp. 56 - 57.

② 张铁生:《中非交通史初探》,第49—50页,注5。

年)的庆元通宝和宋理宗(1225—1264 年)的绍定通宝,在基尔瓦又发掘出 6 枚宋钱,其中 1 枚淳化通宝、4 枚熙宁通宝和 1 枚政和通宝。[①] 奇蒂克曾于 1958—1965 年主持了坦桑尼亚的基尔瓦遗址的发掘工作,主要出土物即包括北宋至明初的二十余枚铜钱。[②] 1991 年,日本考古学家在苏丹的阿宜宰布第一次发现了宋代钱币。[③]

2. 加法尔的研究与中国—苏丹关系

苏丹学者加法尔精通中文,在南京大学历史系获得博士学位后又到北京大学历史系完成了博士后的研究。他指出,中国与苏丹在古代的贸易关系持续了很长时间,并得出了多个重要结论。第一,古代的阿宜宰布并非埃及的港口,而是苏丹的港口。[④] 中国瓷器等商品正是在这个港口卸载后转运非洲其他地区的。第二,著名的卡里米家族(Karimi family)既非犹太人,也非埃及人,而是苏丹人。他们在马木鲁克时代(1250—1517 年)一直与中国进行贸易。第三,苏丹商人经萨瓦金港口与中国的贸易一直延续到 20 世纪末。第四,苏丹的三个港口阿宜宰布、萨瓦金和巴底(Badi)在历史上一直扮演着早期苏丹与远东及中国关系中的重要角色。[⑤]

从 1912 年到 1991 年,苏丹和其他国家的考古学家对苏丹东部沿岸地区进行了多次考古发掘,收获颇丰。比较重要的有以下几次。

---

① 夏鼐:《作为古代中非交通关系证据的瓷器》,《文物》,1963 年第 1 期,第 7,17—19 页;张铁生:《中非交通史初探》,第 49—50 页;李希泌:《从非洲最早来中国的旅行家之一——伊本·拔图塔》,《文史哲》,1964 年第 2 期,第 43—47 页;田树茂:《东非发现的我国文物》,《晋阳学刊》,1982 年第 6 期,第 12,13—14 页;马文宽、孟凡人:《中国古瓷在非洲的发现》,第 25 页;沈福伟:《中国与非洲—中非关系二千年》,第 295—301 页;许永璋:《北宋钱币在非洲的发现及相关问题》,《中原文物》,1993 年第 2 期,第 80—84 页。

② 马文宽、孟凡人:《中国古瓷在非洲的发现》,第 25 页。

③ 加法尔:《唐至元末苏丹与中国的关系》,《元史论丛》,第七辑,第 201 页。

④ 实际上,中国学者马文宽和孟凡人在著作中也说此为苏丹港口。但他们将该港口译为“埃得哈布港”,见马文宽、孟凡人:《中国古瓷在非洲的发现》,第 6 页。

⑤ 加法尔:《唐至元末苏丹与中国的关系》,《元史论丛》,第七辑,第 197—206 页。本节以下史料除特别标注外均取自本文。

(1) 默里的考古调查。

1926年,由默里先生领导的考古队在阿宜宰布海岸地区进行考古调查,发现了多件重要的中国瓷器物件。

(a) 绘有荷花纹饰和黑边灰蓝色茶叶的青白瓷碗。

(b) 一只绘有鱼纹且外层刻有凹槽的青瓷碗。

(c) 绘有菊花纹饰的青白瓷碗(宋末或元代的出口器皿)。

(d) 一只绘有鱼纹的漂亮青瓷碗的碎片(宋末产品)。

(e) 一件书有八思巴字①的普通海青色青瓷碎片。

(f) 一只石制葡萄酒罇,可能产于山东的泽洲,其上书有八思巴字,意为良酒。

(g) 一只16世纪型式、绘有龙图样的瓷碗,其上书有八思巴字。

(2) 三上次男的意外发现。

1966年,日本学者三上次男在阿宜宰布海岸做了一次"走马观花式的踏勘",未进行考古挖掘,却搜集到中国不同省份出产的瓷片一千余片,如浙江的越窑瓷(其生产从西汉至宋朝)、江西的青花瓷以及白瓷、黑釉瓷、龙泉瓷(南宋生产)、青釉瓷、青花小纹瓷(明朝前期生产)、刻有蒙古八思巴字的青花瓷(元朝生产)等。三上次男得出结论,阿宜宰布无疑是行销中国瓷器的一个主要港口、一个重要集散地。他感慨地说:"遗址到处散布着中国的瓷片,这里一定是越过万里波涛运来中国瓷器的主要卸货场。"②

(3) 苏丹与法国的考古发掘。

1979—1981年由来自喀土穆大学和里昂大学的苏丹-法国学术代表团组织,在红海一带进行了一次考古发掘。在阿宜宰布的最重要的考古发现是12世纪至15世纪的中国瓷器。

(4) 川床睦夫的勘察成果。

1991年8月,日本中东文化中心的川床睦夫先生率领的考古代表团

① 八思巴字是13世纪喇嘛八思巴创造的一种文字,现在运用于西藏语。

② 马文宽、孟凡人:《中国古瓷在非洲的发现》,第6页。

对阿宜宰布和巴底进行了勘察，在阿宜宰布发现了多件龙泉青瓷，在这一中心地带地面所搜集到的中国物品中有63件中国陶片。此次勘察中最重要的成果是宋代铜钱。川床认为，这是中国铜钱在红海一带被发现的首次报道。

3. 其他国家发现的瓷器

有些宋元时代的瓷器可以在埃及的福斯塔特被发现，更多的则在苏丹、摩洛哥、埃塞俄比亚、索马里、肯尼亚、坦桑尼亚、津巴布韦和马达加斯加等国被发现。

在马达加斯加也发现了元代龙泉青瓷贴花双鱼洗、景德镇褐斑青白瓷葫芦形小壶等。还在一处遗址同时发现宋元两个时代的古瓷。例如，在津巴布韦的著名的椭圆形遗址（即“大津巴布韦遗址”）附近的伦得遗址曾发现一个窖穴，出土物中包括宋元时期属于13件器物的43件青瓷片。① 如前所述，摩洛哥旅行家伊本·白图泰在他的著作中曾提到中国的瓷器价格、质量以及在非洲地区的销售。② 在埃及，中国瓷器受到人们喜爱，以至当地人流行模仿中国瓷器后留下自己的阿拉伯名字。③

中国与肯尼亚两国考古学家合作于2010年在肯尼亚曼布鲁伊村(Mumbrui)和位于白滩度假村内的卡提布清真寺两个地点进行发掘。宋元时期的发现物较少，主要有北宋时期的瓷片和南宋至元代的龙泉窑瓷器等。④ 肯尼亚考古学家齐里亚马将13世纪下半叶到15世纪这段时

① 马文宽、孟凡人：《中国古瓷在非洲的发现》，第3—6，8—14，18—23，26—29，31—32，35页。还可参见 R. Oliver, ed., *The Cambridge History of Africa*, Volume 3, Cambridge University Press, 1977 pp. 203, 206, 215—216, 225.

② 可参见伊本·白图泰《伊本·白图泰游记》（马金鹏译），银川：宁夏人民出版社，1985年，第546页。此书是根据埃及教育部1934年颁布的阿拉伯文校订本译出的。

③ 夏鼐：《作为古代中非交通关系证据的瓷器》，《文物》，1963年第1期，第7，17—19页；Chou Yi Liang, "Early contacts between China and Africa", *Ghana Notes and Queries*, vol. 12, no. 6(1972), pp. 1-3.

④ 秦大树等：《北京大学肯尼亚考古及主要收获》，载李安山、刘海方主编：《中国非洲研究评论2012》，北京大学出版社，2013年，第247—272页。

间称为中国瓷器销往非洲的第二次高潮期。龙泉瓷、景德镇青白瓷、福建的青瓷和青白瓷,以及来自景德镇的蓝白色、铜红色的瓷器在肯尼亚海岸均有发现。除此之外,桑加发现了长沙瓷器和广东出产的青瓷碎片,曼达也发掘出了一件10世纪的中国瓷器。①

《元世祖出猎图》(刘贯道,元代)中侍卫在世祖身边的黑人侍从

4. 小结

综上所述,我们可以得出结论,宋元时期,中国对非洲的认识已进一步加深,双方往来已呈积极趋势。具体表现在以下几点:

(1) 中国文献中提到的非洲地名比唐代更多,对非洲一些国家和地区的描述更为详尽、更为具体。

(2) 中国学者对非洲国家的了解更为深入,从简单的地理位置和特产物产上升到民俗民风、生产方式及其社会制度等。

(3) 中国与非洲的海上交通已成事实,各种贸易往来日趋频繁,并开通了多条通往东非海岸的海上商道。

(4) 中国与非洲之间主动的民间直接交往也已实现,汪大渊访问东

① Herman O. Kiriama, "The Africa China exchange systems in the late first/ early second Millennium BCE.",2014年10月28日在北京大学非洲研究中心的讲座。

部非洲和伊本·白图泰访问中国均加强了双方的相互了解。

(5) 中国与非洲一些国家加强了官方往来,双方的和平外交关系有所发展,双方互派使节或商人以外交使节的身份互访已在史书上有所记载。

五、明代中国与非洲的直接交往

明初,中国与非洲的交往更进一步。这体现在以下方面:一是中国对非洲的地理知识有所增加。二是"三保太监"郑和下西洋,渡过西印度洋,直抵非洲东部海岸,从而使中国人对更多的非洲国家有了直观认识。三是一些重要中外交通著作的出版,包括费信的《星槎胜览》、马欢的《瀛涯胜览》和巩珍的《西洋番国志》。由于这三人均随同郑和出使非洲,其著作对一些国家和地区的描述更为详尽,更具史料价值。

明太祖重视海外联系,在他尚未立国前即有所体现。早在元顺帝至正二十七年(1367 年),即朱元璋略定杭州改元的第一年,便设立了市舶提举司,据《明史·职官志》载,其职责为"掌海外诸蕃朝贡市易之事"。洪武年间,明太祖从水陆两路派出大批使者,以敦睦邦交,发展贸易;后因倭寇猖狂,为防止沿海"奸民"与倭寇相通,遂下禁海令。这种情况在明成祖时期有了彻底改变,郑和七下西洋中六次正是在此期间。

(一) 明代中国对非洲的认识

明代中国人对非洲的认识进一步加强。这主要表现在中国人绘制的世界地图中涉及的非洲地形以及对非洲地名的认识。下面的两幅地图均是明代绘制。

1.《大明混一图》

《大明混一图》绘于明洪武二十二年(1389 年),长 3.86 米,宽 4.75 米,是我国目前已知尺寸最大、年代最久远、保存最完好的古代世界地图,属国宝级珍贵历史文物。非洲大陆位于这幅地图的左下方,其中河流的方位非常接近尼罗河和奥兰治河,突出部分的山地与德雷肯斯山脉

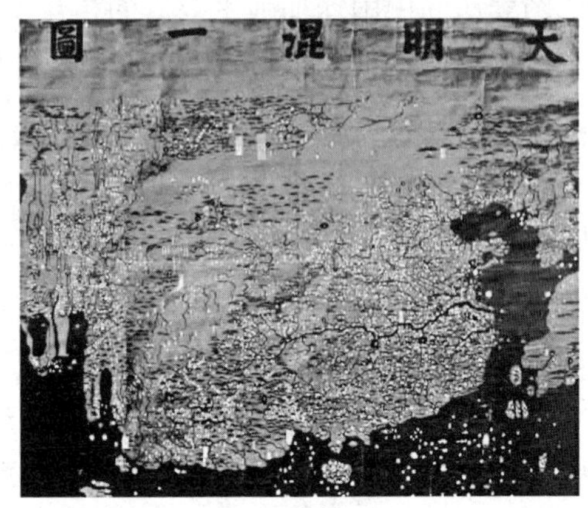

《大明混一图》原件长 3.86 米，宽 4.75 米，彩绘绢本

的位置吻合。该图上标满了地名标签，是中国人在明代早期绘制的一幅彩色世界地图。以上地图引自《中国古代地图集·明代》。[①] 该地图集还附有汪前进等人的研究论文，文中将《大明混一图》与明代罗洪先在元代朱思本所绘地图基础上增补的《广舆图》进行了比较，并列出了两图所标出的非洲地名。[②]

《广舆图》与《大明混一图》非洲部分地名对照表

《广舆图》	《大明混一图》
这不鲁麻	这中鲁哈麻
桑骨八	桑骨八
哈纳(伊?)思津	哈纳伊斯哇
娣八奴	娣八奴

① 黄盛璋、钮仲勋、任金城、秦国经、胡邦波编:《中国古代地图集·明代》，北京：文物出版社，1994 年，第 1 页。原图为绢本彩绘，现存于中国第一历史档案馆。

② 参见汪前进、胡启松、刘若芳《绢本彩绘大明混一图研究》，载黄盛璋、钮仲勋、任金城、秦国经、胡邦波编:《中国古代地图集·明代》，第 54 页。关于复制该图在南非参加 2002 年 11 月 12 日“南非国民议会千年项目展”的经过，参见李宏为《沉寂数百年，一鸣传天下——〈大明混一图〉》，《历史档案》，2004 年第 1 期，第 133—136 页。

续　表

《广舆图》	《大明混一图》
库六	库六
喝竭	喝卒
失阿刺秃里赤	失尔刺秃里那
冒西哈比那	冒西哈比那
颗西打??	颗西打??
黑八阿乞轻	黑八阿乞轻
	法发
哇阿哇	

2.《混一疆理历代国都之图》

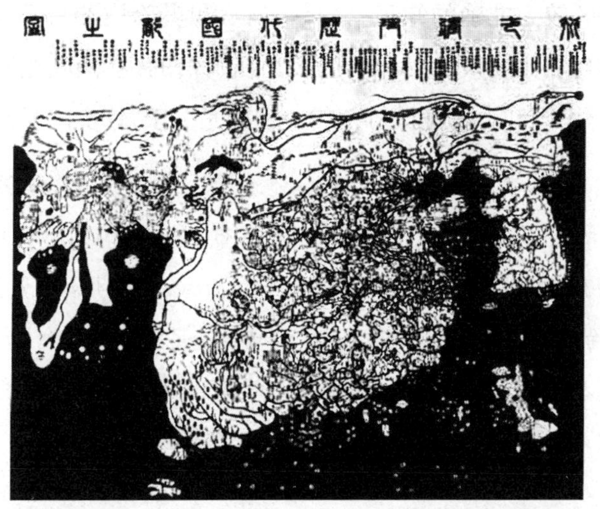

《混一疆理历代国都之图》(1402 年绘制,1500 年摹绘)

另一张是《混一疆理历代国都之图》,原本是公元 1402 年朝鲜人绘制,此图已佚。现存于日本东京龙谷大学图书馆的是 1500 年日本人摹绘的《混一疆理历代国都之图》。这幅彩绘图纵 158.5 厘米,横 168 厘米。图上方画一线,篆额有"混一疆理历代国都之图"十个字。下画一线，有权近题跋。从跋文可知该图绘制过程及资料底图来源。

建文元年（1399年）明惠帝登基时，朝鲜贺使金士衡在中国见到元代李泽民的《声教广被图》和清濬的《混一疆理图》，并将这两幅图的复本带回国，至建文四年（1402年）经金士衡和李茂进行研究，由李荟更加详校后合为一图。又由权近增加了朝鲜和日本，合成新图，名为《混一疆理历代国都之图》。由此可见，图中除朝鲜和日本为新加外，其他部分均取自李泽民的《声教广被图》和清濬的《混一疆理图》。①

这两幅世界地图代表了中国人在郑和远航前对世界地理的基本认识。

3. 明代典籍中的非洲地名

非洲地名不断出现在明代的典籍中间，明代的航海著作也为我们提供了关于非洲的较为准确的知识。费信、马欢和巩珍均参与了郑和的远洋，他们的著作自然比前人的要详尽得多。在费信的《星槎胜览》里提到了竹步国、木骨都束国和卜剌哇国。值得一引的是关于“竹步国”的记载。

> 竹步国，其处与木骨都束山地连接。村居寥落，垒石为城，砌石为屋。风俗亦淳，男女拳发。男子围布，妇女出则以布兜头，不露身面。山地黄赤，数年不雨。草木不生。绞车深井，网鱼为业。地产狮子、金钱豹、驼蹄鸡，有六七尺高者，其足如驼蹄，龙涎香、乳香、金珀。货用土硃、段绢、金银、磁器、胡椒、米谷之属。酋长受赐感化，奉贡方物。②

---

① 跋文载：“天下至广也，内自中邦，外薄四海，不知其几千万里也。约而图之于数尺之幅，其致详难矣。故为图者皆率略。惟吴门李泽民《声教广被图》，颇为详备；而历代帝王国都沿革，则天台僧清濬《混一疆理图》备载焉。建文四年夏，左政丞上洛金公（即金士衡——笔者注），右政丞丹阳李公（即李茂——笔者注）燮理之暇，参究是图，命检校李荟，更加详校，合为一图。其辽水以东，及本国之图，泽民之图，亦多缺略。今特增广本国地图，而附以日本，勒成新图。井然可观，诚可不出户而知天下也……”李宏为、李国荣：《明朝地图标注非洲早于欧洲100年[图]》，http://www.sohu.com.，2004年10月27日。

② 此段文字《记录汇编本》较其他版本为详，参见冯承均校注《星槎胜览校注》（后集），北京：中华书局，1954年，第20页。

文中除对竹步国的位置、民居、气候、生产、风俗、物产有所记载外，最后还提到当地的酋长因收到郑和船队所赐礼物，深受感化，并奉贡物产，以结友好。其他两部著作与非洲关系不大。马欢的《瀛涯胜览》只在卷首“纪行诗”中有“大宛米息通行商”一句言及“米息”(即埃及)①。巩珍的《西洋番国志》主要叙述的是东南亚各国。明代一些到过中国的西方传教士有关地理学的书籍也多少提到了非洲。这对当时介绍非洲起到了一定的作用。②

宋元文献及郑和下西洋地名对照表

《岭外代答》	《诸蕃志》	《岛夷志略》	明代相关文献③	现今大约位置
			米昔儿、密思儿	埃及
			葛儿得风	瓜达富伊角
			速古达剌(又作须多大屿)	索科特拉岛
			速麻里儿、白松虎儿	索马里
	弼琶罗国			索马里北部柏培拉附近
	中理国			索马里沿岸包括索科特拉岛
			木骨都束(又作木骨都)	索马里之摩加迪沙一带

① 据冯承均考证，“米息即《明史》卷三三二之‘米昔尔’(Misr)，今埃及(Egypte)也”。冯承均校注：《瀛涯胜览校注》，长沙：商务印书馆，1938 年，第 2 页。

② 举其要者，如利玛窦的《坤舆万国全图》、艾儒略的《职方外纪》和南怀仁的《坤舆图说》，可参见陈玉龙“关于向达先生遗稿《自明初至解放前(Cir，1405—1948)中国与非洲交通史料选辑说明》的说明”，载阎文儒、陈玉龙编：《向达先生纪念论文集》，第 22—45 页。

③ 钮仲勋认为《郑和航海图》有 16 个东非地名，参见钮仲勋《〈郑和航海图〉的初步研究》，载纪念伟大航海家郑和下西洋 580 周年筹备委员会、中国航海史研究会编：《郑和下西洋论文集》，第一集，北京：人民交通出版社，1985 年，第 245 页；沈福伟认为该图的东非海岸只有 14 个地名，未列入葛儿得风和须多大屿。参见沈福伟《郑和宝船的东非航程》，载《郑和下西洋论文集》，第一集，第 173 页。本书取钮仲勋之说。

续 表

《岭外代答》	《诸蕃志》	《岛夷志略》	明代相关文献	现今大约位置
			卜剌瓦（又作卜拉哇、比剌）	索马里之布腊瓦一带
			慢巴撒	曼布鲁伊（一作蒙巴萨）
			孙剌	索法拉港
			竹步	索马里朱巴河口一带
	层拔国	层摇（拔）罗		索马里以南一带
		麻那里	麻林（又作麻林地、麻剌国）	肯尼亚之马林迪一带（一作基尔瓦）
		加将门里	比剌	莫桑比克港
昆仑层期国	昆仑层期国			马达加斯加及附近非洲沿岸
勿里斯国	勿里斯国（密徐篱）			埃及
	遏根陀国			埃及之亚历山大港
陁盘地国	盘地			埃及之达米埃塔港
默伽国	默伽猎国			摩洛哥
木兰皮国	木兰皮国			非洲西北部及欧洲西班牙南部地区
毗诺耶				突尼斯及利比亚的的黎波里一带
			黑儿	哈甫泥之南，索马里的埃尔
			木儿立哈必儿	霍尔迪奥
			木鲁旺	梅尔卡
			门肥赤	蒙巴萨

续 表

《岭外代答》	《诸蕃志》	《岛夷志略》	明代相关文献	现今大约位置
			抹而干剔(抹而干别)	梅雷卡,梅雷格
			剌思那呵	拉斯阿诺德
				索马里凯丰角
			哈甫泥(又名哈甫儿)	哈丰角
			者即剌哈则剌	加勒加哈尔
			葛答干	一说基林迪尼;疑为索马里的盖多①
			天方国	突尼斯②

资料来源:章巽:《我国古代的海上空通》,北京:商务印书馆,1986 年(修订版);冯承均校注:《诸蕃志校注》;苏继庼校释:《岛夷志略校释》;向达整理:《郑和航海图》;沈福伟:《中国与非洲》等。

(二) 郑和的非洲之行

明成祖朱棣登基后,重开海禁,积极发展对外关系,对从事贸易活动的外国商人采取各种鼓励政策,来华的贡使和商人日益增多。永乐三年(1405 年),特在三个沿海城市的市舶司设立宾馆以接待来华外国人,即来远驿(福建馆)、安远驿(浙江馆)、怀远驿(广东馆)。同时,明成祖还向海外派出大批使者,以睦邻邦。从永乐元年(1403 年)至永乐十八年(1420 年)间,从海路共派出使节 29 次。除永乐四年(1406 年)、永乐八年(1410 年)、永乐十七年(1419 年)三年外,每年均遣使南洋,有时一年

① 向达整理:《郑和航海图》,北京:中华书局,1982 年[1961 年],第 57 页。沈福伟认为是基林迪尼。参见沈福伟《郑和宝船的东非航程》,载《郑和下西洋论文集》,第一集,第 173—174 页。此说有两个疑问。其一,基林迪尼与蒙巴萨同,此图已有蒙巴萨(慢八撒)。沈福伟对此也持不同观点,认为航海图上的慢八撒实为慢八撒之误,慢八撒是曼布鲁伊;门肥赤是蒙巴萨。其二,根据航海图,葛答干在马林迪以北,基林迪尼却在马林迪以南。因此,葛答干更有可能是盖多(Gedo),此为索马里一州,位置为东经 41°15′,北纬 2°15′。

② 林贻典:《天方国在突尼斯》,载时平主编:《海峡两岸郑和研究文集》,北京:海洋出版社,2015 年,第 242—253 页。

达七次之多。[①] 郑和七下西洋中的六次均发生在永乐年间，绝非偶然。

郑和七次远洋的实际时间如下：

第一次永乐三年至五年(1405—1407 年)

第二次永乐五年至七年(1407—1409 年)

第三次永乐七年至九年(1409—1411 年)

第四次永乐十一年至十三年(1413—1415 年)

第五次永乐十五年至十七年(1417—1419 年)

第六次永乐十九年至二十年(1421—1422 年)

第七次宣德六年至八年(1431—1433 年)

郑和本姓马，于 1371 年生于云南昆阳州(今并入晋宁县)宝山乡和代村。幼年被掠入宫，阉割进充内侍。初事燕王于藩邸，从起兵有功，累擢太监。“郑”姓为永乐二年(1404 年)元旦时明成祖所赐。他身躯高大，一表人才，因而被明成祖选为下西洋的正使。从永乐三年(1405 年)到宣德八年(1433 年)，郑和七次奉命出使海外，航程所至，遍历东南亚地区和南亚半岛，西越印度洋，抵达波斯湾和阿拉伯半岛，远及东非海岸。

1. 郑和三下西洋：首次抵达非洲

一般认为郑和船队首次抵达非洲是在第四次。[②] 沈福伟认为郑和在第三次远洋时曾派出一支船队分赴摩加迪沙，郑和船队首次抵达非洲是在第三次，即永乐七年至九年(1409—1411 年)。他的论据主要是陆容《菽园杂记》卷三所载的航海路线：

> 永乐七年，太监郑和、王景弘、侯显等，统率官兵二万七千有奇，驾宝船四十八艘，赍奉诏旨赏赐，历东南诸番，以通西洋。是岁九月，由太仓刘家港开船出海。所历诸番地面，曰占城国，曰灵山，曰昆仑山，曰宾童龙国，曰真腊国，曰暹罗国，曰假马里丁，曰交阑山，曰爪哇国，曰旧港，曰重迦逻，曰吉里地闷，曰满剌加国，曰麻逸冻，

① 张俊彦：《古代中国与西亚非洲的海上往来》，第 182—184 页。

② 张铁生：《中非交通史初探》，第 26 页，注 1。

曰鬈坑，曰东西竺，曰龙牙加邈，曰九州山，曰阿鲁，曰淡洋，曰苏门答剌，曰花面王，曰龙屿，曰翠岚屿，曰锡兰山，曰溜山洋，曰大葛阑，曰阿枝国，曰榜葛剌，曰卜剌哇，曰竹步，曰木骨都东，曰剌撒，曰佐法尔国，曰忽鲁谟斯，曰天方，曰琉球，曰三岛国，曰泥国，曰苏禄国。至乐二十二年八月十五日诏书停止。诸番风俗土产，详见太仓费信所上《星槎胜览》。①

陆容世居郑和船队的集结地太仓，又先后任职南京吏部验封司主事、北京兵部职方郎中。《星槎胜览》的作者费信正是此次随同郑和出使，陆容完全有可能接触《星槎胜览》的最早传抄本。他的这一记载应该有所根据。此外，文中载有“竹步”(即今索马里之朱巴河口一带)地名。据《明史·竹步传》载：“竹步，亦与木骨都束接壤。永乐中，尝入贡。其地户口不繁，风俗颇淳，郑和至其地。”在关于郑和此后四次远航的记载中，均未提及“竹步”。因此，郑和船队很有可能在第三次远洋时已达索马里。② 文中“卜剌哇”即今索马里之布腊瓦，“木骨都东”应为“木骨都束”之误，即今索马里之摩加迪沙一带。

当然，对这一结论存在着不同意见。例如，李新烽指出，根据各种其他史料，郑和宝船访问古里以西忽鲁谟斯乃至东非沿岸诸国是第四次出使以后。此外，陆容所记诸国可能是永乐年间的事，而并非仅指第三次远航抵达国家。陆容《菽园杂记》的重点似乎不在郑和船队经历的国家。“总之，我们不能依据《菽园杂记》的这一记载，就肯定郑和船队在第三次下西洋中已遍历西亚和东非的航程”。③

2. 郑和四下西洋：第二次抵达非洲

永乐十年(1412 年)，明成祖下诏郑和第四次出使。郑和经过一年多的准备，挑选了一批人才，其中即包括《瀛涯胜览》的作者马欢。关于第

---

① 陆容：《菽园杂记》(佚之点校)，卷三，北京：中华书局，1985 年，第 26—27 页。

② 沈福伟：《郑和宝船的东非航程》，载《郑和下西洋论文集》，第一集，第 166—183 页。

③ 李新烽：《“去中华绝远”的航程——郑和与非洲关系研究述评》，载李安山、潘华琼主编：《中国非洲研究评论 2011》，北京大学出版社，2012 年，第 83 页。

四次远航的路线,《明实录》中有两处不同的记载。卷一三四载:

> 永乐十年十一月丙申,遣太监郑和等赍敕往赐满剌加、爪哇、占城、苏门答剌、阿鲁、柯枝、古里、南渤利、彭亨、急兰丹、加异勒、忽鲁谟斯、比剌、溜山、孙他诸国王锦绮、纱罗、彩绢特物有差。

据此,郑和在此次远洋中似乎仅到达比剌(即布腊瓦)这一个非洲国家。然而,《明实录》卷一八二对非洲国家使者的记载则有所不同。这些使节应是随郑和第四次远洋返航时来访的。

> 永乐十四年十一月壬子,古里、爪哇、满剌加、占城、苏门答剌、南巫里、沙里湾泥、彭亨、锡兰山、木骨都束、溜山、南渤利、不剌哇、阿丹、麻林、剌撒、忽鲁谟斯、柯枝诸国及旧港宣慰司各遣使贡马及犀、象、方物。①

综上所述,郑和第四次远航时曾访问过索马里的木骨都束(摩加迪沙)、麻林(马林迪)和不剌哇(布腊瓦)。

3. 郑和舰队五下西洋(第三次访非):麒麟之解

永乐十五年(1417年)第五次远航时,郑和奉命伴送木骨都束等国家的使臣回去,并对这些遣使纳贡的国家进行回访。据《天妃灵应之记》碑记载:"永乐十五年统领舟师往西域。其忽鲁谟斯国进狮子、金钱豹、大西马。阿丹进麒麟,番名祖剌法②,并长角马哈兽。木骨都束进花福鹿③一并狮子。卜剌哇国进千里骆驼并驼鸡④……"《天妃灵应之记》碑清楚地记载了西亚和非洲各国的贡品。

对于"麒麟"这一名称,费瑯于1918年在《亚洲杂志》上撰文做了如下考证:

---

①《明成祖实录》卷一〇三记载:"永乐十四年十二月丁卯,古里、爪哇、满剌加、占城、锡兰山、木骨都束、溜山、南渤利、不剌哇、阿丹、苏门答腊、麻林、剌撒、忽鲁谟斯、柯枝、南巫里、沙里湾泥、彭亨诸国以及旧港宣慰司使臣辞还,悉赐文绮袭衣。"

② 阿拉伯文为Zarafah,英文为giraffe,今译为"长颈鹿"。

③ 即斑马。

④ 即鸵鸟。

> 我从前考出福鹿的对音，是琐马里(今索马里)语 faro。现在考证这个麒麟，也是出于东非洲同一语言的。因为琐马里语东部方言中，名曰 giri，北部诸方言中，名曰 géri(F. Hunter 所撰的《琐马里语文法》，1880 年版，168 页，hal-geri 下注云："giraffe, cameleopard"。我在 1885 年《非洲通讯汇刊》512 页，所撰《琐马里文法》一文中，也说 géri 是 girafe。Leo Reinisch 所撰《琐马里语》1902 年刊第二册，字典部 176 页，同我的说明是一样；又在 203 页说 halgiri 是"giraffe, camelopardalis")。giri 同 géri 译作华语麒麟二字之音很对，不过加了一点收声的鼻音，必定是因为这两个读音冒充好货的，而又想到福州中的麒麟，所以便将张冠李戴了。这个鼻音收声，可以这个民俗语源解释。

他认为，赵汝适在《诸蕃志》上用"徂蜡"称呼长颈鹿，应是阿拉伯水手将此名称告知。后来，马欢在亚丁听见索马里语的名称亦完全可能。这一名称从《瀛涯胜览》转载于《西洋朝贡典录》，后又转载于《明史》。①

有趣的是，英国汉学家戴闻达认为，明朝派舰船去非洲竟是为了长颈鹿。"是什么动机促使中国人从第五次起远航至东非沿岸呢？这是一个异常奇特的问题"。1414 年，榜葛剌(即今孟加拉)对郑和第二次远航时对该国的访问进行回访，赠送给明朝的礼物中包括一头长颈鹿。次年，长久以来与中国没有来往的非洲国家磨邻达(即马林迪)也进贡一头长颈鹿。麻林(即马林迪)等国使者此次进贡引起京城轰动，明成祖朱棣率满朝文武官员举行仪式，接受"麻林国及诸番国进麒麟、天马、神鹿等物"。② 戴闻达对此次进贡的解释如下：第一头长颈鹿实际上是孟加拉新国王即位时由非洲某伊斯兰教国家赠送的，孟加拉再转送给中国皇帝。"中国人也一定遇见了磨邻达国使者，并且暗示了这种动物乃是很受中

---

① 费琅：《瀛涯胜览中之麒麟》，转引自冯承钧译：《西域南海史地考证译丛二编》，载《西域南海史地考证译丛》，第一卷，北京：商务印书馆，1995 年，第 112—113 页。

②《明成祖实录》，卷九九。

国欢迎的礼物。结果,就是次年磨邻达国前往中国进贡了一头长颈鹿。这些外国使者须予护送回国。于是,我们看到第五次航行(1417—1419年)的旅程首次远扩至磨邻达国。因此,正是这种长颈鹿促使了中国人航行到非洲”。①

这种联想为郑和第五次远航时抵达非洲提供了一种逻辑解释。然而,如前所述,有关郑和的研究已经表明:郑和舰船早在 1417—1419 年以前已经抵达非洲。因此,戴闻达的这种推论难以成立。中国学者李新烽的两部专著论及郑和与非洲的关系、他在非洲探寻郑和远航非洲的各种遗迹以及亲身访问麒麟故乡的经历。②

4. 郑和六下西洋:第四次访非

第六次郑和奉命远洋,主要还是送回各国使臣,并进行回访。他在送回木骨都束和不剌哇的使臣时再一次对这两个国家进行了友好访问。此次航行的最大特点是舰船主队抵达满剌加、苏门答剌后,分船队前往各国。这样,各分船队航行的线路各异,访问的国家更多,涉及的海域更广。在这次出使中,郑和与各位副使的舰队主要游历了 36 个国家。由于分开航行,碰到的问题和困难也相对较多。从另一方面说,航行线路相对自由,“从而有时间在整个印度洋,尤其在赤道以南的印度洋广大海域进行海上探索;西南深入大西洋,抵达西南非洲海岸;东南深入太平洋,抵达爪哇岛东南以远海域;将郑和船队的下西洋盘中延伸到‘去中华绝远’的海域”。东行船队中的一部分已先航行至马达加斯加乃至东非海岸,然后船队沿西行返程归国。③

5. 郑和七下西洋:第五次访非

明成祖于永乐二十二年(1424 年)七月去世后,仁宗朱高炽于当年八

---

① 戴闻达:《中国人对非洲的发现》,第 36—37 页。原书参见 J. J. L. Duyvendak, *China's Discovery of Africa*, London: Arthur Probsthain, 1949, p. 32. 在肯尼亚,有一个关于麒麟的传说故事,参见李新烽《非洲踏寻郑和路》,北京:中国社会科学出版社,2013 年。

② 李新烽主编:《郑和与非洲》,北京:中国社会科学出版社,2013 年;李新烽:《非洲踏寻郑和路》。

③ 李新烽主编:《郑和与非洲》,第 67—68 页。

月即位。他采纳了原户部尚书夏原吉建议反对耗资远洋的建议，下令“下西洋诸番国宝船，悉皆停止”。仁宗在位一年即亡，宣宗朱瞻基即位。宣德五年(1430 年)，他下诏命令郑和七下西洋。费信、马欢和巩珍均随同出使。虽然文献上载“往返三年”，“凡二十国”，但学者认为此行中的最大特点是郑和舰队在开赴忽鲁谟斯的途中，不断地派遣分船队赴各国访问。其中一支分船队经过溜山抵达东非海岸。“由此可知，郑和船队到达非洲后，往返于东非沿岸各国、各地之间，开辟了一些新的短途航路，为发展东非沿岸的海上交通做出了贡献”。[①] 这次郑和船队共访问了 20 多个国家，其中包括东非的木骨都束、卜剌哇等国。

(三) 郑和非洲之航的历史遗产

对郑和的非洲之航，《明史》有明确记载。

> 木骨都束，自小葛兰舟行二十昼夜可至。永乐十四年遣使与不剌哇、麻林诸国奉表朝贡，命郑和赍敕及币偕其使者往报之。后再入贡，复命和偕行，赐王及妃彩币。二十一年，贡使又至。比还，其王及妃更有赐。宣德五年，和复颁诏其国。……不剌哇，与木骨都束接壤。自锡兰山别罗里南行，二十一昼夜可至。永乐十四年至二十一年，凡四入贡，并与木骨都束偕。郑和亦两使其国。宣德五年，和复往使。[②]

官史的这一记载为明代的中非交往留下了重要的证据。郑和的非洲之行给我们留下了一些什么历史遗产呢?

1. 中非之间的印度洋航线

从郑和下西洋的航线来看，从中国经印度洋停靠港抵达非洲的航路已有多条。

张铁生认为，明代中国同东部非洲的海上交通有两条航路：

---

① 李新烽主编:《郑和与非洲》，第 68—69 页。
② 《明史》卷三二六《木骨都束传》《卜剌哇传》《竹步传》。

（1）沿南阿拉伯海岸航行—索马里北海岸—索科特拉群岛—东非海岸；

（2）横渡印度洋—经马尔代夫的官屿（即马累岛），或印度的小葛兰（即奎隆），或斯里兰卡的别罗里（即贝列加姆）。①

艾周昌与沐涛认为有三条航线通往非洲：

（1）马尔代夫—亚丁湾—埃及；

（2）小葛兰—摩加迪沙；

（3）印度—霍尔木兹—亚丁—瓜达富伊角—东非海岸。②

沈福伟认为通往非洲东海岸的航线有五条：

（1）苏门答剌—马尔代夫—埃尔；

（2）苏门答剌—马尔代夫—摩加迪沙；

（3）小葛兰—马尔代夫—摩加迪沙；

（4）别罗里—马尔代夫—摩加迪沙；

（5）别罗里—布腊瓦。③

沈福伟在仔细分析《郑和航海图》后，转而认为《航海图》展示的非洲航程大致有六种走法：

（1）小葛兰—摩加迪沙（或布腊瓦）—葛答干（基林迪尼）—小葛兰

（2）锡兰山—摩加迪沙（或布腊瓦）—葛答干（基林迪尼）—锡兰山

（3）帽山—葛答干—基尔瓦—帽山

（4）帽山—符贝奇（或蒙巴萨）—基尔瓦—莫桑比克岛—科摩罗群岛—查戈斯群岛—巽他（揽邦）

（5）帽山—符贝奇（或蒙巴萨）—哈丰角—马累岛—帽山

（6）巽他（揽邦）—查戈斯群岛—科摩罗群岛—莫桑比克岛—基尔

① 张铁生：《中非交通史初探》，第96—97页。
② 艾周昌、沐涛：《中非关系史》，第75页。
③ 沈福伟：《中国与非洲——中非关系二千年》，第462页。

瓦—符贝奇—帽山(或基尔瓦—桑给巴尔岛—帽山)。①

实际上,以上几种划分的基本线路都是一致的。就中国到东非海岸的海路而言,至少有以下四条主要通道。

(1) 中国——印度之奎隆——摩加迪沙。②

(2) 中国——锡兰之别罗里(或马尔代夫之马累)——布腊瓦。③

(3) 中国——马尔代夫之马累——摩加迪沙。④

(4) 亚丁(或埃及港口)——绕瓜达富伊角——东非海岸。

我们还应该记住苏丹学者加法尔在著作中提到的阿宜宰布和萨瓦金两个苏丹港口在历史上与东方贸易的重要作用。

2. 郑和下西洋的规模与舰船

为了将郑和远航放在世界历史进程中进行考察,我们有必要提及郑和下西洋的规模与舰船的大小。

郑和下西洋不论是船队规模还是船只的大小都远远超过数十年之后的哥伦布和达・伽马。郑和第一次下西洋时,将士卒共 27 800 余人,造大舶 62 艘。第三次共有官兵共 27 000 余人,驾驶海舶 48 艘。第六次共有宝船 41 艘。第七次共有大小船 100 艘,其中宝船 61 艘。这些航船满载着官兵、翻译、医务、侍者、船工、杂务等各类人员,还要加上各种武器装备和服务器械,颇具规模。此外,每次下西洋都需要带大量货物,既要备齐金币银锭,或作赏赐,或做交易;又要带足各种特产货物,或作赠品,或作交换。远航归来后,皇帝还亲自召见并给予官兵将士各种赏赐。第三次郑和远航归来后,明成祖十分高兴,据《明实录》记载,他亲自召见 754 人,赐钞 5 150 锭。又遣内官到太仓去犒劳在该地未进京的官军,共赏赐 20 万锭。⑤

---

① 沈福伟:《十四至十五世纪中国帆船的非洲航程》,《历史研究》,2005 年第 6 期,第 119—134 页。

② "自小葛兰顺风二十昼夜即可。"见冯承均校注:《星槎胜揽校注》)(后集),第 21 页。

③ "自锡兰山别罗南去二十一昼夜可至。"见冯承均校注:《星槎胜揽校注》)(后集),第 24 页。

④ "官屿溜用庚酉针一百五十更船厂收木骨都[束]。"见向达整理:《郑和航海图》,第 57 页。

⑤ 张俊彦:《古代中国与西亚非洲的海上往来》,第 181—206 页。

据《明史》记载,郑和宝船大的长44丈,宽18丈。《瀛涯胜览》卷首提及"宝船六十三号,大者四十四丈四尺,阔一十八丈,中者长三十七丈,阔一十五丈"。《西洋番国志》自序中说:"其所乘之宝舟,体势巍然,巨无与敌,篷帆锚舵,非二三百人莫能举动。"①有作者怀疑《明史》本传所记宝船尺寸,但以上记载可互相印证。《郑和下西洋论文集》中有多篇文章专门论述。郑鹤声、郑一钧从文献、造船史以及水船的设立与制造等方面说明了对宝船记载的真实性,认为这反映了"明代造船工匠在打造巨型海船上所达到的高超技术水平,实在超出了今天人们的想象"。② 张俊彦先生认为,郑和的宝船"恐怕是我国造船史上最大的沙船。其中舶按今尺折算,也长约130米,宽约55米。无怪乎明人形容郑和的舰队是'维艄挂席,际天而行'"③。

相比之下,哥伦布于1492年首次航行美洲只有三艘船,最大者长34米,全队人员仅88人。1497年,达·伽马船队仅四艘船,大船的排水量不过100—200吨。正是基于郑和远航的事实,沈福伟认为"说世界历史上的大航海时代是由1415年中国宝船从索法拉港返航回到刘家港揭开序幕,实在并不夸张"。④

3. 郑和非洲之航的影响

郑和下西洋的整体影响是巨大的,这一点学者已有论述。就对中国与非洲关系的影响而言,郑和之行则有新的含义。这种影响可分为直接影响与间接影响。就直接影响而言,中国遣使对非洲各国的访问使非洲人对远在亚洲的中国有了感性的了解。有感于中国的慷慨大方,这些国家或派遣使节随船回访以表感谢,或送上特产贡物以表尊敬。非洲的物产使中国人大开眼界,也使双方的交流更进一步。对中国人而言,间接影响是多重的。这种交往打开了中国人的眼界,使他们对世界之大有了

① [清]巩珍:《西洋番国志》(向达校注),北京:中华书局,1961年,第12页。
② 郑鹤声、郑一钧:《略论郑和下西洋的船》,载《郑和下西洋论文集》,第71页。
③ 张俊彦:《古代中国与西亚非洲的海上往来》,第208页。
④ 沈福伟:《十四至十五世纪中国帆船的非洲航程》,《历史研究》,2005年第6期,第134页。

进一步了解。虽然他们仍认为自己位于世界的中心,但非洲大陆带给他们的新奇和震撼是不言而喻的。

更重要的是,随郑和远航的费信、马欢和巩珍出使非洲后,回国先后写成了《星槎胜览》《瀛涯胜览》和《西洋番国志》,他们的著作为我们提供了关于非洲地理、社会、文化、政治等方面较为准确的资料。另一方面,非洲的落后大大刺激了中国人的"自我中心观"。在他们看来,世界就是如此而已,任何地方也比不上中国的富庶与强大,这种"我族中心论"使他们将非洲人的好客还礼也理解为"酋长受赐感化,奉贡方物"。① 不容忽视的是,非洲的远航使船队的航海知识和地理知识得到进一步积累,这可以从《郑和航海图》中体现出来。

郑和远航无疑促进了中国人对东南亚、南亚、东非及印度洋地区地理气候的了解,对当地的风土人情也进一步熟悉,这为后来的华人移民提供了更为便捷的条件。郑和船队所昭示的中国国力及与他国结下的友好关系,也使已在中国周边各国安居的华人的生活更加安全。东非沿岸的帕泰岛至今仍保留着一些具有中国传统色彩的物质文化因素,这很可能与郑和非洲之行有直接的关系。

4. 郑和非洲之航的意义

英国人孟西斯曾有一种观点:"郑和创环球航海先河"。他的主要论点有四:第一,在 1421 年 3 月至 1423 年 10 月间,共包括 800 多艘船只的四支中国舰队环绕地球。第二,这些船只上的中国人在马来西亚、印度、非洲、南北美洲、澳大利亚、新西兰和太平洋诸岛定居。第三,第一批欧洲航海家在出海前都已有他们目的地的地图,他们在抵达新世界时碰到了华人定居者。第四,中国而不是欧洲发现了新世界并在此定居。② 这

① 冯承钧校注:《星槎胜览校注》(后集),第 20 页。

② Gavin Menzies, *1421: The year China discovered the world*, London and New York: Bantam, 2002; Gavin Menzies, *1421: The year China discovered America*, New York: William Morrow, 2003. 参见其网站:http://www.gavinmenzies.net/china/book-1421/,批评网站:http://www.1421exposed.com/html/1421.html. 此书已有中译本。

种观点并不为大部分中国学者认同。我们可以不认同孟西斯关于“郑和创环球航海先河”的观点。然而,有一点却不可否认:郑和远航将源远流长的中非关系推至一个新的巅峰。

郑和的远航船队下西洋确实具有世界性意义,这已为国际学者所公认,对中非关系发展的意义也十分重大。

首先,这一远航使带有偶然性的中非民间交往上升为定期的官方关系;在交往中,虽然中国的强势和主导地位显而易见,但双方在礼节和资格等方面是相对平等的。

其次,这一远航促使中国与北非和东非一些国家的关系发展到相对亲密的地步,双方互派使节,互赠礼物。这为双方关系的发展奠定了基础。不幸的是,随之而来的资本主义的全球扩张和世界范围内的殖民主义统治中止了这种相对平和的交往。

再次,郑和远航使中国人对非洲的认识有了一个质的飞跃。在各种论及郑和船队航线的文献中,提及的非洲国家和地名有 16 个之多。费信等人的游记中不仅提到各地的地理、物产、人文,还论及当地的风俗、制度和文化。由于这些记录都是基于作者的亲身经历,所以对当时中国人了解非洲具有重要的参考价值。

最后,郑和远航进一步推动了中国与非洲的商贸关系,这从各种游记中列出的货物单、非洲各地的考古发掘物和中国的进口货物中即可看出。这种商贸活动促进了整个印度洋地区的海洋贸易,对这一地区的商业网络和地区经济的形成起到了重要的推动作用。

5. *郑和非洲之行留下的疑问*

郑和远航距今已有六百年,它给我们留下的问题远远多于遗产。就中非关系而言,它向我们提出了以下问题。

(1) 当时郑和与非洲一些国家的国王或酋长的交流是如何进行的?这种交流是一种纯礼节性的交往,抑或有一些实质性内容?

(2) 除在东非各地发现的一些瓷器碎片和在距帕泰岛(Pate)70 公里处发现的中国陶瓮等物外,郑和远航及其与非洲各国的友好交往除当事人的记录或著述外，是否留下了更多可资参考的文本资料或实物见证？

(3) 郑和船队的船员是否全部随船返航？是否有些人留在当地？根据肯尼亚拉穆群岛(Lamu)的帕泰岛上的桑加人的口头传说，他们的祖先来自上海，这也是桑加人(Shanga)名称的来历。[①] 为什么当地会出现这样一种传说？这种传说的事实根据是什么？有人认为，这是郑和第七次下西洋时抵达非洲时一艘船因迷失方向驶近帕泰岛后不幸触礁下沉，由于后来朝廷实施海禁，船上的数百名船员只好在当地的定居下来。至今该地的几个村仍有人称自己是中国人的后代。[②] 然而，这是具有特指意义的真实历史，还是后人泛指意义上的历史反馈？

(4) 郑和的非洲之行究竟到过多少个非洲王国(或部落)？是否涉足了坦桑尼亚以南的地区？为什么在南部非洲特别是在莫桑比克的考古发掘表明了该地与中国的关系可追溯到郑和？[③] 为什么欧洲地图制作者弗拉·毛罗在 1459 年绘制的世界地图上有两处注释提到从印度启航的中国帆船进入南非海域并到达好望角附近？[④] 郑一钧认为郑和舰队在第六次远航抵达东非海岸后继续南行，最后抵达了南非海域。他的根据即

---

① Report on Shanga excavation, 1980, by Mark Horton of Cambridge University, in Philip Snow, *The Star Raft: China's Encounter with Africa*, p. 33.

② 有关郑和的研究状况，参见李新烽《"去中华绝远"的航程——郑和与非洲关系研究述评》，载李安山、潘华琼主编:《中国非洲研究评论 2011》，第 75—88 页。还可参见李新烽主编:《郑和与非洲》，北京:中国社会科学出版社，2012 年。根据考察，拉穆群岛的帕泰岛上似存在郑和后代，当地打鱼人曾在距桑加海岸 70 公里处发现过一艘中国沉船，并打捞出一个刻有双龙戏珠的中国陶瓮。帕泰当地的妇人不像非洲人，在岛上还曾发现过刻有中国字的墓碑；岛上至今还有制丝业，并养过蚕。参见《郑和下西洋的历史封尘：非洲肯尼亚疑有船队后裔》，http://jczs.sina.com.cn，2005 年 1 月 16 日。

③ 参见"Afro-China Relations: Past, Present and Future"(Johannesburg, South Africa, 2005)研讨会的宣传资料。

④ "1459 年的毛罗地图"，彩图 11，参见刘钢《古地图密码》；马文宽、孟凡人《中国古瓷在非洲的发现》，第 120—22 页；沈福伟《中国与非洲》，第 489—90 页。还可参见金国平《1459 年毛罗世界地图考述》，《郑和研究》，2003 年专刊，第 77 页。也有学者提出《明成祖实录》(卷一三四)和《国榷》(卷一五)记载的比剌和孙剌即为莫桑比克港和索法拉港，并推断郑和船队的分遣队曾进入过这一地区。参见马文宽、孟凡人《中国古瓷在非洲的发现》，第120 页。

是毛罗1459年所绘世界地图上迪亚布角(Cap de Diab,即好望角)旁的注释和一艘中国船只。他认为毛罗所绘1420年从印度过来的航船即属于郑和远航舰队。该舰队的分舰队从索马里向南至肯尼亚,通过莫桑比克海峡后绕过好望角,随后进入大西洋并沿着非洲的西南海岸航行。[①]有趣的是,当达·伽马及其船员于1498年抵达莫桑比克海岸时,他拿出一些衣服和食物作为礼物送给当地人。当地人不以为然,告诉他们一些从日出之地来的人也曾乘坐同样的船只来过。后来,当达·伽马抵达印度后,他发现莫桑比克人所提到的东方来者并非印度人,很可能是中国人。[②]

(5) 更重要的问题:在郑和之前是否已有中国人在非洲定居?对这一点,前面已经提及,[③]我们将在下一章涉及这一问题。

可以肯定的是,郑和远航为我们留下了诸多问题,这应该成为我们以后研究的课题。[④]

(四) 明代中非关系的发展与变化

1. 明代的中非贸易

14世纪的东非沿岸早已成为印度洋贸易圈的重要部分。北部的苏丹和索马里的一些港口充当着远程贸易和外部世界与非洲内陆的中介,莫桑比克也因为经手从津巴布韦运出的黄金而成为阿拉伯人贸易的重要伙伴。木骨都束、卜剌哇和竹步因为与中国的贸易而不断兴盛。

根据苏丹学者加法尔的研究,自从马木鲁克王朝于公元1428年左

---

① 郑一钧:《论郑和下西洋》,北京:海洋出版社,1985年,第225—228页;沈福伟:《十四至十五世纪中国帆船的非洲航程》,《历史研究》,2005年第6期,第119—134页。

② Philip Snow, *The Star Raft: China's Encounter with Africa*, p. 35.

③ Raymond A. Dart, "The Historical Succession of Cultural Impacts upon South Africa", *Nature*, No. 2890, Vol. 115 (1925, March 21), p. 427; Raymond A. Dart, "A Chinese character as a wall motive in Rhodesia", *Southern African Journal of Science*, Vol. 36 (December 1939), pp. 474-476.

④ 李安山:《论郑和远航在中非关系史上的意义》,《东南亚研究》,2005年第5期,第90页。

右摧毁了苏丹港口阿宜宰布以后，萨瓦金的地位开始变得重要起来，加强了与各地包括印度和远东的贸易。1453 年奥斯曼土耳其帝国崛起后，萨瓦金仍然在与中国通商。“当时埃及的影响逐渐减弱，在红海的贸易也慢慢衰退，只有萨瓦金和吉达依然迎来来自印度和中国的商船。尽管在奥斯曼土耳其时期，红海的贸易影响减弱，而且萨瓦金及马萨瓦(Massawa)也为土耳其人所控制，但萨瓦金和马萨瓦与中国的联系并未中断，印度商人仍然将这两地的货物，如金砂、象牙、犀牛角、树胶、珍珠、玳瑁运往中国，并在那里以等重的黄金进行出售。”苏丹与中国的关系并不仅限于阿宜宰布和萨瓦金。①

明代的中非贸易也有了很大的发展。当时东非海岸的各个港口都已卷入印度洋贸易。木骨都束商业相当发达，“其富民附舶远通商货”。②郑和下西洋无疑大大促进了中非两地的贸易。根据费信《星槎胜览》上记载，远洋船队用各种中国特产在当地变换。在竹步国，“货用土硃、段绢、金银、磁器、胡椒、米谷之属”。在木骨都束，“货用金银、色段、檀香、

明代古籍中的非洲动物——长颈鹿与斑马

① 加法尔·卡拉尔·艾哈迈德:《跨越二千年的苏丹中国关系探源求实》，第 37—38 页。
② 参见冯承均校注《星槎胜览校注》(后集)，第 22 页。

米谷、磁器、色绢之属”。在卜剌哇，“货用金银、段绢、米豆、磁器之属”。[①]从非洲进口的则有各种当地的土特产，如象牙、犀牛角、乳香、红檀、紫蔗、龙涎、生金、鸭嘴胆攀、没药。此外，还引进了一些非洲动物，如长颈鹿、鸵鸟、斑马等。

中非关系的互补性在某种程度上促进了双方的贸易。[②]

2. 明代外销华瓷在非洲

中国考古学家于 2006 年和 2011—2012 年在肯尼亚进行过两次有关中非早期交往的调研。中肯两国考古学家共同进行的对曼布鲁伊遗址的考古发掘中有诸多发现，特别是用于外贸和赏赐的龙泉官瓷。参加合作考古的肯尼亚国立博物馆滨海考古部主任齐里亚马指出中国人和西方人与肯尼亚人打交道的不同态度：“因为他们派遣使者携带礼物前来，这表明他们对我们平等而视。这表明肯尼亚在葡萄牙人到达之前，与外界有着紧密的联系，是一支活跃的海上力量。”[③]

由于开通了与东部非洲的航线，中国瓷器在明代大量运到非洲。以景德镇为中心烧制的青花瓷，是当时瓷器生产的主流，而青花瓷的生产在永乐、宣德年间更有较大的发展，不论是在胎釉、色泽，还是造型、纹饰上，都有长足的进步。因此，明代远销非洲的瓷器，亦以青花瓷为主。根据日本学者小山富士夫 1965 年的统计，在埃及福斯塔特遗址所发现的明瓷中，有青花瓷 1 656 片，而龙泉青瓷数量少得多，彩瓷则只有 7 片。[④]此外，在北非其他地区、东非地区和中南非都发现了明代的瓷器。[⑤] 这些发现与中国学者对明代史籍的研究互为印证。

---

① 参见冯承均校注《星槎胜览校注》(后集)，第 20，23，25 页。

② 李新烽主编：《郑和与非洲》，第 105—109 页。

③ 秦大树、丁雨、戴柔星：《2010 年度北京大学肯尼亚考古及主要收获》，载李安山、刘海方主编，《中国非洲研究评论 2012》，北京：社会科学文献出版社，2013 年，第 247—272 页；秦大树、丁雨：《肯尼亚滨海省曼布鲁伊遗址的考古发掘与主要收获》，载李安山、潘华琼主编：《中国非洲研究评论 2014》，北京：社会科学文献出版社，2015 年，第 253—271 页。

④ 马文宽、孟凡人：《中国古瓷在非洲的发现》，第 50 页。

⑤ 除马文宽、孟凡人的专著外，还可参见 R. Oliver，ed.，*The Cambridge Historyof Africa*，Vol. 3，Cambridge：Cambridge University Press，1977，pp. 574—575，579—580.

齐里亚马认为，14—15 世纪期间，中国青瓷是肯尼亚最受欢迎的器皿。这些瓷器色彩丰富，从深绿到灰色，让人喜爱。另一个原因在于，当地人认为如果用青瓷器皿盛装食物，可以测试是否有毒。从 14 世纪起，青花瓷开始出现在东非海岸地区。① 中国瓷器在明朝永乐和宣德年间的传播范围随着郑和下西洋不断扩大，最后远至东非索马里的木骨都束、卜剌哇、竹步以及坦噶尼喀和肯尼亚沿岸地区，“使明代瓷器几乎达到无远不至的程度”。②

3. 双方关系的变化

值得一提的是，虽然很早以前中国的典籍里就出现过关于“昆仑奴”（黑奴）的记载，但在西方殖民者入侵非洲并染指中国后，非洲黑人才比较多地出现在中国的土地上。当时，葡萄牙殖民者将一些黑人奴隶带到了中国的沿海地区。据记载，1635 年的澳门居民人数为 7 000 人，其中5 100 人为奴隶，主要是非洲黑人奴隶。在郑芝龙的军队中即有黑人士兵。1661 年，为了保卫我国领土台湾，郑成功曾与荷兰殖民者进行了激烈的战斗。在这一战斗中，黑人士兵曾浴血奋战，协助郑成功保卫我国领土。③

郑和远航是人类历史上的伟大事件，标志着一个世界航海史上的伟大时代的到来。不幸的是，中国与非洲之间和平友好交往由于帝国主义时期的到来戛然而止。世界历史学家帕尔默在描绘达·伽马率领葡萄牙殖民者侵犯东非海岸时的情景时指出：“城市被摧毁，船坞里的船只被烧毁，俘虏被屠杀，他们被肢解的手、鼻子和耳朵被送回来，以作为嘲弄的战利品。一位婆罗门教徒以这种方式饱受凌辱后幸存下来，拖着残缺之身去见他的同胞。遗憾得很，正是以此种方式印度认识了西方。”④

① Herman O. Kiriama, “The Africa China exchange systems in the late first/ early second Millennium BCE.”, Lecture at Centre for African Studies of Peking University, Oct. 28, 2014.

② 林士民：《郑和下西洋与瓷器外销》，载《郑和下西洋论文集》，第一集，第 42—49 页。

③ Philip Snow, *The Star Raft: China's Encounter with Africa*, pp. 38 - 40.

④ Robert Roswell Palmer & Joel Colton, *A History of the Modern World*, 7th edition, McGraw - Hill, Inc., 1992, p. 109.

六、结论

综上所述,我们可以对古代中非关系得出如下结论。

(1) 从早期的少许耳闻开始,唐宋时期中非双方的认识加强,元明时期海上交往开始密切,中国与一些北非和东非国家的关系从民间上升到官方,双方经常互派使臣。一些非洲国家向中国朝廷遣派使臣结好送礼似乎说明中国在双边关系中的重要地位。

(2) 郑和下西洋具有世界意义,反映了当时的中国国力和航海水平。它不仅使带有偶然性的中非民间贸易上升为定期的官方关系,还使中国对非洲的认识有了质的飞跃。在记述郑和船队航线的文献中,提及的非洲国家或地区的名称已达三十余个。

(3) 中非贸易关系史表明,双方贸易多通过海路与陆路交替完成,中间商主要由波斯人、阿拉伯人和印度人来充当。除亚历山大港外,苏丹的阿宜宰布、萨瓦金、巴底和埃塞俄比亚的阿杜利斯等港口在早期非洲与远东及中国的关系中扮演着重要角色。①

令人遗憾的是,这种独立主权国家之间的和平友好外交关系未能继续,这与国内政治和国际形势的变化有关。明仁宗以后,保守派官僚的攻击和由此产生的锁国政策,极大阻碍了明代后期的中外友好往来和海外贸易,中国与非洲的关系因此受到影响。随之而来的是帝国主义瓜分非洲与殖民主义的统治。

从一开始,中国与非洲之间的交往与早期葡萄牙人在非洲的行为完全不同,双方之间是一种平等的关系。正如肯尼亚考古学家齐里亚马在比较中国人和葡萄牙人与非洲人最初相遇时的所作所为时指出的那样:一种是平等与和平的,另一种充满着傲慢与暴力。②

---

① 加法尔:《唐至元末苏丹与中国的关系》,载《元史论丛》,第七辑,第 197—206 页。本节以下内容除特别标注外均取自本文。

② Herman O. Kiriama, "The Africa China exchange systems in the late first/early second Millennium BCE.", Lecture at Centre for African Studies of Peking University, Oct. 28, 2014.

第三章　非洲华人的起源

一旦中国国内发生叛乱或是在印度发生不法情事和暴乱，中国人就会将主要商务活动迁移到桑给巴尔及附近岛屿。中国人对与岛上居民开展贸易关系感到非常愉快，因为岛上的居民处事公道，经营方式令人喜爱，跟他们做生意也很轻松。由于这一点，桑吉巴尔岛因此繁荣了起来，旅行到这里的人也相当多。

——伊德里斯(Al Idrisi，1100—1166 年)

本章将论述清代中国与非洲的交往以及早期中国人移民非洲的情况。

到了清代前期，中国与非洲之间的关系藕断丝连。这一时期的显著特点是，由于国门被逐渐打开，加上外国传教士对世界各国的介绍，一些具有时代感的中国人有感于世界上其他弱小民族的遭遇，深刻认识到翻译编辑外国史书的必要。中国与非洲的共同命运多少引发了一些知识分子的感慨。一些有机会去欧洲的知识分子或官员或无意经停，或有意考察，多少有一些直接接触非洲的机会。正是在这一时期，中国内部的衰败与外部的列强入侵，特别是《北京条约》将华民出口合法化，从而开启了大规模契约华工迁移国外，其中也包括早期非洲的契约华工。

虽然华人移民海外早已见诸史书，但大规模迁移出国则是近代之事。欧洲资本主义原始积累的来源之一是对海外殖民地的开发，这种带有掠夺性质的开发对大量劳动力的需求使欧洲殖民国家盯上了中国。此时的清朝政府正处于衰败之中，特别是鸦片战争轰开了中国的大门以后，可谓危机四伏。

一、对非洲大陆的介绍

这时期不仅出现了一些涉及非洲的游记，也出现了相当一批介绍外国历史的著作，其中包括有关非洲的书籍。特别值得注意的是，从 18 世纪末开始，文明古国埃及遭到欧洲列强的侵略。中国知识分子的忧患意识被埃及的命运所警醒。1902 年 9 月 11 日出版的《革新报》第 2 期上的一篇文章写道："我读埃及史，肠断金字之塔，返观我祖国，时为何时？"

此外，18 世纪的一些著作中均提到了"好望角""毛里求斯""井普"等非洲的地名，如樊守义的《身见录》、陈伦炯的《海国闻见录》、谢清高的《海录》和王大海的《海岛逸志》等。后来的容闳在其《西学东渐记》中提到了自己在圣赫勒拿岛看见华人的情况，张德彝在其所著《航海述奇》中则提到了埃及开罗等地的风土人情。下面扼要地介绍樊守义和谢清高二人的著作、《三洲游记》以及一些涉及非洲的著述。

(一) 樊守义与《身见录》

樊守义(1682—1753 年)，为中国耶稣会士，外文名 Louis Fan，神甫字利和，生于山西绛州(碑志)。① 康熙四十六年(1707 年)奉清廷之命，随传教士艾逊爵(Jos. Ant. Provana)②赴欧。他们从澳门启程，经巴达

---

① 根据樊守义自序："生长山右之平阳"。

② 有关艾逊爵的生平，参见费赖之《在华耶稣会士列传及书目》(上)(冯承钧译)，北京：中华书局，1995 年，第 483—486 页。关于他去世的情况："行至好望角附近殁于舟中，时在 1720 年 2 月 7 日。同行之樊守义神甫为之成殓，实以香料，运回广州。1722 年 12 月 17 日康熙帝遣大臣为之营墓，并置田亩，以资修扫之费。其墓今尚存也。"同上书，第 485 页。

维亚至南非好望角，渡大西洋抵达巴西，再从那里转赴葡萄牙，随后又访问了西班牙和意大利，并谒见教宗。樊守义在意大利求学数年，先就学于都灵，继就学于罗马。1709 年在罗马入会，研究神学毕授司铎。后返回葡萄牙。1711 年，偕艾逊爵神甫在里斯本乘船回国。他偕艾逊爵东还，当船行至好望角附近时，艾逊爵体弱病故，樊守义独归东土。① 他在《身见录》中记述了从印度洋到大西洋的航线，并提到了南非好望角(大浪山)②。

樊守义很可能是见于史籍的最早访问南非好望角的中国人。王重民君曾在《罗马访书记》中提及此书，“《身见录》，樊守义撰。今藏罗马国立图书馆，附于残钞本《名理探》后，故世人知者鲜。守义于康熙四十六年，随文若瑟使罗马，追记旅途中所身见为是书。……此《身见录》诚为国人游欧者最早之第一部旅行记”。③

(二) 谢清高与《海录》

清代的谢清高(1765—1821 年)则是早期访问毛里求斯的中国人之一。谢清高，嘉应州(今广东梅县)之金盘堡人，18 岁时即随外轮出洋。1782—1795 年在葡萄牙或英国海船上工作，遍游五大洲。他曾从帝汶向西经过毛里求斯岛，绕越马达加斯加的北端，通过莫桑比克海峡抵达开普敦，然后取道圣赫勒拿岛到葡萄牙。他指出非洲共有 100 多个国家，其中莫桑比克、南非以及西非一些地区均被欧洲殖民国家占领，当地人民被贩卖为奴隶。他在海上共 14 载，31 岁时眼睛就失明了。由于谢清高眼睛失明，有些口述不够准确。王重民在描述《身见录》的文章中对谢清高和《海录》颇有微词，“国人来欧者，前于樊氏有郑玛诺，后于樊氏有

---

① 有关樊守义的生平，参见《三一〇樊守义》，载费赖之：《在华耶稣会士列传及书目》(下)，第 680—683 页；樊守义：《身见录》(阎宗临注)，《山西师院学报》，1959 年第 2 期。关于《身见录》的全文，还可参见方豪《中西交通史》，第 855—862 页。

② 沈福伟：《中国与非洲——中非关系二千年》，第 497 页。

③ 王重民：《罗马访书记》，载《大公报》，民国二十五年十二月二十四日，《图书副刊》162 号，转引自费赖之：《在华耶稣会士列传及书目》(下)，第 682 页。

谢清高。玛诺无撰述，清高又不知学，杨炳南曾录谢氏语以入《海录》，又多荒渺之词。”[①]这种评价未知是否客观，但对一位历尽艰辛远航外洋的中国人来说，颇不公平。

《海录》一书实为杨炳南根据谢清高的口述写成。他在著作中记载了莫桑比克(麻沙密纪)、毛里求斯(妙哩士)、好望角(峡山)、圣赫勒拿(散爹哩)等非洲地区。他还记述了好望角的航程，“海阔风狂，波涛腾涌。舟行经此，遇风过猛，必须稍待风和而行”。他对毛里求斯的地理位置是这样描述的：“妙哩士……凡大西洋各车回祖家，必南行经噶喇叭[②]至地问[③]，然后转西少北行，约一月可到此山”，而后抵达好望角。这里他描述的实际上是雅加达—毛里求斯—好望角这条南印度洋航线。他还写道：“妙哩士，西南海中岛屿也，周围数百里，为佛郎机[④]所辖。”[⑤]在清代其他学者的著作中也提到从印度尼西亚到南非的这一航线，并提到了荷兰船只在回国途中必在“鸽”停泊，以更换水手，补充给养；而船上的一些中国水手，则让他们暂居此地，以转到其他荷兰船只上服务。“鸽”即指开普。[⑥]

(三)《三洲游记》的真伪辨析

《小方壶斋舆地丛钞》收录了《三洲游记》。作者以生动的笔触描绘了东非地区内陆的政情民风。

文中对非洲国王的相貌特征及兵马情况描写颇为详细。“国王美秀而文，容貌映丽，年给二十八九，洵为斐洲绝品。后询从者，知该国相传十有五世，王最喜文人讨论今古”；有征战前的军营情景：“中营为

① 王重民：《罗马访书记》，载《大公报》，民国二十五年十二月二十四日，《图书副刊》162 号，转引自费赖之：《在华耶稣会士列传及书目》，第 683 页。

② 即雅加达。

③ 即帝汶。

④ 即法兰西。

⑤ 谢清高：《海录》卷中，载艾周昌、沐涛：《中非关系史》，第 125 页。

⑥ 王大海：《海岛逸志》，载艾周昌编注：《中非关系史文选(1500—1918)》，第 25 页。

王所居,方广约五六十丈,凡三座,俨如宫殿,甚轩敞。兵弁数千,持军械环立帐外,大都黑面深睛,形状丑陋,而强悍之态可掬。殿前黄衣军一队。殿之前座,将军居之;次座,宰臣居之;三座,为王所居";有当地盐矿,"深三丈许,广有二三里,凿盐者二十余人。……其盐与石块无少异,须浸以清泉,涤尽泥土,然后可食";有妇女装饰,"颈中带一铜圈,镂以花纹,厚重且大,有重至十余斤者,凡外出,必套于颈中,不嫌累坠,亦不以为丑";还有对非洲村庄、双方争斗、宗教教堂、巫术仪式等各方面的描述。①

然而,张治在阅读过程中发现游记中多处疑点,经过考证,认为此书"实为斯坦利著作的改写,其中保留了大略真实的地理风俗特征,使之一度成为中国人最早到达非洲腹地的证据。今可知其为伪作,即使更为翻译作品,其价值也不及《黑蛮风土记》、《李文司敦斐洲游记》之属。"然而,此作反映的时代特征却颇有意义。张治指出《三洲游记》反映出 19 世纪 60 年代以后参与报刊笔务的中国文人既对西学感兴趣,又愿意保持着传统文学的写作爱好,从而使此时期的报刊文章呈现出文学性与新闻性以及虚实共存的两个维度。② 更重要的是,就中非关系的研究而言,《三洲游记》虽是伪作,其翻译、刊登和引起文学界的兴趣不仅说明了中国文人对世界(非洲)的关注,也多少增加了国人对非洲的认识。

(四) 涉及非洲的其他著述

此外,清代还出版了不少涉及非洲或提及非洲地名的著作,例如陈

① 丁廉:《三洲游记》,载艾周昌编注:《中非关系史文选(1500—1918)》,第 50—111 页。艾周昌先生介绍作者为丁廉,"以丹麦驻非洲亚德拉领事文案的身份,于 1877 年随游东非内陆。他所著《三洲游记》为近代中国所仅见的非洲内陆游记,具有很高的史料价值"。

② 张治:《"引小说人游记":〈三洲游记〉的迻译与作伪》,《中国现代文学研究丛刊》,2007 年第 1 期,第 150—162 页。

伦炯的《海国闻见录》[1]以及林则徐的《四洲志》、魏源的《海国图志》、徐继畬的《瀛寰志略》等。有的是赴欧美途中从船上观察到的情况，有的是利用职位之便收集整理的关于非洲的情况，有的涉及非洲的风土人情，还有的记录了非洲当地华人的情况，一些清朝外交官还将自己经过非洲的沿途所见记录下来。一些西方传教士也为中国带来了有关世界地理的新知识，他们编辑出版了相关书籍和地图，这些成为早期国人对非洲认识的来源。

还有相当多的著作文章提到摩洛哥或埃及因为弱小而导致被瓜分的悲惨遭遇，一些反清志士也对非洲国家英勇反抗殖民侵略的行为表示赞赏。英布战争给中国知识分子带来了新的信息。一方面是面对列强瓜分的警醒，另一方面是被侵略人民反抗的英雄气概。陈天华对德兰士瓦人民不畏强权，英勇反抗英国人的斗争给予了高度评价，指出德兰士瓦“人人都是顶天立地的大国民，不甘做他人的奴隶，遂与英国开战……足足战了三年，丝毫没有退让”。他号召国人要向德兰士瓦人学习，奋起反抗英国人的侵略。[2]

1908年，摩洛哥爆发反对法国殖民统治和本国统治者投降行为的运动。孙中山先生高度赞扬摩洛哥人民的斗争精神，指出他们“不甘与孱王俱死，与主权同亡，乃发奋为雄，以拒外兵，以复昏主。内外受敌，危险莫测，而么民不畏也，惟有万众一心，死而后已。……近东病夫之土耳其瓜分问题已由革命而解决，无名之国麽洛哥（即摩洛哥）干涉问题亦由革命而解决（近日电音云：德国行文促各国之承认革命党首领武黎哈佛为麽洛哥新王，而法兰西、西班牙二国已承认之，而并议退兵回国），中国岂异于是哉？”。[3]

---

① 陈华：《〈海国闻见录〉所载非洲地名考》，《暨南学报》（哲学社会科学），1993年第15卷第4期。

② 陈天华、邹容：《猛回头——陈天华、邹容集》（郅志选注），沈阳：辽宁人民出版社，1994年，第29页。

③《论惧革命召瓜分者乃不识时务者也》，载《孙中山全集》，第一卷，北京：中华书局，1981年，第380—382页。

清朝出版的有关非洲的主要著作和译作

作者	书名	说明
樊守义	《身见录》	内容涉及南非
陈伦炯	《海国闻见录》	内容涉及非洲有关地区
谢清高	《海录》	杨炳南根据谢清高的口述而成。内容涉及非洲有关地区和岛屿
林则徐	《四洲志》	主要为译稿，在远戍途中交给魏源，嘱其继续研究外国情况。内容涉及非洲大陆
魏源	《海国图志》	三次刻版，从五十卷增至百卷。内容涉及非洲大陆
徐继畬	《瀛寰志略》	中间有阿非利加、阿非利加北土、阿非利加中土、阿非利加东土、阿非利加西土、阿非利加南土、阿非利加岛屿等专节
马德新	《朝觐途记》	内容涉及埃及
郭连城	《西游笔略》	内容涉及北非
张德彝	《航海述奇》	内容涉及埃及
王韬	《漫游随录》	内容涉及埃及
王韬	《探地记》	内容涉及非洲地理环境、风情
	《三洲游记》	内容涉及东非内陆。为中国近代唯一关于非洲内陆的游记(实为迻译)
邹代均	《西征纪程》	内容涉及东非与北非
陈天华	《猛回头》	内容涉及瓜分非洲及德兰士瓦反英
孙中山	《论惧革命召瓜分者乃不识时务者也》	论及摩洛哥遭瓜分之事
梁启超	《摩洛哥问题》	为《欧洲战役史论》之第十三篇，专论英法德之争导致摩洛哥危机
麦鼎华译	《埃及近代史》	原著为日本学者柴四郎，有多种译本
赵必振译	《埃及史》	原著为日本学者北村三郎
不详	《埃及惨状》	1903 年文明书局出版
不详	《埃及惨状》	1910 年新弹词

概而言之，及至清代，中国与非洲的交往并无大的进展；比起海外贸易蓬勃兴旺的明代前期，可以说是大大后退了一步。这种新的双边关系

有以下几个特点。

第一,除极个别例证外,中国与非洲国家的官方关系已经断绝,然而,民间交往仍然在继续。西方传教士的到来多少为国人提供了认识非洲的机会。

第二,双方的直接贸易关系从明代后期基本停止以后,开始转变为间接贸易关系加上少数行商的直接贸易。

第三,面对日益严峻的国际关系,中国对非洲的介绍开始增多,这表现在有关非洲的游记和历史著作的出版上。

从19世纪开始,双方的交往开始趋于活跃。然而,这种交往已远非原有外交关系的恢复——双方已经不再是原来的拥有完整主权的国家。这种交往是在一种完全不同的国际环境中重新开始的。在双方的关系之间,多了一个强行介入的第三者——欧洲列强。同样重要的是,中国和非洲都面临着一个它们知之甚少而令它们茫然不知所措的世界。非洲在短短的几十年里被欧洲列强瓜分完毕,而契约华工成了中非交往的先行者,他们中的一部分成为当地的早期华侨。

二、早期移民非洲的华人:推断与史实

中国人何时出现在非洲?这是一个十分有趣且能激发人们想象的问题。我们相对比较熟悉在中国发现的各种物证和史料记载,然而,一些在非洲发现的物证,有的让人惊讶,有的则令人费解。

(一) 南部非洲的"中国尖帽"和"田"字装饰物

1. 南非岩画中的外国人与"中国尖帽"

雷蒙·达特(Raymond Dart)祖籍澳大利亚,是一位在南非工作的著名人类学家和考古学家。他曾于1924年在南非汤恩石灰采石场发现了一个约5—6岁小孩的不完整头骨,包括部分颅骨、面骨、下颌骨和脑模。当他宣布发现了"汤恩小孩"后,在世界上引起了轰动。然而,当时的种

族偏见拒绝接受热带非洲是人类起源的地方，傲慢与偏见使雷蒙·达特的这一发现的重要意义长期被埋没。①

雷蒙·达特对不同地方文化的相互影响这一问题十分感兴趣。在一篇有关外来文化对南非原住民桑人（San，早期欧洲人蔑称为“布须曼人”，Bushman，即丛林人）产生影响的文章中，他展示了三张在开普省凯河地区（Kei River）发现的岩画（英文文章原附图的 Figure 8－10）。海伦·通格小姐（Miss Helen Tongue）长期收集南非桑人的岩画，早在1909 年就出版了《布须曼人绘画》一书。（Oxford，1909）。她发表了从奥兰治自由邦东部地区和开普省收集的很多桑人的岩画插图，其中不少是描绘着装的外国人。在位于东巴克利的马格达拉，她发现了一幅有趣的桑人岩画，标记为“第 18 版—第 27 号”。她认为此画“从整体上看是古代的”。上面有一位浅棕色的人和一位深棕色的人。那位浅棕色人的旁边注有“穿衣者戴着中国尖帽”（图 1，Fig. 8）。根据雷蒙·达特的解

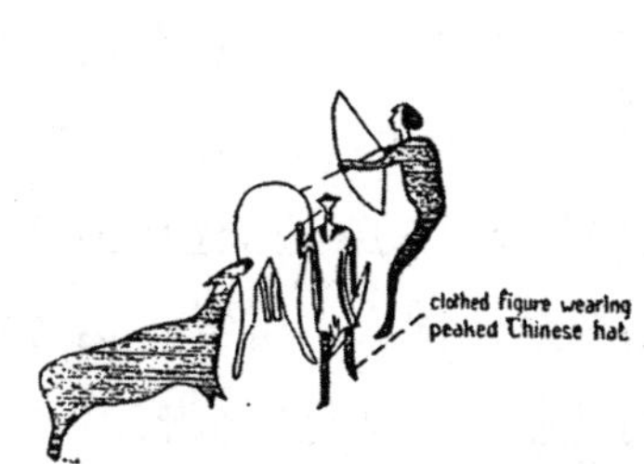

图 1　(Fig. 8) 桑人岩画：穿衣者戴着中国尖帽

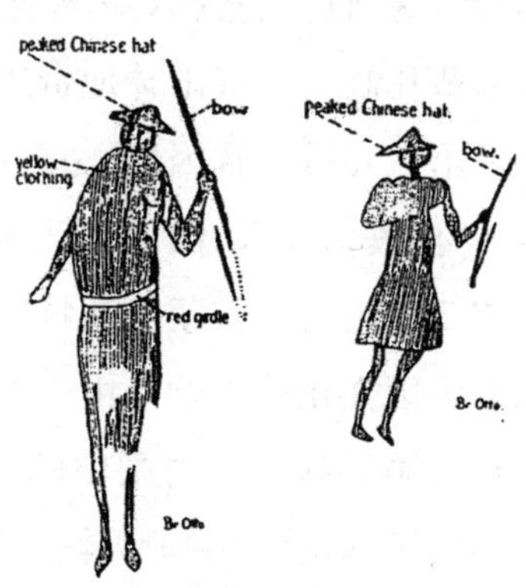

图 2　(Fig. 9, Fig. 10) 桑人岩画：带着中国尖帽的外国人

---

① 这个被达特命名为“南方古猿非洲种”（Australopithecus africanus）的汤恩小孩生活在约 200 万年前。尽管汤恩小孩的头骨有许多似猿的性状，但他也有很多人类的性状，例如上、下颌骨不如猿向前突出，颊齿咬合面平，犬齿小。特别重要的是，汤恩小孩的枕骨大孔在中央。这些特征表明：汤恩小孩是一个两足行走的猿。两足行走的重大意义在于它是一种极其重要的适应，也包含着巨大的潜能：将上肢解放出来，以致有一天能用来操纵工具。可以说，所有两足行走的猿都是处于某种进化过程程中的“人”。一种像猿的生物居然被解释为人类祖先，而且在非洲出现，这种观点难以被当时受偏见和种族主义意识影响的人类学家所接受。

释,这幅画上的那位肤色为浅棕色人的脖子上戴着两个项圈。奥托(Brother Otto)多年耐心地从事桑人岩画的收集工作,他在凯河沿岸约20海里的地区发现了28处地方存有桑人的绘画,他收集整理了250多幅岩画,整理并细心描绘了这些桑人早期艺术家们的作品细节。达特在奥托收集的各种桑人绘画中也发现了两幅载有类似戴帽者的岩画(图2,Fig. 9, Fig. 10)。这两幅画中的戴帽人比前面那幅更为清晰。通过研究,他推测这些人戴的帽子是"中国尖帽"(Peaked Chinese hat)。

开普省东部的河谷地区是桑人的活动区域,他们在那里留下了大量的岩画。前面提到的海伦·通格小姐和奥托先生精心收集的桑人岩画,其中含有类似中国尖帽的图案。如果仔细看这两幅岩画,我们会发现其中那两人戴的帽子很像中国南方人戴的斗笠(又称笠、笠子、笠帽)。

斗笠盛行于中国东南部及东亚和东南亚地区,用细竹的叶或篾编织的称为箬笠、竹笠、箬帽,用草梗或芦苇编织的称蒲笠或苇笠。此外,还有以毛毡片制成的或雨林地带用当地棕皮、棕毛编结的大斗笠。作为一种遮蔽阳光和风雨且因地适宜制成的编织物,斗笠的起源已不可考。从《诗经》"何簑何笠"、《国语》"簦笠相望"来看,斗笠作为雨具,至迟出现于公元前5世纪初。雷蒙·达特在发现这两幅岩画后,认为这一头饰可能标志着中国文化的影响。由于对当地民族和文化的熟悉,他认为这些由桑人在岩洞里制作的岩画中的那位戴帽者是外国人。雷蒙·达特将此人戴的帽子标记为"中国尖帽",认为这可能是中国文化的影响。①

2. 南部非洲的"田"字装饰物

达特教授这篇发表于1925年的有关外来文化对南非产生影响的文章并未引起人们的注意。然而,雷蒙·达特一直专注于当地与外界的文化交流。无独有偶,他在19世纪30年代又发现了另一种物证。

当时,中国教育代表团访问位于南部非洲的罗得西亚(其北部是现

① Raymond Dart, "Historical succession of cultural impacts upon South Africa", *Nature*, vol. 115, no. 2890 (March 1925), pp. 425–429.

在的赞比亚，南部是津巴布韦)。代表团成员在当地官员陪同下访问内地。在南罗得西亚(今津巴布韦)的恩达兰格瓦(Ndarangwa)地区房屋的墙壁和碗上流行以"田"字作为装饰。这一现象引起考察教育情况的田中修的注意。当地官员问他为什么会这样关注，田中修回答：因为它看上去像自己的姓。他的回答令当地陪同十分诧异。回到中国驻南非领事馆后，他将自己的姓名和籍贯留下来(图3)。这一史实引起了雷蒙·达特的注意，他认为，这一装饰物有可能标志着中国文化的影响。① 我们对看似"田"字形的装饰物的起源并不了解，单一物证也难以解释这究竟是不同地区人民审美观的类似，还是中国与非洲文化的双向影响。目前对此问题只能存疑。

图3　发现"田"字装饰的田中修先生的字迹

此外，根据一些观察和记载的资料，在西非也存在着一些零星的疑似证据。例如，很早有人发现，在尼日利亚北部存在着一个与中国人体貌相似的民族。②

---

① Raymond Dart, "A Chinese character as a wall motive in Rhodesia", *South African Journal of Science*, vol. 36 (1939), pp. 474 - 476.

② 许永璋：《古代中国人移居西非内地的探讨》，载李安山主编，毕健康、巨永明副主编：《中国非洲史研究会文集(2015)》，北京：社会科学文献出版社，2016年，第3—14页。

（二）伊德里斯的描述与发掘的宋代钱币

1. 桑给巴尔岛上的早期华人

古代著名学者伊德里斯（Al - Idrisi，1100—1166 年）是一位享誉全球的阿拉伯地理学家。他的著述至今仍是人们理解古代阿拉伯和相关地区历史的重要资料。根据他的记载，中国人曾居住在桑给巴尔并与当地人进行贸易活动。他指出，他曾听说一些中国人住在桑给巴尔。这些中国人在中国或印度出现动乱时会将贸易活动转到桑给巴尔或附近岛屿。

> 这个岛屿（桑给巴尔岛）有许多连结在一起的建筑，岛上许多村庄也养牛。他们栽种稻谷。这里的人商业活动频繁，每年进口的商品种类繁多。据说，一旦中国国内发生叛乱或是在印度发生不法情事和暴乱，中国人就会将主要商务活动迁移到桑给巴尔及附近岛屿。中国人对与岛上居民开展贸易关系感到非常愉快，因为岛上的居民处事公道，经营方式令人喜爱，跟他们做生意也很轻松。由于这一点，桑给巴尔岛因此繁荣了起来，旅行到这里的人也相当多。①

从时间上推断，这种贸易活动应该发生在宋代。美国作者李露晔（Louise Levathes）针对伊德里斯的这一描述指出，“伊德里斯用阿拉伯字‘ishra’来形容中国人与斯瓦希里人之间的关系，‘ishra’的意思是友谊随着时间的扩展而日益密切，有时候甚至是亲密的同盟关系”。②

2. 非洲发现的宋代钱币

无独有偶，在东非海岸的多个地区，例如摩加迪沙、布腊瓦、马菲亚岛以及桑给巴尔岛，确实发现了大量的宋代钱币。特别是在桑给巴尔岛发现

---

① Al-Idrisi, *Opus geographicum*, Neapoli - Romai, Instituto Universitario Orientaledi Napoli, 1970, pp. 7, 62; Louise Levathes, *When China Rules the Seas*, *The Treasure Fleet of the Dragon Throne*, *1405 - 1433*, Oxford University Press, 1994, pp. 200 - 201.

② Louise Levathes, *When China Rules the Seas*, *The Treasure Fleet of the Dragon Throne*, *1405 - 1433*, p. 201.

了多批次甚至大批量的中国钱币。据不完全统计，共发现钱币12批次，共计300余枚。其中一次在一个特定的贮藏处发现的多达250枚之多。①

非洲发现的宋代钱币线索一览表

时间	地点	枚数	钱币年代	发现者	资料来源
1888?	桑给巴尔	?	宋代(与宋代瓷器一起发掘，后存大英博物馆)	John Kirk	F. Hirth(夏德)
1898	摩加迪沙	8	13世纪前，多为11—12世纪	Stuhlmann	同上
1898	同上	7	同上(均现存于柏林 Museum fur Volkerkunder)	Strandes	同上
1916	马菲亚	1	宋神宗	皮尔斯	张铁生引自皮尔斯
?	摩加迪沙		713—1201年	?	F. Greenville
?	摩加迪沙和布腊瓦	24	16枚为宋真宗至宋理宗时期；6枚明代，2枚清代	?	张铁生引自 F. Greenville
1939	桑给巴尔	5	宋代?	Walker	F. Greenville
1945	桑给巴尔卡珍瓦	176	4枚为唐代，8枚无法辨认。其余为宋真宗至宋度宗时期	Makam bin Mwalimu Mhadimu	同上
1954	桑给巴尔格迪	2	宋宁宗、宋理宗	Kirkman	同上
1955	Kisimani Mafia	2	宋代?	G. E. Organ	同上

① G. S. P. Freeman-Greenville, *The Medieval History of the Coast of Tanganyika*, Berlin: Akademie-Verlag, 1962, pp. 184-185. 有关以下宋钱的资料来源，还可参见 F. Hirth, "Early Chinese notices of East African territories", *Journal of the American Orient Society*, vol. 30, no. 1(Dec. 1909), pp. 46-57；张铁生：《中非交通史初探》，北京：三联书店，1963年，第49—50页。

续 表

时间	地点	枚数	钱币年代	发现者	资料来源
?	基尔瓦	5	宋太宗、宋徽宗	斯密士	张铁生
?	基尔瓦	1	宋太宗	皮尔斯	张铁生
1991	阿宜宰布	?	宋代	川床睦夫	加尔法

＊此表的“时间”并非宋钱被发掘的时间，而是展现或公示时间。

1939年、1954年和1955年发现三批铜钱的地址与1945年发现一大批宋钱的所在地相距不远。克尔克曼曾认为中国人喜欢将过时的钱币输出以作为装饰物，但格伦维尔不同意这种看法。有意思的是，最大的那批钱币是当地人从一个贮藏处发现的。当时发现者穆哈迪姆用一根铁撬棍将一些小片珊瑚清除，他突然发现一个洞，隔地面约3英尺，在里面发现了大量的铜钱，比他上交的要多。因为当他展示这些铜钱时，一些乡亲自己拿走了一些，他估计总共约有250枚左右。①

3. 谁是宋代钱币的收藏者？

在一个相对集中的地方发现这么多的宋代钱币，特别是如此众多的铜钱被藏在一个洞穴里，这需要解释以下几个重要问题。

（1）收藏这些货币的人是谁？

由于这些货币或成堆出现，或相对较为集中，可以推测这些人应该是中国人。加上货币的量比较大，这些人应该是中国商人。

（2）目的何在？即为什么要收藏这些货币？

伊德里斯的描述表明当时东非地区存在着华商，那些华商很可能准备以后返回中国，这样便可解释他们的动机。

（3）他们为什么会有这些货币？特别是收藏在贮藏处的那么多货币？

可以肯定，这些是他们出国时带来的货币。在买卖过程中，多为以

① G. S. P. Freeman-Greenville, *The Medieval History of the Coast of Tanganyika*, pp. 184-185.

货易货，这些货币暂时没有用处。因此，商人倾向于将货币收藏以作回国之用。

这些货币揭示了当时存在于中国与东非之间的贸易关系。

(三) 郑和后裔的传说

自从1903年国内开始研究郑和远航这一话题以来，人们一直在问一个问题：郑和船队是否有人留在非洲？或是换一种说法：中国在古代是否有人移民非洲？对于这一问题，一直没有人进行过系统研究。究其原因，主要是学术兴趣和语言问题。中国古籍中似乎没有人涉及这一问题，非洲国家虽然有些古文字，但或是尚未破译（如古苏丹的麦罗埃文），或是国内无人知晓（如埃塞俄比亚的盖兹文）。

1. 拉瓦尔的见闻

关于中国船员后裔留在非洲的最早传说应是来自法国航海者拉瓦尔(Pyrard de Laval)。他在1602年出版的航海游记中提到他在马达加斯加碰到中国面孔的居民。这些人自称自己的祖先航行到此地后迷失了方向。① 这种描述很容易让人联想到郑和船队的人因迷失方向而在当地定居。然而，值得注意的是，当时的欧洲人了解的亚洲民族主要是中国人，对几乎所有具有蒙古人种面孔的人都称为中国人。马达加斯加人的主要民族梅里纳人(Merina，亦称"伊梅里纳人")属蒙古人种。虽然不排除这位法国海员看到的是中国船员后裔的可能性，但也完全可能是马达加斯加的主要民族梅里纳人。

2. 弗兰索瓦·瓦伦丁的猜测

早期欧洲人还发现在东非沿海地区存在着一些皮肤与当地人不同的人。1705年，当荷兰商人弗兰索瓦·瓦伦丁(Francois Valentyn)曾记载了他在东非地区碰到的一件奇怪的事。在这里，他注意到一些皮肤很

① A. and G. Grandidier, *Collection des Ouvrages anciens concernant Madagascar*, tome 1, Comité de Madagascar, 1903, p. 299, Quoted from Philip Snow, *Star Raft*, p. 32.

白的人。“他们的妇女和小孩的皮肤异常白皙，甚至可以与许多欧洲的小孩相提并论”。他谈到那些皮肤淡色的小孩的一种举动：不知为了什么原因，他们总会在身体上涂泥，让自己的外表变黑。1935 年，一位意大利人类学家在帕泰岛上做调研时，发现当地的上加人（Washanga）认为自己的祖先是中国航船遇难而侥幸存活下来的中国水手。①

3. 上加村＝上海？

真正有所依据的事件发生在 1980 年。当时，英国考古学家霍顿在肯尼亚的帕泰岛（Pate）做考古调查。当地的上加村（Shanga）的头人告诉他：根据这里数百年的传说，自己的祖先是上海人，正是这一点使该村庄的名字成为“上加”。这些由研究助理伊丽莎白·万佳丽·鲁戈伊约（Elizabeth Wangari Rugoiyo）收集的资料被霍顿保存下来。② 虽然在肯尼亚的各个沿海地区发现了不少中国的瓷器或钱币，但帕泰岛的“上加村＝上海”的这种有关中国船员后裔定居此地的说法是真的吗？

究竟是真是假，现代人只能从蛛丝马迹中寻找根据。美国学人李露晔经过多年的调查，对上加村居民的说法进行了求证。她在上加发现了上加人曾经待过但后被烧毁的城镇，发现了法茂族中 20 余支自称为中国人后裔的上加人。这些法茂人为自己的祖先是中国人而骄傲。在帕泰岛流传着中国航船在西游村（Siyu，一译“西尤村”）附近遭遇海难的故事。上加村里也发现了大量的瓷器，这里也存在着人们中间长期流传的故事：马林迪将长颈鹿送给中国皇帝作为礼物并使之成为中国人与斯瓦希里人之间友谊的象征。李露晔不无感慨地表示：“这件事只在中国古籍上有所记载，通常也只有少数学者曾经阅读过。然而，在非洲沿岸的这个偏远角落，连中文都不会说的上加人却对这件事的细节知道得清清

① Louise Levathes, *When China Rules the Seas*, pp. 201,199.

② 收集的资料，Mark Horton, *Shanga 1980: An interim report of the National Museums of Kenya Archaeological project at Shanga, during the summer of 1980, as part of the work of Operation Drake*, Operation Drake, London, 1980.

楚楚,确实值得注意。”①

1999 年,《纽约时报》记者纪思道(Nicholas D. Kristof)写了题为《1492 年前传》的长篇报道,对郑和船队的海上历程进行了较为简约的回顾。他之所以用这个标题,是因为他认为郑和船队下西洋也是一次可以与哥伦布 1492 年横渡大西洋航行相媲美的世界远航。他在文章中除了叙述了郑和在亚洲诸岛屿以及印度洋上的历险之外,也提到了他采访的多名自称是中国人后裔的上加人的故事。在多次采访无望时,他碰到了一位负责保存村庄口述历史的老人布瓦纳·姆库·巴乌里(Bwana Mkuu Al - Bauri)。尽管他自称 121 岁,但思维清晰。“我从我的祖父那里得知了这一切,他在这里负责保存历史。很多很多年以前,一艘从中国来的船在离岸边不远的地方触礁遇难,水手们游到离上加村附近的地方上了岸——我的祖先当时在,看到了这一切。这些中国人是来访者,我们就帮助这些人,给他们食物和住的地,他们后来就与我们这里的女人结婚。尽管他们不是住在我们这个村,但我相信他们的后代仍然可以在这个岛的其他地方找到。”最后,一位名叫哈里发·穆罕默德·奥马尔(Khalifa Mohammed Omar)的法茂族渔民告诉了他较为完整的历史。一艘中国航船在帕泰岛附近遇难,一些船员游上岸后定居下来,在此结婚生子。②

(四) 中国学者的实地调研与考古

1. 李新烽的帕泰岛之行

李新烽曾是《人民日报》高级记者。为了对有关拉穆群岛特别是帕泰岛的中国人后裔的传闻进行核实,他于 2002 年 3 月和 2003 年 5 月专程到这个岛进行了大量的个人访谈和实地调查。他从帕泰村的村长那里初步得到中国船只遭遇海难后在当地安家的基本情况。中国人登陆

---

① Louise Levathes, *When China Rules the Seas*, p. 200.

② Nicholas D. Kristof,“1492: The Prequel”, *The New York Times*, June 6, 1999.

帕泰岛后，有的留在上加村，有的来到帕泰村，大部分人去了西游村，他们逐渐与当地女子结婚成家。“中国人只剩下三户，瓦法茂（Wafamau[①]）是他们的共同姓氏，也成为帕泰岛上‘中国人’的代称”。[②] 西游村的头人库布瓦·穆罕默德（Kubwa Mohamed）告诉他：“没有中国人，也就没有现在的西游村……来到帕泰岛的中国人全是男人，他们在上加时就与当地妇女结婚成家，生儿育女。举家来到西游时，又不断地受到骚扰，加之西游村自然条件不断恶化，为了生计和逃命，他们逐渐地离开了，沿着大陆海岸南下，不知具体去向。有的讲他们去了马林迪，有的说他们去了蒙巴萨，总之是沿海一带的城市。”西游村至今还有铁匠、中医等，都是受了中国人的影响。[③] 在上加村，村长斯瓦雷·穆罕默德（Swaleh Mohamed）向他介绍了上加村的历史以及老人们提及的马林迪国王向中国皇帝赠送长颈鹿的故事。根据各种资料和传说，中国船只遇难时间应在郑和时代。如海难发生在郑和下西洋之前，这些幸存者的后人不可能知道长颈鹿的故事。海难也不可能发生在郑和下西洋之后，因为原来的上加村约在公元 1440 年左右遭到毁灭。这样，幸存水手不可能在上加村安家落户。[④]

2. 中国—肯尼亚联合考古的发现

北京大学秦大树教授领导的团队与肯尼亚考古学家也在肯尼亚进行了考古发掘。[⑤] 他们发现了一些明代初年的官用瓷器，如龙泉窑生产的官用瓷器和景德镇生产的永乐时期的官窑青花瓷片。在肯尼亚各地也发现了龙泉官器，如格迪古城出土的青瓷刻花折枝莲荷纹盘、伊沙卡尼（Ishakani）遗址出土的青釉刻花碗、恩瓜纳（Ungwana）遗址出土的青釉印花团花纹碗和曼布鲁伊出土的永乐时期的官窑青花瓷片。我们知

---

① 即法茂人，Wa 是表示民族的前缀。

② 李新烽：《非洲踏寻郑和路》，第 31 页。

③ 同上书，第 39—44 页。

④ 同上书，第 44—46 页。

⑤ 有关此次考古发掘的成果总汇，参见丁雨《肯尼亚曼布鲁伊遗址及马林迪遗址的考古学研究》，北京大学考古文博学院博士学位论文，2015 年。

道,明代初年的龙泉窑瓷器较多的用于海上贸易,其中的官用瓷器由工部委派烧制,专门用于外贸或赏赐。秦大树认为:由于这些瓷器有一部分是为了郑和航海制造的,用作对各地统治者的赏赐器物,在肯尼亚发现这些官瓷"反证了在郑和下西洋时曾经到达过肯尼亚沿海地区。"①相对而言,丁雨博士的结论相对较为谨慎,他认为,"综合文献、考古证据和当时的历史条件,郑和船队到达过东非海岸的可能性是非常大的"。②

另一个证据也可间接说明中国人在帕泰岛的影响。16世纪中期,葡萄牙人曾派出舰队征服姆拉姆塔帕王国以夺取这里的金矿资源。1596年,由于帕泰岛人民反抗过葡萄牙人,葡萄牙的舰队从基尔瓦驶向帕泰岛,还有三位耶稣会士同行。蒙克拉罗教父在他的航海日志中提到,帕泰是一个很大的城市,有不同类型的贸易。主要原因是这个城市盛产丝绸,而且只有这个地方产丝绸。葡萄牙人只能用其他商品如铁器、珠子或棉布来交换。③ 根据帕泰岛的老人们回忆,这个岛在半个世纪前确实仍然生产丝绸。④

综合中国学者的采访调查、考古挖掘,他们的发现可概括为以下几点。

(1) 在拉穆群岛发现了大量与中国人相似的人群,他们居住相对集中,以帕泰岛上的上加村和西游村为最。

(2) 这些人都自称中国人的后裔,多少能回忆一些与中国船员有关的事情或相关家史,并对自己祖先是中国船员表示自豪。

(3) 这些自称为中国人后裔的人或家庭在身形体态、面貌特征、风俗

---

① 秦大树:《肯尼亚出土中国瓷器的初步观察》,in Qin Dashu & Yuan Jian, eds., *Ancient Silk Routes*, Singapore: World Scientific Publishing Co., 2015, pp. 89-109.

② 丁雨:《肯尼亚曼布鲁伊遗址及马林迪遗址的考古学研究》,第393页。还可参见丁雨《东非沿海发现的龙泉瓷器补阙》,载李安山主编,毕健康、巨永明副主编:《中国非洲史研究会文集(2015)》,第15—28页。

③ G. S. P. Freeman-Greenville, *The East African Coast*, *Select Documents from the first to the earlier nineteenth century*, Oxford: Clarendon Press, 1962, pp. 138-143.

④ Nicholas D. Kristof, "1492: The Prequel", *The New York Times*, June 6, 1999.

习惯以及家族家规方面似乎都有中国人的特点。

（4）在这些人聚集的村落里，仍然保持着一些中国人的生活用品及装饰物，有的在娱乐活动或其他方面均有所体现。

（5）北京大学与肯尼亚考古学家联合考古发掘项目在东非海岸发现的明初官窑瓷片和“永乐通宝”铜钱大大提升了郑和舰队曾经到达过东非海岸的可能性，为以往学者基于文献的研究提供了非常重要的证据。[①]

三、西印度洋群岛上的华人起源探微

（一）非洲华人起源的观点释疑

在国内外学术界存在着一种看法，即认为今天的非洲华侨的前辈是来此做工的契约华工。[②] 虽然契约劳工在数量上占当时非洲华人的绝大多数，但他们中很多或葬身于苦工场所，或契约期满后回中国去了。这样，真正构成非洲华侨社区主体的是那些自由移民。所谓“自由移民”，包括早期从巴达维亚（今雅加达）流放至开普刑期已满的犯人、直接从亚洲迁移过来的华人和契约期满后仍然留下来的华人。

美国研究毛里求斯的学者鲍曼在概括毛里求斯移民时认为：印度人是作为契约劳工来到毛里求斯的，而华人是作为自由移民来到此地的。[③] 专门研究中非关系史的英国学者菲利普·斯诺也持同样看法。[④] 他们的这种看法应是受到亨利·乔丹（Henry Jourdain）一次讲座的影响。1881

---

① 丁雨《肯尼亚曼布鲁伊遗址及马林迪遗址的考古学研究》，第 392 页。有关这一专题，可参见李新烽《非洲踏寻郑和路》；秦大树、丁雨、戴柔星《2010 年度北京大学肯尼亚考古及主要收获》，载李安山、刘海方主编：《中国非洲研究评论 2012》，北京：社会科学文献出版社，2013 年，第 247—272 页；秦大树、丁雨《肯尼亚滨海省曼布鲁伊遗址的考古发掘与主要收获》，载李安山、潘华琼主编：《中国非洲研究评论 2014》，北京：社会科学文献出版社，2015 年，第 253—271 页；秦大树《肯尼亚出土中国瓷器的初步观察》，pp. 89 - 109.

② 华侨经济年鉴编纂委员会：《华侨经济年鉴》，台北，1994 年，第 922 页。

③ Larry W. Bowman, *Mauritius, Democracy and Development in the Indian Ocean*, Colorado: Westview Press, 1991, p. 8.

④ Philip Snow, *The Star Raft*, p. 55.

年,亨利・乔丹在皇家殖民研究所(Royal Colonial Institute)设讲座时解释了当时毛里求斯华人的地位及其活动。他强调了毛里求斯华人的自由身份,以表示他们与当时在该岛上的大部分印度契约劳工的不同地位。他谈到华人的地位:“他们不是政府负责的移民,也不是任何意义上的苦力劳工。他们都是来到岛上的自由旅客,来去自由。”他还指出当时毛里求斯的华人有 3 558 人,并试图解释华人是如何将岛上几乎所有的杂货买卖掌握在他们手上的。“中国佬弄到一个小棚屋,在城里买上一桶猪肉、奶酪和其他商品,再将它们分成小份零售给那些住在一些房地产上的劳工”。① 然而,亨利・乔丹的观点有失偏颇。早期来到毛里求斯的华人中也有相当部分是契约劳工(后面将论及)。

从历史发展的观点看,尽管有一些零星的中国移民从印度、东南亚或其他地区移民非洲,但较大规模的迁移是国际形势的变化所致。一是大西洋奴隶贸易和奴隶制的废除。二是欧洲殖民列强瓜分非洲的浪潮。由于开发非洲殖民地的需要和劳动力的短缺,英、法、德、比等欧洲国家将目光转向印度和中国。下面,我们对最早抵达非洲各地的华人起源做一分析。

(二) 毛里求斯

毛里求斯是从亚洲通往非洲的第一站,从其他各种著述中也可看出,华人移民非洲到达的第一站即是毛里求斯。葡萄牙人早在 1593 年就将中国人运到南部非洲。

1. 第一批华人的境遇

1638 年 5 月,第一名荷兰总督古耶尔(C. S. Gooyer)带了 25 人,由荷兰东印度公司派遣驻扎于毛里求斯。当年就有两艘船从巴达维亚运来一些人,使岛上的人员达到 80 人,他们大部分是囚犯。② 这些人中

---

① Henry J. Jourdain, “Mauritius”, *Proceedings of the Royal Colonial Institute*, vol. 13, 1881 - 2, London: Sampson Low, 1882, p. 297.

② Larry W. Bowman, *Mauritius, Democracy and Development in the Indian Ocean*, Westview Press, 1991, p. 9.

间很可能有华人。1654 年荷兰殖民者将 3 名中国人从印度尼西亚的巴达维亚运到毛里求斯，这些是有案可查的抵达非洲的早期中国移民。当时荷兰人刚在南非建立了新的殖民地开普敦。根据荷兰历史学家艾伯特・皮托特(Albert Pitot)的研究，这 3 名服刑的中国犯人乘坐开往开普敦的贺斯号(Haes, Haas)航船于 1654 年 3 月 7 日在毛里求斯登陆。① 早期来到毛里求斯的华人确实在该岛留下了痕迹。这些华人中间有一部分很可能是被荷兰殖民当局从东南亚地区运来的囚犯。

1727 年，法国商人皮埃尔・波瓦夫勒(Pierre Poivre)为了促进毛里求斯(当时叫法兰西岛)的植物种植，将一些中国园丁从加尔各答带到该岛。② 根据《留尼汪华侨史》，在 1750 年，曾有人在毛里求斯南部的一块岩石上发现刻有中国人的名字。③ 毛里求斯的档案确实有关于 18 世纪 40 年代这里已经存在华人的记录。1743 年 4 月 10 日，一群被卖的奴隶中有一名叫西蒙(Simon)的华人木匠。一个名叫路易斯・维戈罗(Louis Vigoureux)的法国船长在注明为 1745 年 12 月 22 日的遗嘱中表明：他的奴隶中有华人女性，为他忠实服务了多年，他希望报答她们。④ 法国人统治毛里求斯之后，此地开始出现更多的中国人。1754 年的记录表明一些中国来的奴隶、园丁、工匠和商人来到毛里求斯。由于当时这里的中国人多为男人，为了平衡男女比例，路易斯・维戈罗从广东买来两位中国女人，她们分别名叫波林(Pauline)和格雷西亚(Gracia)。她们这种通过买卖来到毛里求斯的中国女人的身份无疑相当于奴隶。经过多年的奋斗后，她们才得以

---

①《史诺先生介绍非洲华侨历史概况》，《华侨历史学会通讯》，1982 年第 2 期。还可参见 P. J. Moree, *A Concise History of Dutch Mauritius, 1598 – 1710*, Kegan Paul, 1998, p. 40.

② D. Helly, "Des immigrants Chinois dans les Mascreignes", *Annunaire des Pays de l'Ocean Indien*, vol. 3, 1976, pp. 105 – 124; Marina Carter and James Ng Foong Kwong, *Abacus and Mah Jong: Sino-Mauritian Settlement and Economic Consolidation*, p. 22.

③ 多米尼克・迪朗、让・亨顿：《留尼汪华侨史》，载方积根编：《非洲华侨史资料选辑》，第 457 页。这一说法尚未得到毛里求斯历史学家的证实。

④ Marina Carter and James Ng Foong Kwong, *Abacus and Mah Jong*, p. 22.

摆脱这一身份。波林于1771年成为自由人。[①] 早在1761年4月20日，毛里求斯的户口登记簿上已出现澳门籍华人的名字。一些自由华人移民的记录也出现在毛里求斯的档案里。1788年，出生于澳门的46岁的文森(Vincent)在毛里求斯是一名逃亡奴隶的追捕者，他自己在弗拉克区(Flacq)有一块土地。另一位来自澳门的名叫多米尼克的中国人当时记录为55岁，他住在毛里求斯的庞普勒穆斯(Pamplemousse)，身份是一名卫兵。他的父母是基督教徒，名字分别为菲利克斯·安东尼和安娜。

2. 东印度公司的失败试验

1761年，东印度公司在法兰西岛首次试验引进一批中国农业工人。当时，公司对他们实施严格的管理制度，他们的行动受到各种限制，丝毫没有文化生活和宗教活动的自由。这批华人是由德斯坦伯爵(Count d'Estaing)从东南亚绑架而来的。当时，德斯坦在东南亚买了两艘船，载着他们的妻子儿女。然而，其中一条沉没，另一条船舱漏水，只能返回巴达维亚。他们身心疲惫，悲痛欲绝。他们本来在东南亚从商，但东印度公司却让他们毛里求斯做苦力。他们举行罢工，并向总督德福尔热·鲍彻(Desforges - Bourcher)不断要求回国。

当时，巴达维亚的华人首领也托人带信给鲍彻总督，恳求他将这些由德斯坦伯爵带到法兰西岛上的华人送回去。另一位名叫旺德帕的将军也要求鲍彻总督将这些华人送给他，并解释说这些人是小商贩，不是苦力。这些华人也一直坚持斗争，他们拒绝政府的各种馈赠，坚决要求将他们遣返。在多方面的压力下，鲍彻总督不得已将一些不愿留下者遣返原籍。[②]

3. 管仲方的考证

1932年，在毛里求斯新华学校任教的管仲方老师为了考证早期华人

① H. Ly - Tio - Fane, "Une phase peu connue de l'immigration chinoise ã Maurice", L'Aurore, no. 25, janvier, 1991. 还可参见 Albert Pitot, *T'Eyland Mauritius*，载 Pascale Siew:《唐人街:毛岛往事》，第18页。

② "德福尔热给公司的信，1762年7月20日。"见李卓凡:《西印度洋华侨史》，附录文件，文件二，载方积根编:《非洲华侨史资料选辑》，第307—309页。

抵达毛里求斯的来源，多方搜寻，爬梳整理，将华人初到毛里求斯岛的资料整理为三种说法。

(1) 初到毛岛之华人为福建人，乃契约工人应别埠外人之订雇而过毛岛者。华人因惮于苦工生活，望见毛岛陆地，乘人不觉，遂投海面，由爹务史(Terre Rouge)登陆。时登陆者四人，均流为海盗，因爹务史本为昔时海盗之薮。

(2) 最初到毛岛为福建人。今埋埔地方(Mahebourg)尚有福建人所建之老神庙。埋埔为法兰西统治时期之交通市镇，华人初到毛岛者，当在法兰西统治期间。

(3) 福建人之到毛岛，相传为法人由新加坡与华人订立契约至埋埔坡蛙浪(Beau Vallon)为种甘蔗工作者。三十人中，死其二人。在英法未开战之先，解约之华人，已由法人遣使回国。迨英吉利统治毛岛仅一年，遂有姓洪者四人，姓林与姓陈者各一人，同时复至。此六人者，皆福建产，以捕鱼为业。自是到者日见增加。

虽然这些资料多来自毛里求斯前辈口传，但因鲜有资料留存，则实为难得。然而，由于没有具体的年代记录，其准确性难以保证。管君认为第一条不确。“在昔华人和外人订立契约而作苦工者多往南洋群岛。往毛岛及其他邻近各岛如留尼汪，马达加斯加[和]南非洲各埠之华人，以现在该处华侨人数推之，应在毛岛华侨之后。一说谓均为毛岛前往——谓与外人订契约而经过毛岛，恐未必是。至惮于作苦工而投海脱险，由素不认识之地方泅水登陆，尤不近理。登陆者四人，或为姓洪者四人之误。清末华人，加入三点会者，皆名之曰洪门。无知妇孺，类皆称门为道，‘流为海盗’，想亦为有四人姓洪而为后人之讹误者。”他认为第二和第三种可能性较大，一是神庙的存在，二是人数相对确切，三是资料出自福建同仁之口。根据各方面资料推测，他认为“华人之最初到毛岛者，当在 1795 年[①]前后。——清嘉庆十五年(即 1810

① 原文为 1895 年，据上下文改。

年)——后到毛岛之华人,则在1811年间事也。"[①]

4. 有关早期华人的其他观点

当然也有不同意见。根据记载,约1750年间,在毛里求斯的一块岩石上发现刻有华人名字。第一批华人1760年在路易港下船,有的人1762年回到中国,另一些人留下来了。在路易港西部的公墓里可以找到他们的墓葬。[②] 毛里求斯前文化、艺术和娱乐部长曾繁兴先生在文章中指出,最早有华人名字出现在毛里求斯户口登记簿上,年份为1761年。他们应该早已在当地落户。[③] 从1760年起,法国人就开始将华人运送到毛里求斯的种植园劳动。第一批华人商人家人是在英法战争期间被法国海军将领德斯坦作为人质于1761年4月从东南亚地区掠来的,约有300名。法国人原想迫使他们从事农业生产,但华人以经营商业不谙农事为由拒绝。法国人只好在第二年将他们遣返。[④] 根据曾繁兴的研究,这批人似乎没有全部离开。1762年,法国人又直接从中国运来一批华工。[⑤]

目前,我们可以得出初步结论。第一,华人最早抵达毛里求斯的时期应是18世纪期间。第二,早期华人中有自由移民者,但大部分是作为契约劳工来到这一海岛的。

---

① 李安山编注:《非洲华侨华人社会史资料选辑(1800—2005)》,第5—6页。

② 方积根编:《非洲华侨史资料选辑》,第457—458页。

③ 曾繁兴:《寻根:毛里求斯的华人》(邓抗升译),《明报月刊》,1980年第1期(总169期),第40—41页。这一说法与毛里求斯《周末报》1981年4月题为《毛里求斯华人简史》的一组文章相互印证。文中提到法国德斯坦伯爵曾在英法七年战争时于1759年10月打破英国人的封锁,并在东印度洗劫了英国人的商行后将当地的华人作为人质带到毛里求斯。参见方积根编《非洲华侨史资料选辑》,第44页。笔者于2016年访问毛里求斯期间多次与曾繁兴先生探讨这一问题,在此对他的热情接待表示感谢。

④《毛里求斯华人简史》(刘新彝译自毛里求斯《周末报》1981年4月初专题文章),载方积根编:《非洲华侨史资料选辑》,第44页。关于这批华人的待遇,可参见李卓凡《西印度洋华侨史》,附录文件,文件二"德福尔热给公司的信,1762年7月20日",载方积根编:《非洲华侨史资料选辑》,第307—309页。

⑤ 陈公元:《古代非洲与中国的友好交往》,第49页。

(三) 留尼汪岛

留尼汪岛与中国的交往始于 18 世纪 20 年代。1724 年 11 月 3 日，法国军舰"美尼威号"(La Minerve)绕过非洲好望角后，经过留尼汪岛，东渡印度洋，于第二年抵达我国广州。1727 年，留尼汪岛殖民地(当时称为波旁岛)的指挥官皮埃尔·贝努瓦·杜马(Pierre Benoît Dumas)派人到远东各地搜集名贵的农作物种苗，并带回留尼汪岛种植。当时，从中国带到留尼汪的植物有茶、胡椒、大黄(La Rhubarbe)、玉桂(La Cannelle)等品种，丰富了留尼汪的作物栽培。这是留尼汪岛与中国直接交往的开始。在 18 世纪，法国东印度公司在留尼汪与广州之间的贸易一直在进行。①

1727—1735 年，皮埃尔·贝努瓦·杜马任内曾从印度招募了百余名工匠和农夫到这两个岛上来试种印度的棉花和从中国引进的茶树苗和荔枝苗。在这百余名工人中，很可能有中国人。一方面引进的树苗中有的是从中国引进的，在引进和栽培过程中中国花匠比其他地区的更为合适。另一方面，当时由中国到印度洋西部海岸和岛屿等区域(包括阿拉伯地区和非洲地区)的人必须先到印度。可惜由于留尼汪岛的一部分早期档案资料于 1809 年 9 月 21 日被英军在圣保罗市登陆时纵火焚烧，具体情况不得而知。②

当时法国东印度公司与亚洲其他地区也存在着各种贸易关系。商船往来于留尼汪与印度、东南亚之间。完全有可能一些印度或东南亚的居民随着商船来到留尼汪岛上。同时，当时岛上的居民中间也有各种不同肤色的人，有白人、黑人和黄种人。留尼汪历史学家黄素珍认为，在 1844 年法国正式引进中国工人以前，在岛上存在着中国人并非不可能。

---

① Edith Wong-Hee-Kam, *La Diaspora Chinoise aux Mascareignes*, pp. 22-24；何静之编著：《留尼旺岛华侨志》，台北：华侨志编纂委员会，1965 年，第 12 页。

② 何静之编著：《留尼旺岛华侨志》，第 15 页。

主要是法国从东南亚地区引进的马来人中完全可能有一些华人，因为他们在东南亚很普遍。[①] 她指出：1760 年，留尼汪岛上已经有华人妇女存在的证据。[②]

留尼汪岛几经易手，1815 年由法国从英国手中接管。当时英国人在毛里求斯利用亚洲劳工，成效颇为显著。法国随后效仿，于 1829 年开始到亚洲招募劳工。1844 年，法国打算招募 1 000 名华工，但未能达到目的。当年 9 月，法国船"苏佛昂号"(Le Suffren)从新加坡运来了第一批华人劳工 53 人。1844 年一年内一共只从新加坡招来了 70 名华工。这些华工可能是被骗而来的。因为他们被分派去参加筑路或养蚕等工作后，少数人不甘屈服，逃亡到山区去自己做起了小买卖。这种行为当然不被雇主所容，他们中多数人被雇主拘捕或驱逐出境。根据史料，其中有 3 名华工于 1844 年 11 月 7 日联名写信给当地行政首长，请求准许他们继续居留在留尼汪经商。[③]

(四) 马达加斯加

相对毛里求斯和留尼汪而言，马达加斯加是一个大岛。在 18 世纪，马达加斯加早年建立的梅里纳王国分裂为四，萨卡拉瓦王国(Sakalava Kingdom)正处于鼎盛时期。当时的国王牢牢控制着当地的局势。法国商人为了讨好国王，专门从中国买来了珍贵的瓷器献给他，还给国王带来一顶经过雕刻并用中国漆漆得十分精美的王冠。[④]

1797 年，安德里亚南普伊奈梅里纳(1787—1810 年在位)统一了王国。其子拉达马一世(1810—1828)继位后称"马达加斯加国王"，并开始领土扩张。他于 1817 年夺取了法国在东海岸的塔马塔夫，随后迅速将

---

① Edith Wong - Hee - Kam, *La Diaspora Chinoise aux Mascareignes*, pp. 25 - 27.

② *Ibid.*, p. 8.

③ 何静之编著：《留尼旺岛华侨志》，第 15 页。

④ Richard Gray, ed., *The Cambridge History of Africa*, Vol. 4, Cambridge University Press, 1975, p. 465.

王国扩张到大部分马岛。1825—1826 年，拉达马一世拒绝了英国提出的自由贸易联盟的建议，坚持在自己的土地上进行独立的贸易。他希望通过控制本地资源，采用西方的先进技术，以保证自主的工业化，特别是在纺织和军工工业方面。尽管他在多方面模仿西方，但长远目标是将纺织品、经济作物和林产品（如蜡和橡胶等）作为出口商品，同时增加阉牛、肉类和水稻以及兽皮等传统出口产品。[①] 拉达马一世的妻子拉纳瓦洛娜一世（1828—1861）继位后继承丈夫的政策，并于 1845 年在塔马塔夫击败了英国和法国远征军的军事干涉。拉达马二世于 1861 年继位后，曾一度实施与英、法妥协的政策，但遭到国内民众的不满。1863 年，军事首领赖尼来亚里沃尼推翻了拉达马二世后登上了马达加斯加首相的职位。他上台后，继续进行各方面的改革，包括政府体制、法律、宗教和教育方面。在经济方面，最重要的是马达加斯加黄金业的兴起。[②]

1885 年法马两国签订和约，法国承认马达加斯加的独立和主权，但外交事务由法国统监领导，法国人有权在马达加斯加长期租借土地。事实上，马达加斯加变成了法国的保护国。1895 年，法国再一次侵略马达加斯加，于 1895 年 1 月在马任加登陆，9 月 30 日攻占了塔那那利佛。马达加斯加的这场由国家主导的建立现代工业部门、发展经济作物种植园以及开发矿业和林业资源的早期工业化尝试被迫中断。

由于马达加斯加一直处于英国和法国的争夺之中，加之内部处于大变革时期，政治局势不稳，这一时期迁移马岛的华人似乎不多。有关马达加斯加早期华人的移民过程有多种说法。

根据早在 19 世纪末已在马达加斯加定居的华人岑惠如的记忆，最早抵达马达加斯加的华人名叫陈敖，广东顺德沙滘人。此人颇具冒险精神，他先到毛里求斯，再移民过来，目的是想在马达加斯加海岸捕捞海

---

① Gwyn Campbell, "The Adoption of Autarky in Imperial Madagascar, 1820 - 1935", *Journal of African History*, 28:3(1987), p. 400.

② Gwyn Campbell, *An Economic History of Imperial Madagascar, 1750 - 1895, The Rise and Fall of an Island Empire*, Cambridge University Press, 2005, pp. 102 - 111.

参。据说与他同时居住在塔马塔夫的还有他的同乡陈汝璇、陈足和陈能等三四个人。然而,他们移民并定居于马达加斯加的年代不详。

1883年,广东顺德沙滘人陈广明也来到马达加斯加开店经商。他的先人曾在毛里求斯,陈广明自己先是迁往留尼汪开设"远发隆号",并在塞舌尔岛设立分店。他有一次前往塞舌尔视察业务,中途遇风暴,被吹到马达加斯加。上岸后,他发现这个大岛地广人稀,颇具潜力,便逐渐将业务从留尼汪迁至马达加斯加的塔马塔夫,开设"广利荣号"。他因为法国军队提供军需有功,法国占领该岛后授予他四星军衔。他年老回国后,将店务交由族弟陈秋(字礼堂)经营,仍继承这种所谓"荣誉",后被当地人焚杀。①

马达加斯加作者拉茨马(J. Ratsima)收集了关于最早在马达加斯加定居的华人移民的情况。"本人研究了马达加斯加有关华人移民的一系列古老文献。第一位来马的华人是一位名叫阿何的长者。此人大约生于1852年,1938年在马达加斯加逝世。在1885年的东部海岸(塔马塔夫、武海马尔等),他的踪迹轻易可见。他与一位当地人结婚,熟悉者均叫他何福(Hove),模仿'何发'(Hova)。他的后裔是第一批混血,外貌酷似蒙古人种,颧骨高大,头发挺直"。目前,马达加斯加华人中有一种说法,第一位来马达加斯加的华人名叫"何怀"(Ho Huai),在发音上与"何福"有相似之处。②

根据英国人的记载,1862年是可以确定华人到马达加斯加的最早年份。法国对马达加斯加的占领改变了华人的移民和生存方式。

(五) 塞舌尔岛

塞舌尔的华人有的来自香港,有的来自广州,而更多的则来自印度洋西部群岛,特别是毛里求斯。1898年,一个叫罗山(Low Shang)的华

① 萧次尹编著:《非洲华侨经济》,台北:海外出版社,1956年,第125页。

② Leon M. S. Slawecki, *French Policy Towards the Chinese in Madagascar*, pp. 44.

人是这样填写他的入籍申请表的:"商人,买主,在安斯·博楼地区加工和种植华尼拉。33岁,中国人,出生广州。配偶雅如佳,中国人,家住香港。罗山原系广州缫丝工人,1893年12月25日抱着经商目的来到塞舌尔。来塞后一直经商,并加工和种植华尼拉。在塞无任何财产,意欲在塞居住若干年。希望加入塞国国籍,打算在塞购置地产。"①

塞舌尔华人发展情况(1891—1911年)

年份	塞舌尔居民人数			华人居民人数		
	男性	女性	总数	男性	女性	总数
1891	8 302	9 138	17 440	44	1	45
1901	9 105	9 423	18 537	108	2	110
1911	11 557	11 134	22 691			81

资料来源:《1948年塞舌尔人口调查报告》,载李卓凡:《西印度洋华侨史》,载方积根编:《非洲华侨史资料选辑》,第169页。

四、南非及其他地区华人的起源

(一)南非的早期中国移民

虽然南非很早以前就出现了华人,但大批契约劳工抵达南非则是在20世纪初,这正是由于金矿业缺乏劳动力所致。叶惠芬女士曾提出南非华人的起源并非契约华工,而是自由移民。② 我认为南非华人的起源有三:中国和东南亚的自由移民(包括受清政府迫害的反清人士);荷属东南亚殖民地流放的华人;那些没有按规定回国留在南非的契约华工。③

---

① 李卓凡:《西印度洋华侨史》,文件十,载方积根编:《非洲华侨史资料选辑》,第328—329页。

② Melanie Yap & Dianne Leong Man, *Colour, Confusion and Concessions*, pp. 24, 103-104, 135.

③ Richard Elphick & Hermann Giliomee, eds., *The Shaping of South African Society, 1652-1840*, Wesleyan University Press, 1979, pp. 217, 219-220; Melanie Yap & Dianne Leong Man, *Colour, Confusion and Concessions*, p. 133; An English Eye Witness, *John Chinaman in the Rand*, London, 1905.

在西印度洋海域和沿岸国家之中，南非可谓是踏上非洲大陆的第一站。这一地理特征决定了从印度、中国或东南亚来的迁移者往往以南非为移民非洲大陆的重要停靠地。1652 年在南非桌湾登陆并建立了开普殖民地的范·里贝克曾在亚洲见到过从事各种行业的中国人，他在 1652 年 4 月 21 日的航海日志中提到“勤奋的中国人”，并多次要求荷兰东印度公司从亚洲派中国劳工来南非，但一直没有成功。①

1660 年，一个名叫万寿（Wancho）的中国囚犯从巴达维亚被运到开普，他很可能是第一个有据可查到非洲定居的中国人。此后不断有中国人被作为罪犯从巴达维亚进到开普。然而，在 18 世纪初已经出现了自由移民。1702 年，一位名叫亚伯拉罕·德维夫的华人在开普殖民地被接纳入新教教会并受洗礼。在 1722 年，开普的一些中国人和自由黑人组成了类似民兵自卫队的组织，作为应急之用。② 这些早期自由移民成为南非的华人先民。

当时巴达维亚的荷兰殖民者十分担心当地华侨的竞争，便制定了各种限制华人的政策和措施。这种政策理所当然地引起了当地华人的反抗，最后终于导致了 1740 年的“红溪事件”。参加起义的华侨被大批杀害，有些则被流放到开普殖民地。③ 18 世纪，一些在南非服刑期满的华人在当地留了下来，他们先是构成了东印度公司时期被称为“自由黑人”的一部分，后来又成了所谓“有色人”的一部分。④ 到 19 世纪初，英国政府为了开发南非，要求驻广州的英国代表协助从中国引进移民，这样才

---

① M. Wilson and L. Thompson, eds., *Oxford History of South Africa*, Vol. Ⅰ, Oxford: Charendon Press, 1969, pp. 65 - 66, 193; Eric A. Walker, *A History of Southern Africa*, London, 1957, p. 508; R. Elphick& R. Shell, “Intergroup Relations: Khoikhoi, Settlers, Slaves and Free Blacks, 1652—1795”, in R. Elphick & H. Giliomee, eds., *The Shaping of South African Society, 1652—1840*, p. 145.

② Melanie Yap and Dianne Leong Man, *Colour, Confusion and Concessions*, pp. 6 - 9.

③ 温广益、蔡仁龙主编：《印度尼西亚华侨史》，北京：海洋出版社，1985 年，第 157—163 页。

④ Melanie Yap and Dianne Leong Man, *Colour, Confusion and Concessions*, pp. 6 - 9. 但有的学者认为自由华人与自由黑人彼此互不相干。参见詹姆斯·C. 阿姆斯特朗《荷兰东印度公司时期的华人（1652—1795）》，载方积根编：《非洲华侨史资料选辑》，第 228 页。

开始了契约华工的引进。

华人开始经营生意并扩展迅速。在早期富裕的华人中有一位来自广东省的名叫 Horloko 的人，在开普的档案中，他的履历是金匠和翻译。在 1724 年的遗嘱中，他要求将财产转给巴达维亚华人社团的领导人，再转给他在中国的儿女。① 还有几位华人甚至成了奴隶占有者。② 华人的成功引起了开普殖民地白人的关注，他们派了 4 名代表到阿姆斯特丹递交请愿书。请愿书列举了华人经商过程中的所谓"不公平行为"，要求殖民政府进行干预以限制华人竞争者的商业活动。③ 在 1814 年至 1882 年间，约有 300 多名华人到达开普殖民地、纳塔尔、彼得马里茨堡和伊丽莎白港。④ 他们绝大部分都是殖民政府雇用的工匠和劳工，在南非定居后逐渐在商业方面站稳了脚跟。

（二）安西与郭楠——早年移民苏丹的华人女性

苏丹一直通过萨瓦金等重要港口与中国保持着贸易关系。埃及的捕鱼者从古代直到 19 世纪一直搜集海参，并通过苏丹的萨瓦金港运往中国。1869 年苏伊士运河开通后，萨瓦金的地位日益重要，该港口甚至从 1869 年起从印度和中国进口大米、丝绸和香料。

在这一时期，一位苏丹商人穆罕默德·哈只·阿里在苏丹与中国的贸易中起到了非常重要的作用，他在 19 世纪末选择了当时在国际贸易中十分活跃的广州作为开展对华贸易的据点，并在此开设了第一个苏丹驻中国贸易办事处，其地点很可能是在现今的怀仁寺附近。⑤ 他将苏丹

---

① James C. Armstrong, "The Chinese at the Cape in the Dutch East Company Period, 1652 - 1795", p. 13.

② Richard Elphick & Hermann Giliomee, eds., *The Shaping of South African Society, 1652 - 1840*, p. 209.

③ E. A. Walker, *A History of Southern Africa*, London: Longmans, 1964, pp. 101 - 102.

④ Melanie Yap & Leong, *Colour, Confusion and Concessions*, pp. 5 - 24；李安山：《非洲华侨华人史》，第 129 页。

⑤ 其家谱说他当年的办事处和住处都在一个清真大寺附近。

的物产如象牙、犀牛角、海参、玳瑁等运到中国,再将中国的丝绸、布料和大米卖到萨瓦金的市场。

穆罕默德·哈只与一位名叫安西的中国女子结婚,后来他又娶了一位回族姑娘,名叫郭楠,并举办了一场穆斯林婚礼。根据家人回忆,老祖母安西曾告诉其子孙那是一场盛大的婚礼。尽管穆罕默德·哈只在中国的贸易十分顺利,也赚了不少钱,但他仍然思念自己的家乡。在中国经商了十多年后,他决定举家返回苏丹。然而,他这样做违犯中国法律,因为中国在公元 628 年颁布法律,禁止外国侨民带着他们的中国妻子离开中国。他的两个妻子——安西和郭楠决定不顾一切,与他去苏丹。他们决定乘船离开。与他们同行还有另一个中国家庭。他们究竟是穆罕默德·哈只妻子的亲戚还是与苏丹有贸易往来的中国朋友,不得而知。这是一个回族家庭,丈夫名叫萨利姆,妻子的名字叫谢德甘。

安西在广州生下了女儿法特梅,还有长子艾哈迈德·萨利赫·萨比特。当法特梅跟随父母回苏丹时,她才 4 岁。一行人先是到了萨瓦金,然后回到了家乡柏柏尔市。这些人必须适应苏丹的气候饮食和风土人情。穆罕默德·哈只让自己的女儿和儿子都与苏丹人结婚。来自中国的萨利姆和妻子生了一个女儿,名叫阿瓦德。苏丹北部的这个小城市有了一个来自广州的中国家庭。他们的后代还有一些人保留着中国人的面部特征。安西逝世时,长子还很小,没有留下什么印象。然而,他还记得父亲的第二任妻子郭楠的模样。“这个女子身材矮小,长发,脸色白净,双足很小,眼睛小而细长”。①

在这样一个苏丹家庭中,华人血统成分的存在是无疑的。然而,由于时间和距离的因素,加之苏丹社会在后来的婚配过程中有意实行的社会内部通婚的实践,这种带有华人血统的因素只能成为一种历史的记忆,他们已经几乎忘记了自己的华人身份。

---

① 以上资料全部来自加法尔本人的采访。参见加法尔·卡拉尔·艾哈迈德《跨越二千年的苏丹中国关系探源求实》,第 41—46 页。

(三) 葡属东非殖民地——莫桑比克

在葡属东非(即莫桑比克),华人在19世纪后期即已开始移居洛伦索-马贵斯。早期华人绝大多数来自澳门。他们的移民,既非政治的关系(为政府所不容),亦非经济的原因(谋生的艰难),而是被澳门政府充军至此。居留澳门的华侨偶尔触犯当地法律,即被葡政府流放至此。20世纪30年代还健在的两位被流放的华人曾揭露:在充军期内,做苦工,辟山地,披荆斩棘,每每因气候的恶劣,病死者时有。到期限满后,则放之。任其自生自灭,政府绝无怜悯之意。所有被充军者,全凭借个人的生活能力挣扎奋斗。当时的洛伦索-马贵斯荒无人烟,全凭坚韧不拔的华侨将这块不毛之地开辟并使之繁荣。①

后来又有一些来自广东省的工匠。第一批移民是19世纪最后二三十年来的,他们大部分在洛伦索-马贵斯定居。他们中有的开设了店铺。在19世纪和20世纪之交,侨居在莫桑比克的华人和印度人与为数不多的东欧人互相竞争,以向当地非洲人出售酒类。② 1903年,华人先驱者中一位名叫贾阿桑(Ja Assam)的木匠兼建筑师将自己的一块地捐献给洛伦索-马贵斯的华人,以修建一座"中国亭"。一个社区协会后来在此城建立了一所中文学校。1893年,在洛伦索-马贵斯有52名华人,1900年,此地有84名华人,1903年已增至287人。③

(四) 圣赫勒拿岛

1874年,容闳在前往美国的路上乘船经过圣赫勒拿岛,并在岛上停留。他提到了圣赫勒拿岛上的华人,"至圣希利那岛(即圣赫勒拿岛)稍

---

① 子渔:《东非洲罗连士麦埠华侨一瞥》,《侨务月刊》,1936年11—12月合刊。

② Jeanne Marie Penvenne, *African Workers and Colonial Racism, Mazambican Strategies and Struggles in Lourenco Marques, 1877—1962*, Portsmoth: Heinemann, 1996, p. 40.

③ D. J. Soares-Rebelo, "The Chinese Extraction Group in Mocambique", Unpublished paper, 1996, Quoted from Melanie Yap and Dianne Leong Man, *Colour, Confusion and Concessions*, p. 39.

停，装载粮食淡水。凡帆船之自东来者，中途乏饮食料，辄假此岛为暂时停泊之所。自舟中遥望圣希利那岛，但见火成石焦，黑如炭，草木不生，有若牛山濯濯。予等乘此停舟之际，由约姆司坦(Jamestown，即詹姆斯敦)登陆，浏览风景。入其村，居民稀少，田间植物甚多，浓绿芸芸，良堪娱目。居民中有我国同胞数人，乃前乘东印度公司船以来者，年事方盛，咸有眷属，……”。[①] 这些早期华工的最后结果只能是留在该岛。1935年圣赫勒拿岛人口统计，华人和有中国血统的人约600人。

在非洲的其他地区，如坦噶尼喀、法属刚果、比属刚果等，早期也有一些华人迁入或被外国公司招募。由于这些地区的华人有的是以契约劳工的方式迁入，有的人数非常少，有的主要发生在19世纪末或20世纪，故将在后面章节论及。中国国内最早关于非洲华侨的统计数出现在1907年4月的《外交报》上，当时世界各地的华侨人数为8 954 889，非洲华侨为7 000人。[②] 很明显，这只是一个估计数。

五、结论

非洲的华人有各种源头。有的是在明代的沉船事故中幸存下来的中国船员后裔，有的是荷兰殖民者从东南亚运过来的流放者，有的是自由移民，有的是契约劳工。有的虽然存有华人的血统，但由于年代久、距离远，加之所居住的国家或民族对外来人口的严格同化政策，他们已经逐渐忘记了自己的身份；有的则始终记着那些带有传说故事或口述历史性质的自身家族的起源。从以上史料和分析，我们可以总结如下。

(1) 对自我身份的确定有一个主体认同问题，即华侨华人自己认同中国人身份或自己身上的中国文化标识。也就是说，从主观上看，有的人希望人家一看就知道自己是华侨或华人；[③]有的人则到国外后为生计

① 容闳：《西学东渐记》，载钟叔河主编：《走向世界丛书》，长沙：岳麓书社，1985年，第51页。

②《外交报》，第173期，1907年4月27日(光绪三十三年三月十五日)。

③ 有的海外华人在重大的场合总喜欢着有明显中国特色的服装(唐装或旗袍)，以明确自己的华人身份。世界各国的华人会馆、唐人街及中餐馆均是对华人身份最明确的展示。

着想开始千方百计地隐瞒自己的真实身份；还有的人则希望永远记住这种身份；[①]有人则根本不愿意承认自己的华人身份。[②] 当然，对于认同自己的华侨或华人身份的问题，还有各种其他态度。[③]

（2）由于迁出时间的长短与主体认同的可能性成反比，即移民的时间越久远，主体认同的欲望和可能性相对越小。这种现象我们称之为“时间差”。同时，华人的所属国与中国相距较近，主体认同的可能性则相对较大，反之亦然，这种现象我们称之为“距离比”。[④]

（3）当时移民非洲这些国家或地区的华人有各种类型，既有海难的幸存者，也有被欧洲殖民者运到此地的流放者；既有自由移民，也有作为工匠的工人或契约工人，还有因婚配组成的家庭中的华人。

（4）除个别国家（如苏丹）外，他们的流动性较大，往往在岛屿内部、岛屿与岛屿或岛屿与大陆之间流动。流动的原因主要是因为各地条件不同，他们要求生存、谋发展。

（5）华人移民多以亲属为群团，以家乡为轴心形成小团体，互利互助。他们一般结合当地特点，经营各种当地特产并与中国进行贸易，逐渐在当地安居。

---

① 如移居今中亚诸国的东干人对外讲自己是东干族，对内自称“中原人”“陕西老回回”。相当多居住在乌兹别克斯坦奥什州附近的东干人自称“奥什回回”，他们仍自认陕甘方言为母语。1990年11月成立全苏东干人协会时，奥什回回因不会陕甘方言而号啕大哭。参见王国杰《1877年移居中亚陕甘回族的地理分布》，《宁夏社会科学》，1997年第4期，第76—80页。

② 在世界海外华人研究会于2001年举行的台北学术研讨会上，一位美籍华人颇有怨言地表示：她不愿意被称为华人，但人家总是将她称为华人。这一事实表明：她本人的主观意愿并不能改变客体认同标识（体质特征），而这种客观标识正是他人认同她为华人的主要标志。

③ 例如，有的人一方面在家里和华人社区努力保持华人的文化特征，但在公开场合又希望人家不要将自己看作华人，这种现象在种族歧视相对严重的国家尤为突出。同理，华人学者也肩负着多重使命：他们既要重现华人移民国外的历史，又要重建定居国华人的身份，还要向定居国及其华人社团介绍中国文化。Jennifer W. Jay, “Writing the Chinese Diaspora: Multiculturalism and Confucian Values”, in Billy K. L. So, John Fitzgerald, Huang Jianli & James K. Chin, eds., *Power and Identity in the Chinese World Order: Festschrift in Honour of Professor Wang Gungwu*, Hong Kong University Press, 2003, pp. 311 - 330.

④ 有关主体认同以及“时间差”和“距离比”的概念，参见李安山等《双重国籍问题与海外侨胞权益保护》，南京：江苏人民出版社，2016年，第3—6页。

第四章　非洲华人社区的建立

陆才新持有毛里求斯政府首席秘书1821年10月26日签发的特别许可证，允其到中国募工，并将劳工带到此地，旅费自理，抵达后将受到政府的欢迎和接待。

——毛里求斯政府的特许证文件

从本日起，所有住在塔马塔夫或附近地区的中国人必须在一个月内以上述协会成员的身份进行登记。所有在塔马塔夫上岸的中国人均须受此命令之约束。

——马达加斯加政府的命令(1896年12月1日)

我们有时仅有一个先令，在单人商店里，我们可以买上例如3便士面包、3便士奶酪、3便士糖和3便士咖啡。对于我们这些穷人来说，这是很大的帮助。……如果能让华人生活在我们中间，我们这些穷人将把这看作政府方面很大的让步。

——南非贫苦白人的请愿书(1898年2月28日)

在19世纪上半期，英国商人在广州定购了一艘三桅船。船长160英尺，宽25.5英尺，载重800吨，以麻栗木制成。三桅船制成后，取名

“耆英号”。耆英号于1846年12月6日从香港西航，驶往英国。船员仅42人，英人12人、华人30人，船长为凯利特。耆英号于1847年3月31日环航好望角。船至圣赫勒拿岛后，因为粮食缺乏，凯利特船长决定改变航向，驶向纽约。耆英号抵达纽约后，成了当地一大新闻。船长命令鸣炮张旗志庆，纽约人士纷纷登船参观，每天参观者达七八千人。随后，耆英号从纽约转赴英伦，横渡大西洋，仅21天即于1848年3月28日抵英国，停泊在格雷夫森德(Gravesend)。从离开香港，横渡印度洋，两次横渡大西洋，最后抵达英国，共用了477天。①

此次耆英号横渡大西洋确实是一次壮举。诚如沈福伟先生所言：“船上的三十名中国海员，经过十七个月的长途航行，完全证明中国帆船足以胜任环球航行，能够抵挡莫桑比克海峡和非洲南端洋面的汹涌的海浪。‘耆英’号的中国人曾在开普敦停靠。他们以自己的远洋帆船安抵非洲，通过了大西洋。在近代中非关系史上镌刻了金光闪闪的铭文。”②虽然耆英号说明了中国的远航能力，但此时的清王朝已是百孔千疮，等待着中国的却是另一种命运。

第一艘绕过南非好望角的中国商船——耆英号

① 在台湾学者萧次尹的书中，此船名“奇鹰号”，参见萧次尹编著《非洲华侨经济》，第3页。在沈福伟的书中，此船名“耆英号”，参见沈福伟《中国与非洲——中非关系二千年》，第500页。此船舶图型，可参见 Melanie Yap and Dianne Leong Man, *Colour, Confusion and Concessions*, p. 11.

② 沈福伟：《中国与非洲——中非关系二千年》，第500页。

中国海外移民的谋生历程犹如这条在风浪险恶的印度洋和大西洋上航行的中国帆船。他们带着华人特有的不屈性格在世界各地闯荡，并在非洲大陆留下了自己的印记。

华侨华人在非洲的早期生活是一部忍辱负重的历史。为了求生，他们来到非洲大陆，以中国人坚韧不拔的勇气，开拓了一条新的生路。在建立社区的过程中，非洲早期华侨华人充分表现了他们那种勤劳俭朴的本质、吃苦耐劳的天性和团结互助的精神。这一章将叙述非洲各地华人的早期创业过程，叙述他们的社区生活（主要包括他们的经济生活和社团生活），并在综合分析的基础上指出早期华人社区活动的特点。

一、毛里求斯的中国移民

毛里求斯位于马达加斯加以东约 800 公里处。1598 年，荷兰人来此殖民，用荷兰王子莫里斯的名字将该岛命名为"毛里求斯"。1715 年，法国人占领该岛，将其改名为"法兰西岛"。在英法战争中，英军于 1810 年占领毛里求斯，《巴黎条约》(1814 年)将该岛正式划为英国殖民地。

在 1910 年前的近两个世纪里，约有 14.2 万契约劳工来到非洲大陆。[①] 在国内外学术界存在着一种看法，即认为今天的非洲华侨的前辈是来此做工的契约华工。[②] 虽然契约劳工在数量上占当时非洲华人的绝大多数，但他们中很多或葬身于苦工场所，或契约期满后回中国去了。这样，真正构成非洲华侨社区主体的是那些自由移民。所谓"自由移民"，包括最早从巴达维亚（今雅加达）流放至开普刑期已满的犯人、直接从亚洲迁移过来的华人和契约期满后仍然留下来的华人。

---

① 李安山：《非洲华侨华人史》，第 124 页。

② 华侨经济年鉴编纂委员会：《华侨经济年鉴》，台北，1994 年，第 922 页。叶慧芬和梁瑞来的著作中特意批驳了这一观点。Melanie Yap and Dianne Leong Man, *Colour, Confusion and Concessions*, p. xv.

(一) 华人社区的出现

在18世纪末,中国与毛里求斯岛之间的贸易非常频繁,毛里求斯向中国出口乌木,而从中国输入食具、瓷器、丝织品和竹制家具。① 一个名叫米尔伯特(Milbert)的随军绘图员在1801—1804年住在毛里求斯。他写道:"我觉得我在法兰西岛上所遇到的中国人表情稳重。他们是自由人,不大接触奴隶,而愿意与白人公司打交道。他们坐在咖啡馆,叼着烟袋度过闲暇。他们性情温顺、沉闷寡言。"1817年,一个途经毛里求斯的名叫比利德(A. Billiard)的人曾进一步证实了在毛里求斯存在着一定数量的中国人。他将当时的路易港比作东方之都,并将当地多种族的住宅区分为欧洲人集中的白人城(White Town)、主要是印度人居住的位于东区的马拉巴尔营(Malabar Camp)和位于西区的由有色人和被解放了的奴隶居住的自由营(Free Camp)。除此之外,还有一块唐人街。他在自己的游记日志上提到:当时路易港已有"一个不很大的由黄种人居住的、被称为中国村的居民区"。②

1810年被任命为毛里求斯总督的英国人法夸尔(Robert Farquhar)是鼓励移民的。他曾就稳定中国移民提出了自己的看法。"中国人刚刚来到这个陌生的国度上,全然不知所措。所以,在一段时间里,政府对他们予以一定的保护,以便使那些返回中国的人能现身说法,影响更多的人移往这个国家"。他在东南亚的殖民经验使他充分认识到华人在开发殖民地过程中的重要性。为此,他提出了一些稳定华人移民的措施,其中包括制定适用于华人移民的法律,"这样,我们就可以不让中国人走掉,我们是中国移民的主要既得利益者"。③ 1812年抵达毛里求斯的华

---

① 多米尼克·迪朗,让·亨顿:《留尼汪华侨史》,载方积根编:《非洲华侨史资料选辑》,第480—481页。还可参见曾繁兴《寻根:毛里求斯的华人》,《明报月刊》,1980年第1期,第40页。

② A. Billiard, *Voyage aux colonies orientales ou lettres écrites des Iles de France, et de Bourbon pendant les années 1817, 1818, 1819, 1820*, Paris: Ladvocat, 1822, p. 42, Quoted from Edith Wong-Hee-Kam, *La Diaspora Chinoise aux Mascareignes*, p. 29.

③ 李卓凡:《西印度洋华侨史》,载方积根编:《非洲华侨史资料选辑》,第122页。

人移民阿可恩(Acoen)认为,一些福建人如阿萨姆(Tincon Assam)在1811年已在路易斯港定居。华人以首领为引导和保障、以家族为轴心的移民方式以及互相帮助齐心协力的商业运作使华人在路易港特别是皇家路(Royal Road)一带发展起来。①

有的在周围岛屿的华人也开始移民到毛里求斯。例如,1846年12月8日,7名华人乘坐"马尼拉号"船只从留尼汪来到毛里求斯。尽管我们不知道他们是获得自由的契约华工,还是曾在留尼汪居住过的自由移民,但他们都持有法国护照。② 1856年,印度政府因不满在毛里求斯的印度工人的工作条件,禁止向毛里求斯输送劳工。毛里求斯殖民政府十分惶恐,因为当地的甘蔗工业主要靠外地劳工经营。总督向伦敦求救,希望向中国人放宽移民毛里求斯的条件,保证一定的男子比例,以求劳工的稳定性。此外,周围姊妹岛的劳工也开始移民毛里求斯寻找工作机会。1857年,202名留尼汪的契约劳工转移到毛里求斯。③

中国自由移民毛里求斯人数统计表(1833—1846年)

年份	人数	年份	人数
1833	8	1842	44
1834	5	1843	49
1837	10	1844	64
1838	12	1845	45
1839	28	1846	58
1840	59	总数	441
1841	59		

资料来源:李卓凡:《西印度洋华侨史》,载方积根编:《非洲华侨史资料选辑》,第154页。

从上表看,在不到15年的时间里,有441名华人移居毛里求斯,其

① Albert Pitot, *T'Eyland Mauritius*,载 Pascale Siew:《唐人街:毛岛往事》,第22页。

② 李卓凡:《西印度洋华侨史》,载方积根编:《非洲华侨史资料选辑》,第180页。

③ Marina Carter and James Ng Foong Kwong, *Abacus and Mah Jong*, p. 43.

中尚缺1835年和1836年的统计数字(当然也有可能这两年没有华人移入)。如果加上原来已在这里的华人(包括契约已满的但仍愿意留下来的华工),人数应该更多。据黄素玲女士提供的数据,1843年毛里求斯有中国工人2 701人。[①] 1842年,毛里求斯总督莱昂内尔·史密斯(Lionel Smith)与印度当局签订重新输送印度契约劳工的协议,遂决定1844年以后停止招募中国劳工。以前招募的华工在1849年合约到期后便在当地留下来,成为工匠或小商小贩,有的甚至成为小种植园主。

华人的一个特点是非常善于利用各种机会以求生存、谋发展。1833年,毛里求斯政府决定在路易港开辟一块地作为肉食市场,以相对低廉的价格向个体肉贩出售摊位,每个摊位租金为每月2个银币(piastre)。多位中国商人利用这一机会在首府设立肉摊。1848年,这里的华人肉摊已达8个之多,分别为Avoine,Ako,See Puat,Tanmane,Assime,Akin,Athing,Appien等人所有。当时,一位英国海军访问当地时对肉食摊位的印象相当不错。他发现,路易港的肉食摊位清洁,有大量看上去健康的牛肉、白胖胖的肥猪肉、羊腿以及肉肠等食品,“几乎全部被中国商贩占有”。[②] 虽然这一评价有夸大之嫌,但华人在肉食销售方面所占地位可见一斑。1857年,据当地一位政府官员的乐观估计,3 000人的华人社区已经形成,包括各种从业者,如店铺商人、工匠、木匠、屠夫、鱼贩、养鸡户、制鞋/修鞋工、流动商贩等。[③]

(二) 陆才新——华人社区的领袖

当地的华人领袖福建人陆才新,他的法文名字是Log Choïsanne,被

---

① Edith Wong - Hee - Kam, *La Diaspora Chinoise aux Mascareignes*, p. 46.

② Marina Carter and James Ng Foong Kwong, *Abacus and Mah Jong*, p. 57.

③ *Ibid.*, p. 64. 这一数字超出一般统计很多。因为当时印度政府考虑到劳工的不良待遇,禁止向毛里求斯输出劳工。这位官员是否为了证明华人的充足数量而提供这一数字则不得而知。

大家称为 Hahime,华人将他称为首领(甲必丹,Kapitan)。① 由于他在华人中的崇高威望,大家一直视其为保护伞。他已经在毛里求斯定居,开办了一些商店,并经常在报纸上登出一些当地红酒、塞舌尔木材、中国瓷器和精制糖等奢侈品广告。为了进一步开拓自己的事业,为家乡的亲朋好友找一条生路,他决定到中国去招人。陆才新的行为得到了法夸尔的称许。1821 年,他得到了由毛里求斯政府代理首席秘书杰·戈里签发的、由洛里·科尔于 1826 年 12 月 4 日批准的特许证到中国去招募工人。证件上写道:"陆才新持有毛里求斯政府首席秘书 1821 年 10 月 26 日签发的特别许可证,允其到中国募工,并将劳工带到此地,旅费自理,抵达后将受到政府的欢迎和接待。"陆才新于 1826 年 12 月 3 日带回 5 名中国人,他们的名字为黄宝(Whampoo)、韩凯(Hankee)、吴兴(Nghien)、何金(Hakhim)和阿兴(Ahim)。这些人后来都成为他的重要合作者,有的成为当地著名的商人。从 19 世纪 30 年代起,移居毛里求斯的华人开始增加。②

当时,毛里求斯警察局对陆才新的活动有所忌讳。1837 年,陆才新已经在路易港拥有 3 家店铺,警察局不允许他提出的对 3 家店铺所有权的请求,直到总督进行干预才得以批准。③ 后来,当陆才新申请第四家店铺的经营权时,虽然得到了准许,但毛里求斯总督开始注意到他的所为,强调"如果其他的中国人被发现在你的店铺被雇用,你的经营许可将被

---

① 这种在荷兰殖民地流行的"甲必丹"制度也曾受到薛福成、邹容等前辈的批判。清人薛福成在《出使四国日记・光绪十六年六月三十日》中明言:"荷择其贤能者为马腰甲必丹等官,专理华人事务,而审断权仍操自荷人。"然而,我们应该承认,这些华人领袖首先是贤能者,得到了华人的首肯和尊重。

② "陆才新偕首批中国移民到港时发表的声明"(见《毛里求斯档案》Z2D/1826),李卓凡:《西印度洋华侨史》,载方积根编:《非洲华侨史资料选辑》,第 307 页。有关陆才新的简历,参见 *La Restauration de Tableau de Log Choïsanne (1796 ? – 1874) Fondateur de la Pagode Kewan Tee, Fondateus de la Présence Chinoise ā Maurice*, Pointe aux Sables: Cathay Printing Ltd., No date.

③ MA RB 148 Colonial Secretary to Hahime, 25 February 1837, Quoted from Marina Carter and Foong Kwong, *Abacus and Mah Jong*, p. 51.

取消;除了那些获得许可的中国人外,其他的中国人将被立即驱逐出境”。总督后来一再强调,毛里求斯需要的是劳工,而不是商人。①

根据李卓凡的研究,一些在留尼汪停留的华人随后移民到毛里求斯。首批来自留尼汪的中国农业工人于1848年8月17日抵达该岛。鲍恩(Boon)和管阿秦(Achin Gkoon)乘坐“日耳曼号”船只在路易港靠岸后,向当局表示他们希望到毛里求斯找工作,请求发给居留证。这种态度受到政府和当地华人的欢迎,陆才新同意为他们担保。在1857年以前的几年里,有202名在留尼汪契约已满的华工移民到了毛岛。② 1885年,毛里求斯已有华人3 558人。③

(三) 华人移民的第一次高潮

随后在19世纪60年代出现了华人移民毛里求斯的第一次高潮。这主要有二个因素。第一,太平天国运动的兴起和随后被镇压,中国南部出现了大混乱,生存状况急剧恶化,大批难民涌向海外。第二,英法等欧洲列强需要大量劳工并将眼光扫向中国。1860年,英法联军攻陷北京后强迫清政府签订《北京条约》,允许华人自身出洋。这样,从1860年起,移民海外已成为合法。实际上,早从1859年起,广州地方官员就发布公告,允许外国人招募契约华工。仅1860年一年,抵达毛里求斯的华人即达到379人。④

最重要的是,清朝从1860年起承认出洋合法。清政府以前实行海禁,移民海外是非法行为,要受到官方严惩,“一经拿获,即行正法”。1858年,美国谈判代表杜邦(Dupont)在与中方就中美《天津条约》进行谈判时曾建议中国设领保护在美华侨,而时任直隶总督的中方代表谭廷

---

① Marina Carter and James Ng Foong Kwong, *Abacus and Mah Jong*, p. 51 - 52.

② 李卓凡:《西印度洋华侨史》,载方积根编:《非洲华侨史资料选辑》,第173页。

③ Henry J. Jourdain, “Mauritius”, *Proceedings of the Royal Colonial Institute*, vol. 13, 1881 - 2, London: Sampson Low, 1882, p. 297.

④ 李卓凡:《西印度洋华侨史》,载方积根编:《非洲华侨史资料选辑》,第104页。

襄却回答："敝国习惯，向不遣使海外。"他还将这些海外华侨称为"浪民"，称"敝国大皇帝抚有万民，何暇顾及此区区飘流外国之浪民"。杜邦认为这些华侨中颇有富有者，有保护之价值。谭廷襄的回答更是离谱："敝国大皇帝之富，不可数计，何暇与此类游民，计及锱铢。"①清王朝对待华侨的这种态度直到1860年在英法殖民者的强压下才得以改变，从而开启了"合法化招工"并开始承认"自愿出洋"的阶段。

清末是华人流向海外的高潮期，到非洲的华人也呈上升趋势。他们往往首先在毛里求斯上岸，再从这里移向其他地区。从下表可以看出，1860年代以后的华人人数增长很快，每十年以千人数目增长：1861年为1 550人，1871年为2 287人，1881年为3 558人。值得注意的是，1891年的华人人数比1881年的少400多人。为什么会出现这种情况呢？比较合乎逻辑的解释是，一些华人在毛里求斯登岸后，又迁移到了邻近岛屿或发现金矿的南非德兰士瓦。

毛里求斯华人人口统计表(1850—1911年)

年份	男人	女人	合计
1850	586	—	586
1851	1 086	—	1 086
1861	1 550	2	1 550(2 006)
1871	2 284	3	2 287
1881	3 549	9	3 558
1891	3 142	9	3 151
1901	3 459，3 457	58	3 517，3 515，(3 509)*
1911	3 313	355 349	3 668，3 662，(3 662)*

资料来源：李卓凡：《西印度洋华侨史》，台北：正中书局，1989年，第51，114，160页；[毛里求斯]《新商报》，1958年8月14日。

*奥古斯·特图森：《马斯克林群岛史》(上海"五七"干校九连等译)，上海人民出版社，1977年，第598页。

① William Alexander Parsons Martin, *A Cycle of Cathay, or, China, South and North : With personal reminiscences*, Chicago : Fleming H. Revell, 1897 (2nd edition), p. 160.

大批客家人抵达毛里求斯是19世纪60年代以后的事,特别是1875年以后。当时,太平天国运动的失败使相当多的农民流离失所,同时参加运动的客家人也害怕清政府的迫害。1860年7月,一艘载有至少7位客家人的船只从新加坡启航开往毛里求斯。来自梅县的李姓客家人后来在毛里求斯很有影响力,他们应该也是此时抵达毛里求斯的。档案证据表明,这些人是客家人的先驱,因为绝大部分客家人是1875年以后抵达的。他们在毛里求斯的生存之道与早期来的福建人和广东人不太一样。他们主要是向农村拓展商业领域,并迅速形成了相互关联的网点。① 华人抵达毛里求斯时多为单身,1871年,毛里求斯的华人男性为2 284人,而女性移民只有3人。由于男女性别比例相差悬殊,克里奥尔妇人又比较喜欢华人,华人与当地妇女结为夫妇的事情颇为寻常。1871年,毛里求斯总督戈登在给金伯勒勋爵的信中谈到当地克里奥尔妇女对中国人的好感,并对中国人做出以下评价,遍布世界各地的华人没有民族偏见,"他们很快接受了所在国的风俗习惯和服饰,还接受了所在国的宗教形式,至少在名义上是如此。……华人同克里奥尔女性通婚的要比印度人多。这种状况没有改变"。② 根据统计,1883年,中国人和印度人与克里奥尔人结婚的达415起。③

当然,与当地妇女结婚有诸多明显的好处。除了满足男人的正常需要外,对于经商的华人而言,打开本地市场更为便捷,有助于交际当地各方面的朋友,扩大社会关系。此外,中国人对于后代非常重视。不论克里奥尔妇女是作为第一个妻子还是第二个妻子,两人所生的小孩至少保证了后继有人。然而,这种异族通婚也带来了不少问题,例如在宗教或价值观上的不同、因为公婆不满意而导致作为"洋人"的克里奥尔妇女和孩子被公婆遗弃。从另一个方面看,由于克里奥尔妇女的努力,华人开

---

① Marina Carter and James Ng Foong Kwong, *Abacus and Mah Jong*, pp. 66 - 68.

②《阿瑟·戈登总督就中国移民和毛里求斯人的关系发展状况致金伯勒勋爵的信》,1871年7月27日。见李卓凡:《西印度洋华侨史》,载方积根编:《非洲华侨史资料汇编》,第342页。

③ 李卓凡:《西印度洋华侨史》,载方积根编:《非洲华侨史资料汇编》,第284页。

店的工作和生活习惯也开始改变。以前华人店铺兼作工作和生活的场所，可谓合二为一，克里奥尔妻子坚持将二者分开。另一个变化是这种异族通婚家庭的孩子往往在母亲的主导下开始信奉天主教。

在罗帝利岛也有一些华人，最早到此定居的是以林伟为首的 4 名福建人，他们于 1850 年左右从毛里求斯迁到此岛。林伟尝试着开设店铺，其余几位则与当地人为伍，从事务农畜牧。1910 年前后，又有一批侨胞来到此地，他们艰苦创业，自建店铺，经营小商业。①

二、留尼汪华人的历史变迁

留尼汪是位于西印度洋的一个火山岛，距马达加斯加东南 676 公里，与毛里求斯相隔很近。1513 年葡萄牙航海家马斯克林到达这里，将此岛命名为“马斯克林岛”。从 1643 年被法国正式占领后，一直是法国的殖民地(1810—1815 年短期被英军占领)。1649 年曾改名为“波旁岛”(Bourbon)，1793 年又改名为“留尼汪”。在奴隶贸易期间，法国人从非洲大陆运来大批黑人奴隶到岛上开辟种植园。法国于 1817—1818 年开始禁止奴隶贸易后，黑人奴隶的来源越来越少。1827 年，留尼汪政府决定输入亚洲移民。

(一) 早期华人与契约华工

前面提到了留尼汪早期华人的起源。这里有必要详细地说明一下。两位中国妇女的名字出现在 18 世纪中叶的“波旁岛”上。一位名叫丹尼斯的华人女子接受洗礼，并于 1760 年结婚。另一位名叫玛丽·约瑟夫的华人，她后来嫁给了一位名叫弗朗西斯·朗高的印度人。这位印度人的第一任妻子也是印度人，后来成为鳏夫。1765 年 10 月 8 日，朗高娶了

① 何梓楠:《毛里求斯罗帝利岛华侨史略》，原载[毛里求斯]《镜报》，1981 年 3—4 月刊，载方积根编:《非洲华侨史资料选辑》，第 64—68 页。

他的第二任妻子玛丽·约瑟夫。[①] 18世纪末，一些中国工匠和商人来到留尼汪定居。

在留尼汪的圣保罗和圣但尼两地，1844年首次出现了福建人死亡的记录。这些人很可能是1829年根据有关雇用印度、中国和其他国家农业工人的法令条款而招募来的中国工人，契约工期为5年。[②] 此时虽然已到奴隶制度的晚期，但中国人中间也有一些奴隶。当时在奴隶的花名册上有两名华人。一个于1819年出生于非洲，1850年9月4日在圣但尼取名为"达格兰"(Dugland)，花名册编号为4109号。另一个是来自马来西亚的奴隶德尔皮特(M. Delpit)。他在名册上的登记编号是3646号，以"利诺"为名，于1848年12月14日与一个名叫扎贝思·贝尔伯(Zabeth Belber)的女人结婚成家。[③]

成批华人的到来是后来的事。1844年，中法《黄埔条约》签订。这是法国与中国签订的第一个不平等条约。条约规定中国向法国开放广州、厦门、福州、宁波、上海等五个港口城市。法国人早已策划在东南亚地区和中国沿海城市招募劳工。1843年11月10日，留尼汪的总督巴佐奇(Bazoche)签署了一条有关中国契约劳工的法令，授权输入数千中国劳工："鉴于引进中国工人来殖民地的大量请求……批准其可以以试验的名义，利用商业船只把中国劳工引入到殖民地，直到输入的中国劳工达到千数。"[④]

1844年1月28日，第一批华人乘坐很可能来自新加坡的"威严号"和"玛丽号"船只抵达留尼汪。随后，来自普洛-槟榔屿的中国人于1844

① Edith Wong - Hee - Kam, *La Diaspora Chinoise aux Mascareignes*, p. 28.

② 李卓凡:《西印度洋华侨史》，载方积根编:《非洲华侨史资料汇编》，第173页。

③ "由留尼汪岛华人联合会完成的COM1ROC展览会FAC Reunion"图册，"契约"，第1页。COM 1 ROC是一个最近几年留尼汪的一个展览名字，COM=Chinois d'Outre Mer(海外华人) Oversea Chinese, ROC = Réunionnais d'Origine Chinoise (Réunion people with chinese origins)。在此向提供图册复印件的留尼汪华人联谊联合会的周贤忠会长和提供相关信息的留尼汪大学孔子学院院长管美玲女士表示衷心的感谢。

④ "由留尼汪岛华人联合会完成的COM1ROC展览会FAC Reunion"图册，"契约"，第2页。

年 4 月 13 日乘坐“叙弗朗号”(Le Suffren)抵达圣但尼港口,他们一共 54 人(一说 53 人)。抵达后不久,这些中国人便被人贩子梅洛和夏布里埃按每人 450 法郎的价格卖掉了。1844 年的 7—10 月,分别有四艘船只将中国人运抵留尼汪。7 月 7 日,一艘名为“水鸭号”(Le Sarcelle, 一译“塞涩尔号”)的船运来了 69 名中国人;8 月 16 日,“巴拉迪约号”(Le Palladium,一译“帕拉斯女神号”)运来了 2 165 名中国人。9 月 11 日,“巴拉迪约号”船又带来了一批劳工。这批人里有 3 个中国人名,分别为 1561 号 Leong Aon、1565 号 Co Chong Saing 和 1624 号 Theong Ha Chang。是年 10 月 5 日,“新热带号”(Le Nouveau Tropique,一译“新回归线号”)带来了 176 名(一说 178 名)中国劳工。一年以后又带来了其他的一些中国人。① 1846 年 7 月 2 日,留尼汪总督格拉伯(Graeb)做出新决定,暂停招募劳工。② 从这一年起,岛上的华人日益减少。这种情况一直等到 1862 年才有所改善。

1848 年,岛上的华人约 728 名。③ 随后日益减少,到 1869 年,只剩下 420 名。这一趋势有三个原因。第一,自 1846 年起,留尼汪总督格拉伯决定暂时停止招募中国人。这样,华人既不可能从中国或东南亚流入,加之留尼汪对外来人的管理比毛里求斯等地更加严格,留尼汪的华人人数就没有外来增加的可能。第二个原因是 1848 年迪沙耶斯种植园火灾事件。随后此类事故日益增多,对华人的攻击相对集中。这样,华人的生存状况远不如以前,他们开始移民其他地方(如毛里求斯等)。第三个原因是英属毛里求斯岛采取鼓励移民的政策,从而吸引了华人前往。据记载,1857 年,202 名契约华工从留尼汪转到毛里求斯。④

---

① Edith Wong - Hee - Kam, *La Diaspora Chinoise aux Mascareignes*, pp. 47 - 51.

② “由留尼汪岛华人联合会完成的 COM1ROC 展览会 FAC Reunion”图册,“契约”,第 4 页。还可参见多米尼克·迪朗,让·亨顿《留尼汪华侨史》,载方积根编:《非洲华侨史资料选辑》,第 462 页。

③ 多米尼克·迪朗,让·亨顿:《留尼汪华侨史》,载方积根编:《非洲华侨史资料选辑》,第 473 页。

④ Marina Carter and Ng Foong Kwong, *Abacus and Mah Jong*, p. 43.

留尼汪华人人数(1848—1860年)①

年份	华人人数
1848	728
1849	644
1850	562
1851	522
1852	503
1853	475
1954	460
1855	448
1856	445
1857	451
1858	445
1859	436
1860	420

资料来源：ADR，6M，Population et Statistiques De la Barre de Nanteuil，Législation de l' île de La Réunion 165.

(二) 对早期华工的评价

留尼汪岛上的殖民者是如何评价中国工人的呢?

1. 对华工的正面评价

由于中国人性情温和，辛勤耐劳，他们似乎在留尼汪岛当地人中留下了相当好的印象。一方面，当地报刊不断地为招募华工做广告。1844年5月中旬，《波旁岛周刊》上的广告影响了当地不少法国殖民者，他们

① Edith Wong - Hee - Kam，*La Diaspora Chinoise aux Mascareignes*，p. 62.

向即将去中国赴任的大使表示:"我们曾多次指出,我们认为,作为人,中国人是最适合种我们的田了。他们比印度人强壮,比非洲黑人爱劳动,守纪律……中国人比其他人种更容易适应各种工作条件。他们守秩序,做事有条理,注重实际,这些精神使他们能胜任自己所承担的事务。众所周知,这些人主要是种田的,而且种得很好。"①

当地报刊也不时关注华人的举止和动向。1843年6月28日的《周报新闻》这样写道:"在历史上,中国人并不是最优秀的工人,但我们认为,第一批中国契约工是我们农场需要的最合适的人选……"1845年6月27日的《周报新闻》报道:"一个文明的、朴实的、道德高尚的、聪明的人明白为了生存需要努力工作,他们懂得工资的价值和补贴的必要性。"一位名叫贝利的人在1948年2月16日的信中说:"我们只能租用这些劳工,他们以非常令人满意的方式履行其职责。"另一个雇主塞西斯尔(Selsisr)提出:"我什么都不要,只要给我4名中国劳工。他们很安分的履行了自己的职责。"由此看来,当地殖民者对中国劳工相当满意。② 圣保罗的一位雇主雇了34名中国人,他写信给内政长官时指出,这些中国人"令人满意地履行了自己的义务"。另一名庄园主对中国人也表示满意,他对来访的警察说:"他们的行为是好的,这是些好人。"一位名叫费里的雇主这样形容他手下的雇工:"他们的行为是好的。他们慢慢地干活,但是,性格刚烈。不过,应该承认,一旦他们适应了工作,他们就干得好多了。自从他们到我的庄园干活后,他们的性格都有了很大的变化,干活时也更积极了。"③

2. 对华工的抱怨

在遭受着各种人生和环境挑战的情况下,华工对工作的态度不可能

---

① 多米尼克·迪朗、让·亨顿:《留尼汪华侨史》,载方积根编:《非洲华侨史资料选辑》,第463页。

② "由留尼汪岛华人联合会完成的COM1ROC展览会FAC Reunion"图册,"契约",第3—4页。

③ 多米尼克·迪朗、让·亨顿:《留尼汪华侨史》,载方积根编:《非洲华侨史资料选辑》,第467—468页。有关华工的正面评价的各种事实,还可参见Edith Wong - Hee - Kam, *La Diaspora Chinoise aux Mascareignes*, pp. 58 - 59.

每个人或一直保持着温顺状态，因此受到一些雇主的责难。1845 年 11 月，一位负责殖民工地的桥梁和公路建设的工程师指责他所领导的中国工人上班误点，言行傲慢，懒惰，还有偷窃行为，要求解雇并遣返其中的 15 名。报纸杂志上在讨论华人的文章中所使用的字眼多与奴隶相同。当时的私人理事会在 1846 年 7 月 2 日的记载中写道：对中国人的抱怨来自四面八方。中国人普遍被说成是坏劳工、流浪者。他们被关进了监狱和警戒所。①

这种抱怨和指责在迪沙耶斯的种植园火灾后尤其明显，史称“高尔火灾”。当时，一场大火烧毁了迪沙耶斯种植园的蔗渣工棚，7 个中国劳工和其他一些有牵连的同伴被警察问讯。当时，迪沙耶斯将这一事件描述为“主要罪行，即硝石引起的蔗渣棚着火并导致形势进一步恶化并执行司法调查”。他的各种信件都在指责华人。例如，他在 1848 年 2 月 16 日的信中说：“这些人是为了逃离一个特别不好的工作，也带来了很多的麻烦，这是灾难性的。”他在三天后的信中抱怨：“有 4 个中国人在我的面包店工作 3 年，其中两个人几乎经常逃跑或被惩戒。”他在 2 月 25 日的信中指出：“所有在高尔种植园工作的中国工人的行为越来越顽固，有不服从的趋势，他们的工作也不刻苦了，把更多的娱乐活动放在游戏上，甚至晚上也照样玩乐……他们与其他种植园的中国人的秘密关系，让他们的行为更为严重，给他们所住地的人带来了担忧和麻烦……”②此外，有关华人犯罪或不守规矩的各种新闻和指责给华人带来了负面形象。③

这种情况应该怪谁呢？正如留尼汪历史学家黄素珍所言：这些中国劳工不谙法语，不能准确地获知有关他们所从事工作的性质，因此他们拒绝执行。在这种情况下，殖民者却指责他们懒惰。难道这不是双方的

① 多米尼克·迪朗、让·亨顿：《留尼汪华侨史》，载方积根编：《非洲华侨史资料选辑》，第 465—466 页。

② “由留尼汪岛华人联合会完成的 COM1ROC 展览会 FAC Reunion”图册，“契约”，第 5 页。

③ Edith Wong-Hee-Kam, *La Diaspora Chinoise aux Mascareignes*, pp. 57-58, 63-64.

问题吗?①

(三) 华人的成家与立业

1. 华人与当地妇女的结合

虽然相当多的华工契约期满后回到中国,但他们中有的却留了下来。由于他们的聘用条款中禁止他们带妇女和家庭成员过来,他们如果要长住或居留下去,与当地妇女结合是成家的主要途径。中国的习俗是"不孝有三,无后为大"。在这种情况下,这些华工留在家里的妻子是不能拒绝他们与当地的妇女结婚生子的,其最根本的理由是为了能给整个家族带来后裔。

留尼汪华人人数统计表(1859—1911 年)

年份	人数	年份	人数
1859	436	1878	637
1860	420	1879	620
1861	417	1880	618
1862	415	1881	532
1864	977	1887	537
1866	1 123	1892	412
1871	1 179	1897	547
1872	935	1902	1 378
1873	792	1907	810
1875	707	1911	884
1876	688		

资料来源:Edith Wong - Hee - Kam,*La Diaspora Chinoise aux Mascareignes*, p. 93.

---

① Edith Wong - Hee - Kam,*La Diaspora Chinoise aux Mascareignes*, p. 59.

留尼汪的华人妇女人数(1864—1946 年)

年份	妇女	女儿	总计
1864	9	1	10
1866	11	3	14
1871	9	6	15
1872	6	3	9
1873	5	1	6
1875	4	8	12
1876	4	8	12
1878	4	19	23
1879	4	19	23
1880	3	22	25
1881	3	22	25
1887	27	24	51
1892	32	24	56
1897	17	15	32
1902	25	3	28
1907	35	38	73
1911	33	32	65
1921	53	52	105
1926	128	149	277
1931	260	206	466
1936	321	295	616
1941	534	649	1 183
1946	321	109	430

资料来源:Edith Wong - Hee - Kam,*La Diaspora Chinoise aux Mascareignes*, p. 93.

第一批中国移民妇女于 1864 年来到留尼汪。然而,这些妇女的到来并未改变性别比例上的悬殊。从上面两个表格我们可以看出留尼汪华人男女的比例悬殊。1864 年华人总人口为 977 人,女人只有 10 人。1871 年华人有 1 179 人,女子只有 15 人。1902 年华人共有 1 378 人,女人只有 28 人。岛上中国妇女稀少,由于路途遥远男人又不能随便回家结婚,加上男人的生理需求,还有传宗接代的需要,这些因素结合在一起,使得异族通婚变得相对普遍。以下收集的几个案例说明了这一问题。

(1) 第一个出生在留尼汪的中国移民的后代是一个名叫 Augustine Estina IMM - EKTAN 的女孩。父亲是 IMM - EK - TAN,是“在中国出生的仆人”;其母 Ernestine Estina,父母是合法夫妻,女儿是法定婚约下出生。“该配偶告诉我们,他们的三个亲生子女……是他们爱情的果实,孩子们被声明在圣伯努瓦市出生合法……Augustine Estina,gf 1846 年……”。

(2) 1854 年 6 月:“……Siong 先生,马夫头儿……出生在中国,父母未知,二十四岁……和 Eugenie Gobet 小姐,于 1837 年生于留尼汪岛,农民……他们要求我们参与庆祝他们的婚礼。”

(3) 1857 年 9 月:“……一个名叫 Toan Tsou 的这个城市的商人,1825 年生于中国,父亲和母亲不详……和 Laure Duvernoy 一个出生在这个城市的裁缝……他们要求我们参与庆祝他们的婚礼……”

(4) 1858 年? 27 日:“……周先生,农民……已于二十八岁,出生于中国,父母不详……和 Bocage Chereze 女士……,无业,现年 39 岁,出生在留尼汪岛……他们要求我们参与庆祝他们的婚礼。”

(5) 1859 年 8 月 13 日:“……潘新(Pan - Hine),年龄 43 岁,仆人,居住在本区,出生在中国,父母不详,另一方面,Marie Calerly,裁缝,1831 年出生且居住在本区,Olivette Valery(居住在本区的一位女佣)的成年私生女,……他们要求我们参与庆祝他们的婚礼。”①

这些案例表明,华人男士与当地妇女结合并非个案。这样,他们与当地妇女(她们中很多人本身就是混血的克里奥尔人)的结合导致了许多混血儿的出现。克里奥尔人正是多种族相互通婚的结果,也是留尼汪的一种正常现象。这些新组成的家族逐渐融入了华人社区,成为当地华人社会的一部分。

① “由留尼汪岛华人联合会完成的 COM1ROC 展览会 FAC Reunion”图册,“契约”,第 7 页。

路易斯·拉诺瓦(Louis Lacroix)指出,1858年,留尼汪的华人只有451名。[①] 人数不断减少,到1862年仅剩下415名。据同时代人说,这些人几乎全是商人。1857年(一说1858年),一位名叫陈璋满(Chan Chang Man,又译陈庄芒、张昌满)的福建人在留尼汪开设了一家商店。一个名叫李定伯(Li Tingpak, Li Dingbo)的商人于1885年抵达留尼汪,他是第一位抵达留尼汪的客家人。[②] 在后来的日子里,有的人移居到了马达加斯加或南非,又来了一些新移民。[③]

2. 留尼汪华人的人口与事业

1862年,留尼汪的经济发展导致对劳动力的需求,政府意识到重新启动移民的重要性。当年6月12日,留尼汪政府发布法令。法令指出,"从某一段时间起,很多移民,包括召集的新移民和以前的劳工,作为过路乘客或常规护照持有人,都陆续回到留尼汪并且留了下来……法令如下:……任何移民,印度人或其他,作为自由客的身份来到留尼汪,一旦上岛,警察办公室应按照1849年1月25日的法令第3条规定,尽快为他办理司法手续。"[④]这种移民政策的开放使一些中国人重新将留尼汪作为移民的目的地之一。

1885年,留尼汪岛迎来所谓"第二次招募北部湾和中国农业工人浪潮的序曲"。然而,在后来的20余年内留尼汪的华人人数增长并不明显。圣但尼市的华人人数在1885年为274人,1897年为347人。然而,留尼汪整个岛的华人人数在1885年为530人,1897年则为540人,仅增长10人。[⑤] 据统计,在1894—1903年期间,从留尼汪离境抵达毛里求斯

---

① Louis Lacroix, *Les derniers voyages de bois d'ebène de coolies et de Merles du Pacifique*, Lucon: Imprimèrie S. Pacteau, 1943, p. 178.

② Edith Wong - Hee - Kam, *La Diaspora Chinoise aux Mascareignes*, p. 77.

③ 多米尼克·迪朗、让·亨顿:《留尼汪华侨史》,载方积根编:《非洲华侨史资料选辑》,第473,484页。

④ Edith Wong - Hee - Kam, *La Diaspora Chinoise aux Mascareignes*, pp. 73 - 74. 还可参见"由留尼汪岛华人联合会完成的COM1ROC展览会FAC Reunion"图册,"自由移民",第1页。

⑤ Edith Wong - Hee - Kam, *La Diaspora Chinoise aux Mascareignes*, p. 95. 根据上文表格,1897年华人人数为547人。

的华人移民为 955 人，而从毛里求斯回返的华人只有 478 人。[①] 这种情况应该与留尼汪和毛里求斯的两地的移民政策、移民生存条件和经商环境有很大关系。

这样，从 19 世纪 60 年代起，来自广东南海、顺德、沙滘的所谓广府人以及来自梅县的客家人开始以自由民的身份移居留尼汪。留尼汪华人中的姓氏主要根据来源地而言，如李、陈、钟、谢、曾、侯、叶、朱、吴、梁、刘、古、杨、林、张、周、霍等。[②] 他们有的来自中国，有的则是从毛里求斯转道而来。毛里求斯华人的地域特征后来比较明显，也发生了内部争斗。然而，早期在陆才新的带领下，毛里求斯华人组织相对严密，比较团结。与毛里求斯华人社会相比，早期留尼汪的华人社会的地域特征非常明显，整个华人社团组织比较松散。广府人主要集中在留尼汪的北部，以圣但尼、圣安德烈、圣伯努瓦等地为最。来自梅县的客家人主要在南部，集中在圣皮埃尔、丹蓬等地。

在早期华人移民中，刘文波先生（法文名为 Maurice Akwon Lawson[③]）可以算是佼佼者。他于 1872 年生于广东顺德，其父早年来到毛里求斯。刘文波于光绪十三年（1887 年）来到毛里求斯，并在极短时间内学会了当地的语言。他的语言天赋被当地侨领亚方·唐文看中，收他为义子。刘文波生性聪明好学，在唐文的悉心指导下，他经营商业有条有理，生意发展迅速。在毛里求斯生活了一段时间后，他得知留尼汪资源丰富，便向亚方·唐文建议向该岛发展商业。这一建议得到了唐文的赏识，他拨出一笔资金来支持刘文波到留尼汪去开设商行。1901 年，刘文波到达留尼汪，在圣但尼首创华侨资本的贸易行，取名为“广刘信号”。他从此在留尼汪独当一面，主持广刘信号的业务。经营了四五年后，广

① Edith Wong - Hee - Kam, *La Diaspora Chinoise aux Mascareignes*, p. 78.
② *Ibid.*, pp. 77 - 78, 459 - 462.
③ 国内有学者将其译为阿克温·罗松。

刘信的基础建立了，商业拓展了。① 随后，不断有华人从毛里求斯来到留尼汪。

留尼汪华人移民人口统计表

年度	华人移民人口数	移民人口总计
1858	451	60 800
1862	413	72 377
1877	654	67 048
1880	608	64 411
1881	518	46 822
1892	412	37 469
1901	1 026	23 326
1907	810	12 879

资料来源：何静之编著：《留尼旺岛华侨志》，第 19—20 页。

三、马达加斯加

马达加斯加的华人定居的时间相对较晚，他们的早期活动也相对较少。

(一) 早期定居的华人

1. 旅游者的记录

英国传教士威廉·艾利斯(William Ellis)曾于 1856 年和 1862 年多次访问马达加斯加东部海岸的塔马塔夫。他关于华人出现在马达加斯加的最早的书面记录似乎是在 1862 年。他在这一年的 5 月访问塔马塔夫时，发现了一家华人经营的船用杂货店，“这是我在这个国家第一次看

① 关于刘文波的家谱，可参见 Edith Wong - Hee - Kam, *La Diaspora Chinoise aux Mascareignes*, pp. 449 - 452；何静之编著《留尼旺岛华侨志》，第 75—77 页。

到这一种族”。[①] 1862 年的这一条线索说明了两个问题：华人最迟于 19 世纪 50 年代已在马达加斯加出现；华人在此已有自己的产业。1866 年，当时由法国人控制的贝岛已有 6 名华人。[②] 其余的华人则在 19 世纪 70 年代移居到塔马塔夫。19 世纪 80 年代末，华人开始迁入北部的迭戈苏瓦雷斯。第一批招募而来的华工人数不多，他们是从广州湾地区来的，但不久便离开了。随后从福建来的移民在此安家落户。

1890 年后，来自广东顺德的华人由塔马塔夫移居到迭戈-苏瓦雷斯。一些华人在 1891 年已经在位于安塔拉哈以南的东北沿海定居，随后又有华人出现在今马勒安茨特勒附近的安托格尔湾。1893 年，马达加斯加的华人估计约为 40 人。他们人数不多，流动性大。1894 年，驻塔马塔夫的法国居民办事处的报告显示：1894 年 1 月 1 日至 6 月 7 日，抵达塔马塔夫港口的华人有 54 人次，离开的为 37 人次。相当多的华人在马达加斯加岛内及周围岛屿之间不断流动。[③]

2. 马岛华人自己的说法

然而，马达加斯加华人中有自己的说法。1939 年，非洲侨领陈静波奉中华民国政府之命，对非洲华侨进行巡视。他在马达加斯加采访时，当时已到马岛 56 年的老华侨岑惠如先生口述其所见所闻。这一采访报告对了解马岛华人的历史很有帮助。华侨中流传马达加斯加的华人开山祖是陈敖，广东顺德人。他原来定居在毛里求斯，以捕鱼和打捞海货为生。陈敖后来在打捞海参时发现马达加斯加地广人稀，便与乡人一起迁入。与他同时迁居塔马塔夫的还有其同乡陈汝璇、陈足、陈能等三四

---

① William Ellis, *Three Visits to Madagascar during the years 1853 - 4 - 6*, London: John Murray, 1858, pp. 53,55, Quoted from Marina Carter and James Ng Foong Kwong, *Abacus and Mah Jong*, pp. 43, 45; Hubert Deschamps, *Histoire de Madagascar*, Paris: Edition Berger-Levrault, 1961, p. 216.

② Leon M. S. Slawecki, *French Policy Towards the Chinese in Madagascar*, p. 43.

③ *Ibid.*, pp. 42 - 45.

人，其年代已不可考。①

最早出现在马达加斯加的华人应该都是从毛里求斯和留尼汪迁居过去的。② 这两个岛不仅早已有华人居住，而且与中国的贸易活动也比较活跃。从这两个小岛向“大岛”——马达加斯加迁移是十分自然的。首先是这两个小岛距离中国更近，华人移民非洲大多先在此(特别是毛里求斯)登陆。其次，马达加斯加的面积要大得多，对华人更有吸引力。

马岛华人富商陈广明(广东顺德人)先世早在毛里求斯经商，至陈广明迁往留尼任，开设了“远发隆”商号。后因在乘船视察邻岛分店时遇风暴漂至马达加斯加，便在此岛的塔马塔夫开设“广利荣”商号。法国殖民军 1883 年曾命令他为法军准备军需物质，这表明他的商店当时已很有规模。法军占领马达加斯加后，陈广明因为法军供应军需有功，被法军授予四星军衔。他晚年返回中国，广利荣商号交给其族弟陈秋(字礼堂)经营，仍保留四星军衔。1886 年，15 名毛里求斯华商抵达马达加斯加的塔马塔夫。法国殖民政府在 19 世纪末和 20 世纪初招募的华工也有一些留居此地，有姓名可考者如广东梅县人吴德、邓祥等。

(二) 契约华工带来的商业机会

1. 契约华工与移民前辈

最早抵达马达加斯加北部迭戈地区的是契约华工。根据台湾学者萧次尹的研究，据说最先抵达的中国人是极少数由广州湾招募而来的各省劳工，但籍贯已无可考，且为暂住，未能久留。后来，福建人魏顺发等人迁居此地，以种瓜菜为生。1890 年至 1892 年间，广东顺德水藤乡人邓敬修，沙滘乡陈明金、梁文瑞、何兆等从塔马塔夫迁来经营商业，另外十余名华人种植买卖咖啡、华尼拉(一种香草)为生。

---

① 萧次尹编著:《非洲华侨经济》，第 125—127 页。以下资料均取自此书。还可参见陈铁魂《马拉加西共和国华侨概况》，台北:正中书局，1989 年，第 27 页。

② 关于马岛最早移民的各种说法，参见 Leon M. S. Slawecki, *French Policy Towards the Chinese in Madagascar*, pp. 43—44.

塔马塔夫的华人最先是由法国人在越南招募的福建、浙江及客籍同胞劳工，以修建各种工程。由于他们是随着法国入侵的军队而来的，后来反抗殖民入侵的马尔加什人对他们也进行报复。加之工作条件太差和法国雇用者的虐待，他们中相当多的人选择逃跑，有的被遣返回国，留在马达加斯加谋生的有梅县人吴德、邓祥等。少数人逃入山区谋生，如华人先辈大伯公霍沃等，为福建人。

马达加斯加华人移民人数统计表(1862—1910年)

年份	人数	年份	人数
1862	1	1903	284
1866	6	1904	452
1893	40	1905	460
1896	190*	1905	463
1897	195*	1909	512
1899	62	1910	540

资料来源：Hubert Deschamps，*Histoire de Madagascar*，Paris：Editions Berger-Levrault，1961，pp. 216，253，299；Leon M. S. Slawecki，*French Police Towards the Chinese in Madagascar*，pp. 43-49；李卓凡：《西印度洋华侨史》，载方积根编：《非洲华侨史资料汇编》，第221页。

* 可能将在马达加斯加做苦工的第一批契约华工中的一部分也计算在内。

2. 修建塔马塔夫—塔那那利佛公路的华工

法国政府征服马达加斯加后，一方面有不少人从毛里求斯或留尼汪拥入，另一方面法国多次从中国引进华工。1896—1898年，从毛里求斯迁移到马达加斯加塔马塔夫的华人达378人，其中仅1898年就有109人。① 19世纪90年代后期，法国人从中国引进约3 000名契约华工，这批人主要是修筑通往塔那那利佛的公路。这样，相当多的马达加斯加华商(相当多的从毛里求斯迁移过来)开始迁入与塔那那利佛公路修建相关的地区。“按照既定习惯，这些华人就在工地周围落脚安身，出售喜闻

① 李卓凡：《西印度洋华侨史》，载方积根编：《非洲华侨史资料汇编》，第206，207页。

乐见的小商品。由于工地经常搬迁，大部分商人不在中途定居，而随着中国苦力的流动，迁徙至位于中心地区城市——塔那那利佛”。[①] 1896年，总督加利埃尼估计华人约为 50 人，其中 10 人在贝岛，30 人在迭戈苏瓦雷斯，其余分散在东部沿海地带。他同时认为 1896 年马达加斯加的印度人达到 800 人，欧洲人有 1 896 人。马达加斯加华人史的撰写人美国人斯拉威斯基认为华人应该多于此数。[②]

修建从塔马塔夫到塔那那利佛之间公路的华工总数为 3 003 人，后来的几批分别于 1900—1901 年被带到迭戈苏瓦雷斯和塔马塔夫。由于这些契约劳工的待遇相当糟糕，出现了一些华工逃跑的事件。然而，广大华工为马达加斯加做出的贡献是不容置疑的。从事马达加斯加华人史研究的美国学者斯拉威斯基指出：“几乎所有那些撰写有关马达加斯加华人的作者们一致做出结论，这些华人的来源是那些传说的苦力们中间的逃跑者。……这种观点完全错误。事实上，这些苦力所从事的经济方面的基础设施建设项目帮助了马达加斯加的经济发展，以至吸引了中国人和印度人，但还没有发展到吸引法国人的地步。”[③]

（三）第一次人口普查

早在 1897 年，塔马塔夫就报道有 185 名华人，马岛共有 190 名华人。对其他主要城市也多有推测和报道。然而，真正的人口统计发生在 1904 年。当年，法国殖民政府进行了第一次人口普查。普查结果表明华人人数为 452 人，其中 3 名妇女，6 名儿童。从人口分布看，华人集中在塔马塔夫、费特拉比和迭戈苏瓦雷斯三地。

---

① 李卓凡：《西印度洋华侨史》，载方积根编：《非洲华侨史资料汇编》，第 207 页。

② Joseph-Simon Gallieni, *Madagascar de 1896 ã 1905*, Annexes, Tananarive: Impérimerie Officielle, 1905, p. 74, Quoted from Leon M. S. Slawecki, *French Policy Towards the Chinese in Madagascar*, p. 45.

③ Leon M. S. Slawecki, *French Policy Towards the Chinese in Madagascar*, p. 46.

我们可以看出，华人的人口分布既呈现出自然分布状态，又是理性思维的结果。所谓“自然分布状态”指的是那些交通要道、枢纽和控制点，交通便利，无疑为迁入的华人提供了便捷，成为他们的首选地。所谓“理性思维的结果”，指的是华人多经营商业贸易，经过自己的经验、观察和思考，他们选择迁入地是为了服务当地的顾客，或是各地的海员和法国驻军，或是各项建设工程的劳工，或是当地普通民众。

马达加斯加人口普查的华人人数(1904 年)

地名	华人人数	备注
迭戈苏瓦雷斯市及全省	76	重要军港
武海马尔	9	
费内里弗	3	
费特拉比	99	铁路交通枢纽控制
塔马塔夫市及全省	109	东部海岸重要港口
贝福拉纳	11	
安代武兰图	37	
贝齐米萨拉卡	22	
马南扎里	22	
法拉凡加纳	3	
贝岛	13	
马任加市及全省	16	
图莱亚尔	2	
安格沃、穆拉曼加、阿劳特拉	11	
塔那那利佛	2	
安布西特拉	2	
菲亚纳兰楚瓦市及全省	9	
多凡堡	6	

资料来源：Leon M. S. Slawecki, *French Policy Towards the Chinese in Madagascar*, p. 47.

四、南非的早期华人移民

南非是从亚洲来的移民能达到的非洲大陆的首选地。除了早期被荷兰殖民者从东南亚运来的各种身份的华侨移民外,自由移民大多数是从毛里求斯或留尼汪转到南非的。1652 年在南非桌湾登陆并建立了开普殖民地的范·里贝克曾在亚洲见过从事各种行业的中国人,他在 1652 年 4 月 21 日的航海日志中提到"勤奋的中国人",并多次要求荷兰东印度公司从亚洲派中国劳工来南非,但一直没有成功。①

(一) 最初的中国移民

1. 从巴达维亚到好望角

荷兰殖民政府除了将好望角作为流放地之外,也不时将一些在巴达维亚的没有工作的华侨用船只运送到南非。荷兰殖民政府将华人从巴达维亚运到好望角有其历史原因。荷兰人希望将巴达维亚建成"整个东印度最大的商业城市"。由于荷兰人不愿意移民,当地人口又不多,荷兰殖民当局曾竭力招募中国人,中国东南沿海的一些人开始移民此地。1684 年,清政府开放海禁。当时,巴达维亚的蔗糖业发展很快,对劳动力的需求大大增加。大批华侨移民不断涌进巴达维亚。据统计,1682 年,巴城的华侨人口为 3 101 人,其中成年男子为 948 人。这些华侨移民的到来确实造成了一些社会问题,但更重要的是成为商业上的竞争者。这无疑引起了荷兰殖民者的担忧。当局于 1706 年和 1717 年先是限制然后禁止中国移民入境,然而,这些管理措施并未取得显著效果。到 1719 年,巴达维亚城内的华侨人数增至 4 068 人,其中成年男子1 639人,郊区华侨人口高达

① M. Wilson and L. Thompson, eds. ,*Oxford History of South Africa*, Vol. Ⅰ, pp. 65—66, 193; Eric A. Walker, *A History of Southern Africa*, London, 1957, p. 508; R. Elphick & R. Shell, "Intergroup Relations: Khoikhoi, Settlers, Slaves and Free Blacks, 1652—1795", in R. Elphick & H. Giliomee, eds. , *The Shaping of South African Society*, *1652—1840*, p. 145.

7 550个，包括成年男子 3 135 人。①

2. 华人移民的出现

巴达维亚的荷兰当局的野蛮统治以及对被捕的无辜华侨的折磨引发了华侨移民的抗议，激化了他们与荷兰殖民统治者的矛盾。荷兰殖民者为了从根本上遏制当地华侨的竞争，便制定了各种限制华人的政策和措施。这种政策理所当然地引起了当地华人的反抗，最后终于导致了 1740 年 10 月 9 日的屠杀巴城无辜华侨的"红溪事件"。殖民者的屠杀和华侨的战斗持续了 7 天。参加起义的华侨被大批杀害，有些则被流放到开普殖民地。② 这些被流放到南非的华侨过着非人的生活。史料记载，1743 年，38 位囚禁在好望角的华人提出请愿，希望能返回巴达维亚。一位名叫庞士岁(Pang Sisay)的华人囚犯从 1724 年起就不断申诉——他被判苦刑，长期生病。他时年已达 64 岁，请求宽恕。③

除了那些被流放的华人，在 18 世纪初南非已经出现了自由华人移民。1702 年，一位名叫亚伯拉罕·德维夫的华人在开普被接纳入新教教会并受洗礼。在 1722 年，开普的一些中国人和自由黑人组成了类似民兵自卫队的组织，作为应急之用。

3. 华人在当地引起的忧虑

在 18 世纪，一些在南非服刑期满的华人留在了当地，他们先是构成了在东印度公司时期被称为"自由黑人"的一部分，后来又成了所谓"有色人"的一部分。④ 除了这些被流放到南非的华人外，华人自由移民在南非的发展很快，至少在白人移民的眼中是如此。1779 年，受亚当·斯密的殖民地理论和富兰克林等人在北美采取的行动的影响，开普的白人自由民举行了一次秘密会议。他们选出四名代表前往阿姆斯

① 温广益、蔡仁龙等编著：《印度尼西亚华侨史》，北京：海洋出版社，1985 年，第 157 页。

② 同上书，第 157—163 页。

③ Melanie Yap and Dianne Leong Man, *Colour, Confusion and Concessions*, pp. 6 - 9.

④ *Ibid.*，但有的学者认为自由华人与自由黑人互不相干。参见詹姆斯·C. 阿姆斯特朗《荷兰东印度公司时期的华人(1652—1795)》，载方积根编：《非洲华侨史资料选辑》，第 228 页。

特丹递交请愿书。在请愿书中，他们提出了各种要求，其中即有加紧对中国商人进行管理的呼吁。他们提出的理由是，一些刑满释放后开设商店的中国人和爪哇人从奴隶手里接受了偷窃的货物。这似乎并不足以说明问题，因为他们还要求对外国人在开普居住、买房或租房进行控制；这些外国人不能享受上述权利，不能进行自由民贸易，不能成为自由民，除非他们曾在东印度公司服务。① 一个较为合乎逻辑的解释是：华人已逐渐成为他们的竞争对手，他们希望荷兰当局通过立法手段来限制华人的发展。英国人接手开普殖民地后，华人的人数有所增加。

南非华人统计表(1725—1882 年)

年份	抵达或居住	人数	身份	地点
1725	居住	2	自由黑人	开普殖民地
1743	居住	38	刑满囚犯	开普殖民地
1750	居住	16	自由黑人	开普殖民地
1760	居住	14	自由华人	开普殖民地
1770	居住	5	自由华人	开普殖民地
1774	居住	3	自由华人	开普殖民地
1775	居住	3	自由黑人	开普殖民地

资料来源：Melanie Yap and Dianne Leong Man, *Colour, Confusion and Concessions*, pp. 5 - 24；詹姆斯. C・阿姆斯特朗：《荷兰东印度公司时期的华人(1652—1795)》，载方积根编：《非洲华侨史资料选辑》，第 35 页。

(二) 华人自由移民

19 世纪初，英国政府为了开发南非，要求驻广州的英国代表协助从中国引进移民。据记载，在 1815 年，一些中国木匠和泥瓦匠乘坐英国皇家海军的船只来到南非，并帮助修建了位于西蒙斯敦造船厂附近的基督教堂。1849 年，又有华人厨师、花匠和木匠乘"诺福克号"来到南非作为

① E. A. Walker, *A History of Southern Africa*, pp. 101 - 102.

劳工。[①] 1834 年圣赫勒拿岛成为英国皇家殖民地，岛上很大一部分华工也被送到开普殖民地，其他人继续在圣赫勒拿做劳工。

除了从中国和东南亚地区不断有华人迁移到南非外，一些华人也从附近岛屿来到此地。这些人有的是自己作为苦力到南非来寻找工作的，有的是一些当地的欧洲移民非法走私进来的，还有些则是由开普殖民地政府和纳塔尔殖民地政府专门引进的。根据当时的记载，一些移入的华人工匠参加了南非港口的建设。在 1880 年，甚至有南非华人专程到毛里求斯，劝说那里华人移居南非，但效果不大。与此同时，一些新移民参与了当地的工程建设，如有些华人移民参加了在 1875 年开始的德班港的修建。

不过，华人移民到南非的高潮是在 19 世纪 80 年代后半期，这主要归结于三个因素：金矿的发现、毛里求斯移民政策的改变和南非与葡属东非铁路的开通。

(三) 金矿的发现

当时在南非已先后发现钻石矿和金矿，这对那些处境艰难的中国人是很有吸引力的。他们中有的在清朝统治下已无路可走的沿海一带的农民，被作为劳动力招募，但由于夏威夷开始限制华人移民而不得不另寻他路。有的人的亲戚已在非洲定居，他们是为投亲靠友找一条生路而来。还有的则是附近岛屿或非洲其他地区的中国人，他们对“黄金梦”充满希望。毛里求斯的殖民地政府于 1877 年取消外国移民入境须事先经过批准的规定，大批华人移民迁入。1871 年毛里求斯的华人为 22 84 人，1881 年达到 3 549 人，一些难以找到工作的华人只好移到南非来淘金。

① 李卓凡：《西印度洋华侨史》，载方积根编：《非洲华侨史资料选辑》，第 228 页。

1901 年去世的南非华人移民胡焕南的墓碑，他是最早来到金伯利的华人之一

南非华人人数统计表(1904 年)

居住地	男人	女人	合计
开普敦	1 366	14	1 380
纳塔尔	161	4	165
德兰士瓦	907	5	912
总计	2 434	23	2 457

资料来源：Melanie Yap and Dianne Leong Man, *Colour*, *Confusion and Concessions*, p. 177.

（四）抵达南非的新途径

1897 年，德兰士瓦与葡属东非的铁路接轨，一些邻近地区的华人从德拉果阿湾进入德兰士瓦。李卓凡认为，在 1888—1898 年，约有1 800人移入德兰士瓦。其中有相当一部分人是从毛里求斯、留尼汪和葡属东非等地移民而来的，1896—1898 两年间，即有 1 200 多华人从毛里求斯乘船抵达南非的伊丽莎白港。① 当然，这些人并非全部为自由移民，有些人可能作为契约劳工迁入。到 1904 年，南非的华人已有 2 000 多人。到 1911 年，华人的数目反而有所减少。与毛里求斯和留尼汪一样，南非的华人大部分来自广东省，又分为广府人和客家人。前者主要来自南海、顺德两地附近的村镇，后者主要来自梅县一带。②

南非华人人数统计表(1911 年)

居住地	男人	女人	合计
开普敦	804	19	923
纳塔尔	161	11	172
德兰士瓦	905	5	910
总计	1 870	35	1 905

资料来源：Melanie Yap and Dianne Leong Man, *Colour, Confusion and Concessions*, p. 177.

我们看到，南非的华人比毛里求斯、留尼汪和马达加斯加的总数都多。开普敦和德兰士瓦社区的华人人数达到千人。由于南非的白人种族主义政权的各种政策与华人的生存发展产生了矛盾，华人社区在自己的领袖梁佐钧等人的领导下，与印度人一起在 20 世纪初展开了一场反对种族歧视政策的斗争。这将在下面详细论述。

---

① Melanie Yap and Dianne Leong Man, *Colour, Confusion and Concessions*, p. 57.

② *Ibid.*, p. 99.

五、南非早期华人与印度移民之异同

英国在帝国境内废除奴隶贸易和奴隶制后导致了劳动力的短缺，中国和印度成为其劳动力搜寻者的目标。随着各种条约与合同的签订，劳动力紧张的情况得以缓解。华人和印度人成为契约劳工或自由移民，很快遍布西印度群岛、太平洋地区和非洲。① 这里我们再对 19 世纪及 20 世纪初的南非华人与印度移民进行比较，以求理解不同移民集团在新环境中的生存与发展。

（一）早期南非的华人与印度人

1. 早期的华人

荷兰东印度公司的范·里贝克1652 年 4 月 6 日抵达南非桌湾时，就打算输入华人到好望角来从事“最脏最累的”的工作。在 1652 年 4 月 22 日的日记中，里贝克提到他在亚洲遇到的勤劳的中国人，并多次催促荷兰东印度公司在输入奴隶的同时也输入自由华工，但建议并未被采纳。② 早期被荷属东南亚殖民政府送到南非服刑的囚犯中包括印尼人、爪哇人、新加坡人、华人、印度人等。有的人服刑期满几年后成了当地的小商小贩，有的则成为编篮者、渔夫和泥瓦匠等。犯人中的死亡率很高，“在一份 1727 年名册记载的 17 名中国犯人中，有 4 人在两年之内死去，

---

① Kay Saunders, ed., *Indentured Labour in the British Empire 1834 - 1920*, 1984; Peter Richardson, *Chinese Mine Labour in the Transvaal*; Surendra Bhana, *Indentured Indian emigrants to Natal, 1860 - 1902: A study based on ships' lists*, Promilla & Co., 1991; Walton Look Lai, *Indentured Labor, Caribbean Sugar: Chinese and Indian migration to the British West Indies, 1838 - 1918*, Johns Hopkins University Press, 1993.

② Richard Elphick & Hermann Giliomee, eds., *The Shaping of South African Society, 1652 - 1840*, p. 111; M. Wilson & L. Thompson, eds., *The Oxford History of South Africa*, Vol. Ⅰ, pp. 65 - 66, 193.

此后又有一名中国人死去”。①

布尔战争是一场没有胜利者的战争，战后重建以及金矿业的飞速发展都需要大量劳工。在一年多的时间里，在矿业领域一共新建 299 家公司。②矿业资本家建议应该引进中国劳工。这一建议很快被采纳，英国与中国双方签订了一项协议。在 1904—1910 年，约 6.4 万名契约华工来到德兰士瓦。③ 除了契约劳工，还有一些华人作为自由移民来到南非，他们构成了华人社区的重要部分。与印度契约劳工选择留在南非不同的是，绝大部分华工在合同期满后返回中国。在 20 世纪初，只有不到2 500名华人在南非定居。④

2. 第一批印度人的到来

第一批被带到南非的印度人也多为犯人和奴隶。⑤ 19 世纪中期，纳塔尔的发展需要大量劳力，共有两批印度人先后抵达。第一批是契约劳工，从 1860 年开始他们就一直在甘蔗种植园工作。⑥ 从 1860 年到 1866 年，共有 6 445 个印度人从印度各地来到纳塔尔。他们中绝大多数是来自马德拉斯的低种姓的印度人。这批契约劳工在合同期满后，满腹牢骚地乘坐“小红帽号”航船回到印度。他们的抱怨引起印度官方的注意，印度政府开始禁止募集劳工，向南非的移民停止。一个由检察总长加洛威(Attorney - General M. H. Gallwey)为主席的调查委员会向印度政府提交了报告。为了纠正对印度契约劳工的虐待行为并保证稳定的劳工来

① Huguette Ly - Tyo - Fane Pineo, *Chinese Diaspora in Western Indian Ocean*, Editions de l'Ocean Indien - Chinese Catholic Mission, 1985, p. 210.

② P. C. Campbell, *Chinese Coolie Emigration to Countries within the British Empire*, p. 167.

③ James C. Armstrong, "The Chinese at the Cape in the Dutch East Company Period, 1652 - 1795", unpublished paper, 1979; Peter Richardson, *Chinese Mine Labour in the Transvaal*.

④ 关于南非早期华人移民抵达人数和人数统计，参见李安山《非洲华侨华人史》，第 126—133 页。

⑤ Richard Elphick & Hermann Giliomee, eds., *The Shaping of South African Society, 1652 - 1840*, p. 116.

⑥ 废除奴隶制后，印度劳工开始出现在各英国殖民地，例如毛里求斯(1834 年)、英属圭亚那和特立尼达(1844)、圣卢西亚(1856 年)、格林纳达(1858 年)。法属殖民地留尼汪、马提尼克、瓜德罗普和圭亚那以及丹属圣克罗斯和荷属苏里南等殖民地也在 1860 年以后开始引入印度劳工。

源，纳塔尔立法机关在 1872 年专门任命了“印度移民保护官”。印度向南非的移民重新开始，直至 1911 年印度政府中止纳塔尔移民计划。

甘蔗园中的印度人和非洲人

年份	印度人		非洲人	
	人数	百分比	人数	百分比
1860—1861	436			
1875—1876	5 292	42	7 457	58
1887—1888	6 043	72	2 387	28
1895—1896	6 632	77	1 989	23
1907—1908	10 924	82	2 484	18
1910	18 270	88	2 380	12
1925	11 440	29	27 873	71
1933	8 020	17	40 203	83
1945	4 500	7	55 778	93

资料来源：Goolam H. Vahed，“The Making of Indiana Identity in Durban，1914 - 1949”，Ph D. Dissertation，Department of History，IndianaUniversity，1995，pp. 35，71.

印度契约劳工往往以最低工资与雇主签订五年合同。上表中的数字显示，从 1860 年到 1910 年，甘蔗园中的印度人呈上升趋势，随后则呈下降趋势。1910 年之前，甘蔗园中的印度劳工无论在数量上还是在百分比上都稳定增长。

3. 印度人快速增长的原因

为什么在此期间会出现甘蔗园劳工绝大部分都是印度契约劳工的现象呢？分析起来大致有两个原因。

首先，印度契约劳工到南非去即为弥补劳动力缺乏这一问题。在 19 世纪 70 年代以后的数十年中，南非的非洲农民经济通过多种方式迅速发展。羊毛、皮革、木材和农作物等农产品日益商品化，购买或租赁农田并提高生产技术，参加农业展览，与那些有兴趣提供各种种类和数量的商品的白人商业机构签订协议。随着金矿业对黑人工人需求的增加，城市经济刺激了农业发展，这种对增加劳工的需求也出现在农场和甘蔗园中。1913 年颁布的《土著土地法》就是为了满足这一需求。它试图一劳永逸地消除大批非洲农民靠土地保持一种自给自足的农业生活的可能性。这项法案剥夺了黑人的大量土地，将大批非洲农民赶出家园，他们不得不到矿业公司中去当工人，或者到白人的农场和甘蔗园中去做劳工。① 从此，非洲黑人作为甘蔗园劳工的比率明显增加。

第二，印度人逐渐适应了当地环境，那些留下来的移民和新来的人(通常是大家庭的成员)都愿意独立工作，而不是签订一份劳工契约。这种愿望由于另外两个因素而得以实现：古吉拉特商人的到来和当地政府所实行的有利政策。从 19 世纪 70 年代末期开始，另外一群印度人来到了南非。他们中的绝大部分都是有着商业贸易传统的古吉拉特商人。他们来到南非主要是受到南非方面的鼓励和当地印度移民的需要。他们通常从事三类经济活动：20 世纪初，南非有一个相当大的独立印度社团，他们在纳塔尔的人数超过了白人。他们擅长零售业，并与纳塔尔、德兰士瓦和奥兰治自由邦的白人展开竞争；另外一部分人很快融入当地生活，从事更大范围的经济活动，如鞋匠、制烟、店员、厨师、佣人、消防员、洗衣工、珠宝制造商、矿泉水制造商、水管工、渔民和裁缝；第三部分人则利用获得的土地种植水果蔬菜，到德班和彼得马里茨堡等地出售。②

1875 年殖民地约有 1 万名印度人，到 19 世纪末，这一数字增加到 10 万人。③ 从 1860 年到 1911 年，有 152 182 名来自印度各地的移民抵达

---

① Colin Bundy, "The Emergence and Decline of a South African Peasantry", *African Affairs*, 71, No. 285 (October 1972), pp. 369 - 388; Colin Bundy, *The Rise and Fall of the South African Peasantry*, London: Heinemann, 1979.

② Goolam H. Vahed, "The Making of Indiana Identity in Durban, 1914 - 1949", pp. 37 - 47.

③ 根据巴哈对乘船旅客名单的研究，1860—1902 年从印度抵达纳塔尔的契约劳工为 95 382 名。参见 Surendra Bhana, *Indentured Indian emigrants to Natal, 1860 - 1902: A study based on ships' lists*, p. 20; T. R, H. Davenport, *South Africa: A Modern History*, Toronto: University of Toronto Press, 1991, p. 105.

纳特尔，他们当中绝大多数来自南部印度。[①] 当地政策鼓励他们定居南非。那些希望留下来的印度移民可得到当地政府分配的土地，那些愿意留下来再签五年合同的劳工则可得到一间免费的小房子。当印度人的合同期满后，他们中有些人留下来，或继续留在甘蔗园中，或分散到上述的三种经济活动中。根据有关统计，选择留在南非的印度人呈上升的趋势。[②]

(二) 华人与印度人移民社群的相同点

中国和印度都是具有悠久文明的国度，在近代都遭受了殖民主义的侵略。在南非这两个移民社群的历史上，显而易见的相同点在于：华人和印度人都处于一个实行种族隔离制的陌生土地上，面临着相同的歧视问题，且生活在白人与黑人的夹缝之中。

1. 被视为外来者的"亚洲人"

作为群体而言的"亚洲人"，从他们定居南非的第一天起，无论中国人还是印度人，都非常容易遭受种族歧视的影响。尽管有杂居的情况，但印度人主要生活在纳塔尔，华人则集中在开普殖民地和德兰士瓦。[③] 在早期，那些既有华人又有印度人（还有马来亚人）居住的地方被称为"马来亚营地"(Malay Camp)，这些营地主要是指由一些有色人、印度人和中国人居住的"肮脏的、拥挤的"作为权宜之计的小棚屋区。例如，在钻石城市金伯利，一些华人商贩和洗衣工就生活在市郊的马来亚营地中。即使生活在这种困难的环境之中，华人在商业中所展示出的适应性和经营能力很快引起了白人商人的敌视，他们经常催促当地政府采取更严厉的措施来限制亚洲移民的商业活动。

---

① J. B. Brain, *Christian Indians in Natal, 1860 -1911: An Historical and Statistical Study*, Cape Town: Oxford University Press, 1983. pp. 202, 247. 其中 2 150 为基督教徒。

② Goolam H. Vahed, "The Making of Indiana Identity in Durban, 1914 - 1949", p. 47.

③ 1904 年，南非的 2 457 名华人中有 1 380 居住在开普敦，912 人住在德兰士瓦。1911 年，923 人住在开普敦，910 人住在德兰士瓦。参见 Melanie Yap & Dianne Leong Man, *Colour, Confusion and Concessions*, p. 177.

在建立南非联邦之前的早期岁月里，各个殖民地针对亚洲人采取了不同政策。这些歧视政策在印度人和华人较多的地区尤其明显。在纳塔尔，1897 年的第一号《移民限制法》和 1897 年的第 18 号《商人批发零售执照法》赋予当地政府极大权力来决定是否准予亚洲人进入当地，或是否给予他们营业执照。1904 年颁布的第 7 号《移民过境法令》"允许将所有契约华工在他们滞留纳塔尔期间限制在与纳塔尔毗邻的居住区内，禁止殖民地的人窝藏和雇佣这些华人"。这项法案还对纳塔尔的华人定居者产生了影响，他们必须随身携带具有本人手印的居留证，以证明他们是纳塔尔的定居者。①

在德兰士瓦，对"印度商人入侵"的恐惧导致了 1885 年第 3 号《苦力、阿拉伯人及亚洲人法》的出台，法令禁止任何亚洲人获得南非共和国(Zuid Afrikaansche Republiek)的居民身份，并限制了该领土内亚洲人的权利。19 世纪末，德兰士瓦当局又签署了好几部限制亚洲移民或工人的法令。例如，1888 年 7 月 5 日的决议限制亚洲人在非居住区的营业场所居留。1892 年 8 月 5 日的决议要求采取严厉的措施阻止苦力、华人或亚洲人在城市中经商并搬迁所有在 1889 年以后开业的苦力商店。1893 年 9 月 8 日的决议重申并修订了 1885 年的第 3 号法令，严格限制亚洲人在特定地区经商和居住，向每个申请特殊护照的"华人"收取 25 英镑的费用，对没有按官方要求出示护照的华人施行逮捕、罚款或拘禁，将所有再犯者驱逐出境。1894 年 3 月 20 日的决议只允许执照持有者或其继承人居住在布伦方丹。1898 年 11 月的决议决定在 1899 年 1 月 1 日前将所有亚洲人移出某些特定区域。1899 年 1 月 26 日的总统宣言根据 1885 年的第 3 号法令辟出某些街道、地区和场所专供苦力和亚洲人居住和经商。② 亚洲人被禁止在小路和人行道上行走，他们也不能坐公共汽车，只能乘坐火车的三等车厢，而且被禁止购买和拥有酒精饮料。据不完全统计，从 1885 年到 1908 年，开

---

① Melanie Yap & Dianne Leong Man, *Colour*, *Confusion and Concessions*, pp. 44 – 45.
② *Idid.*, p. 76.

普敦、德兰士瓦和纳塔尔共签署、修订和增补了超过约26部法律来限制亚洲人在移民、居住和贸易活动等方面的权利。①

2. 白人定居者的反应与亚洲人的对策

日益增多的自由移民和契约劳工使南非的白人定居者紧张起来。白人联盟协会(White League Association)于1902年建立。它的目标非常明确:将亚洲人遣送回国或将亚洲商人的活动限制在集市贸易。白人联盟协会的立场得到了白人商业部门的强烈支持。在对苦力和自由商人不做任何区分的情况下,波切弗特罗姆(Potchefstroom)的商会主席声称"苦力问题已经引起了议院的密切关注",他要求议员"想方设法限制苦力的输入,因为他们将毫无疑问地成为对欧洲商人造成威胁的来源"。② 作为移民,中国人和印度人都面临着两难的处境。如果不努力工作或不能发展自己,他们就很难生存下去,因为他们所面对的外部环境并不友好;如果他们试图发展和扩展的话,就会引起白人的警惕和敌对,从而导致当地政府颁布新法律或条例进行限制。

面对这种歧视和不友好的环境,华人和印度人的反应一样:为了生存,他们利用各种各样的策略来抵制白人优越论,利用规避、请愿和有组织的抗议来反抗种族歧视政策。在德兰士瓦,印度人发现在1909年所颁布的德兰士瓦公司法的条文下建立商业是有可能的,从而规避了在1908年所颁布的严格限制亚洲人经商权利的黄金法和城镇法。他们还发现可以规避1885年的第3号法令,通过在公司的名义下进行登记,这种方式在1916年被法院宣布为合法,并且在1920年的上诉中得到巩固,他们获得了财产权。印度私人公司在德兰士瓦的数量从1914年的3家增长为1916年的103家。③ 亚洲人很难获得正常贸易活动的许可证,因为政府每周发放给亚洲商人,其中包括中国人的许可证大约只有7

① 李安山:《非洲华侨华人史》,第188—189页,表4.2。

② *Indian Opinion*, October 8 1903, Quoted from Huguette Ly - Tyo - Fane Pineo, *Chinese Diaspora in Western Indian Ocean*, p. 226.

③ T. R. H. Davenport, *South Africa: A Modern History*, p. 241.

份。新来的亚洲移民发现了一种获取贸易许可证的方法，即通过欧洲人作为媒介，用欧洲人的名字为自己的贸易活动作掩护。① 请愿是另外一种方式。无论中国人还是印度人都经常向南非政府和伦敦请愿以表达他们的不满和抗议。

截至 1905 年 6 月，一共有 10 237 名印度人和 1 115 名中国人获得在德兰士瓦定居的合法权利。然而，白人定居者担心亚洲人的实际数字要高得多，他们要求政府进行干预。1906 年 8 月，当地政府采取了一项法令，要求所有 8 岁以上的亚洲人交出他们的许可证以换取新的登记证。新登记证必须盖上手印才能领取，也只有那些获得登记证的人才能被授予商业执照。那些不遵守法令的人将会遭到罚款、监禁或驱逐出境的惩罚。1906 年 12 月 6 日，德兰士瓦和奥兰治殖民地获准成立自治政府。

德兰士瓦监狱关押的印度人和中国的平均数(1902—1908 年)

时期	印度男性	中国男性
1902—1903	19.3	—
1903—1904	不清楚	不清楚
1904—1905	40.2	202.3
1905—1906	41.1	1 089.0
1906—1907	54.3	1 206.5
1907—1908	64.9	885.5

资料来源："Cd. 4564. Further correspondence relating to legislation affecting Asiatics in the Transvaal. Enclosure in no. 19", in Melanie Yap & Leong, *Colour, Confusion and Concessions*, p. 160. 这一政府统计数字并未区别被动抵抗者和其他囚犯。华人的数字也包括那些从 1904 年起在里夫(Reef)金矿里的契约华工。

① 这很快引起白人居民的恐慌。1903 年 12 月，约翰内斯堡商会执委会就此事向政府提出建议，要求"不容许任何亚洲人以白人的名义经商，不容许他们对任何以白人名义领取的营业执照的经营项目的利润享有股权"。*Indian Opinion*, January 28, 1904, Quoted from Huguette Ly-Tyo-Fane Pineo, *Chinese Diaspora in Western Indian Ocean*, p. 226.

(三) 华人与印度人移民社群的不同点

1. 印度人移民的客观因素:英帝国成员国与家庭作用

种族构成处于南非种族隔离体系的核心。种族隔离的观点顽固地认为南非的人口是由四个“种族集团”构成的——白人、有色人种、印度人和非洲人。很明显印度人被认为是一个单独的种族集团,但中国人却不是。① 以下的数字说明在南非的印度人要远远超过中国人。②

南非的中国人(1904—1995 年)

年份	数量	年份	数量	年份	数量
1904	2 457	1946	4 340	1972	8 700
1910	2 399	1954	7 000	1981	8 500
1921	1 828	1955	5 163	1986	9 710
1930	2 907	1959	5 105	1990	23 000
1936	2 944	1966	8 000	1995	27 515

资料来源:李安山:《非洲华侨华人史》,第 562—563 页。

德班市人口的种族构成(1904—1989 年)

年份	白人	有色人种	印度人	非洲人	总数
1904	31 302	1 980	15 631	18 929	67 842
1911	31 903	2 497	17 015	17 750	69 165
1921	46 113	4 000	16 400	29 011	93 515

① 《南非官方年鉴》列出四个集团:白人、印度人、有色人和非洲人。华人在南非历史上的地位颇为模糊,他们被列为“自由黑人”“有色人”“亚洲人”等。在 1972—1990 年,只有 11 名印度人被划为白人,却有 67 名华人被划为白人。参见 Melanie Yap & Leong, *Colour, Confusion and Concessions*, p. 319.

② 2001 年,在南非总共 4 460 万人的人口中,有 2.6%是亚洲人,大约有 109 万人。而在亚洲人中有超过 90%的是印度人,其余的则为中国人。另外一个数字或许对理解这一差异也有一定的帮助。信奉印度教的人为 58.1 万个,大约占总人口的 1.35%,而信奉伊斯兰教的则大约有 58.9 万人。第一个集团以及第二个集团的绝大多数是印度人。有些印度人还是基督教徒。Government Communication and Information System, *South Africa Yearbook, 2000 - 2001*, Formeset, Cape Town, on behalf of the Government Printer, Pretoria, pp. 1, 5.

续　表

年份	白人	有色人种	印度人	非洲人	总数
1931	59 250	4 240	17 860	43 750	125 100
1936	88 065	7 336	80 384	63 762	239 547
1949	129 683	11 280	123 165	109 543	373 771
1989	381 000	69 000	624 000	2 301 000	3 775 000

资料来源：University of Natal, *The Durban Housing Survey*, Durban: University of Natal, 1952, p. 35; *Durban Functional Region*, 1989, Quoted from Goolam H. Vahed, "The Making of Indiana Identity in Durban, 1914 - 1949", pp. 5, 72.

除了"推"和"拉"这两个在移民史中普通的因素外，与中国移民相比，另外两个因素导致了如此众多的印度人移民到南非。首先，印度曾经是英帝国的一个殖民地，后来成为英联邦的一个成员国。印度人被认为是英国公民，他们移民问题或多或少是在领土内部进行的，这要远比中国人便利得多。作为英帝国的成员，印度人到南非去可以被看作是在帝国内部移民，从而其障碍要比移居正式的国外少得多。除此之外，印度政府对南非政府施加压力，要求其公正地对待他们的移民。1872 年，印度政府禁止进一步招募人员，以此作为抗议印度移民遭到不公正待遇的措施。1917 年，印度政府警告说它打算"迫切要求印度人在英联邦国家受到公正地对待"。这一立场在 1921 年和 1923 年都得到了明确的阐述，绝大多数自治领的首相都认为南非对待亚洲人的政策有待改进。印度领导人明确表示："如果听任在南非存在的印度人问题继续发展下去的话，它将……超越国内问题的界限，它将变成一个如此严重的外交问题，以至于帝国内部的团结将会遭受不可挽回的损失。"①相对印度而言，当时中国非常弱小，并因此成为欧洲强权的受害者。它没有足够的力量与其他国家谈判其移民在一个遥远国度中的待遇问题。

其次，家庭发挥了重要的作用。从一开始就有一些印度妇女跟随他

① T. R. H. Davenport, *South Africa: A Modern History*, p. 242.

们的丈夫来到南非，而绝大部分中国人则是单独移民。中国社会学家吴景超认为，妇女在稳定移民社会中发挥了非常重要的作用。换句话说，一个移民群体里妇女越多，定居团体越稳定。统计表明大约有超过一半以上的早期男性印度移民是与他们的妻子一起来的，这要远远超过在南非中国人的比率。[①] 在第一批到达纳塔尔的印度人中，超过 1/3 是女性。[②] 巴纳的研究表明，在 1860—1911 年来到南非的印度契约劳工主要是男性，男女之间的实际比例是 64∶28。[③] 中国人的情况如何呢？首先，契约劳工全部是男性。其次，自由移民中的女性极少。在 20 世纪初期，中国人男女之间的比率要超过 100∶1。

南非的华人人数(1904—1911 年)

地点	1904			1911		
	男性	女性	总数	男性	女性	总数
开普	1 366	14	1 380	804	19	823
纳塔尔	161	4	165	161	11	172
德兰士瓦	907	5	912	905	5	910
总数	2 434	23	2 457	1 870	35	1 905

资料来源：Melanie Yap & Leong, *Colour, Confusion and Concessions*, p. 177.

2. 组织性

另外一个有趣的现象也值得注意。南非的印度宗教集会场所和社会组织都要比华人多。自 19 世纪末期开始，中国人逐渐将他们自己组织到不同的俱乐部、组织甚至秘密社团之中，并将此作为一种有益于或保护他们自己的手段。甘地曾经参观过广东人俱乐部，或称作维益社，

① 关于印度人妇女在家庭中的作用，参见 Goolam H. Vahed, "The Making of Indiana Identity in Durban, 1914 - 1949", pp. 170 - 181.

② T. R. H. Davenport, *South Africa: A Modern History*, p. 105.

③ *Collected Works of Mahatma Gandhi, vol. 5 (1905 - 1906)*, Delhi: Ministry of Information and Broadcasting, 1961, p. 65, Quoted from Melanie Yap & Dianne Leong Man, *Colour, Confusion and Concessions*, p. 90.

这次参观给他留下了很深的印象：

> 既然这些中国人没有任何地方可以作为聚会之所，他们便成立了广东人俱乐部，将此作为一个聚会地点，一个集会处，甚至是一个图书馆。他们以长期租赁的方式获得了俱乐部的地基，在此基础上建造了一座一层楼的建筑。他们的生活都非常清洁，居住空间也非常宽阔；无论从内部还是从外部来看，它看起来都像某些上等的欧洲俱乐部。他们将房间分割开来，每个房间门口都标有客厅、餐厅、会议室、委员会办公室、秘书办公室和图书馆等字样，他们只有在做某件事情时才用它所需要的房间。毗邻这些方面的其他房间则作为卧室出租。这是一个如此精美和整洁的地方，以至于任何中国绅士到这个城市来参观的话，都可以被安置到这里。俱乐部的入场费为每人5英镑，而年度的认捐，则根据成员职业的不同而有所差异。俱乐部大约有150名成员，每个周日都要聚在一起并且自娱自乐。俱乐部的成员也可以在周末利用俱乐部的设施。①

我们可以从入场费判断出它或多或少是一个精英组织，因为普通的中国人负担不起这些钱。然而，中华会馆则通常是所有中国人的团体。在世纪之交的时候，在南非的华人社团中间大约有13个团体。②

1890年，德班印度委员会得以建立，其目的是为了解决那些属于他们自己的特殊问题，尽管偶尔也会关照到印度契约劳工的痛苦。③ 甘地是南非印度人的第一个政治组织——纳塔尔印度人大会的创立者。1894年，纳塔尔的印度人口(4.6万人)首次超过白人人口(4.5万人)。作为主要是印度商人利益的代表者，甘地于当年建立了纳塔尔印度人大

① *Collected Works of Mahatma Gandhi*, *vol. 5* (*1905 - 1906*), Delhi: Ministry of Information and Broadcasting, 1961, p. 65, Quoted from Melanie Yap & Dianne Leong Man, *Colour, Confusion and Concessions*, p. 90.

② 李安山：《非洲华侨华人史》，第156—159页。

③ Goolam H. Vahed, "The Making of Indiana Identity in Durban, 1914 - 1949", p. 47.

会。这一政治组织是南非“最著名精英组织”。① 会员每年的会费是 3 英镑，75%的会员都是商人。② 虽然它是以政治为导向的，但是也将很大一部分注意力集中到诸如贸易保护、商人的公民权和居住权上面。正因为这样，它很少引起那些更加关心税收的普通人的兴趣。《印度舆论》（*Indian Opinion*）的一篇评论曾经对此进行抱怨：“不要期待纳塔尔印度人大会能无所不包……它将永远只停留在名称上面吗？”作者认为《印度舆论》应该代表所有人民的利益，允许所有的印度人参与其各方面的活动，“我希望大会能够摆脱这种了无生气的状态，使自己成为印度人中间为印度人服务的力量”。③

在 20 世纪初出现了一些社会组织。印度人青年协会于 1906 年建立，其创始人是巴伊·帕马南德（Bhai Parmanand）教授，他于 1905 年来到德班，其目的是鼓励印度人学习泰米尔语，参与传教事业和参观印度，从而理解他们的文化和遗产。纳塔尔一位名叫 P. S. Aiyar 的政治活动家，建立了纳塔尔印度人爱国联盟，它将人头税作为其主要目标。印度农民协会是由斯瓦米·桑克拉兰（Swami Shankeranand）创建，此人在 1908 年刚到达南非时就帮助建立了印度人协会。那些出生于南非的印度人也建立了他们自己的组织，即殖民地出生的印度人协会（Colonial Born Indian Association），该组织于 1911 年建立，其目的是为了反抗对省内移民的限制。随着知识分子活动的日益增加，越来越多印度学者访问南非，在 1905—1915 年一共出现了 12 个印度人社团。在 20 世纪 20 年代还出现了一些福利机构。④

3. 宗教信仰与宗教场所

印度与华人移民间的差异或许还可以从宗教和文化的角度来加以

① 关于甘地建立该组织的活动，参见 R. E. Johnson, “Indian and Apartheid in South Africa”, Ph. D. dissertation of Political Science, University of Massachusetts, 1973, pp. 31 - 45.

② Goolam H. Vahed, “The Making of Indiana Identity in Durban, 1914 - 1949”, p. 47.

③ *Indian Opinion*, October 28, 1906, Quoted from Goolam H. Vahed, “The Making of Indiana Identity in Durban, 1914 - 1949”, p. 48.

④ Goolam H. Vahed, “The Making of Indiana Identity in Durban, 1914 - 1949”, pp. 47 - 52, 118 - 131, 183 - 185.

解释。例如在德班，绝大部分印度人是印度教教徒。1860 年来到纳塔尔的第一批印度人绝大多数是印度教教徒，只有 12%的人是穆斯林，5%的人是基督教徒。[①] 1936 年，有 79.64%的印度人是印度教教徒，14.74%是穆斯林，只有很少一部分是基督教徒。作为一种宗教文化，印度教是印度全国各地民族传统的一部分，它超越了印度人之间基于地域、文化和语言的不同，影响着他们在南非日常生活的方方面面。所有的寺庙和清真寺等成为社会生活的中心。早期的寺庙建立在乌姆比罗（Umbilo，1869）、艾杰可贝山（Mount Edgecombe，1875）、纽兰兹（Newlands，1896）、卡托曼斯诺（Cato Manor，1882）、伊西平戈道（Isipingo Rail，1870）和海望（Sea View，1910）等地，早期的清真寺和伊斯兰学校主要坐落在格雷街（Grey Street，1881）、西街（West Street，1885）、河岸（Riverside，1896）、斯普林菲尔德（Springfield，1904）、威斯特韦尔（Westville，1904）、欧韦尔波德（Overport，1905）、谢尔伍德（Sherwood，1905）、海牛湖（Sea Cow Lake，1906）等地。寺庙和清真寺随着社团的演进而发展。这些会众场所不仅将人们组织起来，做礼拜以保存宗教和文化，帮助建立和维护社团生活，还成为社团及其重大成就的象征，从而为那些远离家乡的人们提供了一种归属感和安全感，同时还是交换思想、信息和不同类型的文化生活的场所。各种不同的社会活动传播了宗教教育，相同的寺庙和清真寺举行同样的典礼和节日庆典，而由于本国传统的保持而使语言得以流传。[②]

至于中国人，他们来自不同的地区，说的是不同的方言。说闽南话的福建人很难听懂说另一种方言的广东人的话，客家人说的则是另一种完全不同的方言。由于听不懂别人的方言，他们只能按照在故乡时的村

---

① Leonard Thompson, *A History of South Africa*, p. 100. 关于印度人中的基督教徒，参见 J. B. Brain, *Christian Indians in Natal, 1860 – 1911: An Historical and Statistical Study*, pp. 3 – 25.

② Goolam H. Vahed, "The Making of Indiana Identity in Durban, 1914 – 1949", pp. 181, 182 – 211.

落聚集在一起。虽然他们都信奉儒家思想，但这并不是一种正式的宗教形式，而只是一种生活方式，或价值体系。他们崇拜天公、天后或妈祖、关公、观世音、土地神或大伯公，然而，这些神仙都属于中国的地方宗教，缺乏宗教一致性和正式祭祀仪式，除了每年庆典外，对它们的崇拜并没有制度化。

4. 领导力

另外一个可以解释组织程度不同的原因可以归结到领导能力方面。中国移民主要来自贫苦农民，印度移民除了大量的契约劳工之外，还包括商人、律师、传教士和教授。印度的知识分子如甘地、艾亚尔（P. S. Aiyar）、安格利亚（M. C. Anglia）、法蒂姆纳·米尔（Fathimna Meer）等起到了重要的领导作用。各种社团通过不同的渠道如报纸、学校、表演、集会和讨论会等更加紧密地团结了起来。就以报纸为例。第一份印度报纸《印度舆论》是由甘地在 1903 年创办的，紧接着是另外一份用英语和泰米尔语发行的印度报纸《非洲年表》（*African Chronicle*），这是由甘地的政治对手艾亚尔于 1908 年创办的。第三份报纸是安格利亚于 1914 年创办的《印度观点》（*Indian Views*），用英语和古吉拉特语发行。然而，第一份中国报纸，即《侨声报》（*Chinese Consular Gazette*）直到 1931 年才由驻南非的中国领事馆开始发行。

早期南非的中国人与印度人之间既有相同点，又有不同点。一方面，他们同在一块陌生的土地上安家并面临相同的困难，体现在种族认同、经济困境、社会地位和政治权利等方面，置身于白人与黑人之间的夹缝中求生存。作为“亚洲威胁者”，他们均被非洲人视为侵犯南非当地低工资群体的“入侵者”，又被当地白人视为威胁，或是将他们作为贫穷的未开化苦力，或是作为会做生意的竞争者对待。中国人和印度人的这种特定的职业和种族定位，使得他们在恶劣环境中面临着相同的压力。为了生存和发展，他们不得不去面对或解决相同的问题。比较常见的对策是他们总是团结起来与种族隔离政策做斗争。

另一方面，由于历史、文化和社会的不同，这两个移民群体之间也存在很多差异。印度人要比中国人多得多,因为他们在大英帝国统治范围内可以相对自由地流动。此外,他们在南非有一个明确位置,代表着种族集团之一的“亚裔”群体的绝大部分。在南非的华人则不同。首先,他们到达南非是移民他国,在移民政策和定居条件上有多重障碍。其次,他们在所谓的“亚裔”群体中人数极少,没有固定的定位。第三,移民成分的不同。由于华人移民中很少有知识分子或精英阶层,他们中缺乏有能力和远见卓识且能用英语交流的领袖。印度移民不仅具有相对统一的宗教和文化传统,加上早期知识分子特别是甘地等人的努力,印度人被更好地组织起来,这极大地帮助了他们作为一个整体为获得社团的权利和利益而进行的斗争。概而言之,二者的不同点表现在三个方面:人口构成上,印度人的男女比率比华人平衡,从而保证了移民的稳定性和定居率;社会文化上,宗教对印度移民的影响更明显,在社会生活上表现为更有组织性;政治上,印度是英帝国的一部分,印度政府可以通过正常渠道来表达自己对移民的关注,从而保证了印度移民(名义上的“帝国公民)比华人享有更多的便利和权利。

六、结论

在早期非洲,华人主要集中在毛里求斯、留尼汪、马达加斯加和南非等岛屿和沿岸地区。作为第一代开拓者,他们凭借着惊人的毅力和勇气,通过辛勤的劳动和智慧,逐渐在这里建立了自己的家园。为了更好地生存和发展,他们开始以家族、来源地形成自己的社区,并最后以中国人为社团拥戴自己的领袖来保护和引导大家。其次,华人逐渐形成了自己的一整条为移民服务的路线,多以亲戚或同乡为对象鼓励他们来到自己经营的商店帮忙,然后逐渐积累起自己的小资本。殖民政府也在此基础上形成了自己的监督网络,即利用一些长者对华人社区的行为进行监督。第三,在这一时期,对华人社区的成见已经形成。这时的华人形象主要有两种。中国小商小贩肩挑货物服务于农村,长途跋涉将商品出售给村民，这种形象已经开始建立。此外，有人对不同民族有不同评价，耐心服务、吃苦耐劳、团结统一等品行成为中国商人的特点。当然，也有不好的评价，如“fiery 的穆斯林，subtle 犹太人，贪婪的印度人，狡猾的中国人，dauntless 独立的马拉加什人”。[①] 这种对华人的整体评价实际上反映了当地人对中国人的一种固定看法。最为重要的是，当时的所有华人都被看作外国人，无一例外。第四，几乎每个华人社团有自己的领袖，每个来源地（福建、广东、客家）也有自己的领袖；最后，每个国家的华人中产生了自己的领袖。虽然这些被称为“甲必丹”的领袖在客观上需要当地殖民统治者的认可，但这些领袖一方面保护华人社区的利益，另一方面带领大家制订纪律，从而形成了自己社区的规矩和传统。

这些特点可谓是华人社会的一种“立身之道”。这既是华人的生存之道，也是他们的保命哲学和发展理念。他们的社区得以建立，并最终形成了自己的风格。

① Marina Carter and James Ng Foong Kwang, *Abacus and Mah Jong*, p. 53.

第五章　18—19世纪非洲的契约华工

我于1813年提出申请要求得到的中国人一直未抵达，这造成了本岛的某种不方便，特别是在波拿巴将军来后所作的安排使得对劳动力的需求增加了。

——圣赫勒拿岛总督哈德逊·罗伊爵士(1816年)

华人丛居一隅，行止龌龊，而秉性和平，且勤奋柔顺，无论何处，均可得食。故白人之与为邻者，几无能安其居焉。华人虽勤，可供役使，而白人睹此险象，无不恐惧。今来者尚不过亚洲流民，而与我白人同操一业，已足以驾我而上。则一旦有学问有纪律者接踵而来，我白人正不知如何景色也。

——英国报刊文章《论南非开矿宜禁华工》，《外交报》，第37期，1903年3月13日

从世界经济史的观点看，近代欧洲资本主义的快速发展和海外扩张引发了对劳动力的巨大需求。正是在从奴隶贸易到合法贸易的过渡中，在世界经济大调整的过程中，因废除奴隶贸易和奴隶制度所带来的劳动力短缺，急需某种方式来弥补。在海外殖民地扩张过程中，欧洲列强在征服过程中对殖民地人民的镇压和屠杀，不仅导致了人口的减少，而且

使殖民地人民产生了强烈的反抗情绪。加之当地民众习惯于传统生产方式,欧洲殖民宗主国不得不从其他地区寻找新的劳动力,以完成殖民地建立后的各种基础设施建设。在西印度洋群岛地区,种植园经济的基础就是廉价劳动力。非洲其他地区,铁路和公路的建设也需要大量劳动力。为了解决这一问题,欧洲资本的眼光投向了中国。早在鸦片战争以前,欧洲列强就千方百计地从中国掠夺劳动力。根据统计,从 1800 年到 1850 年,从中国运送到世界各地的契约华工已达 32 万人。①

一、"契约劳工"招募的国际背景

(一) 大西洋奴隶贸易

伊曼纽艾尔·沃勒斯坦在他的《现代世界体系》中将 18 世纪 30 年代至 19 世纪 40 年代这一阶段称为"资本主义世界经济大扩张的第二时代"。确实,在经过了约三个多世纪的原始积累以后,资本主义已积蓄了足够的力量,开始了世界范围内的第二次扩张。欧洲原始积累的一个重要因素是持续了四百多年的大西洋奴隶贸易。这是一场违反人类普遍道德标准以非洲黑人为商品的贸易,它始于 15 世纪中叶,当时葡萄牙探险家在西非海岸掠走第一批黑人奴隶,终于 19 世纪 70 年代末期。② 在这场史无前例的人类浩劫中,"非洲的大西洋奴隶贸易出口总额就达到 1 540万人"。③

正是在这四百多年的时间里,世界贸易在数量上和空间上显著扩大,西欧和北美的经济迅速发展。西欧首先完成了从原始积累到工业革命的过渡,并迅速向海外扩张;也正是在这一时期,非洲遭受了极大的摧

① 陈泽宪:《十九世纪盛行的契约华工制》,附表,《历史研究》,1963 年第 1 期,第 176—178 页。

② 参见李安山《国外对奴隶贸易和奴隶制的研究(1968—1988)》,《世界史研究动态》,1989 年第 2 期。

③ 联合国教科文组织:《十五至十九世纪非洲奴隶贸易》,联合国教科文组织召开的专家会议报告和文件,北京:中国对外翻译公司,1984 年,第 248 页。

残,开始明显落后于其他地区。尼日利亚的著名历史学家伊尼科里曾一针见血地指出:一方面是为进行资本主义生产以供应国际市场而购买、输送、雇用一千多万奴隶;另一方面运输并出售由这些奴隶生产出来的产品,"这两个方面构成 1451 至 1870 年国际经济业务中很大的份额";"大西洋经济在 1451 至 1870 年得到发展,是在牺牲非洲经济的条件下实现的"。①

不难看出,大西洋奴隶贸易构成了西欧和北美经济发展的一个重要因素。这至少表现在以下三个方面:第一,奴隶贸易和奴隶制是英国工业发展资本的主要来源之一,这一点历史学界已有讨论。② 第二,三角贸易以及随之而来的经济变化大大刺激了各相关国家特别是英国的各个部门,为工业革命增添了新的活力。第三,美国革命以后,殖民地奴隶制经济开始下降,其对英国的重要性日益减少。随着资本主义经济的日益成型,建立在种植园经济上的垄断制开始衰落。与此同时,英、法人道主义者长期进行鼓动宣传,导致了英国议会里的唇枪舌剑。最后,西印度群岛的奴隶们奋起争取自己的解放。这一切,导致了奴隶制的崩溃。③

(二) 奴隶贸易的废除

在 18—19 世纪之交,资本主义世界经济体系逐步将非洲纳入自己的轨道。19 世纪初,工业革命提出了原料和销售市场的问题,奴隶贸易

---

① 约瑟夫·E. 伊尼科里:《奴隶贸易和大西洋沿岸各国经济,1451 至 1870 年》,载联合国教科文组织:《十五至十九世纪非洲奴隶贸易》,第 58—84 页。还可参加他的文章 Joseph. E. Inikori, "Slavery and the Revolution in Cotton Texile Production in England", Joseph E. Inikori and Stanley L. Engerman, eds., *The Atlantic Slave Trade: Effects on Economics, Societies, and Peoples in Africa, the Americas and Europe*, Durham: Dukes University Press, 1992, pp. 145—181.

② 关于国际史学界对这一问题的研究情况,可参见李安山《资本主义与奴隶制——50 年西方史学争论述评》,《世界历史》,1996 年第 3 期。

③ 关于这一问题的经典著作,参见艾里克·威廉斯《资本主义与奴隶制》,北京师范大学出版社,1982 年。国内学者的研究可参见艾周昌、郑家馨主编《非洲通史》(近代卷),上海:华东师范大学出版社,1996 年,第 25—65,299—329 页。

逐渐为“合法贸易”所取代。1807年，英国率先禁止奴隶贸易。“禁止奴隶贸易”的旗帜使一些欧洲商人进一步渗透到非洲内陆。他们以早期建立的商站和殖民地为基地，一方面派出探险家，勘察通往内地的商路；另一方面，用各种方式打击竞争对手。他们要求政府资助，其理由为合法贸易将证明是“从内地摧毁奴隶贸易的最有效的方法”。[①] 这样，欧洲的商业资本通过种种手法极力对政府施加影响，促使本国政府采取政治或军事行动，以达到兼并殖民地，保护自己经济利益的目的。由于他们的推动，瓜分非洲的步伐加快了。[②] 与此同时，贸易的重点由以前的香料、象牙和黄金转移到各种工业原料资源。

欧洲各国废除奴隶贸易和奴隶制的时间表

国家	废除奴隶贸易（宣布日期）	废除奴隶贸易（生效日期）	废除奴隶制（宣布日期）	废除奴隶制（生效日期）
英国	1807	1808	1833	1838
法国	1794[③]；1818	1818	1848	
西班牙	1814	1820s	1870	1872[④]；1878
葡萄牙	1815	1823	1854[⑤]	1878
丹麦	1792	1803	1885	
荷兰	1814	1814	1885	
瑞典	1813	1813	1885	

资料来源：Paul E. Lovejoy, *Transformations of Slavery: A History of Slavery in Africa*, Cambridge: Cambridge University Press, 1983.

在工业革命时期，欧洲列强继续进行殖民扩张，力争把亚洲、非洲、

① (英外交部文件) FO97/434. C. W. Newbury, *British Policy Towards West Africa: Selected Documents 1786—1874*, London: Oxford University Press, 1965, p. 123.

② 李安山：《浅谈十九世纪欧洲商业资本在非洲的活动及其对瓜分的影响》，《史学月刊》，1986年第1期。

③ 1794年2月4日，取得政权的雅各宾党人宣布禁止奴隶贸易和无偿解放奴隶。

④ 西班牙废除波多黎各岛的奴隶制。

⑤ 葡萄牙宣布其所属领地的奴隶为自由人。

澳洲和美洲变为它们的产品销售市场和农业原料附庸。到19世纪70年代为止，英法等欧洲强国又攫取了不少新的殖民地和势力范围。亚洲大多数国家先后遭到吞并或为外国殖民势力所控制；幸存下来的伊朗、中国和土耳其也沦为半殖民地，欧洲列强各自确定了自己在这些国家的势力范围。同时，澳大利亚和新西兰也沦为英国殖民地。在非洲，欧洲殖民强盗在沿海侵占了一部分土地，建立起殖民地（或“保护制度”），作为向内陆渗入的基地，而这一批殖民地大部分是打着“禁止奴隶贸易”的幌子建立的。主要的有：塞内冈比亚殖民地（1821年英建），阿尔及利亚（1830年法占），黄金海岸保护领（1844年英建），几内亚沿海（1849年法建“保护制度”），拉各斯（1861年英占），加蓬沿海地区（1862年法占），波多诺夫（1863年法占），科托努（1869年法占）。

值得注意的是，合法贸易并未使奴隶贸易根绝；相反，两种贸易并行不悖。苏联学者阿勃拉莫娃将这一时期的奴隶贸易称为“走私奴隶贸易”。[①] 奴隶贸易有禁无止。为什么会出现这种情况呢？主要有三个原因：第一，随着奴隶贸易和这种特殊的奴隶制度兴起的美洲种植园经济方兴未艾，仍然需要大量的劳动力。第二，由于禁止奴隶贸易，奴隶的价格骤然上升，这使得一些奴隶贩子更加积极地参与这一走私活动。第三，在非洲本土，由于棕榈油、树胶、木材、花生等原料资源提供了丰厚的利润，非洲内地的种植园经济也兴盛起来，如在尼日利亚、桑给巴尔、留尼汪、毛里求斯等地。对劳动力的需求也大大增加。到19世纪末，在南非先后发现钻石和黄金矿产，情况更大不相同。

（三）对劳动力的迫切需求

合法贸易与奴隶贸易存在着各种联系。其中一种非常突出的方式是奴隶劳动力开始以合法的方式进行贸易，而尤以法国和葡萄牙最为显

① 斯·尤·阿勃拉莫娃：《非洲——四百年的奴隶贸易》（陈士林、马惠平译），北京：商务印书馆，1983年，第159—226页。这是一部颇有分量的研究著作。

著。它们将这种劳动力称为“契约劳工”，在服役一定年限后（如法国为14年，葡萄牙为5—10年不等）可获得自由。这实际上是一种新瓶装旧酒的经济方式。涉及这一方式的欧洲国家的这种“合法”奴隶贸易在非洲多个地区流行：从西非地区（如塞内加尔和加蓬）到西印度群岛；从东南非洲到南非、毛里求斯、马达加斯加、科摩罗和留尼汪等地。在法国的势力范围内，契约劳工服役14年后可获自由。葡萄牙的契约劳工制主要集中在圣多美和普林西比。这一地区的种植园经济得益于19世纪50年代的咖啡热和后来的可可生产。① 值得注意的是，从中国来的契约工人均先后被运至上述这些地区充当苦力。

在19世纪下半叶，世界的大部分地区逐渐被欧洲列强瓜分。

一方面，广阔的地区存在丰富的自然资源，却缺乏人力来开发。另一方面，先后在美国、澳大利亚和南非发现金矿，欧洲资本纷纷涌入这些地区。劳动力问题只有靠鼓励移民和契约劳工来解决。在鸦片战争以后，欧洲各国掠夺华工的活动急剧发展。在1850—1875年达到高潮，出国契约华工人数高达128万，而1876—1900年的出洋华工人数则为75万。② 当时，欧洲各公司及其招工代理人招募华工的主要方式是使用欺骗甚至暴力手段，将中国的农民、小手工业者、小商贩和一些流民以签订契约的办法，运送到各自所属的殖民地，从事各种开发。契约华工的足迹遍及世界各地。他们在北美、西非、东非和马达加斯加等地修建铁路，在美国、澳大利亚、南非和加纳开采金矿，在西印度群岛、东南亚和印度洋西部的马斯克林群岛的种植园劳动。

学者们一般将研究的重点放在19世纪。③ 实际上，早在18世纪，就有一些华人被以各种方式拐骗到欧洲列强在非洲的殖民地（如毛里求

---

① Paul E. Lovejoy, *Transformations of Slavery: A History of Slavery in Africa*, Cambridge: Cambridge University Press, 1983, pp. 145—147.

② 陈泽宪：《十九世纪盛行的契约华工制》，附表，第176—178页。

③ 如陈泽宪：《十九世纪盛行的契约华工制》；彭家礼：《十九世纪开发西方殖民地的华工》，《世纪历史》，1980年第1期；彭家礼：《十九世纪西方侵略者对中国劳工的掳掠》，载陈翰笙主编：《华工出国史料汇编》，第四辑，第174—229页。

斯)充当苦力。当然,这种拐骗和掳掠在19世纪最为兴盛。这些华工大部分都签订了“契约”,因而可以说是“自愿”。将这种招募方式称为“拐骗”,一是因为从中国本土招募华工去非洲是不合法的,根本没有经过中国政府的同意;二是因为所至地区的条件和华工享受的待遇与雇主在契约上所承担的义务相去甚远,难以令签订契约的华工满意。

二、西印度洋诸岛屿的早期华工

早在奴隶贸易的后期,一些欧洲国家就开始从中国引进劳工。奴隶贸易和奴隶制被废除后,它们更是将国力衰弱的印度和中国看作其在美洲和非洲各殖民地引进苦力的最佳来源地。虽然1904—1910年是契约华工赴非的高峰期,但在此以前,已有不少华工被招募至非洲。下面让我们来看看欧洲列强从18世纪到20世纪初招募华工到非洲的情况。首先看看南部非洲,主要指毛里求斯、留尼汪、马达加斯加和南非。

(一) 毛里求斯的华工

如前文所述,认为毛里求斯华人的特点是自由移民而非劳工的观点是不正确的。从1760年起,法国人就开始将华人运送到毛里求斯的种植园劳动。第一批华人是在英法战争期间被法国海军将领德斯坦作为人质从东南亚地区掠来的,约有300名。当时负责管理他们的德福尔热·鲍彻总督向这些华人提出了三种选择。

(1) 让他们耕作自己城堡里的园地、在公司住宅里的消遣园地和伯爵在公司里的园地,并承诺将收获的蔬菜全部归他们所有,还允许他们到市场上去自由出售。

(2) 将岛上的一块地划给他们,由他们自己建立一个机构来管理。

(3) 将他们分散到岛上殖民者需要人手的家庭里去服务,“从而得到重大好处”。

华人们严词拒绝,坚称自己是商人,不是农夫,也不愿意从事别的职业。

当时，德福尔热·鲍彻写给公司的信描述了这种情况：

> 诸位先生，正象去年我给你们的信中谈到的那样，德斯坦往这里运送的华人远远不到三百，更谈不上虐待他们，但人们还是若有其事地起劲地对公司那么说。华人上岸后，我就把他们安置在营房大院的一个角落里，那里有树荫遮蔽，免受气候环境的折磨。我们为医院准备些细肉。真实，我向他们发放牛肉，即使病号缺肉时，我还是照常向华人送肉。他们能按时地吃到米饭，只要有可能还有饭里加些蔬菜、咸肉，甚至还有酒。我还发给他们零用钱和所需衣服。总之，我毫未掉以轻心，总是和蔼相待，积极争取。……我每天都在家里接见他们。他们眼泪汪汪，手捧着申请书，要求返回巴达维亚。

经过华工的坚持，鲍彻总督终于同意将不愿留下者遣返原籍。[①] 这样，法国人原想迫使他们从事农业生产的计划破产，只好在第二年将他们遣返。根据华人学者，毛里求斯前文化、艺术和娱乐部长曾繁兴的研究，这批人似乎没有全部离开。[②] 后来，法国人又直接从中国运来一批华工。[③] 到18世纪80年代，法国不断从中国运送劳工到毛里求斯。在广州代为毛里求斯招工的法商夏尔·德斯坦曾提到：

> 1783年开往法兰西岛的英国、丹麦和法国的船上，有三千多名中国人。我本人从广州乘路易港商人达里法爵士的船往法兰西岛运送过132人，其中有19个技工：鞋匠、铁匠、裁缝和木匠。第二年，我又说服了12名糖业农民和工人，带着工具，前往法兰西岛，这

① 《德福尔热给公司的信，1762年7月20日》，见李卓凡：《西印度洋华侨史》，附录文件，文件二，载方积根编：《非洲华侨史资料选辑》，第307—309页。

② 曾繁兴：《寻根：毛里求斯的华人》（邓抗升译），《明报月刊》，1980年第1期（总169期），第40—41页；《毛里求斯华人简史》（刘新彝译自毛里求斯《周末报》1981年4月初专题文章），载方积根编：《非洲华侨史资料选辑》，第44页。关于这批华人的待遇，可参见李卓凡《西印度洋华侨史》，附录文件，文件二《德福尔热给公司的信，1762年7月20日》，载方积根编：《非洲华侨史资料选辑》，第307—309页。

③ 陈公元：《古代非洲与中国的友好交往》，第49页。

些人是总督和总务官向我要的。①

毛里求斯输入华工的主要原因，是为了发展岛上的甘蔗种植园业和制糖工业。由于发展种植园的需要，政府极力主张引进契约移民。从零散的材料看，在法国殖民时期，引进华工是在某种无规律的状态下进行的。1810年，英军占领该岛后，在东南亚担任过英国驻扎官的法夸尔被任命为毛里求斯总督。他极力主张从中国引进劳工的政策，但他深知清朝政府对这一做法在公开场合持反对态度，因此主张用“间接的方式招募移民”，并辅之以与清朝官员相勾结的方法。②

劳动力短缺迫使英国人将眼光转到印度和中国。1829年，英国驻毛里求斯殖民政府引进了第一批劳工。包括400名华工和500名印度工人。③ 然而，华工的反抗使政府不得不将他们遣返，而种植园主要承担遣返所需费用。这使种植园主在随后的十年里对使用华工失去了兴趣。1840年，由于印度政府对招募方式不满意，停止了向毛里求斯输出劳工，种植园主只好再次赴东南亚招募华侨。1843年，毛里求斯又从海峡殖民地引进了1 000名中国苦力。④ 从1840年12月29日到1843年7月5日，毛里求斯在新加坡的代理人为毛岛各公司招募了3 000名华工，用19艘船只运抵。例如，1841年7月，297名华工乘坐来自马来西亚的槟榔屿的船只抵达毛里求斯。8月，来自槟榔屿和新加坡的另外3艘船运来了518名华工。1842年底，由于印度劳工输出到毛里求斯的活动基本停止，中国工人和马尔加什人成了该岛的劳工选项。1843年，又有582名华工抵达毛里求斯。此时，印度移民渠道重新开放，从而减少了对华工的需求。此外，另有5 000华工在1843年7月到1844年年底抵达毛

① 李卓凡：《西印度洋华侨史》，载方积根编：《非洲华侨史资料选辑》，第121页。

② 同上书，第117—118页。

③ 曾繁兴：《寻根：毛里求斯的华人》，第49页；Leon M. S. Slawecki, *French Policy Towards the Chinese in Madagascar*, p. 42.

④ Persia Crawford Campbell, *Chinese Coolie Emigration to Countries within the British Empire*, p. 338.

里求斯。在1844—1846年,1 720名契约华工被送到波旁岛(今留尼汪),他们后来相当一部分在契约完成后迁移到毛里求斯。① 李卓凡引用的一份政府档案表明:“1840年至1844年间,从加尔各答、新加坡或海峡的其他港口共招募了八千至九千名中国移民,但未从中国本土招工。”② 在短短的几年内,华侨成为毛里求斯岛所招农业工人的主要成分。③ 后来还有几次招募,但由于代理商难以招到所需的妇女份额,最后只好停止。以后的毛里求斯华人主要是以自由移民方式迁移过来的。

(二) 留尼汪的契约华工

法国于1817—1818年禁止奴隶贸易后,劳动力出现明显短缺。1827年,留尼汪政府决定输入亚洲移民。契约华工很可能是从这时候开始引进的,但此时的劳工主要是从印度来的。两年后,政府签发了一项“有关印度、中国劳工和其他亚洲自由民”的法令,其主要条款为:

(1) 雇工契约需呈交特别委员会确认,方能生效。

(2) 契约工期为5年。

(3) 月薪应高于10法郎。

(4) 享有食品配给和医疗待遇。

(5) 契约工回国费用由雇工负担。④

这是西印度洋诸岛屿最早制定的关于亚洲劳工移民的法令。

1843年,留尼汪政府发布法令,以试验的名义宣布引进1 000名华工。三年后,格雷伯总督宣布停止引进新的契约华工。⑤ 在此期间,留尼

---

① Marina Carter and James Ng Foong Kwong, *Abacus and Mah Jong*, p. 33.

② 李卓凡:《西印度洋华侨史》,载方积根编:《非洲华侨史资料选辑》,第273—274,299—301页,表十八。

③《毛里求斯华人简史》,载方积根编:《非洲华侨史资料选辑》,第45—46页。

④ 李卓凡:《西印度洋华侨史》,载方积根编:《非洲华侨史资料选辑》,第171页。

⑤ Edith Wong - Hee - Kam, *La Diaspora Chinoise aux Mascareignes*, p 8. 斯拉威斯基提到1844年留尼汪引进第一批中国苦力,很可能指的是这一批。参见 Leon M. S. Slawecki, *French Policy Towards the Chinese in Madagascar*, p. 42.

汪仍先后派人到东南亚和中国大陆直接招募华工，在1844年即招募两批。1845年初，留尼汪派来的招工人员抵达厦门，与在此地开业的英商德记洋行的康纳利取得联系。6月，由德记洋行经手，用招募契约劳工的办法招到苦力180人，搭乘一艘法国船由厦门开往留尼汪。同年10月4日，又有一批华工抵留尼汪。1846年，留尼汪岛又招到一批契约华工计200人，也从厦门出港。这些华工都与雇主订有契约，做工5年，每月工钱为银币4元。根据陈泽宪的研究，“这是西方资本主义国家从厦门招工出洋的第一次记录。”①此后，法国殖民政府先后于1848年和1852年分别从亚洲引进了劳工，但雇主和殖民政府对劳工的国籍和姓名都没有进行必要的登记，而只是以编号入港和分派工作，致使这些劳工的国籍不得而知。②

1849年，法国政府公布了留尼汪岛在1848年废除奴隶制度时的人口统计。当时岛上有31 291名白人，66 621名有色人，其中包括590名中国人。1882年，法国又从上海为留尼汪岛招去2 101名华工。③ 1885年起，留尼汪政府又恢复招募契约华工，这次一直持续到1901年。1901年，812名福州人乘坐德国轮船抵达留尼汪。④ 他们是留尼汪招募的最后一批契约华工。到1901年，共从福建招募华工3 000人。⑤ 19世纪来到留尼汪的契约华工在契约期满后的去向分为三种：有的华工直接回国，有的转到毛里求斯或非洲其他地区，也有一部分留下来与当地妇女结婚成家。

---

① 陈泽宪辑：《非洲地区英、法、比、葡、西、德各殖民地招募华工纪略》，载陈翰笙主编：《华工出国史料汇编》，第九辑，第263页。多米尼克·迪朗、让·亨顿：《留尼汪华侨史》，载方积根编：《非洲华侨史资料选辑》，第456，462—463页。

② 何静之编著：《留尼旺岛华侨志》，第16页。

③ 陈泽宪辑：《非洲地区英、法、比、葡、西、德各殖民地招募华工纪略》，载陈翰笙主编：《华工出国史料汇编》，第九辑，第263—264页。

④ Edith Wong-Hee-Kam, *La Diaspora Chinoise aux Mascareignes*, p 9. 根据李卓凡的著作，这批契约华工为802名，参见李卓凡《西印度洋华侨史》，载方积根编：《非洲华侨史资料选辑》，第175页。

⑤ 何静之编著：《留尼旺岛华侨志》，第17页。

(三) 马达加斯加的契约华工

法国与马达加斯加于1885年签订条约后，马达加斯加实际成为法国的保护国。华人开始较大规模地向马达加斯加定期移民。他们或是以自由移民的身份来自附近的毛里求斯和留尼汪，或是作为契约劳工被法国人专门从中国招募而来。早在18世纪后期和19世纪初期，即有人建议法国政府将华工引进马达加斯加。马达加斯加的早期华人是从毛里求斯和留尼汪迁移去的，这些人不能算是契约华工。然而，不时也有法国人将华工从中国南部港口运去马达加斯加。

法国正式占领马达加斯加后，开始了新一轮的基础设施建设，修建公路网成为主要任务。为了顺利完成招募工作，法国殖民政府委托印度支那总督协助招募3 000名中国劳工。第一批契约华工是在法国对马达加斯加实行殖民统治的当年抵达此岛的。雇佣契约华工主要是为了修建塔马塔夫-塔那那利佛公路。华人分四批抵达马达加斯加。

马达加斯加所招第一批契约华工抵达及离岸时间登记表

批数	登岸日期	离岸日期	苦力人数	备注
1	1896.5.10	1897.2.5	499	
2	1896.8.25	1897.5.20	614	
3	1897.4.5	1897.12.20	1023	285人因装病于1897年9月2日被遣返回国
4	1897.8.11	1898.5.19	867	55人因装病于1897年9月2日被遣返回国

资料来源：Leon M. S. Slawecki, *French Policy Towards the Chinese in Madagascar*, p. 85.

这些来自中国的契约华工对各种小商品的需求刺激了毛里求斯华人移民马达加斯加。早在1886年，15名华商从毛里求斯路易港启程，抵达塔马塔夫。1890年，法国人从东京湾招募的500名中国劳工抵达迭戈苏瓦雷斯，以修建军事工程。李卓凡认为：这批苦力抵达马达加斯加后引起了移居毛里求斯的华人向大岛移民。当年，有 36 人离开毛里求斯，次年增至 114 人。毛里求斯华人这种移民马达加斯加的趋势在法国正式占领马岛后日益加剧。从 1896—1898 年，从毛里求斯移民塔马塔夫的华人达 378 人，其中 1898 年有 109 人。这种移民实际上与向来自中国的劳工出售商品有直接关系。因为他们的销售服务对象相对固定，他们也就往往随着修路的契约华工不断流动。

三、南非的华工

(一) 早期抵达的中国劳工

荷兰人在 1647 年在开普敦登陆并建立补给站后，一直向东推进，曾一度将开普敦作为那些在东南亚殖民地进行反抗或其他不法活动的各种所谓罪犯的流放地。开普敦转手英国人后，英国人曾经引进一些中国工人为开普敦的建设出力。

华人移民到南非的高潮是在 19 世纪 80 年代后半期。下面是南非 1898 年 9 月 12 日东开普地区《基拉夫雷内广告报》上的一篇题为《另一批亚洲人的入侵》的报道，这篇报道使我们对初次抵达南非的华人在入境时的情况有所认识。

> 伊丽莎白港最近经历了简直可以说是一场黄种人的入侵。多尼城堡号客轮所载旅客中有 128 名华人和 24 名印度人，他们是从毛里求斯抵达该港的。这些黄种人和他们的黑伙伴们是清晨上岸的，他们的抵达使海关官员们忙了两三个小时。位于北杰特街的海关门外的情景真是既忙乱又活跃。每一个移民者都小心警惕地随身携带着一大堆行李。那一堆行李的分量确实令人印象深刻，同时也使人们对行李包内到底装了些什么东西感到好奇。每个人都站在那里，焦虑地守护着自己的财产。

> 他们中大部分人不懂英语，当海关官员下令打开行李包时，他们那种不知所措的表情确实令人忍俊不禁。什么也逃不过海关官员的那双眼睛，他们将每个移民者的杂物用品仔细搜查了一遍。但中国佬约翰看来没有什么感情，当他看到自己最心爱的财物被人对待时，他只是不断点着自己那已被弄昏的头，不停地眨着眼睛，张大嘴巴喘气。当海关官员用粉笔在他的行李上画上检查通过的标记后，约翰喜形于色。他急急忙忙将自己的东西乱七八糟地打回行李包，肩扛手提地蹒跚离去，随后被那个轻蔑地咧着嘴的负责的苦力带走了。
>
> 当他们中的一两个人被问及到此地来的目的时，回答都是一样的：来赚钱。然而，不管他们能不能赚钱，有一件事是肯定的，那就是市政当局和卫生部门必须花费大量的工作来检查他们。因为如果不进行检查和不注意防范，这些不负责任的外国人的入境将导致瘟疫与疾病的传播。例如，有必要提醒一下：对印度人来此探亲访友不加防范已使得本地目前天花流行。①

根据报道，这批劳工是从毛里求斯港口过来的。至于他们是直接从中国招募而来，还是在毛里求斯待过，再从毛里求斯转过来的，不得而知。不过，从当时的形势看，南非需要大批劳动力，而毛里求斯在那段时期转来的中国劳工不少。据此可以推测，他们从毛里求斯转过来的可能性更大。此外，他们应该是契约劳工，一是他们是成批来的，一船共有127名华人。二是报道中提到有“负责的苦力”，这是指负责这批劳工的中国人。

（二）对华工竞争力的担忧

虽然从经济发展的角度看，南非金矿需要工人毋庸置疑。然而，白

① Melanie Yap and Dianne Leong Man, *Colour*, *Confusion and Concessions*, p. 58.

人的种族优越感可谓无所不在，这种优越感从表面上看是所谓的“文化”优势，但骨子里却是对华工竞争力的担忧。1913年，英国殖民大臣张伯伦曾亲赴约翰内斯堡进行调研和游说，指出南非金矿的用工难题，指出如用华人，或可解免。当他的这一观点传至英国后，伦敦各媒体竞相嘲骂。一篇英国报纸的报道不仅分析了当时的情况，也对雇用华工的后果提出了警告。由于该篇报告十分典型，在此引用较多。一方面，记者表示相信以聪明精干著称的张伯伦绝不致出此言，“必系电报误传，不能尽达其意”，另一方面又认为如用华工，后果不堪。“今熟谙各国政情者，无不知地球之上，无论英属非英属，苟用华工，及其后来，即倡议者亦必自悔，谅张伯伦亦未必不深知也。”

该报道主要论及其他国家“佣工不足改用华人之后效”，并用澳大利亚的昆士兰、加拿大的英属哥伦比亚以及美国诸州为例。

> 澳洲昆士兰，三十年前，洞开门户，任亚人之戾止。其土地在下热带内，土脉至腴，未经垦辟者，不足几千万方英里。其水土与白人不合，异于南非，故只可以亚人代之。门户既辟，来者日众，东方下流，络绎踵至。其污杂情形，实为殖民政府所不料。虽就工事言之，亦有善效。而气习之熏染吾白人者，究不足以补其所失。故澳洲联合政府，近已设禁止新例。又英属克伦比亚省（在坎拿大）华人多于白人，其数为三与二之比例。该省政府，近知其险，亦设新例，严加限制。以论美国，亦有足之鉴戒者。加利福尼亚省，觅得金矿后，辟门招工，华人之弃其乡土渡太平洋而至其境者，无虑千万。初至甚勤，监以美人①，或筑铁路，或筑浚运河，或田圃，或开矿山。当时亦颇受其益。而华人墨守旧俗，不喜更新，终觉可厌。初时仅居加利福尼亚，久渐东行，势如潮涌。若尼洼大②，若衣大胡③，若阿利根④，

① 美国人。

② 即 Nevada，今译为“内华达”。

③ 即 Idaho，今译为“爱达荷”。

④ 即 Oregon，今译为“俄勒冈”。

> 皆有华人足迹。去岁，美国太平洋海岸一带华人，综计不下十二万五千名。男子十居八九。惟在三弗兰昔科①及勃仑②大城中者，略有眷属耳。

通过介绍澳大利亚、加拿大和美国诸州的经历作为自己的例证外，这位记者从多方面分析了华人的特点，最后坦承自己的担忧：华人的竞争力。

> 华人丛居一隅，行止龌龊，而秉性和平，且勤奋柔顺，无论何处，均可得食。故白人之与为邻者，几无能安其居焉。华人虽勤，可供役使，而白人睹此险象，无不恐惧。今来者尚不过亚洲流民，而与我白人同操一业，已足以驾我而上。则一旦有学问有纪律者接踵而来，我白人正不知如何景色也。于是议禁华人入境之律起矣。黄种工人，半饱以糊口，一椽以栖其身。其工作之整饬，俨若天成，一与机器无异。而所得佣值又甚廉，故白人断难与争。初登岸时，若甚愚陋。及一至工艺之场，便为白人之敌，殊可畏也。夫以如此之人，而可使之至我南非乎。如其许之，害必并至。而藩部③大臣，乃欲以解免工事难题，何所见之左耶？南非战事之始，土人从事矿工者，共有十万。今仅余四万。悬揣将来，恐须增至二十五万。今战事即平，情形大变。土人散之四方，相率为垦荒之举，无复有愿执劳苦之工者。则又何处觅此多数乎。遥望东方，可用者众。无怪各矿主之流涎也。

当时的南非政府对雇用华人确实有所疑虑，张伯伦也有所感知。南非政府以及一般舆论也认为不宜用华人是为了“保全国家最上利益”；矿主应该在用人原则上“必先白人、土人，俟其实不足用，方可筹及此事。自我思之，果用新式机器，即白人工价稍昂，亦不至有所虚糜

① 即 San Francisco，今译为“圣弗朗西斯科”，即旧金山。

② 即 Portland，今译为“波特兰”。

③ 即殖民部。

也”。《泰晤士报》馆专派珠翰尼士巴访事之言，至为简明。曰：“今许华人入南非洲，无异贻后人以大患。此患不去，即与以俱来之效，无论如何兴盛，终不能补。斯言也，凡曾游历他国，而念知中国事者，谅无不为之首肯也。”①

从上述报道可以看出，作者视华人如洪水猛兽，警告英国政府须以华人在其他国家的发展为鉴，禁止华人入南非境，以免后患无穷。虽然作者对华人多有诋毁，但他担心的远非他们的“墨守成规”，亦非“行止龌龊”，而是其竞争力。他描写华人刚来时“若甚愚陋”，但当他们一至工地便成为白人的竞争对手，“殊可畏也”。作者进一步认识到：“今来者尚不过亚洲流民，而与我白人同操一业，已足以驾我而上。则一旦有学问有纪律者接踵而来，我白人正不知如何景色也。”

南非引进中国劳工(不完全统计)

1814	抵达	23	劳工(私人雇佣)	开普殖民地
1815	抵达	25	劳工(政府雇佣)	开普殖民地
1849/1/12	抵达	不详	劳工	伊丽莎白港
1875/8/16	抵达	75	劳工(政府雇佣)	纳塔尔殖民地
1876/1	居住	53	劳工(政府雇佣)	彼得马里茨堡
1881/11/10	抵达	18	劳工	伊丽莎白港
1881/12	抵达	不详	劳工	伊丽莎白港
1882	抵达	126	劳工	纳塔尔殖民地

资料来源：Melanie Yap and Dianne Leong Man, *Colour, Confusion and Concessions*, pp. 5 - 24.

(三) 华工来南非的直接原因

如前所述，华人包括华工之所以 19 世纪 80 年代以后在南非开始大量增加，主要归结于三个因素：金矿的发现、毛里求斯移民政策的改变和

①《论南非开矿宜禁华工》，《外交报》，第 37 期，1903 年 3 月 13 日(光绪二十九年二月十五日)。

南非与葡属东非铁路的开通。

当然，这些抵达南非的华人并非全部是自由移民，有些人应该是作为契约劳工迁入的。南非契约华工在后面要专门论及。

四、西部非洲的契约华工

(一) 圣赫勒拿岛

圣赫勒拿岛位于大西洋南部，是一个火山岛，距非洲西海岸 1 840 公里。1502 年，葡萄牙人到达该岛，并以康士坦丁大帝母亲的名字圣赫勒拿命名。1633 年，该岛被荷兰人占领，并成为西非奴隶贸易的基地。1657 年，此岛落入英国人的手中，成为英国东印度公司的领地，专为航行于欧亚之间的船舶担任补给任务。岛上除个别白人外，绝大多数是黑人奴隶。英国废除奴隶贸易后，这里的劳动力供应日益困难。1810 年，圣赫勒拿岛总督委托英国东印度公司驻广州商馆大班设法代招一批中国工匠和农夫，由于当时清朝政府禁止臣民出洋，这种招募只能背着清政府暗地进行。①

1810 年 5 月，英国东印度公司将 50 名华工从广东运至圣赫勒拿岛。他们的表现使公司十分满意，于是又运来 150 名华工。当时的圣赫勒拿岛的总督亚历山大·比特森对华工的工作种类及其作用进行了描述。这些华人大部分从事农业，如将土地用栅栏围起来、平整土地、烧荒、赶车、种植和收获马铃薯以及其他工作。英国东印度公司付给他们每人每天 1 先令的工钱，定量供给食物。除从事通常的手工和农活外，他们还参与了一些准军事活动。② 1812 年陆续有 100 多名华工从广州抵达圣赫勒拿。在岛上工作的华工日子很不好过。岛上气候温热，条件简陋，

① 陈泽宪辑：《非洲地区英、法、比、葡、西、德各殖民地招募华工纪略》，载陈翰笙主编：《华工出国史料汇编》，第九辑，第 254—258 页。

② A. Beatson, *Tracts Relatives to the Island of St. Helena*. London: Bulmer, 1816, pp. 186 - 187.

白人一般难以忍受这里的酷暑，因而白人居民很少，只有轮流换班的少数白人管理人员。数百名华工受骗抵达此地后，大失所望。他们只能默默地忍受，与绝大部分黑人、少数印度人和马来人一样，日出而作，日没而息。有时他们还要承担一些与士兵相同的任务，如拖炮车、运送弹药等。用比特森总督的话来说，"关于华人，……有些人已成为十分在行的庄稼汉。……公司付给他们一先令一天，定量供给他们食物。以这种方式，他们可以随时服兵役，如拖炮车、运送弹药；简言之，对他们的雇用与印度炮兵的雇用相类似。由于他们均被置于欧洲监督人的指导之下，毫无疑问，他们所作的事要比让他们自己去作的时候多得多。"①华工均被至于欧洲人的监督之下，每天从事繁重而单调的工作。

1815 年，英国人将在滑铁卢战役中战败的法国皇帝拿破仑一世流放到圣赫勒拿岛。由于该岛从中途补给站变为囚禁重犯的地方，英国不得不派重兵把守。一方面，岛上必须建造营房堡垒和其他设施，另一方面，担任守卫的士兵也需要各种给养。这样，该岛总督哈德逊·罗伊爵士又向东印度公司驻广州的商馆大班请求帮助。1816 年 5 月 7 日，罗伊爵士向英国下议院的特别委员会抱怨：

> 我于 1813 年提出申请要求得到的中国人一直未抵达，这造成了本岛的某种不方便，特别是在波拿巴将军来后所作的安排使得对劳动力的需求增加了。这种不方便多少由于贵会授权让每船抵达时带来几名中国人这一措施而减小了。我们希望这一措施能继续下去，直到我们共收到 150 人为止。我们的基地希望能增加到这一理想人数，如果没有贵会所应承担的介入作用，那将既不方便也不适合。②

---

①《圣赫勒拿岛的华人》，载李安山编注：《非洲华侨华人社会史资料选辑（1800—2005）》，第 3 页。

② Hosea Ballou Morse, *The Chronicles of the East India Company Trading to China, 1635—1834*, Vol. Ⅲ, Oxford: Clarendon Press, 1926, p. 254.

特别委员会对他的建议似乎并不十分热情，罗伊爵士显然有些不耐烦了。这位孤独的总督在第二年再次致函英下议院特别委员会。在这封信中，他的要求进了一步，从150名增加到350名，并要求尽快送到。他明确表示，圣赫勒拿岛需要20名木匠、10名石匠、10名泥水匠、6名铁匠，还需要能够种田、饲养牲畜和从事园艺的农业工人。50名工匠的工钱为每人每月银圆15枚，300名农夫的工钱为每人每月银圆8枚。所有华工都将预先支付4个月的工钱。由于这种招工出洋从根本上说是非法的，所以只能暗地进行。1820年，广州英国商馆代招准备赴圣赫勒拿岛的华工20名在上船时被清朝政府官吏发现，全部扣留。最后，英商馆代办只好交付1 000两银子才算了事。[①]

拿破仑末年在与英国海军军官巴塞尔·贺尔舰长的谈话中曾对在圣赫勒拿的中国人有过评价。他指着在窗外花园中工作的中国人说：尽管这些人很和平，但他们有自己的才能智慧和自尊心，是不会长远像这样受英国人或任何其他西方人役使的。这番话后来被贺尔舰长于1840年在伦敦发表后，普遍被西方人用来作为所谓"黄祸论"的起源。西方报刊和著述中将这段话解释为拿破仑警告西方世界不要去和中国人打仗，不要将他们从几个世纪的睡梦中搅醒，以免发生"黄祸"。[②] 拿破仑于1821年5月病死于圣赫勒拿岛。此后，英国东印度公司再未从广州招募劳工前往该岛。后来，圣赫勒拿岛成为英国皇家殖民地。后因苏伊士运河开通，该岛失去中途补给站的作用，加之土地有限，缺乏开发种植园的价值，又没有矿产资源，没有再招华工。

(二) 法属西非

在法属西非，行政中心设在塞内加尔的达喀尔。达喀尔在奴隶贸

① 陈泽宪辑：《非洲地区英、法、比、葡、西、德各殖民地招募华工纪略》，载陈翰笙主编：《华工出国史料汇编》，第九辑，第275页。

② 同上书，第257—258页。

易时期曾是向外输出奴隶的重要港口。19 世纪法国在西非的殖民活动主要集中在塞内加尔地区，并从这里辐射到各个殖民地。1854 年，法国的拿破仑三世任命费德尔布为塞内加尔总督，授意他在非洲西部进行殖民扩张。费德尔布在达喀尔大兴土木。当时，专门从中国招募的一批劳工，在此做泥水匠、瓦匠、木匠等苦工，参加了达喀尔当地的市政建设。

1879 年，法国驻广州领事师克勤，奉法国政府之命，向中国政府官员要求准许法国商人为法国的殖民地从南方各通商口岸招募华工。1880—1882 年，法国商人先后在广州、汕头和上海招募了大批华工，分别送到法属非洲殖民地塞内加尔和留尼汪及其他地方。1881 年，达喀尔—圣路易铁路和克兹—库里科罗铁路的建设工程同时开工，修建这两条铁路所需的劳工问题直接摆到了法国政府和塞内加尔殖民政府面前。1883 年，为了推动从亚洲引入劳工，专门成立了一家法中贸易公司，以便利契约华工的引进。同时，法国还从自己属下的各殖民地（如摩洛哥、法属西非等地）强征了大批劳工。

先后运到塞内加尔的华工参加了修建达喀尔—路易港铁路工程。这条铁路长 264 公里，既是连接殖民地两个重要城市的生命线，又是法国殖民者从开奥尔输出经济作物花生的交通运输线。建设工程由大铁路公司巴迪尼奥尔公司承办，但经费主要由法国政府提供，另外由“塞内加尔银行”负担一部分。铁路建设是巴迪尼奥尔公司利润的主要来源，通过与政府的紧密关系而得到的项目，往往可以获取丰厚的利润。这一次也不例外。此项工程经法国议会批准，政府保证巴迪尼奥尔公司在铁路建成以后可以得到每公里 1 200 法郎的收入。① 参加修建这条铁路的劳工却付出了生命的代价来铺设轨道。这条铁路于 1885 年完工。

侥幸活下来的华工很有可能又转入了克兹-库里科罗铁路的建设。克

① 苏勃波丁：《法国在西非的殖民政策，1800—1900》（方林等译），北京：世界知识出版社，1960 年，第 68 页。

兹-库里科罗铁路长555公里,是渗入西非内陆腹地的一条十分重要的交通线。由于这条铁路的线路长,所经过的地方地形复杂,进展相对较慢。1899年,法国殖民政府又引进了一批契约华工,但这一次似乎是从印度支那地区运来的。到1900年,克兹—库里科罗铁路已铺设217公里的路轨。极度艰苦的工作和监工的虐待,加上气候、饮食、疾病等因素,大批修路劳工死于非命。这条铁路最后于1904年竣工。由于死亡率极高,这一从中国引进契约劳工的做法被法国人看作是不成功的试验。①

(三) 英属西非

英属西非在19世纪末也引进了中国劳工。当时,英国的黄金海岸殖民者正致力于对阿散蒂王国的最后征服,加上殖民地本身的各种需要(如修建道路、运送物资、出口物和矿产品的生产等),存在着严重的劳动力不足。为了解决这一问题,从1875—1889年,殖民政府多次颁布关于劳动力的法令,这包括1875年的《劳工法令》、1883年和1889年的《公共劳工法案》、1893年的《主人和仆役与雇用外国人法令》、1894年的《道路法令》等。② 这些法令授予殖民政府直接征用劳工的权力,使得劳动力紧缺的问题得到一些缓解。

到19世纪90年代的中期,由于金矿开采需要熟练劳工,黄金海岸总督马克斯韦尔提出了引进中国劳工的问题。他认为,中国矿工比本地矿工更勤快,这将有利于本地黄金开采业的发展。③ 当时如《黄金海岸快

---

① R. L. Buell, *The Native Problem in Africa*, Vol. Ⅱ, New York, Macmillan, 1928, p. 26;苏勃波丁:《法国在西非的殖民政策,1800—1900》,第69页。还可参见陈泽宪辑《非洲地区英、法、比、葡、西、德各殖民地招募华工纪略》,载陈翰笙主编:《华工出国史料汇编》,第九辑,第265页。陈泽宪认为19世纪末法国人招募华工是为了修建法属刚果的普安特努瓦尔—布拉柴维尔铁路,但这条铁路直到1909年才正式开始动工。

② (加纳政府行政档案)ADM1/1/41. Despatches from Secretary of State to Governor, 1876, March 24,1876, Pt,2, No. 256;(加纳政府行政档案)ADM14/1/5. Minutesof Legislative Council Meeting, April 6, 1889;(加纳政府行政档案)ADM11/1/107. Extract from S. N. A. ,Case No. 27/1909.

③ *Gold Coast Independent*, August 22, 1896.

报》《黄金海岸独立》《黄金海岸记事》等地方报纸曾多次报道并参与了对这一计划的讨论，对黄金海岸殖民政府的这一举措发表各种意见。有的报道称中国劳工在其他殖民地不受欢迎，黄金海岸也不需要他们；还有的报道称与中国劳工在一起工作过的英国技术员对他们不满意。①

实际上，早在19世纪70—80年代，即有人建议从中国引进矿工。英国殖民主义者看到了黄金海岸殖民地黄金生产的巨大潜力，认为引进中国人可以改变这个殖民地的面貌。例如，1883年，理查德·伯顿和V. L. 卡梅隆在视察了黄金海岸殖民地瓦索金矿后，提出了引进中国矿工的建议。② 当时，英国人看到美国、加拿大、澳大利亚和西印度群岛等地引进中国契约华工后所产生的变化，似乎对中国劳工有一种迷信。同一年，艾利斯在他的著作中也写道："如果某个精力充沛的总督只要能够引进中国劳工，黄金海岸的面貌将很快会变得与现在这个样子大大不同。"③

尽管当地舆论极力反对，英国殖民部也疑虑重重，黄金海岸殖民政府仍决定于1897年引进一批中国劳工。马克斯韦尔总督是这一计划的总体策划者。他的真实目的是想通过这一计划来测试大规模引进中国劳工的可能性，从而加快殖民地的黄金生产；因为当时瓦索和阿基姆的黄金生产潜力已经引起了英国一些大公司的注意。④ 为了使这一计划得到伦敦的批准，马克斯韦尔专程回国游说。他还与利物浦商会的成员举行了会谈，双方达成了一致意见。这一计划最后获得了殖民部的同意，也得到了英国商界的认可。

1897年7月，16名中国矿工和技术人员抵达黄金海岸的温尼巴港

① *Gold Coast Independent*, August 14, 1897; *Gold Coast Chronicle*, August, 14, 1897; *Gold Coast Express*, October 20, 1897.

② Richard Burton and Verney L. Cameron, *To the Gold Coast for Gold*, London, 1883, pp. 327 - 328, 336 - 337.

③ A. B. Ellis, *The Land of Fetish*, London: Chapman and Hall, 1883, p. 273.

④ (加纳政府行政档案) ADM1/496. Proposal to Import Chinese Gold Prospectus, January 7, 1897.

口。他们是从海峡殖民地转到利物浦，然后抵达温尼巴的。① 中国劳工被安置在阿基姆-斯韦德鲁，由马克斯韦尔总督的儿子乔治·马克斯韦尔和另一名外科医生负责管理他们。中国矿工被安排在瓦索和阿基姆-阿布阿夸的矿井，与当地矿工一起劳动。关于他们的劳动情况、生活待遇和其他方面的资料很少，但当地报纸披露了以下两点：第一，他们抵达后不久，即觉得后悔，希望回家。② 第二，他们对当地的气候很不适应，大部分经常生病。③

1897 年 9 月，马克斯韦尔总督回到英国后不久就去世了。这位引进中国矿工计划的策划者和鼓吹者的去世，实际上是为这一计划画上了一个句号。继任者弗雷德里克·霍奇森总督采取了完全不同的劳工政策。中国矿工于 1897 年 11 月乘上了去英国的轮船，引进中国劳工的计划就这样结束了。

根据外国学者的著作，英属西非殖民政府还从中国招募劳工到塞拉利昂做工。坎贝尔在 1923 年出版的著作中写道："大家知道，在中国南部有大批的剩余劳动力，在不同时期已有人多次考虑过从中国引进契约劳工到非洲的西部海岸，A. 琼斯爵士已经将不少中国人引进了塞拉利昂。"④由于资料不详，只能留待以后研究。

五、非洲其他地区

欧洲国家对非洲大陆的瓜分是在很短时间内完成的。代表着国内资产阶级利益的政治家这时也纷纷为寻求商品市场、侵夺殖民地制造各种舆论。翻开历史，我们几乎在同一时期听到这些声音：

英国的资产阶级政客寇松表示："在当前象飓风那样吹遍全世界的

① *Gold Coast Independent*, August 14, 1897.
② *Gold Coast Express*, August 21, 1897.
③ *Gold Coast Independent*, August 14, 1897; *Gold Coast Express*, October 16, 1897.
④ Persia Crawford Campbell, *Chinese Coolie Emigration*, p. 170.

激烈的贸易竞争中，丢掉市场就是无法弥补的损失；取得市场对于国家的强盛来说是一种极好的收获。”[①]瓜分殖民地的法国急先锋儒勒·费里在被称为“第一篇提到议会论坛上的帝国主义的宣言”中这样说：“殖民地问题，对于由工业性质本身所决定必须大量输出产品的国家来说，是个市场问题。在欧洲各项工业遭到危机的时候，开辟一个殖民地就是开辟一个市场。”[②]德国的皮洛宣称：“我们也要求阳光下的地盘。”[③]比利时国王宣称：“使我们地球上那唯一文明没有渗透的大陆向文明敞开，冲裂那笼罩着当地全体居民的黑暗，我敢说，这是一场与我们这个进步的世纪相称的十字军东征。”[④]这些都反映了各资本主义国家在向帝国主义过渡时对殖民地的渴望和要求。

19世纪后期，欧洲各国的工业革命已基本完成，科学技术的进步和非洲内陆探险的完成为资本主义列强瓜分非洲创造了前提条件。伴随着这阵喧嚣声，非洲被最后瓜分的历史命运就在柏林会议上决定了。[⑤]

（一）坦噶尼喀

1886年，坦噶尼喀成为德国殖民地。1891年，德属东非殖民地成立。新任总督冯·索丹男爵制定招用东亚劳工条例。条例规定将东亚劳工运到坦噶尼喀各个地区，在德国人的监督之下从事由官方指定的工作。1892年，德国东非特许公司和德国东非种植园公司联合到英国海峡殖民地和中国汕头招工。然而，受东非德国人委托办理招工业务的德国商行和英国商行在当地声名极坏，德国人在汕头的招工因遭到当地群众

① B. M. 赫沃斯托夫：《外交史》，第二卷，上册，北京：三联书店，1979年，第205页。
② 让．徐雷-卡纳尔：《黑非洲：地理、文化、历史》，北京：世界知识出版社，1960年，第178—179页。
③ 萨那等：《第一次世界大战史》，北京：人民出版社，1979年，第27页。
④ L. S. 斯达夫里昂诺斯：《全球通史》，美国，1971年，第577页。
⑤ 李安山：《资本主义列强瓜分非洲的内在因素浅析》，《世界史研究动态》，1985年第1期；李安山：《浅谈十九世纪欧洲商业资本在非洲的活动及其对瓜分的影响》，《史学月刊》，1986年第1期。

的反对而没有成功,最后在新加坡招到240名中国男工、243名爪哇男工和24名爪哇女工。这批劳工于1892年7月25日从新加坡搭乘英国轮船“佛林特歇尔号”驶往东非海岸。当年8月10日,西方报纸(如德国的《柏林日报》和《商业新闻》)均刊登了第一批东亚劳工抵达德属东非殖民地的消息。1892年9月,东非的德国人又通过澳门的葡萄牙苦力贩子招到一批华工,并由一艘英国轮船运往坦噶尼喀。在随后的几年里,东非的德国种植园公司先后在汕头(1896年)、澳门(1902年)、新加坡(1907年)招募了好几批契约华工到坦噶尼喀种植园充当苦力。当时中国的胶州湾已成为德国租借地,租借地的德国人参与了为德属东非殖民地招募契约华工的勾当。例如,在1905年,他们就从山东内地招到60名青年壮劳力,送往坦噶尼喀去当警察。①

德国人招募华工的主要用途还是修筑铁路,这一点长期为学者所忽略。德国在东非共修建两条铁路:(甲)自北部坦噶港到莫希的铁路,全长220英里,1891年开始,工程时断时续,1911年完成,费时20年。(乙)自达累斯萨拉姆到坦噶尼喀湖畔的基戈马,全长780英。事实经过目前尚未发现史料记载。在香港的早期报纸上有零星报道,东非华侨曲拯民根据自己在东非的经历和与当地人士的交往,搜集了一些资料。

1891年,德国开始修建自北部坦噶到莫希的铁路,这条铁路全长220英里。刚开始,德国人就地训练工人,除了德籍工程师外,全部是非洲人。由于道路险峻,工程艰难,进展缓慢。当时,英国人也在肯尼亚修建铁路,他们在印度招雇训练有素的技术人员,以非洲人为辅,工程进度很快。一条长870英里的铁路,9年便完成了。为了加快进度,德国人于1898年从中国招募劳工,中国工人自远东各地应征而来。当一些中国人在北伐初期到东非来做木工时,见到过几位曾在德国统治时期参加过修筑铁路的工人和管工员。他们中间有的已与当地妇女成亲,无意返国而

① 陈泽宪辑:《非洲地区英、法、比、葡、西、德各殖民地招募华工纪略》,载陈翰笙主编:《华工出国史料汇编》,第九辑,第273—273页。

最后终老东非。综合所得,确知中国人参加筑路的人数约2 000名。中国人在德属东非修建铁路的事实,似乎早已被人遗忘。居住在坦噶至莫希铁路沿线的非洲人谈到,20世纪之初,有“大批”中国筑路工人,在乌森巴拉山下居住,教导他们一般农事和怎样种茶,双方关系颇为融洽。那一地区至今还有一个“上海村”(当地语称为Kijiji Shanghai)。另有山东高密人张书传,在光绪年间应聘到南非约翰内斯堡附近的金矿区担任翻译和传教工作。他曾谈到英、德两国同一时期在胶州湾一带招募工人到非洲去。此外,坦桑尼亚独立后曾留任铁路局总工程师的苏格兰人默里,在中国与坦桑尼亚就修建坦赞铁路一事谈判时,凡涉及工程问题,皆邀请他参加。默里谈到,有上千的中国工人曾给德国政府修筑铁路,可惜铁路局已无档案可查。①

(二)刚果自由国

从19世纪70年代起,比利时国王利奥波德二世以欺骗和贿赂等手段与刚果河流域的国王或酋长签订了400多个奴役性条约,后来又进一步将这些地区据为己有。1884年的柏林会议将刚果河以东的地区划给利奥波德二世,并议决成立以他为君主的刚果自由国。1887年,利奥波德二世派人到中国商讨招募劳工一事,清政府予以拒绝。

1892年,刚果自由国通过其在中国的代理人,由以澳门为据点的葡萄牙劳工贩子打通关节,并委托其在中国招募劳工。葡萄牙招工代理人在广州内地为刚果自由国招工时提出了下列合同条件:

(1)愿意去刚果自由国做工的人必须与雇主订立为期三年的劳动契约。

(2)做工期间必须听众雇主指挥,不得任意停工。

---

① 中国人工作14年之久,1914年,铁路竣工,幸存600余人。除了约20名被留用外,尽被遣返回原地。参见曲拯民《中国人在东非洲造铁路》,《明报月刊》,1981年11月(总第191期),第69—75页。

(3) 华工抵达刚果后,每月工资为 45 法郎。

(4) 雇主为华工提供膳宿。

(5) 华工往返刚果自由国的船票由雇主支付。

(6) 华工契约期满后如愿在刚果自由国留居,可以向雇主请领 400 法郎现金。

这次共有 542 人应募,其中包括 536 名中国男子,6 名男童。1892 年 9 月 28 日,这批华工乘德国轮船"渥斯坦号"从澳门出发前往刚果,其中一名华工携带妻子。后来,澳门和香港的招工贩子又暗中到琼州、汕头等地为刚果自由国招募华工,并将招到的人集中在澳门或香港装船运往刚果。关于这批华工的招募情况,中国海关的《通商贸易年册,1892 年度》和当时的《英国驻华领事商务报告》(拱北口,1892 年)均有记载。①

这些华工抵达刚果后,全部被派去修建刚果铁路。他们顶着烈日,冒着酷暑,在莽莽丛林里开山伐木,抬石铺路。修筑铁路的工作环境极其恶劣,气候条件极度不适,各种疾病蔓延流行,加上食宿待遇差,监工虐待劳工,华工有的病倒,有的逃跑,有的进行反抗,结果大部分葬身莽林。关于这些华工悲惨境遇的报道,曾出现在当时的香港报刊上,引起了国人的震动。这批华工的表现不尽如人意,刚果自由国也表示不拟再招华工。然而,利奥波德二世无时无刻不在打中国劳工的主意。为了达到目的,刚果自由国的全权代表余锡尔伯爵十分活跃,在其他欧洲国家驻华使节中频频活动,最后终于促成于 1898 年 7 月 10 日在北京议定了《中国与刚果专章》。专章只有两款,其中第二款称:"议定中国民人可随意迁往刚果自由之国境内侨寓居住。凡一切动者静者之财产皆可购买执业,并能更易业主。至行船、经商、工艺各事,其待华民与待最优国之民人相同。"②由此可看出,签订此专章之目的全然在于使刚果自由国能

① 一些西方著作也提到了这一事实。参见埃尔·约阿、萝西娜·勒纹:《在刚果的托拉斯》(沙地、林立译),北京:世界知识出版社,1964 年,第 26 页。

② 王铁崖编:《中外旧约汇编》,第一册,北京:三联书店,1982 年[1957 年],第 785 页。

够从中国招募劳工。后来,刚果自由国先后于1901年、1902年、1904年和1906年四次招募华工。[①]

(三) 葡属非洲与西属非洲

葡萄牙在西非占有圣多美岛和普林西比岛及几内亚地区,西班牙则占有费尔南多波岛。这三个殖民地均有过奴隶种植园的不光彩历史。废除奴隶贸易和奴隶制后,三个岛都希望以替代方式招募种植园劳工,葡萄牙殖民地先后招募过一些华工。[②] 1908年,葡萄牙殖民当局曾将一些澳门居民流放到几内亚(比绍),从事筑路工程。在葡属殖民地莫桑比克,华人也有各种类型。除了独立的工匠外,有的华人为曼尼卡-艾-索法拉的蔗糖公司和采矿公司干活。还有的华人为两条铁路即1892—1898年修建的贝拉-乌姆塔里(津巴布韦)铁路和1886—1894年修建的洛伦索-马贵斯-科马蒂普特(南非)铁路贡献了力量。[③] 由于葡属西非和葡属东非(莫桑比克)的契约华工主要是从葡属澳门引入,而西属费尔南多波岛输入华工的手段又十分隐蔽,因而资料非常缺乏。西班牙殖民政府在1928年曾派人到中国招工,遭到国人的强烈抵制。此事将在后面章节论及。

(四) 苏伊士运河及其他地区的华工

欧洲列强为了争夺埃及并缩短欧亚之间的海路距离,于1859年开始开掘苏伊士运河。当时已有中国劳工参加了运河的修建。苏伊士运

---

① 陈泽宪:《十九世纪盛行的契约华工制》;陈翰笙:《"猪仔"出洋——七百万华工是怎样被拐骗出国的》,《百科知识》,1979年第5期;艾周昌:《一八九八年中刚(扎伊尔)条约与华工》,《社会科学战线》,1983年第3期;陈泽宪辑:《非洲地区英、法、比、葡、西、德各殖民地招募华工纪略》,载陈翰笙主编:《华工出国史料汇编》,第九辑,第266—269页。

② 陈泽宪辑:《非洲地区英、法、比、葡、西、德各殖民地招募华工纪略》,载陈翰笙主编:《华工出国史料汇编》,第九辑,第270—272页。

③ D. J. Soares-Rebelo, "The Chinese Extraction Group in Mocambique", Unpublished paper, 1996, Quoted from Melanie Yap and Dianne Leong Man, *Colour, Confusion and Concessions*, p. 39.

河于 1869 年开通后，从欧洲到亚洲的航程比绕道好望角缩短了很多，这给欧洲与亚洲的通商带来了极大的便利。中国与非洲的贸易开始从阿拉伯人转到欧洲人手上。中国与北非的贸易增加了茶叶这一大宗，而与撒哈拉以南非洲的贸易则仍以瓷器为主。除了北非以外，在非洲东部、南部、中部和大西洋上的圣赫勒拿岛，以及西印度洋的马达加斯加和毛里求斯等地均发现了清代瓷器。①

关于苏伊士运河地区的华工，笔者只见过两份资料中提及。一处是登载于《侨务季刊》的一篇文章，②另一处在陈泽宪的统计表中。③ 由于资料缺乏，也只能存疑。

在英属罗得西亚，1901 年和 1902 年分别通过了移民法，该法令宣称一些国家的移民可以迁入罗得西亚。这一法案通过的目的主要是为了便于引进中国劳工。④

20 世纪前叶，英国招募契约华工赴南非金矿开矿。南非金矿招募契约华工不仅是南非经济史乃至世界矿业史上的一个重要的历史事件，也反映出英国与清朝两国政府的早期交涉，同时对英国国内的政党政治产生了一定的影响。

① 马文宽、孟凡人:《中国古瓷在非洲的发现》，第 51—53，66—67 页。

② 严元仁:《华侨对世界文明的[贡]献》，《侨务季刊》，第 4 期(1941 年 3 月 15 日)。

③ 陈泽宪:《十九世纪盛行的契约华工制》，第 177 页，表格。

④ P. C. Campbell, *Chinese Coolie Emigration to Countries within the British Empire*, p. 170.

第六章　20世纪非洲的契约华工

“不信教的中国人头脑特别发达。他们有美国北方人的冲劲和机智，有犹太人的理财和经商能力，有苏格兰人的冷静和获得欲，有土耳其人的忍耐和中庸秉性，可谓集大成于一身。他们象骡子一样坚韧有力，有象驼鸟一样的食欲和消化能力，和火车头一样的持恒特质。”①

——沈已尧：《海外排华百年史》

当时在南非开工做冶金矿，共有七十五座，出金的矿六十四座，未出金的十一座，现在有三十余矿，华人做工，共有五万余人。吾在非洲一年之久，将华工全然一一安置妥当，七月间由非洲启程赴英。不会手艺派下矿打石眼，做工前三月，亦有学习，每月十五元，嗣后工钱二十元至三十元不等。

——柏理稔注：《南斐洲金矿华工信图》（光绪丙午年，1906年）

[南非]华工之做满三年者仍是赤手空拳，不能不再充骡马之役；有至死而莫一钱者。所给工资均系铁币，除围栅外无人找换，必

① 这是在南非是否应引进契约华工的辩论中赞成方的发言，载沈已尧：《海外排华百年史》，北京：中国社会科学出版社，1985年，第126页。

> 满期时始准照铁片多寡以金币给之。其最苦者，金矿之地窖深浅不同，有一二百英尺者，有五六百英尺者，其上落均用机器，倘一失足俱变为齑粉。……其做工也，稍不足工头之意，则驱之以僻静之处，系其手足，吊于空中，酷刑毒打。
>
> ——德兰士瓦来信，周培之：《国民鉴戒录》

早期非洲华侨包括两部分人：自由移民和契约劳工。这些人包括乘船从东南亚或中国来到非洲的华人。他们有的是被断了后路的农民，有的是被迫流亡的反清志士，有的是早期从巴达维亚流放至开普刑期已满的犯人。他们或因遭囚禁而不愿回国，或已经习惯当地生活，或因未获批准而不得不待在非洲，还有的则因缺少路费或其他因素而未能搭上回国船只。契约期满后仍然留下来的华人已小有积蓄，愿意在外谋生。大致而言，在早期，毛里求斯和留尼汪的华人来自广东（包括广府人和客家人）和福建；马达加斯加的华人是清一色的广东人。南非的早期华人来源地相对复杂一些，但主要也是来自广东和福建。[①] 这些人或务农，或经商，并逐渐在各自的地区安下家来。

如前文所述，契约华工并不是现在非洲华侨华人的祖先，也不是早期非洲华侨社团的重要组成部分。然而，从数量上看，契约华工占了非洲早期华人的绝大部分，同时，他们的经历在非洲历史上留下了不可磨灭的足迹。从这个角度看，契约华工构成了非洲华侨华人史上不可或缺的重要部分。本章着重探讨南非的契约华工，主要指 1904—1910 年在《中英保工章程》签订后来南非金矿采矿的工人。他们受尽了金矿主的欺压与剥削，也进行了各种反抗。这批工人绝大部分在契约期满后返回了中国。

---

① 当时清政府为了切断海外反清人士的补给线，在广东、福建等地坚壁清野，致使百姓无法生存。关于南非华人的来源，可参见 Melanie Yap and Dianne Leong Man, *Colour, Confusion and Concessions*, pp. 32 - 35. 毛里求斯、留尼汪和马达加斯加的华人来源，可参见李卓凡《西印度洋华侨史》，载方积根编：《非洲华侨史资料选辑》，第 144—148，181—182，215 页。

一、南非招募契约华工的历史条件

1652 年，一批荷兰人在东印度公司的职员范·里贝克的率领下在好望角的桌湾登陆。他们很快建立了开普殖民地，并开始蚕食非洲黑人的土地。在消灭了土生土长的桑人、奴役了科伊人之后，欧洲人又极力否认科萨人对南非这块土地的占有权。18 世纪，荷兰人已抵达大鱼河地区，想继续深入，遭到科萨人的阻止。1778 年，殖民地总督范·普赖登伯格曾想以大鱼河为界，要科萨人撤出楚尔赞尔德地区，这一无理要求遭到科萨人的拒绝。1779 年，发生了欧洲人驱逐科萨人的第一次“卡菲尔战争”。[①] 此后，这场占领与反占领的战争持续了整整一百年。

(一) 英国对南非的占领

1795 年，英国人乘荷兰东印度公司内乱之机占领了开普，但不得不在 1802 年根据《亚眠条约》将开普归还荷兰。不久，英法之间再次爆发战争，英国于 1806 年又一次侵入南非。在 1814—1815 年的维也纳会议上，英国决定给荷兰一笔巨款，以维持对开普殖民地的长期占有，从而结束了荷兰东印度公司对开普殖民地长达一百多年的统治。[②] 大量英国移民的涌入开始改变开普和伊丽莎白港一带的人口构成。开普的重要战略地位日益显现出来。它是正在加速发展的欧洲国家的船只从大西洋驶往东方殖民地的重要停泊港口，从而成为英国建立海上霸权的一个重要标志。开普作为一个军港，进一步加强了英国进行殖民扩张的战略地位，要在非洲特别是南部非洲进行殖民活动，这是一个非常理想的位置。

为了加强英国在南非的存在感，英国政府鼓励向开普及相邻地区的

① 卡菲尔(Kaffir)一词来自阿拉伯语，意思是异教徒。原为葡萄牙人对东南部非洲沿岸非洲人的统称，后来在南非专指科萨人。

② Richard Elphick & Hermann Giliomee, eds., *The Shaping of South African Society, 1652 - 1840*, pp. 324 - 357.

移民。由于在这里停靠的船只日益增多,对肉类和蔬菜的需求量也大大增加。[①] 英国人在开普敦地区登陆后,开始向内陆推进。当英国宣布在其属地废除奴隶制以后,布尔[②]人感受到生存的威胁。以资本主义工业为基础的英国与当时以农牧业经济为生、依靠黑人奴隶制度的布尔人经济很快就发生了冲突。他们自知难以与军事力量强大的英国为敌,便决定整个民族向东部迁移。这样,布尔人为了摆脱英国殖民政府的统治,以维持其以奴隶劳动和大土地为基础的旧的生产方式,保持其在南非社会的统治地位,于1838年开始了所谓的“大迁徙”。[③]

(二) 金矿的发现与英布战争

1867年12月,一位名叫卡尔·毛奇(Carl Mauch)的勘探者在比勒陀利亚宣称他在茨瓦纳地区发现了黄金。他将他的发现在开普敦举行了展览,人们发现他展出的那块石头是一颗钻石。[④] 两年后又发现了那颗闻名于世的“南非之星”。比钻石矿开采更为疯狂的是“黄金热”。1870年,在瓦尔河北岸的祖潘斯伯格地区发现了金矿富集层;三年后,在莱登堡地区又发现了更多的金矿富集层;1884年,在东部的巴伯顿地区发现了更有价值的矿层;两年后,在威特沃特斯兰德(后简称兰德)这块高地发现了丰富的金矿脉。一时间,世界各地的淘金者蜂拥而至。“黄金城”约翰内斯堡就是在1886年由淘金者发展起来的。随着矿业的开发,英国的开普殖民地与布尔人的矛盾日益加深,最后只好以战争来解决。

1899—1902年的英布战争以英国人的胜利而告终。《弗里尼欣条约》(1902年5月31日)确立了英国的统治地位,布尔人却从战胜者手里得到了300万英镑的补偿费。[⑤] 战后的南非百废待兴。金矿业开始吸引

---

① 艾周昌、舒运国、沐涛、张忠祥:《南非现代化研究》,上海:华东师范大学出版社,2000年,第28—31页。

② 即Boer,荷兰语意为“农民”,特指迁移到南非的荷兰人后裔。

③ 静水:《南非大迁徙的经济因素浅析》,《西亚非洲》,1988年第1期。

④ Leonard Thompson, *A History of South Africa*, Yale University Press, 1990, p. 107.

⑤ T. R. H. Davenport, *South Africa: A Modern History*, pp. 201-202.

大批投资。在短短一年多的时间里,“已经花费了好几百万英镑,建立了299家新公司,并且已找到了无数金钱来开发这个国家的矿产资源”。[1]尽管劳工(包括黑人和白人劳工)的人数已经超过了战前,但远远不能满足金矿开采规模扩大的需求。根据估算,南非德兰士瓦的矿业开采缺少20万劳工。在这种情况下,南非的矿业资本提出了从中国引进劳工的建议。

(三) 中国的衰弱以及与列强的关系

当时中国的形势如何呢?

自鸦片战争以后,欧洲人在中国南部沿海地区开始用各种手段招募华工。对于西方列强的这种苦力贸易,清朝政府只能睁一只眼闭一只眼,丝毫未敢过问。然而,由于欧洲殖民地对劳动力的需求增多,一些在华洋行的拐卖事件也不断增多,这种欺骗强买行径不断引发社会骚动,有的地方民变由此而起,矛头直指清朝政府。清王朝考虑到自身利益和面临的危机,开始颁布各种法律,严令华人出洋。

1860年英法联军攻占北京后,清朝政府被迫在《北京条约》上签字。然后,英法均在条约中增加了1858年《天津条约》所没有的准许华民自由出国的条文。这一条款的列入直接反映了欧洲列强已将中国劳动力列入了他们正在进行的殖民扩张的清单。在殖民侵略军的枪炮威逼之下,清朝政府不得不签字。这样,中英《北京条约》第五款列入如下规定:“凡有华民,情甘出口,或在英国所属各处,或在外洋另地承工,惟准与英民立约为凭,无论单身,或愿携带家属,一并赴通商各口,下英国船只,毫无禁阻。”中法《北京条约》第九款也列入相同内容。当时负责此事的恭亲王不得不承认,“华民出口一节,为害较甚,所幸尚有会同各省设立限制”。[2] 这样,欧洲列强与清朝政府签订的条约既使得华人自由出境成为

---

① P. C. Campbell, *Chinese Coolie Emigration to Countries within the British Empire*, p. 167.
② 袁丁:《晚清侨务与中外交涉》,西安:西北大学出版社,1994年,第19页。

合法，也为中国契约劳工的大规模出口奠定了基础。

（四）《保工章程》签订之前的南非华工

实际上，早在中英经过谈判于1904年5月13日签订《保工章程》之前，南非已有不少中国劳工。根据早期清朝档案记录和徐艺圃先生的研究，华工被骗或自行抵达南非做工，实始于光绪二十九年至光绪三十年三月中英南非招工章程签订之前。有关华工在南非的情况，能查到的记载有以下几条。

（1）光绪二十九年十月十六日，驻英大使张德彝在致外务部函中称，此时“已在斐洲十余万之华工”，[①]这个数字当是可信的。

（2）从光绪二十九年十一月、三十年正月外务部致南北洋大臣的咨文中可见，中英南非招工章程签订前，英国已擅自在烟台和天津等地进行了招工，其数目连清政府自己也难以详知。

（3）从光绪二十九年十二月二十五日署粤督岑春煊致外务部的咨文中可见，此时英国在南方广州等地的招工活动已相当猖獗，这个数目也是难以清楚的。

（4）光绪三十年三月外务部致英国驻华使臣萨道义的照会中指出：“昨准两广总督电称，现闻有华工多人由（香）港赴斐。”

徐艺圃先生认为：“在招工章程签订前，英国早已利用香港之便，为开发南非招骗了大批华工出洋。”[②]如前章所述，英国与法国、德国、葡萄牙等国一样，早在19世纪已经在中国招工，但那些工人多为工匠，主要用于城市和港口建设。进入20世纪后，随着英布战争的结束，南非各金矿主对劳工的急切需求，使他们委托各种洋行在中国招工，招工活动在没有任何法律保障的基础上一直在进行。

---

① 《驻英大臣张德彝以允南斐招工前务须与之定一专约致外务部大臣函》（光绪二十九年十月十六日），载陈翰笙主编：《华工出国史料汇编》，第一辑，第1650页。

② 徐艺圃：《清末英属南非招工案初探》，《文物》，1984年第22期，第68—69页。

(五)作为最佳选择的契约华工

在从中国引进契约劳工是否为明智决定这一问题上,英国和南非的赞成方与反对方展开了激辩。[1] 为什么不能招募本地劳工,引进白人劳工或是印度劳工呢?张芝联先生分析了招募契约华工的根本原因。

首先,当地的黑人劳动力已经招募了不少,但由于矿井条件太差和工资待遇低,一方面造成大量的黑人劳动力生病或死亡,另一方面引发了本土工人的消极抵抗。“土人与其到矿中来找死,不如在自己‘村’里挨饿”。[2]

其次,招募白人工人会引发更大的麻烦。兰德金矿是建立在廉价劳动力的基础之上的。如果引进白人劳动力,首先很难得到像以前那样的超额利润。悉尼·詹宁斯(Sydney Jennings)认为雇佣白人劳动力会导致损失,“我称其为损失,是指你要为此付出比你在以前可以得到的更多”。[3] 英国政府更担忧的是:这种措施将会增加白人劳动阶级的力量,为白人工会的兴起创造条件。当时矿业方面的首领之一赫尔曼·詹宁斯(Hermann Jennings)对低技能的白人工人十分讨厌,明确表示他担心罢工。[4]

使用印度工人做矿工的可能性很小。由于印度处在大英帝国范围内,其移民相对比较自由,印度人移民南非的数量不少。1891年,在纳塔尔的白人为46 788人,印度人已达41 142人。1904年,纳塔尔的白人只

---

① 因为这一问题牵涉多方因素,也非本书重点,故不多谈。参见 John Austin Weeks, “The Controversy over Chinese Labour in the Transvaal”, PhD. Dissertation, The Ohio State University, 1968.

② 张芝联:《1904—1910年南非英属德兰斯瓦尔招用华工事件的真相》,《北京大学学报》,1956年第3期,第80页。

③ P. C. Campbell, *Chinese Coolie Emigration to Countries within the British Empire*, pp. 165-166.

④ *Ibid.*, p. 166.

有 97 109 人,而印度人已达 100 918 人,其人数已超过了白人居民。[①] 特别是印度移民中多有知识分子,对英国政治制度相对熟悉,甘地在南非也开始展现领导力。[②] 英国政府决定放弃引进印度劳工。

上述情况确实是在英国政府和约翰内斯堡金矿公司要考虑的问题。然而,最重要的因素应该是契约华工所得报酬最为低廉。当时,约翰内斯堡地方商务曾在一封来函中表明:华工工价低廉是南非矿主争用华人的主要原因。

> 有以麻兰名者,得珠翰尼士巴地方商务来书,述华人工价之廉贱。据云,当予重到此地执业时,尚无增立新厂之禁。予欲筹款试办,而人多观望,裹足不前。又不知华工开矿之利否,以至不果。今则已有议及华工者矣。股东谓土人不敷供役,盖饰辞也。实以华工佣俭,可多得余利耳。华人即至,土民之仰给于佣工者,必更不堪。今虽营业未盛,然尚冀一、二年后矿务大兴,工资骤长,若更有以廉价代之者,不且自此绝望乎。是时旧工,百人中,其失业者必不下七十五人,而利益皆为股东及华人所占。盖白人经营矿业,自监督官吏而外,殆将尽用华人矣。其间矿务,需管束华工之书记六人,化学师六人,此十二人与华工所需之物,皆有海淀铁路,运至矿山。土人无所事事,安坐以嬉,市镇萧条,日益加甚,情形若此,尚可问欤?[③]

这种看法亦为其他英国人认可。"任其于工作满期,逗留不去,则华人天性敏慧,必能出其能力,以与白人相竞。恐工商之业,必为华人独操。若香港,若新嘉坡,颇多中国巨商,而当其初至,固亦贫无聊赖者,乃

---

① Robert E. Johnson, "Indian and Apartheid in South Africa", PhD. Dissertation, University of Massachusetts, 1973, p. 21.

② Robert A. Huttenback, *Gandhi in South Africa: British Imperialism and the Indian Question, 1860-1914*, Ithaca & London: Cornell University Press, 1971.

③《论北非华工》(译自英国《分土打报》),《外交报》,第 57 期,1903 年 9 月 25 日(光绪二十九年八月初五)。此处的北非为原文,应为"南非"。

未几而即致富饶，南非一处，亦岂不然”。[①] 更有人将中国人比喻为骡子，“不信教的中国人头脑特别发达。他们有美国北方人的冲劲和机智，有犹太人的理财和经商能力，有苏格兰人的冷静和获得欲，有土耳其人的忍耐和中庸秉性，可谓集大成于一身。他们象骡子一样坚韧有力，有象驼鸟一样的食欲和消化能力，和火车头一样的持恒特质”。[②]

由上述内容可以看出，约翰内斯堡的矿主开矿设厂无不为利计。他们之所以同意雇佣中国工人，“实以华工佣俭，可多得余利耳”。这样，英国政府的目光投向了中国。

经过中英谈判，双方于1904年5月13日签订《保工章程》，这一招募契约华工的建议很快付诸实施。[③]

二、南非契约华工的招募

(一) 契约华工的合同

从1904年到1910年，大批契约华工在南非和德兰士瓦金矿辛勤劳作，为南非金矿的开采做出了贡献。[④] 他们之所以被称为“契约华工”，是因为这些工人来南非之前，必须签订一份契约或合同。

我们来看看以下合同——《天津仁记洋行与德兰士瓦矿务委员会订立的招工合同》，双方订立的招工合同日期为1904年2月27日。尽管合同开始合法生效的日期应在1904年中英《保工章程》签订以后，但在此

---

①《论特国华工》(译自英国1906年4月《显屈烈报》)，《外交报》第149期，1906年7月25日(光绪三十二年六月初五)。“特国”指德兰士瓦。

② 沈已尧：《海外排华百年史》，第126页。

③ 有关招募契约华工出国事宜，已有不少研究。参见张芝联《1904—1910年南非英属德兰斯瓦尔招用华工事件的真相》；陈泽宪《十九世纪盛行的契约华工制》；彭家礼《清末英国为南非金矿招募华工始末》；沈已尧《海外排华百年史》，第141—148页；艾周昌《近代华工在南非》，《历史研究》，1981年第6期；徐艺圃《清末英属南非招工案初探》；沈福伟《中国与非洲——中非关系二千年》，第604—610页；艾周昌、沐涛《中非关系史》，第148—159页。

④ 关于这一问题的研究，可参见 P. Richardson, *Chinese Mine Labour in the Transvaal*；宋晞：《清末华工对南非屈兰斯瓦尔金矿开采的贡献》，台北：华冈出版社，1974年。

之前是否已经开始运作尚需深入研究。

（1）劳工同意在雇佣期间内到南非洲德兰士瓦殖民地金矿做工。

（2）雇佣期间，由劳工到达德兰士瓦之日起算，以三年为期。

（3）雇主将由签订合同的地点大沽口，将劳工由海陆各路免费运往德兰士瓦，在行程中按照英国有关法律免费供给舱位、饭食及医疗。雇主对于劳工的适当数量的衣服及其他需用的个人物品也给予免费运输。

（4）劳工到达德兰士瓦后，在雇佣期间内，雇主免费供给住宿、饭食及医疗。供给劳工的饭食标准，除经德兰士瓦政府法律规定，或由雇主与劳工双方同意应行变更外，均按附表甲的规定办理。

（5）雇佣期满以后，雇主将劳工经由海陆各路免费运回签订合同的地点或天津，并按照英国的有关法律，免费供给舱位、饭食及医疗。①

（6）雇佣期满以后，劳工如愿续订合同，经雇主同意，可按德兰士瓦法律续订一个时期。续订合同届满后，劳工仍享有由雇主供给回到天津的免费船舱饭食等等权利。

（7）劳工由到达德兰士瓦之日起，每月付给工资25先令。每天工作时间不超过10小时，在星期日及下列的中国假日，除按加点办法处理外，可不做工：

① 中国阴历新年　3日

② 端阳节　1日

③ 中秋节　1日

④ 冬至节　1日

（8）按月支付定额工资的劳工，如因病或其他原因在工作日（即非星期日或非放假日）不能做工时，应扣除工资，但仍享受免费供给的住宿和饭食。他们如有病在矿上医院诊治不收医药费。

（9）劳工不肯做工，或因任何原因永远不能再做工，雇主可以停止雇佣关系，但仍须将劳工免费运回签订合同地点，途中免费供给饭食等等

① 原文缺"（5）"，根据上下文补。

规定与以前相同。

(10) 劳工在工作中，如受伤成为永久残废，但非由于自己过失或非自己不经心而起的，雇主应给予 50 先令(2.5 镑)的赔偿费，此项赔偿费于劳工回到签订合同地点时发给。

(11) 劳工在工作中如受伤身死，但非由于自己过失或非自己不经心而起的，雇主应给 5 镑恤金，交付给合同中所指定的代表人。

(12) 劳工如在雇佣期间身死，他的遗体将按中国风俗妥为安葬。劳工们如愿成立会社，将在德兰士瓦身死的会友尸体用涂油或其他方法保藏运送回国者，雇主将尽力予以便利，并担负将此项保藏好的尸体由德兰士瓦运回中国的费用。

(13) 劳工可以请求将工资的一部分，在中国付给他的家属或代表人。此项在中国支付工资的数目和接受的名单应在合同内订明，由雇主办理。第一次支付工资在劳工到达德兰士瓦的月终办理，以后的工资在劳工受雇期间都按月支付，如未经双方同意不作变更。

(14) 雇主在劳工启程以前，每人预支给 30 元作为购备行装及安家费用。此项借支于劳工开始工作之日起，分六个月扣还。①

对以上合同有四点值得注意。首先，这是由代理机构(天津仁记洋行)与机构(德兰士瓦矿务委员会)商定的合同。在整个谈判或协商过程中，工人被排除在外，因此对整个契约内容毫不知情。第二，按照上述合同，工人可以享受相对公平的待遇。然后，有一点却未提及：工人在劳动期间的待遇。华工绝大部分在金矿井下，而由于井下的条件和管工的严苛管理和虐待，有的工人决定以自杀来抗争。②

最为重要的是，当时中国工人绝大部分不识字，有的工人在完全不知情的情况下被骗来到南非。当时在南非任职的华人谢子修得知华工将到，为打探与华工有关事宜，专门辞却中华会馆之职，投入皇家顾问处司事。

① 开滦档案 M-1159 号卷，第一册(译文)，载《北国春秋》，1960 年第 2 期，第 83—84 页。
② 谢子修：《游历南非洲记》，载陈翰笙主编：《华工出国史料汇编》，第九辑，第 285 页。

他在询问华工为何来此时，华工的回答五花八门，有的说是新旧金山矿工，有的说是当粗工，有的说是做技艺者，有的说当兵，还有一船华工竟然没有合同。“余闻此等言，知招工时并未声明造何工役耳”。一些分到东兰德金矿的华工正是因为对所做工种不满意，觉得受到欺骗，在抵达后不至两月即进行反抗。他们不仅将写字楼毁烂，还伤及其英总办，“其时幸得英差速至，否则必酿成命案巨祸。事后作查悉该工反对之故，系因所派之工役与原订章程不符，故而相抗也”。[①] 正是因为对合同的内容一无所知，或他们所做的工作与合同内容不相符，华工中的一些人在抵达德兰士瓦工作场所一个月后就“求返”。根据当时的报道，一些华工在抵达南非后，一月内可以获准回国，“华工闻之，纷纷求返”。[②]

最后，我们注意到，德兰士瓦矿务委员会早在英国与中国达成招工协议之前已经开始与在华洋行商讨招工事宜并已签订合同。这里存在两个问题，第一，南非金矿公司在德兰士瓦矿务委员会与在华洋行接触之前是否已经开始在中国招募工人？从当时中国驻英大臣张德彝与外务部的信函往来以及署粤督致外务部的函件看，答案是肯定的。当时，英国人已经在烟台和广东等地开始行动。[③] 第二，此合同签订的日期是2月27日，中英《保工章程》的签订日期为5月13日，在此之前，天津仁记洋行（包括其他洋行）是否已经开始为南非金矿在中国招工，答案也是肯定的。当时有传言华工已由香港赴南非，英使萨道义赶紧致函奕劻，

① 谢子修：《游历南非洲记》，载陈翰笙主编：《华工出国史料汇编》，第九辑，第278—279页。

② “南非洲华工政务司所出资助华工回国文告，英政府斥为不善，辞甚严厉，将使复改。大约前定华工具禀后须三月后始能邀准者，今则一月内可以邀准。华工闻之，纷纷求返。得准者约十之七八，招而未到者，约有八千，亦将令其停止矣。”见《南非洲华工回国事宜》，《外交报》，第155期，1906年9月22日（光绪三十二年八月初五）。

③《驻英大臣张德彝为英在烟台招工应暂饬禁止事致外务部大臣函》（光绪二十九年十一月二十一日），《外务部为以约章未定前应阻英人在烟台招工咨南北洋大臣文稿》（光绪二十九年十一月），《驻英大使张德彝为英在烟台招工事致外务部大臣函》（光绪二十九年十二月初六日），《署粤督岑春煊为南斐洲招工订约前宜严禁华工出洋事致外务部函》（光绪二十九年十二月二十五日），载陈翰笙主编：《华工出国史料汇编》，第一辑，第1653—1656页。

称这属传闻。[①] 张德彝为英人在港招工之事致函外务部,要求禁止粤人应招。[②] 袁世凯曾致函外务部,"卑职查仁记洋行为特国代招华工出洋佣作,现经查明,实有其事。惟据仁记行东函复,谓系英国钦差已向外务部商议细章,将来奉准明文,再行出口……"。[③] 所有这一切均发生在中英《保工章程》签订之前。《保工章程》签订后抵达南非的第一帮契约劳工也是来自香港,这说明招工事宜早已在香港运作。我们不能轻易排除此前已有船只运送华工去南非金矿,当然这需要进一步研究。

(二) 契约华工的生活待遇

南非金矿的契约华工的命运颇为悲惨,他们可以说是现代奴隶制的产物。布尔人认为引进华工使本已十分突出的种族问题变得更为复杂;而英国工人则将华工看作他们的潜在竞争者。[④] 由于契约华工的雇佣是有期限的,金矿矿主们总是竭力从华工身上榨取最大的利润,他们将劳动强度最大的工种和最危险的地段委派给华工去做。然而,在华工的生活待遇方面,他们尽量节省开支;在金矿作业上,他们严苛残暴,难怪工人在请愿信上问道"不明大总办因何居心作弄工人,欲致以死";[⑤]在治安管理上,他们对华工严加防范;在对华工的惩罚上,他们无所不用其极。

作为一位有良心的中国人,谢子修目睹了契约华工的悲惨生活。他为了解华工情况,辞掉皇家顾问处的工作,应聘到衣士澜(East Rand,东兰德)金矿就职,从1904年10月1日至1905年3月31日,共6个月时

---

① 《英使萨道义谓华工由香港赴斐系属传闻事致奕劻照会》(光绪三十年三月初八日),载陈翰笙主编:《华工出国史料汇编》,第一辑,第1661页。

② 《驻英大使张德彝为英人在港招工粤人不得应招并照会英使须在通商口岸装运出洋致外务部大臣函》(光绪三十年四月十三日),载陈翰笙主编:《华工出国史料汇编》,第一辑,第1672页。

③ 《直隶总督袁世凯为仁记洋行代特兰司法尔招工事致外务部咨文》(光绪三十年四月二十三日),载陈翰笙主编:《华工出国史料汇编》第一辑,第1683页。

④ T. R. H. Davenport, *South Africa: A Modern History*, pp. 214-216.

⑤ (南非)FLD240 76/5. Petition by miners on West Rand Mines, 1907,《西兰德金矿华工请愿书》,载李安山编注:《非洲华侨华人社会史资料选辑(1800—2005)》,第113页。

间。“习见各华工艰苦,实不忍寓目”。居住条件有的新盖的房子尚属宽敞,有的旧建的原来给黑人住的宿舍条件较差。然而,主要的问题是房顶上盖的是白铁皮,“倘值暑天烈日,身入其中如在蒸笼矣”。所食量极少,面包难以下咽,伙食极差。“矿工所操之工,无一不苦”,有因火药气味而生病者,有因巨石而死伤者,还有完工后爬数千梯级而累得吐血者。①

实际上,各种合同对南非华工的待遇均有规定。这些规定包括华工的雇佣期限、衣食住行、医疗费用等。大致而言,主要有以下内容。

(1) 华工同意到南非德兰士瓦金矿上做工,三年为期。

(2) 华工主要到南非金矿从事粗工。

(3) 在雇佣期间内,雇主免费供给住宿、饭食及医疗。

(4) 每月工资 25 先令。每天工作时间不超过 10 小时。假日根据中国习惯而定。

(5) 劳工如有病在矿上医院诊治不收医药费。

(6) 劳工在工作中,如受伤成为永久残废,雇主应给予 50 先令(2.5 镑)的赔偿费。劳工在工作中如受伤身死,雇主应给予 5 镑恤金。

(7) 每周工作 6 天(或 5 天半),礼拜天休息。此外,中国节休息。②

虽然各种合同看似颇为人性化,但实施过程中却毫无人性可言。1907 年,西兰德金矿华工对其所遭受的非人待遇忍无可忍,冒死陈情。在他们递交的请愿书中,他们历数金矿大总办所为之事,要求钦差监督大人开恩做主,查办委曲:

---

① 谢子修:《游历南非洲记》,载陈翰笙主编:《华工出国史料汇编》,第九辑,第 278—289 页。

② 笔者至少看过以下多份契约合同:《南非洲英属特兰斯哇尔招募华工开矿合同》,《外交报》,第 79 期;《南非洲英属特兰斯哇尔招募粤工开矿合同》,《外交报》,第 82 期;《华工与雇主签定的合同》,《北国春秋》,1960 年第 2 期。在天津《大公报》1904 年 9 月 17 日、18 日刊登有天津稽查保工总局广告,标明了招工条件。中国人陈达所著《中国移民——专门论及劳工状况》(华盛顿,1923 年英文版)的附录中也有德兰士瓦《输入华工章程》和《服务契约》。还可参阅《天津仁记洋行与特兰斯瓦矿务委员会订立的招工合同》《开平公司与陈庆凯公司订立的招工合同》,载艾周昌编注:《中非关系史文选(1500—1918)》,第 220—221,231—232 页。

> 窃众工人等自中国募僱来此，迢迢数万里之遥，弃却全家老少。人非草木，各有天良，谁不思安分作工，报效矿主，三年期满，送还中国，居家得以团圆，老幼重叙天伦之乐？此诚名利两全之道，人心之至愿也。不意本矿大总办生性乖张，以中国人不如畜类。

请愿书历数矿主不按合同办事，私定规矩，自立私刑，压榨华工的各种劣迹。尽管在秦皇岛招工时，英国领事讲明“每工二尺四寸为率，每礼拜七日，只做五天半之工，其余章程合同注明，只依遵照”。然而，矿主却要求“礼拜六日做足整天方准收工”，“打眼不足三尺六寸不给工牌；回矿监禁黑屋，断绝食水，至次日上工之时，责打二十五皮鞭”。工人虽然已到此有三两个月，却“不能关饷，衣靴破坏，实属难堪”。正是由于这种残酷剥削，工人们经过商量后决定，“与其早晚死在大总办之手，莫如冒罪沥陈苦情，恳乞钦差大人开天地之鸿恩，与工人作主，枉驾来临，酌立章程，以昭平允，则于矿主大有裨益”。① 这封请愿表明，矿主完全可以置已订合同于不顾，自作主张，自立规矩，以榨取契约华工之心血为乐事。

实际上，当时的一些英国人有机会亲睹矿主压榨华工之情，也颇为震惊。一位记者在报道中指出：

> 今以特国招募华工一事，至今主张与反对者，互起争辩。两党所言，皆未免失之过甚。反对者几视华工为奴隶。而主张者，则谓其妄。此宜以公平之论，一折衷之。夫南非矿务，虽非不佞所知，然亦常募工订约，且与华工有所往来也。予于南非财政，固无关涉，与各矿主亦未相识。今著是说，非袒矿主也，惟尝保护工人。故于工人利益，未能淡漠置之焉。曩年游历南美，而曾见所谓奴隶者，固为主人豢养。然岂能仁至义尽，一无流弊乎。夫工人既立合同，则凡百举动，悉受箝束，与奴隶之受制于人者，有何所别。其尤甚者，雇

① (南非)FLD240 76/5. Petition by miners on West Rand Mines, 1907,《西兰德金矿华工请愿书》，载李安山编注：《非洲华侨华人社会史资料选辑(1800—2005)》，第 113—114 页。

主谓图私利，所订章程，未能妥善。而政府又不复过问，任其恣意妄为，则蠢尔工人，惟生息于苛暴命令之下。即以奴隶目之，亦奚不可。①

作者认为矿主对契约华工有如奴隶，工人签订合同，等于像奴隶一样受制于人。他当然没有想到，有的矿主连合同都不愿遵守。然而，政府对此又无监督，任其恣意妄为。华工的这种状况实在是与奴隶无异。

（三）对契约华工的招募宣传

与以往的移民和契约劳工不同，南非契约华工绝大部分来自中国的北部，特别是直隶和山东。其主要原因之一是当时南非矿务委员会的招募华工处设在天津、秦皇岛等地，与之合作的代理商多在北方。在英国政府的威逼下，烟台被迫于光绪三十年八月十二日开办了招工所。随后，清政府又允许英人在威海卫招工（光绪三十一年）。此外，从广州、梧州、上海、香港等地也运走了不少劳工。国内对这些契约华工的研究不多，对他们的籍贯、工种和工钱少有提及。② 当然，这并不意味着南非金矿招工仅限于北方。有一种说法，“在这批劳工当中，除了900名为广东人外，其余的均来自中国北方。”③我们不知道这一数字的出处，但这一数字肯定有误。据光绪三十年（1904年）南非德兰士瓦华商呈外务部函中提到“若论近日招来之矿工，端节由粤东招来千人，厥后陆续由天津、上海招来，将近成万……”。④ 这里提到的上海根本就不在招工章程规定的

①《论特国华工》（译自英国1906年4月《显屈烈报》），《外交报》第149期，1906年7月25日（光绪三十二年六月初五）。“特国”今译德兰士瓦。

② 中国学者研究南非契约华工的主要著述，参见张芝联《1904—1910年南非英属德兰斯瓦尔招用华工事件的真相》；艾周昌《近代华工在南非》；彭家礼《清末英国为南非金矿招募华工始末》；宋晞《清末华工对南非屈兰斯瓦尔金矿开采的贡献》；陈翰笙主编《华工出国史料选辑》，第一辑（四），第八编；陈翰笙主编《华工出国史料选辑》，第九辑。

③ 宋晞：《清末华工对南非屈兰斯瓦尔金矿开采的贡献》，第69页。

④ 徐艺圃：《清末英属南非招工案初探》，《文献》，1984年第22期，第70页。

城市之内。此外，香港一直被英国人利用作为招工基地。当时在德兰斯瓦皇家顾问处司职的谢子修在他的记载中提到："迨 6 月 6 日，由港招工头帮船载到华工 1054 名，在拿他堆品埠[①]上岸。"[②]从运送劳工的费用和雇佣劳工的方便程度这两个方面考虑，这些香港的招工头的船只载的应该主要是广东人。

当时，为了促进在中国招募劳工一事，英国人柏理稳专门出版了《南斐洲金矿华工信图》一书。此书的标题颇有意思，"南非洲金矿华工"是直面主题，"信图"表明这是一本可信的图书。其内容以图画的形式呈现，显示作者将其读者群定位为识字能力较差的广大中国民众。

其次，《南斐洲金矿华工信图》记载了 1 155 名在南非 14 个金矿工作的华工的基本情况，即他们的籍贯、工种和工钱。书中包括部分赴南非契约华工的名单，主要是为了提高此书的可信度。第三，书中有反映华工生活的图画，如"西马金矿厨房工人""华工住处领饭方式""葛兰地布养病院""工人剃头""夫兰吃兰戏楼的图样""中国戏""赛会趴杆""夫兰吃兰金矿华人高跷会图样"等议题，多以正面方式表现了华工在南非的生活：他们吃饭很享受，住宿也不错，生病有医院，可以休闲剃头，可以表演，可以看戏，可以参加体育运动，还可以娱乐踩高跷。这无疑对当时的招募华工工作起到了重要的宣传作用。[③]

此外，在东兰德金矿任职的谢子修还发现，矿务公司为了招募华工，散布谣言谓"华工近日来者愈多，其故系各工有家信回乡，历叙公司厚待，且工值甚优，故闻风倾慕，接踵而至云云"。谢子修气愤已极："余谓此等布散之言，皆伪托耳！"他还指出公司用一些特别手段来做宣传。除了宣传公司包管路费和待遇优厚外，还有一些"凉血动物"代该公司做宣传，"甘言利诱华工"。看到自己的同胞有的受伤，有的患病，他悲痛至

① 即 Natal，Durban，指今纳塔尔省德班港。

② 谢子修：《游历南非洲记》，载陈翰笙主编：《华工出国史料汇编》，第九辑，第 278 页。

③ 柏理隐注：《南斐洲金矿华工信图》，天津义合堂，光绪丙午（三十二年）春（1906 年），转引自宋晞：《清末华工对南非屈兰斯瓦尔金矿开采的贡献》，附录二，第 111—131 页。

极。以从香港抵达南非的第一帮船上所载劳工为例，“共来华工 1744 名，死者约七八十名，其中有七八成系患脚气（“患此症者，久之必无生理”），余则炸死、跌死或热症死也”。还有的矿主私设刑堂，囚禁华工，或设私刑，鞭背、笞臀、荷梭、坐黑监等。“余伤心华工被囚，受如此苦难，因私投函于政务司，蒙该署立即发委员到察，遂将医院囚禁工人房二间，同时开放释出囚工七十二人”。矿山公司的各种弊端，不一而足，因而也引起华工不断的反抗。①

三、南非契约华工的人数统计

英国政府原来打算从中国进口 20 万劳工，后来因各种因素，不得不于 1906 年 11 月决定停止在华招工。关于中国在 1904—1907 年输出到南非金矿的劳工数，可谓众说纷纭。

Ⅰ：白人矿工对契约华工的看法：引进华工夺走了白人工人的位置

① 谢子修：《游历南非洲记》，载陈翰笙主编：《华工出国史料汇编》，第九辑，第 278—289 页。

Ⅱ：白人矿工对契约华工的看法；让他们都来

C. B(指访问德兰士瓦的激进派代表)："可怜的人，我想这些可怕的中国佬把你们的工作都抢了吧？"(C. B是当时自由党领袖坎贝尔·班纳曼的简称)

英国工人："您可别搞错了，先生。每来10个劳力，一名白人即可得到1英镑一天来差遣他们。我要说的是——让他们来。"

(一) 官方和机构统计

(1) 英国方面。从英国官方统计看，从中国装船运出华工人数为63 811人，到达兰德矿场人数为62 960人。①

(2) 中国方面。根据南非总领事刘玉麟于光绪三十二年(1906年)的报告，当时南非矿上已有华工47 212人，加上已发招工执照而尚未抵达的华工16 000人，共计63 212人。②

(3) 南非金矿记录。

根据南非金矿的记录，从中国引进的劳工人数分别如下：1904年为

① 此为根据英国议会文件的数字综合得出。参见彭家礼《清末英国为南非金矿招募华工始末》，第186页。

②《驻南非总领事刘玉麟为解交第五批华工册费事致外交部申呈》(光绪三十二年正月初八)，载陈翰笙主编：《华工出国史料汇编》，第一辑，第1771页；彭家礼：《清末英国为南非金矿招募华工始末》，第186页。

23 517 人,1905 年为 27 016 人,1906 年为 11 049 人,1907 年为 2 123 人。至 1907 年累计为 63 695 人。①

各年进口的中国劳工数

	1904	1905	1906	1907
各年进口的华工数	23 517	27 016	11 039	2 123
各年 12 月 31 日进口的华工总数	23 517	50 533	61 372	63 695
各年 12 月 31 日雇佣华工总数	20 918	47 217	52 889	53 828
损失数	2 599	3 316	8 683	9 867
损失百分比(%)	11.05	6.56	14.1	15.49
各年进口粗工百分比	15.49	17.03	7.38	1.41
进口粗工总百分比	13.78	32	35.36	35.86

(二) 学者的观点

1. 中国学者的观点

(1) 五万余人说。

李长傅认为:“南非洲之华工,始于 1904 年,为英国招募之契约工人,人数最多时达五万五千人云。”②陈泽宪沿用此说,认为“英国在烟台、秦皇岛等地共招了五万五千名华工送到特兰士瓦”。③ 艾周昌、陈碧笙等人也以此说为据。④ 国内研究华侨问题的学者多持此说。台湾学者持同样观点。⑤

(2) 七万余人说。

陈翰笙提出:“从 1904 年到 1910 年,我国苦力到南非的有七万多

① Rachel K. Bright, *Chinese Labour in South Africa, 1902 - 10 Race, Vionence, and Global Spectacle*, Table 4. 1. “Numbers of Chinese labourers imported annually”, from *Annual Reports of the Transvaal Chamber of Mines, 1904 - 07*, Palgrave Macmillan, 2013, p. 91.

② 李长傅:《中国殖民史》,台湾:商务印书馆,1993 年[1936 年初版],第 227,350 页。

③ 陈泽宪:《十九世纪盛行的契约华工制》,《历史研究》,1963 年第 1 期,第 175 页。

④ 艾周昌:《近代华工在南非》,第 176 页;陈碧笙:《世界华侨华人简史》,厦门大学出版社,1991 年,第 331 页。

⑤ 华侨志编纂委员会编:《华侨志·总志》,台北:海外出版社,1956 年,第 194 页。

人。”[①]彭家礼也认为“被英方拐往南非的华工至少在七万人以上”。[②]

(3) 十五万人说。

徐艺圃认为:“以往不少学者仅仅根据经天津、秦皇岛出洋的统计为五万五千人,这显然是十分不完全的数字。而我们根据现存档案提供的材料分析,估计至少在十五万左右。”在同一文中,他又说,“招工远远超过二十万之数”。[③] 他的根据主要有以下几条。一是诸多(张德彝信函为“十余万华工”)华工在 1904 年前已被招募至南非。此外 1903 年及 1904 年间即中英《保工章程》签订之前仍有多批次华工被运出中国。二是袁世凯的报告有意缩小所招劳工数目。例如,从烟台芝罘岛送出的劳工据袁世凯的两次咨报只有 1.3 万余名,而根据德国盎斯洋行经理史米德的统计则有 3.5 万人。三是除了在清政府最先允许的招工所(天津的保工局和秦皇岛的招工所)正规招工外,英国人又在烟台、威海卫、梧州、广州等口岸设立招工所,还从上海、香港等地运出劳工。第四,南非招工活动扩大至内地,由此滋生出各种欺骗、绑架和拐卖事件,导致一系列的社会动乱。“十分明显,在清末英属南非招工中,从中国南北各地被拐骗至南非的华工,很难有一个较准确的统计数字,以往不少学者仅仅根据经天津、秦皇岛出洋的统计为五万五千人,这显然是十分不完全的数字。而我们根据现存档案提供的材料分析,估计至少在十五万左右”。[④]

2. 外国学者观点

彼得·理查森根据南非德兰士瓦的政府档案和矿区所存文件进行了研究,认为从 1904 年 6 月第一批到 1907 年最后一批,从中国各港口输出华工计 34 批,其中香港 3 批、大沽 3 批,其余均从秦皇岛和芝罘输出;从中国离岸华工数为 63 938 人,在南非德班抵岸华工数为 63 695 人。[⑤]

---

① 陈翰笙:《“猪仔”出洋——七百万华工是怎样被拐骗出国的》。

② 彭家礼:《清末英国为南非金矿招募华工始末》,第 187 页。

③ 徐艺圃:《清末英属南非招工案初探》,《文献》,1984 年第 22 期,第 72,79 页,注 1。

④ 同上文,第 70—72 页。

⑤ P. Richardson, *Chinese Mine Labour in the Transvaal*, pp. 192 - 197,204.

他所取的数字来自南非矿业商会的资料。其他学者一般同意他的观点。

3. 其他史料上的数字

让我们依据目前所得的史料来分析一下华工数字。

(1) 谢子修与理查森的统计。

谢子修在他的记述中提到最早五次抵达南非的华工人数。[①] 从谢子修的数字看,最早五批抵达南非的华工共计 9 130 人。这五批华工的离岸地与彼得·理查德引用的资料基本一致,抵岸人数也基本相同。到 1904 年 9 月底止,专为南非金矿招募的华工约 9 100 人。

最早抵达南非金矿的五批华工数(谢子修)

日期	离岸地点	抵达地点	人数
1904 年 6 月 6 日	香　港	德　班	1 054
1904 年 7 月 27 日	天　津	纳塔尔	1 969
1904 年 8 月 1 日	天　津	未记载	1 988
1904 年 9 月 1 日	大　沽	未记载	2 151
1904 年 9 月 26 日	秦皇岛	未记载	1 968
合计			9 130

最早抵达南非金矿的五批华工数(理查森)

船只批数	离岸地点	抵达人数
1	香港	1 005*
2	大沽	1 969
3	大沽	1 988
4	大沽	2 148
5	秦皇岛	1 966
合计		9 076

资料来源,"TAD/FLD122 - 124, fs. 16/1 - 16/34; TAD/FLD343 - 53. Contracts of Service, 1904 - 1907", in P. Richardson, *Chinese Mine Labour in the Transvaal*, p. 192.

* 指抵达南非德班的华工人数。

① 谢子修:《游历南非洲记》,载陈翰笙主编:《华工出国史料汇编》,第九辑,第 278—279 页。

(2) 开滦煤矿的外报。

保存的外报档案可证实这一点。

> 截至本年九月三十日，该委员会(指德兰士瓦矿务委员会)所雇用的中国劳工数字达 9 039 人。并在十月份由四十轮船运来 4 089 人，总数为 13 128 人。此数字中必须减去死亡者 25 人，解雇遣返者 135 人，解雇遣返之数字，乃由于某些工人到达后患脚气病，吾人认为应予送回中国。因之在 10 月 31 日之确实人数为 12 968 人。……有关雇用中国工人的总数——在 10 月 31 日为 12 968——倘再补充以下报导之数字，则可使诸君感到兴趣。有三只轮船在海洋中正装载中国工人 6 246 人，向本地驶来——即伊克巴尔轮(Kblal)，西克轮(Sikh)及茵开姆轮(Inceame)。估计在 12 月 31 日我们将拥有24 000名劳工。①

“本地”二字表明这份报纸是南非的。1904 年年底，华工抵达南非人数已达约 2.4 万人。

1905 年的数字可以从当时另一份报纸的所载资料中得出。据 1906 年 1 月 10 日英国的《摩宁普士报》(疑为 *Morning Post* 之译名)载，此时英国已决定停止招募华工。派驻南非的总督塞尔伯恩伯爵(旧译余尔本)在发给英国殖民大臣的电文中提到了当时招募华工的大致情况。至 1905 年 12 月 20 日止，已至者为 47 241 人；还须招募14 700人，共计61 941人。塞尔伯恩伯爵还专门谈到 1905 年所发进口华工的募照总数。②

1905 年全年南非总督所发进口华工募照总数

批数	月份	人数
1	1月	4 225
2	2月	5 374

① 中共开滦煤矿委员会矿史编委会辑:《前开滦矿英、比帝国主义分子贩卖华工的一些资料》，《北国春秋》，1960 年第 2 期，第 80 页。

②《论南非招募华工》，《外交报》第 138 期，1906 年 4 月 8 日(光绪三十二年三月十五日)。

续 表

批数	月份	人数
3	4月	1 931
4	5月	3 477
5	6月	2 485
6	7月	1 529
7	8月	2 221
8	10月	2 351
9	11月	13 199
10	12月	3 000
合计		39 792

从电文看，塞尔伯恩总督仅将1905年12月的3 000人的募照卡住未发，已发募照达36 792人，但须注意这只是政府允许的招募华工人数，而非实际招工数。若加上前面所提到的1904年年底的华工抵达数2.4万人，1906年2月底前华工抵达南非人数约为6.1万—6.2万人。塞尔伯恩伯爵电文中提到1905年底华工抵达人数为47 241人。在1906年全年，德兰士瓦方面共抢运1.5万余名华工入境。[①] 这样，南非金矿共输入华工约6.3万—6.4万人。这一数字应是账目上的数字，或是政府对外公布的数字。

(三) 笔者的观点

笔者认为，在探讨这一问题时，有必要确定三个标准。

第一，年限应确定。是否以1904年5月为界线。南非的中国劳工早在19世纪即在南非官方档案中有所记载，如果不确定年限，难以达成一致意见。

---

① 陈泽宪：《1904—1910年英国为南非特兰士瓦金矿招雇华工史料辑存》，载陈翰笙主编：《华工出国史料汇编》，第九辑，第236页。

第二，地点应确定。到底是指在中国某地的招募数，抑或从中国港口的离岸数，或是到达南非某港口的抵岸数，或是抵达兰德各金矿的实际劳工数。①

第三，研究的对象（或是华工的概念）应确定。研究的对象是南非的华工，还是南非的契约华工，还是南非金矿的契约华工。这三个概念明显不同。我们还应注意一个事实。在输入华工的过程中，始终存在着两种不同的意见。南非的布尔人一直坚决反对引进华工。在这样一种氛围中，大规模走私华工而不引起舆论反响是不可能的。从这个角度看，1904—1910年从中国合法引进到南非金矿的契约华工人数应在6.4万左右。1996年出版的由南非华人学者撰写的《南非华人史》也认可6.4万这个数字。然而，我们不应忽略上面列举的三种因素，即1900—1903年抵达南非的各种华工，1903—1904年驻华洋行为金矿招募的契约华工，以及洋行或招工头通过其他手段招募的契约华工。有鉴于此，笔者认为，当时运往南非的华工达到了10万。

四、非洲其他地区的契约华工

（一）马达加斯加

20世纪初，马达加斯加殖民政府又引进了两批契约华工。一次是为了建筑迭戈苏瓦雷斯公路而于1900年招募的，主要任务是从事路面工作。根据当地总督发给殖民部的电报，其需要数量为500人。雇佣条件如下：

（1）雇佣期限最长为两年。

（2）工人月薪为每人20比塞塔，翻译和领队为每人30比塞塔。

---

① 这一点至关重要，以第一批从香港出发的契约华工为例。1905年5月12日，由地方招工头招募的2 300多名劳工在香港集合，准备前往南非。5月24日，只有1 800名出现在轮船码头。经过医生检查，仅有1 055名身体合格。抵达南非德班港口时，只有1 005名，还不及原来招工数的50%。参见P. Richardson, *Chinese Mine Labour in the Transvaal*, pp. 85 - 86.

(3) 工资从启程之日算起,预付一个月工资。

(4) 医疗免费。①

这批华工于1900年2月10日出发,于当年4月抵达迭戈苏瓦雷斯。由于华工对当地的气候条件很不适应,这批契约华工并非像想象的那样理想。1901年,马达加斯加总督再次决定从中国引进契约劳工。经过与法国殖民部的艰苦谈判并征得同意后,殖民地政府又与塔马塔夫的一位商人达成了引入华工的协定。根据加利埃尼总督于1901年5月8日在《独立的马达加斯加公务纪事》上颁布的《有关本殖民地招募和使用华工的指令》,雇佣华工的契约如下:

(1) 华工受雇三年,从在塔马塔夫登岸算起。

(2) 华工月薪为25法郎;领队为30法郎。

(3) 华工享受衣、食、住和医疗补助费。

(4) 契约期满后发给回国路费。②

这批华工于1901年6月27日抵达塔马塔夫,共计764名,外加1名翻译。他们很有可能是由长期待在中国并富有招工经验的法国商人法郎西斯·魏池招募的。根据我国学者陈泽宪收集的资料,法商法郎西斯·魏池受马达加斯加殖民当局的委托,于1901年向福州洋务总局提出在福州招工的要求。一方面有清朝官员的同意,③另一方面有法国驻福州领事高井和在当地活动的天主教传教士的协助,魏池等招工人员采取欺骗手段,在1901—1902年陆续招到3 000多人,让他们分批搭乘法国轮船前往马达加斯加和留尼汪两地。④ 招募这批契约华工的初衷是让

① Leon M. S. Slawecki, *French Policy Towards the Chinese in Madagascar*, p. 50.

② *Ibid.*, p. 96.

③ "经法领事馆官及承办法商请福州杨臬台、陈道台禀奉闽浙总督许帅,允准助威,以招睦谊"。关于此次招工的条件,可参见《马达加斯加招工合同》(1901年,光绪二十七年,福州),载陈翰笙主编:《华工出国史料汇编》,第九辑,第174—177页。

④ 陈泽宪辑:《非洲地区英、法、比、葡、西、德各殖民地招募华工纪略》,载陈翰笙主编:《华工出国史料汇编》,第九辑,第254—258页。不过,陈泽宪认为"到马达加斯加的华人多数被分配到岛上东部沿海西方人所办的大种植园里",这似乎与史实不符。

他们修筑塔那那利佛铁路，但最后参加修建铁路的只有280人，其余被分派到殖民地各地区。

契约华工的分布地区如下：

塔马塔夫	100人
“大圈地”	26人
马任加	50人
安布西特拉	19人
菲亚特兰楚瓦省	200人
塔那那利佛—曼扎卡里纳—穆拉曼加(铁路)	280人
阿尼瓦勒诺	39人
贝托弗	20人
农业劳务	22人①

参加修筑铁路的华工面临严峻的困难。他们中的4人还未开始工作即已离开人世。在修路过程中，生病的为69%—87%；在10个月的修路期间，死亡率高达76.9%。加利埃尼总督也不得不承认，中国劳工的死亡率要高于从其他国家输入的劳工。② 由于对气候条件不适应，工作环境艰苦，加上待遇不佳，大部分华工身体不适，病倒在床；有的则以逃跑作为反抗的手段。最后，殖民政府不得不将大部分华工遣返回国。

马达加斯加在20世纪初仍在不断引进契约华工。1901年引进的764人和1901—1902年陆续招到的3 000多人(与留尼汪分享)是有案可查的两批。1901年10月，812名华工乘一艘德国船抵达留尼汪。③ 如果加上没有记录的，马达加斯加输入的华工人数约为2 500人，留尼汪约

① Leon M. S. Slawecki, *French Policy Towards the Chinese in Madagascar*, p. 97. 共计766名，原文如此。

② *Ibid.*, p. 98.

③ 多米尼克·迪朗，让·亨顿：《留尼汪华侨史》，载方积根编：《非洲华侨史资料汇编》，第475页。

为 2 500 人。法属北非缺乏资料，估计为 1 000 人。①

(二) 刚果自由国

刚果自由国与中国签订条约后，于 1901 年、1902 年、1904 年先后从澳门等地招募华工，1906 年又从香港招了约 500 余人。这一时期从中国引进劳工人数估计为 2 000 人。

(三) 德国殖民地

德国人的两条铁路分别于 1911 年和 1914 年建成。在非洲修筑铁路极其艰苦，需要不断地补充劳工。特别是 1907 年中国胶州湾成为德国的租借地后，胶州湾的德国人直接参与了为其在非洲的殖民地招工的任务。在此期间招募的华工约为 2 500 人。

(四) 其他地区(包括葡属几内亚等地)

引进华人约 1 000 人。

五、非洲契约华工人数(1700—1910 年)

综上所述，非洲各殖民地输入的契约华工已有一定规模。法属殖民地最早输入华工；刚果自由国引进的华工命运极为悲惨；西、葡输入华工的形式比较隐蔽；德属东非的华工主要用于铁路建设；英属南非输入华工的数量最多。

那么，非洲各殖民地当时到底引进了多少契约华工呢？至今仍缺乏较为恰当的统计。从已有的档案资料和研究成果看，只有中国驻英大臣张德彝偶尔提到的一个数目。他在光绪二十九年(1903 年)10 月 16 日

① 陈泽宪将 1900—1925 输往欧洲大陆、英国和北非的契约华工人数估计为 15 万人。参见陈泽宪《十九世纪盛行的契约华工制》，附表，《历史研究》，1963 年第 1 期，第 176—178 页。

就南非招工应签一专约事致外务部函中提到：英人为在中国招工之事，已派人赴华查访，“此事定后，如我不预为之计，则华工将来必大受其害”，并指出了华工待遇的三个问题，称之为“三害”，即工钱太低、控制太严、待遇太差。“有此三害，若竟漠然不顾，一任英人予取予求，则非徒已在斐洲十余万之华工，其困苦莫由补救，而将来陆续前往者，被害更无底止，秘鲁、古巴虐工之案恐将复见”。①

这里提到的“已在斐洲十余万之华工”绝非随意杜撰。不过此处“斐洲”不像仅就南非而言，很有可能是指整个非洲，而“华工”应指“华侨”。张德彝身为外交官，不可能信口开河；同时他长期待在当时可谓欧洲政治中心的伦敦，各方面信息必然灵通。如他在同年一份就同一事宜至外务部的密函中提到，“伦敦官商游斐而还者，几乎无月不有，一切情形探访较易。日前税务司金登干之子自斐洲回英，亦谈及此，并谓该处所有华人已属不少，所享权利远不如他国云云”。②

陈泽宪对契约劳工的人数统计表对研究契约劳工有很大贡献。③ 然而，表中虽然涉及了非洲地区，但存在四点缺陷。第一，从时间上看，他的统计是从19世纪开始的，而在非洲的一些地区，契约华工的引进早于此时。第二，从地区上看，他的统计并不完全。有的地方引进了契约劳工，却未被统计进去，如法属马达加斯加根本未列入；又如在1876—1900年，法属西非、英属西非、南非、葡属圣多美-普林西比岛和西属费尔南多波岛也均未列入。第三，从契约华工的用途看。在对德属坦噶尼喀使用契约华工的研究中，他没有提及德国人用华工修筑铁路这一重要史实。第四，他的统计中没有非洲契约华工的具体数目，而只是将非洲笼统地列入其他地区类。

① 《驻英大臣张德彝以允南斐招工前务须与之定一专约致外务部大臣函》（光绪二十九年十月十六日），载陈翰笙主编：《华工出国史料汇编》，第一辑，第1650页。

② 《驻英大臣张德彝为密陈南斐洲拟招华工宜早酌定章程事致外务部大臣函》（光绪二十九年正月初九），载陈翰笙主编：《华工出国史料汇编》，第一辑，第1643—1644页。

③ 陈泽宪：《十九世纪盛行的契约华工制》，附表《1800年至1925年出国契约华工人数统计表》，《历史研究》，1963年第1期，第176—178页。

由于资料的缺乏和研究有待深入，目前要得出一个精确的数字是不可能的，但我们可以进行大致的估算。如前所述，欧洲列强很早即从中国引进契约劳工，我们的统计也将从18世纪初开始。

(一) 1700—1800年的契约华工

在18世纪，除毛里求斯外，在南非、留尼汪、马达加斯加均已出现一些华侨。虽然这些华侨大多数是自由移民，但不能排除他们中的一些人是契约华工或是从契约华工的身份转变而来。毛里求斯在这一期间引进的契约华工大约为5 000人。这5 000人中包括已见诸书面记载的1760年、1762年和1783年的三批华工，此外还应有未记载的。这些人中除死于毛岛的以外，后来的去向可能是移居到南非等地区。[①] 此外，在这一百年中，赴非洲其他地区的华工约1 000人，共计6 000人。

(二) 1801—1850年的契约华工

在1801—1850年，毛里求斯引进的华工有记载的为两批，1829年(400人)和1843年(1 000人)。李卓凡的数字(1840年底至1843年7月为3 000人)以及她的统计表《运送中国雇工的船只名单(1829—1843年)》显示共计2 701名。这是作者从当时报纸上的资料统计得来。其中1829年只有两批，计398名，两船抵达时间只相差两天，分别为7月27日和7月29日，均为从新加坡引进。从同一地点、同一时间以及数量看，这很有可能是上面提到的400名那一批。1843年共有六批，总数为670人。从船只抵达时间的跨度(从1月到7月)和总数上看，都不像上面提到的1 000人那一批。加上未留下记录的华工数，毛里求斯在这一期间引进华工约为5 000人。最重要的是政府文件中提到的1840—1844年的8 000—9 000人。据此，在1801—1850年，毛里求斯引进的华工约为1.2万人。

---

① 南非的华人多数声称他们来自毛里求斯。

在留尼汪，早在 1827 年，留尼汪政府就决定输入亚洲移民。1829 年政府发布的“有关印度、中国劳工和其他亚洲自由民”的法令说明当时已在引进华工。有记载的引进华工如下：1843 年总督决定引进 1 000 人，1844 年，“苏富伦号”从东南亚运来 54 名华工；同年 7 月 7 日，“野鸭号”运来 75 名华工，其中 6 名在途中死亡；同年 8 月，“帕拉斯女神号”运来第三批华工；同年 10 月，“新回归号”从新加坡运来 178 名华工，随后又运来第五批。这批华工多系闽籍人，表现得较为服从。留尼汪政府决定直接从中国福建招募华工。[①] 1845 年又从厦门运来两批。此外，在 1848 年有 4 200 名亚洲劳工抵达留尼汪。他们抵达时，雇主为了管理的方便，不是将他们按国籍、姓名进行登记，而是将他们编号并按号码的先后分派工作。这些劳工中肯定有中国人，但其具体数目不得而知。[②] 据此，留尼汪在这一期间引进华工约 3 500 人。

圣赫勒拿岛有记载的华工为两批共 200 人。该岛总督在 1816 年提出需要 350 名华工。该岛的华工数在一段时期内稳定在 400 人左右，[③] 加上后来陆续引进的华人，共计 500 人。北非地区和大西洋岛屿（如以种植园经济和黑奴制盛行而闻名的葡属圣多美-普林西比、西属费尔南多波）以及南非等地共约 1 000 人。

这一期间非洲各殖民地引进契约华工共计约 1.7 万人。

（三）1851—1900 年的契约华工

从 1851 年到 1900 年，除上述提到的地区外，德属东非、法属马达加斯加、法属西非、英属西非、刚果自由国也相继引进契约华工。德国从中国引进劳工的目的之一是向种植园提供苦工，但主要是为了修筑从坦噶到莫希和从达累斯萨拉姆到基戈马的两条铁路。为此，德国先后多次在中国的胶

---

① 多米尼克·迪朗，让·亨顿：《留尼汪华侨史》，载方积根编：《非洲华侨史资料选辑》，第 456，462—463 页。

② 何静之编著：《留尼旺岛华侨志》，第 16 页。

③ Melanie Yap and Dianne Leong Man, *Colour Confusion and Concessions*, p. 13.

州湾、汕头、澳门和东南亚等地招工。虽然有记载的仅有四次(1892 年两批、1896 年、1898 年),但肯定不止此数。理由有两点:第一,德国人在非洲抢占的殖民地还在绥靖过程中,加上殖民地本身均需劳动力,因而非洲劳工缺乏。第二,德国不像英国有印度这样人口众多的殖民地,劳工无法从他处得到。因此,1892—1900 年,估计德属东非殖民地输入契约华工约 4 500人,其中 2 500 人招自中国各地,2 000 人招自东南亚地区。

马达加斯加在这一时期也大量输入契约华工。法国完全征服马达加斯加是在 1896 年。在此以前,法国殖民者不时从中国或东南亚引进华工。据当地一位姓肖的华人说,在 19 世纪 80 年代末,一批华人来到北部的迭戈苏瓦雷斯,这些是从广州湾招募来的华工。这批华工抵达马达加斯加的时间实际为 1890 年,人数约为 500 名。① 这是一种不规律甚至非法的劳工贩卖。1896 年,法国总督宣布解放奴隶,劳动力问题提上日程。第一批正式引进的契约华工于 1896 年抵达马达加斯加,主要是为了修建塔马塔夫—塔那那利佛公路,计 3 003 人。加上这 50 年未记载的输入华工,估计共达约 5 000 人。

19 世纪下半叶,法国在留尼汪的殖民地政府仍不断委托在中国的法国商人引进契约华工。1852 年,留尼汪政府引进了 27 100 名亚洲劳工。然而,这批劳工与 1848 年引进的亚洲劳工一样,无国籍、姓名登记,只按编号分配。因此,这些劳工中究竟有多少华人不得而知。不过,由于留尼汪政府已有在海峡殖民地和中国本土招募华工的经验,将这批劳工中的华工人数估计约为 7 000 人比较适中。1867 年,法国人又一次引进契约华工在当地种植甘蔗。② 除 1882 年招募 2 101 名华工和 1901 年招募 812 名华工这两次有记录的资料外,留尼汪殖民政府在 1885—1901 年恢复从中国引进劳工,并多次输入契约华工。前面提到至 1901 年止,已从福建招募华工计 3 000 人。将这一期间留尼汪的契约华工数估计为

---

① Leon M. S. Slawecki, *French Policy Towards the Chinese in Madagascar*, p. 44;李卓凡:《西印度洋华侨史》,载方积根编:《非洲华侨史资料选辑》,第 209 页。

② 华侨志编纂委员会编:《华侨志·总志》,第 196 页。

1.25万人是比较恰当的。

法属西非也是在这一时期引入契约华工的。引进的契约华工主要用于达喀尔的市政建设以及达喀尔—圣路易和克兹—库里科罗两条铁路的修建，但是缺乏具体的华工数字。不过从当时法国人先后在广州、汕头和上海等港口大肆招工以及专门成立一家法中贸易公司这一点来看，输入华工的数目绝不会少于5 000人。

英属西非引进的华工似乎不多。黄金海岸输入了16名华工，很快又将其遣返。至于塞拉利昂，由于缺乏资料，具体数目不得而知。这一地区的华工数只能估计为500人。

刚果自由国从1892年起即通过其在中国的代理人从澳门和广州为其运送契约华工。第一批招募了542人，这也是这一期间仅有的有人数记录的一次。后来，刚果自由国的代理人又分别从琼州、汕头等地招募华工。刚果自由国在这一时期约引进华工1 000人。

葡属圣多美-普林西比岛和西属费尔南多波岛输入契约华工的数目只能估计。葡萄牙占有澳门，可从澳门运送华工而不被注意。同时，圣多美-普林西比岛的种植园是颇有名声的，此岛契约华工数估计为1 500人。西属费尔南多波岛约为500人。

这一时期的另一个重点是南非。根据叶惠芬的研究，从1849年到19世纪末，契约华工先后已出现在开普敦、纳塔尔等地。如1849年1月12日，一些中国工匠抵达伊丽莎白港；1857年，开普殖民地引进了一批华工；1858年南非一家蔗糖公司引进一批蔗糖种植园华工；1875年8月16日，75名中国劳工抵达南非，这批人是由纳塔尔殖民政府从毛里求斯引进的；1881年11月10日，20名中国劳工抵达南非，其中2人中途死亡；1882年，152名契约华工从香港上船，其中126人安全抵达南非。[①] 这一期间引进的华工数估计约为1 000人。南非发现金矿后，邻近岛屿

① Melanie Yap and Dianne Leong Man, *Colour, Confusion and Concessions*, pp. 14－24；萧次尹编著：《非洲华侨经济》，第4，16页。

迁来不少华工，为避免重复计算，不再统计。

这一时期非洲的其他地区也引进了华工。在葡属东非，华人曾为1892—1898年修建的莫桑比克的贝拉港与乌姆塔里（津巴布韦）之间的铁路和1886—1894年修建的莫桑比克的洛伦索-马贵斯[①]与南非的科马蒂普特之间的铁路出了力。[②] 根据菲利普·斯诺的资料，葡萄牙人从广东输入了数千名劳工来到莫桑比克。当时莫桑比克的南部还不时发生暴动，华工就是在这种艰苦的条件下修筑了葡属东非殖民地的第一条铁路。[③] 由于缺乏具体数字，葡属东非在这一时期估计输入华工约为3 000人。加上北非地区、苏伊士运河地区、英属东非以及毛里求斯等地引进的华工，这一时期估计共引进华工约5 000人。

（四）1901—1910年的契约华工

在1901—1910年，契约华工的最大输入者是英属南非。除了上文提到63 695人之外，要统计这一期间招到南非的契约华工，还须加上1904年5月以前英国招到南非金矿的契约华工和在这一期间招到南非去的其他契约华工。这样，1901—1910年在英属南非的契约华工应有约10万人。徐艺圃提到的从中国口岸运出的华工人数（15万）比一般学者的估计数要多。笔者认为有两个原因：一是可能出现重复计算或是运往除非洲以外的其他地区。当时英帝国的诸多殖民地（东南亚、西印度群岛、澳大利亚等）仍在使用契约华工，马来西亚直到1914年才禁止使用契约劳工，因此不能排除从中国各港口出发的契约劳工是运往除南非以外的其他英属殖民地。二是即使这些劳工船是驶往非洲，也有的可能运到了邻近的英属罗得西亚和葡属莫桑比克。虽然缺乏证据，但英属罗得西亚在20世纪初为引进契约华工专门制定了移民法，而在莫桑比克确实存在

① 现已改名“马普托”。

② Melanie Yap and Dianne Leong Man, *Colour, Confusion and Concessions*, p. 38.

③ Philip Snow, *The Star Raft*, p. 46.

华人人口增加和非法移民现象。例如，莫桑比克的华人在1893年为52人，在1900年为84人，到1903年陡增至287人。在1906年，确实有一些华人从洛伦索-马贵斯非法进入德兰士瓦。[①] 我们可以将这一期间引进到这两个殖民地的契约华工估计为各500人，共计1 000人。

20世纪60年代初仍幸存的于1901年抵达留尼汪的两位中国劳工

注：(上图)顾鸿秀，福建省福安县北门十里溪人，现年85岁。1901年10月15日到达留尼汪。现居圣但尼市南郊。

(下图)张永禄，福建省福安县田乡人。现年84岁，到埠日期同上。现居娃比尔市大木村。

---

① Melanie Yap and Dianne Leong Man, *Colour*, *Confusion and Concessions*, pp. 38, 180.

非洲契约华工人数统计表(1700—1910 年)

时　期	地　区	估计人数	合　计
1700—1800 年	毛里求斯	5 000	6 000
	南非、马达加斯加、留尼汪等地	1 000	
1801—1850 年	毛里求斯	12 000	17 000
	圣赫勒拿岛	500	
	留尼汪	3 500	
	其他地区(北非、大西洋诸岛岛屿及南非)	1 000	
1851—1900 年	坦噶尼喀	4 500	36 500
	马达加斯加	5 000	
	留尼汪	12 500	
	法属西非	5 000	
	英属西非	500	
	刚果自由国	1 000	
1851—1900 年	圣多美-普林西比	1 500	
	费尔南多波	500	
	南非	1 000	
	其他地区	5 000	
1901—1910 年	南非	100 000	112 500
	罗得西亚	500	
	莫桑比克	500	
	马达加斯加	2 500	
	留尼汪	2 500	
	法属北非	1 000	
	刚果自由国(1908 年后称比属刚果)	2 000	
	德属东非	2 500	
	其他地区	1 000	
总　计			172 000

综上所述，从1700年到1910年，非洲从中国引进契约劳工共计约17.2万人。

六、结论

费正清在分析海外华侨的缘起时指出："19世纪的华侨社区，是由西方贸易以及中国的和当地的贸易（包括19世纪的中外"苦力贸易"）建立起来的。如同进口鸦片那样，出口成舱的契约劳工要求中国和西方的私人合作，最后引起了官方的共同控制。"①这种契约华工是海外华侨的重要组成部分。与世界其他地区一样，非洲契约劳工在数量上构成了早期华侨的主要部分。虽然他们并非现代非洲华侨华人的祖先，但他们的非洲经历在以下几个方面与非洲的华侨华人联系起来。

第一，契约华工的到来为他们所在地区的经济发展做出了不可磨灭的贡献，从而间接地影响了当地的华侨华人社团。一些华人是跟随契约华工来到非洲的，他们来此的目的是为这些华工提供各种生活服务。他们在非洲的生活与契约华工息息相关，其经营路线也是与华工的工作地点相连。这些华人是早期非洲华侨的重要组成部分。

第二，契约华工的到来使当地的非洲居民对中国有所了解，同时他们也对非洲大陆有了初步认识。从某种意义上来说，这为后来的华人在非洲定居打下了良好的基础。一部分华工回国后，将他们自己在非洲的所见所闻以各种方式向国内的人进行传播，这为一些处境艰难的中国农民或其他阶层到非洲寻求出路提供了信息。

第三，契约华工的到来也加剧了一些地区已经产生的反对华人的倾向（如南非）。虽然有的地区对契约华工的到来表示欢迎，但总体而言，他们的出现引发了非洲居民的疑虑和反感，从而使一些殖民地行政当局加强了对当地华人的控制（如马达加斯加）。虽然他们中绝大部分后来返回中国，但也有一部分在非洲定居下来。

---

① 费正清编：《剑桥中华民国史》（上卷），北京：中国社会科学出版社，1994年，第27页。

第七章 非洲早期华人社区活动

建议按政府资助和控制的规定……在毛里求斯也建立一个华人慈善机构；建议毛里求斯的华商按每份许可证交纳百分之五的税收，从而筹集为维持这一机构所需的资金。

——毛里求斯华商致殖民总督的备忘录(1890 年 6 月 22 日)

我认为这样做是绝对必要的：在这个国家不容许某种随时可以接管市场控制的印度人或中国人"大商行"的出现。亚洲人如果作为零售的中介人，这对欧洲人是有用处的；必须注意，此法令的草案对这一点并未涉及。但是，他们的作用仅限于此。当某种商业局面出现时，如塔马塔夫的陈松(Chan-Soon)①一例；在那里，他们事实上成为城市里最大的商人，从而构成了对我们的威胁。

——马达加斯加总督 1899 年 12 月 28 日致法国殖民部部长函

根据此项法令，任何酒类、采矿、商人、进口商、小贩或其他行业之执照，不许发给任何未持有登记豁免证书之中国佬；此等中国佬亦不许对本殖民地上述各项营业执照表现出直接或间接兴趣；任何

① 此人为塔马塔夫的华商，获准占有 16 家商店。

未持有登记豁免证书之中国佬不许订立契约以成为矿工、农工、从事其他职业、家庭仆役、洗衣工或任何此项法令之此节所及各项营业执照持有者之帮工。

——开普敦 1904 年 37 号法令

非洲早期华侨的社区活动主要为三种：经济活动、宗教活动和社团活动。除了新来的华人移民外，不论是契约期满的华工，还是从外地迁来的华人，绝大部分均用自己辛苦积蓄下来的钱办起了小商店，这种小规模的经商似乎已成为一种模式，在早期华人中十分普遍。为了求得在海外陌生之地的平安，他们往往以家族或地域为特征建起各种庙宇，对关帝庙尤其钟爱。随着生活的安定，他们也开始进行各种社团活动，以加强联谊。

一、非洲早期华人的经济活动

(一) 毛里求斯华人的特殊贡献

1. 初期的谋生手段

初到毛里求斯的华人，一般都是身无分文，他们唯一的谋生之道是出卖自己的劳动力。当时毛里求斯的制糖业颇具规模，而废除奴隶贸易和奴隶制威胁着甘蔗种植园的发展。英国人于 1810 年接管毛里求斯后，第一任总督法夸尔一直鼓励引进外国劳工。从东南亚或中国移民毛岛的华人凭借坚韧不拔和吃苦耐劳的秉性，勤勤恳恳地在甘蔗种植园工作，得到了种植园主的赏识。他们认识到，华人是最值得依赖的劳工。经过几年的辛苦劳动，在种植园劳作的华人积蓄了一笔小小的资本，他们便在亲友同乡的支持下开始做小商贩或经营起自己的零售业。

华人手工业者当时被一些殖民者雇用，他们的技术得到了 19 世纪到毛里求斯访问的欧洲人的称赞。1853 年，威廉・艾利斯（William

Ellis)在去马达加斯加的途中在毛里求斯首府路易港停靠时发现不少华人,他们中有的做苦力,有的擅长做橱柜。① 另一名英国军官在19世纪50年代在毛里求斯居住了三年。他提到华人车工的技艺非常不错。法国人毛里斯·切奈斯(Maurice La Chenais)对华人木匠的作品赞不绝口,称赞他们"用他们自己简单而有效的手工工具创造出精美的家具"。② 1859年,广东梅县客家人陈廷植偕夫人洪氏(福建人)由新加坡抵毛里求斯。③

在1850年,毛里求斯的首府路易港有586名华人,有38人率先进入农村地区。有一位作者是这样描写当时的情况:

> 过去,或至少在那时的几年前,为数不多的中国人,是流动商贩或者是在最偏僻的地方开铺子的商人,零售些来自中国的商品。如今,他们无论在实力上,还是在数量上,都可以同整个商界较量,既经营零售,也经营小量批发,他们逐步占据了最好的地段,商店里的商品琳琅满目。这时,他们已经操纵了英国人、克里奥人和法国商人的命运。④

这些话虽然有些言过其实,但当时华人在商界的实力已十分明显。实际上,早在1843年,毛里求斯一份地方报纸就刊载过一篇文章,作者将华人的存在称为"威胁":"我们的贸易受到威胁。几年来,华人在路易港和农村开设的商店增加如此之快,若不是亲眼到岛上最繁荣的地方看看,简直令人难以置信。"⑤到1901年,华人有3 515人,其中2 858人是

---

① William Ellis, *Three Visits to Madagascar during the years 1853 - 4 - 6*, London: John Murray, 1858, pp. 53,55, Quoted from Marina Carter and James Ng Foong Kwong, *Abacus and Mah Jong*, pp. 43,45.

② Marina Carter and James Ng Foong Kwong, *Abacus and Mah Jong*, p. 45.

③ 陈英东:《模里西斯华侨概况》,台北:正中书局,1989年,第32页。陈生有二子,长子陈瑞兴、次子陈龙兴,后来在当地华人中均表现突出。

④ 李卓凡:《西印度洋华侨史》,载方积根编:《非洲华侨史资料选辑》,第128页。

⑤《毛里求斯前哨报》,1843年10月19日,转引自李卓凡:《西印度洋华侨史》,载方积根编:《非洲华侨史资料选辑》,第298页。

商人，占 81.3%。华人商店较早的有“南兴号”，开办于 1836 年；最大的一家是“源隆号”，创办于 1880 年。1901 年毛里求斯的 85 家大商号中有 5 家是华人商号。① 为了维护华人在商界的利益，毛里求斯华人在创业初期都很团结。他们先后在陆才新和唐文的领导下，为争取自身的利益与殖民当局合法抗争。

2. 华人特殊贡献之一：赊账制度

由于华人早期的店铺多建立在甘蔗种植园附近，服务对象主要是甘蔗制糖业的工人，而甘蔗的收获和榨糖都是周期性的，这样，华人为工人实行赊账服务，工人及其家庭成员可以先买东西，等种植园发工资时再付费。零售商每周办货，第一次交了现金，以后就可以赊账。经过一段时间的实践，批发商同意零售商赊账四周，这种赊账方式被称为“四赊”。如果在第五周再不将第一周的账还上，就不能再赊了。② 这种制度实际上是一种双赢制度。首先，工人家庭可以在没有钱的情况下拿到商品，维持正常生活，等发工资时再付款。这一制度使他们稳定的家庭生活有一定保障。第二，商店从某种意义上保持了淡季的业务经营，从而保持了顾客群的稳定。第三，华商以这种方式与顾客建立了互相信任的关系，这种信任在商业过程中非常重要。赊账这种特殊的经营方式可以说是华人为毛里求斯经济发展做出的第一个贡献。这种方便当地民众的商业模式不仅契合当地的情况，也表现出华商适时应变的鲜明特质。

由于华商对商业的高度敏感性，19 世纪后期，他们在商业中的地位已经非常显著。一位在毛里求斯旅行的作家已经将华商的活动作为其著作中的重点之一。他写道：“这个岛的任何一个拐角处，只要有两三处房屋，或是印度人的营地，你都毫无疑义可以看到一个中国佬的店铺。这些店铺本身很小，但位置适中便于交通是必要条件，例如位于三或四

① 李卓凡：《西印度洋华侨史》，载方积根编：《非洲华侨史资料选辑》，第 132—133 页。

② Marina Carter and James Ng Foong Kwong, *Abacus and Mah Jong*, pp. 69—70；李卓凡：《西印度洋华侨史》，载方积根编：《非洲华侨史资料选辑》，第 130—131 页。

条道路的交叉处。"[1]这些店铺的商品可谓应有尽有，如木炭、奶油、酥油、稻米、食盐、糖、香烟、啤酒、白兰地、朗姆酒等。

到19世纪末，"700名中国零售商控制了食品商业，为当时的37.1万居民服务"。[2] 由于制糖业的大老板极力加强对华人店铺的控制，直到1901年，只有173名华人分布在制糖产业地区。[3] 他们的商业网络分布如下表。

1901年华人在毛里求斯产糖区的分布

区域(英文)	区域(中文)	华人数
Black River	黑河	7
Moka	莫卡	16
Savanne	萨凡纳	17
Pamplemousses	庞普勒穆斯	17
Flacq	弗拉克	21
Plaines Wilhems	威廉平原	21
Grand Port	大港	29
Riviere du Rempart	里维耶尔-迪朗帕	45

资料来源：Marina Carter and James Ng Foong Kwong, *Abacus and Mah Jong*, p. 45. 李安山根据内容整理。

3. 华人的特殊贡献之二：经济多元化

早期毛里求斯的经济相当单一。然而，华人的到来改变了这一状况。华人对毛里求斯的第二个贡献是他们致力于经济的多元化。

除了商业进口和批发外，酿酒业是华人较早进入的一个行业。自从华人开始销售酒类以来，一些华人开始进入蒸馏和制作朗姆酒的行业。

---

① Clarles John Boyle, *Far Away, or, Sketches of Scenery and Society in Mauritius*, London: Chapman and Hall, 1867, pp. 22—24, Quoted from Marina Carter and James Ng Foong Kwong, *Abacus and Mah Jong*, p. 70.

② 李卓凡：《西印度洋华侨史》，载方积根编：《非洲华侨史资料选辑》，第128页。

③ Marina Carter and James Ng Foong Kwong, *Abacus and Mah Jong*, p. 45.

先是出现了一些华人未获执照私自酿酒，后来开始正规化。1876 年，一家坐落在庞普勒穆斯的华人酒厂“广东酒厂”已在营业，厂主是 Athonne。这家酒厂直到 1897 年仍在运营，股权人包括当时的华人领袖亚方·唐文(Affan Tank Wen，1842—1900 年)以及 Ah Mun Chan Pow，Athoy Chan Kaw，Attime Fockting。① 唐文作为股东，他又是阿西姆公司(Achim and Co. Store)的负责人，这家酒厂的生意应该不错。客家人也逐渐参与酿酒行业。1880 年签约的“北京酒厂”可能是客家人在毛里求斯的第一家酒厂，合伙人达 11 位之多，包括 Isthone，Akin，San Sune，Fong Sam 和 Lim Lion 等人。此外，还有位于黑河的李氏家族公司(Lee Seepin & Co.)建立的“Ha Kin”酒厂、Chan Kun 在莫卡的酒厂以及华人位于庞普勒穆斯的酒厂。②

当时毛里求斯的主要经济是甘蔗榨糖，劳工阶级是主要劳动力，而烟和酒是他们的主要消费品。华人选定了以工人阶级为消费群体的投资战略，因此烟草业也是华人早期涉足的一个行业。由于制糖业在 19 世纪中期的繁荣和移民劳工的引进，导致劳工对烟草的大量需求，华人在这方面颇得先机。华人公司(如 Affoo Brothers & Co.，Chousiom & Co.)成为 1874 年以来毛里求斯有名的卷烟厂。此外，制鞋业是华人根据形势变化从事的另一项产业。在经济繁荣过后的萧条时期，毛里求斯殖民政府难以为当地警察和公务人员从欧洲进口价格昂贵的靴子，囚犯也需要大量鞋子，这些只能向当地企业订购。一家华人制鞋企业(Ng Cheng Hin's firm)成为其中的一家供货商，当时有人对其生产的鞋颇为赞赏，认为款式和舒适度都不错。③

---

① MA RA 2313 Report of Receiver General，10 June 1876，Quoted from Marina Carter and James Ng Foong Kwong，*Abacus and Mah Jong*，pp. 78 - 79.

② MA NA 121/4 Acte de la distillerie “Pekin”，Quoted from Marina Carter and James Ng Foong Kwong，*Abacus and Mah Jong*，pp. 78 - 79.

③ MA NA 121/4 Acte de la distillerie “Pekin”，Quoted from Marina Carter and James Ng Foong Kwong，*Abacus and Mah Jong*，pp. 79 - 82.

4. 华人在农村的拓展

客家人在毛里求斯农村的扩展表现得十分明显。由于客家人来到毛里求斯的时间相对较晚，加之殖民政府对华人在城市经商有一些限制，于是客家人很快在农村扎下根来，并以华商的敏感在这一他人较少经营的地区发现各种机会。实际上，在19世纪末，客家李氏家族已经在毛里求斯农村或糖厂附近建立了自己的商业网络。他们主要是从四个方面服务地方民众：首先是通过建立新的商业网点即地理上的拓展以面对不断增长的农村人口；其次是通过各种服务业来满足这些人群的需要；再次是通过赊账的方式来服务受到季节性工作限制的工人；最后，他们在出售商品时总是注意以各种方式来满足顾客需求，甚至不厌其烦地将商品分成极小的份额以方便出售。从下表中可以看到他们在农村的拓展情况。

客家李氏在毛里求斯农村建立店铺情况（1875—1897年）

人名	年份	店铺位置	备注
Ah Van	1875	黑河	
Fock Sam	1894	黑河	
Li Pun Loong	1899	黑河	Fock Sam 之子
Isthone	1880	萨凡纳	
Ah Kew	1889	萨凡纳	
Lee Hee Sing	1894	切明-格伦尼尔（Chemin Grenier）	
李氏家族	1884—1899	大港	李氏一家店铺被人买走
Lee Kat	1894	莫卡	为当地劳工服务
李氏二人	1894	居尔皮普（Curipipe）	
Li Shing	1897	莫卡	
Lee Few	1897	莫卡	

资料来源：Marina Carter and James Ng Foong Kwong, *Abacus and Mah Jong*, p. 68. 李安山根据内容整理。

对于华人在毛里求斯的贡献，当地总督也表示赞赏。波普·亨尼亚总督在1886年7月20日的一次讲话中高度赞扬华人的所作所为：

> 在我们这个小小的岛国上，我们发现，正如总检察长所说，按人口比例向国库捐税数目最大的是华人。去年10月，我曾有机会要求总收税官为我提供这方面的一些事实，他为我提供的事实表明，在这个殖民地所有各种民族和阶级中，按人口比例为国库捐税最多的是华人。……同样的事实还使我们相信，尽管他们缴纳国库的税收这么多，他们却是整个社会当中政府为其花费最少的一个阶层。……他们在监狱中的人数是最少的；……在医疗费用和穷人救济方面，他们也是花费最小的一个阶层，在这个社会里，按人口比例给人民带来的负担最轻莫过于华人。……毫无疑问，这些中国侨民曾设法向社会中较穷阶层的人们出售令其喜欢的廉价、简单的货物。这样，我可以拿在为印度小贩辩护时使用过的完全一样的论点用来为华人辩护。他们是帮助分配人们所需食物的一个阶级。由于这些原因，我不能投票造成任何类似支持这一限制政策或给华人带来不便的政策的动议。①

毛里求斯华人与中国大陆和香港保持着贸易关系，相当多的商品从中国进口。这样，毛里求斯华人的商业活动也促进了中国与毛里求斯的贸易往来。从李卓凡著作中的统计数字看，毛岛从中国的进口额在1892年为1 642卢比，1893年为2 472卢比，到1894年猛增至168 493卢比，从这一年开始到1907年，毛里求斯与香港的商业往来一直趋于稳定。②

从各方面来看，华人在经商、创业和工业化方面为毛里求斯注入了新的活力。

---

①《文件四，波普·亨尼亚总督为华人辩护的一次讲话》，见李卓凡：《西印度洋华侨史》，载方积根编：《非洲华侨史资料选辑》，第310—312页。

② 李卓凡：《西印度洋华侨史》，载方积根编：《非洲华侨史资料选辑》，第112—113页。

毛里求斯从中国大陆和香港进口统计表(1881—1910年)

单位:毛里求斯卢比

时期	从中国进口额	从香港进口额
1881—1890年	164 717	815 201
1891—1900年	1 506 834	640 194
1901—1910年	1 550 931	59 897

资料来源:李卓凡:《西印度洋华侨史》,载方积根编:《非洲华侨史资料选辑》,第114页。

(二) 留尼汪华人:从苦力到商人

1. 从苦力到商人

与毛里求斯的华人一样,留尼汪和马达加斯加的华人也经历了从苦力到商人的过程。早期,他们或是在甘蔗种植园干活,或是在同乡亲友的店铺里做伙计。这些华人往往先在雇主的分店干一段时间,一边学着做买卖,一边学点简单的当地语言,然后开始自己的生意。大部分华人先是采取流动贩卖的形式。他们将生活必需品送到偏僻的乡下,用以货易货的方法从农民手上换回各种蔬菜或手工制品,再将换回的蔬菜和手工制品拿到城区的一个中心点摆摊出卖。经过一段时间的流动贩卖以后,他们用积蓄的一点钱开一家小商店,选择的地点往往在甘蔗种植园或糖厂附近,这样能使自己的顾客比较稳定,同时也为当地的农业工人解决了实际问题。

留尼汪岛移民人口统计表

年度	总计	印度	Cafres 加科①	非洲	马达加斯加	中国	其他
1848	4 200	—	—	—	—	—	—
1852	27 100	—	—	—	—	—	—
1858	60 800	37 144	—	15 509	—	451	—

① 原文如此。应为欧洲人对南非土著黑人的蔑称。

续　表

年度	总计	印度	Cafres 加科	非洲	马达加斯加	中国	其他
1862	72 377	46 163	—	25 801	—	413	—
1865	74 472	—	—	—	—	—	—
1877	67 048	45 349	—	21 045	—	654	澳洲人 100
1880	64 411	42 519	—	21 284	—	608	—
1881	46 822	30 634	9 300	—	6 370	518	—
1890	38 897	23 792	—	15 105	—	—	—
1892	37 469	21 541	9 569	—	5 617	412	—
1894	29 960	18 366	—	11 594	—	—	—
1901	23 326	12 091	—	8 566	—	1 026	—
1907	12 879	6 514	3 237	—	1 941	810	—
1921	5 401	2 194	—	—	403	—	—
1926	6 083	728	451	—	1 963	1 626	阿拉伯人 954
1928	2 021	240	—	1 713	—	23	—
1937	689	—	—	—	—	—	—

资料来源：何静之编著：《留尼旺岛华侨志》，第 19—20 页。

1858 年，福建人陈璋满在布桑司（Possession）开设了一家商铺。①随后不断有华人商铺相继开业，1861 年出现 11 家华人商铺。1900 年，华人商铺已达 70 家。到 20 世纪初，华人在留尼汪的各种商铺逐渐建立起来，在圣但尼市已有 75 家华人商号，在圣皮埃尔有 3 家华人商号。②这些在大城市里的商铺只是华人经商的一个侧面。这些商铺主要由资金相对雄厚或在山区有贸易网点的华商开设。由于早期华人经商的诀

① 多米尼克·迪朗、让·亨顿：《留尼汪华侨史》，载方积根编：《非洲华侨史资料选辑》，第 484 页。有人认为此人是广东顺德人，设立第一家商店的时间为 1858 年。参见汤曼莉编著《海上传奇——留尼汪华人华侨志》，第 81 页。

② 何静之编著：《留尼旺岛华侨志》，第 18 页。

穷是跟着糖厂走，因此相当多的店铺都设在山区。他们服务的主要对象是糖厂工人住宅区居民和不方便到城市买东西的农民。随着资本日益积累，这些华人开始在城市里设点，一是可以向城市扩大业务以争取新的顾客，二是可为自己在山区采购的山货提供销售市场，三是使自己在城里采购的大宗货物有储藏所。

1911年，留尼汪的1 160名华人中，有957名经商，占85%。[①] 留尼汪华人的商业活动在初期是密切合作的，基本上是在同村乡亲的基础上自行组织起来的。这样在资金上可以互相衔接，同时可以省去一些不必要的开支。为了以货易货的方便，他们还建立了商品和产品交换中心点。这种互助合作的关系正是留尼汪华商们在早期商业上取得成功的秘诀。1876年12月，留尼汪4名华商向政府提出申请，要求成立"互救社团"。第二年，留尼汪的第一个华人社团(Societe de Secours Mutuel)在圣但尼成立。

留尼汪华人历史学家黄素珍女士为我们提供了四位早期华人在留尼汪开创他们事业的典型案例。首先来看刘氏家族。[②]

2. 刘氏家族的创业过程

刘氏家族的先人于19世纪末定居留尼汪，作为岛上经济生活中的重要家族之一，刘氏是除了Marseillaise公司之外最古老的商业家族之一。家族父辈中的创始人是刘广源(字文波)先生。他于1870年(一说1872年)出生于广东顺德县，于19世纪末抵达毛里求斯。他的传记作者评价他"非常聪明、刻苦、具有创造精神"，可谓名副其实。其父刘康信1886年抵达毛里求斯开始了自己的生意，经商六年后回乡为22岁的刘文波完婚。刘文波童年就有远渡重洋开辟一番新天地的梦想。虽然他不想早婚，但父命难违，只好结婚并暂时守家。五年后，他的爱妻去世，刘文波立意赴毛里求斯创业。1897年，刘文波抵达毛里求斯岛，不仅任

① 多米尼克·迪朗、让·亨顿:《留尼汪华侨史》，载方积根编:《非洲华侨史资料选辑》，第480—481页。1911年的华人人数与上文提到的Edith Wong-Hee-Kam的数据有出入。

② Edith Wong-Hee-Kam, *La Diaspora Chinoise aux Mascareignes*, pp. 449 - 452.

劳任怨，还在短时期内学会了当地方言。当时毛里求斯的华人首领亚方·唐文对他十分赏识，认他为义子，指导他如何处事与经商。他精明能干，又得到唐文先生的提携指点，将各种生意打点得井井有条。刘文波经过三年的磨炼，加上对姊妹岛留尼汪逐步了解，认识到留尼汪的资源远比毛里求斯丰富，向唐文建议往留尼汪发展。唐文觉得他言之有理，遂决定给他一部分资金（一说 300 卢比），让他到留尼汪去创业。1899 年（一说 1901 年），他决定定居留尼汪，买下了圣德尼拿布顿尼街（Labourdonnais Street）的一家厂房作贸易公司。公司生意兴隆。他将自己的公司命名为"广刘信号"（Kwon Lawson SA），意为将父亲在毛里求斯创立的"刘信号"发扬光大。他从此独当一面，大展宏图。他还抓住时机开拓多样化经营。最有典型意义的一个例子是 1911 年 3 月 11 日的广告。他在当时的《克里奥故乡》（*le Patrie Creole*）刊登了其公司的一则广告："求购来自圣保罗和阿姆斯特丹的优质鱼"。他还通过岛屿间贸易网络与其他岛屿做土特产方面的生意。①

3. 领军食品行业的陈氏集团

陈氏集团是留尼汪核心经济部门农产品加工业中的领军企业之一。两代陈氏人建立起了拥有八个公司的集团，形成一个小型的工商业帝国，是留尼汪岛上最重要的集团之一。集团现任总裁陈寿宏（一译陈绍宏，Raphael Chane Nam）的曾祖父是广东顺德人。他有五个儿子，最小的名叫 Chane Pak Yun，于 1901 年乘坐荷兰的海船来到留尼汪。陈寿宏曾说："在那个年代，中国人出发前往马达加斯加、毛里求斯或者留尼汪，离开的时候经常并不知道最终的目的地是哪里。"他先在圣安德烈落脚，后来又在恩德雷都（l'Entre Deux）开了一家店。在这段漂泊的生活中，他的两个侄子和一个儿子来到留尼汪：侄子 Chane-Yum 定居在圣皮埃尔，Chane -Wa 留在了佩蒂岛。在留尼汪岛待了五年之后，他将恩德雷

① 有关刘文波（刘广源），还可参见何静之编著《留尼旺岛华侨志》，第 75—76 页；汤曼莉编著《海上传奇——留尼汪华人华侨志》，第 79 页。

都的店交给儿子 Chane -Sy 打理，自己回到中国的家人身边，再也没有离开过。正是在曾祖父的基业上，陈氏家族的食品生意开始兴隆。①

一位陈氏家族的后人在回忆祖先创业过程时颇有感慨地说：

> 回想当年的生意，有无限的感慨。取利微毫还要卖赊数，甚至有赊年账，亟待一年一度蔗农收获后才完账。如果没有台风或可顺利完清，真是望天讨食，赊数是各自相信，无法律保障的札子到你店里来，就可取到他所需要的东西。一年三百六十五日，随时随地都要应酬，不管是关门用餐休息时间，还是敲门供应，利润既薄，赊账又久，又还要整日开门，哪有当今星期天休息日，守株待兔。

4. 侯氏家族的先驱

侯氏家族的历史始于在 20 世纪的第一个十年移民到毛里求斯的侯天嗣(音译)，他于 19 世纪末出生于广东梅县。这位家族的先驱最初在路易港(Port-Louis)的一家商铺工作了三四年，1911 年曾短暂地返回过国内。1912 年在重返毛里求斯的路程中，他所搭乘的船在路易港抛锚之前停靠在留尼汪岛，正是这次中途停靠彻底改变了他的命运。他利用这一机会走访了一些当地的亲戚，尤其是居住在格朗布瓦(Grand-Bois)的 A. N. 家族，他们告诉这位年轻人，在岛上可以找到合适的工作并劝说他留在这里。侯天嗣最终被说服了，便留在了他的一位叔父那里打工，一直到 1918 年北上迁居到首府圣但尼。此后他开始在格兰舍曼(Grand-Chemin)街(目前街名叫做 Maréchal Leclerc)上的一家食品零售店工作。得益于坚持不懈的辛劳和敏锐的商业头脑，他逐渐开始扩大经营的规模。②

(三) 马达加斯加华人的奋斗经历

马达加斯加华人经商的特点与留尼汪相同：充当中间商。当地的土

① Edith Wong-Hee-Kam, *La Diaspora Chinoise aux Mascareigne*, pp. 443 - 448；汤曼莉编著：《海上传奇——留尼汪华人华侨志》，第 68 页。

② Edith Wong-Hee-Kam, *La Diaspora Chinoise aux Mascareigne*, pp. 441 - 442.

著居民习惯上不喜欢经商，而欧洲人对当地风俗和语言既不了解，也不愿为一点微薄的利润而长途跋涉。“在这种情况下，中国的小商人发挥了重要作用：充当欧洲的外来人和土著人的中间商”。①

1. 早期的拓荒者

南部菲亚纳南楚阿的嘉应（即梅县）人郭亚富，传说为猪仔客。此外，广东番禺乌石乡人麦金在南部做流动商贩，“一肩行李，走遍南部”，经营腊味，运往毛里求斯和留尼汪销售，获利颇丰。法国占领马岛后带来不少劳工到南部修建各项工程，其中有不少华工。麦金又看准时机，随着建筑队伍以销售各种小商品为劳工服务，并开设麦金公司分店。不少华人先后来到这一地区，逐渐在南部地区扩展。在马岛南部，麦金“一肩行李挑出天下来”的事迹在华人中间一直传为美谈。②

塔那那利佛地处中部，亦为马达加斯加首府。顺德人黎某、霍森、岑尚省、梁旋等四五人于 1901—1906 年到此经商。后至者有关信、关长、关棠、霍琛、霍盈、岑义腾、岑棠、梁秋等，均为马达加斯加华人的先辈，这些人多为法国对马达加斯加的占领完成以后从毛里求斯和留尼汪迁移而来。

西部的马任加的华人先驱是法国军队于 1895 年抵达此地护侨时开始进入的。当时，顺德人陈祖敬随法国工程队从留尼汪抵达马任加，从留尼汪运来蔬菜在马达加斯加岛内出售，继而开始销售各种食物、酒、米、杂货等。随后，陈进道、陈应棠、陈源等也来到此地从事商业经营。

2. 法国人的警惕

到 19 世纪末，华人的商业有了一定的发展，这引起了法国殖民总督的警惕。他在 1899 年 12 月 28 日写给法国殖民部部长的信函中认为，马岛中国商人和印度商人的势力日益扩展，认为有必要采取措施：

> 即使我们承认那种滥用（指中国人和印度人对法国商人构成的

① Leon M. S. Slawecki, *French Policy Towards the Chinese in Madagascar*, p. 63.

② 陈铁魂：《马拉加西亚共和国华侨概况》，第 29 页。

> 危险)并不存在,然而,情况表明,确实存在着亚洲人和非洲人以某种方式囤积和垄断这个殖民地几个主要中心区的零售业这样一种趋势,从而对那些现行立法并未给予充分保护的我国同胞十分不利。现在,我认为这样做是绝对必要的:在这个国家不容许某种随时可以接管市场控制的印度人或中国人"大商行"的出现。亚洲人如果作为零售的中介人,这对欧洲人是有用处的;必须注意,此法令的草案对这一点并未涉及。但是,他们的作用仅限于此。当某种商业局面出现时,如塔马塔夫的陈松(Chan-Soon)①一例;在那里,他们事实上成为城市里最大的商人,从而构成了对我们的威胁。如果我们真正希望将取自殖民地所得利润的那一部分年金留给我国国民的话,我们必须刻不容缓地保护我们自己。②

正是由于害怕华人的竞争,法国殖民政府制定了种种歧视性法规,力图限制华人开拓自己的商业及其他领域。

3. 华人的经商特点

马岛的华人一直以经商为主,在早期如此,到后来仍然是这样。马达加斯加的华人一方面购进廉价的亚洲商品,将它们抛向市场同法国商人竞争。由于他们的服务对象是普通的工人和农民,提供的货物是简单的日用品如盐、糖、肥皂、石油、布匹等,销量比较稳定。另一方面,他们又积极收购当地产品,如拉菲亚草、咖啡、胡椒、丁香、华尼拉和海龟,专门销往亚洲。住在城市里的华人多是杂货零售商。在他们的商店里,各种商品应有尽有,从贵重物品到香烟,什么都可以买到。华人开设的饭馆也是一样,既有高档的、专供名流贵宾享受的高级餐馆,也有专门为社

① 为塔马塔夫的华商,获准占有16家商店。

② French Overseas Archives, Fonds Madagascar, Folder MAD308/778, Immgration, Reglementation de l'Immigration Asiatique, Letter, General Pennequin to Minister of Colonies, December 28, 1899, Quoted from Leon M. S. Slawecki, *French Policy Towards the Chinese in Madagascar*, pp. 113-114.

会下层和苦力服务的小饭馆。① 为了抱团取暖，用集体的力量与法国殖民政府抗争，1906 年华人在塔马塔夫成立南顺会馆。由于法国殖民政府实行严格的控制政策，这一华人社团直到 1909 年才得以注册成立，后改名为华商总会。

马达加斯加早期华人的定居特点是，他们绝大部分是广东人，一部分从中国移民而来，另一部分是与毛里求斯的客家人发生纠纷后从毛里求斯迁移过来的。他们一直非常自豪地坚持说广东话。他们也十分关注子女的教育问题，努力使他们受到真正的中国教育。

(四) 南非华人：创业、歧视与抗争

1. 华人的艰难创业与白人的不同反应

南非的早期华人经历了比其他地区华人更为艰难的历程。一些流放的囚犯刑满后留了下来。早在 1726 年，开普敦的一名华人开了一家面包作坊，他有几名伙计帮忙，并派人上街叫卖。这种方法引起了其他面包商的不满和抱怨。结果政府发布了一道命令，禁止在街头出售面包。18 世纪 40 年代，约有 10 名华人在开普敦开餐馆和当小商贩。一位于 1772 年抵达开普敦的海员谈到他们的船还未靠岸，一些黑人和中国人就划着小船向他们叫卖衣服、鲜肉、蔬菜和水果，“所有这些都是我们海员渴望得到的”。不过，华人商贩的成功确实引起了荷兰商人的各种抱怨。②

19 世纪，华人自由移民经商的越来越多，有的开店铺，有的开餐馆，有的是流动商贩，有的当伙计。由于华人在生活上省吃俭用，在经营上薄利多销，为人处世又以谦卑著称，生意有蒸蒸日上的趋势。一些白人移民商人开始从各个方面对华人进行诋毁，攻击他们在经商手段上的“不公平竞争”；华人“不管到哪里都要摧毁该地的商业”，他们“竭力吸取

---

① 李卓凡：《西印度洋华侨史》，载方积根编：《非洲华侨史资料选辑》，第 211—213 页。

② Melanie Yap and Dianne Leong Man, *Colour, Confusion and Concessions*, pp. 7-8.

任何资财但从不给予什么”。然而，华人为社区特别是为穷人提供的服务却是其他人所取代不了的。1898年约翰内斯堡郊区的贫穷白人向政府递交了一份请愿书，其中谈到了华人商店对他们的服务：

我们有时仅有一个先令，在华人商店里，我们可以买上例如3便士面包、3便士奶酪、3便士糖和3便士咖啡。对于我们这些穷人来说，这是很大的帮助。我们还可以购买各种蔬菜、木材。总而言之，任何我们需要的东西，我们都可以在华人商店里买到。如果我们没有钱时，我们还可以向华人赊账。对于我们这些离家的人来说，如果华人不在，我们的家庭在我们离家时将很难维持生活。如果华人不去约翰内斯堡和福兹堡的市场购买大批的木材、马铃薯和其他产品，然后零售给我们，这些市场主会大伤脑筋。如果华人不在这里，我们这些穷人将不得不每次至少用6便士在其他商店购物……如果能让华人生活在我们中间，我们这些穷人将把这看作政府方面很大的让步。①

从这封请愿书中，我们可以看出以下几点。第一，华人店铺的销售手段十分灵活，各种货物均能满足穷顾客的需要，其特点是薄利多销。第二，与毛里求斯、留尼汪的华商一样，他们让穷白人在其商店采取赊账的方法，这大大方便了现钱不多的顾客。第三，华人的业务已经扩展到边远地区，一些穷白人家庭对华人店铺的服务十分满意，甚至到了依赖的地步。很明显，他们提出请愿书不仅是出于对华人商店的感激之情，而且认为华人商店已成为他们日常生活中不可缺少的部分，他们希望政府能让华人继续留在他们的社区。在19世纪末，约翰内斯堡的华人曾向当局提出过两份请愿书，要求准许他们在当地居留，这两份请愿书均得到了当地白人的签名。1903年，德兰士瓦的白人提出请愿书，表示华人对当地社区必不可少。②

---

① Melanie Yap and Dianne Leong Man, *Colour, Confusion and Concessions*, p. 83.

② Karen L. Harris, “Closeted Culture: The South African Chinese”, p. 4.

然而，穷白人的呼声在南非这样一个以白人移民为统治阶级的社会中不可能起到什么作用。种族歧视是维持白人特权地位的基础，对华人进行限制是一种必然。1909 年，伊丽莎白港的华人杂货店已有 94 家，占压倒优势，而当时英国人有 52 家，印度人有 16 家。难怪欧洲商人提出要对亚洲人加强立法，以“消灭这些恶魔”。华人在商界的优势还体现在饮食行业和洗衣行业。

南非华人的职业分布(1905/1906 年)

职业	开普殖民地	德兰士瓦
店员和帮工	729	861
洗衣工	263	39
园丁等	46	69
厨师	28	42
工匠和劳工	21	20
其他行业	15	28
合计	1 102	1 059

资料来源：Melanie Yap and Dianne Leong Man. *Colour, Confusion and Concessions*, p. 194.

2. 华人经商的两难

白人的恶意攻击很大程度上来源于华人经商给他们带来的威胁。他们习惯于养尊处优的经营理念，对华人竭尽全力的经营方式颇为恐惧，担心失去自己的优势地位。他们不愿意看到自己面对一个强大的竞争者。

这样，华人的经商活动实际上陷入了一种两难的境地：如果不求发展，他们不可能生存下去；如果求发展，又必然引起竞争对手的忌妒，招致新的麻烦。在白人移民商人的压力之下，开普敦殖民政府于 1904 年 9 月 22 日颁布了 37 号法令，其中的第 17 节是专门关于向侨居当地的华人颁发各种营业执照的规定：

根据此项法令，任何酒类、采矿、商人、进口商、小贩或其他行业之执照，不许发给任何未持有登记豁免证书之中国佬；此等中国佬亦不许对本殖民地上述各项营业执照表现出直接或间接兴趣；任何未持有登记豁免证书之中国佬不许订立契约以成为矿工、农工、从事其他职业、家庭仆役、洗衣工或任何此项法令之此节所及各项营业执照持有者之帮工。①

这一法令的目的十分清楚，对日益增多的华人移民特别是华商实行各种限制。同时，当局还对申请移民的华人进行严格限制。以纳塔尔殖民地为例。据统计，在1897年的前6个月，共有15名华人被拒绝入境；在1900—1904年，该殖民地仅接受了54名合格的华人，752名华人被拒绝入境。②

二、非洲早期华人的社团活动

这一时期华人社区活动的另一个方面是社团活动。社团活动的作用是多方面的。其一，华人身居异域，只有团结一致，才能克服困难，求得生存和发展的权利，这是同乡社团创立的原因。最初一般是一位德高望重的华人领袖率领整个华人社区，为自身的权益而不懈努力。其二，华人对祖国的文化传统有着深厚的认同感，同时又希望天神的护佑，这就产生了宗教社团的活动，最突出的是以关帝庙为中心的活动。其三，为了保护华人的经济利益并互助协调，又以地区为基础成立了各种商会。其四，随着移民的增加，各种宗亲社团也开始从同乡社团中分离出来。

（一）毛里求斯的南顺会馆、仁和会馆与其他社团

1. 陆才新的请求

早在华人定居的初期，一些华人社区领袖自觉地出来为华人争取各

① Melanie Yap and Dianne Leong Man, *Colour, Confusion and Concessions*, p. 66.

② *Ibid.*, p. 44.

种应有的权利。前面章节提到最早的华人首领是福建移民陆才新(亦称亚贤[①]),他开办了多家公司,其规模介于大商店与小商店之间。他于1826年从中国带来的5名中国人成了“陆记公司”的雇员。他对这些新移民进行训练后,让他们分管自己的分店,从而使业务大大扩展。直到1847年,他始终是迁移到毛里求斯来的中国人的主要担保人。他将新来的移民安置在马拉巴尔移民聚居地,并尽量在全岛开设商店,将后来的新移民安置在他的商店里工作。他一直是华人中无可争议的首领,并于1847年被当地政府授予英国国籍。

1821年,陆才新请求政府批准他自费向该岛引进移民,这确立了他后来成为当地华人领袖的基础。1839年,他又代表华人向政府提出申请,请求批准在路易港为华人修建一座关帝庙,并将自己一块面积为1 555道斯(法国旧长度单位)的土地捐献出来建造这座庙。[②] 1829年3月,开普殖民地的一位华人领袖阿肖(William Assaw)向殖民当局递交了一份请愿书,请求政府划出一块地以修建一个华人墓地。这一要求在11年后终于得到了政府的认可,在1840年5月1日的《好望角报》上,他和其他华人首领发布公告:华人墓地已经由华人集资建立,所有亡故华人均可安葬在此墓地。[③] 1838年4月,他又两次向政府请愿,要求对从圣赫勒拿群岛转来的华工给予合理的待遇。[④]

将毕生精力贡献给了当地华人福利事业的亚方·唐文于1861年10月31日到达毛里求斯。虽然他来自广东,但由于他处事公正,后来接替陆才新成为华人首领(Kapitan)。他初来时即受雇于岛上最大的商行阿西姆公司,并很快成为它的股东。由于他为人正直,并熟悉业务,后来成为公司经理。华人首领陆才新于1874年逝世后,唐文成为关帝庙的临

---

① 国内学者一般译为“阿鑫”,“亚贤”似为毛里求斯华人的称呼。引自毛里求斯南顺会馆会长黎永添先生致李安山1998年10月28日函。

② 李卓凡:《西印度洋华侨史》,载方积根编:《非洲华侨史资料选辑》,第321页。

③ Melanie Yap and Dianne Leong Man, *Colour, Confusion and Concessions*, pp. 12-14.

④ *Ibid.*, p. 15.

时主事。他一方面通过积极努力想方设法得到华人社会的认可，另一方面争取政府承认他为当地的华人首领。当时的总督亨尼西爵士对他非常信任，任命他为改革委员会(可决定选举权的纳税额)的成员。1886年批准新宪法后，他当选为华人社会首领，并得到政府的承认。他的一个重大决策是将后来抵达毛里求斯的人引到其他岛屿如留尼汪、塞舌尔或马达加斯加，从而使华人的分布相对合理。一些华人还率先进入农村和山区，进一步扩大了商业活动范围。①

在1907—1911年的反种族歧视的运动中，华人领袖梁佐钧、叶远东和霍惠端等人率领华人与当局进行了不屈不挠的斗争。

2. 南顺会公司更名为“南顺会馆”

1851年，毛里求斯的华人已增至1 086人，来自广东南海和顺德两地的广府人也明显增加。1859年，南海、顺德华侨成立了南顺会公司，其宗旨是团结乡亲，促进乡谊。1894年，南顺会公司集资修建了会所。南顺会馆前会长黎永添先生曾给笔者来函专门描述了南顺会馆成立的经过，特记录如下，以资参考。②

> 公元1826年由侨居新加坡福建人“亚贤”(译音)③开始进入印度洋，毛里求斯。以前有多少华人未有记载，他成为侨领，终于1874年，享寿多久，亦没有记载。其亲属“登亚贤”则管理坐落首府波累市，拉沙彝香火顶盛之关帝庙，庙宇依然，现由梅县籍人管理。1861年“亚芬邛均”(译音)④抵达毛里求斯，行年19岁，因他关系，续渐有

---

① 译名引自曾繁兴：《寻根：毛里求斯的华人》，《明报月刊》，1980年第1期，第41页。南顺会馆现任会长黎永添先生提供的译名为亚芬·邛均。关于陆才新和亚方·唐文的简历，可参见李卓凡《西印度洋华侨史》，文件九，载方积根编：《非洲华侨史资料选辑》，第320—325页。

② “毛里求斯南顺会馆的创立”摘自毛里求斯南顺会馆会长黎永添1998年10月28日致李安山函。在此谨向南顺会馆前任会长黎永添先生惠赠有关资料和照片表示深切的谢意。

③ 即陆才新。参见 *La Restauration de Tableau de Log Choïsanne* (*1796? —1874*) *Fondateur de la Pagode Kewan Tee*, *Fondateus de la Présence Chinoise ā Maurice*, Pointe aux Sables: Cathay Printing Ltd., No date.

④ 即亚方·唐文，亦译作阿方·唐文或阿恒·邓云。

更多的广东南海县、顺德县、番禺人远道来此，落叶生根。

数年后由亚芬邛均接掌侨领，毛里求斯总督送八亩土地给他，作为扩大原有之坟场，共计十亩。1894 年，①亚芬邛均在是年之八月三日创立南顺会馆，由他担任首届会长，副会长“亚廉霍坚”（译音），第二副会长“亚父陈保”，理事则有亚[时]，陈玖，关厚，亚永梁深，岑堆等人。南顺会馆之成立目的，是团结散居在毛里求斯各地区、山区的华人，会馆建立在首府波累市②，为初临本岛的华人找寻工作，栖身之所，为水土不服、医疾者有其居所，设立免费食堂，使贫困者有所温饱，互相讯息。渐渐各姓氏人口续坛，各姓氏自立门户。

直至现在，仍存有例如黎氏旅馆、刘关张古城会馆、陈世昌堂、霍宅、何宅等。闻说中和会馆③比南顺成立更早，设有粤剧舞台，以娱观众，附属有珠江剧社，可惜后继无人，现仍存有剧服衣箱。各姓氏宅内多容纳散居山区华人商店下埠购买货品，探亲居住一、两天，补充货品。因当时交通不便，亦有部分南顺人向外发展，移居留尼旺、④马特加斯加、⑤金山（南洲）、⑥塞色⑦等地。由于毛国政府限制新客入境居留，连侨生亦约二仟五百人左右，客家华人则约有二万多人。

……1894 年八月三日创立之民间组织南顺会馆，是根据现存我会、当时向政府社团注册局注册之西文原稿，距今只不过一百零四年而矣。……

毛里求斯南顺会馆秘书处会长黎永添　1998 年 10 月 28 日。

① 此为南顺会馆在政府正式注册的年份。南顺会馆的前身南顺会公司成立于 1859 年。

② 即路易港。

③ 即仁和会馆。

④ 即留尼汪。

⑤ 即马达加斯加。

⑥ 即约翰内斯堡。

⑦ 即塞舌尔。

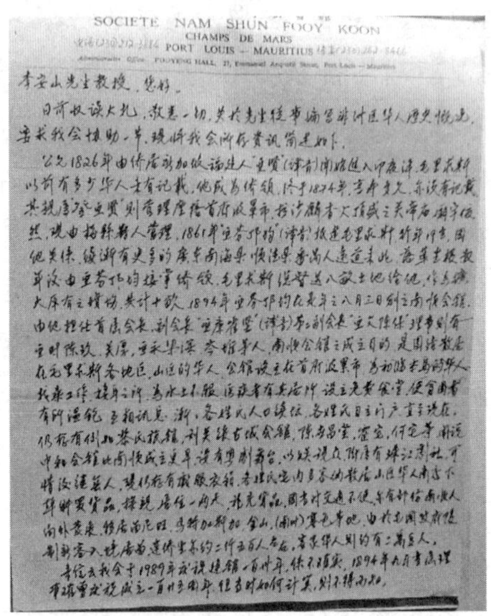

SOCIETE NAM SHUN FOOY KOON
CHAMPS DE MARS
PORT LOUIS – MAURITIUS

李安山先生教授，您好。

日前收读大札，敬悉一切。

毛里求斯南顺会馆黎永添会长致李安山信函

仁和会馆会长 刘攸宪
一九九八年九月六日

HEEN FOH LEE KWON SOCIETY
毛里求斯
仁和會馆
MAURITIUS

毛里求斯仁和会馆刘攸宪会长致李安山信函

这样，1894 年 8 月 3 日，亚方·唐文将南顺会公司改名为“南顺会馆”，由他出任会长。南顺会馆于当年在政府注册。1900 年亚方·唐文去世后，福建派、广府派和客家派为了争夺关帝庙的主导权发生内讧。经过五年的激烈争夺，各派首领同意将裁决权交给最高法院。1906 年 6

月 21 日，所谓的“萨洛蒙裁决”出笼，首席法官将关帝庙的领导权平均分配给华人三派代表，即每年轮流领导关帝庙。此外，首领的绝对权力移交给一个由 15 人组成的委员会。委员会由三派各出五人组成。这一裁决的直接后果是平息了冲突，但带来的长远后果却相当消极。首先，这种分权方式使华人中产生一位德高望重的领导人来领导全体华人社区的可能性完全丧失。其次，三派的斗争变得长期化。由于这是法律裁决，三派之间协调解决争端的途径也被堵塞。最重要的是，在与殖民当局打交道时，华人很难以一种统一的立场行事。

1902 年，会馆扩大会所，设关帝神坛和祖先神坛。凡是南海、顺德两地在毛里求斯的同胞，不管男女老少、贵富贫贱，均被视为当然会员，受到平等对待。南顺会馆成立后，团结散居在毛岛各地包括山区的乡亲华人，为初临毛岛的华人找寻工作和住所，并为水土不服者或患病者提供免费住宿和饭食。这是毛里求斯华侨的第一个社会组织，其成立为华人提供了很多方便。①

毛里求斯最早的华人组织南顺会馆

① 曾繁兴:《寻根:毛里求斯的华人》,《明报月刊》,1980 年第 1 期,第 40—41 页。国内的介绍可参见徐植《毛里求斯南顺会馆简介》,《华声报》,1984 年 11 月 11 日;林金枝《毛里求斯的华人社团》,《八桂侨史》,1995 年第 2 期。

3. 毛里求斯仁和会馆的前身嘉应同乡会

清朝咸丰年间，广东客家人相继移民毛里求斯，并成立了嘉应同乡会。1860 年 9 月，第一批客家人登陆毛里求斯。他们中包括 Tan Chow, Chan Heyou, Chan See, Ong Hassan, Le Bow, Chan Buck, Chin Ton (中文名不详)。同年，一位名叫李万昌(Lee Ah Van)的客家人抵达毛里求斯，他是李氏家族的拓荒者，这是毛里求斯客家人中最重要也是最早的家族，随后大批客家人涌入毛岛，并建立了自己的陇西堂李氏宗亲会。① 同治八年(1869 年)，嘉应同乡会改名为“仁和会馆”(后又名仁和会、仁和旅馆、仁和公司)，但是没有固定会址。② 每年仍以陆才新所建的拉沙犇关帝庙这一祭祀地作为聚会和议事地点，由会员推举总理和协理来操持会馆事务。由于福建、广府和客家三大集团逐渐形成势力，除了在日常生活中互相帮助之外，难免会产生一些矛盾。1874 年，陆才新在回国两年后去世。也就在这一年，嘉应同侨照例在拉沙犇关帝庙祭祀聚会。当时仁和会馆总理王雁宾及协理朱棠、李梗光、王德禄经过商议，提出建立自己的圣帝庙堂的建议。此议一出，仁和会员一致响应。众人即刻捐输，不日即选购塌地(今毛里求斯首都路易港市西区)动工。

毛里求斯著名的华人组织仁和会馆建馆 125 周年纪念特刊

当时，华侨在毛里求斯的人数约为 3 000 多人，客家人约有 1 500 人。

① Pascale Siew:《唐人街:毛岛往事》, p. 33.

② 1996 年，毛里求斯华人庆祝仁和会馆成立 125 周年。据此，仁和会馆的成立日期应为 1871 年，国内一些学者将 1904 年作为其成立日期，这实际上是仁和会馆在政府正式注册的日期，而非其成立的日期。

1877 年,仁和会馆新馆建成,这就是后来的仁和会馆的馆址。新馆规模宏伟,门槛上镌有对联:“仁风驰异域,和气话中原”。南顺会馆等当地华侨社团也赠送了各种礼物,其中有刻着“仁厚本梅风,中外同风占风起;仁风敷异域,奂轮继美庆新居”的木匾,表达了同侨的愿望。当时仁和会馆并无会章,也没有向政府申请注册。其主要目的是祭祀关帝,联络桑梓感情,即“维风化,正人心,举正直,息纠纷,兆祥和之气也”。

4. 仁和会馆注册为正式社团

1999 年 9 月底,本人有幸得到毛里求斯华人国庆观光团带来的仁和会馆时任会长刘攸宪先生赠送的《毛里求斯仁和会馆建馆一百廿五周年纪念特刊》,上面载有李济祥先生有关仁和会馆成立的专文,特此录出,以飨读者。

“仁和会馆”在毛里求斯创立年代,据父老相传约在前清同治年间,前身为“嘉应同乡会”。据文字记载:清道光年间,福建同侨陆才新领头建立华人第一座神庙——拉沙鳞关帝神场。他以书面通知全岛华人商店老板和华工,定期来此祭祀和聚会,祭祀后举行聚餐,设摊赌博娱乐等以增进乡谊和促进华人团结。此后,每年都要以农历六月二十四日这天为定期祭祀、集会的日子。

那时全岛华人只有 113 人,人少财弱,所设露天神场和摊场皆比较简陋。十年以后,华人逐渐增至五百多人,来自广东南海顺德的移民也逐渐多起来了。他们在 1859 年成立“南顺会馆”。到了清咸丰年间,广东客家人相继移民毛岛,使毛岛移民急剧增至一千五百多人。为了能够彼此守望相助,便成立了“嘉应同乡会”。同治八年,“嘉应同乡会”改名为“仁和会馆”。那时还没有固定馆址,每年以祭祀地点和日期作为集散和议事地点,口头相约,由出席者推举总理和协理来管理。据文献记载,在 1871 年,华人人口有二千二百八十七人。拉沙鳞关帝神场已成为福建、广府、客家三大势力,为各自利益而发生矛盾,互相斗争不已。

> 据建馆碑文记载，同治十三年，岁次癸酉(公元 1874 年)，关帝生日那天，嘉应同侨按习俗齐集拉沙彝关帝神场，洁诚祭祀。典礼完毕，“仁和会馆”总理王雁宾，协理朱棠、李梗光、王德禄等目睹年年“祀事孔明，殊非久远之图”，于是召集仁和同人，倡议建立圣帝庙堂。此议一出，在场者皆高呼：善哉！一时响应之人，山鸣谷应，群皆捷足争先，倒匣倾囊。于是购买西区地基，相度形势，涓日兴工，鸠工虎材。不久工程告成，规模宏整，气象大成，门槛上镌着“仁和会馆”，两边对联“仁风驰异域”，“和气话中原”。这是继南顺会馆的第二大会馆，时人称为“老会馆”。是时华人约有三千五百人。广府人约有二千，客家人约有一千五百，福建人只有五百人。客家人所创立的“仁和会馆”没有会章，也没有向政府申请注册，当初只是为了崇祀关帝，敦叙桑梓之情，即所谓“维风化，正人心，举正直，息纠纷，兆祥和之气也”。1903 年，嘉应人陈润生，为谋求继续完善会馆，邀集友人，制订会章，聘杨纯煦为专职书记，专司往来文牍。
>
> 1904 年 12 月，第一次向政府申请登记为正式社团。宗旨为“举办华侨福利，恤孤济贫，排难解纷”。这些宗旨一直保留至今，而且成为会馆的主要工作。其时“仁和会馆”内除设有神场外，还有赌场。每逢佳节，邑人聚集祭祀，赌博娱乐，畅叙乡情。主持当局还从中抽取佣金，作为经费收入的主要来源。是时，客家人在华侨人数中已经占了优势。①

1904 年 12 月 19 日，仁和会馆向政府申请，注册为正式社团，注册号为 A2215893。当时的宗旨是“举办华侨福利，恤孤济贫，排难解纷”。会馆愿意救济贫穷华侨，帮助华侨解决困难和排解纷争。各界华侨如有诉讼纠纷，均不愿意上法庭打官司，双方投诉到仁和会馆就能得到圆满解决。由

---

① 摘自李济祥：《仁和会馆建立史话》，载《毛里求斯仁和会馆建馆一百廿五周年纪念特刊》，路易港，1996 年 11 月 10 日。在此谨向仁和会馆现任会长刘攸宪先生惠赠有关资料表示深切的谢意。

于仁和会馆在当地华侨中享有崇高威望，故享有“上公司”的美誉。

1905 年，陈润生、陈果、朱棠、邓发等人在新小山街（今约瑟伊慰街）19 号向西人购买一座房屋，以作为仁和会馆会员和同仁的下榻之处。同年 10 月 10 日，以朱棠为总理、陈果为司库，陈润生、邓发为协理，申请注册仁和旅馆，注册号为 B－95－5504。仁和旅馆在馆内设摊场和财神爷，重订会章，广招会员，并选举了董事会。仁和旅馆的注册申请被政府批准后，立即被授权管理仁和会馆的产业。这样，仁和会馆和仁和旅馆实为一体。[①] 到 20 世纪初，虽然毛里求斯的华侨总数增长不多，但“客籍同侨人数急增”。为了华人的后代不忘祖国文化，仁和旅馆董事会的一些有识之士特地集资租赁当地西人房屋，并从国内请来一位秀才，办起了华文私塾。这是非洲华侨中有组织华文教育的开始。[②]

毛里求斯仁和会馆活动中心

5. 其他华人组织与慈善活动

当时的毛里求斯还有其他的华人社团。如成立于 1877 年的陇西堂李氏宗亲会（Loong See Tong Lee Society）成为李氏客家人的聚集之地；成立于 1883 年的陈宅（Chan Cha Society），专门为陈氏族人提供方便和聚会场所；还有 1885 年设立的霍氏旅馆（Fok Diak）、刘关张会馆

① 1929 年 4 月 12 日召开的会员大会通过决议，批准将两者合并。

② 关于仁和会馆的资料主要来自李济祥《仁和会馆建立史话》、王惠君《毛里求斯华人社团研究》节录和黄昆章《毛里求斯仁和会馆》等文，均载《毛里求斯仁和会馆建馆一百廿五周年纪念特刊》。原刊无页码。

(Law Kwan Chung Society)等。这些宗亲家族的会馆或社团多是在一幢大的建筑物里,里面供奉一些神像,大部分是关公的头像,也有观音或是土地神。这些神庙或旅馆的修建主要靠华人的捐款来完成。一些华人的遗嘱里也写得清清楚楚。例如,一位名叫黄阿球(Atchowan)的华人在1858年的遗嘱里明确规定:400银元(piastres)要捐献给凡尔赛街上的中国寺庙。① 每个家族都有自己的规矩,也会定期开会,或交流信息,或解决困难,或处理纠纷。他们会照顾自己身边的亲属,也都会建立互相救助的机制。他们乐意救济需要帮助的成员,如寡妇、孤儿或病残者,还负责各种社会工作,如协助失业者找工作,或帮助愿意却无力回国的人与家庭团聚。

华人致力于慈善事业的努力也表现在关注那些需要帮助的华人方面。1890年,亚方·唐文、阿齐姆·付克林(Athime Fock Ling)与550名中国商人向毛里求斯总督提交了一份《华商致负责殖民地事务的国务秘书阁下的备忘录》,要求建立慈善机构。

(1)请愿者认为有必要在毛里求斯建立一座华人慈善机构。

(2)机构的经费来源是每个华商按每人许可证交纳百分之五的税收。

(3)由政府征收这些税款,扣除征税时所需费用外,全部用于此慈善机构运作。

(4)华人慈善机构依照香港东华医院的模式运作。

(5)慈善机构的建立是为了促进中国侨民中较为贫穷者的福利。

(6)慈善机构也是为了减轻毛里求斯政府为穷人所承接的负担,例如对华侨失业者、病残者和年迈者的帮助。

华人慈善机构将致力于以下事项:向中国侨民中的失业者和贫困者提供经济援助,并为他们找到工作;为病残者、老年人建立一所医院和一

① MA NA 94/21/2914—94 Testament du Chinois Atchowan, 6 avril 1858, Quoted from Marina Carter and James Ng Foong Kwong, *Abacus and Mah Jong*, pp. 161-162.

个住处；有必要的话，还为由于没有钱而不能返回的中国人提供方便。[①]这一请愿书发出750份，500位华商签名同意。这表明，慈善意识在华人中间相当流行。

1899年，当时路易港瘟疫流行。唐文出资建立了"周发荣传染病医院"，华侨病人都在那里治病。唐文的家产虽然颇为殷实，但由于开销太大，又乐于施舍，他很快就将自己的家产花费一空，因此当地华人称他为"穷人卫士"。[②]

(二) 留尼汪的华人互助会与宗亲社团

前文已经提到了留尼汪华人的起源。根据《留尼旺关帝文协董事会之沿革》，1844年和1848年两批华工运至留尼汪，他们均系福建沿海及一些广东下四府"即现今之海陆丰县之同胞"。这些劳工的处境十分艰难：

> 餐风宿露无定所，当时留尼旺督应资本家之要求，指定圣啤市这块荒地，"既现在之关帝庙地方"为华人寄脚之处，当时福建人数为多，故曰："福建会馆"，还留下几个中国人名，译音为"亚哥"Accot，文义Maunier，黄方Wong Fong，管算Koen Sone，亚吉Ah Quite，亚根Ah Kene，傅都Frutreau等，尤其在拉为亚La Riviere山脚下遗下一条水沟，至今西人仍叫"中国水沟"Canal Chinoise，系当年中国劳工求食水时所开凿者也。春去冬来，光阴荏苒，往往返返，客死异乡者有之，有幸重返中土者有之，老病哀鸣举目无亲不知所终者有之，幸遇土妇情有所钟，结伴繁衍者有之，此系那些至今仍有的中国名字之始祖吗？[③]

1. 华人互助会

早期华人为了保护自己的利益，决定组织起来。留尼汪圣皮埃尔的

---

①《文件五，华商致负责殖民地事务的国务秘书阁下的备忘录》(要求建立慈善机构)，见李卓凡:《西印度洋华侨史》，载方积根编:《非洲华侨史资料选辑》，第313—315页。

② 李卓凡:《西印度洋华侨史》，载方积根编:《非洲华侨史资料选辑》，第323页。

③《留尼旺关帝文协董事会之沿革》。此文件为留尼汪关帝文协董事会会长钟松芳先生于2016年11月12日在留尼汪关帝庙与参加留尼汪历史周会议的中国代表会面时所赠，在此特表谢意。

华人于1877年6月成立了第一个自己的组织"华人互助会"。这个组织地处圣约瑟夫街88号，其宗旨是为华人提供紧急救助，并向他们提供各种资料。会员每月聚会二三次，互相介绍情况，交换信息。会员每个月交纳一定会费，存放在财务保管员手上。当会员去世时，华人互助会为他出送葬费，为死者购买墓地。

留尼汪清代华人墓碑

留尼汪光绪年间墓碑

华人互助会的组织者在致留尼汪总督的信中这样陈述他们的目的：

这个社团的主要目的是用自愿捐助的钱，设一个救助箱，帮助中国人，帮助受到敌对分子打击的同胞。参加者是病人，残废者，穷人以及丧失劳动能力的老人。社团给这些不幸者付医药费。社团还承担送葬费。成立一个由主席、副主席、秘书及财务保管员组成的理事会。财务保管员负责委托给他的基金，他有本账簿。担任这些职务的人都是不拿工资的。每当理事会认为需要时，就检查一下救助箱。社团有一个登记本，那上面登记了社团成员，并记载了在经商活动或其他私生活中有过失的成员。除慈善目的外，社团会员还组织联谊会，通过会餐，或举行家宴进行聚会，也有时在社团所在地聚会。经常到特殊的、众所周知的地方去会面，通过召开一些会议，组织一些守法的、正当的娱乐活动，以树立榜样。一句话，形成一个老实、勤恳的中国人的中心，在当局的法律保护下开展互助，这就是社团成员们所追求的目的。①

留尼汪华侨早期组织一览表

名称	成立日期	宗旨	负责人	备注
华人互助会	1877 年 6 月	华人之互助互利		会址为圣皮埃尔市圣约瑟夫街
福建会馆	19 世纪末	联络福建侨胞乡谊		因欠地税过久，会址于 1946 年被政府没收
广东会馆	约为 1896 年	联络广东侨胞乡谊		
世昌堂	1896 年	联络广东南海顺德两县陈氏侨胞乡谊	陈绍广（19 世纪 60 年代初）	会址为圣但尼市圣安妮路

① 多米尼克・迪朗、让・亨顿：《留尼汪华侨史》，载方积根编：《非洲华侨史资料选辑》，第 478—488 页。

续 表

名称	成立日期	宗旨	负责人	备注
利涉堂	1897 年	联络广东顺德腾冲乡周刘唐侨胞乡谊	周焕多（19 世纪 60 年代初）	会址为圣但尼市圣安娜街
梅县公司	1897 年	联络广东客籍各姓侨胞乡谊	陈龙长（19 世纪 60 年代初）	会址为圣皮埃尔市布累华地尼路

资料来源：Edith Wong -Hee -Kam, *La Diaspora Chinoise aux Mascareignes*, pp. 211-233；何静之编著：《留尼旺岛华侨志》，第 51—52 页。

世昌堂于 1896 年建立。原为留尼汪陈氏宗亲的联谊会所，“陈宅这个名称是每个人都识得，后来由历任的几位总理：陈汝赖、陈品坚、陈秉权、陈俊佳、陈赐恩，把陈宅名称改为世昌堂。开始时该庙宇是保留给中国同侨的聚会之处，但到了今时今日已经变成了华裔及留尼汪岛居民生活空间的服务所了”。①

世昌堂纪念刊

① 陈锐年：《世昌堂总理之言》，in *Album Souvenir Temple Chane, 1896—2016*, p. 1.

利涉堂是典型的宗亲家族会堂。1897年，已在留尼汪安家的三位姓周、刘、唐的华人在圣但尼的圣安娜街买下一块地并盖起房子，内奉关帝。会堂属三姓所有，命名“周刘堂（唐）”，也称为“利涉堂”，以便于安置刚从故乡来的亲朋好友或是同姓家族聚会。虽然这一会馆原来属于三个姓的族人使用，后来唐姓家族在毛岛渐渐消失，关帝庙也不再仅属周、刘两族所独享，而是属于留尼汪的整个华人群体。至于利涉堂这一名称的来历，见仁见智。一种说法是，当年老一辈从广东顺德远涉重洋过来，受尽艰辛，“利涉堂”有“祖辈们历尽艰辛，漂洋过活，顺利到此（从此发愤兴业重建家园）”之意，寓意大家从此远离苦难，来到幸福的所在。①

（三）马达加斯加的早期侨团

马达加斯加的华人在19世纪末已经成立了自己的组织。这里的华人来源比较集中，除北部地区少数华侨外，绝大部分均来自广东省的南海、顺德一带。1896年，塔马塔夫的华人成立了华侨协会。1906年，塔马塔夫的华人又成立了南顺会馆，又称宝塔馆。当时塔马塔夫华侨多为广东珠江三角洲南海和顺德人士。他们来到马达加斯加后，为了应付环境，成立了这一社团，一方面从事慈善事业，照顾初来乍到的乡亲，另一方面作为华人假日聚会场所和处理困难华人事务的避难所。平日除接济和救助同乡并帮助他们解决一些急难事务外，还在此联系商务。1921年（一说30年代中期）改称华商总会。

（四）南非的早期侨团

南非的华人也先后成立了各自的同乡社团组织。这里特别值得一提的是南非的广东人组织维益社。维益社的英文名为Cantonese Club，成立于1898年，是约翰内斯堡最早的华人组织。值得注意的是，维益社的会员证上却载明“本社始于民国纪元前三年因抗苛例集合而成”，这很可能是为

---

① 汤曼莉编著：《海上传奇——留尼汪华人华侨志》，第61页。

注明与联卫会的分裂(1908年)而特意选定的日期。维益社对所有的广东人开放,为他们提供各种服务。1903年,维益社的会长黎文占(Lai Mun James)解释了这一组织的作用:向会员提供教育和各种消息,向会员借阅该组织的各种书籍和杂志,提供一个开会或聚会娱乐的地方。“我们的想法与欧洲人的想法相似,我们与欧洲人一样遵守各种法律和规章”。①

印度民族独立运动的卓越领导人圣雄甘地在南非做律师期间,曾积极组织了反对当局的种族歧视政策的非暴力抵抗运动,并与当地华人结下了深厚的友谊。他曾经参观过维益社的社址,并留下了十分深刻的印象。

> 鉴于华人没有住处,他们就着手成立了广东人俱乐部(即维益社,译者注)。这里既可作为聚会的场所,又可作住址,还可作为图书馆。他们长期租用了一块建造俱乐部所需的地皮,并在这块地皮上建造了一幢一流的平房。在那套平房里,人们都十分爱整洁,注意不将房屋弄脏。从里到外看上去与一个赏心悦目的欧洲人俱乐部不相上下。他们还将俱乐部分为一些单间,设有绘画室、饭厅、会议室、书记办公室及图书室等标记。每个房间各得其用,从不随意挪作他用。与其毗邻的房间均作为住房出租。整个俱乐部既舒适又清洁,任何访问本镇的中国绅士都可以在此借宿。入会费为每人5镑,至于每年的认捐,则视会员的职业而不同。俱乐部约有150名成员,每个星期日大家一起聚会,以各种游戏来娱乐消遣。会员们平时也可利用俱乐部的各种设施。②

虽然从这一组织的英文名来看,维益社似乎专为广府人服务,其实不然。在这一组织分裂之前,它义不容辞地为所有从广东来的华人(包括客家人)服务,从而加强了德兰士瓦华人之间的团结。这些会馆机构主要靠捐赠、会费和“抽水”③来维持。

---

① Melanie Yap and Dianne Leong Man, *Colour, Confusion and Concessions*, p. 89.

② *Ibid.*, p. 90.

③ 所谓“抽水”,即在假日或节日,其会员或社员多以玩麻将为消遣,会馆则从中扣除佣金。参见叶迅《南非华侨情况忆述》,载《文史资料选辑》,第87辑,北京:文史资料出版社,1983年,第83页。

南非华人社团组织(19 世纪末至 20 世纪初)

社团名称	成立日期	早期会址	社团领袖
开普敦中华会馆	1902 年以前	168 Loop St.	Tin Fat(1922)*
南非杜省中华公会	1903 年	早期无固定会址	叶远东(字启佑) Martin Eastern
东伦敦中华会馆	1905 年以前	早期无固定会址	Tan Pak Fah**
伊丽莎白港中华会馆	约 1905 年	无记录	W. Singson
开普殖民地中华总公会	1905 年(1906 年)	无记录	蔡光楼
金伯利中华会馆	1908 年以前	Malay Camp	无记录
维益社	1898 年	Fox & Alexander Strs., Ferrierastown	黎文占 Lai Mun James
联卫会	1909 年	Wolhuter & Commissioner Strs., Ferrierastown	何岭(字瑞甫) Ho Ling
纳塔尔中华会馆	1909 年	500 West St. Durban	L. Mundon
埃滕哈赫中华会馆	1911 年以前	无记录	无记录
嘉应会馆	1895 年	Malay Camp	无记录
梅县侨商公会	20 世纪初	162 Queen St.	无记录
致公堂	19 世纪末	秘密组织,无记录	无记录。有人认为与 1896 年杨衢云来南非后建立的兴中会支部同属一组织

资料来源:Melanie Yap and Dianne Leong Man, *Colour, Confusion and Concessions*, pp. 210-238;欧铁编著:《南非共和国华侨概况》,台北:正中书店,1991 年,第 64 页。

* 文献中最早提及的社团领袖名。

** 原为新加坡华侨,在东伦敦使用的英文名为 Bernard Brown。

这一时期在南非的开普敦、德兰士瓦、东伦敦、伊丽莎白港、金伯利、纳塔尔、埃滕哈赫等地均已成立了中华会馆(华人会馆)。

(五) 诸种社会现象

不容忽略的是,早期华侨均是单身来到海外挣钱。由于繁忙之余的生活十分单调,他们中的一些人染上了赌博、抽鸦片和嫖妓的恶习。玩麻将赌博的习惯一直存在于非洲华侨之中,直到二战结束后一些新的社会团体开始形成时才有所收敛。抽鸦片的现象在契约华工和自由移民中均十分严重,这曾受到清朝政府派驻南非的总领事刘毅的注意。他在光绪三十四年(1908 年)致外务部的申呈中指出,在德兰上瓦和开普敦的华侨吸食鸦片的情况:"每省约千余人,吃烟人数约居十之三四。"为了在华侨中间开展禁烟活动,他还曾与开普敦殖民政府和德兰士瓦当局接触,以商量对策。[①]

当时,在约翰内斯堡及其近郊地区还有很多被迫为娼的青年女子,这些人大部分是欧洲白人。南非历史学家翁斯伦对这一现象进行了系统的研究,认为这是伴随着金矿开采而出现的白人工人贫困化的必然结果。根据当时的警署档案资料,这些雏妓经常向约翰内斯堡近郊的华人商贩出卖肉体。这种现象被当时的英文报纸称为"黄祸"。1911 年,一位名叫苏姗·布罗德里克的年轻妓女被"卖给"乌雷德多尔普(Vrededorp)地区一位名叫何金(Ho King)的华人为妻。由于她在此之前已经被多次卖给阿非里卡人(即荷兰人后裔),因而引发了一场轰动一时的"何金夫人案件"。[②]

---

① 《南非总领事刘毅为办理华侨禁烟事致外务部申呈》,载陈翰笙主编:《华工出国史料汇编》,第一辑(四),第 1785 页。

② Charles Van Onselen, *Studies in the Social and Economic History of the Witwatersrand 1886—1914*, Volume 1: New Babylon, New York: Longman, pp. 146-147.

三、非洲华人的宗教活动

(一) 华人宗教信仰与寺庙特征

宗教活动是早期非洲华人社会活动中不可缺少的一部分。非洲的华人与世界其他地区的华人一样，对关羽十分敬重。大部分华人社区建有关帝庙，这是一个特点。另一个值得注意的现象是，华人的宗教寺庙都具有多种功能，既是社团(如会馆)的聚会之处，又是祭祀先人的地方，还是同乡宗亲的活动场所。

华人对自己民族宗教信仰的执着也引起了一些具有同情心的欧洲殖民者的注意。毛里求斯总督波普·亨尼西曾于1886年7月20日在殖民地政府立法委员会的辩论发言中谈了自己对华人的看法。除了陈述华人向国库纳税最多、犯罪率最低，在医疗费用和救济穷人方面花费国家经费最少之外，他还专门反驳了指责华人没有宗教信仰的说法：

> 要知道，他们有自己的宗教，凡了解他们的人都知道这样一个事实：他们是一个对自己的祖先和那些已故的人们怀着固有的崇敬心情的民族；他们认为那些已故的人们同他们怀有共同的信念。这就形成了充满在整个中国侨民中的信仰的基础。走进城内华人经营的小店铺，你会看到些什么呢？在店铺的一端，在晚上你会看到一盏燃着的小油灯——你只有在晚间才会注意到这盏灯，其实他(原译文如此)整天都摆在那里，摆在祭坛面前，这是他们自己的宗教形式。我们不能因为我们自己认为我们的信仰形式更完美而指责他们的宗教。总之，他们是一个有宗教信仰的民族，这一点是无可置疑的。他们是世界上最有宗教信仰的民族之一。①

① 李卓凡：《西印度华侨史》，载方积根编：《非洲华侨史资料选辑》，第310页。

实际上,这种对宗教的执着追求既是对中国文化的一种有意识的保存,也是一种集体无意识的具体表现,同样表现为在对自身前途毫无所知的情况下力图把握自身命运的一种企图和努力。要实现这种把握,单靠自己的力量是无法完成的,只有借助神灵(特别是中国的神灵)和先人的保佑才能达到。

非洲华人寺庙的内部布置及其功能大致相同。祭坛的摆法都是一样:守护神(如关帝、天后、财神等)的祭坛设在寺庙中央,创建者和死者的祭坛设在两侧。两侧祭坛的牌位上写着死者的姓名,以永久纪念那些亲人或为社区做出了贡献的人。寺庙设有管理委员会,其成员由公众推选出来为社区义务服务,其功能除祭祀外,还有乐施行善、帮助孤寡、聚众集会和其他各种与社区有关的社会活动。

非洲华人祭祀神名及日期表

神名	祭祀日期(农历)
天公	正月九日
天后圣母	三月二十三日
关圣帝君	五月十三日
观世音	六月十九日
土地神(大伯公)	六月二十九日

寺庙起着各种作用。首先当然是主持宗教活动的场所,是所在地华人集体宗教活动特别是大型祭祀活动的中心,例如敬奉关圣帝君、土地神、观音以及祭祀列祖列宗的活动。其次,它也是中国移民非宗教活动的中心,特别是重大的假日庆典或重大事件的宣布地。再次,寺庙具有神圣性,因此它也成为华人社会民事和司法行为的所在地。庙内可进行内部的法庭审判,华人首领就各种华人之间的民事案件进行审理,对犯法华人进行判决。

(二) 祭祀先人与关帝庙

1. 毛里求斯的关帝庙

早在1818年,为祭祀祖先,祈求他们保佑后代平安,华侨首领陆才新决定率领华侨在拉沙彝建造关帝神庙，以作为“社会中心，职业介绍所，住宿地点和庙堂”。① 在1839年向政府提出申请后，福建人、客家人和广府人合作集资，关帝庙很快开始动工。毛里求斯的第一座华侨神庙，亦即非洲华侨的第一座神庙于1842年1月29日举行落成典礼。当时毛里求斯华人只有113人，陆才新以书面通知的形式，“敦请诸位雇用中国人的老板先生，允许提出要求的中国人，去参加寺庙命名仪式，因为此系中国侨民修建的第一座寺庙”。② 至今，这座关帝庙里还存放着陆才新的画像。他头戴官帽，身穿官服，胸佩绶带，完全是一位清朝官员的派头，给人很强的官方代表印象。前面已经谈到，他作为华人在毛里求斯的首领和代表人物，为毛岛华人做出了卓越的贡献。

陆才新像

这座关帝庙地势极佳，靠山面海，可谓奇景仙境。大门一副对联：

胜境辟赤道而南试看寒暑易时此地既非中国海

义气拱帝垣以北遥话乡关乐事客居犹是一家人

庙中有大钟及铜印各一，均为建庙时专门在广东铸造后运至毛岛。此庙曾于1869年、1890年和1968年三次重修，2016年再次重修。全岛华人每年定期来此祭祀关帝和先人，他们献上供果（如水果、肉或其他食品），点燃蜡烛和香火，祈求关帝的保佑。与此同时，寺庙的一侧设有祖宗的牌位，华人通过各种形式（如烧纸钱）来祭祀先人。仪式后往往举行聚餐，并设有各种摊贩、赌博及娱乐活动，以此来增进同乡间的感情和加强华人间的团结。当时的华人少，一方面财力不强，另一方面相互之间

① 曾繁兴：《寻根：毛里求斯的华人》，《明报月刊》，1980年第1期，第40页。
② 李卓凡：《西印度洋华侨史》，载方积根编：《非洲华侨史资料选辑》，第291页。

的关系比较融洽。寺庙由福建人、客家人和广府人的代表集体领导和管理。虽然后来客籍华人和广府华人及其他华人集团均先后修建了各自的关帝寺庙，并且开始以各自的家乡为中心，开展各种同乡间的活动，但这座关帝庙一直香火最旺，也成为当地华人的象征。

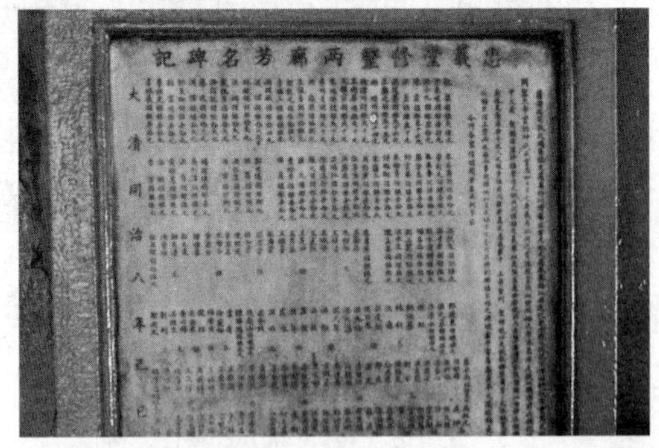

毛里求斯关帝庙内外及庙内同治年捐款名录等

2. 留尼汪的关帝庙

在留尼汪，祭祀关帝和先人的场所和寺庙在 19 世纪末和 20 世纪初已有四处，其中包括世昌堂和利涉堂。圣但尼有三座关帝庙，均坐落在圣安娜街上。其中最古老的一座是由罗氏家族修建的。另一座是由夏纳家族建造的，于 20 世纪初建成。一位历史学家用细致的语言描绘了这座关帝庙：

> 是用木头及红砖砌成。屋顶呈角状高高耸起。在入口处，有古老的木雕。天花板上垂挂着红蜡烛。庙内有几把旧椅子，几张独脚小圆桌，那是过去供人喝茶用的。庙堂中间放着一张桌子，那是放祭品的，如：猪肉、鸡、羊肉、面条、水果和糕点。不放牛肉——那是耕畜，也不放鱼——那里海里的，不是陆上的生物。庙堂深处有个木雕的祭坛，那上面雕刻着龙、菊花、蝙蝠、睡莲，还有太阳和月亮。关帝坐在椅子上。他的脸是红红的，象征着忠诚。关公两边站着两个同伴。①

圣皮埃尔也有一座关帝庙。关帝庙奉祀主神“忠义神武关圣大帝”(武圣人关公)，还恭奉包公、吕祖大仙和各路财神，即中路财神赵公元帅、文财神关平、武财神周仓等。该庙为中式建筑，门联是“精忠参天地，义勇冠古今”。内厅门柱对联是“神恩永荫侨居地，圣德常怀游客心”。每年举行四次祭奠和大型庆典活动，即 6 月 24 日关帝宝诞祭、春秋两季祭祀祖先和先侨的公祭及春节华人大团聚。每逢关帝宝诞祭时，祭台上摆满新的袍、帽、靴，新宰杀的全猪、全羊、寿桃、寿面、寿糕、十碗席和各种干果、山珍和海味。祭祀由主祭人、礼官和礼生等人施礼，根据关帝的身份和古时礼制，按八佾列队。祭奠开始，钟鼓齐鸣，众人鞠躬，行“迎神礼”和“三献礼”。祭祀完毕，在庙内举行晚宴。该庙宇由 24 人组成的“关帝庙董事文化协进会”管理。协会告侨胞书中写道：

---

① 多米尼克·迪朗、让·亨顿：《留尼汪华侨史》，载方积根编：《非洲华侨史资料选辑》，第 498 页。

吾侨留尼旺，历史已悠长。
一八八四始，华工开垦荒。
侨商频续至，营谋工作忙。
只因生活计，万里漂海洋。
生死弗在计，苦楚谁与商。
孜孜勤奋志，积资换亲行。
繁衍于斯土，当作二故乡。
中语中文字，根基在东方。
世代传相教，祖典毋遗忘。①

3. 其他地方的关帝庙

在马达加斯加有多座关帝庙，此地的华侨华人敬仰关云长。北部的迭戈苏瓦雷斯华人于光绪二十八年（1902 年）修建了一座关帝庙。此庙为吕殿式建筑，华美壮观。正殿的关羽彩色坐像，形象生动。庙门对联曰："赤面秉赤心，乘赤兔追风，驰骋时毋忘赤帝；青灯观青史，仗青龙偃月，隐微处不愧青天。"殿堂有楹联"铁石为心，汉室擎天一柱；春秋得力，尼水拔地齐峰"。塔马塔夫的另一座关帝庙据说建成的时间更早。这两座寺庙同时又是中华会馆的会址。②

1892 年，南非华人首领黎胜和曾为华人建造寺庙一事致函政府，希望政府给予一块地皮，但未获批准。③ 由于其他一些社会团体所在地可以用来作为宗教祭祀场所，南非的关帝庙似乎不多。大约在 19 世纪末或 20 世纪初，金伯利的华人修建了一座关帝庙。④

---

① 周南京主编：《华侨华人百科全书·社区民俗卷》，北京：中国华侨出版社，2000 年，第 352—353 页。

② 郑向恒：《马拉加西侨情》，[台北]《侨务月报》，第 166 期（1967 年 6 月 16 日），第 25 页；方积根、李秀华：《马达加斯加华侨的历史与现状》，载方积根编：《非洲华侨史资料选辑》，第 78 页。

③ Melanie Yap and Dianne Leong Man, *Colour, Confusion and Concessions*, p. 86-87.

④ *Ibid.*, p. 54. 有关非洲特别是马斯克林群岛的关帝庙，参见 Edith Wong Hee Kam, *Guan Yu-Guan Di: Héros régional Culte impérial et populaire*, Sainte Marie: Azalées Édition, 2008, pp. 251-280.

（三）宗教的多元性

1895年，接替陆才新成为华人首领的亚方·唐文组织修建了另一座祭祀先人的庙宇。这座由来自南海和顺德的广府人修建的庙宇坐落在跑马场，主要是祭祀关帝和土地神的，里面还设有祖先祭坛，因此它也是一个行善的场所。除了这些庙宇外，毛里求斯还有新老仁和会馆神场、南顺会馆属下的天后庙、协天宫及普济寺，还有福寿庵、诚善佛堂、德佛堂、天坛祈天殿、创道佛堂、观音莲社等。

当时也有一些华人皈依了基督教。早在1702年，一位名叫亚伯拉罕·德维夫的华人在开普被接纳入新教教会并接受洗礼。当时的教区委员会声称还有另外两名华人亦将接受洗礼。[①] 在南非金矿的契约华工中也有一些人皈依了基督教。当时，一些教会获准在矿区散发《圣经》以及在圣诞节、复活节和礼拜日到矿区活动。约翰内斯堡的一份报纸曾报道，1905年12月有10名中国矿工接受洗礼。在1906年12月也有一些华工接受洗礼。[②]

在19世纪后期，毛里求斯的巴德冽美修女成为在当地有影响的华人基督徒。[③] 亚方·唐文也于结婚日（1872年6月12日）接受洗礼，并取名路易。成为基督教徒后，亚方·唐文致力于宗教和慈善事业。他曾协助教会说服华人皈依基督教，并为华人修建了一座宗教纪念堂，以答谢圣母对华人所表现的慈爱之情。1899年，路易港流行瘟疫，亚方·唐文特地修建了一所传染病医院，专供患病的华人治疗。由于政府禁止外国人买地，一些华人决定通过娶克里奥人为妻来获取土地。这样，克里奥妇女为母亲的家族里开始出现信奉天主教的风潮。[④]

---

① 阿姆斯特朗：《荷兰东印度公司时期的华人（1652—1795）》，载方积根编：《非洲华侨史资料选辑》，第38页。

② Melanie Yap and Dianne Leong Man, *Colour, Confusion and Concessions*, p. 123.

③ 曾繁兴：《寻根：毛里求斯的华人》，《明报月刊》，1980年第1期，第41页。

④ 有关毛岛宗教问题，参见 Marina Carter and James Ng Foong Kwong, *Abacus and Mah Jong*, pp. 153 - 163.

四、早期华人社区活动的特征

相对其他民族而言，非洲华人华侨的经商活动是非常成功的。究其原因，除了华人的勤奋、节俭和态度谦恭外，还有一些其他的因素。

(一) 早期华人经济活动的特征

1. 起点低，分布广，服务手段多元

华人的商业活动可谓水银泻地，无孔不入。由于起点低，加上华人生性勤奋，吃得苦，欧洲商人不愿去的地方他们愿意去，其他人不愿涉足的行业(如长途买卖或流动商贩)，他们愿意干。初到当地时，华人都不懂当地语言，他们就在柜台上放上一根手杖，以供顾客用来指点所需货物；或用硬币来讨价还价。① 为了吸引顾客，华人用免费糖果鼓励小孩光临。② 他们进入各居民区，为各个阶层的民众服务。最突出的特点是他们愿意以各种方式为顾客群服务，或是在设定摊点为市民提供各种服务，或是以流动商贩的方式深入农村，从而为出门不易的当地农民提供及时的服务。华人的服务对象或是山上的农民，或是海边的渔民，或是甘蔗种植园的工人。在毛里求斯和留尼汪的甘蔗种植园地区、马达加斯加的山区、南非的边远地区以及所有的农村地区和称为马拉巴尔的移民聚居区，都可以看到华商的足迹。华人流动商贩或固定商铺的经营手段也相当灵活。

2. 赊账制度，方便顾客

华人在经商过程中的一个典型特征是从进货到买卖均可实行赊账制度。由于当地主要的顾客或是来自与制糖业相关的行业，或者是一些远离家庭的穷白人。这些人并不时时手里都有现金，而是要等到甘蔗或

① 温宪：《南非华人创业史》，《华声月报》，1997 年 7 月号，第 81 页。

② Melanie Yap and Dianne Leong Man, *Colour, Confusion and Concessions*, pp. 85-86.

蔗糖卖出去后才能拿到钱，或是周末、月底才能领到工资。华人在出售商品时往往设身处地地考虑到这一点，他们往往用赊账的方式为顾客服务。毛里求斯和留尼汪华人对糖厂工人以及马达加斯加和塞舌尔的华商无一不是通过这种赊账的方式，一方面方便了他人特别是穷人，另一方面也使自己的顾客群相对稳定。

这种制度也称为“周转”制。顾客每天到同一个商店买东西，到周末或月末付一部分欠款。下周或下月，顾客还清剩余欠款，又留下新欠款。批发亦如此。如果商人第一次拿货时交了现钱，他就可以赊账。这样，店主和顾客形成了互相依附的关系，任何一方如果不遵守这种约定俗成的契约关系，必然危及双方的利益。在突如其来的经济危机或大迁移发生时，实行赊账制度的华人往往损失惨重。批发商对零售商的最长的赊账期为四周。这种方式实际上促进了中国人很快进入零售业。

3. 薄利多销、和气生财

薄利多销、和气生财是华人经营的另一个特征。华人商店的生意有时看上去做得很小，小至一根香烟或是几便士的糖、面包或奶酪也卖。无论顾客有什么需求，只要符合双方利益，他们都愿意提供服务。实际上，这不仅大大方便了贫穷的顾客，也达到了将货物卖出去的最终目的，同时还给顾客留下了一个非常好的印象，而后者对保证稳定的顾客群是至关重要的。华人的经营手段十分灵活。非洲各地区的华人往往通过以货易货来进行贸易。各种农副产品（如蔬菜、水果、肉类、华尼拉、丁香等）、手工制品（如编织品、篮子、扫帚等）和海产品（如海龟和海鱼），均可与华人流动商贩换取各种生活必需品如盐、糖、肥皂或布匹等日常用品。以鱼易米，或以糖（在早期的毛里求斯和留尼汪，蔗糖是农业工人唯一拿得出手的东西）换布匹和火柴是十分普遍的实物交易。这样，华商为居民提供各种日用品，而换回了各种山货和海产品。这种以货易货的方式不仅节约了成本，也增加了双方的交易额。

(二) 社团组织的多功能性

非洲华人的早期组织(如会馆、寺庙等)是集多种功能于一体的社团。

1. 归属感的体现

这些社团的领袖(首领、董事会或理事会等)由全体会员一致推选,往往由德高望重的人担任。他们具有一定的财力,又热心为公众办事,同时兼任社区宗教和世俗事务的领袖,成为华人与当地政府联系沟通的一个桥梁。这样,就为华人提供了一个在心理上可以信赖、在实际生活中可以依赖的组织。对会员而言,它的作用可以说是尽其所能,无所不包。这也为会员提供了一种归属感。

2. 自我保护与内部协调

这些组织在领导和管理华人方面发挥了自己的作用。由于组织的领导者得到会员的认可,会员间如有意见分歧或争执事宜,可到这里来寻求解决的办法,或在不诉诸法律的情况下得到自己所信赖的首领的合理仲裁。由于当时的所在地均有关于华人的歧视政策,如果诉诸法律,不但可能于事无补,还会引发行政当局的种种刁难措施。这种自我管理和自我调节的功能使会员省去了很多不必要的麻烦。

3. 节假日的庆典与交流

在异国他乡,保持本族体的内聚力和自身文化传统的最有效的方式之一是坚守自己的传统节日。华人社团利用中国文化中丰富的节日,组织各种活动。在新年、中秋和各种喜庆节假日,会员们一起聚会庆祝,一方面可以尽情娱乐,从而忘记平日的忧愁和孤独之苦,另一方面,这种聚会可以使会员互相交流,体会到亲朋戚友的亲情。

4. 提供各种社会服务

华人组织可以为会员提供各种服务和具体帮助。诸如翻译正式文件、提供身份证明,甚至婚葬大事均可提供帮助;又如帮助会员找工作,为会员提供住宿,资助生活困难的会员等。更重要的是,早期华人身处异国他乡，遭受种种歧视和不平等待遇，只有团结起来，才能体现华人的力量，以克服困难，共同对付恶劣的生存环境。这是早期海外华人各种社团兴起的重要原因。

(三) 宗教活动的中国元素

对早期华人来说，宗教活动是社区活动的中心。各地的宗教活动大都是围绕关帝和先人来进行的。为什么各地最早建立的寺庙都是关帝庙呢？这与中国文化传统有着密切的关系。关帝又称“关公”“关圣君”“关圣帝君”或“关老爷”，华人之所以需要关羽这个形象，有多种原因。

1. 关帝的保佑

首先，他们需要关帝的保佑。华人远渡重洋，到国外谋生，无依无靠，最担心的是客死他乡。一旦他们在完全陌生的环境中定居下来，总希望平安无事，在事业上有所成就。在异国他乡，没有亲人的关怀，没有物质的保障，更没有主体文化的心理支持，关帝这位“商家之神”“公道之神”“正义之神”就成了他们战胜困难的精神支柱。

2. 忠义观念与互相扶持

在国外谋生，面对各种压迫、歧视和激烈的竞争，华人之间需要互相团结、互相支持，这种在特殊环境中的相互关系最倚重的是真诚相待，“忠义”二字便具有十分重要的意义。关羽除了是“熊虎将军”和“正义之神”之外，主要还因为他是一个十分讲究“忠义”的人。这样，关羽的忠义观满足了华人的这种心理需求。关羽的忠义观实际上有三个层次：对国家、对主人、对朋友。身处异域独自谋生的华人不仅有对祖国和故乡的回忆和思念，还需要有亲朋戚友的资助和扶持；而后者靠的是忠诚和信义。

3. 关帝的正义感

关羽生来疾恶如仇，对一切恶人毫不留情，他的正义感深深感染着华人。关帝素来被认为是降伏妖魔的神灵。华人在外生死未卜，成败难料，总是希望能有一个好的结果。这样，在遇到大事或需要做出某种重大决定时，华人总喜欢去关帝庙预求吉利；在平时，华人如有心事或不如意的事，来关帝庙烧一炷香，磕磕头，也是抱着免除祸灾的心理，祈求得到关帝的照料。①

4. 宗教活动中的凝聚力

会员可在一起从事各种宗教活动。在移民的早期，华人处在一个与中国文化完全不同的社会环境，对很多事情由于文化隔阂而难以理解，更重要的是，他们对前途不能把握，随人摆布，对各种事情缺乏自信。在这种情况下，祭祀关帝和先人成为十分重要的社会活动。通过这些祭祀活动，会员间更具凝聚力，更加团结。

(四) 华人的贡献与面对的挑战

早期华人在非洲主要从事商业。他们或是流动的小商小贩，或是开着自己的商店。从毛里求斯、留尼汪、马达加斯加和南非四个主要华人聚集地来看，他们的存在为当地经济带来了革命性的变化。

1. 打破垄断，提供平民服务

首先，华人将以前被垄断的商业变成了相对自由的市场。以前的商业不仅被白人垄断，商品的销售被大批发商控制，而且价格十分昂贵，毛里求斯、留尼汪、马达加斯加以及南非那些刚刚结束契约期而获得自由身的劳工几乎无法购买商品。华人的到来为这些劳动阶级提供了新的服务。他们从贸易的地理分布、商品的种类价格、经营的方式手段以及服务的态度质量上与以前的商人有天壤之别。他们所从事的食品、生活小商品和服装零售为劳工阶级所喜爱，提供的新的零售方式使劳工的生活变得更为方便。

2. 赊账方式与以货易货

他们为各个社区提供了新的销售方式——赊账和以货易货。很多劳工的工资是先工作，后结算。有的劳工(不论是什么肤色或哪个民族)

① 楚汉:《非洲华侨华人社会中的关帝庙》,《八桂侨史》,1996 年第 2 期。

甚至是远离家庭外出打工，他们的薪金要到工作完了才发。这样，他们的家庭不能及时拿到钱来谋生。华商的赊账方式为这些工人家庭提供了便利。山区农民或海边渔民拿不出现钱来购买所需生活必需品，华商就用商品与这些农民或渔民交换各种土特产。正是这种经营方式的转变不仅带来了双方的便利，也大大促进了当地的经济。

3. 华人面临的四重挑战

华人也同时面对四个方面的竞争。一是已在当地建立了自己基地的白人商贩，他们主要掌握着大型商店，但对华人的竞争特别提防。华人善于经商，且采取赊账制等便于顾客的经营方式而赢得了很多顾客的青睐。一些欧洲商人指责他们不正当竞争，并提交请愿书要求政府采取措施阻止和遏制华人的扩展。这样，一些政府采取了各种措施以阻止华商的拓展。例如，南非一些地方设立不同的隔离措施；马达加斯加等地增加税款；毛里求斯政府禁止华人在公职部门任职，并于 1842 年禁止外国人购买不动产。华人在取得卖酒许可和适应不断变化的有关售酒的法律方面也碰到了很多麻烦。当然，华人总是竭尽全力将损失降到最低水平，他们中的一部分人或是通过申请国籍或是通过与克里奥妇女结婚以便于定居和购买土地。

第二种竞争来自克里奥人中不断扩大的中产阶级，他们也卷入了各种商业活动。第三种竞争是一些契约期满的印度劳工。印度当时是英帝国的一部分，他们并不被当作外国人。作为前契约劳工，他们具有某种特殊身份。由于他们有一张带有照片的身份证明，可以享受一些优惠待遇，例如在岛上自由流动和自由择业。由于经商需要的成本最低，他们大量充实了商贩队伍。① 第四种竞争是华人之间的竞争，这也是不言而喻的。这种竞争特别体现在源自不同地区的派系之间，如广府派、福建派和客家派。

---

① 有关早期毛里求斯印度人的特殊地位，参见 M. Carter, *Servants, Sirdars and Settlers: Indians in Mautitius, 1834—1874*, New Delhi: Oxford University Press, 1995.

这些竞争刺激了当地的经济发展。由于各路商人都希望提供更为价廉物美的优质服务，从而提高了服务质量并改善了顾客们的消费环境；另一方面也使华人更加密切关注各种机会，使其竞争力日益加强。

五、结论

相当多的早期华人都经历了一个从苦力、流动商贩到商人的艰难困苦的过程。他们初来时或是契约华工，或是被亲朋戚友带来做店铺伙计，帮忙打理商店业务。然后，慢慢干到自己有一小笔资金可以自立门户，带着少量商品沿街叫卖或到农村地区做流动商贩。最后，再找一个地盘或一个门面做坐商。早期的华人在创业中相互扶持，团结对外，这是他们商业活动成功的基本保证。在资金短缺时，亲戚朋友或街坊邻居出手相助，互相接济。碰到困难或大事时，大家齐心合力，共商对策。为了保护自己的利益，华人有了自己的领袖和组织，特别是宗亲组织或商业组织。这些组织不仅帮助大家排忧解难，还可以在感情上互相支持，解决内部分歧。华人在经商活动中手段灵活，多从顾客角度着想，与顾客形成互利双赢关系，因而商业活动十分成功，每每引起当地竞争者的忌妒和无端指责。

第八章　压迫、歧视与抗争

此条例颁发之后，华人前来留居于岌朴哥劳尼[1]之内者，则视为于例不合，但得有总督签字之执照者则不在其内。

——《排除华人法令》(1904 年)

在库鲁格斯多普监狱中，我记得有一天早晨有七十二名犯人在早饭前被鞭打。原因是劳工部答应他们每月工资为五镑，可老板只付两镑，因此他们拒绝上工。

——《泰晤士报》消息(1904 年 11 月 4 日)

中国侨民懂得，由于积极抵抗这一法律，随之而来的可能是物质上的彻底毁灭，甚至每个华人可能被驱逐出境。900 多名中国侨民已经在不接受这一可耻的法律的庄严声明上签了名。

——德兰士瓦中华会馆主席梁佐钧致中国驻英大臣的请愿书(1907 年 10 月 4 日)

非洲早期华侨华人面临着一系列的困难和障碍。契约华工制实际

① 即开普殖民地。

上就是一种“现代的奴隶制”。华工们面对的是严酷的环境、严密的控制和严厉的惩罚，他们以各种手段反抗压迫以求得正义。其他华侨的处境也十分艰难。各殖民地政府对居留在非洲的华人制定了种种歧视政策，以达到既能利用华人的廉价劳力又不受到华人竞争威胁的目的。华人以自己特有的方式，在适应的过程中进行抗争。

一、契约华工的生活

早期招募到非洲的契约华工或是修路，或是在种植园里做苦工，他们遭受的是极不人道的待遇。有的雇主不履行契约所规定的义务，有的对华工进行虐待，有的对华工的病痛生死毫不关心，甚至还有的对其家属进行迫害。在南非、马达加斯加、留尼汪和毛里求斯等地的华工对他们的待遇多有抱怨和反抗。

（一）早期华工的悲惨遭遇

对于远走非洲的华人或华工而言，他们的处境十分艰难，特别是对那些契约华工而言。当中国劳工或东南亚的华人与负责招募的人签订契约（一般为五年）并被关进所谓的“移民仓库”后，他就基本上失去了自由。先是在这种类似“猪圈”的地方待上一段时间。一位签约者这样回忆：“一个外国人进来关上了门，再也没法走出去了，我们才知道我们被出卖了。在这一模一样的房子里，共关着一百多人，绝大多数人白天黑夜都在哭泣。一些人身上还带有血迹，这是受罚的结果。受罚的原因，或者是因为被怀疑想逃走，或者是他们宣布，因受监察员盘问，他们不想出走了。”难怪学者是这样评论的：“可以说，百分之八十的契约华工完全是强迫招来的。说是招募，其实不如说是拐骗或绑架。”[①]他们在驶往非

① 多米尼克·迪朗、让·亨顿：《留尼汪华侨史》，载方积根编：《非洲华侨史资料选辑》，第470—471页。

洲的船只上也基本处于被监视甚至被监禁状态。抵达非洲后，他们又像商品一样被各个雇主买去，虽然在工作场所依雇主不同而待遇相异，但他们的身心都受到极大的摧残。

抵达殖民地后，他们先后以劳工甚至奴隶的身份被各殖民定居者认领。尽管大多数雇主对早期华工的工作表示满意，但这并非问题的全貌。雇主的不守诚信或虐待使华工受到不公正待遇，从而激起各种反应。有的华工指责雇主没有真正履行契约中规定的义务，有的抱怨他们受到不好的待遇。1844 年 10 月，留尼汪圣安得烈的 11 名中国人向当地警察局的便衣警察投诉，他们与拉库尔先生签署的契约没有得到应有的尊重："既没有给我们咸肉，也没有给我们鱼，既没有给酒，也没有给喝的水。管理人员还打我们。星期天，我们甚至从早上七点就得干活，一直干到夜里九点。待遇不好，其中一位伙伴因为被迫带病劳动，死掉了。"这位警察对这些抱怨的华人印象很好，认为他们没有恶意。这种近乎虐待的情况看来确实存在。①

1829 年，英国驻毛里求斯殖民政府引进了第一批契约劳工。包括 400 名华工和 500 名印度工人。② 后来，毛里求斯殖民政府又多次引进契约华工。他们受到的虐待是骇人听闻的，就是一些有同情心的种植园主也无法忍受。一个名叫德·普雷维茨的小种植园主亲眼看见了劳工们受的折磨，他起草了一份请愿书，并征得 9 610 人的签名以后，将它交给了总督。为此，英国派出了两个调查团。③ 在 1875 年发表的皇家调查团的报告中，有一段关于契约华工受到种植园主迫害的记录：

---

① 多米尼克·迪朗、让·亨顿：《留尼汪华侨史》，载方积根编：《非洲华侨史资料选辑》，第 465 页。

② 曾繁兴：《寻根：毛里求斯的华人》，《明报月刊》，1980 年第 1 期，第 40 页。Leon M. S. Slawecki, *French Policy Towards the Chinese in Madagascar*, p. 42.

③ 其中第二个皇家调查团收到了 500 份请愿书。参见厄斯诺·巴伯吉《毛里求斯简史》(梁易译)，上海人民出版社，1973 年，第 80 页。

> 中国人魏伦突然死去，巡官前往蒙舒瓦齐进行调查；经向顾本（华工，引者注）询问，顾本答称人系固未得医药治疗而死，自今年开始以来，在种植园即未见过医生。据顾本谈，在波林先生（即种植园主，引者注）打他的那天，波林先生把他从家里叫去，问他警察到种植园米干什么，他对警察又说了些什么。他说他们问他今年医生是否到种植园来过，他告诉他们医生没有来过。于是，被告（指波林，引者注）在他的身上和头上打了好几拳，打过以后又把他往一桶滚水上推去，他跳过了滚水桶，没有跌进去。被告跟上去一把揪住他的顶髻，用小刀把顶髻割了下来。第二天，他跑到地方长官那里去告状，但是没有足够的钱交纳诉讼费，只得返回家去。

后来，顾本拒绝上工，种植园主即派打手到顾本家将其妻子毒打一顿。当时顾本的妻子正怀孕。几天以后，受了这场惊吓的顾本妻子生下一个死婴，自己也悲惨地死去。这个残忍的种植园主只在监狱里待了三个星期（还有其他的犯罪行为）就被释放了。①

（二）南非金矿契约华工的命运

前面提到过有关合同以及待遇情况。当时英国殖民大臣利特尔顿曾表示："每名工人在同意到南非去之前，招募华工的官员都会对他详细解释法令的内容。"《兰德的中国佬约翰》的作者嘲笑道："那项法令是一部既冗长又复杂的文件，即使对文化水平最高的中国佬解释清楚，一个小时也根本不可能。实际上，可能需要一整天的时间才能让他明白他将在兰德矿上过什么样的生活。因此，一个人若想对 4 万人将这部法令讲清楚，那需要 9 年的时间。……然而，从招募这 4 万名中国佬到将他们运送到南非仅仅花了不到 1 年的时间。因此，如果说中国佬已经完全明白兰德金矿老板所订的契约，显然是谎言。"②这种欺

---

① 皇家调查团收到了 500 份请愿书。参见厄斯诺·巴伯吉《毛里求斯简史》，第 90—92 页。

② An English Eye Witness, *John Chinaman on the Rand*, p. 49.

骗伎俩使得相当多的契约华工怀着美好的梦想来到了南非。然而，他们发现事与愿违。

1. 华工的住宿和饮食条件

华工抵达南非后，经过体检后即被运往各矿区。他们的宿舍视矿区而定，一般似乎还可以。清人谢子修曾被东兰德公司聘用为参议员，他在《游历南非洲记》中对这一公司所属矿区的华工宿舍有所记录。有的是专为引进华工而修建的，以新砖建造，尚属宽敞，“该居所每房两旁，均间有上下床，可容三十二至三十六人，通风亦足”。还有的则是以前土著劳工的住地，“旧建黑人住之屋今与华人居住则甚矮，较之新屋通气略逊，每房住十六人。惟屋之上盖系用白铁为之，倘值暑天烈日，身入其中如在蒸笼矣”。华工的伙食不佳。然而，华工最初抵达时饭菜供给颇优，根据英人菲利普斯发表于 1905 年的著作记述：

> 在葛兰地布有限公司(Glen Deep Limited)的矿场内，建有一座可以容纳一千五百个座位的饭厅。厅内整齐清洁已是无可置评。厨房紧接着饭厅，内置若干只大容器。其中有几只盛着热哄哄的米饭，有几只盛着有汤的肉类与蔬菜，冒出令人开胃的香味。我看见一位苦力——他是饭厅内十人一桌所推出的代表——向分发饭菜的那边走去。他在那里分到两只盛器，一只盛着米饭，另一只为煮肉蔬菜，将两只盛器携回原桌，同桌的十人各自添饭取菜。关于苦力们所需的饭与茶，其分量不受限制，食肉的配给量亦适当充分。本人曾听到两位苦力的谈话，其中一位说：“我们在这里的生活很好，每天都吃白米饭。”①

然而，这种情况并不长久，后来伙食就越来越差。谢子修写道：“及余到后，见各工火食每况愈下，遂不忍缄默，面求矿主恳其所给，各工火

① Lionel Phillips, *Transvaal Problems, Some Notes on Current Politics*, London, 1905, pp. 110—111，转引自宋晞：《清末华工对南非屈兰斯瓦尔金矿开采的贡献》，第 60—61 页。

食勿使欠缺。讵矿主谓:矿务未有起色,该工等又甚怠惰,将减至极低限度,为撙节计,汝何言言。"为了如实反映契约华工的生活状态,谢子修在《游历南非洲记》中将他目睹的华工伙食情况记载下来:

> 按章程所定工人食用,每日三餐,分上中下三时,惟中餐时工人来回历数千梯级,需时太多,因每人面包一块,以当此中餐,免废时也。但此面包以最粗粟为之,殊难下咽,工人多弃而不食。至于每餐蔬菜肉食,其磅重虽仅照章程发给,惟肉食之类若除去筋骨,蔬菜之类去其泥皮及腐烂者,实得其限,已不敷食。且此等肉,又非上等肉也,煮炒皆用汽,且无更变烹调之味也,工人以此大不适口,皆以每月所得之工银自买火食添补之。其工银尚能有余积蓄?蔬菜中有最粗之豆,虽煮至糜烂,亦极难入口,恐饲豕亦弗食。然工人舍此则无,亦惟强食而已。①

允其缘由,矿主们刚开始为契约华工提供较好的伙食,无非是希望华工在向家人报平安的信中美言几句,使其他华人闻后到南非来当劳工。

2. 契约华工的工钱

根据契约,华工每日工作十个小时,所得工钱为一先令(约为当时中国钱元五毫),这在当时已是少得可怜。中国驻英大臣张德彝在签订《保工章程》之前就注意到这一点,认为华工工钱比黑人劳工的工钱还少。②更令人气愤的是,华工抵达矿区后,矿主私自改约,限华工每日凿一石孔,深度为二尺,否则分文不付。还有的矿主想尽办法,将每日工值降低,务求为了自己的利润而克扣华工的工钱。

---

① 谢子修:《游历南非洲记》,载陈翰笙主编:《华工出国史料汇编》,第九辑,第 280 页。

②《驻英大臣张德彝以允南斐招工前务须与之定一专约致外务部大臣函》(光绪二十九年十月十六日),载陈翰笙主编:《华工出国史料汇编》,第一辑(四),第 1650 页。

德兰士瓦金矿业雇员工资一览表(1901—1910 年)

	雇员的平均数目				雇员的平均月薪				
	白人	土著	华人	合计	白人		土著		华人
					s.	s.	d. *	s.	d.
1901—1902	4 090	18 887		22 977	409	26	8		
1902—1903	10 285	48 653		58 938	444	38	6		
1903—1904	12 665	74 139	1 004	87 808	491	48	10	33	6
1904—1905	15 371	89 846	22 890	128 107	485	52	0	39	9
1905—1906	18 089	95 599	47 639	161 327	505	51	11	41	6
1906—1907	17 513	102 420	53 062	172 995	515	52	3	44	3
1907—1908	17 655	131 931	36 004	185 630	469	49	1	47	3
1908—1909	19 891	166 845	12 206	198 942	465	46	4	55	2
1909—1910	23 341	180 283	2 245	205 869	456	48	7		

资料来源：*Annual Report of the Transvaal Government Mining Engineering for 1909—1910*, Table 2, 10, 11; L. M. Thonmpson, *The Unification of South Africa*, 1902—1910, London: Oxford University Press, 1960, p. 448(498?).

* s. 为先令，d. 为便士。

从上表可以看出，一直到 1908 年初，华工的工资确实比土著工人还要低。然而，各种日用饮食衣物都要自己买，而南非的物价比中国贵数倍，每买一物，至少需付三便士，即相当于中国银一毫三仙。更有甚者，华工住宅区均用围栅圈住，华工只许在矿区围内购买各种物品。一位南非华工在通信中揭露：

> 日用饮食衣服只许在围内购买，亲朋亦不许过问。围内之货物无论精粗美恶，其价之昂贵十倍于商店，以故一月所得一镑五先令之工资不能敷一月之用。华工之做满三年者仍是赤手空拳，不能不再充骡马之役；有至死而莫余一钱者。所给工资均系铁币，除围栅外无人找换，必满期时始准照铁片多寡以金币给之。①

① 周培之：《国民鉴戒录》，光绪丙午年(1906 年)，第 20—21 页，转引自张芝联：《1904—1910 年南非英属德兰斯瓦尔招用华工事件的真相》，《北京大学学报》，1956 年第 3 期，第 92 页。根据笔者接触的资料，国内报纸杂志至少登有四封南非华工来信，揭露了南非金矿华工的悲惨境遇。

这种支付工钱的办法是对工人采取的盘剥方式，通过买卖围内物品对工人再剥削一次。

3. 金矿井下的工作状况

华工绝大部分在井下工作。以1904—1905年度计，华工在井下工作的人数占华工总数的79.18%，土著工人为67.18%，白种工人为42.15%。[①]由此可见，当时在兰德金矿的华工下井劳动的比例最高。金矿之矿井深浅不同，有一二百英尺者，有五六百英尺者，上下落均用机器，倘一失足则变为齑粉。矿井里做工非常艰难，华工或以铁棒凿石，或以炸药爆石，有时石壁倾倒，有时浮石下坠，华工被砸死或压毙于矿内者时有所闻。使用炸药更须小心翼翼，有时前一班所设炸药线因故未燃，第二班稍不小心，炸药即时轰炸，华工多有死伤。一位南非契约华工在寄给国内的信中描述了这种井下采矿工人的艰难日子。

> 具最苦者，金矿之地窖深浅不同，有一二百英尺者，有五六百英尺者，其上落均用机器，倘一失足则变为齑粉。且窖内黑暗，非灯烛不可，故人戴一帽，帽上插一洋烛取光，以便做工。而充是役之人或以铁棒凿石，或以炸药爆石，有时石壁倾倒，压毙于矿内者时有所闻。……其做工也，稍不足工头之意，则驱之以僻静之处，系其手足，吊于空中，酷刑毒打。即有疾病，必须饮食不进，举动不能者，始准舁往医院调养，否则照常操作，不得安息。此等惨酷之情形，真令人闻所未闻矣。[②]

由于长期的矿下工作，相当多的华工患上各种疾病。陈达在著作中提到最为普遍的是肠胃疾病、呼吸系统疾病和风湿病。[③] 然而，当时在井

① 英国议会文件，第2819号，第149页，转引自彭家礼：《清末英国为南非金矿招募华工始末》，《历史研究》，1983年第3期，第187页。

② 周培之：《国民鉴戒录》，光绪丙午年(1906年)，第20—21页，转引自张芝联：《1904—1910年南非英属德兰斯瓦尔招用华工事件的真相》，《北京大学学报》，1956年第3期，第92—93页。

③ 参见陈达《中国移民——专门涉及劳工状况》，载陈翰笙主编：《华工出国史料汇编》，第四辑，第74—75页。

下做工的华工最容易患的是脚气病。谢子修对脚气病可谓谈虎色变。当时1 744名华工中，死者约70—80名，其中有七八成系患脚气病。因病运回国的400名华工中，亦多患脚气病。除死去或回国外，每日抱病不上工者约120名，因患脚病者仍然不绝。更严重的问题是，此病似乎无治：

> 矿主已广罗各医调治，惟各医均无善法使痊。余往见大医生，询其症由，据云不能查确其症之原因，亦无确可愈之善药，余又问究竟此症若何。答云：久之必死。余询得其原，遂将医生答云之言及己意函告矿主，略谓南洋各处凡患其症者，人皆须自天医，离开水土则等自愈，因谓工人患排症，必至死而后已，……

这种病主要似乎与井下弥漫的硫矿气有关。矿工每天都要上下数千梯级两次，"又感受炸后之硫矿气，矿底之湿气所致"。按照谢子修的说法，"此症为最险，因患此症者，久之必无生理"。[①] 契约华工抵达南非金矿的第一年里，就有600名患上脚气病，不得不被遣送加国。[②]

当时，南非金矿里的安全设备非常简陋，卫生条件也非常恶劣，以致第一年里就有华工469人死亡，1 167人终生残废。[③] 第二年有935人死亡，57 948起病例。[④] 根据我国学者陈泽宪的统计，仅在1904年5月1日至1906年12月31日期间，华工的死亡人数为2 485，残废（永久失去劳动力）的人数高达3 787。[⑤] 根据理查森的研究，在1904—1910年，华工共有3 192人死在兰德，其中986人的死亡是恶劣的工作条件造成的，也即工伤事故使然。[⑥] 这一统计并不完整，但很能说明问题：很多华工的死亡可以说是由于恶劣的工作环境间接造成的。

---

① 谢子修：《游历南非洲记》，载陈翰笙主编：《华工出国史料汇编》，第九辑，第282页。

②③ P. C. Campbell, *Chinese Coolie Emigration to Countries within the British Empire*, p. 188.

④ Chen Da, *Chinese Migration, with Special Reference to Labor Conditions*, Washington, 1923, p. 133.

⑤ 陈泽宪：《1904—1910年英国为南非特兰士瓦金矿招雇华工史料辑存》，载陈翰笙主编：《华工出国史料汇编》，第九辑，第252页。

⑥ Peter Richardson, *Chinese Mine Labour in the Transvaal*, pp. 256-257, note 5.

(三) 对契约华工的管理和控制

1. 对契约华工的管理

矿主对华工的控制极其严密。为了管理华工,每矿设有总管一人、总监工一人、矿内工头一人。总监工专理华工事务,这些人绝大多数是从中国招聘而来,他们在中国待的时间长,对中国的民俗民情十分熟悉,因此更喜欢自作主张,修改规章制度,在华工头上作威作福。而矿内的工头则因不熟悉中国言语,往往容易感情用事,随意处罚华工,使得华工无所适从。[①] 道格拉斯·布莱克伯恩曾经就南非金矿虐待华工的问题向《泰晤士报》写过一封信。他在信中提到这样一件事:

> 有一次我和矿工头去检查华工的证件。当他将全体华工的证件检查完以后,我们正要走出场地,突然,两名华工嚷着朝我们跑来,他们一边拉住工头的胳膊一边打手势。我看得出来,工头对他们说的一点不懂,因为他对着这两名华人狂叫着,表现出一种极度的惊慌。最后,他将这两人打倒在地,并叫警卫人员将他们关起来。晚些时候他又将两人鞭打一顿,罪名是不服管教。第二天他私下对我说,是他弄错了。原来他在检查通行证时顺手将这两人的证件放进自己的口袋。当他们向他要证件时,他又误认为是向他进行威胁。[②]

在秦皇岛招工处,华工住地一般都围以铁栅,铁栅高达 18 英尺,华人入内不许再出。[③] 到南非金矿后,矿主不许华工离开他们的工作地点,

---

① 《驻南非总领事刘玉麟为详察华工事致外务部申呈》(光绪三十一年六月初五),载陈翰笙主编:《华工出国史料汇编》,第一辑(四),第 1746—1747 页。

② An English Eye Witness, *John Chinaman on the Rand*, p. 74.

③ John Hamill, *The Strange Career of Mr. Hoover under Two Flags*, New York, William Faro, 1931, p. 161. 美国第 31 届总统赫伯特·克拉克·胡佛(Herbert Clark Hoover, 1874—1964 年)曾是贩卖和贩运华工的主要参与人之一。他毕业于斯坦福大学,1899 年来华,任开平矿务局总工程师。1900 年 7 月,他代表英商墨林公司(Gustav von Detring)签订《出卖开平矿务局合同》,凭一张空文攫取开平矿权。1901 年矿务局改组为开平矿务有限公司(Chinese Engineering and mining Co. Ltd.),胡佛首任总办。此书揭露了胡佛在中国这些不光彩的活动。

不许伙伴之间互相探望，不许华工容留他们的亲戚。任何人如果容留或藏匿他人均要处以重罚，有时多达500金元，并监禁几年做苦工。矿主所付工资均系铁币，除围栅内无人找换。必须等到华工满期时，矿主才准许根据铁片的多少换以如数现金。这种办法除了有可能侵吞华工的工钱外(如华工因故死亡)，其主要目的则是对契约华工的行动进行控制。因为这些铁币在金矿矿场以外毫无用处，而华工手头没有任何可以消费的金钱，即使他们想逃跑，也无能为力。这样，华工"就像牛马般地被拴住了"。①

南非金矿工人人数统计(1904—1910年)

	1904	1905	1906	1907	1908	1909	1910
中国工人	9 668	39 952	51 427	49 302	21 027	6 516	305
非洲工人	68 438	91 084	84 897	105 915	139 893	161 795	183 613
白人工人	13 027	16 227	17 210	16 775	17 593	20 625	23 651

资料来源：张芝联：《1904—1910年南非英属德兰斯瓦尔招用华工事件的真相》，《北京大学学报》，1956年第3期，第92页。

从上表可以看出，1905—1908年，平均每招十名华工就增加一名白人工人，这些白人工人有相当一部分是作为监督人员对华工进行管理的。

矿主对因病不能工作的华工也百般查验，深恐华工诈病住院。更有甚者，有的矿场还在场内医院旁边设有囚房，专门用来囚禁那些被医生验为诈病的华工。对被囚的华工从不供应饭食，只给粗粟糊充饥。如果有哪位好心的华工私下送给被囚华工饭菜而被发现，那么他也将与此人囚到一起，有时一间囚房竟然囚禁三十余人。医生的诊断经常出错，谢子修就曾亲眼见到两名被囚的华工不能自己行动，矿主只好命令其他工

①《由南非来的公开信》，《北国春秋》，1960年第2期，第82—83页。

人用木板将他们抬出医院。这足以说明医生的误诊。①

2. 对华工的惩处措施

对华工进行控制的最重要手段是处罚。这种处罚的原因有各种，有的是因为华工语言不通和身体不适而导致监工认为的“怠工”，有的是因为华工的反抗行为，还有的是因为监工自己不理解中国工人的正当行为而感到恐惧，正如上文提到的检查证件时所发生的那一幕。

处罚包括各种私刑，如鞭背、笞臀、驱赶、脚镣、铐手、黑房、乏食、吊腕、吊辫等，很少送司法部门法办。

(1) 鞭刑。

1904 年 7 月德兰士瓦政府公布的修正法令宣布，只要中国人触犯矿规就可以鞭打。在早期，矿主对华工的主要处罚是用犀牛皮鞭抽打。例如在诺斯矿，惩罚华工的条例十分残酷。每个工人每班必须掘进 36 英寸，否则就要受到鞭打，除非医生证明该工人确实有病。刑具是一根犀牛皮鞭，由华工工头来执行处罚。打法是使劲抽臀部，即使见血也不停手，一直要打完规定的次数。后来，该矿用橡皮带取代了犀牛皮鞭，因为用橡皮带抽打使人更痛却不留痕迹。有时则用短竹棍来代替皮条。

(2) 铐手。

后来，英国政府下令禁止鞭打华工，矿主们不得不改用其他的酷刑来代替鞭子。铐手即是其中的一种。这是一种极其难受的刑罚。华工的手被铐在一根横梁上，横梁与地面的距离正好使华工处于既不能坐又不能站的位置，只好采取哈着腰半蹲的姿势。以这样的姿势蹲上一段时间，人已经没有办法站立了。

(3) 吊腕或吊辫。

用一根细绳，一端系在受罚华工的左腕上，另一端扎在离地约九英

① 谢子修:《游历南非洲记》，载陈翰笙主编:《华工出国史料汇编》，第九辑，第 283—284 页。关于对中国华工的控制手段，还可参见 Peter Richardson, *Chinese Mine Labour in the Transvaal*. pp. 158 - 160, 172 - 175.

尺的一根横梁上的铁环里。那根绳子拉紧后,这名华工的左臂必须举到和地面垂直的地步才能保证两只脚尖勉强触到地面。他就这样被悬挂达数小时之久。如果他不想身体在空中晃来晃去,就必须努力用脚尖去触地。吊辫的刑法更为残酷。受罚华工的衣服被脱光后,他的长辫子被扎到场地中间的一根木桩上。矿主命令其他的华工站在旁边,一起观看这个可怜的人。①

有时候,矿主甚至亲自动手惩罚华工。一位名叫麦卡锡的证人曾经证明金矿矿主普利斯对华工实施酷刑。普利斯将这个不幸的华工先泡在冷水里,然后又把他放进热水里,再把他全身脱光,将他的脚绑住,两只手腕用绳子扎起,辫子绑在手上,凌空吊到门框的大铁钉上。更为残忍的是,普利斯还将香喷喷的饭菜放到这个华工的面前,让他闻得着、看得见,却吃不了。这个华工就这样从下午 7 点吊到第二天上午 11 点。他后来被送进了医院。②

值得注意的是,对华工施以棍刑得到英国政府的认可。据英国《泰晤士报》登载,英国殖民大臣利特尔顿在下议院回答议员就华工待遇所提出的问题时明确指出:南非管理华工章程,"平时不用藤条鞭扑,若或犯事,亦惟以木棍敲扑,最多不得过二十四棍。且用刑时须由监督委员、医生、狱卒监视,并由医验明犯罪者是否能受此刑,地方官若未得刑司之允准,亦不得擅责云"。③ 一个营养不良、休息不足、承受矿井工作压力的劳工在遭受 24 棍以后,其后果如何,可想而知。

---

① Melanie Yap and Dianne Leong Man, *Colour, Confusion and Concessions*, pp. 117-119, 125; An English Eye Witness, *John Chinaman on the Rand*, pp. 62-74.

② (英国议会文件)Cd. 2819. Affidavit by A. J. Mcarthy, Quoted from P. C. Campbell, *Chinese Coolie Emigration to Countries within the British Empire*, p. 196. Note 3.

③《外交报》,第 106 期,1905 年 4 月 15 日。

南非金矿对契约华工的严刑和虐待

二、契约华工的反抗:策略与形式

面对恶劣的生存环境和矿主的种种虐待,华工们没有屈服。他们采取了不同的反抗形式,大致分为两类:消极反抗和积极反抗。积极反抗又可分为非暴力和暴力两种。暴力反抗有三种主要形式:暴动、对工头进行报复、对白人(包括当地的居民)进行骚扰。非暴力反抗的形式包括罢工、拒绝交纳罚金、建立自己的组织、破坏活动等。消极反抗包括消极怠工、装聋作哑、装病、散布流言、逃出金矿或自杀等形式。

(一) 早期华工的反抗行为

早在 1760 年,法国海军上将德斯坦以人质的方式从东南亚掳掠了一批华人来到毛里求斯,想作为农业工人使用。这批华工是在班固尔(Bancoul,Bencoolen)以武力得到的。他们来到毛里求斯后,各方面受到严格的限制。当时负责管理他们的德福尔热用尽各种办法想让他们干活。他发给这些华工零用钱和所需衣服,供给他们蔬菜、咸肉和酒,对他们“总是和蔼相待,积极争取”,想让华人帮着种地。面对法国殖民者的威逼利诱,华人毫不动摇,团结斗争。在华人的坚决要求下,法国方面最后不得不将这批华人送回原地。①

毛里求斯、留尼汪和马达加斯加等地均以“甘蔗殖民地”而闻名于世。在甘蔗种植园做工的华工对种植园的微薄工资和不人道待遇以各种方式进行反抗,其反抗手段有罢工、消极怠工、逃跑、偷盗等,有时殖民政府不得不将他们遣返。马达加斯加的契约华工“为了逃避极为艰苦的劳动条件”,逃进山区。② 例如马达加斯加岛南部马南扎里的华人先辈大

---

①《德福热尔给公司的信,1762 年 7 月 20 日》,见李卓凡:《西印度洋华侨史》,载方积根编:《非洲华侨史资料选辑》,第 308 页。

② Leon M. S. Slawecki, *French Policy Towards the Chinese in Madagascar*, p. 102.

伯公福建人霍沃，就是当年逃进山区的契约华工。[①] 在其他非洲殖民地修路的契约华工也进行了反抗，最通常的手段是逃跑。

在留尼汪，契约华工进行了各种形式的反抗。根据 1847 年 10 月 27 日到 1848 年 1 月 26 日的记载，在这短短的三个月里，有 38 名华工卷入了纵火、偷盗和暗杀事件。各方面的谴责声迫使殖民地总督对所有使用契约华工的雇主进行调查。结果，一方面，雇主们都对华工的表现不满，而“几乎所有的中国人都抱怨雇主没有执行契约规定的义务，抱怨他们受到不好的待遇”。很明显，在没有其他办法的情况下，华工只好用一些暴力的非法手段来反抗自己所遭受的不公正待遇。当时参加调查的一个便衣警察指出：“这些外国人所以这么干，只不过是希望获得遣返，为达此目的，他们才表现得这么冲动。”[②]那么，华工为什么希望获得遣返呢？这并不难解释：他们已不能忍受了。

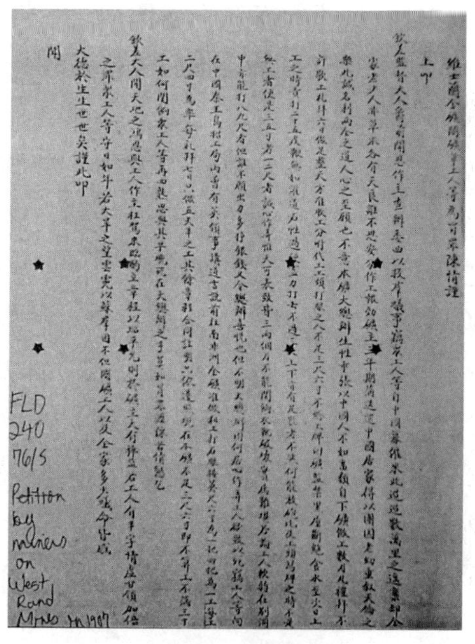

南非华工请愿书

① 陈铁魂：《马拉加西亚共和国华侨概况》，第 29 页。

② 多米尼克·迪朗、让·亨顿：《留尼汪华侨史》，载方积根编：《非洲华侨史资料选辑》，第 467 页。

(二) 各种形式的积极反抗

南非华工的反抗有时采用递交请愿书的方式。然而，暴动的消息在报纸上时有所闻。虽然兰德金矿对各种事件严密控制，不使其向外泄露，但毕竟还是纸包不住火。特别是英国的报纸往往不愿放过这样的新闻。从1904年7月起，就不断发生华工的暴力反抗事件。① 一位在南非当警察的年青人在写给住在英国的父母的信中说：

> 矿上的中国佬经常闹事。上星期有5 000人参与了暴动，我们出动了100名步兵和200名南非保安警察前去镇压，这是我们的老行当。当我们向他们进攻时，他们向我们投掷破瓶子和石块，我们中间有人受了重伤。中国佬自制了一些炸弹，当他们向我们扔炸弹时，我们只好向人群开火，以便阻止他们。我们瞄得低，打伤了很多中国佬。这些家伙平时就很难对付，在人多势众时往往表现出一种好斗。②

对矿内工头进行报复的事情也屡见不鲜。由于语言上的障碍，华工难以理解白人领班或工头的命令，这样就经常遭到他们的拳脚和斥责。对这种不讲道理的处罚，华工往往还之以“石头和木棍”。布朋克福斯特-斯普鲁伊特金矿的一个白人被华工用刀杀死，他的身上被扎了50刀。华工对其进行报复的原因十分简单：他让华工长期忍饥挨饿。结果是可想而知的：4名华工因此在比勒陀利亚监狱内被判处死刑。难怪《兰德的中国佬约翰》的作者写道：“兰德矿主们梦中的性情温顺、易于驱使的中国佬一到矿井里，他们想干什么就干什么，以后还会这样。”③虽然这话说得有些过头，但却反映了契约华工力图掌握自己命运的某种精神。

---

① An English Eye Witness, *John Chinaman on the Rand*, pp. 77-97; Peter Richardson, *Chinese Mine Labour in the Transvaal*, pp. 174-175。还可参见彭家礼《清末英国为南非金矿招募华工始末》；张芝联《1904—1910年南非英属德兰斯瓦尔招用华工事件的真相》。

② An English Eye Witness, *John Chinaman on the Rand*, p. 84.

③ *Ibid.*, pp. 95-96.

1904 年 9 月，深谷矿华工袭击看守的警察。1904 年 10 月，西极光金矿经理被华工殴打。一周后，盖达尔德金矿的雇工攻击一名白人工头，警察开枪杀死 6 名工人。一些华工为了摆脱受奴役的命运，逃出矿井。白天，他们在野地里忍饥挨饿，晚上出来找东西吃。布尔人对他们恨之入骨，这样，在逃华工与布尔人发生冲突在所难免。1905 年 8 月 17 日，一名布尔人被在逃的华工杀死，这在当地引起了极大的恐慌。1905 年 9 月 22 日通过的《劳工输入法修正法令》中第十款规定，任何人都可以逮捕在兰德地区以外发现的华工，无需任何逮捕令，这进一步加剧了在逃华工与当地白人居民之间的冲突。1905—1906 年，在对华工的犯罪案件的审理中，有 210 个非法闯入家宅的犯人。①

罢工是华工经常采取的方法。②

1904 年 7 月，新彗星金矿的华工拒绝夜班工作，他们击破玻璃窗。

1904 年 10 月，在兰德的一家法国人经营的金矿，1 400 名华工赶走了管理员，并占领了金矿。

1904 年 10 月 24 日晚，江普尔矿的矿主将两名触犯矿规的华工关押起来，结果导致全体华工罢工。矿主软硬兼施，用尽各种手段逼迫华工复工，但毫无效果。最后，矿主只好向当地主管华工事务的政府官员求助，逮捕了领头的 40 名中国人。

1905 年 4 月 1 日，在布伦方丹金矿发生了一起严重的华工罢工事件。罢工的原因是华工认为做工 6 个月后所得的工资在算法上有误。

1908 年 1 月 6 日和 7 日，兰德矿区的 4 万名华工为了声援南非亚洲人（印度人和中国人）反对种族歧视立法的斗争，在各矿先后举行罢工。

类似的罢工发生了多起。根据张芝联先生的统计，从 1904 年 6 月到 1905 年 6 月，被武力镇压的严重暴动达 28 次之多，平均每月多于

① P. C. Campbell, *Chinese Coolie Emigration to Countries within the British Empire*, p. 209.

② 理查德曾对 1905 年一起华工罢工事件作过个案研究，参见 P. Richardson, "Coolies and Randlords: The North Randfontein Chinese Miners'Strike' of 1905", *Journal of Southern African Studies*, 2: 2(April 1976), pp. 151-177.

2 次。

华工还建立了自己的秘密组织(如洪门)。这种组织纪律严明,齐心协力,有福同享,有难同帮。有时决定对某一白人工头进行报复,执行任务的华工视死如归。秘密组织已经将一切后事安排妥当,包括对他的家人的照顾,他可以义无反顾地去执行任务。①

(三) 各种形式的消极反抗

消极反抗中最常见的是消极怠工和逃出金矿。

1. 消极怠工或逃跑

华工有时在矿井干累了或饿了,便停下手中的活,蹲在地上吃带在身上作午餐的面包。任凭白人工头以拳脚相对,或以恶言斥责,或以好言相劝,他们就是不理睬,继续吃自己的东西。有时吃完面包又卷起一支香烟,满不在乎地抽起来。他们知道,如果干少了,绝不仅仅是他们的过错,白人工头也得负责。他们的回答很有道理:"我只拿到一先令,我已经干得够多了。"②

试图逃出金矿的华工为数不少。

1904 年 6 月至 1905 年 7 月,有 570 名苦力因未领许可证擅自外出而被判刑;1 165 名苦力以逃跑罪被判重刑,其中 250 名仍然在逃。

1904 年 6 月至 1905 年 7 月,共发生 21 205 起华工违法误工事件。

1905—1906 年,华工蓄意逃亡案件达 1 700 起,牵涉的人更多。③1905 年 4 月,500 名华工突破铁栅,跑出矿区,逃向约翰内斯堡。④

2. 以死抗争

更有甚者,他们以死来摆脱厄运,来反抗矿主的虐待。

---

① An English Eye Witness, *John Chinaman on the Rand*, pp. 57,82-83.

② *Ibid.*, pp. 53-54.

③ P. C. Campbell, *Chinese Coolie Emigration to Countries within the British Empire*, pp. 194-199, 209.

④ 张芝联:《1904—1910 年南非英属德兰斯瓦尔招用华工事件的真相》,《北京大学学报》,1956 年第 3 期,第 94 页。

谢子修曾记载了一件事。1904年10月20日，广东人陈子卿“以军功膺受五品蓝翎之秩，竟被招工者诱至该处当矿工”。他想到自己曾受朝廷恩赐，不愿在南非受侮辱，遂服毒自杀。临死前自题数句：

生长中华四十三，今日不幸来到番。
英雄到此也无法，想返中国难上难。
我今舍命别阳世，难为众人在此间。
同乡做满三年后，顺带弟魂返唐山。

还有宁邑一名叫陈应才的华工，不堪苦役，想在宿舍厕所内自尽，正好被人看见，将他救了下来。后来矿主担心他再寻短见，不要他下井，而让他在矿上当勤杂工。① 在矿场自杀有多种原因，有的是不愿忍受被人奴役的命运，这些人往往是在不知情的情况下被人拐骗到南非来的；有的是不能忍受各种苦役或刑罚，愿意一死了之。不论原因何在，这都是对金矿里的现代奴隶制度的抗争。根据陈达的统计，截至1906年6月30日止，共有49名华工自杀。②

尽管华人的处境艰难，但他们的适应能力极强，仍然力图在恶劣的环境中求生存。会唱戏的自己组织起来，自己购买道具和行头，有的唱花脸，有的作小生，经过排练后在节假日搭台唱戏；有的华工自制了高跷，在聚会上踩起了高跷。有的华人将野外采来的花草移到自己的宿舍附近，还有的华人养了小鸟，将鸟养得听人指挥。这些活动无疑是为了寄托他们对祖国的思念和对故乡的感情，以减轻南非矿主们的压迫和欺凌所带来的心理压力。有时，他们还与黑人矿工进行各种竞技比赛。当然，也有的华工因孤独难耐而养成了抽鸦片、赌博的坏习惯。③

综上所述，华工以各种方式来表达自己的不满，进行顽强的反抗。

① 谢子修：《游历南非洲记》，载陈翰笙主编：《华工出国史料汇编》，第九辑，第285页。

② 陈达：《中国移民——专门涉及劳工状况》，载陈翰笙主编：《华工出国史料汇编》，第四辑，第75页。

③ Melanie Yap and Dianne Leong Man, *Colour, Confusion and Concessions*, pp. 119-223；沈已尧：《海外排华百年史》，第145—146页。

我们注意到，从 1904 年下半年到 1905 年上半年，华工的反抗十分明显而激烈。这有两个原因。其一，首批来到南非的华工原来对南非一无所知，听到的只是招工头的各种吹得天花乱坠的宣传。一旦他们来到矿井，其遭遇与听到的和想象的大相径庭。因此，无端受骗的感觉和受人虐待的处境使他们格外愤怒。其二，当时中国派驻南非的总领事尚未履任。刘玉麟直到 1905 年 5 月才抵达南非的约翰内斯堡。在首批契约华工到达至刘玉麟来到南非这中间，正好一年时间。在这段时期里，华工有怨无处申，有苦无处诉，只好用自己的方式来改变现状或报复金矿矿主。

《兰德的中国佬约翰》一书的作者是一个典型的种族主义者，对华人进行了种种无端的攻击。然而，他在书中的一句话道出了事情的缘由："不言而喻，中国人犯上述罪行的直接原因是对他们的虐待所造成的。"①

三、非洲华人面临的各种挑战

对于欧洲殖民者来说，引进华人的目的只有一个：作为劳工使用。在需要劳动力的时候，他们大肆鼓励华人入境，但仍在保证金额、居住区域和税收政策方面对移民进行限制。一旦他们认为华人在某些方面对他们的经济利益构成威胁，他们就大造舆论，制定各种政策法令，对华人进行限制。

（一）殖民政府的各种歧视性政策

非洲各殖民地均对华人采取种族歧视政策，这表现在以下方面。

1. 入境限制

在毛里求斯，即使在鼓励移民的 19 世纪初期，华人为了得到一张入境许可证，必须找到担保人，并提供相当于 1 500 元的保证金。当时的华

① An English Eye Witness，*John Chinaman on the Rand*，p. 95.

人首领陆才新多次为新来的华人提供担保。马达加斯加殖民政府颁布关于亚洲移民事项的第 84 号法令，法令包括登记注册、交纳费用、分等级交纳营业税等规定。

其主要内容如下：

(1) 所有愿意在马达加斯加居留的亚洲人必须在登岸后三天内向当地驻扎官报到，以便申请定居许可证。

(2) 申请者须写明自己的身份、职业以及准备前往的居住地；定居许可证务必于每年 1 月 1 日更换。

(3) 年满 18 岁的亚洲男性移民须交纳 25 法郎。凡执事某种职业和经商者，须交纳营业附加税：一、二类营业许可证的持有者须纳税 50 法郎；三、四类许可证的持有者须纳税 25 法郎。

南非对入境的限制更加明显，并多次发布法案对华人入境进行严格限制。以纳塔尔为例，当地政府曾分别于 1897 年、1900 年、1903 年和 1906 年多次颁布移民限制法。

2. 居住地限制

对移民的居住区也有规定。有的是不许华人住在市区，或是划定特定区域给华人移民居住。在毛里求斯，新来的移民是不许住在市区的，他们只好在马拉巴尔区找住房。在南非，居住地是严格按照种族区域进行隔离的。例如，奥兰治自由邦颁发的 1891 年法令禁止阿拉伯人、“中国佬”、苦力或其他亚洲有色人在当地居住；任何需要通过奥兰治到别的地方去的亚洲人也只许停留 72 小时。① 此法令直到 1986 年才进行修正，允许华人在奥兰治居住。所有这些歧视政策给当地华人的经济活动和社会生活带来了极大的不便。

3. 不动产限制

各殖民地往往禁止或取缔外国人占有或继承地产及不动产的权利，华人当然也在其列。1842 年，毛里求斯殖民政府发布公告，取缔了外国

① Melanie Yap and Dianne Leong Man, *Colour, Confusion and Concessions*, p. 73.

人占有或继承地产及不动产的权利。华人在1851年提出申请，要求得到一块地皮用来修建寺庙。当时的检察长即用1842年的政府法令予以回绝，“中国人要想修庙拜佛，唯一办法，是首先取得国籍”。① 从19世纪后期到20世纪初，南非各地颁布了一些明显带有歧视性的法令。这些法令覆盖面极广，对亚洲人（包括华人）在移民、营业执照、经营地域、土地权限等方面进行各种限制。以1885年德兰士瓦政府颁布的《苦力、阿拉伯人及亚洲人法》（即第8号法令）为例。这一法令取消了亚洲人的地产权、经商权等权利。法令规定：

（1）必须缴纳3英镑，方可在德兰士瓦经商或定居；

（2）不享有公民权利；

（3）不准拥有以其名义登记注册之固定财产；

（4）只能居住在指定的街道、地区。②

4. 居留权限制

申请居留证（权）几乎是每个殖民地的惯常做法，但有时对华人特别苛刻，即使是一度对早期移民相对宽松的留尼汪也是如此。从19世纪中叶起，由于废除了奴隶制，以蔗糖生产为主要经济活动的留尼汪一直想尽办法引进亚洲移民。为了控制移民，劳工契约上一般都载明契约期满后须返回原籍。当时随契约劳工一起来了一些自由移民，政府对他们并未制定什么特殊政策。随着亚洲移民的增多，政府对此制定了新政策。1897年以后抵达的华人一上岸即必须申请居留证，居留的时间为三个月。如果想继续留下来，华人须交纳“居留税”，税额根据移民工资而定：工资超过350法郎者，每年须交纳税款150法郎；工资不足350法郎者，只付一半。③

5. 身份证限制

华人必须有当地发给的身份证，并定期更换。由于南非这一地区的

---

① 李卓凡：《西印度洋华侨史》，载方积根编：《非洲华侨史资料选辑》，第134—135页。

② 同上书，第259页。

③ 同上书，第187—188页。

特殊性，欧洲移民对外来者一直抱着一种歧视甚至敌对的心理。从18世纪后期开始，各种种族歧视法令接连出台。早在18世纪90年代，自由黑人（华人也包括在这一群体中）虽然享有各种权利，但与白人移民并非处于平等的地位。例如在离开城镇时，他们必须携带通行证；而对自由公民则不存在这一规定。[①] 在19世纪，南非四个殖民地分别针对华人（或亚洲人）制定了种种歧视法令法规。[②]

南非各地颁布的主要歧视法令(19世纪至20世纪初)

颁布地	法令名称	颁布年份	修正、增补年份
德兰士瓦	《苦力、阿拉伯人及亚洲人法》	1885	1907
德兰士瓦	《有关劳工及亚洲人暨中国人规定》	1893	
纳塔尔	《移民限制法》	1897	1900,1903,1906
纳塔尔	《商人批发零售执照法》	1897	1923,1935,1942
	《黄金法》	1898	
德兰士瓦	《关于劳工区域规定》	1898	
德兰士瓦	《管理布告》	1899	
开普敦	《移民法》	1902	1906
德兰士瓦	《政府公告》	1903	
纳塔尔	《移民限制法》	1903	
开普敦	《排除华人法令》	1904	1906*
德兰士瓦	《市政补充法》	1905	1936
德兰士瓦	《代督公告》	1905	
德兰士瓦	《非利督地方法》	1906	1907
纳塔尔	《移民限制法》	1906	

① Melanie Yap and Dianne Leong Man, *Colour, Confusion and Concessions*, p. 7.

② 在1946年4月至年底的《侨声报》上，连载了当时中国驻约翰内斯堡领事馆副领缪通的长文《释苛例》，对南非从19世纪以来的各种歧视华人法令做了详尽阐述。

续 表

颁布地	法令名称	颁布年份	修正、增补年份
德兰士瓦	《亚洲人法律修正法》	1906	
德兰士瓦	《移民限制法》	1907	1908
德兰士瓦	《贵重及低等金属法令》**	1908	

资料来源:缪通:《释苛例》(连载),[南非]《侨声报》,1946年5月4日至7月30日;萧次尹编著:《非洲华侨经济》,第30—37页;李长傅:《中国殖民地史》,台北:商务印书馆,1983年[1936年],第309—311页。

*1933年6月取消。**取代1898年的《黄金法》。

6. 迁移限制

这种限制在南非特别突出,华人在南非内部的旅行都受到各种限制。

7. 工作限制

各殖民地对华人的工作多有限制。一般而言,华人只能从事商业活动(并非所有的领域)或其他很少行业。在有的国家,即使有当地国籍的华人也受到某些限制。

8. 营业税限制

这一点在马达加斯加特别明显。华人与其他亚非移民一样须交纳营业附加税。这种税收不断提高,且与殖民政府实施的"协会制"同时进行。1896年第84号法令规定,年满18岁的亚洲男性移民须交纳25法郎。凡执事某种职业和经商者,须交纳营业附加税:一、二类营业许可证的持有者须纳税50法郎;三、四类许可证的持有者须纳税25法郎。

(二)马达加斯加的特殊制度——"协会制"

马达加斯殖民政府对华人移民的政策有两个特点。其一,一般政策或法令将"亚洲人"一同对待,很少专为华人制定法令法规。其二,殖民当局将其在印度支那殖民地的"协会制"照搬过来。所谓"协会制"实际上是一种间接统治制度。

第84号法令颁发后，马达加斯加塔马塔夫的行政官鉴于当地华人比较集中，决定根据法国在印度支那殖民地的统治经验，将华人组成“协会”形式，每一协会任命一会长，以便于管理。从12月12日起，他命令该地区所有华人进行登记。1896年12月1日的命令指出：“从本日起，所有居住在塔马塔夫或附近地区的华人必须在一个月内以上述协会成员的身份进行登记。所有在塔马塔夫上岸的华人均须受此令之约束。”①

殖民总督加利埃尼于1897年5月至6月对马达加斯加全岛进行了视察，当他注意到印度人和华人在西北部和东部发展很快时，决定加强控制。1897年7月26日，政府颁发了第829号法令，将特类和一类营业许可证的附加税加到1 000法郎，是原来的10倍；二、三类提高到400法郎，相当于原来的8倍和16倍；四类提高到100法郎，相当于原来的4倍。其中最关键的一点是使“协会”制度更为系统化。其主要内容如下：

(1) 亚洲移民(主要包括印度人和中国人)必须建立一个协会。

(2)协会会长和副会长由民政长官根据会员请求和当地驻扎官的提议来任命。协会会长主持协会工作，并受到警察的保护。

(3) 协会会长的主要职责是协助法国殖民当局管理协会会员，这种职责包括确定会员的纳税金额或罚款金额。协会有权拒绝申请人入会，警察当局即对此人进行直接监督，并指定其居住地点。②

1898年12月，殖民政府又一次改变了亚洲人所交纳的营业附加税所包括的范围。法令规定，一、二、三类许可证持有者交纳1 000法郎；四、五类交纳400法郎；六类交纳200法郎；从法国商人那里批发的零售商交纳100法郎。1902年，为了对亚洲商人进行限制，同时便于殖民政府检查，马达加斯加政府规定：一切商业账目必须用一种欧洲文字或马

① Journal Official de Madagascar et Dependances, Tananarive, Madagascar, New Series, No. 44, December 12, 1896, p. 196; Leon M. S. Slawecki, *French Policy Towards the Chinese in Madagascar*, p. 107.

② Leon. M. S. Slawecki, *French Policy Towards the Chinese in Madagascar*, p. 111. 这一制度首先在法属印度支那推行，与中国古代的十家一组、集体联防的保甲制度有相似之处。

尔加什文字记录。

1904 年发布的法令使协会会长的职责范围进一步扩大了。

(1) 协会会长必须根据协会会员名单，每个月的第一天向地方驻扎官报告上月吸收的新会员和被开除的会员名单。

(2) 协会会长应将本协会会员的变化情况(如会员住址的变更、死亡、离开或逃跑等)如实向当地驻扎官报告。

(3) 协会会长必须与行政当局合作，监督本协会会员。必要时，可向行政当局要求提供帮助，以维护公共秩序。①

从上述法令可以看出，马达加斯加的法国殖民政府对当地华侨的管理不断加强，且力图通过协会制对华人在政治、经济和文化上进行更严格的控制。这种控制在政治上表现为对协会会长的职责范围的不断扩大，在经济上表现为对需交纳的营业附加税的层层加码，在文化上表现为商业账目必须用欧洲文字或马尔加什文字记录。

除殖民政府的歧视政策外，华人社会还遭受各种各样的天灾人祸。例如，1865 年毛里求斯的路易港和沿海地区流行疟疾，大批人员死亡和随之而来的向中部高原的迁移使那些曾经依靠赊账制度的华人商店受到极大的财产损失。

(三) 内部分裂与外部障碍

内部分裂是华人发展的一大障碍。1900 年，毛里求斯的华人首领亚方·唐文逝世。当时的华人社团人数已达 3 500 余人，广府人、客家人和福建人人数均已具规模，既缺乏一位像陆才新、亚方·唐文那样的众望所归的当然领导者，各派势力又互不相让，三派围绕着关帝庙新首领的问题展开了争斗。经过五年毫无结果的争执，华人各派首领只好将此事提交最高法院进行裁决。1906 年 6 月 21 日，毛里求斯最高法院的首席法官做出了判决：

① Leon. M. S. Slawecki, *French Policy Towards the Chinese in Madagascar*, pp. 112-117.

(1) 关帝庙的领导权平均分给华人三派,每年轮流领导关帝庙;

(2) 组成一个 15 个人的管理委员会,由三派各派 5 名代表参加。[1]

这种处理办法只能说是权宜之计。李卓凡认为,其消极后果是使华人三派之间的争斗持久化了。更重要的是,由于权力分散,以前华人社区与政府方面的传统联系被破坏了。这实际上反映出一个华人面临的更为深刻的问题:传统的权威机构已经难以适应形势发展的需要。"华人在他们这个历史转折关头,再一次从他们的国家结构中得到了启示。他们根据上海 1902 年创建商会以集中全国力量开展贸易的模式,成立了一个商会"。[2] 毛里求斯商会成立于 1908 年(1909 年才得到政府承认),也即最高法院判决之后的第二年。这充分反映了毛里求斯华人对新形势的反应是非常敏锐的。

南非的华人在 1907—1911 年的非暴力抵抗运动中也发生了一场影响至深且远的大分裂。当时华人在是否继续进行抵抗的问题上出现不同意见。"妥协派"对德兰士瓦中华公会会长梁佐钧(Leung Quinn,又名梁萃轩)的代表性提出质疑,并分出来另外成立了"联卫会"。"抵抗派"则仍以维益社为他们的领导核心。这一华人社团的分裂进一步加深了广府人与客家人之间的矛盾,因为维益社的绝大部分成员是客家人。[3] 这种分裂大大削弱了南非华人社区的力量。

异族的歧视和竞争是华人发展的另一个障碍。欧洲白人移民的种族歧视已是十分明显,就是其他移民,对华人也有歧视之举。如在 19 世纪后半叶,欧洲市场糖价下跌,毛里求斯的蔗糖只好开辟新的市场。当时,印度是毛里求斯大米的主要供应区,很快成了毛岛蔗糖的主要买主。这样,毛里求斯的经济开始依附于印度。1877 年,毛里求斯为了实现贸

---

① 李卓凡:《西印度洋华侨史》,载方积根编:《非洲华侨史资料汇编》,第 147—148 页。

② 同上书,第 148 页。

③ Melanie Yap and Dianne Leong Man, *Colour, Confusion and Concessions*, pp. 153-168, 232-237. 欧铁认为维益会成立于联卫会之后,与史实不符。参见欧铁编著《南非共和国华侨概况》,第 64 页。

易收支平衡，不得不以印度卢比作为唯一的本体货币。虽然这两个殖民地同属英帝国，但就地区经济而言，这一措施对当地华人经济产生了很大的消极影响。印度和穆斯林商人的势力大大加强，并逐渐控制了毛里求斯的大米、粮食和布匹的贸易。当时毛岛的华人不到三千，毛里求斯从中国大陆和香港的进口额几乎是零。[①] 华人商店的货源几乎全部操于印度商人和穆斯林商人之手。为了不影响供货，华人只好满足他们的苛刻要求。当华人从穆斯林商人手上买大米时，不得不付上每包两苏（当地货币单位名）的附加税，以用于修建清真寺。[②]

四、非洲华人对歧视性政策的反应与对策

（一）对应与反击

1. 华侨社团组织的各种措施

几乎每个殖民地政府对华人（或亚洲人）都有歧视性政策，这样，早期华人的政治活动几乎仅限于一个方面：为保护自身利益对不平等的移民政策进行抗争。面对这些歧视政策和发展障碍，华侨华人的反应和对策是什么呢？主要有以下几种：自我组织、自我约束和自我监督；递交请愿书以争取合法的权益；通过当地报刊申述自己的观点。在迫不得已的情况下，华侨采取最后的手段：向外地迁移。

首先，各社区均有各自的社团组织，有自己的规矩和纪律。这一点在前一章已有叙述。早期的华人社区领袖也不负众望，以各种方式与政府当局交涉，最大可能地为华人争取各种权益。大部分情况下，他们在介绍或引进新移民时，尽量从本家、本族或本村的人入手。我们在解释这种情况时，不宜总是强调这是早期华人宗族观念或乡土观念的反映，

---

① 1877 年的双方贸易统计数据没有，但在 1878 年，毛里求斯从中国进口额为 50 卢比，从香港的进口额为零。参见李卓凡《西印度洋华侨史》，载方积根编：《非洲华侨史资料选辑》，第 112 页。

② 同上书，第 118 页。

这只是问题的一个方面。

如果从社会控制的角度看,我们可以发现一个更重要的因素:只有介绍自己比较熟悉的人(亲人、亲属、同乡或朋友)和自己信得过的人,才能充分保证移民的质量,才不会给已经安定的社区带来麻烦,用比较通俗的话来说,即“不会出乱子”。在有些情况下,他们通过在东南亚的联系首先对希望移民非洲的人进行调查,以确定其人品。有时,他们断然拒绝接纳某些华人加入移民社区,或是毅然对华人中的败类予以各种方式的惩罚,以向当地政府当局表明华人社会是遵纪守法的。

2. 递交请愿书以示抗议

华人以递交请愿书的方式,向政府当局(中国或所在地)陈述自己所遭受的不公正待遇或提出一些正当合理的要求。早在1844年11月7日,留尼汪的三名华工曾联名写信给当地行政官员,要求准许他们留在留尼汪经商。① 1885年,当时的南非共和国(Zuid – Afrikaansche Republiek,简称为ZAR)的法令规定亚洲人不得拥有不动产;这一法令在1886年进行了补充修正,允许亚洲人拥有不动产,但只能在政府指定的区域。② 约翰内斯堡的华人对这一法令提出异议,要求允许他们住在已建立了自己商业的地区。1902年,南非共和国成为英国统治下的德兰士瓦殖民地,他们又一次向英国当局和中国驻英大臣递交了请愿书,抗议禁止他们拥有不动产的法令。请愿书指出,他们是“和平、守法和勤劳的人民,构成了社区必不可少的部分,当地社区亦需要华人”。这两份请愿书均得到了德兰士瓦一些白人的签名。1903年,当地白人提出请愿书,表示华人对当地社区必不可少。③

1904年9月14日,97名居住在德班的华人联名向纳塔尔殖民当局

① 何静之编著:《留尼旺岛华侨志》,第52页。

② Statute Laws of the Transvaal, 1839—1910,“Law 3 of 1885, Relating to Coolies, Arabs, and other Asiatics”, in Karen L. Harris, “Closeted Culture: The South African Chinese”, pp. 3-4.

③ Karen L. Harris, “Closeted Culture: The South African Chinese”, p. 4.

递交请愿书，要求改变强使华人在特许证上按指印并随时携带证件的歧视做法。他们指出，这种按指印的方法是对华人的污辱，因为在中国只有对犯人才通过指印进行识别。《排除华人法令》颁布后，东伦敦的华人立刻向英国的殖民事务大臣提交了请愿书，并以各种方式表达华人社区的愤怒之情。① 又如各地华人领袖在早期均为建造庙宇事宜向有关当局递交过请愿书，这是华人社团争取自己正当的宗教权利的具体表现。

3. 利用媒体进行反击

在可能的情况下，当地华人利用各种报刊媒体驳斥各种针对华人的种族歧视言论。

(1) 华人的诬名与正名。

到19世纪末，南非华人已在千数以上。南非的白人对华人多抱有歧视态度，他们往往攻击华人“赌博”“吸鸦片”“无道德”。华人对这种攻击十分气愤，并通过媒体澄清事实。以下是三名华人代表为驳斥白人的恶毒攻击而投寄到当地《钻石矿广告报》上的一封信的摘录。

> 确实，我们不欠肉铺的钱，为此，我们想请求原谅。至于我们不饮酒，我们确实是有节制的；但任何一个小卖部的店主会告诉你们：我们并非滴酒不沾的人……
>
> “我们赌博。”是的，我们不时喜欢在自己人中间冒一点风险。但一旦你们禁止了赌金计算器，废除了股票市场，使得在你们的俱乐部玩牌受到驱逐出境的惩罚，我们将立即仿效你们那令人羡慕的榜样。
>
> “我们吸鸦片。”先不问这种有严格节制的行为是否有害，我们倒是想问：我们是从谁那里得到鸦片的？如果说我们吸鸦片是邪恶的，那么卖鸦片给我们的你们要邪恶上千倍。但是，制定法律的你们事实上在鼓励出售鸦片。
>
> “我们不道德。”你们这是在要求我们证明一个否定的观点。用

① Melanie Yap and Dianne Leong Man, *Colour, Confusion and Concessions*, pp. 65-69.

你们的律师的话来说，你们的指责是"含糊不清和令人为难的"。我们拒绝进行辩护；或者我们可以提出——中国的婚姻关系要比一些我们所知的欧洲国家的婚姻关系更为神圣得多。①

（2）冒名的"伯京"与华人的澄清。

1891年9月25日，南非金伯利《钻石矿广告报》上登载了一位自称为"伯京"(Perkin)的"华人"的第一封信，后来又陆续登了几封由"伯京"署名的信。信中称"一位中国领事已被任命到金伯利"，并用一些带刺激性的语言攻击白人居民：信中还宣称"只要德比尔斯矿有钻石，我们决不离开这个地方"；"我们已有700人在此，我们还将进口自己的商品，开设自己的商店"。在随后长达六个星期的时间里，很多当地居民投函此报，对居住在当地的华人进行攻击，在金伯利掀起了一般反对华人的浪潮。"伯京"何许人也？该报于10月24日刊登了一封由当地华人H. J. Ahlee，J. Machan几位先生署名的来信，并冠以"金伯利的华人消灭了可怜的伯京"的标题。华人在信中回答了这一问题。

我们，在此信末尾签名的中国人，是金伯利的居民。如果您允许我们通过贵报的话，我们有责任告知所有矿场的公众：最近在贵报专栏中以"伯京·阿贾·马衡"署名的那些愚蠢的信件并非出自我们之手，也不是由我们民族中任何人写的。这些信件的唯一目的是力图煽动对我们的仇视。

金伯利并无中国领事。金伯利的中国居民也认为他们不需要这样一位中国领事，因为他们对这个国家提供的公平公正的待遇和保护充满信心。

关于此地共有700名中国人的说法是一种恶意夸大。我们的人数还不到150人。最后需要说明的是，我们根本不想直接从欧洲

① *Diamond Fields Advertiser*, 4 April 1890, Quoted from Melanie Yap and Dianne Leong Man, *Colour, Confusion and Concessions*, p. 51.

或亚洲进口商品，因为我们十分满意从本地批发商那里购买货物。①

在歧视政策或敌对气氛十分明显时，华人即开始向其他地方迁移。这种情况虽然并不多见，但在毛里求斯、留尼汪和马达加斯加均出现过。

4. 组织起来进行抗争

在南非，对华人影响最为严重的是20世纪初颁发的诸种法令，例如德兰士瓦政府于1904年颁发的《劳工人口法令》(主要针对契约华工)；开普殖民地政府的《排除华人法令》(1904年9月22日)；德兰士瓦政府于1907年颁发的《亚洲人法律修正法》。

1904年9月22日，开普殖民地政府颁布《排除华人法令》。这一法令除了强令居住在开普殖民地的华人进行登记并领取豁免证书外，还就证书的发放和注销做了规定。如第4款规定：豁免证书可任殖民长官之意，随时再行发给。第5款又规定：总督可随时注销豁免证书。此外，第12款规定："警察官及警察或办事大员选派之人可任便在其所管之地方或城市向年至18岁之华人查问其有无执照。若不能呈出此等执照者，则可将该华人带至该处之县令前，县令可即查审其事。若意有不合，则可将该华人拘留，并依本条例之各条所载之法审判。"第17款规定，"任何酒类、采矿、商人、进口商、小贩或其他行业之执照，不许发给任何未持有登记豁免证书之中国佬；此等中国佬亦不许对本殖民地上述各项营业执照表现出直接或间接兴趣；任何未持有登记豁免证书之中国佬不许订立契约以成为矿工、农工、从事其他职业、家庭仆役、洗衣工或任何此项法令之此节所及各项营业执照持有者之帮工。"此外，警察可随时对华人住宅进行搜查等。②

居住在开普殖民地的华人闻风而起，开普殖民地的1 380名华人成

① "The Chinese Population of Kimberley Poor Perkin Killed Off!", in *Diamond Fields Advertiser*, 24 October 1891, Quoted from Melanie Yap and Dianne Leong Man, *Colour, Confusion and Cbncessions*, pp. 52-53.

② 《外交报》，第97期，1904年12月1日(光绪三十年十月二十五日)。法令主要内容的英文文本，见 Melanie Yap and Dianne Leong Man, *Colour, Confusion and Concessions*, p. 63.

立了以蔡光楼为首的“中华总会馆”，对这一种族歧视的法令进行反抗。

(二) 华侨与印侨的联合抗议运动

1.《亚洲人法律修正法案》的出台

德兰士瓦政府于1906年8月公布了《亚洲人法律修正法案》(即《亚洲人登记法案》)，共计22条。其主要内容如下。

(1) 亚洲人均须在指定日期内重新登记注册；凡八岁以下之孩童，均须由其父母或管理人，代为注册；否则将处以罚款或监禁三月，并即驱逐出境。

(2) 营业执照根据注册登记纸发放；没有注册者不能得到营业执照。

(3) 如遇巡捕或查册人员索取册纸，必即交出。登记注册须按印十指印，并详细注明身体上疤痕之可以永识者。①

此法令颁布后，华人立即派出黎文占(Lai Mun James)为代表，在中国驻南非总领事刘玉麟的陪同下于10月赴伦敦向中国驻英大臣递交请愿书，要求中国政府通过外交渠道进行交涉。② 后来，由于德兰士瓦政府选举等因素，这一法案停止执行。第二年1月1日，英国准许德兰士瓦成立责任政府，2月20日进行了选举，3月德兰士瓦议会成立。在第一次议会上即提出了《亚洲人法律修正法案》，在24小时内此法案即三读通过，并作为1907年第2号法令公布。

这一法令很快被英国政府正式批准，于7月1日生效。华人社区立下“宁坐牢，勿登记”的誓言，并从各个方面展开抵抗运动。③

---

① 这一法案的具体内容见《华侨纪闻》，《外交报》，第166期，1907年1月9日(光绪三十三年十一月二十五日)。

② Melanie Yap and Dianne Leong Man, *Colour*, *Confusion and Concessions*, pp. 171-172.

③ 关于南非华人1907—1911年的非暴力抵抗运动的情况，可参见 Melanie Yap and Dianne Leong Man, *Colour*, *Confusion and Concessions*, pp 137-168；李卓凡《西印度洋华侨史》，载方积根编:《非洲华侨史资料选辑》，第244—254页。还可参见陈泽宪《1904 —1910年英国为南非特兰斯瓦金矿招雇华工史料辑存》，载陈翰笙主编:《华工出国史资料汇编》，第九辑，第243— 247页；温宪《南非华人创业史》，《华声月报》，1997年9月号。

2. 梁佐钧递交请愿书

德兰士瓦中华公会主席梁佐钧于1907年10月4日向中国驻英大臣递交了请愿书。请愿书明确表示了南非华人的态度：

> 在华人协会看来，这一修正法案完全没有承认我国古老文明和我国是一个独立的主权国家的事实……阁下的请愿者怀着崇高的心情认为，不应以有损于我们帝国尊严的方式去对待中国臣民。阁下的请愿者很荣幸地享有此种尊严，特别是鉴于这样一个事实：中国是与大不列颠结盟的国家，大不列颠臣民在中国享有最惠国待遇。……华人协会决定不服从这一法案，并准备承受由此产生的一切后果。中国侨民懂得，由于积极抵抗这一法律，随之而来的可能是物质上的彻底毁灭，甚至每个华人可能被驱逐出境。900多名中国侨民已经在不接受这一可耻的法律的庄严声明上签了名。……如果我们提出的自愿登记的建议不能被接受，如果我们得不到足够的救济，华人协会认为有必要向英国政府提出强烈抗议。

从请愿书可以看出以下几点。

（1）法令将华人与印度人相提并论是不合理的。印度是英国的属地，而中国与英国是结盟国，英国人在中国享有最惠国待遇。

（2）法令要求华人用按指印的办法登记注册。“这种立法只有奴隶才能接受，自由人是不能接受的”。尽管面对种种可能的后果，华人已决定抵制这一法令。

（3）为了协助当地政府对移民进行控制，中华公会已经提议华人自愿进行重新登记，以表示华人移民的诚意。

（4）如果这种提议不被接受，中华公会认为有必要向英国政府提出强烈抗议。①

---

①《文件十三：梁金致中华帝国皇帝陛下派驻伦敦的特命全权代表阁下的请愿书（陈述华人社会拒绝服从〈亚洲人修正法案〉的决议）》，见李卓凡：《西印度洋华侨史》，载方积根编：《非洲华侨史资料选辑》，第332—334页。“梁金”应为‘梁佐钧”。

3. 华人联络国内以求支持

在反对《亚洲人法律修正法案》的斗争中，南非华人为了争取中国同胞的支持，积极联络国内的新闻媒介，寻求声援和帮助。当时国内有的报纸杂志即登有南非华人抗苛例的消息或报道。1910 年 7 月 31 日的《东方杂志》刊登了南非华人维益社在梁佐钧第四次被捕后发布的抗议苛例公告：

本省①抗例代表梁君萃轩因公罪三次坐监判罚苦工以后，又于本月 15 日逮捕入狱，强行押解出境矣。计半月来，纷纷判解离境者，先后 20 余人，而况陆续逮捕押解，日有所闻。殆将实行驱绝华侨也。忆自杜政府颁行苛例，四载于兹。我东亚人坚不承认，频年逮捕监禁充作苦工者，几于无日不有之，无人不受之。或一人监禁三、五次而至八、九次者，或因禁锢而殒厥身命，或因禁锢而破厥家产，种种悲惨情形，实难悉数。杜政府②诡计百出，始则用阴柔手段，诱我亚人，继则用强横手段，压我亚人。终则用野蛮手段，迫我亚人，视中英两国通商约章等如弁髦，虽有端人正士，大声疾呼，亦置若罔闻，一味逞强，横行酷政。今年内本社约法三章：

(1) 本社以抵抗杜政府苛例为宗旨，今无论何人被捕禁锢，或驱逐出境，总以杜政府不行苛例，庶几目的达到，斯为上境。

(2) 本社主席梁君萃轩，业已押出境，西文书记叶君启佑，近遭逮捕，亦准备递解出境矣。夫对内而言为主席，对外而言为代表。今此后不拘何人遭捕，可将己之抗例意旨表白，不在乎人之代表焉。殆以养人独立之资格，为光复之基础云而。

(3) 今杜政府苛例颁行，人人有切肤之痛。自后无论本社会内会外人等，一经衙役逮捕，而能立定主意，不认苛例为宗旨，本社一

① 即德兰士瓦。

② 即德兰士瓦政府。

律欢迎招待。①

CANTONESE CLUB

维益社

No 200

This is to Certify that Ah Cheong
has this day been admitted as a member of the Cantonese Club, Johannesburg.

EXTRACTS FROM THE CLUB RULES.

陈元长先生存执

民国八年十二月廿日发给

南非华人组织维益社的会员证

新闻界一方面对南非华人的状况深表同情，并对德兰士瓦政府的恶劣行径进行谴责，另一方面吁请清朝政府采取得力措施，解除南非华侨的痛苦。

(三) 周贵和自杀事件及其影响

1. 歧视法令的颁布

德兰士瓦议会于 1907 年 3 月 21 日很快通过了《亚洲人法律修正法案》的立法程序，并于同年 5 月获得了英国王室的批准。这一法案于 7 月 1 日生效，亚洲人必须根据这一法令在 7 月 31 日之前进行登记。②

① 《东方杂志》，1910 第 7 卷第 6 期。

② D. G. Tendulkar, *Mahatma, Life of Mohandas Karamchand Gandhi*, Vol. 1, Bombay, 1951, p. 100.

这一政策遇到了来自华人和印度人的强烈反对。在斗争的过程中出现了甘地所提倡的“萨提亚格拉哈”(satyagraha),意为“来源于真理和爱或非暴力的力量”。[①] 这一斗争将华人和印度人团结起来,他们为同一目标而斗争。那些作为“英国公民”的印度人举行了群众大会以抗议这一法令。华人则只能利用外交渠道,通过在约翰内斯堡的清政府驻南非总领事递交一份请愿书进行反抗。[②] 他们都希望在移民和贸易活动中得到公正待遇。在《亚洲人法律修正法案》第2号于4月5日公布后,华人和印度人又联合起来为反对这一歧视性政策进行了斗争。

2. 周贵和自杀及其绝命书

1907年7月1日,德兰士瓦自治政府颁布的《亚洲人法律修正法案》正式生效,该法引起亚洲人的集体抵抗。海南人周贵和(Chow Kwai For)因听信雇主劝告,误在登记表上签名。当他得知事情真相后,愤然自杀。他在“绝命书”中表达了自己悔恨的心情。

敬启者:我决意与世长辞矣,恐人不知吾死之故,谨遗书以表白吾之事迹焉。自到南斐洲以来,一因执役卑微,二因言语扞格,故与吾国人交道甚鲜。尽日坐于[③]室中而矣。日前东人命我注转册纸。然我初时不愿注,乃东人谓如我不转册纸即须罢工。斯时为着工钱起见,故不得不勉强从之。然未知如此之大辱也。及后有友人论及注册之事及看繙译注册例一本,方知此系以奴隶待我,不特一己羞

① 甘地觉得“消极抵抗”不能表达其真实含义。一场印度人的斗争却以英文名称而为人所知,这对他而言是“耻辱”。《印度舆论》登出通知,以一笔奖金奖励为这场斗争创造出最佳名称的读者。马干拉尔·甘地(Maganlal Gandhi)建议使用“萨达格拉哈”(sadagraha)一词,意为“好事业之坚定”(firmness in a good cause)。尽管甘地喜欢该词,但仍然觉得它并未充分表达整个思想,便将其改为“萨提亚格拉哈”。参见 D. G. Tendulkar, *Mahatma, Life of Mohandas Karamchand Gandhi*, Vol. 1, p. 103. 还可参见甘地《甘地自传》(杜危、吴耀宗合译),北京:商务印书馆,1998年,第278页。该译本对“萨达格拉哈”的解释略有不同。

② Document XIII, Petition of Leung Quinn to explain the decision taken by the Chinese of Transvaal not to submit to the Asiatic Act, in Huguette Ly - Tyo - Fane Pineo, *Chinese Diaspora in Western Indian Ocean*, pp. 350-352.

③ 原碑文不清。

辱，且辱及国家。嗟嗟，一时蒙昧，追悔何及。我无面目见吾国人矣。愿我国人当以我为殷鉴可也。①

从这封绝命书中，我们可以清楚地感受到由于周贵和受人雇用，地位卑微，他在被迫签名前的无奈。当他得知这一举动对有违华人社会的反抗行动时，认识到此举“不特一己羞辱，且辱及国家。嗟嗟，一时蒙昧，追悔何及。我无面目见吾国人矣。愿我国人当以我为殷鉴可也”。最后决定以死谢罪。他的行为激起了华人社会对歧视法令的愤慨。事后，德兰士瓦中华会馆专为周贵和烈士建立墓地并立碑文如下：

公讳贵和，广东海南人也。因杜省苛例起，一时冒昧，蒙此奇辱，故耻之愤而自裁，遗下绝命书以见志。身后萧条，无以为殓，同人嘉公之劲节，故勒碑以为纪念，并系以铭。铭曰：呜呼！周公岭表奇伟，气壮山河，身骑箕尾烈士碑，松柏树斐洲之南，岿然千古。

光绪卅叁年拾月廿七日杜兰斯哇中华会馆谨识并录其绝命书以垂不朽。②

3. 事件的影响及华人与印度人的联合抗争

这一事件在华人中引起极大反响。③ 梁佐钧在华人大会上发言，谴责德兰士瓦政府须对周贵和之死承担责任：

我鄙视并痛斥所谓协会对死者进行了威胁或施加某种压力之说。但是此事的教训是什么呢？对我们来说，诚然是一场大悲剧。现在不是说客气话的时候，我愤怒地谴责德兰士瓦政府杀害了一个无辜的人。受害的理由，无非他是亚洲人。④

此信翻译成英文在南非当地的印度人报刊上登出后，大大促进了华

①② 周贵和：《绝命书》，载李安山编注：《非洲华侨华人社会史资料选辑 1800—2005》，第 122 页。本文件录自南非华人历史学家、《南非华人史》作者叶慧芬女士所寄碑文照片复印件。谨借此机会向叶女士惠赠有关资料表示谢意。

③ Melanie Yap and Dianne Leong Man, *Colour, Confusion and Concessions*, pp. 147-149.

④ 李卓凡：《西印度洋华侨史》，载方积根编：《非洲华侨史资料选辑》，第 246 页。

周贵和烈士墓

人和印度人在抗议斗争中的联合运动。德兰士瓦的华人协会召集了一次会议，华侨领袖梁佐钧邀请印度领导人甘地发表演说。甘地指出这部新的法律将亚洲人置于一种被羞辱的境地之中，“没有任何一个文明国家的有自尊心的国民能够接受这种羞辱”。他号召中国人不要理睬重新登记的强制性条款并且服从被关押的命令①。那就是绝大多数印度人所做的事情。在挑战德兰士瓦政府的行为方面，甘地表示：“无论是中国人还是英属印度人，如果忠实于自己，忠实于同胞，将荣誉置于一切之上，他们决不会承认登记法。”

在周贵和的追悼会上，梁佐钧谴责了德兰士瓦政府：“我要审慎地控诉德兰士瓦政府谋杀了一个无辜的人，所有这一切都是因为他是一个亚洲人。”②周贵和的遗书在《印度舆论》上得以发表，在所有的消极抵抗运动中广为传播，他的行为也鼓舞了所有的亚洲人。③ 南非华人与南非的印度人一起，拒绝按《亚洲人登记法案》的要求进行登记。1907 年第 2 号法令正式公布后，900 多名华人在拒不接受《亚洲人法律修正法案》的庄严声明上签名。同时，当地的印度侨民在甘地的领导下，也积极进行抗苛例的斗争。

在纪念周贵和同时抗议歧视法令的大会上，梁佐钧和甘地分别代表

---

① *Indian Opinion*, June 1, 1907, Quoted from Melanie Yap and Dianne Leong Man, *Colour, Confusion and Concessions*, p. 141.

② *Indian Opinion*, November 16, 1907, in Huguette Ly - Tyo - Fane Pineo, *Chinese Diaspora in Western Indian Ocean*, p. 231. 周贵和的信被刊登在同一期的《印度舆论》上。

③ 这一场斗争以双方的妥协而告终。参见 Goolam H. Vahed, "The Making of Indiana Identity in Durban, 1914—1949", pp. 47-52; D. G. Tendulkar, *Mahatma, Life of Mohandas Karamchand Gandhi*, Vol. 1, pp. 108-185.

华人和印度人缔结了友好互助条约。1907 年 11 月 30 日是德兰士瓦的亚洲人进行登记的最后期限。

> 特(即德兰士瓦)政府初闻华人有意抗例,大怒。谓亚人若[不]如期注册,期满必悉数驱逐。然实无逐人出境之权。嗣以印人注册者,只三百余人,华人三、四而已,乃遂宽限一月。及限期复满,亚人仍不注册,于是拘捕华、印之有体面人,处以禁锢,而抵抗如故。①

在 7 月 31 日,也就是登记的最后一天,印度人在比勒陀利亚召集了一次群众大会。来自德兰士瓦各地的代表出席了这次大会,他们代表了 13 000 名印度人的利益。政府派代表发出了最后通牒,但这并没有产生什么作用。印度人和中国人通过群众大会、游行和设立警戒线等方式坚决抵制这一法案。一家位于约翰内斯堡的拥有很多中国顾客的批发公司,通知说除非中国人进行登记,否则将停止所有赊销购物。中国人则通过索要他们名下的借方分录的全部数额,并承诺马上支付款项和威胁彻底抵制的方式对此进行了回击。这就使这家公司觉醒了过来,马上表达了歉意。一家位于 pietersburg 的印度公司由于受到一家位于德班的欧洲批发商行要求他们遵守法律条款的压力,愤慨地取消了他们的订单。②

联合抵制取得了非常大的成功。在比勒陀利亚,在 1 500 人中只有 100 个人进行了登记。虽然政府一再拖延最后期限,但是直到 11 月 3 日,在超过 1.3 万人中也只有 511 人进行了登记。中国人和印度人中的领导和平民都参加了斗争。此外,他们在狱中都有着相同的经历。25 名亚洲人在 12 月 25 日因为他们的所作所为而遭到逮捕,他们中有甘地和华人领导人梁佐钧,他们都因违反法律而遭到起诉。甘地告诉政府广场上的数量众多的印度人、中国人和欧洲人说:“我们最好离开这块殖民地,而不要失去我们的自尊和荣誉感。这是一场宗教斗争,我们应该战

---

①《外交报》第 208 期,1908 年 5 月 14 日(光绪三十四年四月十五日)。

② D. G. Tendulkar, *Mahatma, Life of Mohandas Karamchand Gandhi*, Vol. 1, pp. 100, 102.

斗到最后。”①1908 年 1 月 10 日，甘地和其他那些参加审判的人以不服从在最后期限内离开殖民地的命令为由被宣判有罪，也包括梁佐钧等人在内。到 1 月 29 日，一共有 155 名消极抵抗者被关入监狱。② 甘地仍然记得他们共同拥有的对于在监狱中的共同经历的理解：

TRANSVAAL CHINESE UNITED CLUB

This is to Certify

南非洲华侨联卫会所

673

广东省广州府南海县

关新满先生收执为据

中华民国拾年十二月十五日 发给

南非华人组织联卫会所的会员证

> 梁先生确实是非暴力不合作主义的重要支持者。我为自己在斗争的经历中认识他这种类型的人而感到自豪。我没有因为那些人的离去而感到气馁。我确信胜利是属于我们的。③

① D. G. Tendulkar, *Mahatma*, *Life of Mohandas Karamchand Gandhi*, Vol. 1, pp. 105-106.

② 梁佐钧曾被放逐到锡兰。当他回来后，立即赶到德兰士瓦参加这场斗争。1 月 19 日他因不具有登记证而被判处三个月的监禁。D. G. Tendulkar, *Mahatma*, *Life of Mohandas Karamchand Gandhi*, Vol. 1, p. 152. 关于这场斗争，还可参见李安山《非洲华侨华人史》，第 191—202 页。

③ *Indian Opinion*, June 5, 1909, in Huguette Ly - Tyo - Fane Pineo, *Chinese Diaspora in Western Indian Ocean*, p. 236.

德兰士瓦政府于12月逮捕亚洲人抵抗运动领袖，包括华人领袖梁佐钧、叶远东(Easton)、霍惠端(Fortoen)等人。在约翰内斯堡审判大会上，华人领袖提出了抗苛例的理由。叶远东声称自己信奉道教，“按指印是违反教规的”。梁佐钧认为，“登记法是对其本人和他的国家的侮辱”。霍惠端也提出“登记有损于自己和国家的尊严”。①

由于华人和印度人领袖拒绝接受政府的做法，他们均被政府逮捕后关进监狱。1908年1月28日，梁佐钧、甘地和奈多等华人和印度人领袖致函德兰士瓦殖民事务秘书，要求政府废除这一法案：

> 作为印度和中国侨民的代表，我们积极参加了反对关于亚洲人重新登记的修正法案的活动。……根据这一法案的规定，亚洲人必须按手印来证明其身份，否则就难以准确地证明是亚洲人。对此，我们的立场莫过于反对法案本身包含的强烈因素，即要求按手印的做法。有鉴于此，我们一再提出自愿地进行注册登记，如果废除这一法案的话。……我们并不反对亚洲人进行注册登记时尽可能地按法案要求和规定行事。在这种情况下，敦请承办注册的官员接受注册者的签字，并以此证明其身份。如果政府同意此项建议并接受按上述条件注册登记的话，我们认为，在注册期内要停止根据法案规定所进行的各项起诉和惩罚。在我们方面，我们将再次力求施展我们的一切影响，促使我们的同胞注册登记……②

政府当局即派人到狱中与梁佐钧和甘地等人商量。双方侨民领袖提出以下要求：

(1) 停止新例。

(2) 准宽限三月，让亚洲人自行注册。

(3) 亚洲人之有学问、产业、体面者，免按指印，代以签字。

① 李卓凡：《西印度洋华侨史》，载方积根编：《非洲华侨史资料选辑》，第263—264页。

②《甘地、梁金、奈多致德兰士瓦殖民事务秘书的信》，见李卓凡：《西印度洋华侨史》，载方积根编：《非洲华侨史资料选辑》，第335—337页。

（4）亚洲人有与宗教违背，不愿印十指印者，可印一指。①

经过谈判，德兰士瓦政府与亚洲人抵抗运动于 1908 年 1 月 30 日达成妥协；后因政府出尔反尔，亚洲人社区恢复抵抗运动。8 月 23 日，在南非华人举行的大会上，梁佐钧为代表的“抵抗派”与“妥协派”发生冲突；后双方就德兰士瓦中华公会的经费使用问题发生法律纠纷。1909 年 4 月 18 日，南非华人的“抵抗派”和“妥协派”在约翰内斯堡发生械斗，导致 4 名华人受伤，29 人被捕。② 这不仅使华人对苛例的反抗运动受到严重削弱，同时也导致了华人社区的长期分裂。

甘地的消极抵抗手段是既不起诉也不上告，梁佐钧则利用各种合法手段进行斗争。1910 年 4 月，梁佐钧再次向中国驻英大臣提出一份请愿书，要求清政府通过外交途径敦促英国政府取消《亚洲人法律修正法案》。5 月，他与其他 25 名华人被流放至印度。12 月底，梁佐钧返回德兰士瓦，即被拘禁，其罪名是在没有登记册的情况下进入德兰士瓦。1911 年 2 月，南非联邦政府提出一项新的移民法案。叶远东代表华人致函内务部长，要求在新法案中消除各种种族隔离的条款和歧视措施。3 月，中国驻南非代理总领事刘毅因屡屡提出废除苛例的要求惹怒南非当局而被召回国。

甘地与政府当局的代表史末资将军于 1911 年 5 月达成协议：取消《亚洲人法律修正法案》；消极抵抗者具有进行登记的权利；保留亚洲移民现有的权利。南非华人社区支持这一解决办法。在甘地、梁佐钧等人的不懈努力下，华人移民不仅得到了同样的待遇，因参加消极抵抗而被逮捕的华人也先后获释。消极抵抗运动正式结束。③

---

①《外交报》，第 208 期，1908 年 5 月 14 日（光绪三十四年四月十五日）。

② Melanie Yap and Dianne Leong Man, *Colour, Confusion and Concessions*, pp. 155-159.

③ 关于印度人与华人合作抵抗的情况，李卓凡书中有较为详细的记载。关于梁佐钧的下落有两种立法。李卓凡指出，长期的监狱生活使他的身体受到摧残，“他没有继续执掌协会，但继续关心甘地的经验，不时到托尔斯泰农场（甘地为培养消极斗争的骨干而建立的试验基地）去看看”。参见李卓凡《西印度洋华侨史》，载方积根编：《非洲华侨史资料选辑》，第 248—254 页。叶慧芬认为他后来神秘地失踪了。参见 Melanie Yap and Dianne Leong Man, *Colour, Confusion and Concessions*, pp. 166-168.

第九章　清朝政府对非洲华侨的政策

凡有商民船只私自下海或资寇通盗者斩，货物充公，家产给讦告之人。该管文武官不能查获，俱革职从重治罪，地方保甲知情不首者处绞。

——《钦定大清会典实例》

戊午年定约互换以后，大清大皇帝允于即日降谕各省督抚大吏，以凡有华民情甘出口，或在英国所属各处，或在外洋别地承工，俱准与英民立约为凭，无论单身或愿携带家属一并赴通商各口，下英国船只，毫无禁阻。该省大吏亦宜时与大英钦差大臣查照各口地方情形，会定章程，为保全前项华工之意。

——《中英续增条约》

工人为公司效力，以致受病，而公司并不照例资回，令其病故非洲，该公司自应照意外丧命给恤。……拟请按照应给回华脚费作为抚恤银两。在公司原系应付之款，在工人家属得此养赡，亦可免饥寒之虑，理合详请鉴核等情，除批示外咨呈查核与英国公使商订附条添入原约，……

——驻南非总领事刘玉麟至外务部申呈

前面各章谈到了在非洲的契约华工以及华侨在非洲各地的社区生活。我们同时看到了华侨华人在非洲各地受到的各种歧视与限制。本章以清朝对非洲华侨的政策为切入点，通过对所收集的国内外有关资料进行分析，力图提出自己的观点。长期以来，学术界有一种观点，即认为清政府只会迫害华侨，根本谈不上保护。① 本章将以史实为依据，既不否认清政府腐败的一面，同时分析了中国驻外使节特别是中国驻南非外交机构对华工和华侨所采取的保护措施及清政府对非洲华侨的政策。

中国人从16世纪起即开始移居非洲，但较大规模移民则始于清末。非洲华侨创业的道路充满荆棘，他们的发展更是受到居留国各种移民政策的限制。这些政策都带有明显的歧视性，有的专门针对华人（如南非1904年的《排除华人法令》和马达加斯加殖民当局的对华人的政策），有的针对亚洲移民（如南非政府的多项亚洲人土地政策），还有的针对所有外籍移民（如葡属东非对外籍侨民的政策）。非洲华侨华人的经历十分艰难，②他们希望祖国作为自己的后盾。遗憾的是，在19世纪后期，正在衰落的清朝政府已力不从心，更谈不上保护海外华侨的利益。③

一、晚清侨务政策

一个国家的侨务政策是国际关系的直接反映，首先受到国际环境的影响。就国内因素而言，主要与海外移民的数量密切相关。先有海外移

---

① 彭家礼：《清末英国为南非金矿招募华工始末》，《历史研究》，1983年第3期，第185页；徐艺圃：《清末英属南非招工案初探》，《文物》，1984年第22期，第78页。

② 可参见李安山《论清末华侨在非洲的社区生活》，《华侨华人历史研究》，1999年第3期。

③ Yen Ching-Hwang, *Coolies and Mandarins: China's Protection of Overseas Chinese during the Late Ch'ing Period (1851 - 1911)*, Kent Ridge: Singapore University Press, 1985; Harley Farnsworth MacNair, *The Chinese Abroad, Their Position and Protection: A Study in International Law and Relations*, Shanghai: The Commercial Press, 1924. 关于清政府对海外华侨的政策的研究著述，还可参见颜清湟《清朝对华侨看法的变化》，《南洋资料译丛》，1984年第3期，第79—89页；张效民《晚清政府的条约外交》，《历史档案》，2006年第1期，第78—83，91页。

民，才会产生对侨务政策的需求。其次，一国的侨务政策与一个国家各级官员的观念密切相关。最后，作为国家内政和外交的组成部分，侨务政策当然与一国的综合国力有直接关系。

(一) 海外移民的增加与分布

杨国桢等人在《明清中国沿海社会与海外移民》中认为，清前期海外移民的分布虽然在不断变化，但其基本格局因袭了明中叶以来的区域分布。一方面，在东南亚的各个商埠和单一经济区的中国移民不断增长，如种植业集中的暹罗地区的中国移民达 70 万—100 万之多。爪哇地区除繁忙的巴达维亚的中国移民不断增加外，鸦片战争时中国移民已达 11 万—12 万。矿业兴起的婆罗洲吸引了不少中国移民，到鸦片战争前已达 15 万之多。除了菲律宾的华人有所减少外，马来半岛、槟城、马六甲和新加坡等地的中国移民也有所增加。越南、缅甸的中国移民数量在鸦片战争前也各自达到了 10 多万。日本的华侨人数也有所增加。总之，在鸦片战争时，中国海外移民人数总计约 100 万—150 万，主要分布在东南亚和东北亚地区。

到清朝后期，中国海外移民有较大变化。其一是地域分布的扩大，从东南亚和东北亚地区扩展到美洲、澳洲和非洲。其二是移民数量的急剧增加。南洋地区仍是华人最为集中的地区。晚清时期，中国海外移民在南洋地区已达到 500 万左右。① 1902—1908 年的中国海外移民总数已达 700 万—900 万左右。②

中国海外移民人数的急剧增加，在相当程度上与欧洲殖民瓜分的完成密切相关，殖民地的基础设施建设和单一经济作物制特别是种植园经济需要劳动力。到 19 世纪末，由于契约华工遍布世界各地，加上华商在

---

① 杨国桢、郑甫弘、孙谦：《明清中国沿海社会与海外移民》，北京：高等教育出版社，1997 年，第 41—42 页。

② 洪丝丝：《华侨对辛亥革命的巨大贡献》，载洪丝丝等：《辛亥革命与华侨》，北京：人民出版社，1982 年，第 2 页。

各地的发展,美国、墨西哥、加拿大、澳大利亚、古巴、秘鲁、毛里求斯、留尼汪、南非等地的华侨华人社团已初具规模,且在维护华人权益方面开始发挥作用。

中国海外移民社会逐渐成形的突出表现是经济力量的增强,这点在毛里求斯华侨社会尤其明显。华侨社区的成形和一些社会组织的成立不仅加强了对中国文化的认同,也使一些华人领袖脱颖而出,他们的民族意识和爱国情绪十分明显。在这一基础上,华侨与中国的联系也不断加强。在对当地歧视法令进行抗争的过程中,他们往往向中国报刊投寄文章,揭露当地政府的苛例,并随时报道华侨社区的情况。这种倾向与清朝政府自 1860 年以后对中国海外移民在态度上的变化有直接关系,华侨的身份进一步确定。

由于大量中国海外移民的存在,他们对所在国政府颁布或实施的一系列歧视性法令或条款极为不满,希望中国政府进行交涉,予以保护。正是在这一环境下,催生了晚清的侨务政策。

(二) 清朝官员的观念转变

在第二次鸦片战争以后,西方列强几乎一致要求中国政府派出驻外使节至国外,尽管在设领问题上态度不一。西方引进的移民和国际法概念对当时的清朝政府有所冲击,但总体而言,当时的清朝政府官员一般对向国外派遣使节特别是中国海外侨民的利益缺乏认识。然而,在清朝官员中间出现了对国外舆情了解比较全面,对与海外打交道认识比较深刻的两类人:一类是负责洋务的高层官员,另一类是东南沿海的地方官员。

洋务派头面人物如左宗棠、曾国藩、李鸿章、沈葆桢等人均对遣使驻外持积极态度,这当然是为了与外界保持交流的畅通渠道。然而,正如袁丁指出的,他们主要考虑的是驻外使节的观察和谈判这两种职能,对护侨几乎没有丝毫感觉。即使后来认识到驻外领事与海外华侨之间的关系，他们看到的也是对海外侨民的监视和控制。这一点到清末更是明显。①

然而，一些沿海地区的官员却认识到华侨的作用以及使领的管理和保护华侨之重要性。苏州布政使丁日昌是一个典型的例子。他指出：

> 查闽粤之人，其赴外洋经商佣工者，于暹罗约有三万余人，吕宋约有二三万人。若中国精选忠勇才干官员，如彼国之领事，至该处妥为经理，凡海外贸易，皆官为之扶持维系，商之害官为厘剔，商之利官不与闻。则中国出洋之人，必系恋故乡，不忍为外国之用，而中国之气日振。仍令该员于该处华人，访其有奇技异能，能制造航械及驾驶轮船，并精习洋枪兵法之人，给资遣回中国，以收指臂之用。②

这里，我们不仅看到了挑选领事的标准，领事管理和保护海外侨民的职能，还看到领事可以在华侨中物色各种人才，特别是掌握现代技术和军火工业技术的能人。

（三）国力衰弱与侨务政策

对非洲华侨的政策是晚清政府侨务政策的一部分。从总体上看，清朝政府对华侨的政策可以大致分为三个阶段：1860 年以前为第一阶段，这一时期华侨政策可以概括为敌视且防范；1860—1876 年为第二阶段，其政策特点是消极而模糊；1876 年以后为第三阶段，其特点为有心而无力。③

在 1860 年以前也即《续增条约》（即通常所说的《北京条约》）签订以

---

① 袁丁：《晚清侨务与中外交涉》，第 38，71 页。

② 同上书，第 38—39 页。

③ 有关晚清政府的侨务，参见袁丁《晚清侨务与中外交涉》，此书系作者在其博士论文基础上修改而成，较为全面地阐述了这一问题。有关晚清的非洲侨务，还可参见苑焕乔《清末政府向南非输出劳务概述论》，《北京联合大学学报》（人文社会科学版），2000 年第 4 卷第 1 期，第 46—50 页；王颖丽、孙红旗、张文德《刘玉麟与晚清侨务在南非的开展》，《潍坊教育学院学报》，2007 年第 20 卷第 1 期，第 92—95 页；王颖丽、张渊《华工・南非自治・英国政坛》，《八桂侨刊》，2008 年第 2 期，第 17—21 页。

前，清朝对华侨的政策是从防范入手，可以说是对异己分子的政策。它因袭明朝的政策，将流落在外的华侨看作不安分的贱民、叛逆之民，对私自出洋经商或蓄意定居的人施行斩首。大清律中明确规定：凡官员兵民私自出海贸易及迁海岛居住耕种，均以通贼论处斩；州县同谋，或知情隐匿，亦将处斩。华侨被称为“弃民”“罪犯”“潜在的汉奸”，随后又被视为“政治犯”“谋反者”“叛逆之民”。

虽然一些华侨并未参加直接的反清活动，但他们认为清朝是外来政权，是异族篡位，因而积极支持所有的反清活动，特别是郑成功的反清斗争。对这些华侨，清朝严防严惩。1656年（顺治十三年）朝廷下诏：“凡有商民船只私自下海或资寇通盗者斩，货物充公，家产给讦告之人。该管文武官不能查获，俱革职从重治罪，地方保甲知情不首者处绞。”1661年（顺治十八年）又重申此令。1712年康熙皇帝下诏：“久居海外者，该督抚行文外国，将留下之人，令其解回立斩。”后又试图安抚一些真正在海外从商的华侨，以示区别对待，清政府又颁布谕令：“……在番闽人令各船户出具保结，准其搭船回籍，交地方官给伊亲族领回，取具保结存案。如在番回籍之人，查有捏混顶冒，显非善良者，充发烟瘴地方，至定例之后仍有托故不归复偷渡私回者，一经拿获，即行请旨正法。”这些法令，无疑影响着海外华侨华人与中国的关系。1717年，康熙皇帝下诏，命令出洋移民返国，并保证对他们予以宽恕。随着中西交往面的逐渐拓展，西方列强在中国的势力不断扩大，清朝政府对拐卖劳工或掠夺苦力的现象再也不能睁只眼闭只眼。虽然清政府对此行径屡屡禁止，但官官相护，内外勾结，效果不佳。①

清朝末年，中国的内政外交已至穷途末路之境，列强的威逼使国门被迫打开。侨务在此时的洋务中只占很小的分量。非洲华侨华人的早期经历十分艰难，他们当然希望祖国作为他们的坚强后盾。遗憾的是，处于衰落中的清朝政府已是力不从心。

---

① 有关清朝政府对华人出洋的政策演变，参见袁丁《晚清侨务与中外交涉》，第3—28页。

二、契约华工招募事宜与条约的签订

(一) 中英、中法续增条约的签订

1860年,清朝政府与英、法政府分别签订《中英续增条约》和《中法续增条约》。这样,清朝政府不得不承认英、法两国在中国招募契约华工的合法性。《中英续增条约》第五款载明:

> 戊午年定约互换以后,大清大皇帝允于即日降谕各省督抚大吏,以凡有华民情甘出口,或在英国所属各处,或在外洋别地承工,俱准与英民立约为凭,无论单身或愿携带家属一并赴通商各口,下英国船只,毫无禁阻。该省大吏亦宜时与大英钦差大臣查照各口地方情形,会定章程,为保全前项华工之意。①

同年签订的《中法续增条约》第九款也载明了同样的内容。② 这无疑为西方资本主义国家掳掠中国人当苦力大开方便之门。

对清朝的中国人而言,中英、中法续增条约的意义在于出洋谋生或在国外定居将不再被视为非法,这无疑使处于困境中的中国人又多了一条生路。1879年,法国驻广州领事师克勤即根据此条约向清朝政府要求准许法商为法国在非洲的殖民地招募华工。虽然从上述法律上看,清朝政府已将中国人出国视为合法,但奇怪的是,中国人出国后即被视为外人,政府不允许华侨回国。③ 这种自相矛盾的做法反映了清朝政府对华侨的政策仍是模糊不清的,对华侨仍取歧视甚至敌视的态度。

1866年,清朝政府与英、法驻中国大使签订《续定招工章程条约》。条约共22款,对英、法国民及其代理人在华招工做了规定。条约对英、法领事官有所要求,赋予中国各通商口岸地方官一定权利,并就招工合

---

① 王铁崖编:《中外旧约章汇编》,第一册,第145页。

② 同上书,第148页。

③ 杨建成主编:《华侨史》,台北中华学术院南洋研究所,1985年,第134页。

同条款中的契约期限、工作时间、疾病照顾等细则做了规定。此外,条约还对一些具体事宜有所限制,如第 11 款规定:“华民年不及二十岁者,或欲承工出洋,必须取其本身父母准往凭单,盖用地方官印信,方准承招”;第 22 款规定:“华工出洋到彼,夫妇不能分派两处工作,幼儿不及十五岁者不准令离父母。”①

这一条约可以说是清朝政府力图维护出国华工利益所做的努力,在某种程度上制止了英、法在华肆意招募华工的做法。英、法两国政府互相勾结,借口对其中的第九款不能同意,均拒绝批准这一条约。第九款是这样规定的:“合同所定承工年限,不准逾于五年,期满如欲回国,彼处必将合同所注水脚路费若干,按数备全交付,便船送回中华”。法国政府认为年限过短,要求延长至八年;英国政府则不肯承担华工回国川资。由于清朝政府已将条约公布,而英、法政府拒绝承认,致使英法商人滥用 1866 年条约所赋予的权利而不受条约义务的限制。② 清朝政府也无能为力。

1876 年,清朝政府派遣郭嵩焘到新加坡调查华侨情况,第二年又委派当地的华侨领袖胡璇泽为新加坡总领事。这标志着清朝政府对侨务政策的一种调整,相对以前的消极政策确实是一种进步。③ 遗憾的是,此时的清政府已是百孔千疮,无力自保,对华侨的保护也只能是走形式而已。

(二) 南非的早期华工

庚子国难,国库空虚,债款沉重,民不聊生。清政府被迫实行所谓“新政”,广大农民不堪重负,大批弃田离乡,加入流民行列。数千万四处

---

① 王铁崖编:《中外旧约章汇编》,第一册,第 242—246 页。

② 张芝联:《1904—1910 年南非英属德兰斯瓦尔招用华工事件的真相》,《北京大学学报》,1956 年第 3 期,第 89 页。

③ 关于郭嵩焘在护侨方面的功绩,参见刘华《护侨先驱郭嵩焘》,《华侨华人历史研究》,1998 年第 1 期。

流离居无定所的游民，无疑给社会带来极大的不稳定因素。风雨飘摇中的清政府，不得不另图他策，以应付如此险峻的形势。

如前所述，早在1904年南非引进契约华工之前，契约华工已被引进欧洲列强在非洲的其他殖民地。即使在南非，也已经有了为数不少的劳工和自由移民。

1899—1902年发生的英布战争导致南非当地百业凋零，英国矿业资本极力为引进中国劳工的舆论造势，这种局面导致南非布尔人对当地中国人的反感日益加剧。为此，侨居南非的华人于1903年向当时的中国驻英大臣张德彝递交了多份请愿书。其中，署名为"商人韵轩朱楼"的德兰士瓦华人和署名为"朱其荃、廖其曾、梁湘沅、胡锦星、何崇炜"的金伯利华人的两封请愿书分别提到了当地针对华人的苛例：

> 竟不料非我族类，包藏祸心，近年因视中国孱弱，并藐视中国出洋华商也。所以迩来苛例并出三十余条，愈出愈苛，愈苛愈迫。窥其瞥见，迨至华商欲驱诸无容身之地而后即安，虽华商非可比中国圣主贤臣于一万，而亦犹中国圣主贤臣之血肉也，英人藐视华商，即藐视中国圣主贤臣也。其最难堪者，杜出华人店纸，继则拒禁华人不能入境，余则逐款网罗金必利埠八十余间店户、二百余口华商，燔之炙之。……伏乞俯察苦情，据历有交通之大义，以除其残忍之新章。①

这段陈情书反映了南非华侨的担心：针对南非亚洲人的立法将更加严格，对南非华侨的生存将构成潜在威胁。他们要求清朝政府在南非设立领事馆并派驻领事。从这份请愿书可以看出，当地华人对清朝政府抱有莫大的希望，对祖国的保护十分期盼。张德彝将这两份请愿书呈送给外务部，由于中英双方当时正在谈判向南非输出华工一事，因而对派驻

① Yen Ching-Hwang, *Coolies and Mandarins*, pp. 335-337. 关于请愿书的内容，参见《驻英大臣张德彝为南非吻省华民受虐事致外务部大臣函》中的两个附件，载陈翰笙主编：《华工出国史料汇编》，第一辑（四），第1732—1733页。

领事一事没有立即做出表示。这一请愿书的重要意义在于使清朝政府第一次注意到南非华侨的存在。

(三) 中英《保工章程》的签订

尽管华侨华人早已出现在南非,从事各种手工及建筑行业,但清朝政府对这一情况丝毫不了解。从清朝政府的角度看,最早的非洲华侨是那些赴南非金矿的契约华工。因此,清朝政府对非洲华侨的政策实际上是从涉及华工利益开始的。1904 年,中国与英国签订《保工章程》。在双方签约之前,南非当局已将在南非议会通过的法案和契约条款送交英国政府。这些文件送给张德彝以后,他在 2 月至 5 月与英方多次交涉讨论,对其中一些条款作了适当修改。张德彝要求加人"厂主不得责打工人,并不得视同物产辗转租赁"等节,遭到英方拒绝。此外,张德彝还提出了不得对劳工施加肉刑,不论劳工在哪一港口上船,在遣返时劳工必须在离岸港口登岸以及只能由英国船只运送劳工等条款。① 双方经过谈判,于 1904 年 5 月 15 日签约。这一条约的签订实际上是对中国主权的进一步侵害。条约的第一款规定:

> 自后凡英属各处或归英保护之地如须招用立约为凭之华工,当随时即由英国驻京钦差大臣将该英属或归英保护之地之名,以及将来招载华工出洋之通商口岸、招雇条款、拟给之工价,一一照会中国政府,中国政府当毋须别项照会,立饬指明之通商口岸之地方官,竭力设法,俾招工事宜得以迅速办理。②

这一条款表明,不管任何时候,只要英国或其殖民地需要劳工,英国政府仅需通知中国政府一声。至于出洋之通商口岸、招雇条款、拟给之工价,均由英方决定,并由英国驻华大使照会清朝政府。清朝政府不仅丝毫没有发言权,而且被剥夺了审核招工合同内容的权利。中国方面所

---

① Melanie Yap and Dianne Leong Man, *Colour, Confusion and Concessions*, p. 109.

② 王铁崖编:《中外旧约章汇编》,第二册,第 239 页。

要做的，只是指令通商口岸之地方官设法配合英方，使招工事宜迅速办理。《保工章程》第十三款又规定：

> 凡按照本约所招订立合同之华工，每招得一工，须纳费银，交付中国政府，以充稽查招工事宜之需……以上所开之费，当于载工船具领红单以前，呈交海关银号收存，按照下开之数计算：如招得之工人数不过一万，每人应抽费墨洋三元；一万以外，每人抽费墨洋两元……①

由此可见，清朝政府这种行为换来的是一点蝇头小利。正如张芝联在论述英属南非当局招用华工问题的文章中所指出：这只是一笔为豁免检查的贿赂而已。②

如果因此一味指责清朝政府弃人民利益于不顾，力图争得这点蝇头小利，也是不客观的。当时驻英大臣张德彝在光绪二十九年十月十六日致外务部函中明确指出，此次招工有“三害”：

> 现在斐洲矿主以土工不敷，定议招用华工，已派洋人柏尔雷来英，由英搭船赴华。先至香港，再赴通商口岸查访情形，……盖彼所定华人工价极微，尚不如斐洲黑人之工价……，将来必有流落不返者，其害一。华工雇定以后，即由洋人载之赴斐，船价由工价内扣除；至斐后勒令另居一所，不得随便出入，做工时则驱之出，歇工后则驱之入，无异于驱使牛马，其害二。斐洲各项工人如何看待，皆有定例，而矿主之待华工，每不与西工一体。西工做工仅八点钟，华工则做工久暂，惟雇工者之喜怒是定。做工之时受工主横暴，歇工以后复受同党之欺凌，随意打骂，复无人理，其害三。有此三害，若竟浇铸不顾，一任英人予取予求，满欲而去，则非徒已在斐洲十余万之华工，其困苦莫由补救，而将来陆续前往者，被害更无底止。……若

① 王铁崖编：《中外旧约章汇编》，第二册，第241页。

② 张芝联：《1904—1910年南非英属德兰斯瓦尔招用华工事件的真相》，《北京大学学报》，1956年第3期，第90页。

当此斐洲急切需工之际，尚不设法挽救，是华工将终无伸眉之日矣！①

客观地说，清朝政府也希望在国际交往中展示大国风度，在处理海外侨民的事务上体现中国主权。设立南非总领事馆是这种愿望的具体表现。《保工章程》第六款规定：

大清国大皇帝可以简派领事官或副领事官前赴华工所至之英属或归英保护之地，照料彼等利益、安乐，俾该工等及该处所有别色华民得以格外妥行保护，该领事官或副领事官所享之权利与他国领事官所享者无异。

三、驻南非总领事的委派与护侨事宜

（一）派驻南非领事的必要性

1904年以前英属南非德兰士瓦矿业公司即开始在华策划招工。《保工章程》签订后，招工势头甚猛。一些中国官员意识到委派领事前往南非保护华工的必要性，这一章程也受到中国相关地方官员的重视。根据《直督袁咨外务部南非洲招工请遴派领事保护文》：

据津海关道唐绍仪详称，窃照职关前奉宪台札行外务部咨送南非洲招工章程，饬即遵照办理等因。蒙此遵即遴派杨守按照定章办理天津稽查保工事宜，业经详报，并请转咨在案。兹据该守陆续禀称，现在出口华工计共4000名左右，并准新关税务局复查无异。伏思津埠出口华工一月之间已及此数，嗣后仍拟陆续添募。此外，各关应招之华工人数当不少。查工章第六款，内载我国可以简派领事官或副领事官，前赴华工所至之英属或归英护之地，照料彼等利益

① 《驻英大臣张德彝从允南斐招工前务须与之定一专约致外务部函》，载陈翰笙主编：《华工出国史料汇编》，第一辑(四)，第1649—1651页。

安乐；俾该工等及该处所有各色华民得以格外妥行保护，该领事官或副领事官所享之利权与他国所享者无异等语。目下华工应招出口人数既繁，业经先后载往工次亟应预筹保护，以免外人凌虐。所有第六款章程载明，派领事馆[官]或副领事馆[官]前往照料一节，似宜从速遴派，俾已出口之华工得以早沾保护利益。拟请鉴核转咨外务部核夺办理，实为公便等情到。本大臣据此除批示外，相应咨呈贵部，谨请查核，酌夺办理。见复施行。①

根据1904年10月被东兰德金矿公司聘为参议员的南非华侨谢子修的记载，他在南非金矿的亲身经历说明华工的处境是十分悲惨的。谢子修在金矿当参议员时，每每不辞辛苦，深入矿井，对华工的真实待遇明察暗访。他看到的情况催人泪下，“常见工人当操工之际，有泣下者，咨嗟叹恨之声不绝于耳，因叹三年之久，各工历受险苦，为何如哉！余又夜间巡视工厂，每闻啜泣之声，常见有拥衾涕零，长吁短叹者。盖亦不忍谛听。”②契约华工的这种悲惨境遇，同时在发送给中国的报刊文章中也反映出来。

考虑到南非华侨的要求和保护华工的需要，外务部决定在南非设立领事馆，并提出刘玉麟(Lew Yuk Lin)为总领事人选。刘玉麟当时为二品衔直隶候补道，曾“游学美国，才识优长，于海外情形极为熟悉”。他的任务十分明确：一方面对英属南非华侨“妥为保护”，另一方面对应募华工“统归管辖”，对华工“随时弹压稽查”。③

此外，南非的华侨在致国内一些报刊的信中，一方面揭露了南非当局歧视华人的各种苛例，同时也间接地对清朝政府的无能表示不满。南非华侨领袖梁佐钧早在1903年就曾为广东汕头出版的日报(*Swatow*

---

①《直督袁咨外务部南非洲招工请遴派领事保护文》，载《东方杂志》，第1卷第7期(1904年9月4日)。

② 谢子修：《游历南非洲记》，载陈翰笙主编：《华工出国史料汇编》，第九辑，第278、285页。

③《外务部奏请以刘玉麟为南非英属总领事折》(光绪三十年九月十七日)，载陈翰笙主编：《华工出国史料汇编》，第一辑(四)，第1721页。

Ddily News)写过稿,揭露英属南非对华侨的种种苛例。① 一些旅居非洲的华侨还寄函报刊,在谴责居住地政府针对华侨的各种歧视政策的同时,也隐含对清朝政府的怨恨。②

(二) 中国驻南非第一任总领事刘玉麟

1. 刘玉麟其人

驻外领事的主要职责是保护本国侨民在领事区的法律权利和经济利益,并对侨民事务进行管理。刘玉麟于光绪三十一年(1905 年)4 月 11 日履任。

刘玉麟(1862—1942)字运道,号葆森,广东香山(今中山)县人,其父刘福谦是清朝首任驻秘鲁领事。他年幼聪慧,13 岁时即被选为中国第四批(1875 年)赴美幼童留学生之一。刘玉麟在美国留学六年,完成中学学业。1881 年,他即将升入大学时,清朝政府突然撤回留美幼童,19 岁的刘玉麟未能完成大学学业,只得回国。1881 年回国后,他入天津北洋学堂习医,后任天津电报学堂教习,被李鸿章聘为家庭教师。由于李鸿章的赏识加上父亲的影响,刘玉麟开始涉足外交领域。1886 年任驻纽约领事馆翻译官,1889 年任驻美使馆翻译官,1893 年又被派往新加坡总领事馆出任翻译官,并于 1894 年署理新加坡总领事。1898 年,刘玉麟出任驻比利时使馆二等参赞,代办驻比利时出使大臣事务。1905 年,刘玉麟被任命为首任驻南非总领事。③

刘玉麟作为中国政府派驻南非的第一任总领事,其任务实际上主要是管理契约华工并保护他们的利益。对于当地定居的华侨,清朝政府本

---

① Melanie Yap and Dianne Leong Man, *Colour, Confusion and Concessions*, p. 96.

② 笔者曾见过四封这类来信,其中两封分别刊载于《新民丛报》第 1 号(1904 年 6 月 28 日)和第 2 号(1904 年 7 月 13 日);一封现存于开滦煤矿的档案,参见中共开滦煤矿委员会矿史编委会辑《前开滦矿英、比帝国主义分子贩卖华工的一些资料》,《北国春秋》,1960 年第 2 期,第 82—83 页;一封见于张芝联:《1904—1910 年南非英属德兰斯瓦尔招用华工事件的真相》,《北京大学学报》,1956 年第 3 期,第 92—93 页。

③ 1910 年 9 月又任出使英国大臣,中华民国成立后继任为驻英全权公使。

来毫无所知，自 1903 年收到南非华侨的请愿书后，才对他们的存在、生活及其所受歧视有所耳闻。对于他们的权益，清朝政府所派官员只能兼顾。

作为中国驻南非的第一任总领事，刘玉麟的表现如何呢？他于 1905 年 5 月抵达南非。这位中国总领事在第一份关于华工的正式报告中称："玉麟抵非后，博访旁咨，知各矿华工均尚安居乐业，间有滋事，皆因西监工及华巡捕办理不善所致。"①很明显，如果我们对华工在南非所受的歧视和虐待稍有所知，用"安居乐业"这四个字来形容南非契约华工的生活是极为不妥的。

2. 南非华人的批评

南非的革命志士、兴中会成员陈警蛮对刘玉麟的所作所为极为不满。刘玉麟在致直隶总督袁世凯的信函中对华工在南非的待遇表示满意，他在伦敦与西人会面时也曾声称华人在南非"得蒙优待"，陈警蛮指出这种议论实为"咄咄怪事"，"诚百思不得其解也"。当时，南非华侨对刘玉麟已是怨声载道，很多人相信刘玉麟必定接受了金矿当局的厚礼，否则，他不会对金矿矿主虐待华工的行径听之任之。

陈警蛮对刘玉麟的举动甚为反感，用他自己的话来说，"吾不得已拂袂而起，不避嫌疑"。在致《新民丛报》的信件中，他指出刘玉麟来南非后未能恪尽职守。当地华侨有事到总领事馆，刘玉麟的接待颇令人失望，"初则批谓：到任未久，情形未熟；继则委诸国弱，无能可为，甚至求挥一函且不可得"。陈警蛮在信中还指出，某西报将刘玉麟的辫子称为"猪尾"，刘氏也不予计较，"是皆怠于交涉之铁证，昭然若揭，固无可掩"。对刘玉麟的这些举动，陈警蛮表示出极大的愤慨，认为于国于民多有不利，长此下去，必坏大事，"吾恐不贻误大局不止耳"。他情不自禁地向南非

① 《驻南非洲总领事刘玉麟为办理华工事致外务部大臣函》(光绪三十一年四月十八日)，载陈翰笙主编：《华工出国史料汇编》，第一辑《中国官文书选辑》(四)，第 1744—1745 页。

的华人同胞发出了警告："愿我同胞醒、醒、醒。"[①]

陈警蛮的这种愤怒实可理解，中国人当时在国外的形象确实非常可怜。然而，如果一名清朝的外交官为了辫子之事与人计较，这是不可理喻的。客观地说，刘玉麟在力争契约华工的权益上还是有所作为的。

3. 刘玉麟的护侨行动

在保护南非华工和华侨利益方面，刘玉麟及后来的总领事刘毅（Liu Ngai）至少做了三件事。

第一，对患病华工情形的汇报与照顾。刘玉麟履任不久，即开始对华工情况进行考察。在视察中，他发现有约 800 余名华工因病不堪工作。他立即与矿务总局商量，要求派船送回中国，并提出这些工人等"应招而来，抱病而归，远涉重洋，空无所得，揆之情理，似应格外体恤"。虽然矿务总局百般推诿，但刘玉麟据理力争，"争辩再三，始称此次暂允贵领事所请，所给恤款，俟该工人船抵香港，按名酌量始发，并每名加给棉衣一套"。[②] 他不仅向外务部及时汇报了患病华工的情形，并与南非方面谈判使其遣资让患病华工归国。

其次，为病殁南非的华工事与南非方面力争抚恤金。中英《保工章程》第十三款载明意外丧命给回抚恤银两，但对病故是否给抚恤金则无说明。当时，南非金矿有张起泰等 119 名契约华工病殁非洲，所属公司既不运回，也不给抚恤费。刘玉麟为此再三交涉，后来当地保工委员及公司董事才松口，答应可以商量。刘玉麟在致外务部的申呈中指出：

> 工人为公司效力，以致受病，而公司并不照例资回，令其病故非洲，该公司自应照意外丧命给恤。……拟请按照应给回华脚费作为

---

① 警蛮：《南非洲虐待华侨惨状述》，《新民丛报》，第 4 年第 14 号（1906 年 9 月 3 日），转引自艾周昌编注：《中非关系史文选（1500—1918）》，第 258—260 页。

②《驻南非洲总领事刘玉麟为办理华工事致外务部大臣函》（光绪三十一年四月十八日），载陈翰笙主编：《华工出国史料汇编》，第一辑（四），第 1744 页；《驻南非总领事刘玉麟为华工患病回国争得恤款致外务部申呈》（光绪三十一年六月四日），载陈翰笙主编：《华工出国史料汇编》第一辑（四），第 1746 页。

抚恤银两。在公司原系应付之款,在工人家属得此养赡,亦可免饥寒之虑,理合详请鉴核等情,除批示外咨呈查核与英国公使商订附条添入原约,……①

第三,就德兰士瓦当局公布《亚洲人法律修正法案》一事及其他华侨事务进行交涉。② 如前所述,德兰士瓦政府于1906年8月公布了《亚洲人法律修正法案》(即《亚洲人登记法案》)。③ 最令人难以接受的是华人进行登记时须用十指按手印,这引起南非华侨的普遍抗议。④ 刘玉麟于1906年10月率南非华人领袖黎文占(Lai Mun James)抵达伦敦,向当时的中国驻英大臣汪大燮递交请愿书,表达南非华人的不满,要求清政府提供保护。汪大燮接到请愿书后,于1907年1月1日向英国外务大臣爱德华·格雷爵士提出抗议。值得注意的是,汪大燮只是对登记的程序即按指模而未对登记本身提出抗议。他的继任者李经方更进了一步,在递交的抗议书中要求英国政府找出解决问题的办法。当时清政府的外务大臣在北京召见了英国驻华大使朱迩典,就此事向英国政府提出强烈抗议。他指出:根据中英双方于1904年所签条约规定,保护德兰士瓦的中国移民是英国政府的责任,要求中国移民进行登记是违反这一条约的。⑤

1907年6月初,刘玉麟拜见德兰士瓦总理路易斯·博塔,详细阐述

①《驻南非洲总领事刘玉麟为病殁华工应与英争抚恤费事致外务部申呈》(光绪三十一年十一月十五日),载陈翰笙主编:《华工出国史料汇编》,第一辑(四),第1766—1767页。这一交涉未有结果。

②《外交报》,第166期,1907年1月9日(光绪三十三年十月二十五日)。

③ 这一法案的具体内容见《华侨纪闻》,《外交报》,第166期,1907年1月9日(光绪三十三年十一月二十五日)。

④ 后来,由于德兰士瓦政府选举等因素,这一法案停止执行。第二年1月1日,英国准许德兰士瓦成立责任政府。新政府在第一次议会上即提出了《亚洲人法律修正法案》,在24小时内此法案即三读通过,并作为1907年第2号法令公布。这一法令很快被英国政府正式批准,于7月1日生效。华人社区立下"宁坐牢,勿登记"的誓言,与南非的印度人一起展开非暴力抵抗运动。关于南非华人1907—1911年的非暴力反抗运动的情况,已在前章涉及。还可参见Melanie Yap and Dianne Leong Man, *Colour, Confusion and Concessions*, pp. 137-168; Huguette Ly-Tio-Fane Pineo, *Chinese Diaspora in Western Indian Ocean*, Mauritius: Editions de L' Ocean Indian-Mission Catholique Chinoise, 1985, pp. 225-245.

⑤ Yen Ching-Hwang, *Coolies and Mandarins*, pp. 345.

了华人对《亚洲人法律修正法案》的反对意见。他表示:华人已准备接受法律的严厉制裁,同时也愿意进行自愿登记。博塔总理对此表示遗憾,并指出蔑视法律只会使政府的态度更加强硬。① 刘玉麟任期很短,他对当地华侨的一些要求有敷衍的一面,但他也就华工问题与南非当局进行过交涉。除了就《亚洲人法律修正法案》与当局交涉外,还参与了当地华人的一些请愿,如要求塞尔伯恩总督(早期译为佘尔本,当时任英国驻南非最高专员兼德兰士瓦和奥兰治总督)准许华人拥有饮酒的权利,遭到对方拒绝。② 刘玉麟于 1907 年 8 月 12 日离任。③

(三) 中国驻南非代理总领事刘毅

刘玉麟的继任者是代理总领事刘毅(Liu Ngai),他原是刘玉麟的秘书。刘毅继续与德兰士瓦政府交涉。他先后两次致函总督塞尔伯恩对《亚洲人法律修正法案》表示抗议。他指出,根据中国法律,按指印是被判死刑或流放的罪犯进行登记的一种方式。在他的推动下,中国驻英公使李经方曾与刘毅一起,就南非制定苛例虐待华工事进行交涉,并争取到被监禁的多名华侨被释。④

与此同时,刘毅还多次致函英国派往南非的总督格莱斯顿勋爵,要求废除 1904 年开普殖民地政府通过的严格限制华人移民南非的《排除华人法令》。格莱斯顿勋爵在致史末资将军的信中表示:刘毅的种种要求"似乎已经超越了作为领事的职权范围"。与此同时,刘毅还给史末资将军写过两封信,表达了同样的要求。史末资也认为这位中国领事的要求已超出其职权范围,拒绝会见刘毅。四个月后刘毅奉召回国,这很有可能是南非方面和英国方面施压所致。⑤

---

① Melanie Yap and Dianne Leong Man, *Colour, Confusion and Concessions*, p. 142.

② *Ibid.*, p. 461, note 9.

③ 清政府调他回国后委以重任,让他主持清末中英禁烟谈判和参加万国禁烟大会。

④ 袁丁:《晚清侨务与中外交涉》,第 59 页。

⑤ Melanie Yap and Dianne Leong Man, *Colour, Confusion and Concessions*, pp. 172-173.

尽管清政府派驻南非的代表对《亚洲人法律修正法案》表示强烈抗议，但由于国力衰弱，没有实力作后盾，英国方面对此并未做出任何反应。在刘毅任南非代理总领事期内，他还决定对华侨中普遍存在的吸食鸦片的现象进行整顿。他发现，在德兰士瓦和开普敦华人中吃鸦片的人数“约居十之三四”，认为“此事仅恃劝戒之力，恐终无济”。他分别致函开普敦和德兰士瓦行政当局，提议要与当地政府配合行动。为此，他拟定了九条相应措施。

(1) 华侨吃烟应领烟票，烟票由地方卫生官医发给。

(2) 吃烟者由卫生局官医验定，准食最少之数，以不至害生为止。

(3) 烟量每三月减去四分之一。这样，一年之内，烟瘾可除。

(4) 鸦片只准由药房发售。

(5) 药房凡遇购烟者，必先查看烟票，并将所购之数记录如上。

(6) 烟具不许贩运入口。

(7) 各铺均准售戒烟丸药。

(8) 通省烟馆，均须一律禁止。

(9) 多年烟瘾之人，应准另出特别准票，使其由渐而除。

尽管他的建议得当，但这两个省的反映并不一样。开普敦由于没有开矿华工，对刘毅的办法表示赞同。德兰士瓦为了控制金矿劳工，“设有鸦片条例，系为管理供给华工鸦片之用”，因此对他的建议不置可否。①刘毅为此事在致外务部的申呈中曾说明：“英督公文曾言明，将来是否回任，以及钧部是否另行派人接办，均非领事所敢悬揣。如果将来不再设领，所有在斐华侨事务，即托美国领理，似尚妥协。”②随后，一位名叫埃德温·N. 冈萨鲁斯(Edwin N. Gunsaulus)的美国领事被任命为中国驻南非代理总领事，负责处理中国侨民在南非的事务。在这种特殊情况下，

① 《署南非洲总领事刘毅为办理华侨禁烟事致外务部申呈》(光绪三十四年七月初一日)，载陈翰笙主编：《华工出国史料汇编》，第一辑(四)，第1785—1787页。

② 参见中国第一历史档案馆外务部档3760号。此档将美国领事名字译为根苏拉斯，转引自艾周昌编注：《中非关系史文选(1500—1918)》，第293页。

华侨也向他反映自己的不满并提出请愿书。①

晚清时期,葡属东非已有不少华侨。此地的侨民事务由南非领事馆兼管。后来,当地华侨要求清朝政府设领保护。刘玉麟总领事曾前往察看,认为此地系南非华侨“出入要道”,“贸易有年”,应设领保护华侨利益。由于清朝政府经费紧张,遂由当地华侨推荐德国商人傅里士窝傅充当副领,不领薪饷,领事事务由驻南非总领事馆兼管。②

四、清朝保护非洲华侨的政策评析

(一) 两种根本对立的观点

在清朝政府对南非华工及华侨的保护问题上,学术界存在着两种截然相反的观点。新加坡华人学者颜清煌认为,在华工输出南非期间,中国的外交官在与英国政府接洽谈判和表示抗议的过程中,表现出一种对华人“进行保护的决心和深切的关心”。③ 国内一些学者则认为南非总领事的任务只是“纯为收解华工注册费”,④或认为总领事“虚设在此”。⑤这两种观点均看到了问题的不同侧面,但都有失偏颇。

颜清煌先生著作中使用的主要是官方资料,其中大多数又是中国驻南非外交官与清朝外务部的往来文书,这只能反映一方的观点。实际上,南非的华侨对刘玉麟的所作所为颇为反感。⑥ 另一种观点则明显反映出中国史学界存在的简单化和公式化的通病。南非总领事馆的主要任务之一是统管稽查华工,收取注册费(其中三成作为领事馆的开支),因之也成了日常事务。如果据此认为南非的总领事毫无作为,这种观点

---

① Melanie Yap and Dianne Leong Man, *Colour, Confusion and Concessions*, pp. 173-174, 189.

② 艾周昌、沐涛:《中非关系史》,第 182—183 页。

③ Yen Ching-Hwang, *Coolies and Mandarins*, p. 347.

④ 彭家礼:《清末英国为南非金矿招募华工始末》,《历史研究》,1983 年第 3 期,第 185 页。

⑤ 徐艺圃:《清末英属南非招工案初探》,《文献》,1984 年第 22 期,第 78 页。

⑥ 警蛮:《南非洲虐待华侨惨状述》,《新民丛报》,第 4 年第 14 号(1906 年 9 月 3 日),转引自艾周昌编注:《中非关系史文选(1500—1918)》,第 258—260 页。

有失公允。

笔者曾在《中国与非洲》上载文指出："清政府对非洲华侨的政策已有一些动作，这包括两个方面。第一，中国驻英大臣通过外交途径表达中国政府方面的意见，对英属南非的各种歧视政策确实提出了抗议和交涉。第二，中国派驻南非总领事反映当地华侨的意愿，对当地政府的歧视政策提出异议，并尽力进行各种交涉。然而，一个国家的外交是以实力为后盾的。在国势日衰的清朝末年，这种保护华侨的政策只能停留在官样文章，其作用是十分有限的。"[①]黎海波通过分析晚清非洲华侨政策，认为清朝政府保护非洲华人的政策虽客观成效不显著，但不能完全否定其主观努力，个别官员的举止不能代替清朝政府的政策，晚清政府在对非洲华侨的政策上已经表现出了一定的主动性和进步性，如对主权的意识、对国际法的重视、对华民称呼的改变和部分出于对民生的关注而主动输出劳务以及在外交上的主动争取等等。由于限于国力以及外交技巧上的多重束缚，晚清政府的非洲华侨政策的客观效果并不能令人满意。[②] 这种评价比较客观。

（二）清朝政府对非洲华侨的保护措施

应该指出，清政府在尽力保护非洲华侨的利益方面确实已有一些动作，从中央政府方面而言，包括谈判、定约、立局派员和责成外交官员落实或补充条款等方面。

第一，谈判。如前所述，中国驻英大臣通过外交途径表达中国政府方面的意见，对英属南非华工的相关事宜按照国际惯例进行谈判，对英政府施行的各种歧视政策确实提出了抗议或交涉。例如，1904 年 2 月 4 日，英国外交部将南非德兰士瓦招募非欧洲工人的《输入劳工法

---

① 李安山：《清朝政府对非洲华侨政策探析》，载北京大学非洲研究中心编：《中国与非洲》，北京大学出版社，2000 年，第 227—228 页。

② 黎海波：《晚清政府的非洲华侨政策：评价与反思》，《华侨华人历史研究》，2009 年第 1 期，第 68—75 页。

令》送交驻英公使张德彝核准。张德彝提出五条意见,包括派驻领事,以及不得责打和贩卖华工,交付英方考虑。这种态度颇令英国政府感到意外。此外,张德彝要求在条款中加入工主不得责打工人,并不得视同物产辗转租赁等节,英方坚决不同意。张德彝提出英方"专派官员照料华工,务与他种工人一律",以代替"前所拟禁止责打贩卖之款"。①

第二,定约。中国政府与英国政府谈判代表就招工章程的各种条款反复谈判磋商,这反映了晚清政府虽然国势衰败,但仍能顺应国际形势,借助国际条约以及国际法争取自身和人民权利的一种积极意识。尽管南方港口的契约劳工偷运猖獗,清朝政府决定订立条约、主动输出劳工并通过条约对华工进行保护。这不能不说是晚清政府在艰难的国际环境中对中国权益的一种维护和争取,与投降有着本质的区别。在谈判过程中,张德彝据理力争,就招工费、运输船只、招工地点及能否在香港招工等具体问题最终达成协议,形成保护南非华工的《保工章程》。据此,有学者认为,"清末政府为南非金矿在华招工制定了完备、具体的保护华工的章程,这在华工出国史上尚属首次"。② 这一评价是客观的。

第三,立局派员。在谈判过程中,张德彝力争中国政府派出一名领事以对契约华工的食宿进行视察,并在各方面代表劳工进行交涉。尽管德兰士瓦当局对此十分反感,但英国政府最后不得不同意。这样,中国在南非设立总领事馆,为保护华工和华侨利益提供了机构保障。中国派驻南非总领事反映当地华侨的意愿,对当地政府的歧视政策提出异议,并尽力进行各种交涉。然而,一个国家的外交是以实力为后盾的。在国势日衰的清朝末年,这种保护华侨的政策只能停留在官样文章,或是难以奏效,其作用十分有限。

---

①《驻英大臣张德彝致外务部报告与英争执情形函》(光绪三十年二月),载陈翰笙主编:《华工出国史料汇编》,第一辑(四),第 1663 页。

② 苑焕乔:《清末政府向南非输出劳务述论》,《北京联合大学学报》(人文社会科学版),2000 年第 4 卷第 1 期,第 47 页。

第四，落实条款。以工人病故后抚恤金处理一事为例。《保工章程》第十三款载明：意外丧命给回抚恤银两，但缺乏工人病故应给抚恤专条。1905 年，中国驻南非领事刚上任，正值张起泰等 119 名工人病故于南非，而所在公司拒绝将尸体运回，也不付抚恤费。为此事，清朝外务部专函致中国驻英大臣并致中国驻南非总领事，要求妥善处理此事。

> 工人为公司效力以致受病，而公司并不照例资回，令其病故非洲，该公司自应照意外丧命给回抚恤。又工人出洋，一人有一人回华之水脚使费，不能因其已死，即省其应得回华脚费，而不将其柩运回，第运柩与抚恤两层，倘能并行，固为尽善，如二者必不可兼，则与其争运柩而回不若争抚恤为上，筹画再三，轻重相权，实以争给抚恤，赡其家属较为要着，拟请按照应给回华脚费作为抚恤银两，在公司原系应付之款，实属惠而不费；在工人家属得此养赡，亦可免饥寒之虑。事关保工交涉要政，理合详请鉴核等情。除批示外，咨呈查核与英国公使商订附条添入原约，等因前来。查华人远离故国赴非工作，不幸而病殁异乡，其情殊为可悯，乃该公司既不运柩回华，亦不筹给抚恤，揆诸事理，殊欠公平。应如何商订附条，以尽保工之义，仍应由贵大臣酌核与英外部妥筹订定，相应抄录原文，咨行查照办理可以，须致咨者。①

从上述咨文看，中国政府在遇到具体条款不能处理具体事宜时，责成相关官员据理力争，不仅要妥善处理病殁劳工的运柩回华及抚恤费之事，还应增添附加条款，以达到保护契约华工的目的。

如果从中国驻外使节的所作所为看，他们中不少还是对侨务的重要性有所认识，对保护中国海外移民的重视也不容忽略。

以中国驻英大臣张德彝为例。他在最开始就提出要注意外国人在

① 《外务部为南非洲华工应与英争抚恤费事致驻英大臣咨文稿》(光绪三十一年四月)，载陈翰笙主编：《华工出国史料汇编》，第一辑(四)，第 1743—1744 页。

中国沿海私设招募场所，有损国家和民众利益。随后，他提出有必要与外国政府签订约章，以定规矩，并多次提出要警惕出现以前买卖“猪仔”的现象，“若当此斐洲[①]急切需工之际，尚不设法挽救，是华人将终无伸眉之日矣”。[②] 在谈判过程中，他为中国工人力争各种权益。

（三）清朝侨务政策的转折

袁丁曾指出：“从1860年起，清政府逐渐从国际的、法理的观念认真看待华侨问题，并开始采取行动保护海外华工和一般华侨，这是200余年来清朝侨务政策的重大转折。”他随后分析了这种转折表现在以下十个方面。

（1）严厉打击拐贩华工行为。这点在南非金矿招工过程中比较明显。

（2）派遣使领驻外保护海外华侨。从1877年起至清朝灭亡，中国在世界各地已设领49处，包括南非和莫桑比克。

（3）在国际条约中要求保护华侨。这种态度不仅表现在与英国政府签订《保工章程》的过程中，也表现在中国驻南非总领事刘玉麟力争在此章程中添加为病故工人发放抚恤金的附加条款的过程中。虽未有结果，但却表现出中国外交官对契约华工的一种关切。

（4）采取各种措施保护海外华侨的利益，抗议外国政府对华侨的虐待与迫害。这一行为表现在李经方公使与刘毅代理总领事为争取南非华侨利益的努力之中。

（5）制定《国籍法》。

（6）利用大规模群众运动，迫使外国政府改变排华政策。

（7）采取各种措施吸收华侨资金和技术。

---

① 即非洲。

② 《驻英大臣张德彝从允南斐招工前务须与之定一专约致外务部函》，载陈翰笙主编：《华工出国史料汇编》，第一辑（四），第1649—1651页。

(8) 扶持海外华侨社会的发展。

(9) 正式废除旧例,保护归国华侨。

(10) 在政治上争取海外华侨。①

从以上措施看,清朝政府逐渐认识到海外华侨的地位和利益不仅与国家的前途息息相关,对政权的巩固也至关重要。晚清政府既看到了华侨在国家建设中的作用,也意识到他们在与外国政府的交涉中起着重要的作用。正是因为种种利害关系,清朝政府将保护华侨利益不仅提上了议事日程,也开始逐步落实。然而,由于国运衰微,内政疲弱,面对西方列强的各种欺压和凌辱,清朝政府的努力成效甚微。

从18世纪到20世纪初,华侨在非洲的创业是极其艰苦的,他们面临环境的挑战、文化的偏见、种族的歧视。在应付各种挑战时,非洲的华侨充分运用中华民族的历史智慧,采取各种方式,最大限度地争取自己作为一个少数民族的生存权利。在与所在地行政当局交涉的过程中,他们深深认识到,弱国的国民在异域是抬不起头的;要想在国外争取应有的地位,首先必须强国。也正是在外国,他们亲身感受了世界的潮流,对清朝政府的落伍和腐败有了更深切的理解,进一步认识到变革图强的迫切性。这些因素构成了华侨支持孙中山先生领导的辛亥革命并成为"革命之母"的心理基础。

① 袁丁:《晚清侨务与中外交涉》,第142—144页。

第十章　非洲华侨与辛亥革命

> 考非洲华侨之有革命思想也，始于乙未之后。杨君衢云亡命非洲，传播革命甚力。可惜当时风华蕲寒，收效殊小，然革命种子已播于是地也。
>
> ——梁次狂（南非华侨）

> 在南非的华侨，因为备受歧视，爱国热忱很高。时辛亥革命、讨袁等役都十分热情，极力支持孙中山先生的主张。辛亥革命前孙中山先生派杨飞鸿到南非去宣传革命，约翰内斯堡设有同盟会的机构。
>
> ——叶迅（南非华侨）

1911年爆发的辛亥革命在中国历史上的地位是显而易见的，它不仅赶跑了一个皇帝，同时“意味着绵延二千余年中国封建社会历次农民暴动之后那种改朝换代的历史循环的终结”。[1] 为了自身的解放，也为了祖国的富强，非洲华侨以各种方式积极参与了推翻清王朝的辛亥革命、建

① 杨慎之：《“把皇帝赶跑”和“只把一个皇帝赶跑”及其他（代跋）》，载刘泱泱主编：《辛亥革命新论》，长沙：湖南出版社，1996年，第2页。

立共和的斗争以及后来的北伐战争。他们的革命活动主要表现在以下几个方面。第一，一些革命分子和社区领袖积极与国内的新闻界联系，用各种事实或自己的亲身经历来控诉所在地的种族歧视政策，同时也无情揭露了清朝政府的腐败。第二，他们中的个别人积极参与辛亥革命前后的各种活动，直接投身到反清的革命运动之中。第三，在整个革命运动中，相当一部分非洲华侨积极募集捐款，从财政上支持推翻封建统治、建立共和政权的斗争。第四，一些先进分子以自己的实际行动促成了南非、毛里求斯、马达加斯加和葡属东非等地各种革命组织特别是国民党总支部（或直属支部）的建立，从而推动了非洲华侨的组织动员工作。

一、心理准备：非洲华侨的不满

非洲华侨对清政府的无能是有切身体会的。在出国之前，他们对清政府的腐败已是司空见惯。他们或在办理出国过程中屡遭白眼和种种刁难，或在途中受尽外国招工者、人贩子的侮辱。更为可气的是，他们还得交纳各种款项和"人情费"。到达居住地以后，每次在与所在地政府的交涉中，他们受到的是歧视和羞辱，往往得不到本国政府的支持。在清末最大一批南非契约华工招工案中，非洲华侨目睹自己的同胞被拐骗到南非金矿，过着极艰难的生活。这些都使华侨们对清朝政府的腐败统治难以忍受。这一点在英属南非特别突出。

（一）英人苛例与华侨困境

英国人在南非的殖民地原来仅有开普殖民地和纳塔尔两地。在英布战争之前，英国人对布尔人的各种政策进行攻击，因而南非华侨一般认为对外国人的各种苛例均是布尔人制定。他们相信，英国人的政策要比布尔人的开明。然而，英国人在1902年打败布尔人以后，华侨的希望化为了泡影。在英布战争期间，有相当一部分华人为了躲避战乱而离开了南非，他们或是回到中国，或是到了邻邦。战争刚结束，英国殖民政府即在《维护和平法令》(*Peace Preservation Ordinance*)中对重新入境的外国人进行严格限制。这一法令给华人的返回、居留和生活带来了极大的不便。一些南非华侨针对中国政府和英国政府积极筹划出口劳工到南非金矿做工一事,多次写信给国内报刊,揭露双方政府的丑恶行径,并就一些中国人对赴南非做工之前景表示乐观的情况多次敲警钟。1903年5月,约翰内斯堡的华侨举行了一次集会,并决定对即将到南非金矿工作的契约华工提出警告,使他们对南非政府的种族歧视政策有所认识,并认为有必要将这种警告传播到中国各地。①

1904年9月22日,英国开普殖民地政府颁布了《排除华人法令》。当时,契约华工已开始陆续抵达南非,这一法令主要是针对华人,对华人的迁移、所能从事的职业和其他方面进行了严格的规定和限制,给当地华人带来极大的不便。为了使大家对这一法令有更全面的了解,特录如下:

> 好望角总督已得立法院与议政院之允诺,颁行禁阻华人入岌朴哥劳尼②之条例。
>
> 第一条　兹将条例所载各字之义申说如下:
>
> “船”即指各等船只、轮船与小船而言。
>
> “船主”即指统带船只与管理船只之人而言,领港人不在其内。
>
> “人”即指无论为公司中人与非公司中人。若此等人敢犯本条例之款者,彼等与命犯本条例之侍役均可治以本条例所载之刑。
>
> “孩童”系指18岁以下之人而言。
>
> “大员”即指管理藩属之大员或总督选派办理此条例此大员而言。
>
> 第二条　本条例各款不可施于以下所开之人:
>
> (甲) 英皇之海、陆军各员。

---

① Melanie Yap and Dianne Leong Men, *Colour,Confusion and Concessions*, pp. 92-93,100.

② 即开普殖民地。下同。

（乙）外国战舰之武弁与船员。

（丙）停泊港内之船与船主、船员为庆典而至者，尚有本地官员登舟，船主须将彼之船员集于该船之前，然后方许登岸。若船主未将其船员之华人载于船内，则不得开行。

（丁）派驻岌朴哥劳尼之员，其妻与子女亦在其内。

（戊）凡得有本条例免许执照之人，其妻与子女亦在其内。

第三条　此条例颁发之后，华人前来留居于岌朴哥劳尼之内者，则视为于例不合，但得有总督签字之执照者则不在其内。

第四条　此等执照在限定之期以内则可有效。惟所限之期不得逾年，以发执照之日为始。此等执照，可任大员之意，随时再行发给。惟所定之期限不得原文所定之期。

第五条　此等执照须照后面所列之式书之。总督可任意随时注销之。

第六条　凡得有此等执照之华人，须于7日之内前往欲寄居地方之县令前报名，而由该县令注于册内。

第七条　一经此条例颁发之后，办理此事之大员须于颁此条例之时，将在岌朴哥劳尼所有之华人悉行注册。入册之华人则须给以执照一纸。其款式则依后面所载之第二式书之。

第八条　各县令所辖之地须颁发告示，以一月为限。而颁发之时日则须由办理此事之大员定之。此等告示须揭载官报中及各地方之报馆诸报中，令居于该处之华人前往大员所派之员之驻在地注册。其应往何地、应在何日须依告示中所载明者为定。

第九条　凡华人无故不前往呈报者，则付给执照以后可依本条例所定之罪科断。

第十条　注册既毕、执照已给以后，凡华人之男子在岌朴哥劳尼之内年及18岁者，须于3个月以内前往彼寄居地方之县令前报告，亦可得此等执照。若此等华人无故不前呈报注册而该处之县令已判定为有罪者，则可依本条例所定之罪科治。

第十一条　凡县令视其境内之华人男子有年及18岁者,则须将其注册并给以执照。

第十二条　警察官及警察或办事大员选派之人可任便在其所管之地方或城市向年至18岁之华人查问其有无执照。若不能呈出此等执照者,则可将该华人带至该处之县令前,令可即查审其事。若意有不合,则可将该华人拘留,并依本条例之各条所载之法审判。

第十三条　各执照须于每年正月15号或以前之日由领照华人居留地之县令重新发给。若此等执照一经毁坏、遗失、盗去而由县令查明此事有实证者,则领照之华人可以呈请补给新照。

第十四条　执照一经失去,则领照之华人即应呈报于寄居地之县令,或疑失去之执照遗在他处者,则应至该处之县令前报告之。该县令可令寄居于其境内之华人皆集于其前,而呈验各人之执照。若在其境内之华人有未领照者,则须照本条例第十二条之法办理。

第十五条　无论何时,一经以前诸条例颁行以后或县令以为彼辖境之内有华人未曾领照与不合领照者,则该县令可发出拘票与该境之警察官,授以权力可得必需之助力而使克尽其职,向其所疑之屋查明有无此等华人匿迹其中。如见有此等华人,年在18岁以上者,则将其拘至县署,而依本条例第十二条之法办理。

第十六条　凡华人离出一处而往居他处者,须往两处之县署呈告,并须在新迁之地注册。

第十七条　凡华人非留居于一处而只系暂寓者,一经有人令其呈验执照,即须至县署呈验。该县令果查明该人实系此执照内所言之人而以为合意者,则方许其留居。该地或城中其留寓之时限,则以彼营谋事业之期为限。

第十八条　除总督得有议政院之许诺而发特别之执照以外,凡得有执照之华人,不得领取牌记出售酒与杂货、经营矿业、发卖进口货物、充当小贩以及他种之商业。又除得有此等特别之执照外,凡华人在岌朴哥劳尼之内者,不得以直接或间接享受此等牌记之利益。

第十九条　凡华人故意违犯或意欲违犯本条例之各条者，则已犯应科之罪一条。一经定罪，则以前所给之执照即作为废纸，且可罚使出金，其数以不逾英金一百磅①为限。如不能缴上金资，则须受监禁，或兼罚作苦工，或不罚作苦工。其监禁之年限，至多不得逾一年，抑或可监禁、罚金同时并科。

第二十条　凡华人犯本条例之罪者，除以上所言之严罚外，亦可驱出岌朴哥劳尼之境外，或可在监禁以后与监禁未满以前即行驱逐出境，则须由办理此事之大员以己意定。该大员之命令一经发下，则拘管华人之狱官即当遵本条之用意，释犯出境，不得有违。

第二十一条　凡华人用直接或间接之法助他华人致犯本条例之罪者，则已有应科之罪。一条定罪以后，可罚使出金，其数不得逾英金一百磅②。如力不能出金，则须受监禁，或罚作苦工，或不罚作苦工。其监禁之年限，至多不得逾于两年。抑或可监禁、罚金同时并科。

第二十二条　凡为船主已有华人在其船上者，一经行抵岌朴哥劳尼之港，即须将此事告于该处之高等官员，否则须行罚金。其数不得逾英金50磅③。如不能出金，则须受监禁，或罚作苦工，或不罚作苦工。监禁之期以三个月为限。

第二十三条　凡船主与船主人或赁船人、各车之主人、御车人有华人附载于其船与车之中而入岌朴哥劳尼，与本条例之各条有相违犯者，则系犯第二十一条之罪。除科以该罪外，大员可令其将华人带回启程之地，无庸给值。

第二十四条　大员可以彼所签字命令，使官员拘留车船，俟该船主御车与其主人已受本条例所载之罪，或已纳交存案作底之金与物为止。若未纳交金物，则公堂可下令，暂拘留其船与车，直俟付交

①②③ 原文如此。应为“镑”。

以后,方许释放。

第二十五条　警察官、警察、铁路官员凡遇未得本条例第三条所载执照之华人,则应阻其前来,又不许擅收此等华人之火车票,否则即行斥革。

第二十六条　凡有违犯本条例之人,县令可以有权审判及科以本条例第十九条、第二十二条、第三十条之罪,但其事犯所在须在其辖境以内,或边境2英里之内,并须将审判之文另录一份,呈于大员。

第二十七条　所审之人是否华人则须由按察使与县令自行审定。

第二十八条　总督可以随时将之例章加以更改,以使本条例之各条可以实力施行。

第二十九条　总督可以随时派员在岌朴哥劳尼之境内界外以施行。该员应为之职分,则由总督定夺。

第三十条　凡违犯总督之例章者,总督可科其罪,惟罚金不得逾英金一百磅①。如不能出金,则须受监禁,或罚以苦工,或不罚以苦工。监禁之期不得逾12月。

第三十一条　本条例所载各条与所派各员,须载明于官报之内,于该报发行日以内,须寄呈于英国议院。倘其时议院正议他事,则须于以后30日之内再转呈上议院。

第三十二条　英议院每次会议则须将颁发执照与不许颁发执照之事件及其情由一一呈明。

第三十三条　本条例施行之日以颁发之日为始。

第三十四条　本条例名曰禁阻华人入岌朴哥劳尼之条例。(略)②

---

① 原文如此。应为“镑”。

②《南非英属禁止华工入境新例》,《外交报》,第97期,1904年12月1日(光绪三十年十月二十五日)。此法令同时载于《东方杂志》,第1卷第10号(1904年12月1日),第166—172页。

（二）南非华侨的反应

这一法令除了强令居住在开普殖民地的华人进行登记并领取豁免证书外，还就证书的发放和注销作了带有歧视性的规定。华人对此提出抗议。陈警蛮是南非兴中会的成员，也是最早参加革命活动的先进分子之一。他目睹了南非华侨所受的种族歧视和南非契约华工的悲惨遭遇，对英属南非政府的各种苛例义愤填膺。他决定通过中国的新闻媒介来揭露英属南非的卑鄙伎俩，同时也对中国外交官员不负责任的行为进行谴责。为此，他特意致函当时的《新民丛报》。他指出，“英自灭杜[①]以后，苛例迭出，招我华工，禁我华商，种种凌辱较甚于前，同胞有血能无愤乎！际此二十世纪，竟最最剧之时代，弱肉强食，吾同胞不得平等自由，到处如是。”他虽然不是金矿矿工，但对在南非金矿做工的契约华工却深表同情，“呜呼！商之受虐且达极点，谓矿工之得蒙优待，谁其信之？”与此同时，陈警蛮对中国外交官员所表现出来的无能极为不满，对中国驻南非第一任总领事刘玉麟的所作所为尤为反感。[②] 这一点在前一章已涉及。

然而，正是这位刘玉麟至少在三个方面表示了晚清中国官员的正面形象。

第一，他在自己位置上力争国家和民族利益，这一点在他身任新加坡总领事、南非总领事、外务部右部丞、中国驻英公使和中国驻英全权大使期间均有所表现。他在南非担任总领事期间的所作所为，前章已有阐述。当时，他曾应中华总会馆之邀亲笔撰写对联如下：

天下无事不可为只凭一腔热血

匹夫有责皆当尽何爱七尺顽躯

寄迹南洲猛虎政残且思禁逐情形悲弱国

---

① 即德兰士瓦。

② 警蛮：《南非洲虐待华侨惨状述》，《新民丛报》，第 4 年第 14 号（1906 年 9 月 3 日），转引自艾周昌编注：《中非关系史文选（1500—1918）》，第 258—260 页。

怅恨东土睡狮必醒还念拓充势力压全球

字里行间，表现出他对祖国的一腔热血和期望中华崛起的抱负。

第二，他忠诚事业、兢兢业业为侨胞服务，并在外国人眼里保持着中国人的尊严。南非印度人领袖、后来成为印度民族主义领袖的圣雄甘地曾这样评价刘玉麟："中国领事身着官服，为人厚道，聪明，落落大方。由于受过英文教育，他说一口标准的英语。"①他还曾在各个外交职位上捍卫中华民族的利益。他的所作所为赢得了英国人的尊敬，被英国剑桥大学授予法学荣誉博士学位。

第三，在他数十年的外交生涯中，刘玉麟目睹世界文明的进步，看到西方文化对中国的影响。他在关键时刻，以国家利益为重，审时度势，在中国历史的重要关头做出了正确选择。刘玉麟于宣统二年(1910 年)被委任为中国驻英公使。1911 年，他与好友、时任中国驻德公使梁诚一起，联名致电外务部请代奏。在电文中，他们一方面表达了对局势的担忧，也明确表示支持辛亥共和："乱久未平，国步危迫。前闻朝廷有意宣布共和，迄今未闻奉明诏。""若再延宕，分裂颠覆势将立见，朝野将同受其殃。"他们希望皇上"为天下大局计，俯顺与情，决定共和，以保中国而惟急局"。作为晚清的外交官员，他们能明确敦促清帝退位，这一壮举无疑为建立共和体制做出了巨大的贡献。辛亥革命成功后，他成为中华民国首任驻英全权代表。②

(三) 中华总会馆的成立与剪辫子运动

1906 年，为抗议南非政府的种族主义立法，开普殖民地的华侨成立

---

①《印度舆论》，1906 年 11 月 17 日，见李卓凡：《西印度洋华侨史》，载方积根编：《非洲华侨史资料选辑》，第 262 页。

② 参见陈树荣《刘玉麟支持辛亥共和》，载欧美同学会・中国留学人员联谊会编：《留学人员与辛亥革命》，北京：华文出版社，2012 年，第 242—245 页；王颖丽、孙红旗、张文德《刘玉麟与晚清侨务在南非的开展》，《潍坊教育学院学报》，2007 年第 2 卷第 1 期，第 92—95 页；关培凤《刘玉麟：中国与南非外交的开创者》，《世界知识》，2012 年第 16 期，第 62—63 页。

了以蔡光楼为首的"中华总会馆"。至今保留的一张1906年中华总会馆19名领导人的合影即表达了南非华侨对清朝政府的痛恨和复兴中国的决心。这张照片很可能是在当时的会址拍摄的,房间的左右廊柱上有两副对联:第一副为"寄族南非痛吊政残且思禁逐情形悲弱国,唯盼东土睡狮心醒还念拓展势力压全球";第二副为"天下无事不可为只凭一腔热血,匹夫有责皆当尽何爱七尺顽躯"。从第一副的上联可看出这些人都是忧国忧民的仁人志士,他们中的一些人甚至有可能因为反对清朝政府而被禁遭逐,同时也表达了华侨对清朝政府腐败羸弱、国势日衰的痛惜之情;下联反映了他们希望祖国强盛的急切心情。第二副则表达了他们要"凭一腔热血"为国为民努力拼搏的向上精神。

有一件事是华侨都表示赞成的:剪辫子。在清王朝统治下,所有汉人都需留有长辫,这实际上是清政府确立自己权威的一种手段。在辛亥革命前,非洲华侨留有长辫,每每遭受白人的侮辱。白人称华人的长辫为"猪尾"。华侨因长辫而受此羞辱,又不能将长辫剪去,因为如果没有辫子,回到中国即会遭到灭顶之灾。于是,他们只好将辫子尽量剃短,留下一小束头发扎成小辫,再带上一顶帽子。这种屈辱的日子,华侨早已无法忍受。早在辛亥革命前,早期革命领袖杨衢云来到南非并建立兴中会分会后,当地华侨纷纷剪去自己的辫子。难怪有人说:"和其他各国的华侨比较,南非华侨剪辫子算是先走了一步。"①南非华侨的这些实际行动表明了他们以此来表达与清朝政府的决裂。

开普殖民地中华总会馆职员名录(1906年)

总理:蔡光楼

协理:黎瑞轩

董理:陈励琴

书记:何爵卿、谭伯良、蔡月帆

西文书记:罗景生、朱秋舫

---

① 叶迅:《南非华侨情况忆述》,载《文史资料选辑》,第87辑,第88页。

干事：梁凤皓、黄传英

司库：蔡日波、梁选生

议员：何壁东、钟王初

督收：蔡桢材、邱达元

值理：何果、林业来、余朝茂①

华侨虽然对清朝政府的统治深为不满，但对于孙中山等人早期进行的推翻清政府的活动仍持异议。他们中大部分深受中国封建主义道统影响，认为推翻清朝政府即等于卖国。当时国内各派政治力量为了赢得海外力量，纷纷派人到华侨中间活动，力图争取华侨的支持。这样，国内的政治斗争以各种方式在非洲华侨中也反映出来。当时毛里求斯就成了这种斗争的场所。一些反清志士积极活动，努力在华侨中争取同情和支持，并为此进行了一些带有惩罚性的活动，有时甚至采取了一些极端措施。当时毛里求斯的总检察官对发生的事情进行调查后，在报告中得出了这样的结论："我发现，最近的犯罪行为乃是阶级仇恨所致，是中国人内部分裂的结果，而其它居民大概不会遭这样的暗杀。"②在南非华侨中间，支持孙中山先生进行暴力革命的先进分子与受康有为、梁启超等人改良思想影响的拥护清朝政府的保皇派之间也产生了极尖锐的矛盾，双方的斗争十分激烈。

为了更有效地进行推翻清政府的活动，非洲华侨中的先进分子还建立了自己的反清革命组织，这是与兴中会的早期领袖杨衢云的领导和策动分不开的。尽管南非华人与祖国相距甚远，但他们始终对祖国十分忠诚。正是南非华人的这种对祖国的深厚感情和对变革的迫切要求，促使杨衢云于广州起义失败后来到此地。

---

① Melanie Yap and Dianne Leong Man, *Colour*, *Confusion and Concessions*, p. 67.

② 李卓凡：《西印度洋华侨史》，载方积根编：《非洲华侨史资料选辑》，第 147 页。

二、非洲华侨与辛亥革命

(一) 杨衢云抵南非

杨衢云，原名杨飞鸿，1861 年 12 月 16 日生于香港。其父亲为教员，曾任政府机关翻译。杨在香港英文书院毕业后，执教于圣约瑟学院，不久又任职招商局。1891 年，他初识孙中山。1892 年杨衢云与另一早期革命志士谢缵泰(南非华侨谢子修之兄)在香港创办辅仁文社。1894 年 11 月 24 日，孙中山在檀香山成立了兴中会，当时未设总部。1895 年 1 月，孙中山来到香港，与杨衢云和谢缵泰等建立了香港兴中会会部机关，当时，杨衢云 35 岁，孙中山 28 岁，谢缵泰 25 岁。他们一起订立了“兴中会章程”。章程计十款，规定总会设在中国，分会设在各地，至少须有会友 15 人方能成立分会；分会公所不得用于赌博或社交活动。章程还列举了如下纲领：设报馆以开风气，设学校以育人才；兴大利以厚民生，除积弊以培国脉。①

孙中山和杨衢云等人策划的 1895 年广州起义由于准备工作不足、少数人的背叛和密谋机构的运转失灵而流产。② 起义虽然失败了，却使革命党人名声大振。这种革命前的流产暴动，往往具有人们想象不到的精神后果。首先，在清朝政府压迫下的群众产生了新的希望，这一事件使人们认识到已经有人在从事他们想干而不敢干的事业。其次，它大大鼓舞了海外支持革命的华侨和正在进行斗争的反清志士。第三，它狠狠打击了执政者的自信心，在清朝政府内部散布了对革命的恐惧。更重要的是，这次流产的起义使孙中山和革命党人的名声大振，“由于广州密谋和清政府那种要追捕他直到天涯海角的坚持不懈的努力”，把孙中山一

---

① 薛君度：《黄兴与中国革命》(杨慎之译)，长沙：湖南人民出版社，1980 年，第 35—36 页。

② 史扶邻：《孙中山与中国革命的起源》(丘权政、符致兴译)，北京：中国社会科学出版社，1981 年，第 49—84 页。

下子抬高到一个“显著的地位”。[①]

广州起义失败后，杨衢云遭到清政府的悬赏通缉。为了保存实力，他于起义流产后约两周开始流亡国外。他依靠各种关系从香港抵达西贡，然后又到了新加坡、马德拉斯、科伦坡等地，继续执事动员华侨的工作，在他们中间进行组织策动和革命宣传。1896 年，杨衢云和另一位名叫于灵的革命党人一起来到南非，对当地华侨进行动员。南非华侨领袖梁次狂对此记忆犹新：“考非洲华侨之有革命思想也，始于乙未之后。杨君衢云亡命非洲，传播革命甚力。可惜当时风华蔽塞，收效珠小，然革命种子已播于是地也。”[②]

杨衢云曾与孙中山争过领导权，担任兴中会会长直至 1900 年 1 月。[③] 由于这一点，以前学术界对他多有偏见，研究他的著述也不多。[④] 然而，他对兴中会前五年的工作和早期革命的贡献是不容抹煞的。他是一个有着强烈民族主义思想的革命先驱，美国著名的中国近代史专家史扶邻是这样描述杨衢云的：

> 杨衢云的性格、抱负和所受的教育与孙中山如此相似，他是兴中会领导权的一个厉害的竞争者。他在英属殖民地的经历，在他身上培养了一种好斗的民族主义，拳术是他的爱好之一，每见中国人受外国人欺侮，他就攘臂相助。他对西方作品的广泛阅读，使他在谈起革命理论和历史时，以权威自居，据说他在这些题目的讨论中处于支配地位。在社会集会上，他摆起一副架子坐在荣誉席上，他

---

① 史扶邻：《孙中山与中国革命的起源》，第 84 页。

② 梁次狂：《南非洲党务实况》，载蒋永敬编：《华侨开国革命史料》，台北：正中书局，1977 年，第 434—435 页。以下资料当引自此件。关于杨衢云组织成立兴中会的史实，还可参见杜永镇《辛亥革命时期的华侨》，北京：中国华侨出版社，1991 年，第 7，40 页。

③ 关于杨衢云与孙中山 1895 年争夺“合众政府大总统”这一职位的斗争，可参见薛君度《黄兴与中国革命》，第 37 页。

④ 对他较详细的研究，可参见 Chun-tu Hsueh，“Sun Yat-sen. Yang Ch'u-yun, and the early revolutionary movement in China”，*Journal of Asian Studies*，19：3（May 1960）. pp. 307 - 318.

说起话来是不让人插嘴的。杨衢云发现反满主义是发泄民族自尊心和实现政治抱负的途径，甚至比孙中山还早……①

为了更有效地组织当地华侨，杨衢云于1896年冬在约翰内斯堡、彼得马里茨堡和葡属东非殖民地的洛伦索-马贵斯设立了兴中会分会。②

(二) 南非华侨的分化：革命与保皇

南非华侨中也有少数先锋分子直接参加了力图推翻清朝政府的各种革命活动。

前面提到的谢子修也是一位革命志士。他曾任德兰士瓦中华公会书记，曾在香港和广州参加过推翻清朝政府的革命活动。谢子修又名谢缵叶，别名谢圣宏，祖籍广东开平县潭边园乡人。他出生在澳大利亚悉尼。其父谢日昌在澳大利亚经营泰益号进出口公司，对满清政府素来不满，反满思想十分强烈。他曾任澳大利亚的中国独立党领袖，对孩子从小就进行革命教育。③ 哥哥谢缵泰思想进步，对清朝政府的腐朽统治颇为不满，曾与杨衢云于1892年3月13日创办辅仁文社，其座右铭是“尽心爱国”。成员有16人，其中几个人在航运公司工作。④ 美国著名的华人历史学家薛君度认为，这一组织大体上是一个致力于“新学”和社会活动的研究团体。⑤ 后来，谢缵泰参加了香港兴中会会部机关的组建工作。

---

① 史扶邻：《孙中山与中国革命的起源》，第41页。由于杨衢云与孙中山争夺领导权，国内学者对他颇有看法，因而对他的研究也极少。

② 本处取杜永镇和欧铁的说法。参见杜永镇《辛亥革命时期的华侨》，第40页；欧铁编著《南非共和国华侨概况》，第70页。这些书均将南非兴中会的成立日期定为1897年冬。根据冯自由的说法：“丙申年(民国前十六年)十月，衢云扬言将[由南非]回国起义。”由此推之，杨衢云在南非组织兴中会似应为1897年10月以前。参见冯自由《革命逸史》，第四集，北京：中华书局，1981年，第16—17页。

③ Tse Tsan Tai, *The Chinese Republic: Secret History of the Revolution*, Hong Kong: The South China Morning Post, 1924, pp. 6-7. 这是谢缵泰写的一部英文著作，内容分为两部分：背景介绍和作者的日记摘录。

④ 关于谢缵泰的情况，可参见 Tse Tsan Tai, *Tse Tsan Tai*, Hong Kong, nd.; Chesney Duncun, *Tse Tsan Tai*, London, 1917.

⑤ 薛君度：《黄兴与中国革命》，第34页。

1887 年,谢子修同母亲、哥哥和妹妹离开澳大利亚来到香港,并就读于香港英文书院。他生性聪慧,品学兼优。在哥哥的影响下,谢子修开始关心时局。他先后旅居新加坡和小吕宋岛,并在小吕宋岛充当船头官,颇有成绩。1902 年 12 月 25 日,谢子修回到香港。他很可能是在其兄的要求下来此帮助进行革命活动的,因为他刚一抵达,谢缵泰马上委派他为自己的代表。当时,其父兄正在香港策划革命活动。谢缵泰与孙中山、杨衢云等人发动的第一次广州武装起义失败后,谢缵泰于 1899 年 11 月 19 日结识了太平天国洪秀全的侄子洪全福。① 李柏(李纪堂)此时也在香港,他是一位香港富商之子,参加革命不久。他刚从父亲那里得到一笔可观的遗产,便捐款 2 万港元以购买武器。② 谢日昌、谢缵泰、洪全福、李纪堂等一起策划,密谋举行第二次广州武装起义。他们在广州设立了秘密据点,并决定由洪全福负责招募新兵和组织武装力量。

当时,广州的革命志士正在准备召集一次会议。1902 年 12 月 27 日,谢子修与洪全福一起受谢缵泰的委托,潜回广州参加这一重要会议。三天后,谢缵泰收到了他于 12 月 29 日从广州寄来的函件。谢子修向其兄汇报了 8 位重要的革命运动领袖在封川(Fong Chuen)开会的情况。1903 年 1 月 1 日,谢子修和洪全福回到香港。1 月 13 日,洪全福向谢缵泰提出要在 1 月 28 日晚夺取广州市,谢子修父子三人在 1 月 20 日详细讨论了这一决定。1 月 25 日,谢子修和洪全福绕道从澳门到达广州,指挥夺取广州市的暴动。遗憾的是,这次密谋的武装起义未能成功。③

1903 年 3 月 11 日,谢日昌在香港逝世。料理完父亲的后事,谢子修

---

① Tse Tsan Tai, *The Chinese Republic*, p. 16. 关于洪全福的较详细资料,可参见《署两广总督德寿等奏拿获省港会党首要洪全福等详细情形折》(光绪二十九年三月二十日官中朱批奏折),载中国第一历史档案馆、北京师范大学历史系编选:《辛亥革命前十年间民变档案史料》(下册),北京:中华书局,1985 年,第 436—439 页。

② 李柏捐助革命军费,前后达 100 万左右,"几乎牺牲全部家产"。参见洪丝丝等《辛亥革命与华侨》,北京:人民出版社,1982 年,第 15 页。

③ Tse Tsan Tai, *The Chinese Republic*, pp. 22 - 23. 关于这方面的中文资料,还可参见徐艺圃《清末南非华工被虐纪实》,《文物天地》,1983 年第 1 期。

辗转来到非洲。他于1903年10月26日在葡属东非殖民地的洛伦索-马贵斯上岸。虽然他很想去南非，但由于没有入境签证，不得不在洛伦索-马贵斯逗留了五个星期。后来他“不知历几多艰辛，始得人情纸”，这样才来到南非的德兰士瓦。由于他精明能干，加上说一口流利的英语，深得当地华侨的信任。第二年他即受当地华侨委托，担任了德兰士瓦中华公会的书记。1904年5月，谢子修为了真实记载契约华工在南非金矿做苦工的真实情况，辞去德兰士瓦中华公会书记职务，到皇家顾问处司事，“余意尽欲探其内容，非贪其薪俸也”。是年10月，他被东兰德金矿公司聘为参议员，“总司华人之职”。①

谢子修在金矿当参议员时，每每不辞辛苦，深入矿井，对华工的真实待遇明察暗访。他看到的情况催人泪下，“常见工人当操工之际，有泣下者，咨嗟叹恨之声不绝于耳，因叹三年之久，各工历受险苦，为何如哉！余又夜间巡视工厂，每闻啜泣之声，常见有拥衾涕零，长吁短叹者。盖亦不忍谛听。”他为何要这样“欲尽知其内容，不惮艰险”，力图充分掌握第

南非约翰内斯堡兴中会会员1897年合影

① 谢子修：《游历南非洲记》，载陈翰笙主编：《华工出国史料汇编》，第九辑，第278页。

一手资料呢？其目的只有一个，“盖将来为我国自强计也”。[①] 值得一提的是，谢子修大约在1905年3月底离开南非，中国驻南非总领事刘玉麟于1905年5月抵达南非。这位中国领事在第一份关于华工的正式报告中称：“玉麟抵非后，博访旁咨，知各矿华工均尚安居乐业，间有滋事，皆因西监工及华巡捕办理不善所致。”[②]一个的感受是“咨嗟叹恨之声不绝于耳”，“不忍谛听”；另一个的报告是“华工均尚安居乐业”。二者的差别何等之大！

更为不可理喻的是，这些契约华工还必须每年按时交纳注册费。当时在南非设立领事馆，本是为了对华工进行管理；但清朝政府又不愿意出资以维持领事馆的正常运作。最后，袁世凯等人决定从华工身上打主意，“惟有每年收取注册执照费，以为就地筹款之一法”。经与当时在华招工的英国人商议后，做出决定：“凡华工抵南非后，理应在领署注册，每名纳费三元，每年换册一次，其费照纳。”[③]这笔费用的三分之一即被南非总领事“留作领署开支”。[④] 既然华工每年须交纳注册费，其正当利益和各种契约规定的权利理应得到保护。然而，实际情况远非如此，这已在上一章论及。

1897年10月，杨衢云声称将回国再举行起义。[⑤] 南非华侨纷纷解囊相助。兴中会会员黎民占认为推翻清朝的起义是大事，个人的家业是小事，遂将自己的零售商店贱卖后与杨衢云同行。抵达香港后，杨衢云可能认为香港地方小，加上清朝政府防范甚严，难以立足，便转移至日本，在横滨以教授英文维持生计。1900年，杨衢云回到香港，在孙中山的

---

① 谢子修：《游历南非洲记》，载陈翰笙主编：《华工出国史料汇编》，第九辑，第285页。

②《驻南非洲总领事刘玉麟为办理华工事致外务部大臣函》(光绪三十一年四月十八日)，载陈翰笙主编：《华工出国史料汇编》，第一辑(四)，第1744—1745页。

③《袁世凯为驻南非洲总领事刘玉麟拟收华工注册费酌提三成为领署经费致外务部咨文》(光绪三十年十一月初三日)，载陈翰笙主编：《华工出国史料汇编》，第一辑(四)，第1728—1731页。

④《驻南非洲总领事刘玉麟为解交第二批毕工注册费事致外务部申呈》(光绪三十年七月初八日)，载陈翰笙主编：《华工出国史料汇编》，第一辑(四)，第1752页。

⑤“丙申年(民国前十六年)十月，衢云扬言将回国起义”，参见冯自由《革命逸史》，第17页。

要求下辞去兴中会会长的职务。1901 年 1 月 19 日，他在香港家中教授英文时，被清政府雇用的枪手杀害。① 黎民占一个人待在香港，“旅囊告竭，竟郁郁以终”。黎民占为支持革命变产从行，实为舍小家为革命的壮举，同时也说明南非华侨对赞助孙中山先生革命的贡献。冯自由在其《革命逸史》中对杨衢云在南非的革命活动给予了中肯的评价，但他进一步认为，自黎民占去世后，“南非党员皆寂然无闻”。② 这与史实不符。

当时中国国内的各种政党互相攻讦，争夺地盘。各党派除在国内有各种出版物外，还在日本、美国和南洋等地出版报刊以争取华侨。华侨之间也因政见不同而互相攻讦。非洲华侨人数不多，同时地处偏僻，远离祖国，对国内的变革和动荡当然不如南洋或北美的华侨知道得多。然而，这并未使非洲的华侨置身于国事之外。戊戌变法失败后，康有为、梁启超逃亡海外，随后一改激进变革的态度，大力倡导保皇党。当时，世界各地的华侨也群起响应，“风起云涌，纷纷设立分会；非洲方面亦如是焉”。特别 1903—1905 年在南非的约翰内斯堡保皇党非常活跃。

（三）华侨青年的实际行动

正是在这种对反清革命运动极为不利的情况下，南非的几位具有激进思想的华侨青年朱约之、谭启元、黎平胡等人于 1906 年（丙午年）发起组织了“思汉阅书报社”。③ 顾名思义，这一组织的目的有二：其一，排满复汉，主张革命；其二，利用书报启迪民智。当时，约翰内斯堡的部分青年华侨纷纷加入这一组织。一方面，他们时刻关心着国内的动态，并通过各种手段收集有关反清革命活动的消息；另一方面，他们力图主持正义，维护当地华侨的正当权益。兴中会的成员多参加了思汉阅书报社。社员中如陈警蛮、黎平胡、霍胜利、梁应添、梁次狂等，积极主张用革命的

---

① 史扶邻：《孙中山：勉为其难的革命家》（丘权政、符致兴译），北京：中国华侨出版社，1996 年，第 57，61 页。

② 冯自由：《革命逸史》，第 16—17 页。

③ 杜永镇：《辛亥革命时期的华侨》，第 48 页。

方式推翻清政府，他们“言论激烈，慷慨激昂”，与保皇党人展开了激烈的斗争，猛烈抨击其保皇谬论。除约翰内斯堡的兴中会会员外，彼得马里茨堡和伊丽莎白港的会员都曾经与保皇党做过斗争。在这些代表进步势力的华侨的一致努力下，“非洲保皇党终被思汉社诸子攻击至体无完肤，偃旗息鼓，形同瓦解。即非洲总领事香山刘玉麟氏，亦为之慑伏。自是而后，非洲华侨之革命思想一日千里”。①

1911 年 4 月 27 日（即辛亥年三月二十九日）爆发的黄花岗起义，是在辛亥革命前进行的推翻清朝政府的最后一次尝试，同时也是最为惨烈的一次起义。起义原定于 4 月 13 日举行。然而，一位“深受孙中山革命主义影响”的新加坡华侨矿工于 4 月 8 日刺杀了清署理广州将军孚琦。这一行动虽与同盟会的计划没有联系，却是打草惊蛇。当局采取防范措施，将那些不可靠的士兵关在军营里。此时，起义已是迫在眉睫。黄兴赶到广州后，几经犹豫，终于在 4 月 27 日亲自率领 130 名敢死队员进攻督署。由于起义者以大无畏的敢死精神投入战斗，因此在前期赢得了短暂的胜利。② 遗憾的是，敢死队员在随后的战斗中未能巩固战果，致使清兵从惊慌中清醒过来，并迅速增兵，最后起义以失败告终，72 名革命志士遇难。

由于海外华人在人力、物力、财力上给予大力支持，黄花岗起义与以前的多次起义相比，有两个较突出的特点：一个是资金不缺，东南亚华侨即捐了 10 万多港元；③另一个特点是同盟会动员了自己的力量，一些革命党的骨干分子专从海外赶来参加起义。起义虽然失败，但对国内外的影响极大。正如孙中山先生在《黄花岗烈士事略序》中所指出的那样：

---

① 梁次狂：《南非洲党务实况》，载蒋永敬编：《华侨开国革命史料》，第 434 页。

② 林时塽当攻卫队时，见当门投置炸弹，“曾弹如雨集，屹立不动，无人能当其勇者”，喻云纪兄攻龙王庙时，“一人当先抛掷炸弹，巡防见之，无不披靡”；朱执信“当攻督署，奋勇争先，遇非平日文弱之态”。参见黄兴《广州起义报告书》，《近代史资料》，1963 年第 2 期。还可参见湖南社会科学院编《黄兴集》，北京：中华书局，1981 年，第 40—43 页；史扶邻：《孙中山：勉为其难的革命家》，第 118—120 页。

③ 史扶邻：《孙中山：勉为其难的革命家》，第 119 页。

“全国久蛰之人心，乃大兴奋。怨愤所积，如怒涛排壑，不可遏制。”曾在南非大学任教的华人学者欧铁在他的著作中指出，在黄花岗起义中，南非华人有数名热血青年前往参加。参加此役的南非青年有霍秀石、霍又喜、蒙某(外号“革命权”)、陆子明、郑张维、霍顺阶等人，他们“对革命事业特别支持”。[①] 由于他的资料没有注明来源，对这一历史问题只能存疑。

辛亥革命成功以后，袁世凯篡夺了政权。他对革命党人十分害怕，极尽迫害之能事。革命党人纷纷逃往国外，以图再起。中华革命党成立后，注重海外党务发展，特制订《中华革命党海外支部通则》，对动员海外力量进行全面规划。[②] 当时，侨居南非约翰内斯堡的中华革命党员霍汝丁(胜刚)来到香港，投身于革命事业。他曾投资于李萁所创办之江南福群实业公司，后数年复开设萃文书店于香港荷里活道六十号，专经营书籍文具事业。[③] 为了便于革命党人联络，他与赵植芝、林来等人于民国五年(1916 年)12 月 20 日向党部提出报告，建议发起一驻港中华革命党联络处，经过批准，中华革命党驻香港联络处成立。霍胜刚被校定为联络员，其职责为“每月终(或随时)将经过之事造报于司令部或支部以核成绩”。[④] 1917 年，孙中山成立护法政府，筹组北伐，并向南非发来“筹饷通启”。朱印山、朱质彬等立即组织筹饷部积极募捐，“集资刊刻《澄清宇内》一书，唤起非洲侨胞筹助军饷”。据《上军政府财政总长函》载：“德兰士瓦梅县华侨支持孙中山筹饷，正月六号和四月七号各得一份，每份英金 160 镑。”[⑤]

---

① 欧铁编著:《南非共和国华侨概况》，第 79—80 页。至今黄花岗烈士纪念碑上仍留有南非杜省(德兰士瓦)国民党支部捐款记载。

② 关于“中华革命党海外支部通则”，参见华侨革命史编纂委员会编《华侨革命史》(下卷)，第 335—342 页。

③ 冯自由:《革命逸史》，第 17 页。

④ 参见《中华革命党驻香港联络处章程》，载华侨革命史编纂委员会编:《华侨革命史》，第 348—350 页。

⑤ 房学嘉:《南非梅县籍华侨与孙中山护法斗争》，《华声报》，1991 年 5 月 14 日。

在非洲的其他地区，华侨中的先进分子也以其他方式支持孙中山的革命运动。葡属东非的洛伦索-马贵斯曾在兴中会早期领袖杨衢云的鼓动下成立了兴中会分会。马达加斯加的华侨谭贡力、陈壮民、邓省群以及后来从毛里求斯移居过来的陈明沃等人于20世纪初组织了“强汉社”，致力于中华民族的富强。毛里求斯的一些华侨也积极参与募捐活动，并得到孙中山先生的嘉奖。津巴布韦(原来的罗得西亚)的华人中间也有孙中山先生的支持者。朱惠琼女士是津巴布韦杰出的华裔政治家，她在津巴布韦独立后曾先后担任教育部长和就业创造及合作部部长。朱惠琼女士的祖父和外祖父曾于1904年与其他12个华人家庭移民到当时称为罗得西亚(南部)的津巴布韦，从而构成了现在当地华裔居民的主体。朱惠琼的外祖父当年就曾是孙中山先生革命运动的支持者。①

三、募集捐款支援辛亥革命

非洲华侨人数虽然不多，但为辛亥革命募集捐款却不甘人后，他们积极捐款，从财力上支持推翻清朝政府的斗争。

(一) 非洲地区的捐款

笔者所接触的资料表明：非洲华侨捐款的最早日期是1911年。黄花岗起义虽然失败，但对南非华侨的震动很大。这可以从梁次狂关于南非党务的报告中看得出来：“霹雳一声，惊天动地，号风雨而泣鬼神。电报轰传，顽廉懦立。可惜败不旋踵，噩耗传来，令人气结。”起义失败的消息传来，南非华侨中的先进分子为之扼腕。梁次狂、邓百朋、何少伯等连夜讨论，认为时局艰难，“以今兹广州革命军失败，党人麇集香港，终非善策；必须令其散走梅外，而谋卷土重来。但现处失败之秋，需款必亟，吾

---

① Fay Chung, *Re-living the Second Chimurenga*, p. 27；湘：《血管里流着中国血的津巴布韦女部长——朱惠琼》，《广东侨报》，1993年2月23日。

人主张革命，虽未列名党籍，而亦精神上之同志也，必须有以继之，方于良心上无愧怍。"①当时，黄兴确实需要钱款，以图再起。为此，梁次狂等人决定筹集款项，以接济革命党人和辛亥革命。

辛亥革命以后，非洲华侨中的先进分子仍然时刻关注着祖国的情况，继续为建立共和制而出力。在随后的斗争中，马达加斯加、留尼汪和毛里求斯的华侨也表现出了极大的热情，支持孙中山先生的革命斗争。1913年，袁世凯窃取了大总统的职务，为了挽救辛亥革命的胜利成果，孙中山先生开始了艰苦的反袁斗争。随后孙中山先生又于1917年在广州建立军政府，就任护法军政府大元帅，随后发动了护法战争。非洲华侨再次表现出极大的革命热情，对孙中山先生领导的革命尽力支持，纷纷向革命党人捐款。在此期间，南非、毛里求斯和马达加斯加等地的华侨多次以各种方式募捐寄回国内。

辛亥革命前后非洲华侨捐款的统计②

捐款时间	捐款地点（者）	捐款数额
1911年4月6日	南非	480英镑
1911年11月9日至 1912年5月31日	法属嘑些唎央③	2 419.72银元
同上	南飞州道省惟益社④	1 417.50银元
同上	嗱嚐埠⑤	550.77银元
同上	马达加士加⑥	1 247.33银元
同上	斐洲西洋埠⑦	1 381.54银元

① 梁次狂：《南非洲党务实况》，蒋永敬编：《华侨开国革命史料》，第434页。
② 此表中未列毛里求斯华侨的捐款数。
③ 即法属留尼汪。
④ 即南非德兰士瓦省的华侨组织维益社。
⑤ 即开普教。
⑥ 即马达加斯加。
⑦ 即葡属东非的洛伦索-马贵斯。

续 表

捐款时间	捐款地点(者)	捐款数额
1914 年 7 月—1915 年 1 月①	杜兰斯哇②	660.02 日元
1911 年 4 月 6 日	南非	480 英镑
同上	约翰尼斯堡③	24 259.63 日元
同上	约翰尼斯堡	5 066.04 英镑
1917 年正月六日	杜兰士哇梅县华侨	160 英镑
1917 年四月七日	同上	160 英镑
1917 年 10 月	南非洲杜省支部	980 英镑
同上	啰嗹士嘿埠④(李柏川经手)	115 英镑
同上	南非洲(朱轰经手)	160 英镑
同上	南非洲杜省⑤华侨联卫会所(由霍梓腾经手)	200 英镑
同上	南非洲杜省中华会馆	160 英镑
同上	马达加斯加浸麻邹⑥南顺公司两次汇款数	6 305 英镑
1918 年 3 月	马达加斯加浸麻邹自治会	1 839.37 英镑
同上	南非洲布鲁威⑦(谭广容、康九礼经手)	130 英镑
同上	南非洲杜省(朱轰经手)	160 英镑

资料来源:洪丝丝等:《辛亥革命与华侨》,第 39 页;梁次狂:《南非洲党务实况》,载蒋永敬编:《华侨开国革命史料》,第 435 页;《华侨革命史》,下卷,1981 年,第 426—446 页;房学嘉:《南非梅县籍华侨与孙中山护法运动》,《华声报》,1991 年 5 月 14 日。

---

① 由中华革命党财政部张人杰于民国六年(1917 年)正月 30 日公布。

② 即德兰士瓦。

③ 即约翰内斯堡,下同。

④ 即葡属东非的洛伦索-马贵斯。

⑤ 即德瓦士兰,下同。

⑥ 即塔马塔夫,下同。

⑦ 即布拉瓦约,下同。

毛里求斯华人中的积极分子也积极参与了辛亥革命前后的活动。毛里求斯的华人历史学家李卓凡曾指出："无疑，毛里求斯的华人社会是参加这个运动，财政上支持革命组织最早支部之一。"在 1895 年广州起义计划败露之前，毛里求斯华人就已经参加了运动。华人社团领袖亚方·唐文曾参加了早期的组织工作，积极参与了建立党部的活动。为了集中管理财务，亚方·唐文在当地一些华侨商人的支持下将原来的卫兴公祠改为中和会馆，总部设在华人区的中心朗佩街(Rampe)。[①] 孙中山先生对毛里求斯华侨的鼎力支持十分感谢。1917 年，当时任海陆空军大元帅的孙中山特地向毛里求斯华侨领袖吴少琴先生颁发了"筹饷委员"的委任状。这一委任状至今仍存放在毛里求新华人社团，毛里求斯华侨以此为荣。1925 年，毛里求斯华侨在朗佩街举行了对孙中山先生的悼念活动。

(二) 作为典型的南非华侨

南非的捐款行动最为突出。黄花岗起义失败后，南非华侨中的积极分子分头向华侨恳求捐助，"不分日夜进行。奔走三昼夜，集得革命军饷五百镑有奇。遂于 4 月 6 日电汇四百八十镑，交香港中国报经理李以衡君转胡展堂[②]先生"。这笔钱虽然不多，当时换成港元也不过 5 000 余元，但它的意义非同小可。一方面，这笔款项在当时很起作用：一为购买药品，抢救受伤同志；二为打通关节，赎出被捕的革命党人；三是购买武器，以继续革命；四是让聚集在香港的革命党人迅速疏散。这笔款项正所谓"为力至大"。另一方面，在武装起义失败的消息传来仅一个星期内，即有华侨从远离祖国的非洲寄来款项，以表支持，其精神价值远非金钱数目可以说明。难怪黄兴和胡汉民很快回电："电款四百八十镑收，疮痍渐复，图机更进，深感协力。"事后远在美洲的孙中山先生也来信奖励，

① 李卓凡：《西印度洋华侨史》，载方积根编：《非洲华侨史资料选辑》，第 109—110 页。
② 即胡汉民。

谓此"如大旱之得甘霖也"。[①] 这是非洲华侨参与革命活动的具体表现。

从此以后,梁次狂等人在非洲华侨中发起革命军饷月捐活动,规定每月每份两个半先令,每人每月"捐百分不为多,捐一分不为少",力劝各位华侨热心捐助。大家又推梁次狂为干事,并保管所得捐款,以备随时接济。后来辛亥革命的武汉起义成功,南非华侨因已先行一步,并一而再、再而三地对革命军进行接济。非洲华侨为辛亥革命捐款的具体数字虽无法得到,但可以肯定,他们的捐款远不至这一笔。其理由如下。民国二年(1913 年)6 月 18 日,广东都督开始偿还辛亥两役的华侨借款。后为了讨袁,广东大都督兼讨袁总司令陈炯明于当年 8 月 2 日公布都督府第 435 号法令:"所有未支出之 90 万元应暂缓拨偿,以免顾此失彼之虑。"其中提到尚未发还的南非洲华侨的款项数为 22 142.12 元。[②]

民国六年(1917 年)10 月,南非德兰士瓦的广东梅县侨胞社团在其筹饷部的发动下,发起募捐运动,力图筹措英金 160 镑,"当时该埠侨胞,男女老少不满 70 人[③],结果如数筹募英金 160 磅[④]",并于民国七年(1918 年)元月由朱英宏君(即朱轰)汇交军政府财政总长廖仲恺。[⑤] 后来,也即从国民革命军北伐(1926 年)起至定都南京,国民党中央对收到的海外华侨捐款再没有公布过,而是采取统一颁奖的方式给予鼓励。至少我们知道,当北伐后援会筹款时,达累斯萨拉姆的华侨人数不多(到 1929 年才 54 人),但踊跃捐款,共筹得款项 200 余镑,真可谓"极有爱国之精神","实是难能可贵"。[⑥]

---

① 梁次狂:《南非洲党务实况》,载蒋永敬编:《华侨开国革命史料》,第 434—435 页。

② 华侨革命史编纂委员会编:《华侨革命史》,第 312 页。

③ 此数疑有误。德兰士瓦的华人统计数在 1904 年和 1911 年分别为 912 人和 910 人。参见本书第三章。

④ 原文如此。应为"镑"。

⑤《革命文献》,第 45 辑,第 45—47 页,转引自华侨革命史编纂委员会编:《华侨革命史》,下卷,第 485 页。

⑥ 谷川编:《亚非利加洲华侨概况》,《南洋研究》,1930 年第 3 卷第 2 期,第 53 页。

(三) 华侨中的不同政治倾向

当然,在南非华侨中也有一些人或为局势所迷惑,或过多地考虑自身利益,因而在革命的紧要关头站错了队。1918 年 4 月,护法军政府改组,取消“大元帅”的职务,改设“政务总裁”七人。孙中山先生愤而辞职,并一针见血地指出,“南与北如一丘之貉”。[①] 1921 年 5 月,孙中山宣布就任非常总统,在广州成立正式政府,并准备北伐。此时,粤军首领陈炯明却与吴佩孚暗中勾结,准备在孙中山出师北伐的时候对其实行南北夹击。

孙中山对陈炯明已有防范,并迫使陈炯明于 1922 年初自行辞职。然而,陈炯明的请辞只是为更大的阴谋做准备。1922 年 6 月,当孙中山先生从韶关回到广州时,陈炯明突然公开发动叛变,袭击孙中山先生的总统府,孙中山被迫退避在一艘军舰上。这一事件也影响到南非华侨的政治取向。当时,南非国民党支部的个别人从自身利益出发,竟捐出巨款支持陈炯明的叛变行径。这种举动后来遭到南非华侨的谴责。[②]

四、非洲华侨的政治组织与国民党支部的建立

(一) 非洲各地的致公堂

在南非各地、葡属东非的洛伦索-马贵斯、毛里求斯等地均有致公堂(Chee Kung Tong Society,亦称为 Reform Club)。致公堂又称“洪门致公堂”,以“反清复明”为宗旨,其前身是“三合会”。这一组织是那些忠于明朝的汉人在清朝政府统治时期为反对清王朝而成立的民间秘密组织。

---

① 邹鲁:《中国国民党史稿》,第 1026 页,转引自中国人民大学清史研究所编:《中国近代史论文集》,下册,北京:中华书局,1979 年,第 852—854 页。

② 1948 年 11 月 12 日,在中国驻约翰内斯堡总领事馆举行孙中山诞辰联合纪念大会时,“何乃自先生[云]痛陈革命工作者腐败致败之原因,其演辞中对南非党蠹于国父孙中山在广州蒙难时,尚有捐助巨族(疑为“款”之误)支持叛徒陈炯明之事,更系措词激烈。”[南非]《侨声报》,1948 年 11 月 20 日。

由于清政府对反满分子的残酷迫害，他们中的很多人跑到国外。海外的致公堂在孙中山先生推翻清朝统治建立共和制度的斗争中尽了很大的力。早在1904年，孙中山在制订致公堂章程时，首先提出了“驱除鞑虏，恢复中华，建立民国，平均地权”的主张。① 后来孙中山在日本建立了同盟会，“同在欧洲一样，孙中山教给每个会员他从三合会搬来的秘密的手势和口号”。② 中华民国建立后，致公堂逐渐成为华侨维护自身利益、办理华侨公益事务和调解内部纠纷的组织。

这里，特别值得一提的是南非的致公堂。南非华人学者叶慧芬在其著作《南非华人史》中指出，尽管关于致公堂的资料很少且十分零散，但这些资料所透露的致公堂的地下活动与兴中会的目标一致，这表明：南非的致公堂就是兴中会，“至少在约翰内斯堡是如此”。③ 南非的致公堂一直以秘密方式活动。致公堂在会馆里面设一祭坛，上面祭着中国致公堂的五位创始人以及其他已故的成员。据一位老华侨回忆，当年，任何人若要加入致公堂，首先要脱下裤子，用红棒打屁股一下，以表明忠坚。④ 新成员必须参加入会仪式，学会各种秘密暗号，以使成员之间可以在互不相识的情况下识别标志。这种仪式还包括焚烧黄纸和砍掉一只鸡头，这象征着那些背叛致公堂的成员的命运。

致公堂在中华民国成立以前一直是秘密组织，直到1918年，它才公开以社团身份在南非注册。当时，它组成了“致公堂商业信托有限公司”，以购买专员街拐角处的一处房产。该公司在申请注册时有六位股权持有人，均为居住在约翰内斯堡的商人。他们每人出资300—500英镑不等，以购买股票份额。⑤ 他们中有早期华侨领袖钟锡钿及现已移居

① 吴玉章：《辛变革命》，北京：人民出版社，1978年，第72页。

② 史扶邻：《孙中山与中国革命的起源》，第313页。

③ Melanie Yap and Dianne Leong Man, *Colour, Confusion and Concessions*, pp. 92-93.

④ 欧铁编著：《南非共和国华侨概况》，第66页。

⑤ 他们是 Chong Pong Achim, Tam Tim, Hoe Law, Leong Ping, Ho Piaw, Loo Kee 六人，见 “Memorandum of Association of Chee Kung Tong Trust Limited”, Melanie Yap and Dianne Leong Man, *Colour, Confusion and Concessions*, p. 237.

加拿大的潘伯光等前辈。① 1919年9月，致公堂举行了一个盛大的成立大会典礼，并邀请洛伦索-马贵斯的致公堂代表参加。遗憾的是，南非当局拒绝向洛伦索-马贵斯代表团发签证。当时，为了替他们争取签证，南非致公堂的书记霍惠端向有关当局递交了一封请愿书，说明了洛伦索-马贵斯代表此行的目的，并提到了致公堂的性质："他们来此不仅进行访问，而且是作为这里的中国人政治团体成立大会的代表。致公堂（中国人团体或政党）建于约250年前，其目的是为了推翻过去的清王朝。在中华民国建立以前，它在中国是一个秘密团体，但清王朝消灭以后，它已成为中国政治事务中的一个正式的团体或政党。"②

南非致公堂后来主要作为一个社会性的福利组织，它用在会馆开设赌场赚来的钱为成员提供各种服务，如供给住宿，为死者立墓碑等。

（二）南非兴中会

南非华侨素来深受各种歧视和压迫，早已对清朝政府心存不满。在杨衢云的策动下，一些先进分子参加了兴中会。史料中可查得确实姓名的兴中会会员有黎民占、霍汝丁（胜刚）、王炽、王进、陈警蛮、陈拙铭、陈妹、何炽、何禧、马子方、马康、何益、江均、梁伯佳、朱印山、朱质彬、叶远东、叶浩如、林岳云、张藻华、谢柏奎，此外朱约之、谭启元、黎平胡、霍胜利、梁应添、邓百朋、何少伯等人很可能也是会员。虽然南非兴中会的会员的确切数目不得而知，但根据中国总部的规定，兴中会的支部人数不得少于15人。而以上名单也表明南非会员肯定超过了法定人数。③ 经过杨衢云的热烈宣传和精心组织，南非地区兴中会分会的会务有了相当的发展。

这里有一个历史问题需要澄清：在非洲是否存在过同盟会？

---

① 欧铁编著：《南非共和国华侨概况》，第66页。

② Melanie Yap and Dianne Leong Man, *Colour, Confusion and Concessions*, p. 237.

③ 兴中会会员名单录自冯自由《革命逸史》，第16—17页；梁次狂《南非洲党务实况》，载蒋永敬编：《华侨开国革命史料》，第434—435页；叶迅：《南非华侨情况忆述》，载《文史资料选辑》，第87辑，第90页。

欧铁在书中指出："当国父在檀香山成立同盟会时，曾派杨衢[云]、于灵两位同志前来非洲在南非约堡及东非罗埠成立同盟会分会。"①南非华侨叶迅亦持同样的说法：杨衢云抵达南非后，在约翰内斯堡设立了同盟会机构，"当地华侨如朱印山、叶远东、陈警蛮、陈拙铭、朱质彬、林岳云等在加入同盟会以后，首先和保皇党分子展开斗争。玻埠②的同盟会员如张藻华、谢柏奎、叶浩如等都曾经和保皇党作过斗争"。③ 显然，欧铁和叶迅均误将兴中会当作同盟会。同盟会是孙中山和黄兴等人 1905 年在日本成立的，此时杨衢云早已去世。美国的华人历史学家薛君度曾认为："非洲、澳洲和南美洲从未建立过[同盟会]分会。"④可见，杨衢云在非洲建立的是兴中会，而不是同盟会。

(三) 非洲的中国国民党支部

由此可以推论，非洲的兴中会很可能后来成为中华革命党的一个支部，最后成为中国国民党的支部。当时，中华革命党各级组织负责同志均系由总部遴派，南非洲支部长为陈佩南、朱印山，民国五年(1916 年)4 月 17 日由中央委任。⑤ 辛亥革命以后，非洲的华侨加入革命党的很多。在孙中山先生去世前，非洲的华侨竭尽全力支持革命，当时几乎没有一个华侨国民党员没有受到国民党中央的奖励。

中国国民党非洲各党支部一览表

地区支部名称	成立时间	负责人	备注
中国国民党南非总支部	1924 年		1924 年公民党改组时成立
中国国民党约翰内斯堡分部	1920 年	陈佩南	1924 年公民党改组时改为南非总支部，1934 年改为南非直属支部

① 欧铁编著：《南非共和国华侨概况》，第 70 页。

② 即 Port Elizabeth，今译为"伊丽莎白港"。下同。

③ 叶迅：《南非华侨情况忆述》，载《文史资料选辑》，第 87 辑，第 90 页。

④ 薛君度：《黄兴与中国革命》，第 54 页。

⑤ 华侨革命史编纂委员会编：《华侨革命史》(下)，第 360 页。

续　表

地区支部名称	成立时间	负责人	备注
中国国民党金伯利分部	1920年(?)		1927年改组时改为支部
中国国民党开普省支部	1920年		1927年改组时改为支部
中国国民党伊丽莎白港分部	1921年		1927年改组时改为支部
中国国民党德班分部			1927年改组时改为支部
中国国民党东伦敦分部			1927年改组时改为支部
中国国民党洛伦索-马贵斯分部	1920年		1927年改组时改为支部
中国国民党贝拉分部			1927年改组时改为支部
中国国民党马达加斯加分部	1921年	谭贡力、陈明沃	1927年改组时改为直属支部
中国国民党留尼汪支部	1923年	韦醒民	1927年改组时改为直属支部
中国国民党毛里求斯分部			1927年改组时改为直属支部
中国国民党达累斯萨拉姆分部			1927年改组时改为支部
中国国民党索尔茨伯里分部			1927年改组时改为支部
中国国民党布拉瓦约分部	1920年		1927年改组时改为支部

资料来源：Melanie Yap and Dianne Leong Man, *Colour, Confusion and Concessions*, pp. 244-245；欧铁编著：《南非共和国华侨概况》，第70页；叶迅：《南非华侨情况忆述》，载《文史资料选辑》，第87辑，第90页；何静之编著：《留尼旺岛华侨志》，第53，76页；Edith Wong-Hee-Kam, *La Diaspora Chinoise aux Mascareignes*, p. 93；华侨协会总会编著：《华侨名人传续集》，台北：黎明，第399—400页；Leon M. S. Slawecki, French Police Towards the Chinese in Madagascar, pp. 136-137；华侨革命史编纂委员会编：《华侨革命史》(下)，第360，378页。

叶慧芬认为南非的中国国民党各部的建立始于1920年。陈佩南于1922年被任命为中国国民党约翰内斯堡分部的负责人。1928年，约翰内斯堡分部在福克斯街租了一间房子作为分部所在地。金伯利的国民党分部设在中国城地区(Malay Camp)的科格兰街(Coghlan Street)街，1922年已有党员约40人。1921年5月31日，伊丽莎白港的国民党分部正式成立。当时，南非各地的中国国民党分部如约翰内斯堡分部、开普省分部等均派人参加了规模盛大的成立大会；葡属东非殖民地洛伦索-马贵斯的国民党分部也派出代表参加大会。此外，南非的一些华侨社团也派代表出席了成立大会，包括伊丽莎白港的中华会馆和广府人共济会、中国慈善会、梅县侨商公会、德兰士瓦联卫会所的代表。①

1924年国民党进行改组时，南非的党员人数本来不够成立总支部，但由于非洲华侨在热心捐款支持革命方面表现突出，孙中山先生特许在南非设立国民党总支部。② 根据欧铁的说法，南非总支部在早期下属有马达加斯加、留尼汪和毛里求斯三个支部；东南部非洲的达累斯萨拉姆、贝拉、洛伦索-马贵斯、索尔兹伯里和布拉瓦约五个分部和南非境内的开普敦、伊丽莎白港、东伦敦、德班和约翰内斯堡五个分部。③ 孙中山逝世的消息传来后，开普省的国民党分部在伊丽莎白港举行了隆重悼念仪式。1925年4月12日，悼念仪式在伊丽莎白分部的所在地埃瓦特街(Evatt Street)举行。

到1925年国民党第三次中央执行委员会全体会议时为止，海外党部情况如下：已组织之总支部计有10个，南非总支部已在其中。④ 当时，革命党人相当活跃的日本、华侨人数甚多的菲律宾，以及安南和古巴的总支部均还在组建之中；而尚未组建的总支部包括香港、印度、英国、南

---

① Melanie Yap and Dianne Leong Man, *Colour, Confusion and Concessions*, pp. 244-245.

② 叶迅：《南非华侨情况忆述》，载《文史资料选辑》，第87辑，第91页。叶迅认为当时南非的党员有六七百人。这与下文引用的《华侨革命史》中的南非国民党员的人数不合。

③ 欧铁编著：《南非共和国华侨概况》，第70页。

④ 这十个总支部分别为加拿大、三藩市、檀香山、墨西哥、澳洲、暹罗、缅甸、南洋、法国、南非总支部。

美。这说明南非的革命党人的活跃程度,同时也表明了他们在国民党中央的地位。当时的南非总支部下属支部(也即上面所指的分部)有 10 个,区分部 16 个,党员人数 813 人,党报有 2 份。①

1927 年,国民党改组,海外的党组织也相应调整。原来的南非总支部一分为四,即驻南非总支部,驻毛里求斯、驻马达加斯加和驻留尼汪三个直属支部;原属南非总支部的东南部非洲的达累斯萨拉姆等 10 个分部改为支部,仍隶属南非总支部。这样,南非总支部的管辖范围有所收缩,马达加斯加、毛里求斯和留尼汪三地的国民党组织已自成体系。除此之外,南非总支部仍管辖东南部非洲各地的国民党组织。各地的支部执行委员大部分为当地侨团的负责人。不过,南非的国民党员似乎并不多,仅有 296 人。经过 1928 年的整顿,"负责人员,颇称努力"。②

1928 年,国民党中央向毛里求斯直属支部派出指导委员,以对毛里求斯直属支部进行整顿。经过一段时间的整顿,毛里求斯的直属支部依法召开了党员代表大会,选举了新的执行委员和监察委员。③ 1934 年,国民党组织委员陈立夫认为南非国民党人数过少,不能成立总支部。南非党员当时以孙中山先生曾特准南非成立总支部为由,就维持南非国民党总支部一事与陈立夫发生意见分歧。后来双方妥协,决定采取折中办法,将国民党驻南非总支部改名为国民党驻南非洲直属支部。伊丽莎白港、东伦敦、金伯利、布拉瓦约等地均设有国民党分部。④

1923 年,留尼汪建立了国民党组织,领导人韦醒民对孙中山先生倡导的三民主义坚信不疑,不遗余力地进行宣传和组织活动,购置分部会址,发展党员。抗战胜利后,党员人数大增,达 500 多人。至 1947 年 6 月

① 华侨革命史编纂委员会编:《华侨革命史》(下),第 378 页。

② 同上书,第 382 页;欧铁编著:《南非共和国华侨概况》,第 70 页。此为综合两书的资料所得。

③ 参阅中国国民党第三届中央执行委员会第二次全体会议记录"工作报告",第 247—253 页,转引自华侨革命史编纂委员会编:《华侨革命史》(下),第 384—385 页。

④ 叶迅:《南非华侨情况忆述》,载《文史资料选辑》,第 87 辑,第 90—91 页。

16日改为国民党驻留尼汪直属支部。①

在马达加斯加,华侨深受法国殖民政府歧视政策之苦,对国力虚弱而带来的不幸有切身感受。国内兴起变革之风,当地华侨遥相呼应。谭贡力、陈明沃等人于20世纪初组织了“强汉社”。顾名思义,其宗旨是致力于汉民族的富强。在成立初期,强汉社会员怀着一股革命激情,利用集会聚餐的机会,以互相投掷面包之戏进行筹款,以建立会所。这一组织实际上是革命组织,从成立起一直积极支持孙中山先生领导的革命,活动了十余年后,于民国八年(1919年)才正式向当地政府注册立案,公开活动,并隶属于中国国民党南非支部。② 塔马塔夫是马达加斯加华侨最集中的地方。1921年,一个名叫“国民党”的机构在塔马塔夫登记注册。当时这个组织并未引起法国殖民当局的注意。该组织注册叫使用的名称是中国音标加英文的拼法(即Kwo Min Tang Chinese Nationalist Party),这种名称当然使法国殖民官员难以理解。更重要的是,这一实际上的政治组织是由13位华侨商人申请建立的“拥有股票、可变资本和办事人员的公司”。根据该组织的章程规定,它有自己的会址(塔马塔夫迪瓦迪罗大街),会址内设有会议室、阅览室、学习研究室和娱乐室,还为本公司成员及其子女组织有关讲座和举行节日庆祝活动。③ 然而,塔马塔夫支部成立后十分积极地卷入了政治活动,这是殖民当局始料未及的。

1927年,塔马塔夫的国民党党部要求在塔那那利佛成立一个支部,遭到殖民当局的拒绝。1928年,党员已达400余人,经中国国民党中央委员会的核准,马达加斯加的国民党支部改为直属支部。同年成立了党务指导委员会,举行党员总登记,并在全岛征求预备党员,加入者有138人。马达加斯加的直属支部也发展很快,到1929年,驻马达加斯加直属支部下属已有分部3个,区分部10个,直属区分部3个,“均能互相团结;

① 何静之编著:《留尼旺岛华侨志》,第53,76页;Edith Wong-Hee-Kam, *La Diaspora Chinoise aux Mascareignes*, p. 10.

② 华侨协会总会编著:《华侨名人传续集》,台北:黎明,1987年,第399—400页。

③ Leon M. S. Slawecki, *French Policy Towards the Chinese in Madagascar*, pp. 136-137.

致力于党务之推进”，马达加斯加的国民党员已达 622 人。陈明沃负责总务科，陈畅云负责组织科，何金泉负责宣传科。①

1929 年，中国国民党在南京举行第三次代表大会时，马达加斯加的国民党支部派出了一位代表参加。此人“早些时候被从印度支那赶出来，并在中国领导着一场强烈反对法国的运动”。1930 年和 1931 年，马达加斯加的国民党支部又提出要在迭戈苏瓦雷斯建立一个图书馆和一个国民党支部，同样遭到马岛殖民政府的拒绝。法国殖民政府有自己的考虑。首先，这与当时的国际大环境有关。根据法国情报机构的报告，出席中国国民党三大的驻法国代表与欧洲共产党保持联系。其次，迭戈苏瓦雷斯的警察局长提出 1929 年的中国国民党三大确定了“用共产党的方针反对法国的政策”。值得注意的是，当马达加斯加殖民当局发现塔马塔夫的国民党支部从事与其章程不相符合的各种政治活动时，曾要求它改进，使其符合殖民政府要求的协会制。然而，塔马塔夫国民党支部并未按殖民政府的要求对其组织进行规范化。

再次，在中国国内，由于济南惨案的发生，反帝情绪十分强烈，这对各殖民地的华侨有一定的影响。国民党的发展只会对马达加斯加华侨的政治化起促进作用，而这是法国殖民政府力图避免的。最后，华人的文化与殖民者的迥然相异，欧洲人根本不懂华人的语言，“他们的行动特别难以监视”。② 基于以上种种原因，殖民政府对国民党在马达加斯加的活动加强了监视和控制。不过，国民党仍然比较活跃。到抗日战争期间，马达加斯加的华人中已有 1 700 余名国民党员，先后建立了 17 个分部和 13 个通讯处。③ 到 1947 年，国民党分部已达 27 个，党员1 500人。④

① 华侨协会总会编著:《华侨名人传续集》，第 399—400 页。

② Leon M. S. Slawecki, *French Policy Towards the Chinese in Madagascar*, pp. 138-140.

③ 陈铁魂:《马拉加西共和国华侨概况》，第 38 页。

④ Leon M. S. Slawecki, *French Policy Towards the Chinese in Madagascar*, p. 70.

五、结论

从以上的史实中我们可以得出以下几点结论。

第一，非洲华侨中的先进分子积极参与了推翻清王朝的斗争。随着华侨地位的确立，他们的文化认同得以肯定，华人领袖和一些先进分子的政治觉悟不断提升，爱国热情以及对中国政府的要求也在不断提高。为了国家与民族的前途，他们中有的参与了多次暴动的舆论和军事准备工作，有的回到国内（或香港）直接参与暴动，有的参与了起义的密谋或联络工作，还有的以其他方式参与了革命活动。非洲华侨的这种活动构成了整个辛亥革命的一部分。

第二，非洲华侨不分富贵贫贱，持续进行了多年的募捐活动。非洲华侨有的已经在当地奠定了经济基础，具有一定经济实力，有的仍为劳工阶级，每天辛勤劳苦。然而，他们为了中国的前途，对辛亥革命和推翻腐朽的清朝政府表现出极大的热衷。他们中的捐款绝大部分是义捐。孙中山曾赞扬海外华侨是“不图丝粟之利，不慕尺寸之位”，“一团热诚，只为救国”。这种赞扬也完全适合非洲的华侨。

第三，有的华侨舍小家为大家。为了推翻清朝政府，他们或甘冒杀头的危险，或不惜变卖家产。谢子修、黎民占是典型的例子。

第四，中国国民党在非洲的各个党部，主要是在辛亥革命的基础上建立和发展起来的。当然，积极投身辛亥革命的非洲华侨毕竟是少数。不容忽略的是，这种特殊环境下的组织活动在很大程度上对后来非洲华侨的社团发展产生了极大的影响。